# 老挝

**本书作者**

尼克·雷伊(Nick Ray)

克雷格·布鲁姆(Greg Bloom)

理查德·沃特斯(Richard Waters)

# 计划你的行程


**欢迎来老挝** ........ 4
**老挝地图** ........ 6
**老挝Top10** ........ 8
**行前参考** ........ 16
**如果你喜欢** ........ 18
**每月热门** ........ 20
**旅行线路** ........ 22
**户外探险** ........ 26
**地区速览** ........ 31

MARGIE POLITZER/GETTY IMAGES ©

万象，见137页

ANIA BLAZEJEWSKA/GETTY IMAGES ©

万荣，见184页

# 在路上


## 琅勃拉邦和周边 ..... 34

**琅勃拉邦** ........ 35
景点 ........ 38
活动 ........ 48
课程 ........ 50
团队游 ........ 50
节日和活动 ........ 51
住宿 ........ 51
就餐 ........ 57
饮品和夜生活 ........ 61
娱乐 ........ 62
购物 ........ 62
**琅勃拉邦周边** ........ 66
巴乌溶洞群 ........ 66
达光西瀑布 ........ 67
达塞瀑布 ........ 67
班帕农村和远郊 ........ 69

## 老挝北部 ........ 70

**川圹省和华潘省** ........ 74
丰沙湾 ........ 75
丰沙湾周边 ........ 80
桑怒 ........ 82
桑怒周边 ........ 85
桑怒至越南 ........ 87
桑怒至琅多 ........ 87
温通（孟亨） ........ 88
**孟威区** ........ 89
琅多 ........ 90
孟威诺（班诺高村） ........ 93
孟威诺周边 ........ 95
**丰沙里省** ........ 95
孟夸 ........ 96
丰沙里 ........ 98
丰沙里周边 ........ 102
**老挝西北部** ........ 103
乌多姆赛（孟赛） ........ 103
乌多姆赛周边 ........ 107
磨丁 ........ 109
琅南塔（南塔） ........ 110
琅南塔周边 ........ 115
芒新 ........ 115
更谷 ........ 119
**湄公河中部** ........ 119
会晒 ........ 119
会晒周边 ........ 126
巴本 ........ 127
塔暖 ........ 130
洪沙 ........ 130
孟恩 ........ 131
沙耶武里 ........ 131
巴莱 ........ 134

## 万象和周边 ........ 136

**万象** ........ 137
景点 ........ 142
活动 ........ 154
课程 ........ 156
团队游 ........ 156
节日和活动 ........ 156
住宿 ........ 157
就餐 ........ 164
饮品和夜生活 ........ 168
娱乐 ........ 169
购物 ........ 170
**万象周边** ........ 181
普考奎山国家保护区 ........ 181
万象至万荣 ........ 182
万荣 ........ 184
万荣至琅勃拉邦 ........ 196

## 老挝中部 ........ 197

**波里坎塞省和甘蒙省** ........ 198
北汕 ........ 199

# 目录

琅勃拉邦，见35页

OTTO STADLER/GETTY IMAGES ©


北汕至拉绍 ......................... 202
拉绍 ......................... 207
他曲 ......................... 208
他曲周边 ......................... 214
**沙湾拿吉省 ......................... 216**
沙湾拿吉 ......................... 216
沙湾拿吉周边 ......................... 223
栋普文森林国家保护区 ......................... 224
普桑赫山国家保护区 ......................... 224
车邦和胡志明小道 ......................... 224

**老挝南部 ............ 227**
**巴色 ......................... 229**
**巴色周边 ......................... 238**
东科岛和班萨派村 ......................... 238
普香通山国家保护区 ......................... 239
**占巴塞 ......................... 239**
**占巴塞周边 ......................... 243**
占巴塞瓦普寺 ......................... 243
奥蒙寺 ......................... 246
吉翁村 ......................... 247
色边河国家保护区 ......................... 248
**波罗芬高原 ......................... 249**
巴松及周边 ......................... 249
达洛 ......................... 252
沙拉湾 ......................... 254
沙拉湾周边 ......................... 255
塞公（孟拉曼）......................... 256
塞公周边 ......................... 257
阿速坡（沙马基赛）......................... 258
阿速坡周边 ......................... 262
**四千岛 ......................... 264**
东孔岛 ......................... 265
东德岛和东昆岛 ......................... 268


## 了解老挝


**今日老挝 ......................... 280**
**历史 ......................... 282**
**民族和文化 ......................... 297**
**环境 ......................... 312**


## 生存指南


**出行指南 ......................... 324**
**交通指南 ......................... 337**
**健康指南 ......................... 347**
**语言 ......................... 354**
**索引 ......................... 362**
**地图图例 ......................... 366**


## 特别策划


**旅行线路 ......................... 22**
**户外探险 ......................... 26**
**河上生活 ......................... 148**
**民族和文化 ......................... 297**
**环境 ......................... 312**

# 欢迎来老挝

老挝，这个小小的国度，长久以来处在被遗忘的角落，但却拥有整个东南亚最棒的元素。

## 百万大象之地

在古代，老挝有一个更为诗意的名字，名为“百万大象之地”（land of a million elephants），但在越南战争（印度支那战争）中，记者们却将它讥嘲为“百万尘微之地”（land of a million irrelevants）。时至今日，战争已过去40年，老挝却开始在越来越多勇敢的旅行者心中占据一席之地。原始的生态环境，万花筒般丰富多彩的文化和大概是这个地球上最从容悠然的人民，便是老挝独特的风貌。想象一下，有这样一个国度，你可以在其中放松下来，真诚地微笑，身边都是对你充满好奇的当地居民。

## 清新而简单

老挝至今仍然保留着许多传统的文明，这些传统在亚洲其他那些被推土机和电视真人秀清洗过的地方早已荡然无存。乡村生活非常清新简单，就算是在万象，人们也一样过着懒洋洋的河岸生活，对于一个首都城市来说，这多少有些匪夷所思。在充满魔力的琅勃拉邦（Luang Prabang），成百的僧侣披着藏红花色的僧袍，为化缘穿街走巷，已经成为该地区的标志之一。对于许多游客来说，琅勃拉邦就是老挝，但更无畏的旅行者则乐于探访这个国家里那些尚未被大批游客涉足的地方。

## 童话般的美景

远离城市，很容易就能独辟蹊径，找到一处人间仙境，它或许是以犬牙交错的石灰岩峭壁为背景，或许是背靠一片沉静的密林，又或许是依偎着蜿蜒流淌的湄公河。以居住区为驻地的徒步游项目将壮观的自然景象和乡村体验结合在一起，你可以有机会住在村民家中感受一下“真实的老挝”。老挝人都非常热情，若是想要了解当地文化，没有比投身于他们的生活更好的方式了。

## 应有尽有

老挝当得起它收获的一切赞誉。极限运动爱好者可以在地下溶洞、激浪漂流和丛林飞索中沉迷忘返；野生生物迷可以徒步穿越东南亚地区最原始的森林，其中还栖息着罕见的生物；美食爱好者则可以亲口品尝老挝菜肴那千变万化的滋味。从寻求刺激的人到饕餮食客，每一类旅行者都可以在老挝找到他们想要的，这里是亚洲旅行真正的终极目的地之一。

## 我为什么热爱老挝

本书作者尼克·雷伊（Nick Ray）

我第一次作为背包客来到老挝是在1995年，那时它刚刚谨慎地对世界打开大门。我立刻就被它的自然魅力所折服，更别提湄公河畔那沁凉的老挝啤酒（Beerlao）了。20年转瞬即逝，其间我也探访过很多的地方，但老挝仍然能给我带来惊喜。芒咸溶洞群长久以来一直见证着那段特殊的历史，从不令人失望。再往西去，沙耶武里（Sainyabuli）附近全新的大象保护中心（Elephant Conservation Center）以梦幻般的目标给人以梦幻般的体验。至于琅勃拉邦，就好像历久弥香的佳酿一般，越来越好。从曾经的一潭死水到今日的脱胎换骨，老挝已经成为全亚洲最令人迷醉的旅行地之一了。

**更多有关作者详情，见367页。**

上图：大象营（见68页），琅勃拉邦

# 老挝

0 100 km
0 60 miles
长臂猿体验
在丛林飞索上高速滑行（122页）
徒步
在山中林间找到阿卡族部落（99页）
琅勃拉邦
充满历史感的小城令人迷醉（35页）
芒咸溶洞群
在隐匿的战时洞穴感悟历史（86页）
河流之旅
坐内河船顺着湄公河而下（71页）
万荣
在令人惊艳的风景中尽情冒险（184页）
海拔
2000m
1500m
1000m
500m
250m
0
PEOPLE'S REPUBLIC OF CHINA
中华人民共和国
VIET NAM
越南
MYANMAR
缅甸
THAILAND
泰国
Beibu Gulf
北部湾
HA NOI
河内
Haiphong
海防
Vinh
荣市
Cau Treo
Son La
Dien Bien Phu
奠边府
Tay Trang
Sop Hun
Ou Tai (Muang Nyot Ou)
Phu Den Din NPA
Hat Sa
Phongsali
丰沙里
PHONGSALI
丰沙里省
Mengla
勐腊
Boun Tai
Nam Ou
南乌江
Muang Khua
Luang Namtha (Namtha)
琅南塔(南塔)
Muang Sing
Boten
磨丁
Na Maw
Xieng Kok
Vieng Phukha (Vieng Phoukha)
Nam Ha NPA
Mekong River
湄公河
Udomxai (Muang Xai)
乌多姆赛
LUANG NAMTHA (NAMTHA)
琅南塔省
UDOMXAI (OUDOMXAY)
乌多姆赛省
BOKEO
博胶省
Muang Mom
Huay Xai (Hoksay)
会晒
Chiang Khong
Pha Udom
Nam Tha
Muang Houn
Pak Beng
Muang Ngeun
Hongsa
LUANG PRABANG
琅勃拉邦省
Muang Ngoi Neua (Ban Ngoi Kao)
Nong Khiaw
Vieng Kham
Pak Xeng
Pak Ou
Luang Prabang
琅勃拉邦
Nam Et/Phou Louey NPA
Sop Hao
Sam Neua (Xam Neua)
桑怒
Vieng Xai
芒咸
Na Meo
Nam Sam NPA
Huamuang
Vieng Thong (Muang Hiam)
HUA PHAN
华潘省
XIENG KHUANG
川圹省
Nam Khan
南康河
Muang Kham
Nam Khan
SAINYABULI (SAYABOURY)
沙耶武里省
Muang Nan
Phu Khoun
Phonsavan
丰沙湾
Muang Khoun (Old Xieng Khuang)
Sainyabuli (Sayaboury)
沙耶武里
Phiang
Kasi
Nam Ngum
南俄河
Phu Bia
普比山
(2820m)
Vang Vieng
万荣
Huay Kham
Ang Nam Ngum
南俄河水库
Phu Khao Khuay NPA
Nam Phoun
VIENTIANE
万象省
Phon Hong
Bolikham
Nam San
南桑河
BOLIKHAMSAI
波里坎塞省
Nam Kading NPA
Paksan
北汕

万象
在首都的河畔享受红酒与美食
（137页）
坦贡洛溶洞
摸黑在7公里长的地下河中漂流
（204页）
波罗芬高原
探访少数民族村落和绝世瀑布群
（249页）
四千岛
体验岛民生活，深味老挝式慵懒
（264页）
VIENTIANE
万象
Tha Na Leng
塔纳伦
Nong Khai
廊开
Ban Ilai
Pak Lai
Sanamkhan
Kaen Thao
Tha Li
Udon Thani
Phitsanulok
Khon Kaen
Nakhon Ratchasima
Beung Kan
Pak Kading
Nam Phao
Lak Sao
Ban Khoun Kham (Ban Na Hin)
Phu Hin Bun NPA
Nakai-Nam Theun NPA
Tham Kong Lo
坦贡洛
Nam Theun
南屯河
Cha Lo
Na Phao
Hin Namno NPA
Mekong River
湄公河
Nakhon Phanom
Tha Khaek
他曲
Bualapha
Sai Bua Thong
Nong Bok
Se Bang Fai
Phu Xang He NPA
Saibuli
THAILAND
泰国
Atsaphangthong
Sepon (Xepon)
车邦
Dansavanh
Lao Bao
Dong Ha
Dong Hoi
洞海
SOUTH CHINA SEA
南海
VIET NAM
越南
Mukdahan
Savannakhet
沙湾拿吉
Keng Kok
Sonbuli
Muang Phin
Songkhon
Se Pon
色邦河
Ban Muang
Tahoy
Lakhon Pheng
Se Ban Nuan NPA
Tumlan
SALAVAN
沙拉湾省
Se Kong
塞公河
Lakhonpeng
Vapi
Salavan
沙拉湾
Phu Xieng Thong NPA
Muang Lao Ngam
Muang Tha Taeng
Sekong (Muang Lamam)
塞公(孟拉曼)
Ban Saphai
Paksong
Bolaven Plateau
波罗芬高原
Ubon Ratchathani
乌汶
Chong Mek
Pakse
巴色
Dong Hua Sao NPA
Dong Ampham NPA
Champasak
Pa-am
Wat Phu Champasak
Kiet Ngong
Attapeu (Samakhi Xai)
阿速坡
(沙马基赛)
Phou Keua
Sukhuma
Se Pian NPA
Ban Munla Pamok
Si Phan Don
四千岛
Don Khong
东孔岛
Siempang
Nong Khiang
Trapaeng Kriel
CAMBODIA
柬埔寨
中国地图出版社供图

# 老挝 Top10

1

## 琅勃拉邦

**1** 地处湄公河和南康河交汇处，这座时光凝滞的寺庙之城（见34页）就是旅行编辑的梦想：丰富的王城历史、披着藏红花色僧袍的僧侣、迷人的河景、世界级水准的法国菜肴和东南亚最棒的精品酒店。租一辆自行车徜徉在热带半岛的街巷中，上一堂烹饪课，骑上大象跋涉一段，最后从众多物美价廉的水疗馆中挑选一家，做个舒缓疲劳的按摩。做好准备，你可能需要调整时间表，好让自己稍稍多停留一段时间。图为巴派寺（Wat Pa Phai；见41页），琅勃拉邦。

## 四千岛

**2** 传奇绝非偶然。多少年来，老挝的“吊床麦加”（见264页）一直在接纳疲惫的旅行者。这些被湄公河环绕的热带岛屿以为精神紧张的日光崇拜者提供快乐的港湾而闻名，与此同时，活跃的游客们则享受着众多选择的喜悦。除了轮胎漂流和骑自行车穿行稻田之外，还可以选择皮划艇或和当地人一起捕鱼，最后登上落日游船，追寻珍稀的伊洛瓦底江豚的身影，以此为你完美的一天划上句点。图为东德岛（Don Det；见268页）。

OTTO STADLER/GETTY IMAGES ©

KIMBERLEY COOLE/GETTY IMAGES ©

## 长臂猿体验

**3** 在森林上空几百英尺，循着丛林飞索（见122页）嗖嗖划过。这些绝妙的缆索（有的长度甚至超过500米）凌空跨越苍翠繁茂的博胶自然保护区（Bokeo Nature Reserve，黑冠长臂猿和亚洲虎的栖息地）中的森林山谷。你所支付的费用被用来保护那些濒危的灵长类动物，而你的向导是从前的盗猎者，如今的护林员。滑入那些高耸入云的大树之巅，在令人眩晕的树屋中过上一夜，聆听来自野性的呼唤。这是老挝最顶级的野外体验，让你的肾上腺素飙升。

## 万荣

**4** 作为老挝喀斯特地区的一颗河岸明珠，万荣（Vang Vieng；见184页）坐落在陡峭的悬崖之下，毗邻奔流的南松河（Nam Song），弥漫着轻松的户外氛围。得益于2012年派对人群的离开，宁静再次回到了这里，很多家庭游客前来体验那些组织周密的活动，例如热气球、徒步、探洞和攀岩。还有，别忘了重头戏：轮胎漂流。随着经济型客栈和快餐连锁店的萎缩，更加精明的精品酒店和美食餐厅趁势而生，遍地开花。

## 水上旅行

**5** 水上旅行（见71页）是在老挝旅行的一种主要方式。最热门的线路之一是从琅勃拉邦到会晒（Huay Xai）——金三角（Golden Triangle）的门户之地，途中经过巴本（Pak Beng）。从当地小船到豪华游轮，各种选择足以满足不同的预算需求，你还可以行至最南端，游荡于宁静的四千岛。湄公河有许多重要的支流，比如南乌江（Nam Ou）和南塔河（Nam Tha），将诸如琅多（Nong Khiaw）、哈沙［Hat Sa，通往丰沙里（Phongsali）］这样风貌各异的地方连接起来。图为水上出租车，南塔河（见115页）。

6

## 徒步和家庭寄宿

**6** 老挝有各种以居住区为驻地的徒步游项目，并因此而闻名，其中许多都提供一晚或多晚的传统家庭借宿。徒步游或许已经风行全国，但老挝北部（见99页）始终是最热门的区域之一。丰沙里附近的徒步游被认为是老挝最正宗的，游客可以入住生动多彩的阿卡族（Akha）人家。琅南塔（Luang Namtha）则是最便于体验南哈河国家保护区（Nam Ha NPA）生态徒步游的地方，这个保护区是湄公河流域最知名的徒步点之一。左图为阿卡（Akha）山地部落女子。

## 芒咸溶洞群

**7** 这是写在石头上的“大部头史书”。拥有出众自然美景的芒咸（Vieng Xai；见86页），在1964～1973年美国轰炸期间曾经是巴特寮（Pathet Lao）共产党领袖的栖身地。除了天然溶洞那令人窒息的美景，行走其间也是一次美妙的“声音之旅”，带给你真正难得的生命体验。当出自吉米·亨德里克斯（Jimi Hendrix，美国著名吉他演奏家）之手的轰炸机轰鸣声盘旋在头顶时，你会忍不住想要冲进“红色王子”繁茂的花园，以寻求庇护。

8

9

## 波罗芬高原

**8** 在一马平川的湄公河流域之上，这块兀然升起的森林高地，空气冷了点儿，瀑布高了点儿，咖啡浓了点儿。你可以选择写日记，记录下自己驾驶着摩托车在孤寂的高原公路上行驶，一路向前开往遥远的、与越南相接的东南省份的经历；也可以选择在达洛（Tat Lo）安安静静待上几天，这里是高原绝壁上一个布满瀑布的隐秘所在。想要探险？徒步前往偏远的少数民族村落，或者在栋华绍森林国家保护区（Dong Hua Sao NPA）搭上滑索，与森林来个亲密接触。图为达洛瀑布（Tat Lo waterfall；见252页）。

## 坦贡洛溶洞

**9** 就像是一个你印象最深刻的梦魇：在高耸的石灰岩山体之下，水上溶洞张开了豁牙露齿的大嘴，船夫摇着长尾船将你送往黑暗的最深处。在偏远的甘蒙省（Khammuan Province），置身这长达7.5公里的非凡的地下世界（见204页），游荡在大教堂一般高悬的钟乳石穹顶之下，是一次非凡的体验。当见到溶洞另一头透出的光亮时，你将会感到由衷的喜悦！

## 万象

**10** 这低矮的、湄公河臂弯中的美人（见137页）会是东南亚最慵懒的都会吗？破旧的街道两旁种着罗望子树，狭窄的巷弄里到处是法国别墅、中国店铺和金光闪闪的寺庙。街头小贩、僧侣、美味的高卢菜肴、精品酒店、为游客提供的水疗按摩、消磨时光的瑜伽和骑行服务，一切交汇融合，在这座城市里酝酿出一种让人沉醉的气息。它或许没有琅勃拉邦那样美好的外表，但万象自有其友善而充满生机的魅力。图为老挝按摩，Papaya Spa（见155页）。

# 行前参考

更多信息见生存指南（见323页）

### 货币
老挝基普（K）

### 语言
老挝语

### 签证
旅游签证在机场和大部分边境口岸均可办理，费用介于30～42美元之间，有效期1个月（有些口岸可能为15天）。持中国护照需要提前办好老挝签证，或者从第三国入境落地签。

### 现金
自动柜员机在老挝已经非常普遍。信用卡仅在大城市的部分酒店可用。

### 手机
手机在老挝有可能实现漫游，但费用很高。本地SIM卡和无锁手机是更现成的选择。

### 时间
万象时间（GMT/UTC +7:00），比中国晚1小时。

## 何时去

### 旺季
（11月至次年3月）

- 此时老挝大部分地区气候宜人，仅山区较为寒冷。
- 是全方位观光的最佳时机。
- 圣诞节和新年期间是旅游高峰，需提前预订住宿。

### 平季
（7～8月）

- 此时老挝境内大部分地区高温潮热，但景色青翠喜人。
- 来自意大利或西班牙的欧洲游客涌入，正值暑假的学生背包族也纷纷前来。

### 淡季
（4～6月，9～10月）

- 4月和5月开始进入老挝的热季，通常气温可达40℃，旅游者很少选择此时前往。
- 9月和10月非常潮湿多雨，但伴随暴雨而来的常常是奇特的雨云。

## 网络资源

**孤独星球**（Lonely Planet；www.lonelyplanet.com/laos）提供目的地信息、酒店预订、旅行者论坛及其他信息。

**老挝生态旅行**（Ecotourism Laos；www.ecotourismlaos.com）提供老挝周边的信息，主要关注徒步游和其他生态旅行活动，值得推荐。

**老挝乡巴佬**（Lao Bumpkin；www.laobumpkin.blogspot.com）旅行、美食以及其他与老挝和老挝人相关的，或不相关的东西。

**lao*miao***（www.laomeow.blogspot.com）最新交通资讯，主要提供老挝北部的相关信息。

**老挝通讯社**（Lao News Agency；www.kplnet.net）老挝时事新闻的最佳来源。

**老挝国家旅游局**（Lao National Tourism Administration；www.tourismlaos.org）政府发布的最新旅游资讯，提供精确的外汇汇率信息。

也可查询国内各大旅行网站，了解更多关于老挝的信息。

## 重要号码

从境外拨打老挝电话，请首先拨你的国际直拨代码、国家代码，最后拨电话号码（区号前的0不拨，那是境内拨打电话时用的）。

| | |
|---|---|
| 老挝国家代码 | ✆856 |
| 国际直拨代码 | ✆00 |
| 救护车 | ✆195 |
| 火警 | ✆190 |
| 报警 | ✆191 |

## 汇率

除非另作说明，本书中的报价均以老挝基普（Lao Kip，K）或美元（US$）为单位。当前汇率请见www.xe.com。

| | | |
|---|---|---|
| 人民币 | ¥1 | 1,298K |
| 港币 | HK$1 | 1,039K |
| 新台币 | NT$1 | 270K |
| 柬埔寨瑞尔 | 1000r | 2,020K |
| 越南盾 | 10,000d | 3,805K |
| 泰铢 | 10B | 2,470K |
| 美元 | US$1 | 8,025K |

## 每日花费

### 经济：低于50美元

- 廉价客栈房间：3～10美元
- 当地餐食及街头小吃：1～2美元
- 当地长途汽车：2～3美元/100公里

### 中档：50～150美元

- 旅馆空调房间：15～50美元
- 体面的当地餐厅膳食：5～10美元
- 当地导游日租：25美元

### 高档：高于150美金

- 精品酒店或度假村：50～500美元
- 正餐及酒水：15～50美元
- 四驱车日租：60～120美元

## 营业时间

**政府机构** 周一至周五 8:00至正午，13:00～17:00

**商店** 9:00～18:00

**餐厅** 10:00～22:00

**米粉店** 7:00～13:00

**酒吧和俱乐部** 17:00～23:30（在万象营业至更晚）

## 到达老挝

**瓦岱国际机场**（Wattay International Airport，万象；见337页）乘公共汽车和江博车（jumbo）均可抵离机场。出租车为单一费制，10美元。

**琅勃拉邦国际机场**（Luang Prabang International Airport；见337页）乘出租车往来机场为统一费用50,000基普。

**沙湾拿吉国际机场**（Savannakhet International Airport；见337页）乘江博车离开机场的费用为70,000基普。

**巴色国际机场**（Pakse International Airport；见337页）乘三轮车（săhm-lór）或嘟嘟车（tuk-tuk）去机场约需50,000基普。

## 当地交通

相对于发达国家，老挝境内交通的性价比相当高，但路程往往比地图所标识的长不少，部分是由于弯弯曲曲的道路，还有就是要归咎于行程中那些难以预料的延误。

**飞机** 老挝境内航线网络很发达，这为短期旅行节约了不少时间。首都万象是最主要的航空枢纽。

**船** 同人体的动脉一样，河流是老挝的命脉所在，因此船运是整个交通体系中非常重要并且充满乐趣的部分。

**长途汽车** 从万象出发，有一些非常新的长途汽车在主要的路线上运行，但若是冒险进入偏远地区，车辆就相当老旧了。

**汽车** 对于预算比较充裕的游客来说，租一辆带司机的汽车便于在有限的时间内游览更多地方。

更多**当地交通**信息，见342页。

# 如果你喜欢

## 户外活动

老挝，这样一个闲散慵懒的国家，却以其惊险刺激的户外活动而备受推崇。

**波罗芬高原** 令人惊叹的瀑布，骑大象跋涉和树梢飞索探险（Treetop Explorer；见249页）。

**琅南塔** 西北探险的门户，琅南塔提供徒步、自行车游览、皮划艇，甚至还可以深入丛林小径，参与“长臂猿体验”项目（Gibbon Experience；见110页）。

**万荣** 这里已经发展成探险的乐园，轮胎漂流、皮划艇、探洞、攀岩和自行车游览应有尽有。（见184页）

## 美酒和美食

老挝美食或许并不像邻国美食那样有名，却自有其独到的出众之处。在诸如琅勃拉邦和万象这样的地方，将高卢（Gallic）的美食基因加入当地美食，老挝便化身为美食家的乐土。

**万象** 万象不仅仅是首都，也是这个国家的美食之都。这里有老挝人的家常料理、法国大餐、印度风味和意大利美食等，不胜枚举。（见164页）

**琅勃拉邦** 可选择在湄公河畔观赏日落，或者在南康河边来一顿精致的美餐。（见57页）

**琅南塔** 琅南塔有几家非常棒的餐厅，专注于有趣的少数民族烹饪。（见113页）

## 水上旅行

既然整个国家的轮廓都是湄公河勾勒出来的，那么水上旅行成为老挝旅游的一大主要特色也就不足为奇了。这条母亲河分出了众多支流，流遍全国，其中一些支流的景色非常壮观。

**会晒至琅勃拉邦** 这是老挝最热门的水上旅行线路之一，中途会在地理位置充满戏剧性的小城巴本（Pak Beng）停留一晚。（见124页）

**四千岛** 既然名为4000个岛屿，那么在老挝境内湄公河南段这片美丽的地方，怎么能不来一场水上旅行呢?（见264页）

**坦贡洛溶洞** 别具一格的水上体验——穿越一段7公里长如希腊神话般的溶洞。（见204页）

## 古老的寺庙

老挝拥有该地区最漂亮的几座寺庙，特别是散布在琅勃拉邦古老王城周边的那些。

**琅勃拉邦** 这座昔日王城中有30多座金光闪闪的寺庙，其中包括飞檐高瓴的香通寺（Wat Xieng Thong）。每天清晨，你都会在大街小巷看到上百个化缘的僧侣。（见35页）

**占巴塞瓦普寺** 古代高棉人曾经统治了湄公河大部分地区，而瓦普寺则是当时山顶寺庙中的一个。（见243页）

**万象** 老挝的首都有一些不错的寺庙，包括塔銮寺（Pha That Luang）和西萨格寺（Wat Si Saket），前者是这个国家标志性的金色佛塔，后者则藏有上千个备受尊崇的佛像。（见143页）

## 另辟蹊径

走得再远一点，进入这个国家偏远的角落，去探寻广袤的保护区、洞穴群落和人迹罕至的道路。

**芒咸溶洞群** 在美国轰炸期间，

### 如果你喜欢……动物

老挝北部的长臂猿体验是东南亚最棒的生态旅游探险（见122页）。

**上图）**佛寺，万象
**下图）**自行车骑行者，万荣





这些地下洞穴是巴特寮（Pathet Lao）的基地。（见86页）

**丰沙里省** 老挝境内一些真正原生态的山地部落村庄就坐落在这片遥远的北地。（见95页）

**甘蒙省** 这个崎岖不平的中部省份遍布喀斯特石灰岩山峰，值得骑车探险者们一探究竟。（见198页）

## 难忘的市场

老挝的市场是对质朴的早期亚洲的回味，是大型购物商场占据该地区之前的地方风貌之所在。四处走走逛逛，寻找那些山地部落的织物、难得一见的水果，或者仅仅是感受一下摊贩们的友善亲切。

**琅勃拉邦** 无论是夜市，还是日间市场都应有尽有，例如主街上有夜间手工艺品市场和价廉的小吃市场。（见63页）

**万象** 早市（Talat Sao）更像是尚未成形的百货公司或购物中心，但这里仍然是在老挝购买手工艺品和纺织品的最佳去处。（见172页）

**芒新** 这个新市场在清晨的时候最热闹，完全就是一个色彩的盛宴，此时少数民族居民会来到镇上进行交易。（见115页）

# 每月热门

## 最佳节庆

**老挝新年** 4月

**万佛节** 2月

**高升节** 5月

**出夏节** 10月或11月

**河节** 10月或11月

## 1月

**老挝大部分地区的黄金季节。在主要的中心地带，气候开始变得凉爽宜人，而海拔较高处则已经完全变冷了。**

### 国际新年

驻老挝使领馆及救援组织人员的公共假日。

### 丰收节

每年一度的丰收节通常在1月中旬，村民们举办庆典以酬谢土地神灵所赐予的收成。

## 2月

**中国和越南的新年通常都是在这个月，届时在巴色（Pakse）和沙湾拿吉（Savannakhet）等地可以看到一些城市庆典活动。**

### 万佛节

又称三月节（Bun Khao Chi，Magha Puja），这个满月时的节日是为了纪念佛祖向1250名开悟的僧侣所做的一次讲经。节日活动主要是诵经和祭祀，万象（Vientiane）和瓦普寺（Wat Phu）的庆典仪式最为隆重。（见246页）

### 越南新年和中国新年

在万象、巴色和沙湾拿吉，人们以举行聚会、燃放烟花、参拜越南和中国寺庙的形式来庆祝新年。中国人和越南人经营的企业通常会歇业数日。

## 3月

**气温渐渐回升，是造访位于高海拔处的川圹省（Xieng Khuang）和丰沙里省（Phongsali）的好时候。**

### 帕维节

这是一个以寺庙为中心的节日。节日期间需念诵《本生经》（*Jataka*），即佛祖的俗身维山达拉王子（Prince Vessantara，老挝语即Pha Wet）的本生故事。这也是即将受戒成为僧侣的老挝男人们喜爱的日子。

## 4月

**这是全年最热的时候，温度计上的水银柱常常直指40℃。**

### 老挝新年

老挝新年是全年最重要的节日。人们清洁屋舍，穿上新衣服，用净水沐浴佛像。当地人相互泼水，有时也会把水泼向游客——这是一项很合时宜的活动，因为4月通常是老挝一年中最热的月份。琅勃拉邦的庆祝活动尤其独特生动，届时会有大象游行和五彩缤纷的传统服饰展示。4月14、15、16日3天是公共假日，绝大部分商店和餐厅都会停业休息。（见52页）

## 5月

**随着爆竹直冲云天，庆祝活动在噼啪声中结束。雨季（淡季）将至，价格也随之回落。**

### 佛诞节

佛诞节（又名 Visakha Puja）是在老挝历的6月15日，这一天被认为是佛祖诞生、开悟和涅槃（parinibbana，往生）的日子。庆祝活动主要集中在寺庙，夜晚有美丽的烛光游行。

### 高升节

这是佛教祈雨仪式之前的一个节日，现在老挝和泰国东北部地区都把高升节和佛诞节合并在一起庆祝。高升节可能是老挝最疯狂的节日之一，庆祝方式有音乐、舞蹈、民间戏剧、游行和狂欢，最后在燃放爆竹的活动中达到高潮。燃放爆竹的寓意在于提醒天神雨季的开始，并祈求风调雨顺。

## 7月

**雨季即将以几场疾风骤雨告终，每天只是很短一阵瓢泼大雨，过后便风清云霁，一片郁郁葱葱，也是旅游的好时候。**

### 入夏节

又被称为"入雨节"（Khao Watsa），这个满月节意味着为期3个月的传统"雨季静修"的开始，在这期间，僧侣应静静待在寺院内。这也是一年内男子暂时出家修行的传统季节，因此剃度仪式很常见。

## 8月

**欧洲的暑假会为这个淡季带来一波小小的旅游高潮，来自法国、意大利和西班牙的游客云集于此，而大学生们也多在此时出行。**

### 哀思节

在这个忧伤的满月节里，生者向死者表达哀思与敬意。这一天会举行许多火葬仪式，尸骨为此被重新掘出。布施僧伽后，僧人将为死者诵经念佛，以超度亡灵。

## 10月

**这个月的活动都与河流有关。你得在首都的龙舟赛和全国各地的河灯之间做出抉择。**

### 出夏节

在结束了连续3个月的雨季静修之后，僧人们披上僧袍，手捧化缘的钵盂，开始走出寺院四处云游。出夏节（又称出雨节，Ok Watsa）前夕，人们聚会庆祝，并在河边举行类似泰国水灯节（Loy Krathong）的放河灯（Van Loi Heua Fai）仪式，将载着蜡烛和佛香的香蕉叶小船放入河中。

### 河节

出夏节后的第一天，包括万象和琅勃拉邦在内的许多沿河城镇都会举行龙舟赛，而小城镇则往往会推迟到国庆节（12月2日）前后才举行赛舟活动，这样人们就不用在两个月内负担两次花费高昂的节庆。河节也被称为赛舟节（Bun Suang Heua；见157页）。

## 11月

**旅游旺季真正来临了，房费也再一次开始上涨。**

### 塔銮节

塔銮节的庆祝活动以万象的塔銮（Pha That Luang）为中心展开，持续一个星期，烟火、音乐、开怀畅饮，全城上下一片欢腾。在节日的第一天清早，数百名僧人便开始接受善男信女的布施和鲜花贡品。节庆的最后是一场美妙神奇的环塔銮烛光游行。

## 12月

**圣诞节在老挝或许并不是什么大日子，但无疑许多外国人会在这时候接踵而来。提前预订住宿，并且做好心理准备支付高额的费用。**

### 老挝国庆节

老挝国庆节是12月2日。这个公共假日以阅兵和演讲来庆祝1975年推翻君主政体的胜利。老挝国旗和锤头镰刀组成的共产党党旗在全国各地飘扬。

### ☆ 琅勃拉邦电影节

电影节在12月上旬举办，持续不止一周，期间全城多处场所都有免费电影放映。电影节主要关注东南亚地区的创作成果，所有电影都配有英文字幕（www.lpfilmfest.org）。

ALDO PAVAN/GETTY IMAGES ©

## 计划你的行程

# 旅行线路

## 21天 游历北部

**老挝北部是这个国家最热门的地区之一，有丰富刺激的探险活动，还能体验真正原生态的少数民族生活。这一区域的中心地带正是琅勃拉邦，从这里开始或结束一段探访北部偏远地区的旅行再合适不过了。**

迷人的**琅勃拉邦**本身就是一个旅游胜地。花上一些时间，在老城中走走，游览林林总总的寺庙，欣赏传统建筑，在画廊、咖啡馆和商店中消磨时光。

从琅勃拉邦向东南方向进发，可以到达**丰沙湾**，这是前往**石缸平原**及其神秘容器（石缸）的门户，这里也是老挝最热门的旅游目的地之一。接下来不妨离开常规线路，造访**芒咸溶洞群**。置身喀斯特溶洞之中，周遭景象分外壮观，而具有历史意义的声音之旅更是全老挝最令人震撼的体验之一。

转向西行，可以在偏僻的**南埃河（普类山）国家保护区**里尝试一下寻虎徒步之旅，尽管看见老虎的机会很小。继续前行至**琅多**，这是一个美丽的村庄，位于南乌江畔，四下里引人注目的石灰岩峭壁影影绰绰。从这里

孟夸，丰沙里省（Muang Khua，Phongsali Province；见96页）

登船开始一段驶向丰沙里省的水上探险之旅，途中会经过一些小村庄，比如**孟威诺**和**孟夸**。**丰沙里**被认为是老挝境内最棒的徒步圣地，在这里还有机会体验阿卡族村民提供的家庭寄宿。

继续行进至**琅南塔**，这是一个友好的西北地区探险活动的大本营。可以徒步进入**南哈河国家保护区**，也可以尝试骑车或乘坐皮划艇造访更远处的乡村。

从琅南塔可以前往**会晒**——一个湄公河畔的小镇，金三角的大门。如果时间紧张，就到此为止吧，但最好能乘船返回琅勃拉邦。从会晒经**巴本**到琅勃拉邦，为期两天的水上游览是这个国家最热门的水上线路之一。

或者乘船一天后到巴本，然后弃舟登岸前往**沙耶武里**和南提恩湖边非常棒的大象保护中心，也可以从琅勃拉邦出发直接前来这里。

# 14天 老挝中部和南部



**这条经典的南部路线将带你穿越老挝低地文化的核心地带，广袤的冲积平原上处处是稻田，吊脚木屋中家用织布机隐约可见。**

旅行从**万象**这个一国之都开始。抓紧时间尽情游览名胜、购物、品尝美食并体验这里的夜生活吧，因为离开这里以后，一切都将变得宁静。记得安排一程前往背包客圣地**万荣**的旅行，那里四面皆是崎岖陡峭的石灰岩山峰，山中星星点点藏着许多溶洞。

向南直奔**他曲**——一个原汁原味、沉睡中的湄公河岸边的小镇，接着向东沿12号公路探索甘蒙石灰岩区，或者走**大环路**周游一圈，最后停靠在不可思议的**坦贡洛溶洞**。

继续向南到达**沙湾拿吉**，一窥万象在没有经过老挝政府改造和获得国际援助资金前的样子。

再南行至**巴色**，就进入最南端的省份占巴塞省。**占巴塞城**相对于巴色更加悠闲，是参观占巴塞瓦普寺（Wat Phu Champasak）的基地。吴哥式的寺庙废墟散落在神圣的普巴萨山（Phu Pasak）的山坡上，是老挝最重要的考古遗迹。

一条物有所值的路线是造访**波罗芬高原**，探访老挝最为激动人心的瀑布——达凡瀑布（Tat Fan）。在这里还可以尝试令人难忘的树梢飞索，这是一种丛林滑索探险活动，是南部地区对北部长臂猿体验的呼应。在咖啡之都**巴松**稍作停留，赶在动身前往美丽的达洛瀑布（Tat Lo）之前买一些爪哇咖啡。这是个休闲的好地方，可以在瀑布下游泳，可以轻松地徒步穿越当地的村落，也可以骑大象游玩。

另外，你还可以选择骑着大象从**吉翁村**去往重要的考古遗址普阿萨山（Phu Asa）。当然，整条中南部路线的南端终点站是**四千岛**，一个田园诗般的河心群岛。一个多世纪以来，这里的渔耕生活一如既往。在继续启程前往柬埔寨或取道钟湄（Chong Mek）去往泰国之前，先躺在摇摇晃晃的吊床上好好放松一下吧。

TRISTAN SAVATIER/GETTY IMAGES ©

MATTHEW MICAH WRIGHT/GETTY IMAGES ©

上图：占巴塞瓦普寺（Wat Phu Champasak；见243页）
下图：湄公河，四千岛（Mekong River，Si Phan Don；见264页）

Vang Vieng
万荣
VIENTIANE
万象
Tham Kong Lo
坦贡洛溶洞
Tha Khaek
他曲
Savannakhet
沙湾拿吉
Beibu Gulf
北部湾
VIET NAM
越南
THAILAND
泰国
LAOS
老挝
Bolaven Plateau
波罗芬高原
Pakse
巴色
Paksong
巴松
Champasak
占巴塞
Kiet Ngong
吉翁村
CAMBODIA
柬埔寨
Si Phan Don
四千岛
中国地图出版社供图

长臂猿体验，博胶自然保护区（见122页）

## 计划你的行程

# 户外探险

茂密的丛林、沉静的山脉、无边无际的水路、高耸入云的峭壁和惊险的急弯，在老挝，蕴藏着无尽的探险可能，让人肾上腺素激增。无论你是想要登临高峰，还是深入幽洞，老挝总有些特别的东西在等待着你。

TIM BARKER/GETTY IMAGES ©

## 何时去

### 11~12月

这个季节干燥凉爽，被认为是最适于诸如徒步、骑自行车和摩托车等活动的季节。但若是要在丰沙里等高海拔地区徒步，春秋两季或许更加合适，因为海拔1500米以上的地方冬天会很冷。

### 3~5月

进入高温季节，气温逐步上升至40℃。通常来说这时候很适合下到地下探洞或是在南乌江上划着皮划艇清凉一下。

### 6~10月

雨季来临，即便是小一些的河流，水量也比平时多，因此非常适合冲浪和皮划艇等水上运动。

## 水上旅行、皮划艇和轮胎漂流

有湄公河穿过全国的中心地带，水上旅行成为重头大戏也就不足为奇了。此外旅行者还有机会顺着弯弯曲曲的支流，探访偏僻的少数民族村庄。

最近几年里皮划艇活动突然风行起来，尤其是在琅勃拉邦、琅多和万荣周边，所有热门的旅游目的地都有皮桨在划动。皮划艇项目的价格从每人25美元起价，并常常与自行车骑行项目打包出售。

躺在轮胎上顺流（Tubing）而下，这一直以来都是万荣的热门活动项目，但由于近年来发生了多起与饮酒、吸毒相关的死亡事故，当局开始严加控制河岸小酒吧、绳索秋千和空中索道。轮胎漂流很好玩，但是就像开车，保持清醒才能保证安全。

### 去哪里

- **会晒至琅勃拉邦** 顺着奔涌的湄公河而下，从金三角（Golden Triangle）经巴本（Pak Beng）直抵老挝的古老王城（见124页）。
- **琅多至孟威诺** 一段不算长，但却非常美好的旅程，穿行在风景如画的喀斯特石灰岩山峰之间（见99页）。
- **四千岛** 乘船是进入四千岛的唯一途径，湄公河在这里展开，雨季时的宽度甚至能达到差不多13公里（见264页）。
- **坦贡洛溶洞** 在老挝人看来，它就像是冥河——乘船穿过7公里长的洞系，仿佛置身另一个世界（见204页）。

## 骑自行车旅行

老挝正在稳步地将自己打造成一个骑自行车旅游的圣地。对于自行车发烧友来说，老挝北部的山区是终极目标。而对于那些更喜欢温和舒缓运动的人来说，在湄公河边的村子里逛逛更值得回味，特别是在老挝南部的四千岛一带。

在游客云集的大部分地方，租一辆普通的单速自行车的价格大约在每天20,000基普，更好一些的山地车需要花费每天40,000～80,000基普，或是5～10美元。讲究的“骑士”会自带自行车。与邻近的泰国和柬埔寨相比，老挝的选择可以算是相当有限了。

有几家旅行社和客栈提供山地自行车游服务，从几小时到持续数周的都有。

### 去哪里

- **琅南塔** 骑车穿行于少数民族村庄间（见110页）。
- **琅勃拉邦** 骑自行车是周游老城或游览周边乡村非常棒的方式（见66页）。
- **乌多姆赛** 挑战一个3天的自行车行程，探寻宗翁溶洞群（Chom Ong Caves；见103页）。

➡ **万象** 骑自行车游览超现实的佛像公园（Buddha Park；见154页）。

## 骑摩托车旅行

对沉迷于冒险的人来说，骑摩托车深入老挝的偏远地区绝对是难忘的经历。骑摩托车的灵活性是无与伦比的。摩托车能在最强劲的四驱车也无法通行的路径上穿行。与驾驶汽车或搭乘公交车相比，骑摩托车能让你最大限度地贴近乡村——感受它的气息、居民和景色。只是当你沉醉于美景时，别忘了看路。摩托车仍然是老挝居民常用的交通工具，因此到处都能找到修车铺。如果你对自己的车技不是那么有信心的话，也可以以很便宜的价钱找到为你驾车的人。对于向往真正探险的人来说，没有比这更好的旅行方式了。

### 去哪里

➡ **大环路** 骑上摩托车，在他曲郊外兜一圈，征服老挝中部那些不为人知的乡间小道（见204页）。

➡ **南环路** 在老挝南部来一次独辟蹊径的摩托车探险，越过波罗芬高原，一路向上（见258页）。

➡ **西万荣环线** 深入探寻南松河（Nam Song River）西岸星罗棋布的喀斯特山峰，这是一条风景极美的摩托车骑行线路（见190页）。

## 攀岩和探洞

说到攀岩，万荣拥有几处东南亚地区最棒的攀岩地，安全装备和教练也都很棒。4人组团来这里攀岩的费用是每人约25美元，这也是最低的价格，如果需要个性化的行程或更多的专业指导，价格会更高一些。

除非你准备进行专业的探险，否则在这里进行探洞活动的花样并不多。但无论如何，还是有大量的溶洞面向游客开放。

### 去哪里

➡ **万荣** 在石灰岩峭壁上有超过200条攀岩线路——很多已经在石灰岩上打上了岩点螺栓。大部分线路的难度在4a到8b之间（见184页）。

在湄公河上划皮艇，东德岛（Don Det；见268页）

➡ **芒咸溶洞群** 巴特寮（Pathet Lao）共产党人的地下基地和战时总部，整个溶洞群藏身在壮观的石灰岩体之下（见86页）。

➡ **坦贡洛溶洞** 这个河上溶洞能为你带来老挝最震撼的地下体验之一，胆小者不宜（见204页）。

➡ **坦洛色邦非溶洞** 甘蒙的溶洞体系中最令人印象深刻的一个，河流在石灰岩山腹中向下俯冲6.5公里。只能在1月和3月进入（见216页）。

## 徒步

在老挝徒步旅行就意味着游览国家保护区（National Protected Areas，NPAs）和造访多姿多彩的少数民族村落，其中很多都能接待需要过夜的徒步团队。从半天的远足到一周的远征（包括骑自行车和皮划艇在内），各种玩法应有尽有。绝大部分徒步线路都同时兼顾人文景观和自然风光，徒步者可以在村民家中借宿，所付费用直接用于这个国家最贫

万荣（Vang Vieng；见184页）

## 在老挝玩高空滑索

是的，在老挝，高空滑索（Ziplining）这一项目已经真正开始发展起来了。说到利用滑索，从空中游览丛林，博胶自然保护区（Bokeo Nature Reserve）里的长臂猿体验（Gibbon Experience；见122页）是开创者。悬挂在滑索上的游客从空中滑过长臂猿栖息的森林，在树屋里过上一夜，尝试长臂猿水疗（Gibbon Spa），在这最值得纪念的地方来个按摩。

生态旅游的先锋 Green Discovery（见222页），现在在老挝南部为追求刺激的游客提供了另一项可供选择的高空滑索体验。他们的树梢飞索游（Treetop Explorer）非常令人兴奋，纵横交错的滑索凌空跨过栋华绍森林国家保护区（Dong Hua Sao NPA）那半常绿的华盖。索道与巨大的瀑布如此之近，以至于你的嘴唇能感觉到飞溅出来的水珠。最长的索道足有450米，滑行时山风扑面而来。最后一头钻进你那离地20米高的舒适树屋中，倒在床上好好喘口气。

困的一些社区的建设。现在有十几个地区可供游客选择。较为轻松的项目则包括丛林远足至天然瀑布和在偏远地区的乡村漫步。旅途中可以看到下陷的高地山谷，层层的梯田和那些让人屏息的高高耸立的石灰岩山峰。

徒步路线通常由小规模的当地旅行社经营，配有英语导游。价格包含途中所有餐费、导游费、交通费、住宿费和公园门票，对较大的团队来说，最低为25美元一天。如果是需要深入更远地区的特殊的长路线，价格可能达到数百美元。很多时候，最少两个人也能成行，人均花费随人数增加而降低。

## 去哪里

➡ **南哈河国家保护区** 在琅南塔，备受赞誉的生态旅游项目已经发展成熟，游客可以在南哈河国家保护区内参观当地少数民族村落（见112页）。

➡ **丰沙里省** 在省内最正宗的徒步景区里任选一个，探访独具魅力的山地部族领地。多山地，冬天很冷。多日徒步线路都会安排在阿卡族人家中寄宿（见95页）。

➡ **普欣本山国家保护区** 无尽的岩溶之地（见

MARGIE POLITZER/GETTY IMAGES ©

大象洗浴，达洛（Tat Lo；见252页）

## 徒步者安全指南

- 不要偏离现有的道路，因为老挝境内的许多地方仍然有未爆炸的弹药（UXO）。
- 请个导游是值得的：价格不高，可以讲英文，并且熟悉本土文化。
- 狗很凶，可以随身带一根结实的棍子。
- 买双能保护脚踝的靴子。
- 如果徒步进入当地的疟疾疫区，记得带上蚊帐。
- 考虑准备高品质的袜子和防护品，以防水蛭（蚂蟥）叮咬。
- 如果身体不够强健，最好带些净水药片。
- 准备一些备用干粮，或是高能量的点心，以防长途跋涉中途断粮。

203页）。

- **色边河国家保护区** 骑大象跋涉和常规徒步都非常棒（见248页）。
- **东纳达森林** 徒步线路会经过一些美丽的风景，由沙湾拿吉的生态导游机构负责组织（见223页）。

## 观赏野生动物

尽管在老挝观赏野生动物不像在坦桑尼亚的塞伦盖蒂草原上那样直截了当，但仍然有可能收获令人难忘的回报。

### 去哪里

- **长臂猿体验** 在遮天蔽日的丛林中，像长臂猿那样住在树上，顺着高空滑索飞越森林，这就是那个著名的生态旅游项目（见122页）。
- **大象保护中心** 进入这个位于沙耶武里附近优秀的保护中心，了解老挝大象的生活。与大象同行，学习驯象的艺术，看看育儿所里那些年幼的庞然大物（见133页）。
- **四千岛观江豚** 生长在淡水中的伊洛瓦底江豚（Irrawaddy dolphin）是这个地球上最珍稀的哺乳动物之一，目前仅有不到100只生活在蜿蜒流淌的湄公河中。不妨登上老挝南部的东昆岛（Don Khon），在这片江豚天然的栖居水域中寻找它们的身影（见269页）。
- **南埃河（普类山）国家保护区** 在这片生机勃勃的国家自然保护区中，丛林生长得格外茂密，这里是老挝一些仅存的野生虎的家园。不过要见到它们可是相当地不容易（见88页）。
- **达光西熊类保护中心** 达光西是老挝旅游不可错过的一站，这得益于它那标志性湛蓝的流水。此外，你还有机会在达光西熊类保护中心亲眼一见亚洲黑熊。对于那些在盗猎活动中幸免于难的黑熊来说，这里就是他们的家（见67页）。

# 地区速览

对许多短期游客来说，琅勃拉邦就是他们所感受到的老挝。它那实至名归的世界遗产的名分，足以给人留下深刻的印象。老挝的另一个主要城市——首都万象，作为一个亚洲城市，或许显得太过田园，但它那迷人的咖啡馆、时尚的餐厅和热闹的酒吧，无疑也有着致命的吸引力。

在老挝最北部，有一幅群山耸立、密林绵延的风景画，这里是众多国家公园的所在地，是珍稀野生动物和一些最独特鲜活的少数民族的家园。乘船沿河而行，将这些四散的好地方串连起来，是老挝最具特色的旅程之一。

老挝中部是游客最少，但同时也是最受赞誉的地方之一。这里有一些亚洲最为梦幻的石灰岩溶洞，还有壮丽的风景和斑驳的殖民地年代的小镇。向南走可以体验老挝“慢车道”上的生活。湄公河上的四千岛吸引着人们一留再留，而在波罗芬高原上则有着真正令人兴奋的东西——不只是咖啡哦。

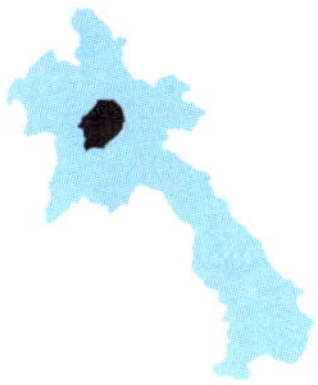

## 琅勃拉邦

美食

活动

购物

### 美酒和美食

琅勃拉邦的餐厅菜单上有世界级的菜肴，许多漂亮的小餐馆开在整修过的殖民时期的建筑里，波希米亚风格的小酒吧穿插其间。

### 另类琅勃拉邦

琅勃拉邦并不是只有寺庙和僧侣，尽管这些是它的标志。走出郊外，各种活动和历险在等待着你，其中包括大象营、山地自行车道以及更多其他的选择。

### 艺术和古董

设在主干道上的夜市装点着小彩灯，吸引着游客纷纷前来挑选纺织品和小饰品。城镇周边的画廊和古董店，足以让购物狂们满心欢喜。

见35页

## 老挝北部

探险

乘船旅行

历史

### 茂密的丛林

丛林繁茂的老挝北部有很棒的国家公园和这个国家最好的徒步线路，更不用说自行车、皮划艇和高空飞索了。

### 统统上船

湄公河从金三角蜿蜒至琅勃拉邦这段河道是这一地区最具代表性的水上旅行线路之一。稍小的河流也值得一游，特别是琅多周边的南乌江。

### 循着战争的足迹

现代老挝复杂的历史在芒咸溶洞群和石缸平原得以重现。前者是巴特寮政府躲避美国轰炸时的地下基地，后者是20世纪60年代老挝境内争战最激烈的地区之一。

见70页

## 万象和周边

美食
活动
购物

### 美食之都

万象的美食清单里囊括了全球各地的佳肴，从土耳其菜、日本菜到意大利菜全都有。但要说王牌，恐怕还得数它那些时髦的法国餐厅，这片飘散着浓浓香味的美食之地足以令塞纳河也相形见绌。

### 律动你的身体

万象有非常棒的自行车观光线路。此外还有飞盘赛、瑜伽馆、跑步俱乐部、游泳池，而且每天清晨6点，湄公河岸边还有免费的集体舞活动。

### 从纺织品到丁丁

当地自产香皂店和可以定制当地宽松女装、波希米亚裙子和披肩的丝绸精品店都值得期待。你还可以找到丁丁漆画和老式的俄罗斯手表。

见136页

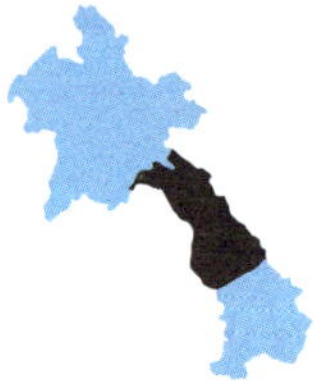

## 老挝中部

洞穴
建筑
探险

### 到地下去

老挝中部就像一个布满洞穴的大蜂巢，小到装满佛像，其绿色湖泊可以游泳的石窟；大到巨大的河流溶洞，比如藏身在超自然浓浓黑暗中的坦贡洛溶洞。

### 殖民时代的小镇

法国殖民统治遗留下来的并不仅仅是滚球游戏和长棍面包，还有一些优雅的建筑，今天，在他曲和沙湾拿吉等小城还能看到。有的已经修复完美，有的却破败如鬼屋。

### 两轮车之旅

骑着摩托车上路，或者如果是为了环老挝自行车赛而来，骑自行车也可以，一路还可以欣赏壮丽的景色，远离主流的东南亚旅行线路，品味完全不同的另一个世界。

见197页

## 老挝南部

河流
活动
远地旅行

### 湄公河群岛

在四千岛醺醺然不知今夕何夕，这是老挝南部旅行的精华所在。一定要记得离开你的吊床，去体验一下当地人的悠闲生活，或是划着皮艇在这段风景如画的湄公河上绕上几圈。

### 步行和瀑布

选个国家公园，步行穿越丛林去寻找少数民族村庄、颓败的寺庙和一些老挝最高的瀑布。有的地方大象能够为你代步。

### 骑车旅行

老挝南部很适合骑山地自行车或摩托车游览。有经验的骑手可以挑战崎岖古老的胡志明小道（Ho Chi Minh Trail），而任何人都能驾驭那些风景优美的平缓公路。

见227页

# 在路上

Northern Laos
老挝北部
70页
Luang Prabang & Around
琅勃拉邦和周边
34页
Vientiane & Around
万象和周边
136页
Central Laos
老挝中部
197页
Southern Laos
老挝南部
227页

# 琅勃拉邦和周边

**包 括 ➡**


琅勃拉邦......35
景点......38
活动......48
住宿......51
就餐......57
巴乌溶洞群......66
达光西瀑布......67
达塞瀑布......67
班帕农村和远郊......69


## 最佳餐饮

➡ Dyen Sabai（见59页）

➡ Le Banneton（见58页）

➡ Tamarind（见59页）

➡ Apsara（见59页）

➡ Le Patio（见61页）

## 最佳住宿

➡ La Résidence Phou Vao（见57页）

➡ Le Sen Boutique Hotel（见56页）

➡ Muang Lao Riverside Villa（见54页）

➡ Apsara（见54页）

## 为何去

慵懒可爱的琅勃拉邦（ຫລວງພະບາງ）是东南亚最迷人的地方之一。没有哪个地方拥有这座城市那种古老的浪漫气息，33座镀金的寺庙、披着藏红花色袍子的僧侣、凋敝的印度支那式别墅和精美绝伦的高卢佳肴。这是个独一无二的地方，周边都在高速发展，而时间在这里却仿佛自顾自地停下了脚步。

这颗联合国教科文组织保护下的明珠坐落于湄公河（Mekong River）与南康河（Nam Khan/Khan River）的神圣交汇处，理所当然地成为旅行者心目中的香格里拉（Shangri La）。由于机场在10年前就已开通运行，大批投资涌入这里，那些一度斑驳颓败的法国别墅重获新生，成为了非常棒但价格还算实惠的精品酒店。

远离老城那引人瞩目的历史与遗迹的，是蓝宝石般的瀑布、顶级的徒步项目、蜿蜒曲折的自行车骑行山道、大象营、皮划艇游、水上观光和出众的自然美景，而所有这一切都在迷蒙青山的环绕之中。

## 何时去

### 琅勃拉邦

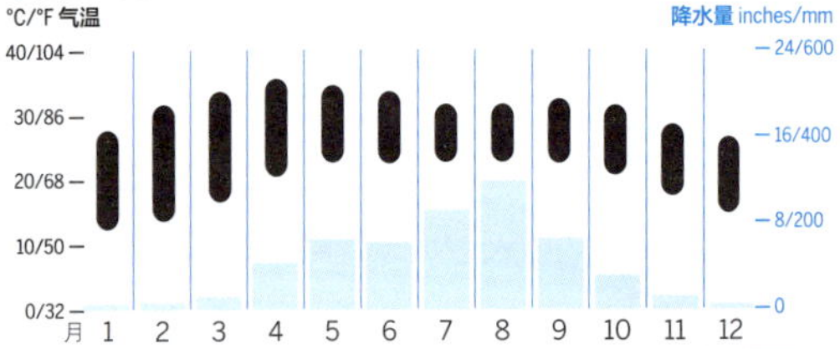


**11月至次年2月** 气候宜人，是前往游览的最佳时节，但众所周知，也是旅游高峰时节。

**3～5月** 此时天气炎热，由于刀耕火种，天空中雾霾密布；但有人会乐于在此时前来参与老挝新年的庆祝活动。

**6～10月** 雨季游客数量和消费水平的双双下跌，如果你不介意倾盆大雨，这会是个很好的旅游季节。

# 琅勃拉邦
## （LUANG PRABANG）

☎ 071 / 人口 70,000

### 历史

传说琅勃拉邦的奠基者是Phunheu Nhanheu，这位城市创立者雌雄难辨，脸庞亮红，身体筋肉虬结。他/她的纪念雕像被保存在维苏纳拉寺（Wat Wisunarat）中，只在老挝新年期间才会被请出，但作为纪念品的模型到处都可以买到。

数个世纪以来，这个城邦历经了南诏（Nanzhao，云南）、高棉（Khmer）和更为强大的蒙古帝国时期，自698年开始，城市被称为孟萨瓦（Muang Sawa，Muang Sua），11世纪改名为香东香通（Xiang Dong

## 琅勃拉邦和周边亮点

❶ 像当地人一样，在清晨的**化缘**（见46页）活动中将每日供奉布施给琅勃拉邦的僧侣。

❷ 乘船游览湄公河，并游览满是佛像的神圣景点——**巴乌溶洞群**（见66页）。

❸ 跃入**达光西瀑布**（见67页）下清凉湛蓝的水中，这是整个老挝最美的地方之一。

❹ 为城中**香通寺**（见43页）的垂地斜顶而赞叹不已，它是城中最古老最美丽的寺庙。

❺ 在湄公河畔体验当地民俗风情，或在老城里寻觅精致美食：**琅勃拉邦**是享乐主义者的乐园（见57页）。

# Luang Prabang 琅勃拉邦

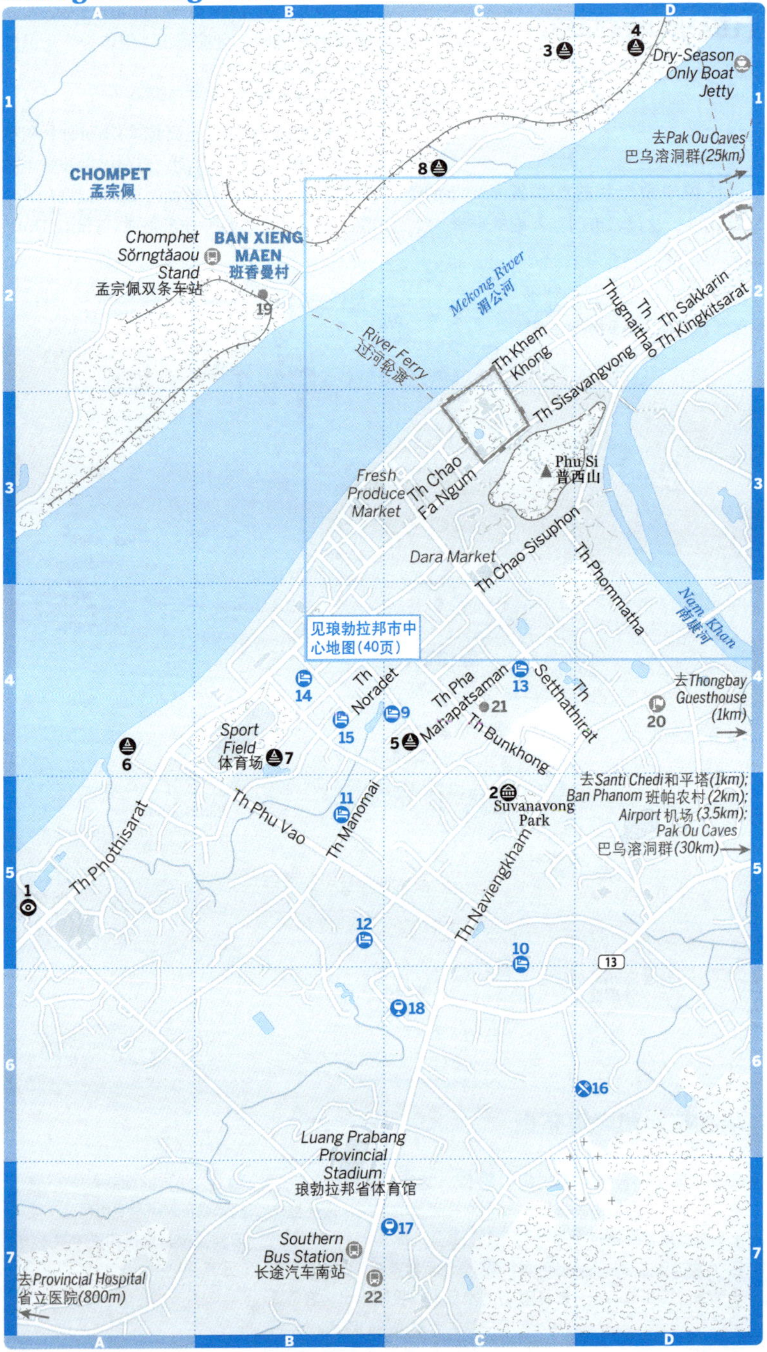

## Luang Prabang 琅勃拉邦

**景点**

1 沃克坡多民间工艺中心……A5
2 老挝未爆炸武器信息中心……C5
3 宗佩寺……C1
4 隆昆寺……D1
5 玛诺隆寺……C4
6 帕巴代寺……A4
7 塔銮寺……B4
8 香曼寺……C1

**活动、课程和团队游**

沃克坡多民间工艺中心……(见1)

**住宿**

9 Ban Lao Hotel……C4
10 La Résidence Phou Vao……C5
11 Le Sen Boutique Hotel……B5
12 Luang Say Residence……B5
13 Mano Guest House……C4
14 Satri House……B4
15 Villa Suan Maak……B4

**就餐**

16 Luang Prabang Secret Pizza……D6
Sushi……(见13)

**饮品和夜生活**

17 Dao Fah……C7
18 La Pistoche……C6

**实用信息**

19 Jewel Travel Laos……B2
20 越南领事馆……D4

**交通**

21 老挝航空公司……C4
22 那琅小型公共汽车站……B7
Naluang Rental……(见22)

Xiang Thong，意思是“金城”）。直至1353年，得到高棉人支持的征服者法昂（Fa Ngum）建立了澜沧（Lan Xang）王朝，这里作为王朝的中心也得以繁荣起来。1512年，澜沧国王维苏王（Visoun）迎入了高棉国所赠送的一尊佛像，这就是著名的勃拉邦金佛（Pha Bang）。为示与有荣焉，城市再次改名为琅勃拉邦（Luang Prabang；Luang意为伟大、尊荣，Prabang即Pha Bang）。

即便在1560年澜沧王朝迁都万象（Viang Chan，Vientiane）之后，琅勃拉邦仍然是君主权力的主要中心。1694年苏里亚·冯萨王（King Suriya Vongsa）去世后，澜沧王朝于次年分崩离析。苏里亚王的一个孙子在琅勃拉邦建立了独立的王国，自此与万象和占巴塞（Champasak）两个王国形成割据分立的局面。

从那时起，琅勃拉邦王国衰弱不堪，在不同时期被迫向暹罗（Siam）、缅甸（Burma）和越南（Vietnam）进贡。中国太平天国运动导致数个“贺族”（Haw，即云南的汉族）民兵团逃入中国南方，或成为雇佣兵团，或拉帮结匪。其中最有名的是黑旗军，这支军队在1887年攻入琅勃拉邦，扫荡并摧毁了城中几乎所有的僧院。在紧随而来的攻击中，琅勃拉邦王国选择了接受法国的保护，并在琅勃拉邦王都建立起法国军需部。

法国同意老挝保持琅勃拉邦的君主政体。很快，琅勃拉邦就成为了那些希望远离巴黎的法国殖民者的避难所。即便在法属印度支那的末期，即第二次世界大战前夕，从西贡（Saigon）到琅勃拉邦的水上航程也比由西贡到法国的轮船航程保留得更为长久。

这座城市从日本的侵略中幸存了下来，并且在印度支那战争中始终是保皇派的大本营，同样的，在美国那几乎摧毁了老挝北部所有其他城市的炸弹轰炸中，琅勃拉邦也幸免于难。20世纪80年代时，集体经济导致大批商业人士、上层阶级和知识分子离开了老挝。由于缺少资金或投资意向来支持琅勃拉邦原本的皇家兼殖民地生活方式，琅勃拉邦的繁荣风貌一去不返。但在1989年后，私营企业的回归令长期关闭的商店再次开张，一度荒废的别墅变成了酒店和客栈。1995年，城市被纳入联合国教科文组织世界遗产保护名录，这加速了城市发展的步伐，提升了它在国际上的形象，并在大体上确立这样一种原则，即在老城中所兴建的任何新建筑都要遵从城市原本的建筑精神。这一原则也使得琅勃拉邦在进入21世纪后逐步成为国际知名的旅游胜地，如今在城中的某些区域，客栈、餐厅、精品店和画廊的数量已经超越了居民住宅的数量。

## 游览琅勃拉邦

### 两日游

放纵自己沉醉在琅勃拉邦的**老城区**中，漫步于寺庙与历史建筑之间。可以依照我们的步行线路有计划地观光，也可以按你自己的步调随兴而行。记得一定要去美丽的**香通寺**和**皇宫博物馆**，同样别忘了那些贯连于湄公河畔和南康河畔之间的小街窄巷。在缓缓流淌的南康河边吃个午餐，再在被誉为母亲河的湄公河岸享受一顿日落后的晚餐。第二天早点起来，去参加清晨的**化缘**活动，全城的僧侣此时都会离开寺庙前来寻求布施。接下来，在乘船前往上游的**巴乌溶洞群**之前，还可以逛逛生气勃勃的**早市**。如果时间允许，下午就在丰沛的**达光西瀑布**周边徒步、游泳吧。最后，回到夜色迷蒙的城中，在热闹的**Hive Bar**和凉爽的**Utopia**结束两天的行程。

### 四日游

在游览过古城和最重头的景点之后，就该到了让肾上腺素激增或沉浸于人文气息之中的时候了。对于寻求刺激者，周边的乡村有各种徒步、自行车或皮划艇活动可供选择；游客也可以参加一个**大象营**，学习一些象夫（驭象人，mahout）的技巧。而对于喜爱文化胜过冒险的人来说，则可以考虑在**Tamarind**或**Tum Tum**上一堂烹饪课，或是在**OckPopTock**学习纺织，抑或是游览卓越的**传统艺术和民族学中心**（**Traditional Arts & Ethnology Centre**，简称**TAEC**）。多亏有了**Le Patio**咖啡馆，在这里你可以好好休息一下，顺便享用一顿美味的午餐。当然，还要在城中那些一流的各国风味餐厅里选一家品尝最棒的美食。还想要更多？试试**La Pistoche**，你可以在这里体验一场城市中的沙滩之旅。

## 景点

### 皇宫和周边 (Royal Palace & Around)

#### ★皇宫博物馆

博物馆

（Royal Palace Museum, ພະຣາຊະວັງຊຽງແກ້ວ, Ho Kham；见40页地图；☎071-212470；Th Sisavangvong；门票 30,000K；⏲周三至周一 8:00~11:30和13:30~16:00，最晚入场时间15:30）这座从前的皇宫修建于1904年，外围是一圈完美的扇叶头棕榈树大道，宫殿本身融合了老挝传统建筑风貌与法国艺术风格。它曾是西萨旺·冯国王（King Sisavang Vong；1905~1959年在位）的主要居所，国王的塑像如今还矗立在殿外。所有陈列品都有很好的英文标签说明。需要注意的是，你必须“衣着得体”才能够进入博物馆，也就是说，不得穿着无袖上衣或短裤。

你可以从南侧进入皇宫主体建筑。意大利大理石台阶一路延伸到入口大厅，这里的主要展品是一个镀金的讲台，是从前老挝佛教至高无上的总主持（Supreme Patriarch of Lao Buddhism）用来讲经的地方。右侧是国王的会客室，四面墙上是熠熠生辉的高更风格的油画，描绘的是老挝的日常生活景象——这是法国画家阿历克斯·德·福特罗（Alix de Fautereau）在1930年绘制的。一排拥有上百年历史的佧木族（Khamu）金属鼓会将你引回到王宫正殿，镶金边的墙面被漆成了深红色，上面还嵌着用日本彩色镜面玻璃制作的马赛克图案。侧面的画廊陈列着馆内所藏的小佛像，其中一些是16世纪的，曾属于被毁坏或被洗劫过的佛塔，经过修复后得以在这里重见天日。

王室成员的起居区照例位于王宫正殿后面，其中一些房间几乎还保持着1975年国王去世前的模样。而儿童房则展示着甘姆蓝式（gamelan-style）的乐器和一系列表演《罗摩衍那》（*Ramayana*）舞剧所用的面具。这些曾是老挝朝堂上的经典娱乐项目。如今，

Phrolak-Phralam剧院（见62页）在一定程度上复活了这些表演形式，虽然说还仅仅是作为旅游项目而存在。

下方是一系列用于临时展览的展厅，但需要从西侧进入。独立的附属建筑里分别是展示冥想照片的浮想佛陀展（Floating Buddha collection）和包含5件展品的皇宫汽车展（Royal Palace Car Collection），展品包括两辆20世纪60年代产的林肯大陆（Lincoln Continentals），一辆珍稀的1958年产的福特Edsel Citation翼刃式汽车和一辆破旧的雪铁龙女神（Citroën DS）。

在老挝，没有哪一样珍宝在历史上的影响力比得上勃拉邦金佛（ພະບາງ），琅勃拉邦整个城市就是得名自这座83厘米高的合金佛像。1512年，它的到来确立了澜沧王朝作为佛教统治者的精神地位。传说这尊佛像于公元1世纪在斯里兰卡铸成，然而它的设计更符合高棉风格的特征，而且制造时间也更近似于14世纪之后。暹罗人曾两度将勃拉邦金佛搬到泰国（分别在1779年和1827年），但它最终还是在1867年由蒙库王[King Mongkut，即拉玛四世（Rama Ⅳ）]送回了老挝。

霍勃拉邦寺（Wat Ho Pha Bang）位于皇宫花园东南角靠近外围的地方，这座高高耸立的寺庙有着重叠递升的多重屋顶，是为安置勃拉邦金佛而设计修建的。这一工程在1975年君主政体废除之前就已开始规划，但直到1993年才开始动工修建这个极尽华丽装饰的亭阁。建筑内部是炫目的红金两色，设有一个多层王座用以供奉佛像，此外还放置了一顶16抬的镀金大轿，以便在传统的老挝新年庆典中抬着勃拉邦金佛巡游全城。

然而，目前勃拉邦金佛还是待在一个很容易被忽略的小房间里，四周环绕着几尊象牙雕品和3幅前皇后所绣的丝绣屏风。要找到这里，顺着宫殿的南侧外廊向东走，在东端的栅栏之间就可以看到了。总有谣言说这里展出的佛像其实只是个复制品，而原版珍品存放在万象的一处保险库中。据称“真的”佛像眼睛上有金叶，一只脚踝处还有个小孔。

不得穿鞋进入博物馆，也不能拍照，你必须将随身包袋寄存在主入口左手边的存包处。

### 迈佛寺 佛教寺庙

（Wat Mai Suwannaphumaham，ວັດໃຫມ່ສຸວັນນະພູມອາຣາມ；见40页地图；Th Sisavangvong；门票 10,000K；⏲8:00~17:00）除了皇宫之外，迈佛寺就要算是城中最豪华的寺院之一了。它的大殿是一座有着5层屋顶的传统琅勃拉邦样式的木结构建筑，独特的遮阳前廊上装点着精致的鎏金浮雕墙，分别描绘着乡村生活图景、《罗摩衍那》故事和佛陀俗身的本生故事。

如今的这座佛寺是在1821年修建的，用以替代建于1796年的老佛寺，并因此得名“迈”（mai，意为“新的”）佛寺。迈佛寺在1887年贺族兵乱（黑旗军）中幸免于难，据说就是由于它的精美让人不忍破坏。自1894年以来，这里就是老挝佛教总主持桑卡拉（Sangharat）的居所。

### ★普西山 山丘

（Phu Si，ພູສີ；见40页地图；门票 20,000K；⏲8:00~18:00）从这座100米高的小山上可以俯瞰曾经的城市中心，同时这里也是观赏日落的好地方。普西山因一座24米高的镀金佛塔宗西塔（That Chomsi；见40页地图）而倍享尊崇。远观宗西塔，尤其是在灯火阑珊的夜晚，塔身就仿佛是凌空而起，犹如腾云漂浮一般。而由山顶俯瞰，最动人的莫过于一系列城市景观了。此外，在山顶的旗杆旁还遗留着一架当年战争期间安置的小型防空机关炮。

游客可以从北侧登上普西山（329级台阶），中途可在帕华寺（Wat Pa Huak；见40页地图；门票乐捐）稍作停留。这是城中少数几个尚未被（过度）装饰翻新的寺庙之一。寺庙木门上雕刻着非常美丽的佛祖乘象图，图中的大象埃拉瓦塔（Airavata）是来源于印度神话的三头象，在1975年以前一直是老挝国旗上的重要元素。鎏金雕纹的前门常常是关着的，但白天时接待员通常就待在附近，只要花上几千基普的小费，他便会开门让你入内参观。殿内有19世纪的原始壁画，考虑到未曾做过任何修复，色彩保存算是极好。壁画展现的是湄公河沿岸的历史场景，包括借助船运和马车队前来拜访的中国外交使者与将士。三尊大型坐佛、几尊较小的立佛和坐佛均可追溯到与壁画相同的年代，甚至有可能更为久远。

从南侧和东侧上山同样可以抵达宗西

## Central Luang Prabang 琅勃拉邦市中心

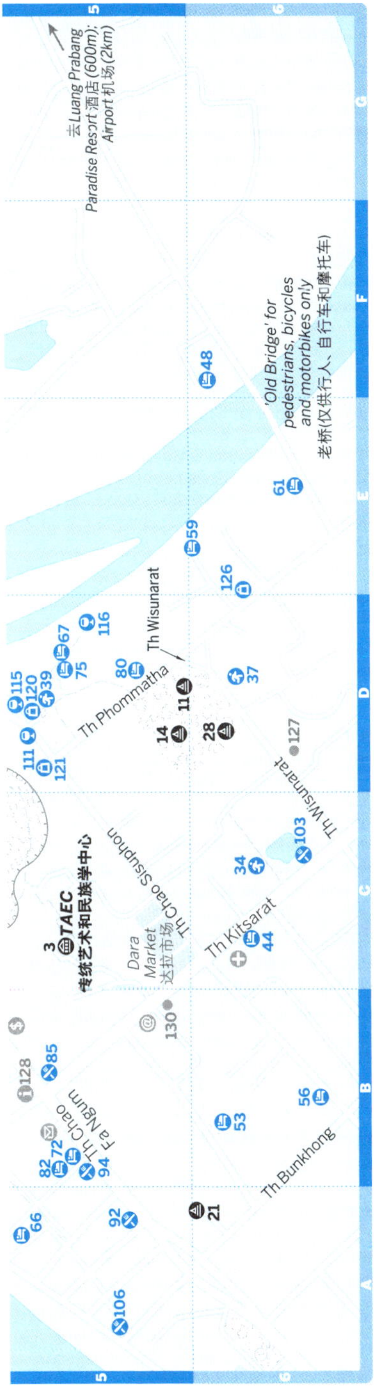


塔。这两条路都会经过**西普塔巴提帕拉寺**(Wat Siphoutthabat Thippharam；见40页地图)。在这座大寺中有一处奇特的小神殿，其中藏着一处**佛祖脚印**(Buddha Footprint；见40页地图)遗迹免费。只是如果这真的是佛祖留在岩石上的脚印，那他的个头就得有一头雷龙那么大了。从这里向西南方向走，一系列新的镀金佛像挤挤挨挨地安身于**坦玛塔阑寺**(Wat Thammothayalan；见40页地图)的洞祠和佛龛之中。只要你不爬到宗西塔那头，这处寺庙就是免费开放参观的。

### ★传统艺术和民族学中心 博物馆

(Traditional Arts & Ethnology Centre，简称TAEC；见40页地图；☎071-253364；www.teaclaos.org；门票 20,000K；⏲周二至周日 9:00~18:00)如果想要了解有关老挝北部丰富多样的山地部落文化，特别是如果你还计划来一场山地徒步，那么来这个由3间房屋组成的专业博物馆看看就是必不可少的了。它刚刚好适合普及知识，又不会太过枯燥。如果你有兴趣了解更多的信息，可以看看视频录像，或是要求翻阅小阅览室中的书籍，阅览室就在博物馆里舒适的咖啡屋中。传统艺术和民族学中心设于一位前法国法官的宅邸之中，是城中自20世纪20年代保留下来的大量建筑中的一座。

## 香芒区(Xieng Mouane Area)

许多小街巷弄都通向迷人的湄公河畔，这里有悬挂着百叶窗的殖民时期建筑，面朝河水的露台咖啡馆和古玩店。

### 巴派寺 佛教寺庙

(Wat Pa Phai, ວັດປ່າໄຜ່；见40页地图；Th Sisavang Vatthana)寺庙的木质正立面采用了鎏金雕花装饰，内部还有一幅经典的泰－老风格的壁画，描绘了19世纪后期老挝的日常生活场景。

### 香芒别墅 建筑

(Villa Xieng Mouane, ເຮືອນມໍລະດົກຊຽງມ່ວນ；见40页地图)有一条小路从主要的商业大街通向一片棕榈掩映的小小的静谧绿洲，这就是香芒别墅。这是一座真正意义上的传统长屋，建造者用粗壮的树干做成支

## Central Luang Prabang 琅勃拉邦市中心

**重要景点**

1 普西山 C4
2 皇宫博物馆 C3
3 传统艺术和民族学中心 C5
4 香通寺 F1

**景点**

5 佛祖脚印 D3
6 浮想佛陀展 C3
7 文物馆信息中心 D3
8 勃拉邦金佛 C3
9 皇宫汽车展 C3
10 宗西塔 C4
11 玛莫佛塔 D5
12 联合国教科文组织办公室 F1
13 香芒别墅 C3
14 阿汉寺 D5
15 春孔寺 C3
16 霍勃拉邦寺 C4
17 迈佛寺 C4
18 帕华寺 C4
19 巴派寺 D3
20 巴坎寺 G1
21 帕玛哈塔寺 A6
22 丰塞特寺 G2
23 旁琅寺 E4
24 森苏加拉姆寺 E2
25 西普塔巴提帕拉寺 D3
26 苏万纳基利寺 F2
27 坦玛塔阑寺 D4
28 维苏纳拉寺 D6
29 香芒寺 C3
30 瓦帕卡·赛格拉姆寺 F3

**活动、课程和团队游**

31 全老挝大象营 C3
32 Big Brother Mouse D3
33 儿童文化中心 B4
34 Dhammada C6
35 Green Discovery D3
36 Hibiscus Massage F2
37 老挝红十字会 D6
38 琅勃拉邦图书馆 C4
39 Mekong Yoga D5
40 Spa Garden E2
Tamarind （见107）
41 Tiger Trail C3
42 Tum Tum Cheng Cooking School F1
43 White Elephant C3

**住宿**

44 Amantaka C6
45 Ammata Guest House E2
46 Apsara E2
47 Auberge les 3 Nagas E2
48 BelAir Boutique Resort F6
49 Bou Pha Guesthouse D3
50 Boungnasouk Guesthouse D2
51 Chang Inn E2
52 Khoum Xiengthong Guesthouse F1
53 Khounsavanh Guesthouse B6
54 Kongsavath Guesthouse E2
55 Lao Wooden House D2
56 Lemon Laos Backpackers B6
57 Luang Prabang River Lodge B4
58 Manichan Guesthouse B4
59 Mao Pha Shak Guesthouse E6
60 Mekong Charm Guesthouse E1
61 Meune Na Backpacker Hostel E6
62 Muang Lao Riverside Villa D2
Namsok Guesthouse 1 （见71）
63 Nora Singh Guesthouse C4
64 Pack Luck Villa D2
65 Paphai Guest House D3
66 Phonemaly Guesthouse A5
67 Phongphilack Guesthouse D5
68 Phounsab Guesthouse C3
69 Sackarinh Guest House D3
70 Sala Prabang C3
71 Silichit Guest House D2
72 Souksavath Guesthouse B5

柱将整栋房屋架离地面。这里目前偶尔会被用作展览中心。

### 文物馆信息中心　　画廊

（Heritage House Information Centre；见40页地图）文物馆信息中心里有电脑，你可以利用其中的系列照片和介绍来详细研究城中大量被列入联合国教科文组织保护名录的历史建筑。

### 香芒寺　　佛教寺庙

（Wat Xieng Mouane，ວັດຊຽງມ່ວນ；见40页地图；⏲8:00~17:00）香芒寺大殿的历史可以追溯到1879年。目前寺院运营着一个培训中心，向年轻僧侣们传授木雕、彩绘、佛像雕塑和其他维护琅勃拉邦寺庙时必要的技能。这些活动在1975年革命后曾一度中止，从这里的小**展示厅**（showroom；⏲8:30~10:30和13:30~16:00）所出售的未经细致加工的产品来看，还有相当多的恢复工作有待完成。

### 春孔寺　　佛教寺庙

（Wat Choumkhong，ວັດຈຸມຄ້ອງ；见40页地图）当一品红树变红的时候，小小的春孔寺边的花园就变得格外迷人。春孔寺建于1843年，得名自一座最初由锣熔铸而成的佛像。

73 Soutikone Guesthouse 1 ........D3
74 Thanaboun Guesthouse ........D3
75 Vilayvanh Guesthouse ........D5
76 Villa Champa ........D2
77 Villa Chitdara ........D2
78 Villa Pumalin ........A4
79 Villa Santi ........E2
80 Villa Sayada ........D5
81 Villa Senesouk ........E2
82 Xayana Guesthouse ........B5
83 Xieng Mouane Guesthouse ........C3
84 Xiengthong Palace ........F1

**就餐**

Apsara ........（见46）
85 Baguette Stalls ........B5
86 Big Tree Café ........D2
87 Blue Lagoon ........C3
88 Café Toui ........D3
89 Coconut Garden ........D3
90 Couleur Cafe ........D3
91 Dao Fa Bistro ........D3
92 Delilah's ........A5
93 Dyen Sabai ........E3
94 JoMa Bakery Cafe ........B5
95 Khemkhong View Restaurant ........C3
96 Le Banneton ........F2
97 Le Café Ban Vat Sene ........E3
Le Patio ........（见3）
98 L'Elephant Restaurant ........D2
99 早市 ........B4
100 Nazim Indian Food ........D3
101 夜市大排档 ........B4
102 Riverside Barbecue Restaurant ........B4
103 Roots & Leaves ........C6
104 Rosella Fusion ........E2
105 Saffron ........D2
106 Somchanh Restaurant ........A5
107 Tamarind ........E2
108 Tamnak Lao ........E2
109 Tangor ........D3
110 Xieng Thong Noodle-Shop ........F2

**饮品和夜生活**

111 Hive Bar ........D5
112 House ........D4
113 Ikon Klub ........D3
114 Lao Lao Garden ........D4
115 S Bar ........D5
116 Utopia ........D5

**娱乐**

117 Phrolak-Phralam Theatre ........C4

**购物**

118 Caruso Lao Homecraft ........D3
119 Handicraft Night Market ........B4
120 Kopnoi ........D5
121 L'Etranger Books & Tea ........D5
122 Ma Te Sai ........D2
Monument Books ........（见62）
123 Naga Creations ........D3
124 OckPopTok ........D3
OckPopTok ........（见62）
125 Orange Tree ........D2
126 Pathana Boupha Antique House ........E6
香芒寺展示厅 ........（见29）

**实用信息**

BCEL ........（见49）
127 出入境办公室 ........D6
128 省旅游局 ........B5

**交通**

129 曼谷航空公司 ........D3
130 KPTD ........B5
131 长尾船航务处 ........D2
132 琅塞号游轮 ........D3
133 湄公河游轮 ........F1
134 航务处 ........B3
135 松浦游轮 ........D2

## 北部半岛 (The Upper Peninsula)

在这片由湄公河和南康河冲积而成的半岛的北端，茂盛的棕榈树掩映着一座座金光闪闪的寺院。每天黎明之前，他们就会敲响神秘的鼓点，而当晨雾聚集时，披挂着橘色僧袍的僧侣们便在沉默中鱼贯而出。最有名的要数香通寺，但好些其他的寺院更宁静、游客更少，因而别具魅力。

欣赏两河交汇景观的最佳地点是Hotel Mekong Riverside外。在半岛的最远端，每到旱季就会架起一座竹桥（通行费 往返5000K）。竹桥跨越南康河，以方便人们抵达一个“河滩”。这里有个简单的酒吧可以观赏日落，同时也提供了一条通往班桑孔村（Ban Xang Khong）的捷径，沿着它只需向东北走一公里即可到达村庄。

### ★香通寺 　佛教寺庙

（Wat Xieng Thong，ວັດຊຽງທອງ；见40页和44页地图；紧邻Th Sakkarin；门票20,000K；⊙8:00~17:00）香通寺是琅勃拉邦最知名同时也是游客最多的寺院，寺院的中心是修建于1560年的大殿，而这座大殿也被认为是本地设计风格的典范之作。寺庙屋顶低垂，斜掠过地面，西面的外墙上还有一幅特别的“生命之树”马赛克拼图。寺内，从

## Wat Xieng Thong 香通寺

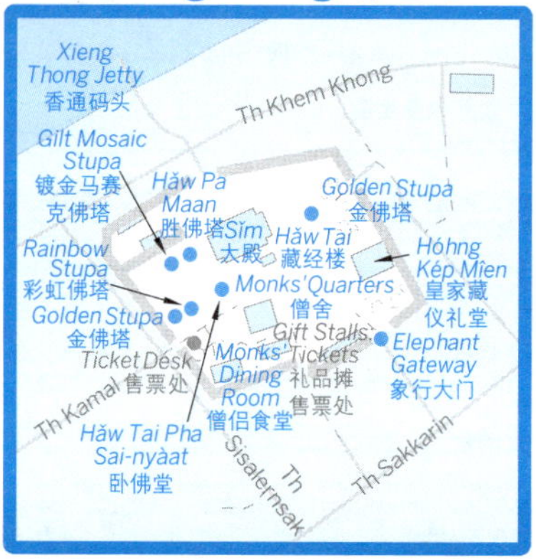


天花板上的法轮到墙上描绘的传奇君主占塔帕尼王(King Chanthaphanit)的功勋事迹无不灿然流金。1887年，当黑旗军洗劫城中其他地方时，香通寺是幸免于难(部分的)的两座寺庙中的一座。黑旗军的首领刁文池(Deo Van Tri)早年曾在这里出家为僧学习，但他亵渎了这座寺庙，将其作为入侵时的指挥部。

大殿四周还有几座佛塔和3座小殿，它们都被称之为堂(hŏr)。**藏经楼**(Hŏr Đại)的形状像一座高耸的坟墓，它最初是一座"图书馆"，但如今在里面安放着一尊立佛。另两处外墙上用炫目的镜面马赛克拼贴出描绘本地乡村生活和西约·沙瓦(Siaw Sawat)功绩的图画(西约·沙瓦是一本著名老挝小说里的英雄人物)。**胜佛堂**(Hŏr Pa Maan)常年关闭，仅在老挝新年后的一周对外开放。而**卧佛堂**(Hŏr Đại Pha Sai-nyàat)又被法国人称为拉夏贝尔红色礼拜堂(La Chapelle Rouge)。其中供奉着一尊从建寺起即存在的卧佛像。这尊独一无二的塑像有着柔润精美的上身曲线，右手的手势仿佛在说"噢，怎样都好!"与之相对的，却是如冉冉卷云般的僧袍下的笔直双腿与露出的双脚所形成的飒爽线条。

而在格外奢华的镀金装饰之下的，是**皇家葬仪礼堂**(Hóhng Kép Mîen)。这里存放着一架金光闪闪的仪仗马车，用于运送老挝皇室的巨大金色骨灰瓮。马车装饰着红信灼灼的七头那伽(naga，梵文中的蛇神，也称那伽龙神)，但略显可笑的是车下安装的却是乏味的普利司通轮胎。

### 巴坎寺

佛教寺庙

(Wat Pakkhan, ວັດປາກຄານ; 见40页地图; Th Sakkarin)巴坎寺的历史可以追溯到1737年，但在一个世纪前曾经历过一次重建。寺庙外观简单朴素、古色古香，转弯角撑起了两层重叠式屋顶。马路对面，赭色的殖民时期别墅曾经是本城海关，如今是**联合国教科文组织办公室**(Unesco offices; 见40页地图)。

### 苏万纳基利寺

佛教寺庙

(Wat Souvannakhili, ວັດສຸວັນນະຄີລີ, Wat Khili; 见40页地图; 紧邻Th Sakkarin)苏万纳基利寺的主建筑看起来更像一座殖民地时期的宅邸而不是一座庙宇，然而其中小小的大殿却是如今少有的典型川圹(Xieng Khuang)风格。

### 森苏加拉姆寺

佛教寺庙

(Wat Sensoukaram, ວັດແສນສຸກອາຣາມ; 见40页地图; Th Sakkarin)华丽的红宝石色墙壁，错综复杂的镀金纹饰，共同将森苏加拉姆寺打造成了整个琅勃拉邦最闪耀的寺庙之一。据传，寺院的名称来自于建寺最初的100,000K捐款，这在1718年时可是一笔相当可观的巨款。

## 维苏纳拉(维苏)寺区 [Wat Wisunarat (Wat Visoun) Area]

琅勃拉邦最具历史意义的两座寺庙都隐身于这里的棕榈树之间，若是能从交通繁忙的地面远眺一眼普西山，就更为宜人了。

### 维苏纳拉寺

佛教寺庙

(Wat Wisunarat, ວັດວິຊູນ, Wat Visoun; 见40页地图; Th Wisunarat; 门票 20,000K; ⏲8:00~17:00)正对着玛莫佛塔(That Makmo)的维苏纳拉寺得名自昭·维苏纳拉(Chao Wisunarat, King Visoun)，他在1513年修建了这座寺庙。虽然被誉为琅勃拉邦最古老的寺庙之一，但事实上它却是在黑旗军的袭击之后于1898年重建的。作为对于门票花费的微薄回报，你可以在寺内细细欣赏一大批古老的镀金“祈雨”佛像，它们长长的手臂低垂在身体两侧，尽显婀娜之态。佛像是和一些中世纪时期的授戒石碑一起放置在这里的，它们都来自于一些已被废弃或损毁的寺庙。

### 阿汉寺
佛教寺庙

(Wat Aham，ວັດອາຮາມ；见40页地图；门票 20,000K；⏲8:00~17:00)这座小小的佛寺曾经是老挝佛教总主持桑卡拉的修行之所，直到200年前迈佛寺取代了它的地位。内墙上尽管质朴却仍然色彩鲜艳的壁画描绘了佛教历史和有关美德的传说(有的显得阴森可怕)，但却没有任何翻译或介绍，显得门票费收得有些师出无名。

### 玛莫佛塔
佛教圣地

(That Makmo；见40页地图)这座表面凹凸不平的半球形佛塔通常被俗称为That Makmo，翻译过来就是“西瓜塔”。佛塔始建于1503年，1887年因内藏的珍宝而遭到劫掠损毁。在最近一次的修复(1932年)中，塔身被浇筑了一层浅灰褐色的混凝土。

## 中南部(South of the Centre)

跳上自行车去探访以下地方吧。

### 老挝未爆炸武器信息中心
博物馆

(UXO Laos Information Centre；见36页地图；☎071-252073；www.uxolao.gov.la；门票乐捐；⏲周一至周五 8:00~11:45和14:00~16:00)令人肃然的老挝未爆炸武器信息中心位于一座修剪齐整的新公园后面，旁边是一尊大大的“红色亲王”(Red Prince)塑像。参观这里可以让人了解到老挝在第二次印度支那战争中所经受的灾难，而且在近40年后的今天，在好几个省份里，当年遗留下来的未爆炸武器仍在继续书写着死亡或伤害的日常悲剧。如果你错过了这里，丰沙湾(Phonsavan)还有个类似的信息中心。

### 玛诺隆寺
佛教寺庙

(Wat Manorom，ວັດມະໂນລົມ，Wat Mano，Wat Manolom；见36页地图；Th Pha Mahapatsaman)顺着曲曲折折的道路向西走便可找到玛诺隆寺。寺庙位于赤素馨花树丛之中，刚好就在老城墙(现在已经看不到了)所在的地方。它或许是琅勃拉邦最古老的寺庙了，大殿内高达6米的青铜坐佛像铸于1372年。在1887年的战乱中，佛像被砍得支离破碎，但1919年时人们将残存的部分搜集起来重铸了佛像。到1971年，人们又用混凝土做出了假肢，然后覆上金叶子，补齐了佛像缺失的四肢。

### 帕玛哈塔寺
佛教寺庙

(Wat Pha Mahathat，ວັດພະມຫາທາດ，Wat That；见40页地图)帕玛哈塔寺的寺名取自于一座珍贵的兰纳式(Lanna-style)佛塔，佛塔建于1548年。前面的大殿建于1910年，有着雕花的木窗和柱廊，还有镀金的莲座形支柱，外墙的浮雕描绘着佛陀悟道前的本生故事。

### 塔銮寺
佛教寺庙

(Wat That Luang，ວັດທາດຫຼວງ；见36页地图；门票 10,000K；⏲8:00~18:00)塔銮寺其实是老挝皇室的传统火葬场所，据传最初是由来自印度阿育王朝的几位传道僧人于公元前3世纪时建立的。然而如今规模庞大的大殿却是在1818年重建的，殿中多叶纹饰柱头的风格与其说是印度式的，倒不如说更接近希腊柯林斯式。大殿与两座佛塔连成一体，较大的一座披挂着一层已经锈蚀的古老铜甲。尽管这座佛塔修建于1910年，是在西萨旺·冯国王逝世之前50年，但人们还是相信塔中存放着这位国王的骨灰。

### 帕巴代寺
佛教寺庙

(Wat Phabaht，ວັດພະບາດ；见36页地图；Th Phothisarat；门票 10,000K)这座现代风格的越南-老挝式寺庙的正面装饰着一排与众不同的俗艳尖塔。而在寺庙的背后却是一片面朝湄公河的平台，树影婆娑。从这里拾级而下，可以找到另一处隐藏在青绿色顶棚下的巨大的神圣脚印。

### 沃克坡多民间工艺中心
艺术中心

(OckPopTok Living Crafts Centre；见36页地图；☎071-212597；www.ockpoptok.com；⏲9:00~17:00)免费 只要穿过大集市(Talat Market)，循着一条小巷向湄公河方向走大

约200米，你便会看到这个非常棒的沃克坡多民间工艺中心。这是一座规划得很漂亮的传统式工场，在这里，织工、纺工和蜡染艺人一同创造着顶级的织品。工艺中心差不多每半小时就会组织一次免费团队游，参观者可以借此深入了解丝绸制造和染色工艺的整个过程。

如果你在等待参加免费团队游，这里有一个拥有极佳河景的咖啡馆可以让你稍事休息。除了饮料和美味的老挝食物外，这里还有大量资料可供你细细研读。或者，你也可以试着来一杯虫茶——是的，其中别出心裁地加入了蚕粪的提取物，但却出人意料的好喝。此外，这里还开设编织和染色课程，并且提供住宿。

## 湄公河对岸 (Across the Mekong River)

要感受独具一格的“乡村”氛围，就要穿过湄公河到孟宗佩（Muang Chomphet）去。从皇宫后面的航务处（navigation office；见64页）搭乘渡船（本地人/外国人2000/5000K）即可到达。只要有几个乘客上船便会发船。除此之外，琅勃拉邦临水各处都会有船夫等候客人包船，这些小船几乎可以开往北岸的任何地方，费用为每船20,000K。如果水位允许，你可以包一条船行至隆昆寺（Wat Longkhun）码头，然后步行经班香曼村（Ban Xieng Maen）返回主码头——这会是一条非常不错的短途游线路。但是，乘船前往隆昆寺却不是在任何时候都

### 化缘——僧侣寻求布施

每天拂晓时分，身披藏红色僧袍的僧侣们就出现在大街小巷，与此同时，虔诚的居民们则会将早已准备好的小糯米饭团放入僧人们的钵中。这是一个平和静默的仪式，僧人们借此实践着他们有关身无长物及保持谦卑的誓约，而俗家的佛教信徒们则在恭敬有礼的布施之中得到心灵的洗礼。

尽管老挝全国都有这样的仪式，但在古老的琅勃拉邦城里，宁静的氛围和晨雾笼罩寺庙的独特气息使得在Th Sakkarin和Th Kamal两条街道上进行的清晨巡街化缘显得格外浪漫。不幸的是，也正因为这样，越来越多的观光者蜂拥而至，甚至超过了施授双方的人数。尽管游客们被反复劝说不要将相机镜头凑到僧人面前，但总有如同不专业的狗仔队一般的游客忍不住要凑上前去拍照。将心比心，不参与布施的观光者应遵循以下原则：

- 站在僧侣行进路线之外，如果有可能，最好是透过旅馆窗口静静观看。
- 克制拍照的欲望，或是最多使用长焦镜头从远处拍摄。千万不要使用闪光灯。
- 保持安静（最好是骑车或步行前往参观；不要喋喋不休）。

如果这样的仪式对你来说真的有意义，你也可以参与其中——所谓有意义，是指你并不仅仅是想挤进仪式的队伍中去摆拍一张照片。提前做些准备，多了解相关知识，以免触犯约定俗成的相关禁忌。不要受路边推销的小贩怂恿而不情愿地参与到仪式中。这些小贩让整个仪式变得十分商业化，而且会出售价高质劣的布施品——与其布施这些糙米劣食，倒不如什么也不要给。更恰当的做法是，从你所住的客栈买一些用上等糯米（kao kai noi）煮制的饭团，或是在仪式开始前到早市购买新鲜出炉的饭团。将它们装在洁净的饭篮中，而不要装在塑料袋里。在抵达目的地前，整理你的着装以确保适宜出入寺院（遮住上臂和胸部，女士着裙装，男士着长裤）。洗净手，但不要使用任何洗手液或香水，以免在布施时将香味沾染到饭团上。

一旦进入布施场地，脱掉鞋子，将一条肩带或腰带披到你的左肩上。女士应当双脚交叠跪在地上（别坐下去），而男士则应站立。不要直视僧侣。

行得通的，因为沙洲会随季节性的水位变化而有所不同。

**Jewel Travel Laos**（见36页地图；www.jeweltravellaos.com；⏲8:00~16:00）在对岸的渡口上设有办公室，出售区域导览图（4000K）并出租山地自行车（每天50,000K）。然而，要参观这里的一系列寺院，你既用不到自行车，也不必依靠地图。这些寺庙都分布在班香曼村以东的河岸边，村子不通车。

### 香曼寺

佛教寺庙

（Wat Xieng Maen，ວັດຊຽງແມນ；见36页地图；门票 10,000K）香曼寺始建于1592年。1867年，勃拉邦金佛在客居泰国长达40年后才被迎回琅勃拉邦，途中曾在此停留了7个晚上。这让香曼寺蒙上了一层神圣的气息。如今，色彩明丽的大殿里供奉着一组佛陀“家庭”像，非常引人注目。殿中圆柱上醒目地刻着出资重建寺庙的美国捐助者的名字。

### 宗佩寺

佛教寺庙

（Wat Chomphet，ວັດຈອມເພັດ；见36页地图；⏲8:00~17:00）班香曼村有一条以砖块砌边的狭长小“街”。沿着这条小“街”走，你会发现慢慢地，小“街”变成了简陋的小道，最后的一段路几乎和一般的岩石小路一样窄。从这里你需要登上123级台阶，然后便可到达建于1888年的宗佩寺。寺庙的正面有一对灰色的浮屠宝塔。这座山顶寺庙小似贝壳，但却是个能够俯瞰村子与河景的宁静去处。

### 隆昆寺

佛教寺庙

（Wat Longkhun，ວັດລ່ອງຄູນ；见36页地图；门票 10,000K；⏲8:00~17:00）迷人的隆昆寺四周环绕着九重葛和呈放射状的扇叶头棕榈树。过去，每一位琅勃拉邦的新国王在等待加冕时，照例总是要在隆昆寺的行宫住3天，直到登基。如今四周各种各样的僧舍都坚守着纯朴之风，而正中的大殿还保留着古老的壁画，远远看去真有些古怪的感觉。其中一幅壁画描绘的是巨鱼攻击遭遇海难的海员的场面。

询问售票点，他们应当会为你提供参观**坦萨嘎林溶洞**（Tham Sakkalin；门票包含在隆昆寺门票中）所需的钥匙和手电筒。向东走3分钟，然后登上几级台阶，掩藏在凌空斜生的九重葛之下的便是坦萨嘎林溶洞。进门向右走，手电的光亮甚至照不透这100米长的湿滑溶洞。当你向下走时，会看到右边的壁龛里存放着一些佛像残片，但这里真正不同寻常的却是仿佛由洞穴自身所产生的奇怪高热。

值得一游

#### 城外的生态农场

**Living Land Farm**（www.livinglandlao.com）是一个力图为老挝百姓争取利益的社会企业。这座生态农场位于琅勃拉邦城外5公里处的班丰万村（Ban Phong Van），就在前往达光西瀑布的路旁。在这里，你可以了解老挝农民的生活。观光者可以亲身体验种植或收获稻米的过程，具体是哪一种取决于季节。当然，你还可以亲手为谷粒扬糠去壳。这会是一次颇富教益的经历，不过费用高达每人300,000K，这远远超过了一般老挝农民乃至穷游背包客的预算。

### 哈筱寺

佛教寺庙

（Wat Had Siaw）免费 继续向东步行约20分钟便来到了这座虽然破败却仍在使用中的小小的哈筱寺——过了主路向内陆的分岔路之后，沿着右侧的小路走一半就到了，这条路再向前便到了尽头。在到达寺庙之前，你会先经过一座孤伶伶的小木屋和一座横跨于小溪之上的独木桥。

越过哈筱寺沿小路登上一座树木繁茂、鸟鸣阵阵的小山，山顶有一座新的镀金佛像，刻画的是佛陀骑在七头蛇身上的情景（15分钟脚程）。

## 南康河对岸
## （Across the Nam Khan）

每到旱季，一旦水位开始出现明显下降，当地人便会搭起一对人行竹桥（2000K），以便让人们可以前往南康河东岸以及它周边的半乡野区域。而当河水涨起来时（6月至11

## 带孩子在琅勃拉邦旅行

如果说寺庙和博物馆看起来不对孩子们的胃口，在琅勃拉邦城中及周边还有很多有趣的东西可以吸引他们的注意力。所有年龄段的孩子都会爱上达光西瀑布（见67页）和达塞瀑布（见67页）的天然游泳池。在达光西瀑布，孩子们可以在令人着迷的黑熊围场里一窥雄壮的亚洲黑熊，而在达塞瀑布则有一些轻松简单的大象骑乘活动供孩子们玩乐。湄公河上的水上旅行也非常闲适自在，目的地包括巴乌溶洞群（见66页），对年少的探险家来说是个很好的消遣之处。

稍大些的孩子应该会喜欢城市周边提供的自行车骑行或皮划艇等活动。而小一些的孩子也可以在**ABC School**（每个孩子20,000K；⏲周一至周五15:00~21:00，周六和周日9:00~21:00）的大游乐场里消磨些时间。学校位于南康河的另一侧，距离Dyen Sabai餐厅不远。全城各处都有许多适合家庭的咖啡馆，但如果想要一个游泳池，最好考虑在距离老城较远的区域住宿，或是直接选择清凉宜人的La Pistoche（见61页）。

月），竹桥便消失了，要前往上述地区，就得骑自行车或摩托车绕道“老桥”，要不就是由长途汽车北站乘车前往。

穿过南面的竹桥，拾级而上便会经过备受推崇的花园咖啡馆Dyen Sabai（见59页），就在**旁琅寺**（Wat Punluang；见40页地图）旁边。向左的道路尘土飞扬，尚未铺设路面，沿这条路走两公里后便可到达一座有趣的手工艺村庄——班桑孔村。沿途会经过外墙已经倾颓的**瓦帕卡·赛格拉姆寺**（Watpakha Xaingaram；见40页地图）、宁静的河岸寺庙**丰塞特寺**（Wat Phonsaat；见40页地图），以及**香勒寺**（Wat Xiengleck）——这里有一座摇摇晃晃的吴哥式古老砖塔，营造出了一种苍凉的气氛。继续前行约半公里，在班桑孔村里有一段400米长的区域，里面全是老房子和精品手工店，在这里你可以参观织工和造纸者的现场工作，也可以买一些他们的作品，有时还会有实践课程可以让你学到一些手工技巧。最引人注目的展示工坊是**湄公河工匠村**（Artisans du Mekong；✆071-254981；⏲8:30~16:00），这是一个古寺庙风格的建筑群，隐藏在一扇巨大的“长牙”大门之后。你可以在有着凸起地板座的咖啡馆里品尝茶、咖啡或精选小吃。

## 活动

一些琅勃拉邦最热门的活动都集中在较远的郊外，其中包括徒步、自行车游和皮划艇游。另一项热门的活动是在城郊花上一天或更多时间，参观众多大象营中的一个，并学习驭象之术。

### 瑜伽

琅勃拉邦如今已经涌起了一股瑜伽热潮。有关城中相关课程的详细信息，可查阅www.luangprabangyoga.org网站，也可以在清早7:30到南康河边的Utopia（见61页）参加他们的临河晨课（50,000K）。有时沃克坡多民间工艺中心（见45页）也会开设日落课程和一些傍晚的瑜伽班。

**Mekong Yoga** 瑜伽

（见40页地图；Wat Aphay；每课时80,000K）新开张的Mekong Yoga（湄公河瑜伽）在一座传统老挝风格的房子里授课，房屋位于普西山下的阿佩寺（Wat Aphay）中。留意看院子里的指示牌。

### 按摩和桑拿

按摩和桑拿的选择很丰富，包括各式草药桑拿以及老挝式、伟术式或瑞典式按摩。最便宜的地方（包括Th Khem Khong上的3家店和位于中心区的Th Sisavangvong上的好几家）消费标准如下：身体按摩或足部按摩每小时40,000K，精油按摩每小时60,000K。

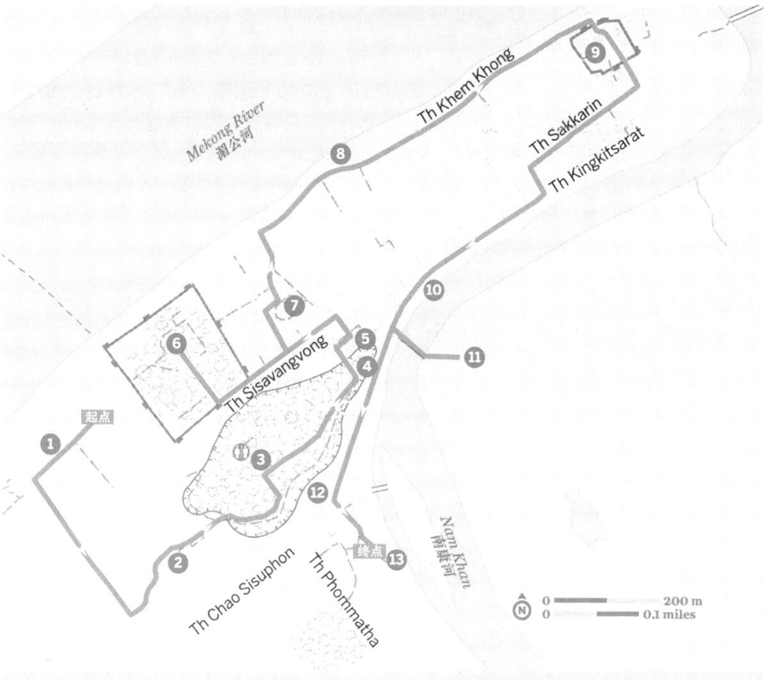


## 步行游览
# 老琅勃拉邦城

**起点**：早市
**终点**：Utopia或Dyen Sabai
**距离**：4.5公里
**需时**：4～5小时

这趟步行旅程只需半天便足以悠闲地穿过历史城区中心，并在多处停留参观。我们建议天一亮便出发，以避开下午普西山的暑热；此外考虑到博物馆的开放时间，最好不要选择在周二出行。但是，如果你认为琅勃拉邦的独特之处就在于它的整体氛围和咖啡馆文化而非某些特定景点，那么任何时间出行都是可以的。

清早起来逛逛❶**早市**（见58页），在咖啡馆吃一顿本地早餐，之后便动身前往❷**传统艺术和民族学中心**（TAEC；见41页）。细细欣赏一场关于老挝北部少数民族镶嵌工艺的小展览，或是单纯在中心附属的Le Patio咖啡馆享受一下绝佳的咖啡或水果沙冰。稍事休整后，开始尝试穿越一小片迷宫似的居民住宅，这里游客罕至，之后便来到了普西山的南侧。在天气变得太热之前登山寻访❸**宗西塔**（见39页）。如果天气阴沉多雾以至无法远眺，就转而绕山经超大尺寸的❹**佛祖脚印**（见41页）下到商业主街上，途中还会经过❺**西普塔巴提帕拉寺**（见41页）。如果你能赶在11:00前抵达❻**皇宫博物馆**（见38页），就能来得及进去参观一圈，了解老挝皇室在1975年之前的生活。接下来，顺着棕榈掩映的小路缓步徐行，来到❼**香芒区**，继而直抵❽**湄公河畔**，这里到处都是诱人的露台咖啡馆和老挝-法国殖民式洋房。如果你还没有在清晨的僧侣化缘活动之后逛过这里，那么漫步半岛顶端时不妨品味一下这里寺庙的浓厚氛围。别错过最著名的❾**香通寺**（见43页）。漫步返回时，绕道到秀美的❿**南康河岸**看看，如果是在旱季，就穿过竹桥到令人愉快的⓫**Dyen Sabai**（见59页）享受一顿美味的午餐。如果没有竹桥（6月至11月），或是你在下午才来到这里，则可以选择到⓬**Lao Lao Garden**（见61页）里放松一下身心，或沿着一条蜿蜒曲折的小路找到⓭**Utopia**（见61页）。

某些顶级酒店的豪华水疗设施也向非住客开放。

**Dhammada** 按摩

（见40页地图；☎071-212642；www.dhammada.com；Namneua Lane；足部/东方式/香薰按摩 每小时100,000/100,000/160,000K；⏲11:00~23:00）城中最好的按摩店之一。这是一处时髦的乡村处所，旁边是幽静的莲花池。

**Hibiscus Massage** 按摩

（见40页地图；☎030-923 5079；Th Sakkarin；传统按摩60,000K起；⏲10:00~22:00）Hibiscus开设在一栋法国老建筑里，这里原来是间画廊。店内丝幔飘垂，柔和的音乐婉转轻扬，与之相伴的，是按摩与敲击的惬意享受。

**Lao Red Cross** 按摩、水疗

（老挝红十字会；见40页地图；☎071-253448；Th Wisunarat；按摩10,000~50,000K；⏲7:00~22:30）这里保持了传统（但简陋！）的环境：木椽、冷风扇和石头地面。可提供从头部到身体的一系列按摩、桑拿、足底按摩以及香薰按摩。收入直接用于改善老挝乡村最穷困人群的生活。

**Spa Garden** 按摩、水疗

（见40页地图；☎071-212325；按摩60,000~350,000K，桑拿/美甲30,000/60,000K）坐落在一个蓊郁的迷人花园中，设有多种舒缓及排毒护理套餐。

## 课程

### 烹饪

**Tamarind** 烹饪

（见40页地图；☎020-7777 0484；www.tamarindlaos.com；Ban Wat Nong；1日课程 270,000K；⏲周一至周六 9:00~15:00）Tamarind的教室是一个临湖的大凉亭，在这里花上一天时间就能略探老挝烹饪艺术的奥妙。首先在它的餐厅集合，然后动身前往市场寻觅制作传统菜肴——比如mok pa（芭蕉叶蒸鱼）——所需的材料。16:00另设有晚间烹饪班，费用为200,000K，但就不包括去市场采购的环节了。

**Tum Tum Cheng Cooking School** 烹饪

（见40页地图；☎071-253388；29/2 Th Sakkarin；1日课程含烹饪食谱 250,000K）著名大厨Chandra亲自教授他的点金妙术。课程通常在位于半岛的学校内进行，8:30开始，14:00结束，其中包含到市场挑选蔬菜的环节。

### 按摩

**Dhammada** 按摩

（☎071-212642；Namneua Lane；1日/5日课程 US$50/350）开设有1~5日的按摩课程。

### 编织

班桑孔村的一些编织业者可应要求提供非正式的相关课程。

**沃克坡多民间工艺中心** 课程

（OckPopTok；见36页地图；☎071-212597；www.ockpoptok.com；1日课程 US$72；⏲周一至周六 8:45~16:00）游客可在沃克坡多民间工艺中心的课上学习编织自己的围巾和其他织物，此外还有半天的竹编课程（US$18）可供选择。老师都是熟练的手工艺人，你可以保留自己的作品。提供午餐。学校位于过普西市场（Phousy market）后的两公里处，有嘟嘟车免费接送。

## 团队游

琅勃拉邦有大量的旅行社争相为你提供从半日到多日的团队游服务。参观瀑布和巴乌溶洞群的团队游线路最为热门，价格也往往极具竞争力，但最好还是货比三家。许多旅行社，尤其是Th Sisavangvong上的那些，同时还提供机票预订、自行车出租、货币兑换和代办签证（需要留意的是，自行办理越南签证或老挝签证延期更为简单，而且便宜）等服务。

以下提到的旅行社并不是最便宜的，但大都能够提供更为丰富多样的项目供你选择，包括区域性徒步、皮划艇游和自行车游等，所有项目都组织得很好，并且他们在生态游项目和社区参与方面做得非常出色。

**Green Discovery** 户外

（见40页地图；☎071-212093；www.greendiscoverylaos.com；44/3 Th Sisavangvong）这家机构是老挝生态游的创始者，提供皮划艇、徒步、山地自行车、摩托车观光以及多日的北部团队游，还包括摩托车团队游。

**Tiger Trail** 徒步

（见40页地图；☎071-252655；www.laos-adventures.com；Th Sisavangvong；⏲8:30~21:00）Tiger Trail专注于通过组织徒步活动担负起社会责任，从而惠及老挝百姓。提供穿越苗族（Hmong）和佧木族村落的徒步游项目。所有行程均可定制，可选项目包括皮划艇、骑大象、漂流或山地自行车骑行观光活动。

**White Elephant** 徒步

（见40页地图；☎071-254481；www.white-elephant-adventures-laos.com；Th Sisavangvong）这家旅行社之所以受欢迎，完全是由于他们与地处偏远的苗族及佧木族村落保持着紧密的联系，这使得他们可以带领游客深入了解少数民族的风土人情。你可以花上2~3天时间，徒步或是骑自行车完成这一旅程。留意找宝马摩托车和共产党旗即可。

## 节日和活动

**老挝新年** 文化节

（Pi Mai，Lao New Year）大量的游客在此时汇聚到琅勃拉邦，只为一睹4月新年里“泼水”节的盛况。因此若要在这段时间前往琅勃拉邦，提前预订好一切是很明智的。

**出夏节** 文化节

（Bun Awk Phansa；雨季静修的结束）在9月或10月的出夏节期间，南康河上会举行划船比赛。

## 住宿

琅勃拉邦的住宿比老挝其他地方都要贵得多。此处给出的都是旺季的价格（10月至次年3月）。在老挝新年（4月中旬）和圣诞节期间价格会更高，但是通常到5月份就会下降至少25%。住宿的选择多得令人眼花缭乱，现有的客栈和酒店已有数百家，每个月仍有新的客栈在不断开张。半岛老城区的住宿价格通常会更贵一些。

门市价往往高得惊人，但如果提前通过www.agoda.com之类的网站预订，相比门市价往往能够节省高达50%的费用。大部分高级酒店会额外加收10%的税和10%的服务费。

此外，在远离琅勃拉邦城区的青山绿水间也有一些令人印象深刻的生态酒店和度假村。

### Th Sisavangvong和周边

**Paphai Guest House** 客栈 $

（见40页地图；☎071-212752；Th Sisavang Vatthana；房间 不带浴室50,000~60,000K；📶）这个地方是你在老城中所能找到最便宜和设施最简单的住宿地了。客栈设在一栋靠近Th Sisavangvong中点位置的传统木屋里，房间四壁是藤墙，配有风扇，门上用的还是挂锁。

**Bou Pha Guesthouse** 客栈 $

（见40页地图；☎071-252405；Th Sisavangvong；房间 60,000~100,000K；📶）这里将我们带回了20世纪90年代的琅勃拉邦。客栈开设在一栋位于市中心的老房子里，共有不到10间客房。一对可爱的老夫妻经营着这家客栈，最便宜的房间只有公共浴室。楼上的房间价格为100,000K，可以看到街景。

**Silichit Guest House** 客栈 $

（见40页地图；☎071-212758；Th Sisavang Vatthana；房间 80,000~120,000K；❄📶）这里很受欢迎，有着四四方方的房间，设施简单，是传统的老挝风格。最吸引人的地方就在于它的地理位置，处于老城区的中心地带，靠近湄公河。尽量争取住在楼上的4号或6号房间。

**Namsok Guesthouse 1** 客栈 $

（见40页地图；☎071-212251；www.namsok-hotel.com；Th Sisavang Vatthana；房间 100,000~200,000K；❄📶）Namsok是由

同一个家庭经营的3家客栈中的一家，位于老城区，服务友善且能提供颇多帮助。客房分布在两栋建筑中。老建筑里的房间有风扇，价格比较便宜。新楼的房间则配有包括空调、电视机和冰箱在内的现代设施。

**Sackarinh Guest House** 客栈 $

（见40页地图；☎071-254412；Th Sisavangvong；房间 120,000~150,000K；❄📶）客栈位于城中心一条布满鲜花的小街上，有着简单却宽敞的房间。一旦你熟悉了周围环境，定会爱上这个充满活力的客栈。

**Nora Singh Guesthouse** 客栈 $

（见40页地图；☎071-212033；Th Sisavangvong；房间 130,000K；❄📶）这个位于普西山低处的幽静住处其实是栋惹人喜爱的木质小宅，总共只有7间客房，提供空调、热水和免费Wi-Fi。与主街上的住处相比，这里清静得多，但其实也只相距数步之遥。

**Thanaboun Guesthouse** 客栈 $$

（见40页地图；☎071-260606；Th Sisavangvong；房间 160,000~280,000K；



## 老挝新年

每年4月中旬，当旱季的气温冲到最高点时，老挝新年标志着太阳从黄道十二宫的双鱼座迈入白羊座。旧年的神灵离开，新的神灵在一系列欢庆仪式和热烈的泼水庆典中到来。琅勃拉邦的庆祝活动格外丰富多彩，人们身着传统服饰，连续7天全情投入到各大庆典之中。

届时交通会很拥堵，酒店住宿（和价格）都会达到高峰，在琅勃拉邦尤其如此。

### 传统庆典

**第1天** 旧年的守护神离开，人们将房屋彻底打扫干净，在一个距离班香曼村不远的湄公河的河心滩哈孟昆（Hat Muang Khoun）上，当地人会聚集在一起修建并装点小型沙塔，以此祈福。

**第2天** 民间团体纷纷穿着色彩缤纷的戏剧化服饰，沿着琅勃拉邦的主要街道举行庆典游行。游行的起点是帕玛哈塔寺，终点是香通寺。

**第3天** 这天没有游行庆典活动，人们会在本地寺庙里虔诚地为佛像洗浴除尘。

**第4天** 一大早，人们就会爬上普西山，到山顶的佛塔供奉糯米。到了下午便与家人朋友一起参加神圣的拴线仪式（baci，bąasīi）。

**第5天** 在一个庄严肃穆的仪式中，勃拉邦金佛被请出皇宫博物馆，移至迈佛寺前临时搭建的佛阁中。

**第6天** 新一年的神灵降临。这一天至关重要，清洁活动将扩展至浴佛仪式，人们用那伽形状的木管洗浴神圣的佛像——特别是临时安放在迈佛寺的勃拉邦金佛。年长的僧侣也会受到同样的礼敬对待，而老挝年轻人则会用手（合掌）掬水向他们的长辈泼水以示敬重。

**第7天** 最后，在一场盛大的游行中，神圣的勃拉邦金佛将被从迈佛寺送回皇宫博物馆。

### 泼水节

作为所有传统庆典中最为重要的节日，老挝新年如今已经成了一个主要以泼水为乐的节日。此时正是干热季的高峰，被泼上一两勺冷水的确是件凉爽的事情。但是，坐着嘟嘟车还被迫加入泼水节就不那么好玩了，特别是在你手里还拿着贵重物品没来得及收起来时。要记住，外国人并不能免于浑身湿透的命运，而偏离了活动本身精神的事也时有发生：的确会有些人故意怂恿当地人用高能水枪喷射游客。

❄@📶）Thanaboun位于城市中心地带，客房干净，内饰也极富品位。背对寺庙庭院的客房更为安静。这里还有一个网吧。

**Phounsab Guesthouse** 客栈 $$

（见40页地图；☎071-212975；www.phoun-thavy-sab.jimdo.com；Th Sisavangvong；房间 US$25~45；❄📶）Phounsab位于老城的中心商业区，较新的房间设在后面一个窄小的庭院旁边。正面的房间最超值，又大又通风，木地板平整光亮。

**Villa Senesouk** 酒店 $$

（见40页地图；☎071-212074；senesouk@laohotel.com；Th Sakkarin；房间 US$30~50；❄📶）清晨化缘的僧侣队伍就从酒店较便宜的房间外经过。楼上的房间采光较好，还有一个能看到寺庙景色的公共阳台。穿过一个花园庭院便可来到隐秘的"新"楼，这里被设计成传统家庭住宅的样式，带有镶木饰板的房间配备有全套现代设施，US$50的房间则还享有额外的空间。

**Xieng Mouane Guesthouse** 客栈 $$

（见40页地图；☎071-252152；xiengmouane@yahoo.com；86/6 Ban Xieng Mouane；房间 US$35~45；❄📶）客栈设在一栋白色的两层殖民地风格小楼内，提供舒适的房间，墙上挂着本地织毯，地板锃亮，浴室略显陈旧。棕榈遮蔽的庭院花园犹如一片宁静的绿洲。

**Pack Luck Villa** 客栈 $$

（见40页地图；☎071-253373；www.packluck.com；Th Thugnaithao；房间 US$35~55；❄📶）每到夜晚，彩色外墙上的金叶便会在柔和的灯光下熠熠生辉，令这幢经过大胆改造过的殖民时期建筑显得格外迷人。房间有点小，但是从楼上3间带阳台的房间可以看到清晨的僧侣队伍。所有房间都有独特的织物和纸灯笼。楼下是很受欢迎的Pack Luck Liquor葡萄酒吧。

**★Khoum Xiengthong Guesthouse** 客栈 $$

（见40页地图；☎071-212906；www.khoumxiengthong.com；Th Sisalernsak；房间 US$50~70；❄📶）这家可爱的客栈在晚上会点起小圆蜡烛，而在白天，环绕在美丽的花园边的靠椅为这里营造了浓浓的印度风情。墙面雪白的客房里装饰着石头地板，陈设着铬黄风扇，墙上挂着金色壁毯：2号房（楼下）和5号房（楼上）都很大，并都配有四柱大床。

**Chang Inn** 客栈 $$

（见40页地图；☎071-253553；www.burasariheritage.com；Th Sakkarin；房间 US$65起；❄📶）这是个可爱的地方，休息厅以红木装饰，摆设着中国花瓶、螺钿家具和古董钟。一条装饰着木质鹿角的短廊将把你带到有着老照片和锃亮黄檀木地板的小房间。后面还有一个铺着砖面的繁茂花园。

**Villa Santi** 历史酒店 $$$

（见40页地图；☎071-252157；www.villasantihotel.com；Th Sakkarin；房间 US$128~288；❄📶）🍃这座醒目的老皇家建筑融合了3种截然不同的风格。建于19世纪的别墅曾经是西萨旺·冯国王的妻子的居所，总共只有6间巨大的"皇家"套房。这里还有一间位于楼上的早餐厅，有着令人称羡的街景阳台。后面的中心别墅内有多间"豪华客房"（其实就是标间），而更多的房间事实上都在城南5公里外的一处设施完备的"度假村"中。

**★Auberge les 3 Nagas** 精品酒店 $$$

（见40页地图；☎071-253888；www.3-nagas.com；Th Sakkarin；房间 US$200起；❄@📶）这是一间琅勃拉邦风格的精品酒店，两边都是芒果树，还有一辆20世纪50年代的酒红色梅赛德斯（Mercedes，奔驰）汽车。这座老挝式的建筑已有上百年历史了，洋溢着浓浓的怀旧气息。道路对面的翼楼可谓是建筑上的珍宝。在其宫殿般的套房中有着令人沉醉的四柱大床，加上深褐色的木质浴室，在现代亚洲设计风格之下透出丝丝法国殖民风格的气息。

## 南康河畔 (Nam Kham Riverfront)

**Meune Na Backpacker Hostel** 青年旅舍 $

（见40页地图；☎071-260851；Th Phetsarath；铺 30,000K，房间 60,000K起；

☎）这是一个非常经济实惠的住处，靠近老南康桥，每间宿舍只有5张床，与城中其他的背包旅舍相比显得不那么拥挤。隔壁有一间传统服饰店，如果你喜欢，可以穿上老挝的结婚礼服拍张照片留念。

**Mao Pha Shak Guesthouse** 客栈 $

（见40页地图；☎071-212513；维苏村Ban Visoun；房间 80,000~130,000K；❄☎）位于南康河边一条安静的小路旁，这是一间家庭经营的客栈，很友好。最贵的两个房间可以从侧面看见河景。

**Luang Prabang Paradise Resort** 酒店 $$

（☎071-213103；www.luangprabangparadiseresort. com；房间 US$38~75；❄）酒店紧邻南康河，但离城区有一段距离，过了新桥还要再走一段路。对于想要逃离一切纷扰嘈杂的人来说，这是个轻松自在的地方。这里有多栋全木质的别墅，中间还有一个大大的游泳池。

**BelAir Boutique Resort** 度假村 $$

（见40页地图；☎071-254699；www.lebelairhotels.com；房间 US$60起；❄☎）BelAir的茅草屋从外面看上去似乎就是几间村野小屋，但其内部其实是非常现代化的：所有设施都经过了精挑细选，更有挂帘子的玻璃浴室和可以观赏落日的私人阳台。标间都很宽敞，且风格统一。屋子与屋子之间留有足够的距离，周围更有婆娑的棕榈树和整齐漂亮的草坪。

**★Apsara** 精品酒店 $$$

（见40页地图；☎071-212420；www.theapsara.com；Th Kingkitsarat；房间 含早餐 US$70~130；❄☎）Apsara坐拥南康河的静谧美景。印度支那风格的大堂里点缀着丝制灯笼，吧台的灵感来源于一部经典老电影，而每一个开敞式房间的设计均不相同。从绿松石色的墙面到彩色玻璃佛像，这里的每一处都令人赞叹。

## 湄公河畔和周边

**Boungnasouk Guesthouse** 客栈 $

（见40页地图；☎071-212749；1/3 Th Khem Kong；房间 US$10；☎）这家廉价却洋溢着欢乐气息的家庭客栈拥有非常诱人的地理位置——就在湄公河岸边。客栈共有6间客房，3个双人间，3个大床房，但都看不到河景，因为主人家占据了所有的河景房。老板一家还在马路对面经营了一间餐厅，从那里可以观赏到湄公河的景色，要吃简单的午餐或便宜的晚餐，这里是个不错的选择。

**Soutikone Guesthouse 1** 客栈 $

（见40页地图；☎071-253990；房间100,000~180,000K；❄☎）客栈内部的装潢并不奢华，但几乎都嵌着上过漆的木板，让人隐约有种身处20世纪20年代远洋游轮客舱中的感觉。房间各不相同，其中一些带有古怪的设施，比如前无去路的门廊、残缺的窗户或未完工的浴室。从小小的公共阳台上也可以窥见湄公河的身影。

**★Muang Lao Riverside Villa** 酒店 $$

（见40页地图；☎071-252219；www.xandriahotels.com；Th Khem Khong；房间 US$25~45；❄☎）酒店开在一栋可以俯瞰湄公河的迷人的木头房子里，考虑到其地理位置，这里的小房间的性价比相当高。所有房间都配有平板电视和花洒淋浴设施，部分房间带河景阳台。

**Kongsavath Guesthouse** 客栈 $$

（见40页地图；☎071-212994；www.khongsavath.com；Th Khem Khong；房间 US$30~60；❄☎）这栋藤蔓缠绕的可爱别墅里有多间镶木客房，让人联想起老式双桅帆船里的船长舱。客栈占据着临河的绝佳位置，最好的房间是带河景的家庭套间。

**Ammata Guest House** 客栈 $$

（见40页地图；☎071-212175；pphilasouk@yahoo.com；Ban Wat Nong；房间 US$30~40；❄☎）这家友好的家庭小客栈很受欢迎，气氛低调。客房宽敞干净，木制内饰光亮无尘，浴室也经过了翻新。大部分房间都在楼上，共享一个荫凉的阳台。

**Mekong Charm Guesthouse** 客栈 $$

（见40页地图；☎071-213086；www.mekongcharm.com；Th Khem Khong；房间 US$35~45；❄☎）位于半岛最北部，紧邻香

通寺，这个临河的处所充满了湄公河的韵味。房间一尘不染，2号房有平板电视和浴缸，其他好几个房间都带有阳台。

**Lao Wooden House** 客栈 $$

（见40页地图；☎071-260283；www.laowoodenhouse.com；Th Khounswa；房间含早餐 US$45~55；❄📶）这家友好的客栈式酒店设施完备，其所在的半木结构房屋是典型的仿古新建筑，优雅而舒适，在所处的老城区内显得别具一格。

**Villa Champa** 客栈 $$

（见40页地图；☎071-253555；www.villachampa.com；Th Sisavang Vatthana；房间 US$40~65；❄📶）这家位于湄公河和老寺庙区之间的传统房子在重新装修后显得个性十足。共有9间优质客房，均配备了完善的现代化设施，包括空调、电视机和迷你吧，屋内的传统老挝织物更起到了画龙点睛的作用。

**Luang Prabang River Lodge** 酒店 $$

（见40页地图；☎071-253314；www.luang-prabang-river-lodge.com；Th Khem Khong；房间 US$40~60；❄📶）这是一幢带有百叶窗的殖民地风格转角房屋，拥有一个用教堂停柩门和废旧弹壳围出的天井，里面藤蔓如盖，很是迷人。酒店内线条简洁，装潢有度。部分客房可以看到湄公河景。

**Villa Chitdara** 客栈 $$

（见40页地图；☎071-254949；www.villachitdara.com；房间 US$55起；❄📶）Villa Chitdara位于老城中心一个绿意盎然的大花园中，很便于外出观光游玩。房间里有电视、热水和保险箱。主人很友好，能说一口流利的法语。

**Sala Prabang** 酒店 $$$

（见40页地图；☎071-252460；www.salalao.com；102/6 Th Khem Khong；房间含早餐 US$80~90；❄📶）Sala位于一栋老法国别墅里，房内有白色的石灰墙、鳄梨色的亚麻织物和硬木地板，一扇日式屏风将浴室与房间分隔开来。记得选背面的房间，比较安静。

**Xiengthong Palace** 历史酒店 $$$

（见40页地图；☎071-213200；www.xiengthongpalace.com；Th Khem Khong；房间 US$200~500；❄@📶🏊）这座从前的皇家宅邸环境非常棒，紧邻香通寺，俯瞰湄公河。26个房间全都装潢奢华，其中包含能看到开阔风景的开敞式湄公河套房以及自带瀑布水池和娱乐室的双层套房。

## 班霍香村（Ban Hoxieng）

紧凑、美丽、高品质，这就是位于邮政总局背后的班霍香村。这片从前的居民巷如今是个令人愉快的小小住宿区，集中了许多位置更靠中心区的住处。

**Lemon Laos Backpackers** 青年旅舍 $

（见40页地图；☎071-212500；www.spicylaosbackpacker. com；Th Noradet；铺 30,000K；📶）旅舍前身是Spicy Laos Backpackers，老挝老板们后来将它改名为Lemon Laos。是城中最便宜的选择之一，旅客们来这里并不真的是为了那张床，相反却是为了避免上床睡觉，因为嗡嗡声会一直延续到凌晨。烧烤和廉价的小杯饮料营造出一种狂欢节般的气氛，但更为理智的邻居们却不会为此而感到高兴。

★ **Xayana Guesthouse** 客栈 $

（见40页地图；☎071-260680；www.mylaohome.com；Th Hoxieng；铺 40,000K，房间 80,000K起；📶）也被称为X3 Capsule Hotel（X3胶囊酒店），这个经济实惠的地方提供相当干净的宿舍，房间比印象中的“胶囊”大一些，每8张床位共享3个浴室。户外有一个迷人的庭院，你可以在这里逛一逛、喝喝咖啡、认识一下其他的旅行者。

**Phonemaly Guesthouse** 客栈 $

（见40页地图；☎071-253504；Th Hoxieng；房间 100,000K起；❄📶）这两栋传统风格的木头房舍就像一个真正的家一样，一切都很便利，运转良好。最好的贴木房间都在楼上。亲切的老板一家还免费提供香蕉和咖啡。

**Souksavath Guesthouse** 客栈 $

（见40页地图；☎071-212043；Th Hoxieng；

房间 120,000~200,000K；❄📶）这里的房间刚粉刷过，摆设很讲究，有衣柜和壁挂平板电视。物有所值。

**Manichan Guesthouse** 客栈 $$

（见40页地图；☎020-5692 0137；www.manichanguesthouse.com；房间150,000~360,000K；❄📶）楼上的房间拥有颜色亮丽的双色墙面，公共浴室的精致程度堪比精品酒店，此外更有一个可以远眺普西山的宽大露台。楼下的房间装饰着粉彩涂鸦，并配有用屏风围隔出来的房内浴室。淡季房价为80,000~200,000K。

**Villa Suan Maak** 客栈 $$

（见36页地图；☎071-252775；www.villa-suan-maak-laos.com；Th Noradet；房间 含早餐 楼下/楼上 US$22/40；❄📶）这里的中心建筑是一栋平平无奇的殖民地时期别墅，楼上的两个房间装着百叶窗，搭配有本地风格的织物和柱子，能够看到一片宁静的小花园。楼下的客房是围绕着老房子新建的，设施完备。这里深受长期在琅勃拉邦提供服务的志愿者们的青睐，也因此拥有一种真正的社区氛围。

**Villa Pumalin** 精品酒店 $$

（见40页地图；☎071-212777；www.villapumalin.com；Th Hoxieng；房间 含早餐US$55~75；❄📶）沿着红木台阶便可来到这家精品酒店，途中还会经过一个小小的鲤鱼池。客房非常出色，将时髦的浴室设施、半传统的木制内饰与优质亚麻织品完美融合，还提供免费Wi-Fi。最好的房间（201号）有一个私人阳台，可以远眺湄公河。

**Ban Lao Hotel** 酒店 $$

（见36页地图；☎071-252078；www.banlaohotel.com；Th Thammamikalath；房间含早餐 US$25~75；❄@📶）雅致舒适的客房位于一栋"镂空"（有很多廊柱）的殖民时代晚期官邸的后面，因此在办理入住时你就能看见花园里的棕榈树和菠萝蜜树。高级客房位于坚固的吊脚式建筑的上层，俯瞰着花园中的喷泉墙和秋千。你可以在一个俯瞰池塘的大凉亭里享用早餐。这是个宁静的地方，物有所值。

**Maison Dalabua** 精品酒店 $$$

（☎071-255588；www.maison-dalabua.com；Th Phothisarath；房间 US$75~100；❄📶）Maison Dalabua占地面积宽广，大池塘中睡莲朵朵。这是一个真正的退隐之处。15间客房均位于一栋魅力十足的建筑里，房内配有平板电视机和比例相当的宽敞大床。较贵的房间里有浴缸。

**★Le Sen Boutique Hotel** 精品酒店 $$$

（见36页地图；☎071-261661；www.lesenhotel.com；113 Th Manomai；房间US$95~160；❄@📶🏊）与老区挤挤挨挨的传统酒店相比，这个时髦的精品酒店显得相当物超所值。客房设施完善，装配有时髦的浴室和平板电视。所有房间都面朝着迷人的中心泳池，此外还有一间设备精良的健身房。免费提供自行车。

**Satri House** 历史酒店 $$$

（见36页地图；☎071-253491；www.satrihouse.com；57 Th Phothisarath；房间US$192~384；❄📶🏊）建于上个世纪末，这里原本是一栋皇家别墅，现在无论在规模还是水准上都已成为琅勃拉邦最出众的历史酒店之一。客房装修很有品位，采用了亚洲织物和古董，奇异的神来之笔随处可见。酒店有两个水池和一个壮观的水疗中心。

**Amantaka** 豪华酒店 $$$

（见40页地图；☎071-860333；www.amanresorts.com；Th Kitsarat；套 US$800~1700；❄📶🏊）酒店的前身是一家法国殖民时期的医院，经过细致的翻修后已成为琅勃拉邦最豪华的度假酒店。南康泳池套房（Khan pool suite）从各方面来讲都是最好的房间，但额外设定有每人每天US$135的最低消费限制。

## 普西山以南（South of Phu Si）

普西山南侧聚集了一系列经济型或中低价位的住处，相比城中心的住处，这里的氛围通常要弱一些，但附近就有不少不错的酒吧。较大的酒店大多位于更南面，尤其是Th Phu Vao一线，其中一些酒店主要面向团队游旅客和泰国/中国旅行团。基本上没有什么是独特到值得跑那么远去住的。

**Khounsavanh Guesthouse** 客栈 $

（见40页地图；☎071-212297；Ban Thongchaleum；房间 不带/带浴室 60,000K/80,000~140,000K；❄📶）Khounsavanh位于达拉市场（Dara Market）附近一条安静的小巷里，是周边几家经济型客栈中最具吸引力的。所有带浴室的空调房共享一个宽大的开放式露台，从这里可以看到普西山顶的寺庙塔尖。

**Mano Guest House** 客栈 $

（见36页地图；☎071-253112；manosotsay@hotmail.com；Th Pha Mahapatsaman；房间 80,000~120,000K；❄📶）当我们在十多年前第一次来到琅勃拉邦时，就是住在这个宽敞温馨的地方。全木客房里配有大大的电视机、贴有瓷砖的浴室、鸢尾茎灯和壁毯。

**Vilayvanh Guesthouse** 客栈

（见40页地图；☎071-252757；房间 100,000K；❄@）这个干净闪亮的客栈相当超值，静静地隐身在一条漂亮的居民小巷内。提供网线，还有免费的咖啡、饮用水和香蕉供客人享用。

**Phongphilack Guesthouse** 客栈 $

（见40页地图；☎071-252189；phongphilack@hotmail.com；Ban Aphay；房间 100,000~120,000K；❄📶）这家客栈深藏在班阿佩村（Ban Aphay）的小巷里，最近刚刚翻修过，是个不错的选择。房间里有热水、空调和吊扇。友善的店主一家会说英语。步行可达主要的酒吧区。

**Villa Sayada** 酒店 $

（见40页地图；☎071-254872；www.villa-shayada-laos.com；Th Phommatha；房间 120,000~200,000K；❄📶）酒店位于维苏纳拉寺对面，招牌上写着Sayada，而网站上的名字则是Shayada。不管怎样，这家只有9间客房的迷你酒店都会为你提供宽敞的房间，搭配有悬挂织物、手工灯具和非常棒的热水淋浴。

**Thongbay Guesthouse** 客栈 $$

（☎071-253234；www.thongbay-guesthouses.com；房间 US$34~75；❄📶）微淡的灯光和美好的绿色植物装点着Thongbay挤挤挨挨的茅草顶小木屋。大部分屋子都能俯瞰南康河的风景。所提供的设施包括阳台、迷你吧、贴着瓷砖的浴室和步入式淋浴设施。这里的不足之处就是位置不佳，位于一条坑坑洼洼的小街上。

**Luang Say Residence** 豪华酒店 $$$

（见36页地图；☎071-260891；www.luangsayresidence.com；Ban Phonepheng；套 US$255~520；❄@📶🌿）这家精致的老酒店让人不禁想起殖民全盛时期的琅勃拉邦。酒店只提供套房，由6栋法式建筑组成，位于蓊郁的花园之中。家具非常奢华，还有一个诱人的游泳池。酒店的Belle Epoque Restaurant（美丽年代餐厅）被认为是琅勃拉邦的顶级餐厅之一。

**★La Résidence Phou Vao** 豪华酒店 $$$

（见36页地图；☎071-212530；www.residencephouvao.com；房间 US$485~540；❄@📶🏊）在琅勃拉邦，没有比La Résidence Phou Vao更好的高端酒店了，这里有完美无缺的热情服务和无可挑剔的时尚客房。巨大的水池倒映出远处普西山的身影，旁边就是一家顶尖的法国–老挝餐厅。Mekong Spa水疗中心非常壮观，并曾赢得多项大奖。

## 就餐

主街一带有几家不错的餐厅，河岸沿线还有更多餐馆。我们推荐在日落时分来到湄公河畔，届时会看到一个灼热橘红的圆盘投影在波光粼粼的河面上。南康河岸边通常宁静一些，让人们足不出城就能感受到乡村生活的淳朴风情。

琅勃拉邦有自己独特的美食。代表菜色包括随处可见的本地香肠和一种被称为orlam（áw lám）的炖汤，烹制这道汤所用到的原材料包括肉、蘑菇和茄子，还要加入一种特别的又苦又辣的木花作为调味料（可别吃下去！）。另一种很棒的当地小吃是kai ɓâan（湄公河苔草）。看上去有些像海苔，通常会被压制成方形，然后在调过味的油里略微煎过后撒上芝麻，最好是和jąaou borng一起上

桌，后者是一种甜辣口味的调味酱，用辣椒和干水牛皮加工而成。

在旅游局办事处对面的活动摊档**baguette stalls**（见40页地图；⏲7:00~22:00）里可以买到各式各样馅料十足的法棍三明治。这里的新鲜水果沙冰也很受欢迎。

许多当地摊档都会供应香浓的老挝咖啡，价格为每杯5000K左右。此外，越来越多的咖啡馆开始供应欧式酥皮点心和浓缩咖啡。

食品市场是购买新鲜水果、蔬菜和肉类的好地方，这里的"肉类"品种相当丰富，远远超出你的想象。喜欢自炊的人们应该去**早市**（见40页地图；⏲周六至周一5:30~16:00）看看，这是一个位于班帕坎村（Ban Pakam）的街道市场，令人眼花缭乱。每天一大早，这个市场便会变得热闹非凡，前来购买绿叶蔬菜、蛋、虾米和活蛙的当地人会将这里挤得水泄不通。

## Th Sisav angvong和周边

### ★Le Banneton 面包房 $

（见40页地图；Th Sakkarin；正餐20,000~40,000K；⏲6:30~18:00；📶）这个位于半岛上的宁静咖啡馆里有全老挝最棒的羊角面包。为酥皮点心爱好者所盛赞的则是店家对于高品质面粉的坚持。这里是甜食爱好者的福地，供应巧克力可颂面包（pain au chocolat）、水果沙冰、三明治、乳蛋饼（quiche）和自制冰冻果子露（sorbet）。

### Café Toui 创意菜 $

（见40页地图；Th Sisavang Vatthana；主菜30,000~80,000K；⏲7:00~22:00；📶🖉）在这家精致的小餐厅里，烛光与描金深红墙面相映生辉。这是个适合素食者的地方，有非常出色的亚洲创意菜，比如豆腐腊普（tofu láhp，即凉拌豆腐沙拉），此外还有一份十分诱人的试吃套餐。

### Le Café Ban Vat Sene 法国菜 $

（见40页地图；Th Sakkarin；主菜30,000K；⏲7:30~22:00；📶）复古风扇嗡嗡转动着，枝形灯营造出浓浓的印度支那风情，其中还掺杂着精致的时尚感。你可以在这里处理工作，或是在午后小酌一杯茴香酒，也可以读读报纸。法国美酒、沙拉、乳蛋饼、意大利面和比萨……完美！

### Xieng Thong Noodle-Shop 老挝菜 $

（见40页地图；Th Sakkarin；汤面15,000K；⏲6:30起）这里供应城中最棒的kòw Ђęak sèn（圆米粉搭配鸡肉片或油炸至

## 投桃报李

游客可以通过几种不同的途径回馈琅勃拉邦。

➡ 可以在**Big Brother Mouse**（BBM；见40页地图；☎071-254937；www.bigbrothermouse.com；Th Sothikuman）买些书分送给当地的孩子。作为游客，送书比送糖果更有益，因为这些书籍能帮助当地孩子提高识字率。

➡ **琅勃拉邦图书馆**（Luang Prabang Library；见40页地图；☎071-254813；www.communitylearninginternational.org；Th Sisavangvong；⏲周二到周日 8:00~17:00）为"书舟"图书馆（'book-boat' library）项目募集捐款，该项目致力于为偏远山村的居民提供当地书籍。

➡ **儿童文化中心**（Children's Cultural Centre；见40页地图；☎071-253732；cccLuangPrabang@gmail.com；Th Sisavangvong；⏲周二到周五16:00~17:00，周六8:00~11:30和14:00~16:00）募集一切可回收转卖的物资，以支持孩子们的课外活动。

➡ 可以将清洗干净的旧衣服送到**老挝红十字会**（Lao Red Cross；☎071-253448；Th Wisunarat；⏲7:00~22:30），甚至还可以在此献血（9:00~16:00，不定期）。与其他地方一样，血液在老挝也是非常珍贵的。

酥脆的五花肉)，通常在14:00就售罄了。店面是地道的本土样貌，位于半岛上。

**Nazim Indian Food** 印度菜 $

(见40页地图；Th Sisavangvong；主菜15,000~40,000K；⏲11:00~23:00)咖喱姜饭(biriyani)的味道或许和这里的装修风格一样古怪，但酥脆的脆皮薄饼(dosai)很美味。厨房会一直工作到差不多23:00，这在琅勃拉邦是非常难得的。

★**Coconut Garden** 老挝菜、各国风味 $$

(见40页地图；☎071-260436；Th Sisavangvong；正餐35,000~150,000K；⏲8:00~23:00；📶🌿)售价100,000K的素食套餐非常棒，其中包括5道高品质的老挝菜，让独自就餐的人也能一次品尝到多种口味的菜肴——这通常都只有在多人共餐时才能做到。Coconut Garden前后都有庭院，是个吃午餐或晚餐的好地方。这里也供应各国风味的菜肴。

**Dao Fa Bistro** 各国风味 $$

(见40页地图；Th Sisavangvong；主菜30,000~75,000K；⏲11:00~22:00或更晚；📶)这是最早在中心地带开张的多国风味餐馆之一，也是在城中吃比萨、意大利面和一系列家常美味的最佳选择之一。此外，这里的鸡尾酒和餐后饮料也相当不错。

**Tangor** 创意菜 $$

(见40页地图；☎071-260761；www.letangor.com；Th Sisavangvong；主菜40,000~80,000K；⏲11:00~22:00；📶)除了典型的琅勃拉邦式就餐环境外，Tangor还有美食。这里供应精心烹制的漂亮创意菜，法国品位与最好的老挝时令食材在这里完美相融。

**Tamnak Lao** 老挝菜 $$

(见40页地图；☎071-252525；www.tamnaklao.net；Th Sakkarin；主菜35,000~75,000K；⏲9:00~16:00和18:00~22:00)餐厅位于一幢老式的半木结构建筑内，拥有可以俯瞰街景的坚固的拱形阳台，供应品种丰富的老挝菜和琅勃拉邦菜肴。服务很亲切，但店里常常挤满了外国旅行团。白天有烹饪课程(US$30)。

## 南康河畔和周边

★**Rosella Fusion** 创意菜 $

(见40页地图；Th Kingkitsarat；主菜15,000~35,000K)这家河岸餐厅的创立者是一名Amantaka酒店的前酒保，供应一系列价格实惠的创意美食。老板特别以店内价廉物美的鸡尾酒为傲，因此不妨考虑在晚餐前过来喝上一杯。

★**Tamarind** 老挝菜 $

(见40页地图；☎071-213128；www.tamarindlaos.com；Th Kingkitsarat；主菜25,000~60,000K，晚餐套餐100,000~150,000K；⏲11:00~22:00；📶)位于南康河岸边，紧邻Apsara酒店，时髦的Tamarind创造出了自己独有的"现代老挝"烹饪法。菜单上有美味的什锦盘，包括竹笋、酿柠檬香草和meuyang(一种自己动手做的餐包，里面有面条、香草、加了辣椒酱的鱼和蔬菜)。

★**Dyen Sabai** 老挝菜、各国风味 $

(见40页地图；☎020-5510 4817；Ban Phan Luang；主菜20,000~35,000K；⏲8:00~23:00；📶)要吃最棒的老挝菜，这里是最佳选择之一。茄子蘸酱和煎湄公河苔跟其他地方的一样好。大部分的座位都是铺着垫子的靠椅，设在充满乡村风情的开放式亭子里。旱季时沿着南康河竹桥走一小段路即到，其他季节可以搭乘免费渡船前往。从正午到19:00，鸡尾酒买一送一。

**Apsara** 创意菜 $$

(见40页地图；☎071-254670；www.theapsara.com；Th Kingkitsarat；主菜60,000~110,000K；⏲7:00~22:00；📶)这个时髦的小餐厅正对着湄公河，供应东西融合的创意菜。主菜的选择从水牛排、两人份的酿潘宁鱼(Panin fish)到炖五花肉都有。记得留些肚子给这里上好的甜品，比如用柠檬和姜糖水清蒸的沙梨，非常适合搭配着椰子冰淇淋和老挝炸面包片一起吃。

**Couleur Cafe** 各国风味 $$

(见40页地图；☎071-254694；Th Kingkirsarat；主菜40,000~100,000K；⏲11:00~22:00；📶)这里总是备受常住居民

的推崇。虽然餐厅已经搬到了半岛上的南康河边，但一如既往地坚持将法国风味融入到创意老挝菜之中。招牌菜包括加入姜和柠檬香草的砂锅鸡，以及搭配蜂蜜和芒果酸辣酱的鸭胸肉。

## 湄公河畔和周边

### Riverside Barbecue Restaurant 烧烤 $

（见40页地图；Th Khem Khong；套餐 小份/大份 30,000/60,000K；⏰17:00~23:00）篦子烤肉（sìn daat）在琅勃拉邦非常流行，而这家位于湄公河边的餐厅或许正是其中最热门的一家。如果你点了大份的套餐却吃不完，餐厅会以避免浪费之名向你收取额外的费用。

### Khemkhong View Restaurant 老挝菜 $

（见40页地图；Th Khem Khong；正餐 15,000~35,000K；⏰7:00~21:00）身为湄公河内侧诸多河畔餐厅中的一家，错层结构的Khemkhong View有着非常丰富的菜品可供选择，比如辣虾椰子汤、老挝式鱿鱼腊普（squid láhp；敢于冒险尝鲜的人还可以试试脆肠腊普，即intestine láhp）和蒸鲊鱼（发酵的鱼）。

### Saffron 咖啡馆 $

（见40页地图；Th Khem Khong；主菜 20,000~35,000K；⏰7:00~21:00；📶）这家时尚的咖啡馆是在河畔一带吃早餐的完美选择，墙上挂满了黑白照片，供应非常棒的意大利面食和上好的咖啡，服务也很热情。有室内和户外座位可供选择。

### Big Tree Café 韩国菜、各国风味 $

（见40页地图；www.bigtreecafe.com；Th Khem Khong；主菜 25,000~50,000K；⏰9:00~21:00；📶）在琅勃拉邦城内，韩国菜都是由地道的韩国人做的。这家咖啡馆里挂满了安德利·伯格（Adri Berger）所拍摄的迷人的老挝照片，无论是在室内就餐，还是在室外的日光阳台上，边欣赏湄公河的景色边吃饭，都值得一试。这里还提供西餐和日本菜。

### L'Elephant Restaurant 法国菜 $$$

（见40页地图；www.elephant-restau.com；Ban Wat Nong；主菜 80,000~250,000K；⏰11:30~22:00）L' Elephant的菜肴无疑是全城最精致考究的。餐厅设在一栋翻新的别墅里，拥有木地板、灰泥柱子、赭红镂花墙面和浓浓的情调。套餐（Menu du Chasseur；240,000K）包括鹅肝酱（terrines）、汤、鸭胸肉和其他高卢特色菜。用水牛肉做的鞑靼牛排（buffalo steak tartare）美妙无比。

## 皇宫博物馆和班霍香村

### 夜市大排档 老挝菜 $

（Night Food Stalls；见40页地图；⏰18:00~22:00；🌿）每到傍晚时分，在旅游局办事处后面的一条窄窄的小街上，灯光亮起，食品摊档纷纷开张。这里有很多公共桌位，所以你不必端着盘碗边走边吃。再没有什么地方能像这里一样可以让你品尝到各种各样物美价廉的当地美食。素食摊点也很多，品种丰富，每道菜的价格都不过10,000K左右。肚子里塞满柠檬香草（香茅草）的烤全鱼也只需20,000K左右。

### JoMa Bakery Cafe 面包房 $

（见40页地图；Th Chao Fa Ngum；主菜 10,000~35,000K；⏰7:00~21:00；📶）这个有着舒服椅子和现代氛围的清凉去处是城中最忙碌的面包房之一。供应各色各样的暖胃美食，比如汤、沙拉、百吉饼、创意咖啡和健康沙冰。

### Somchanh Restaurant 素食 $

（见40页地图；Th Suvannabanlang；主菜 15,000~30,000K；⏰7:00~19:00；🌿）这个简单的户外小餐馆靠近班瓦塔村（Ban Wat That）的客栈聚集区，供应大量老挝和琅勃拉邦美食，包括城中最棒的素食。记得选马路对面靠河的座位。

### Delilah's 各国风味 $

（见40页地图；Th Chao Fa Ngum；主菜 20,000~50,000K；📶）这里远离主街地带，但到班霍香村的客栈很方便。供应健康早餐和爽心的家常美食，如三明治、肉卷和意大利面。此外还有美味的老挝特色菜。

### Blue Lagoon 各国风味 $$

（见40页地图；www.blue-lagoonrestaurant.com；主菜 45,000~140,000K；⏲10:00~22:00；📶）张灯结彩的外墙、枝繁叶茂的天井和飘逸着爵士小调的氛围令这里备受移民者青睐。供应琅勃拉邦香肠、意大利面、沙拉和非常美味的老挝腊普。

## 普西山以南

### ★Le Patio
老挝菜、各国风味 $

（见40页地图；☎071-253364；传统艺术和民族学中心；三明治 30,000K；⏲周二至周日 9:00~17:45；📶）你可以在这里阴凉的露台上一边远眺迷人的山景一边品味丰沙里烟熏茶或老挝阿拉伯浓缩咖啡，或是尝尝美味的菲达乳酪橄榄法棍三明治。除此之外，还可以试试少数民族美食，比如阿卡族的肉丸和苗族的五花肉。

### Roots & Leaves
老挝菜 $$

（见40页地图；☎071-254870；www.rootsinlaos.com；主菜 30,000~60,000K，晚餐套餐 US$25；⏲7:30~22:00）餐厅外是棕榈树环绕的莲花池，桌子就安放在棕榈树下，池中有一个人造岛——现已成为本地音乐人的天然舞台。这里供应丰富多样的晚餐，通常来说每周一到周六的19:00~21:00是晚餐表演时间，但具体时间表随季节而有所不同。记得要带上驱蚊用品。

### Luang Prabang Secret Pizza
意大利菜 $$

（见36页地图；主菜 50,000~60,000K；⏲周二和周五 18:30开始）好吧，秘密泄露了，但这的确值得分享。长久以来只有琅勃拉邦的居民才知道，主人安德烈在他可爱家中的小花园里备下了炭火烘焙的比萨、经典的意大利烤宽面条和自制的土豆团子。泡芙做得恰到好处，记得再来一瓶意大利好酒。主街上有路牌指示。

### Sushi
日本菜 $$

（见36页地图；☎020-7751 8300；Th Pha Mahapatsaman；套餐 50,000~80,000K，寿司 30,000~150,000K；⏲10:00~22:30；📶）如果新鲜鱼没来得及送到的话，当天就没有那么多寿司可以供应了。但除此之外，这里还有许多其他的美味日本菜，如日式煎饺（gyoza）、猪排丼（katsudon）和咖喱猪排饭（katsukare）。套餐搭配味噌汤、腌萝卜和米饭。

## 🍷 饮品和夜生活

在皇宫东北面的Th Sisavangvong主街一带有许多喝东西的地方，其中包括一些很不错的酒吧。对于喜欢喝酒的人来说，最主要的据点就在普西山南侧Th Kingkitsarat的Hive Bar（见62页）和Lao Lao Garden（见61页）一带。法定的打烊时间是23:30，一般酒馆都会严格遵守这一规定。只有华人经营的超级碗（superbowl）是个例外，这个有趣的地方位于靠近长途汽车南站的郊区，在这里可以玩一场酒后保龄球（或者只是看看）。小心你的脚趾头！

### La Pistoche
酒吧

（见36页地图；Ban Phong Pheng；入场费 20,000K；⏲10:00~23:00；📶）La Pistoche位于城南郊区，大花园里有两个游泳池，对于身处内陆腹地的游客来说就好像一剂解暑的灵丹妙药。如果你喜欢运动的话，支付了入场费即可玩法式滚球或水上排球。通常来说，特价畅饮时段（Happy Hour）从正午开始，直到19:00结束，因此这里即便在白天也洋溢着一种嬉皮式的迷幻氛围。但满月当天的晚会则需要持邀请卡才能进入。

### Utopia
酒吧

（见40页地图；📶）这处洋溢着高棉风情的清新绿洲享有南康河的绝佳风景。Utopia里全是舒适的靠椅、垫子、矮矮的桌子，还有水烟。听起来有些颓废但实际效果真的不错。你可以喝杯水果沙冰凉快一下，也可以玩一场桌游或是打场排球，或者，放任自己沉醉在日落时分的烛晕之中。白天有瑜伽课，晚上有酒吧小食，吸引了大量的背包客慕名而来。在Th Phommatha的北端转走岔路即可到达。

### Lao Lao Garden
酒吧

（见40页地图；Th Kingkitsarat；📶）当灯光亮起时，这家位于普西山边的花园酒吧就会变身为丛林中的拉斯维加斯（Vegas）。你可以在烛光环绕之下纳凉，听听自然的天籁，顺便在火塘上烤烤你的牡蛎。对于血腥玛丽（Bloody Mary）和mojito鸡尾酒的拥趸来说，

这里全天都是欢乐时光。丰富的各色食物口味都不错，包括orlam汤和炖水牛肉，还有自己动手烧烤的老挝式火锅烤肉（sìn daat）。

### Hive Bar
酒吧

（见40页地图；Th Kingkitsarat；📶）虽然是隐藏在山坳之中，但这个时尚的小酒吧里从来都不缺少热闹的气氛。户外的花园里有一个舞池、一面投影墙和更多桌位。每晚19:00有非常棒的少数民族服装表演；此外，这里还有一支嘻哈表演队。点心、畅饮时光，还有鸡尾酒，一切都令这里值得一来。

### S Bar
酒吧

（见40页地图；Th Kingsarat）这家酒吧备受长期居住在琅勃拉邦的外国人追捧，拥有一张台球桌和更为流行的桌面足球（bebe-foot）。从差不多21:00开始，店内就挤满了晚饭后前来消遣的人群。

### Ikon Klub
酒吧

（见40页地图；Th Sisavang Vatthana；⏲17:00至晚间）这家波希米亚风格酒吧的空气中总是飘溢着芬芳的气息，如同一个介乎于闺房与夜总会之间的地方，惬意而又个性十足。灯光幽暗，装修带着淡淡的20世纪30年代的气息。汤姆·威茨（Tom Waits）的沙哑歌声更为这里锦上添花。

### House
酒吧

（见40页地图；Th Kingkitsarat；📶）充满童话气息的House是个喝比利时啤酒的好地方，在这里你可以找到著名的智美啤酒（Chimay）和督威啤酒（Duvel）。花园都很漂亮，小吃和早餐都很美味，还有好吃的炖牛肉（stoofvlees）。

### Dao Fah
夜店

（见36页地图；⏲21:00~23:30）这个洞穴似的夜店紧邻通往长途汽车南站的道路，里面总是挤满了老挝的年轻人。有时是现场乐队演奏老挝和泰国流行乐，有时是DJ们打碟播放饶舌和嘻哈音乐。

## ☆ 娱乐

一年一度的琅勃拉邦电影节（The Luang Prabang Film Festival）会于12月上旬在城中好几处场馆举行。

### Phrolak-Phralam Theatre
传统舞蹈

（见40页地图；Royal Palace Grounds；门票70,000~170,000K；⏲表演 周一、周三、周五和周六 18:00或18:30）名字颇具误导性的Royal Lao Ballet（皇家老挝芭蕾舞团）会在这里上演节奏缓慢的传统舞剧，并由一支10人老挝“管弦乐团”伴奏。演出持续约1小时15分钟，其中有一场改编自《罗摩衍那》的片段。一定要在入口处拿一份打印的介绍，以便了解即将上演的剧目内容。要知道，尽管“皇家”二字完全是有名无实，但剧院却颇具20世纪70年代校园礼堂的风韵。如果满座（这极少发生），买最便宜票子的客人就得站着看演出了。

## 购物

购物的最佳地点是Th Sisavangvong和湄公河边，那里风格各异的精品店里出售本地艺术品、镀金佛像、手工纸制品和各式各样的迷人纪念品。

班霍香村有好几家银店，这里是传统的皇家银匠区。

### OckPopTok
手工艺品、服装

（见40页地图；☎071-254761；www.ockpoptok.com；73/5 Ban Wat Nong；⏲8:00~21:00）OckPopTok与多个不同的部落保持着联系，并协助村民维系他们的手工艺传统。上好的丝或棉围巾、宽松的女士内衣、裙子、壁挂和垫子套都是很好的礼物。在**Th Sisavangvong**（见40页地图；☎071-254406；Th Sisavangvong；⏲8:00~21:00）有家分店。

### Ma Te Sai
手工艺品

（见40页地图；www.matesai.com；Th Khem Khong）店名在老挝语里的意思是“来自何方”，这家精品店所出售的丝织品、纸制品和礼物都出自琅勃拉邦周边的乡村。

### Kopnoi
手工艺品

（见40页地图；Th Vatmou-Enna）这家店的宗旨是将商品出售给眼光敏锐的顾客。店里有用天然纤维和染料制成的服装，融合了东西方风格；此外还有充满设计感的珠宝、家居用品、手工艺品和本地艺术品，以及各种老挝烹饪食谱、建筑书籍、手工艺书籍和袋装的调料和茶叶等。

### Naga Creations 珠宝

（见40页地图；Th Sisavangvong）这家店专营珠宝和那伽创意制品，后者用半宝石和银制作，都是独特的杰作。所有商品都是手工制作，你还可以在店内参观珠宝的加工过程。

### Pathana Boupha Antique House 古玩

（见40页地图；Th Phommatha）这是一座令人印象深刻的老式法国宅邸，沿着花园中蜿蜒的台阶拾级而上即可来到这个如同阿拉丁的藏宝洞一般的神奇古玩店。店内满是古老的佛像、金那伽、银质槟榔罐、阿卡族式样的手镯和苗族项链，也出售来自桑怒（Sam Neua）的上好丝巾。

### Orange Tree 古玩

（见40页地图；Th Khem Khong）这家临河的古玩店足以证明老板是个喜欢到处收集东西的家伙。这里有香港的茶罐、中国的古董式闹钟、"文革"时期的器物、胶木墨水瓶、越南钟表和缅甸的佛雕——这就是古董的天堂！

### Caruso Lao Homecraft 家庭用品

（见40页地图；☎071-254574；Th Sakkarin）Caruso有着满满一屋子的漂亮家居用品、相框、亚麻和丝绸。

### L'Etranger Books & Tea 书籍

（见40页地图；Th Kingkitsarat；⏲周一至周六 8:00~22:00，周日 10:00~22:00）这里的二手旅行书和惊悚小说是最便宜的。楼上有一个休闲咖啡馆，顾客可以坐在里面读书。晚上会放映电影。

### Monument Books 书籍

（见40页地图；www.monument-books.com；Ban Wat Nong；⏲周一至周五 9:00~21:00，周六和周日 至18:00）这是一家地区性的连锁书店，出售旅游指南、地图、小说、杂志和有关老挝历史的书籍。

### 手工艺品夜市

每天晚上，主要面向游客开设却依旧非常诱人的**夜市**（见40页地图；Th Sisavangvong；⏲17:30~22:00）会沿着皇家博物馆至Th Kitsarat之间的主街一路排开。夜市灯光暗淡，安谧悠闲，没有强行推销，很可能是亚洲最安静的市场了。上百位摊主会在这里出售丝巾、壁挂、苗族拼花贴布毯、T恤、衣服、鞋子、纸品、银器、包袋、陶器、竹艺灯等。价格很公道，而更便宜的"本地"货则有可能来自中国、泰国或越南。

## ℹ 方位

历史中心城区占据了湄公河和南康河交汇形成的半岛区域，旁边是一座顶上矗立着佛塔的小山——普西山（Phu Si，又写作Pu-si、Phousy），这个山名从英语母语者口中念出来总是令人忍俊不禁。

习惯上，城市被分成了许多很小的"村"（ban），每个村庄都以当地寺庙命名。许多官方使用的地址也沿袭了这套系统，以取代那些在最近20年里被改过不下3次的街道名称。所以，当你发现各种地图和名片上的地址标得五花八门时不必感到惊讶。例如向东北延伸至半岛的主街，位于皇宫西南侧的部分叫做Th Phothisarat（Phothisalat），中段叫Th Sisavangvong，而到了东北末段则又变成了Th Sakkarin（Sakkaline Rd）。沿着湄公河岸延伸的那条路则有着Souvannakhamphong、Oun Kham和Suvannabanlang等多个不同的名字，而本地人通常把它叫作Th Khem Khong（湄公河畔路）。为了便于说明方向，当地人指路时几乎从不说街道名称，而是采用地标性建筑物作为坐标。

你可以在这里找到各种各样的商业性城市地图，但到目前为止，最准确、最全面，并且保持定期更新的还是**Hobo Maps Luang Prabang**（www.hobomaps.com；25,000K）。事实上，它几乎包罗万象，甚至标出了差不多200家客栈，索引非常清晰有效。

# 实用信息

## 出入境

**出入境办公室**（Immigration Office；见40页地图；☎071-212 435；Th Wisunarat；⊙周一至周五 8:30~16:30）提供签证延期服务。游客须在签证过期前前往办理延期手续，最长可获得额外30天的停留期（每天US$2）。

## 上网

越来越多的客栈、酒店和咖啡馆开始提供Wi-Fi，但你得有自己的笔记本电脑或是移动设备。多数客栈和酒店现在也会在大堂里放置一台台式电脑供客人使用。此外这里还有很多网吧，大多开在旅行社里。大部分网吧的收费标准都在每分钟100K左右，最少使用20分钟。要小心，这些电脑大都会有病毒。如果你的笔记本电脑出了问题，或是相机的内存卡被病毒感染了，**DSCom**（见40页地图；☎071-253 905；⊙周一至周六 9:30至正午和13:00~18:00）或许能帮上忙，老板能说流利的英语。

## 医疗服务

**省立医院**（Provincial Hospital；见40页地图；☎071-254025；Ban Naxang；问诊100,000K）治疗小毛病没有问题，但若是遇到任何严重的疾病，就应考虑返回万象或飞到曼谷及泰国边境的临近医院就诊。要注意的是，琅勃拉邦的医院在周末或平日16:00以后收取双倍诊费。

## 现金

城中有很多自动柜员机。Th Sisavangvong上的好几家旅游公司都提供Visa卡或万事达（MasterCard）的预借现金服务，收取3%左右的手续费。他们也提供货币兑换服务，但汇率通常不会好。

**BCEL**（老挝外贸银行；见40页地图；Th Sisavangvong；⊙周一至周六 8:30~15: 30）提供各大主要币种的现金和旅行支票兑换服务，有一台24小时自动柜员机，Visa卡和万事达卡均可在此预支现金。

**Minipost Booth**（见40页地图；Th Sisavangvong；⊙7:45~20:30，预借现金9:00~15:00）可兑换大部分的主要币种，汇率公道，而且每天都营业。18:00以后不太好找，会被市场摊档遮住。

## 邮局

**邮局**（见40页地图；Th Chao Fa Ngum；⊙周一至周五 8:30~15:30，周六至正午）提供电话和西联汇款（Western Union）服务。

## 电话

城中大部分网吧的电脑上都装有Skype和MSN Messenger，并能提供国际长途电话服务，价格大约为每分钟2000K或更低。

在Minipost Booth可以买到手机SIM卡。

## 旅游信息

**省旅游局**（Provincial Tourism Department；见40页地图；www.tourismlaos.com；Th Sisavangvong；⊙周一到周五 8:00~16:00）主要信息都是关于节庆和少数民族的，也提供一些地图和宣传单，以及长途汽车和轮船信息。工作人员的英语水平很有限。

# 到达和离开

## 飞机

距离市中心约4公里远的**琅勃拉邦国际机场**（Luang Prabang International Airport；☎071-212173）确实很小，不过大规模的扩建计划已在筹备之中。若要前往曼谷（Bangkok；US$190起；100分钟），**曼谷航空公司**（Bangkok Airways；见40页地图；www.bangkokair.com）和**老挝航空公司**（Lao Airlines；见36页地图；☎071-212172；www.laoairlines.com；Th Pha Mahapatsaman）每天各有两班航班。老挝航空公司还运营着飞往万象（Vientiane；US$101；每日数班）、巴色（Pakse；US$182；每日）、清迈（Chiang Mai；US$150；每日）、河内（Hanoi；US$155；每日）和暹粒（Siem Reap；US$195；每日）的航线。**越南航空公司**（Vietnam Airlines；☎071-213049；www.vietnamairlines.com）每日有航班飞往暹粒（与老挝航空共享代码）和河内。

## 船

要搭乘慢船前往巴本（Pak Beng；110,000K；9小时；8:00发船），可在皇宫后面的**航务处**（navigation office；见40页地图；⊙8:00~11:00和14:00~16:00）购票。这里也有到会晒（Huay Xai）的直达票（220,000K；2天），但是你还是得在巴本住上一晚。奇怪的是，如果你先到巴本，然后在当地再买下一程的票，反倒会稍微便宜一些。

而且这样的话，你还可以随心所欲地在巴本多停留一阵子。慢船主码头就在航务处的正后方，但登船点随河水水位变化而有所不同。

更高级的**琅塞号游轮**（Luang Say Cruise, Mekong Cruises；见40页地图；☎071-254768；www.luangsay.com；50/4 Th Sakkarin；游船 US$362~491 依季节而定，单人附加费 US$67起；⊙9:30~21:30）从香通寺对面的香通码头出发开往会晒，行程也是两天。费用包括在巴本的 Luang Say Lodge住宿一晚的费用。另一个比较便宜的选择是**松浦游轮**（Shompoo Cruise；见40页地图；☎071-213190；www.shompoocruise.com；Th Khem Khong；游船 含早餐和午餐 US$110），游客可在这艘时髦的精品游轮上度过两日惬意的巡游时光。船费不含在巴本的住宿费用。

另一种快速但既不安全也不舒适的方式是搭乘6人座的快艇，快艇沿湄公河行驶，开往巴本（250,000K；3小时）和会晒（400,000K；7小时）。然而，快艇并没有固定的航班时刻表，价格也是依照满载估算的，因此，除非你是通过中介机构来安排行程，最好还是提前一天到快艇站询问一下情况。快艇站在城区以北约5公里处：在13号公路（Rte 13）的Km 390标杆处向西转，前行300米后沿一条尚未铺设路面的道路继续走，经过途中唯一的一个十字路口后，这条路就变成了不太招人喜欢的煤渣路。

水位允许的时候，**湄公河游轮**（Mekong River Cruises；见40页地图；www.cruisemekong.com）会开行一条从琅勃拉邦到泰国金三角的7日游轮线。轮船是新型双层德国-老挝江轮，有阳光甲板和16个船舱，如此一来，游客在航行过程中也能够好好休息（周四开船）。

前往巴乌溶洞群的轮船很多，大都集中在8:30到午餐时间之间出发。前往琅多（Nong Khiaw；110,000K；6小时）的单程船在8:30左右开船，前提是有足够多的乘客登船。可以在不太显眼的小**长尾船航务处**（longboat office；见40页地图；Th Khem Khong）购票。

**老挝香蕉船**（Banana Boat Laos；☎071-260654；www.bananaboatlaos.com；Ma Te Sai, Th Sisavangvong）为预算充裕的乘客提供安排得更好的游轮旅行项目。轮船从皇宫博物馆后面出发。

## 长途汽车和小型公共汽车

顾名思义，**长途汽车北站**（northern bus station；☎071-252729；Rte 13，过Km 387后700米）和**长途汽车南站**（southern bus station, Bannaluang Bus Station；见36页地图；☎071-252066；Rte 13，Km 383）分别位于城市两端。部分小型公共汽车和面包车也会沿着数条热门的长途线路运行，发车地点均为长途汽车南站斜对面的**那琅小型公共汽车站**（Naluang minibus station；见36页地图；☎071-212979；souknasing@hotmail.com；Rte 13，过Km 382后800米）。通过旅行社或客栈订票通常需要额外支付约25,000K的服务费，其中包含了送达相关车站的交通费用，但其实自己去搭乘嘟嘟车通常更快，价格也会稍微便宜一些。

最好的办法是自己组个团，租一辆舒适的6座面包车，费用还不到长途汽车的两倍。途中可以在拍照点停留，而且还能省去在加油站的无谓停留，更能避开在许多公共站点都会上演的“司机买午餐”的把戏。直接在小型公共汽车站预约包车即可。包车至丰沙湾或万荣（Vang Vieng）大约需要1,000,000K，而到琅多的费用则在500,000K上下，汽车会直接开到客栈接人。

### 万象和万荣（Vientiane & Vang Vieng）

每天有多达10班长途汽车从长途汽车南站出发，经万荣开往万象（快车/豪华 130,000/150,000K；9~12小时），发车时间在6:30~19:30之间。豪华客车（VIP）9:00发车。早上有许多小型公共汽车会从那琅小型公共汽车站发车开往万荣（105,000K；7小时）。途中的风景同样令人赞叹。

### 沙耶武里和洪沙（Sainyabuli & Hongsa）

开往沙耶武里的长途汽车（60,000K；3小时）每天9:00和14:00从长途汽车南站发车。湄公河上的塔德大桥（Tha Deua bridge）已经通车，自驾前往沙耶武里的路程因此缩短到两个小时左右。如今这里还新开了直达沙耶武里大象保护中心（Elephant Conservation Center）的小型公共汽车线路，由Sakura Tour（见134页）经营。由于新大桥的通车，要到洪沙，最简单的办法就是先到沙耶武里，再从那里转车前往洪沙。

### 丰沙湾（Phonsavan）

那琅小型公共汽车站每天8:30有一班小型公共汽车（95,000K）前往丰沙湾（10小时），而从长途汽车南站出发则可搭乘8:00发车的长途汽车（普通/快车 85,000/105,000K；10小时）。

**琅多和桑怒（Nong Khiaw & Sam Neua）**

前往琅多（40,000K；4小时）的旅客可以搭乘9:00从那琅小型公共汽车站开出的班车。前往桑怒的旅客则可以选择在长途汽车北站搭乘分别于9:00、11:00和13:00开出的双条车（sǒrngtǎaou；40,000K）或8:30开出的长途汽车（140,000K；17小时），途中会经停温通（Vieng Thong；110,000K；10小时）。另一趟开往桑怒的长途汽车（由万象出发）大约会在17:30抵达琅勃拉邦。

**老挝西北部和中国**

到中国昆明的长途卧铺车（450,000K；24小时）7:00从长途汽车南站出发，有时会提早发车。明智的做法是提前订票并确认发车地点。从长途汽车北站出发，开往乌多姆赛（Udomxai；55,000K；5小时）的车次分别于9:00、正午和16:00出发；开往琅南塔（Luang Namtha；90,000K）的车9:00出发；开往会晒（Huay Xai；120,000K；15小时）的车次17:30发车，豪华客车（145,000K）19:00出发。

### ℹ 当地交通

从琅勃拉邦机场进城没有摩的运营，旅客只能搭乘嘟嘟车或古怪的厢式出租车，二者的统一收费标准为50,000K。如果3人以上同乘，费用会有所增加。从城区到机场的费用会便宜一些。

在城区范围内，当地人搭乘嘟嘟车，短途只需花费5000K，而外国人则会被收取每程20,000K的费用。搭车到快艇码头需花费50,000K。

骑自行车在城中游玩是再好不过的方式。许多商店和部分客栈都出租自行车，费用在每天15,000K到30,000K之间。摩托车的出租费用通常为一天US$15或每24小时US$20。然而，几乎所有中介机构的车都是从**Naluang Rental**（见36页地图；☎071-212979；那琅小型公共汽车站）转租的，如果直接向它订车，费用仅为每24小时US$15。**KPTD**（见40页地图；☎071-253447；Th Kitsarat）有多种车型可供选择，包括本田系列的Honda Waves（100,000K，半自动）、Honda Scoopy（160,000K，自动）和摩托车越野赛专用的正宗Honda CRF（US$65）。

无论自行车还是摩托车都要小心锁好，别把它们停放在路边过夜。请留意，半岛的外环路是逆时针单向行驶的，标识很不起眼，而且你会看到当地人并不遵守这一规则（而且骑车时都不戴头盔），尽管如此，警察有时候却还是会对违规的外国人做出处罚。

## 琅勃拉邦周边（AROUND LUANG PRABANG）

琅勃拉邦周边从来不缺少让人兴奋的活动，有徒步、自行车游、皮划艇、漂流和大象骑行。琅勃拉邦的许多旅行社都能安排该地区的相关活动。

旅行社会竞相向时间有限的旅行者推销琅勃拉邦一日游，行程包括了巴乌溶洞群和达光西瀑布（起步价为120,000K）。这是一个古怪的组合，因为这两处景点处在完全相反的方向上，但好处是，汽车在送你到达达光西瀑布后会一直等着你完成游船行程回到旅行社。注意，一日游的费用里并不包含门票。

### 巴乌溶洞群（Pak Ou Caves） ຖ້ຳປາກອູ

南乌江（Nam Ou）在一片壮丽的喀斯特溶岩下汇入湄公河，从南侧远观这片岩石，它就好像一只振翅欲飞的绿色巨鹰。正对它的就是班巴乌村（Ban Pak Ou），几家河岸旅馆在这里静静凝望着湄公河。河对岸（河上没有桥）有两个嵌在石灰岩峭壁上的著名**溶洞**（Tham Ting；门票 20,000K）。两个洞里都藏着满满的佛像，形貌各异、大小不一。较低的“溶洞”距离河面只有数步之遥，其实只是一块突出的岩板。佛像群在河景的衬托下显得无比秀美。要抵达较高的溶洞，需要顺着左手边的台阶吃力地爬上5分钟。这是一个50米深的洞穴，门口的雕花木门早已老旧。如果你没有带手电筒，可以在门口的服务台借一个，稍事捐赠即可。

就景观而言，洞穴本身对于许多游客来说可能还不及从琅勃拉邦到这里的湄公河水上观光活动来得更有魅力。请注意，从琅勃拉邦到巴本或从琅勃拉邦到琅多的游船刚好也会经过这一段，沿途景致并无差别。在1月至4月间，湄公河沿线沙洲的村民会用大木盘淘洗金砂。

无论乘车还是乘船，大部分前往巴乌的游客都会在“老老村”班桑海村（‘Lao Lao Village’ Ban Xang Hay）停留，因为这里有一座非常迷人（尽管几乎是全新的）的寺庙。寺庙背后的小路两旁满是编织者的织机和五颜六色的织品摊，几个蒸馏炉还在酿造种类繁多的烈酒以供销售。

琅勃拉邦的长尾船航务处出售前往巴乌的往返船票（往返 每人/每船60,000/400,000K），逆水上行航程为两小时，返程则只需1小时15分钟，沿途会在溶洞和班桑海村分别留出约1小时和20分钟的时间供乘客观光。8:30左右出发的船次最多，但通常整个上午都有船开出。旅行社和客栈也销售同样的船票，但价格会稍微贵一些，大多提供嘟嘟车接驳服务。

另一种方式是由陆路乘车前往班巴乌村（30公里，乘嘟嘟车往返约需150,000K），然后换乘摩托艇过河（往返 20,000K）。前往班巴乌村的旅客可沿13号公路行至靠近Km 405标杆处转弯，沿一条路况不错的土路继续前行10公里即可到达。

## 达光西瀑布 (Tat Kuang Si) ຕາດກວາງຊີ

比基尼、熊还有漂亮的参天大树，位于城市西南30公里开外的这处丛林公园（门票 20,000K；⏲7:30~17:30）迷人而热闹，吸引了许多探奇求新的游人。公园的中心是一个多层瀑布，这是老挝最令人难忘的瀑布之一，在旱季尤其如此。从餐饮区的停车场出发，在森林中走上5分钟就来到了第一层瀑布。飞流翻滚着跌入碧蓝的水潭中，很多人喜欢在这里游泳或是玩吊绳秋千，这里甚至还准备了几个小小的更衣间（记得自带衣服和毛巾）。继续向前，再走5分钟便是主瀑布。这处瀑布非常漂亮，最大落差约有25米。最佳的观景点是瀑布脚下的人行桥，但你也可以沿着两旁陡峭的步道爬到瀑布顶上（上山约需15分钟）。右边的步道较为湿滑凌乱，而左边的则分成了若干段平整的台阶。除非水位非常高，否则你都可以轻松淌过瀑布顶端的水潭，这样你就不必沿原路折返下山了。

一走近公园入口，首先见到的一处景点便是达光西熊类保护中心（Tat Kuang Si Bear Rescue Centre；www.freethebears.org.au）免费。这里的“居民”都是从偷猎者手中罚没来的，为了避免再次遭遇同样的命运而被保护在这里。T恤、水瓶等纪念品的销售所得被用作饲养费用。每天都有机会看到喂熊的情景。

在佧木族村落班达坂村（Ban Thapene）北端的入口停车场附近有许多便宜的小饭馆。

从琅勃拉邦乘嘟嘟车到这里，单人费用通常为200,000K，多人同乘的起步价为300,000K。在旅游局办事处附近的法国长棍面包销售区旁边常会有人在等着搭伙拼车。或者你也可以找旅行社帮你安排拼车，每人的费用约为50,000K。

如今，租辆摩托车游览达光西也是非常惬意的事情了，因为路面都铺设好了，而且还可以在沿途的村子里随意停留。如果骑自行车的话就得做好心理准备，途中有两座又陡又高的山头要爬。

另一个颇具诱惑力的替代方案是包一艘船，沿着湄公河顺流而下直达班乌村（Ban Ou；顺流 1小时）。班乌村距离瀑布只有5公里，你可以很轻松地找到愿意载你一程的过路司机。通往瀑布的2501号公路（Rte 2501）会在班乌村的寺庙后面拐一个直角弯，向着远离河流的方向延伸而去。然而，我们也已听说有一些船夫会把游客带到其他的村子，而当游客想从那些村庄出发去其他目的地时会发现自己别无选择，只能搭乘船夫的“一位朋友”的嘟嘟车。

## 达塞瀑布 (Tat Sae) ນ້ຳຕົກຕາດແສ

多层小瀑布（门票 15,000K，大象骑行每人150,000K；⏲8:00~17:00，大象骑行8:00~15:30）所形成的一个个宽阔的水潭在8月至11月之间会呈现格外令人难忘的美景，而这些水潭在2月之前就差不多干涸了。与达光西瀑布不同，这里并没有一个单一的大落差主瀑布，但整年里都有各种诱人的活动等待着游客前来体验。最出名的要数大象骑行和环形高空滑索（☎020-5429 0848；www.flightofthenature.com；每人300,000K），后者全程有14段滑索，让你可以凌空环绕甚至横跨瀑布。其中只有两段的长度超过了100米，所以别指望它真的能与长臂猿体验（Gibbon Experience；见122页）相媲美。

从班安村（Ban Aen）出发乘船（往返 每人20,000K，最低40,000K）前往瀑布的短短7分钟的旅程也是达塞瀑布之旅中的经典环节。班安村是一个非常平和的老挝村落，就在13号公路东面一公里处（在Km317.5处转向东行）。搭乘嘟嘟车从琅勃拉邦向南到班安村



## 大象营和精品度假屋

琅勃拉邦的美丽郊野中散落着好几处大象营和精品度假屋。虽然大部分初次造访者都更喜欢住在老城区的中心地带，但对于再次来访、关注自然体验或想要更多地了解老挝大象生活的游客来说，这些独具个性的地方也是很好的选择。想要体验终极的大象之旅，不妨考虑前往沙耶武里省及其杰出的大象保护中心（Elephant Conservation Center；见133页）游览一番。若想了解更多有关琅勃拉邦周边大象体验活动的信息，可登录ElefantAsia（www.elefantasia.org）的网站下载阅读《行前必读：如何在万象之地选择高品质的大象营》（*Read Before You Ride: How to Choose a Quality Elephant Camp in the Land of a Million Elephants*）。点击What We Do（主要业务），然后进入Public Awareness（公众须知）版块即可找到下载链接。

**全老挝大象营**（All Lao Elephant Camp；☎071-253522；www.alllaoservice.com；大象骑行 每人US$30，1天/2天象夫课程 US$85/150；⏲8:00～15:00）位于班努沙瓦村（Ban Noun Savath）附近。大象骑行活动大约持续90分钟，分别在8:00、9:30、11:30和13:30各有一场，大象沐浴的时间是14:30。要参与时间更长的象夫课程（mahout course）并在他们的**驯象师小屋**（Mahout Lodge；www.mahoutlodge.com；小屋 US$40～80）留宿，或是参加骑行-皮划艇综合游（这里有几十种选择），可以联系**Luang Prabang office**（见40页地图；☎071-253522；Th Sisavangvong）。这些项目原本是面向背包客的，但最近价格涨了不少。

大约在5公里以外，德国人经营的**Elephant Village**（大象村；☎071-252417；www.elephantvillage-laos.com；象夫课程 每日 US$86）可为游客提供更为独特的大象体验，哪怕只是为了享受那直面壮观喀斯特山脊的一瞬，也值得一去。这里有骑行、象夫课程和多日体验活动，他们甚至还有自己的**Elephant Camp**（大象营；www.elephantvillage-laos.com；每晚 US$120～140）。Elephant Village位于一条岔路上，这条路的终点是两公里外的班香隆村（Ban Xieng Lom）。Elephant Village附近还有其他令人印象深刻的住宿地，其中包括**Lao Spirit Resort**（☎030-514 0111；www.lao-spirit.com；房间 10月至次年4月 US$125～160，5月至9月 US$100起）和更高档的**Shangri-Lao Explorer Camp**（象夫课程 1日 US$139，2日 含露营住宿 US$330）。Lao Spirit位于河边，是一系列以砖柱为支架的吊脚茅草屋，看起来非常喜庆。Shangri-Lao或许是老挝最豪华的帐篷露营地，据称包含两处营地，一处在河边的大象营地旁，而另一处位于会珂山谷（Huay Khot Valley）的原始森林中。Shangri-Lao的套餐项目非常超值，游客可以入住奢华至极的殖民地风格大帐。

在同一座小山的更高处，老板是加拿大人的**Zen Namkhan**（☎030-514 2411；www.zennamkhanresort.com；房间 US$170～200；❄🏊）遵循着一种独特的精品酒店之路。这里有简约时尚的宽敞别墅、景色开阔的阳台，以及室内室外淋浴设施。服务非常尽心。引入泉水的游泳池天然环保。

此外，如果朝着达光西瀑布的方向走，你还可以找到另一处度假村——**Hillside Resort**（☎030-571 7342；www.hillsidelaos.com；房间 US$59～75；🏊）。这家2012年刚刚开张的度假村共有8栋别墅和一个独立的家庭套房，并有充足的运动设施随时供住客使用，其中包括桌上游戏、排球、法式滚球和游泳池。装备顶级，绝对物超所值。

需要30分钟左右，往返费用高达150,000K，中间还包括两个小时的等待时间。

## 班帕农村和远郊

## (Ban Phanom & Beyond)

ບ້ານພະນົມ / ສຸສານຫມູຫົດ

如果你爬上普西山，一定会看到一座金光闪闪的八角形佛塔矗立在“新大桥”（New Bridge）旁边，这是建于1988年的**和平塔**（Santi Chedi；捐赠为盼；⏲周一至周五8:00~10:00和13:30~16:30）。这座五层宝塔的内墙上描绘着形形色色的佛教故事和道德劝诫。佛塔在一个平缓的高地上，距离13号公路只有一公里远，就在通往**班帕农村**的路旁。班帕农村是一个繁荣的编织和手工艺村庄，从和平塔向东走不到一公里即可到达。一条尚未铺设路面的道路最初随着南康河走东转南，最后在绕行14公里后抵达**班科格涅村**（Ban Kok Gniew），这是位于13号公路Km372处的“菠萝村”，距离通往达塞瀑布的转弯处只有500米。

这条平缓的坡路布满灰尘，但却很宁静，沿途风景如画，有许多引人注目的喀斯特景观和好几处景点。在距离班帕农村4.5公里左右的地方，一条约300米长的陡峭下坡路通往雪白的**穆奥墓**（tomb of Henri Mouhot）。亨利·穆奥（Henri Mouhot）是位法国探险家，以“发现”了吴哥窟而闻名。由于身染疟疾，穆奥于1861年在琅勃拉邦病逝，临终前，他在日记上潦草地写下了“可怜可怜我吧，哦！上帝”的句子。相比之下，旁边有着浓浓大胡子的穆奥像看起来绝对更让人愉快，而每到旱季，下方的“河滩”就成了热闹的野餐与游泳之地。

顺着道路再走不到两公里就是**班努沙瓦村**，村中有一座绘有壁画的古老寺庙和一座镀金佛塔。当午后的阳光落在巨大的喀斯特山脉之上时，你一定会被眼前的绝美景色所惊呆，这也令此地成为绝佳的摄影取景地。

# 老挝北部

## 包括 ➡


丰沙湾……75
石缸平原……80
琅多……90
丰沙里省……95
丰沙里……98
乌多姆赛……103
琅南塔……110
会晒……119


## 最佳餐饮

- ➡ Bamboozle Restaurant & Bar（见78页）
- ➡ Bar How（见125页）
- ➡ Coco Home Bar & Restaurant（见92页）
- ➡ Forest Retreat Gourmet Cafe（见113页）
- ➡ Riverside Restaurant（见94页）

## 最佳住宿

- ➡ Daauw Homestay（见122页）
- ➡ Luang Say Lodge（见128页）
- ➡ Muang La Resort（见109页）
- ➡ Nong Kiau Riverside（见91页）
- ➡ Phou Iu III Guesthouse（见111页）

## 为何去

无论徒步、骑车、划皮划艇、高空滑索或骑大象，还是在民居住宿，游览老挝北部都会为你的旅程带来诸多难忘的回忆。繁盛茂密的森林仍然是老虎、长臂猿和其他野生动物的家园，完善的生态旅游设施让你能够深入其中。

“万象之国”也是“万弯之国”，公路蜿蜒曲折，伸向高耸入云的山峦和蛇形的河谷，胆小的人不适合在这里旅行。相比较而言，北部地区的大部分城镇都有完备的设施，因为这些在20世纪印度支那战争遭到全面轰炸的城镇在战后都进行了重建。

但是来老挝北部游览的旅行者并不是冲着城镇来的，他们想看的是乡村生活。河上旅行不仅让旅行者免于乘坐公共汽车的颠簸之苦，也使他们能够更好地欣赏幽静的河岸风光。

## 何时去

### 琅勃拉邦

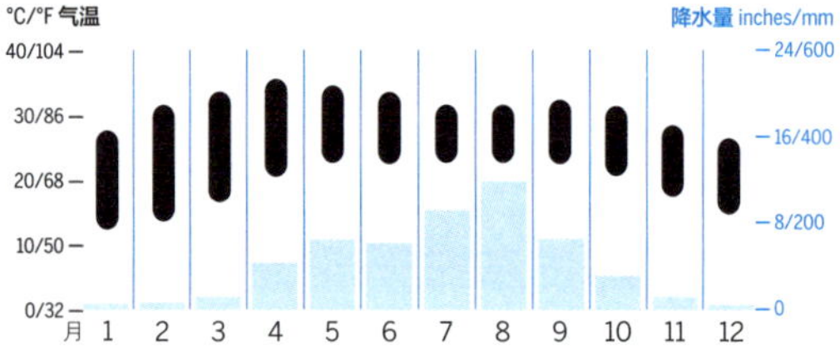


**11月至次年2月** 降水少、天气晴朗，是最理想的游览季节；高纬度地区有些寒冷。

**3~5月** 低纬度地区炽热难耐；刀耕火种的农耕方式产生了大量烟霾。

**6~10月** 虽然是雨季，但没有那么多降水。植被格外葱翠，酒店价格比较便宜。

## 气候

11月至次年2月是一年中最好的时候，阳光驱散清晨清冷的薄雾后，气温会从暖和上升到炽热的程度。在海拔较高的山区，尤其是琅南塔（Luang Namtha）、丰沙里（Phongsali）、川圹（Xieng Khuang）和华潘（Hua Phan）等地，夜晚气温比较低，最好备上一件厚薄适中的夹克。如果你在10:00之前需要乘船或骑摩托车，那更要多穿点。随着旱季的来临，河水水位下降，到次年2月份时南塔河的一些水域可能无法通航。3月不是游览的好时机，因为刀耕火种的农耕方式会导致整个地区烟雾弥漫，能见度大幅降低。4月天气酷热，湄公河谷（Mekong Valley）在老挝新年（Pi Mai festival）期间有为期一周的“泼水”活动（相当于我国傣族的泼水节），这段时间交通格外拥挤。新年过后，北部边缘地区可能会下雨，但6月到9月之间才是真正的



## 选择哪条线路的河上之旅?

20世纪90年代之前，内河船是老挝城际客运的主要工具。今天，未通公路的村庄仍然依靠水路出入，而几条较长的水上线路因旅游业的需要得以保留下来。每条线路都很迷人。

### 湄公河慢船（Mekong Slowboats）

**会晒至巴本或巴本至琅勃拉邦**（Huay Xai - Pak Beng or Pak Beng - Luang Prabang；1天；见125页）两段水路都是一天的路程，景色都很好。船只核定载客量70人，但有时严重超载。座椅通常很硬，但你可以站起来四处走走。船上有厕所，通常也有小吃和啤酒（价格过高）出售。

**会晒至琅勃拉邦**（Huay Xai - Luang Prabang；2天；见125页）乘坐琅塞号游轮（Luang Say Cruise）或松浦游轮（Shompoo Cruise）旅行相对奢侈。两家公司的船只大小与湄公河上的其他慢船相仿，但最多能搭载40人。琅塞号游轮不适合低预算旅行者，但价格含三餐、景点停留和在舒适的Luang Say Lodge住宿的费用。

### 湄公河快艇（Mekong Speedboats）

**会晒至琅勃拉邦**（1天；见125页）速度快而不稳，令人心惊胆战；如果你身材壮硕或是身体不够柔软会觉得很不舒服。

**更谷至孟蒙**（Xieng Kok - Muang Mom；3小时；见125页）危险性和舒适问题与前者相似，但要想欣赏湄公河的这一河段的秀丽风光，它是唯一的方式。

### 南塔河上的船（Nam Tha Boats）

**琅南塔至会晒或纳拉至会晒的长尾船**（Luang Namtha - Huay Xai或Na Lae - Huay Xai longboat；2天；见114页）如果你想逃离游客聚集的线路，可以选择乘坐这种最多搭载6人左右的敞篷船。第一天的晚上在船夫的村庄住宿。一路上景色迷人，但最美的景色集中在班蓬村（Ban Phaeng）周围一小时行程的水域内。水位低的时候那里可以玩激流射击游戏，但既费钱又费时间。

**哈沙至孟夸，孟夸至琅多和琅多至琅勃拉邦的内河船**（Hat Sa - Muang Khua, Muang Khua - Nong Khiaw和Nong Khiaw - Luang Prabang riverboats；皆为1天；见98页）这是3条深受旅行者喜爱的线路：有篷船只通常每天从各自对应的码头发船，最多搭载20人（有时很挤）。记得自带小食。无论是从琅多出发，还是开往琅多，离琅多一两个小时船程的水域或许是全老挝景色最迷人的。乘坐琅多和孟威诺（Muang Ngoi Neua）之间的船（每天2班；逆流而上 90分钟，顺流而下 70分钟）就能看到那些景色。

# 老挝北部亮点

❶ 在**会晒**附近参加**长臂猿体验**（见122页）活动，沿着高空滑索在高耸的树冠之间穿行，一直滑到遥远的树屋。

❷ 乘船或划皮划艇往来于孟威诺和琅多之间的**南乌江**（见66页）上。

❸ 在偏远的**丰沙里**（见98页）参加部落徒步活动并在民居住宿，了解当地人的生活方式。

❹ 探索壮观的石灰岩**芒咸溶洞**（见86页），这里曾是巴特寮躲避美国空袭的藏身之所。

❺ 探索川圹神秘的**石缸平原**（见80页）。

中国地图出版社供图

0 100 km
0 50 miles
VIET NAM
越南
Red River
红河
Dar River
Phu Den Din NPA
普登丁山国家保护区
Hat Sa
哈沙
3 Phongsali
丰沙里
PHONGSALI
丰沙里省
Dien Bien Phu
奠边府
Son La
Border Crossing
边境口岸
Nam Ou
南乌江
Nam Noi
巴南内村
Muang Khua
孟夸
Xieng Khaw
Muang Ngoi Neua
孟诺威
2 Nam Ou
南乌江
Nam Bak
Pak Mong
巴蒙
Nong Khiaw
农胶(琅多)
Vieng Kham
Nam Et NPA
南埃河国家保护区
Sop Hao
Vieng Xai Caves
芒威溶洞
4
Sam Neua
桑怒
HUA PHAN
华潘省
Nam Sam
南桑河
Na Meo
纳磨
Border Crossing
边境口岸
Huamuang
Nam Seuang
Pak Xeng
LUANG PRABANG
琅勃拉邦省
Pak Ou
巴乌
Luang Prabang
琅勃拉邦
Phou Louey NPA
普类山国家保护区
Vieng Thong
温通
Ban Sonkhua
Suan Hin
欣当考古园
Ban Ko Hing (Phoulao)
Nam Sam NPA
南桑河国家保护区
Sam Tai (Xamtay)
桑代
Tat Sae
达塞瀑布
Xieng Ngeun
Nam Khan
南康河
XIENG KHUANG
川圹省
Muang Kham
孟坎
Nong Haet
农黑
Border Crossing
边境口岸
Nam Khan
南康
Nam Can
南根
Nam Ming
Ban Nong Tang (Muang Sui)
芒绥
Phonsavan
丰沙湾
Bomb Village
Phu Khoun
Plain of Jars 5
石缸平原
Nam Ngum
南俄河
Muang Khoun (Old Xieng Khuang)
孟昆
Ban Thalin
班塔林村
VIET NAM
越南
Kasi
卡西
Phu Bia
普别山
(2820m)
Vang Vieng
万荣
VIENTIANE
万象省
Nam Xan
Nam San
南桑河
Accessible in dry season only
只有旱季能入
BOLIKHAMSAI
波里坎塞省
Ang Nam Ngum
南俄河水库
Phon Hong
蓬洪
Phu Khao Khuay NPA
普考奎山国家保护区
Nam Kading NPA
南噶丁河国家保护区
Paksan
北汕
Beung Kan
汶干
Border Crossing
边境口岸
Pak Kading
巴噶丁
Ban Phon Kham
Tha Bak
塔巴
Lak Sao (Xao)
拉绍
Phou Phanang NPA
Mekong River
湄公河
Nam Kading
南噶丁河
VIENTIANE PREFECTURE
万象市
Vieng Kham
温坎
Ban Khoun Kham (Na Hin)
班昆坎村
(班纳欣村)
Phu Hin Bun NPA
普欣本山国家保护区
VIENTIANE
万象
Nong Khai
THAILAND
泰国
Hin Bun

雨季。其实雨季也不是经常连续下雨，而且雨后天空晴朗，稻田显得分外青翠，但土路会变得泥泞难行，徒步道路湿滑，草丛中可能出现蚂蟥，河道的浅滩也变得非常难行。

### 到达和离开

连接北部地区和老挝其他地方的公路几乎没什么用。最方便、最受欢迎、景色也最美的是连接琅勃拉邦和万荣（Vang Vieng）的13号公路（Rte 13）。途经沙耶武里（Sainyabuli）和巴莱（Pak Lai）的公路尚未完工，而且沿途景色也比较一般。第三条路是从孟昆（Muang Khoun）通往北汕（Paksan）的10号公路（Rte 10），目前路况很好，但偏远的路段有时会发生治安问题。



### 当地交通

在老挝北部沿公路旅行不仅速度慢，而且令人疲惫不堪。只有主要公路铺了沥青，即便如此，这些公路也非常狭窄和曲折，平均车速很少能超过30公里/小时。至于土路，雨后泥泞，旱季则暴土扬长，令骑自行车或乘坐双条车（sŏrngtăaou）的人非常难受。最好学当地人那样戴个面罩。如果预算允许也可以考虑包辆带司机的私人小客车（每天约US$100，在主要城镇都能租到）。幸好，对于喜爱冒险的摩托车手来说，许多二级公路车辆稀少，适合他们骑行。

乘船是代替公路旅行的宜人方式，只不过速度更慢而已。选择“快艇”之前请三思——绑着汽车发动机的冲浪板都比它更安全。

# 川圹省和华潘省

## （XIENG KHUANG & HUA PHAN PROVINCES）

漫长而蜿蜒的公路如同无边无尽的带子一样穿过这两个葱郁却人烟稀少的东北部省份，向着神秘的石缸平原和迷人的芒咸溶洞延伸。如果你正走在前往越南（或从越南返回）的路上，不妨去游览上述两个有趣的地方。有时间的话，你还可以去琅多和温通（Vieng Thong）看看，后者是通往南埃河（普类山）国家保护区（Nam Et/Phou Louey NPA）的门户，保护区里还有“寻虎徒步”项目。所有以上提及的地方都可以通过参加由**Stray Asia's**（www.straytravel.asia）经营的价格昂贵的Long Thaang公共汽车环线游来进行游览。这两个省的其他地方则少有游人问津。

平均海拔超过1000米意味着这里热季不会太热、冷季也不会太冷。即便是在12月和1月，早晚只要有件毛衣或夹克即可御寒。清晨，人口聚集的山谷上空会笼罩着层层云雾，从隘口或山顶往下看去，景色十分美妙。

### 历史

闻名世界的川圹省大“石缸”和神秘的欣当（Hintang）巨石证明老挝北部在铁器时代就已出现成熟的人类文明，但人们对其知之甚少。无论是谁雕刻了这些巨大的、谜一般的石碑，他们肯定是13世纪之前的人，因为13世纪时川圹省成为佛教盛行的地方，属于封邑泰普安（Tai Phuan），首府就是今天的孟昆。接下来的几百年间，川圹和欣当要么是独立王国，要么成为越南的附属国——分别被称为“泰老”（Ai Lao）和特兰宁（Tran Ninh）。1832年越南人俘获了普安族的川圹王，在顺化（Hué）将其公开处决，然后将川圹国设为安南（Annam）郡，逼迫当地人接纳越南人的穿衣方式和风俗习惯。19世纪末中国黑旗军（Haw）也曾攻入川圹，这也是川圹后来接受暹罗人和法国人保护的原因之一。

自由老挝战线（Free Lao）和越盟（Viet Minh）之间主要的小规模战争发生在1945~1946年。法国人一离开印度支那，北越就开始集结军队保护河内后翼。到20世纪60年代末，该地区已成为主要的战场。美国飞机对几乎所有城镇进行了狂轰滥炸，大批居民为求自保被迫住在洞穴中，直到1973年才出来。在芒咸，最重要的几个洞穴还曾是巴特寮反皇派政府的藏身之所。

北越军队也参与了对地面城镇的破坏。他们摧毁了附近以寺庙著称的城市芒绥（Muang Sui），以及川圹省西部老挝皇家军队驻守的大部分城镇和乡村。冲突爆发后出现了臭名昭著的samana再教育营（劳改场所），其中以华潘东部的最为著名，其目的是用繁重的劳动和政治教化来“改造”和惩罚前保皇党人。许多再教育营一直开到20世纪80年代，有关索豪（Sop Hao）附近至今仍

## 未爆炸弹药和战争垃圾

印度支那战争期间，老挝或许是世界历史上遭受炸弹袭击人均值最高的国家。川圹省受灾尤其严重，直至今日还残留着不计其数的战争残骸。其中许多是可能已经失效的未爆炸武器，包括迫击炮弹壳、白色磷罐（用于标记轰炸目标）和各种炮弹。最令人头疼的是集束炸弹，这种炸弹长1.5米，形状像鱼雷，是真正的邪恶之源：其金属外衣被设计成在空中纵向散开，670颗网球大小的小炸弹可以攻击周围5000平方米的地区。一旦受到触动，小炸弹就会爆炸，爆发出的大约30个小子弹将杀死方圆20米以内的所有目标。轰炸结束将近40年了，但老挝现在几乎每天就有一人因未爆炸武器致死或致残，其中40%是儿童。数千万颗小炸弹还埋在地下，时刻威胁着建筑商、农民和错把炸弹当成玩具的小孩子们。对于赤贫的村民而言，收集未爆炸武器当废铁卖可以挣钱，这种诱惑导致不计其数的村民因此丧生。虽然清理工作一直在进行，但以目前的速度看来，要彻底清理完这些武器大约需要150年。

集束炸弹本身不会爆炸，人们为它找到了更多积极的用途。在一些地方，你能看到人们把它当成建筑的招牌、饲料槽、储存大葱或简单地用作住宅或酒店的装饰物。

如果你看到战争碎片，不要试图触碰它。即使是展品，也要当心：有些酒店陈列的战争垃圾没有正确地去除引信，还存在爆炸的可能性。即使已经失效、不再危险，老挝法律也规定，买卖任何形式的战争残留物均为非法行为。购买、销售或盗窃任何旧武器都会被判入狱，少则6个月，多则5年。



存在一家samana再教育营的说法从未被官方证实或否认过。另外，冲突结束后的几十年里，未爆炸武器（UXO）仍随处可见，特别是在川圹省中部和东部，它们对未来几代人的生命造成威胁。

## 丰沙湾（Phonsavan）

ໂພນສະຫວັນ

☎061 / 人口 60,000

打算游览石缸平原的人大多会把丰沙湾当做大本营。丰沙湾本身给人一种城市建设尚未完工的感觉，占地面积很广，两条平行的东西向大道长约3公里。幸运的是，酒店、餐馆和旅行社聚集在一条被称为“中央地带”的很短的道路上，不过道路本身没什么特色。7号公路（Rte 7）沿线散乱分布着更多的商铺、市场和各种机构，但要想看到最美丽的城市风光，应该去周围的山上，有几座山被松林覆盖，山顶还有小型度假村。

该地区长期以来一直是普安族语言和文化[属于傣卡岱（Tai-Kadai）语系分支]的中心，受越南人的影响也很大。

### 景点

**未爆炸武器信息中心** 信息中心

（UXO Information Centre; ☎061-252004; www.maginternational.org/laopdr; ⏲8:00~20:00）免费 美国对老挝的“秘密”战争已结束几十年了，但未爆炸的炸弹和地雷仍是该地区面临的灾难性问题。要想理解这一问题有多严重，可以拜访由英国组织MAG（Mines Advisory Group）经营的未爆炸武器信息中心。该组织从1994年开始帮助老挝清除未爆炸的武器。中心内的照片、幻灯片和地图软件揭露了轰炸的恶行，摆放的未爆炸武器标本（引信已拆除）发人深思。傍晚还会放映多部震撼人心的纪录片，包括*Bomb Harvest*（16:30；www.bombharvest.com）、*Surviving the Peace*（17:50）和*Bombies*（18:30；www.itvs.org/bombies/film.html）。欢迎捐款：12美元足够清除约10平方米内的未爆炸武器，捐款者将获赠一件纪念T恤衫。

**川圹未爆炸武器幸存者信息中心** 信息中心

（Xieng Khouang UXO-Survivors' Information

## Phonsavan 丰沙湾

## Phonsavan 丰沙湾

**景点**

1 未爆炸武器信息中心 ......C1
川圹未爆炸弹药幸存者信息中心 ......(见1)

**活动、课程和团队游**

2 Amazing Lao Travel ......C1
3 Sousath Travel ......C2

**住宿**

4 Anoulack Khen Lao Hotel ......D2
5 Auberge de La Plaine des Jarres ......D3
6 Hillside Residence ......B1
7 Kong Keo Guesthouse ......D2
8 Maly Hotel ......A2
9 Nice Guesthouse ......D2
10 Vansana Plain of Jars Hotel ......B1
11 White Orchid Guesthouse ......D2
12 Xieng Khouang Hotel ......C1

**就餐**

13 Bamboozle Restaurant & Bar ......D2
14 Craters Bar & Restaurant ......C2
15 生鲜市场 ......C2
16 Nisha Restaurant ......D2
17 Sanga Restaurant ......C1
18 Simmaly Restaurant ......D2

**饮品和夜生活**

19 Barview ......D3

**实用信息**

网吧 ......(见1)
省旅游局办事处 ......(见4)

**交通**

20 老挝航空公司 ......B2
Lao-Falang Restaurant ......(见4)

Centre; www.laos.worlded.org; ⏲8:00~20:00)这个信息中心陈列着义肢、轮椅和炸弹碎片，令参观者对未爆炸武器问题产生更深刻的思考。

**Mulberries** 丝织

(ປ່ສາ; ☎061-561271; www.mulberries.org; ⏲周一至周六 8:00~16:00)这家秉承公平贸易理念的丝织园会组织趣味十足的免费参观活动，期间你可以了解到丝织工艺的整个过程(从蚕茧到五颜六色的围巾的演变过程)。它紧邻7号公路，在公共汽车站西侧。

## 团队游

主干道上的几家旅行社和几乎所有的客栈都乐意拉你参加包含3个主要景点在内的石缸平原一日游。目前的价格是150,000K，含一顿午餐（汤面）和景点门票。该报价适用于7人以上团队（含7人）。

其他大做广告的团队游包括去孟昆、芒绥或坦皮乌溶洞（Tham Piu）等地的游览活动，但由于参加的客人少，所以价格降不下来。可以尝试自己组团看看。

**Amazing Lao Travel** 徒步

（020-2234,0005；www.amazinglao.com；Rte 7）经营石缸遗址徒步游和两日的山区徒步游项目，后者包括在一个苗族（Hmong）村寨的民居过夜。同样，参加人数越多，价格越划算。

**Sousath Travel** 导览游

（061-312031；Rte 7）组织者是信息灵通的兄弟俩。Sousath组织的团队游值得信赖，目标景点包含石缸平原和胡志明小道（Ho Chi Minh Trail），中途如有需要还会在苗族村寨住宿。他们还出租摩托车（每天100,000K）。晚上，他们还会在自己的小办公室兼咖啡馆里放映电影。

## 住宿

### 中央地带（Central Strip）

**Kong Keo Guesthouse** 客栈 $

（061-211354；www.kongkeojar.com；房间 50,000~80,000K；）这是城里最适合背包族入住的地方，小木屋和新客房楼内的房间都带有独立浴室，后者更为舒适。这里还有一间小小的酒吧兼餐厅，并设有露天烧烤区，偶尔还有吉他演奏。富有魅力的店主Keo先生还经营石缸平原团队游和各种特色游览活动。

**Nice Guesthouse** 客栈 $

（061-312454；vuemany@hotmail.com；房间 80,000~110,000K；）作为一家老字号客栈，这里一点都不显旧：崭新的客房芳香宜人，浴室很干净，床铺也结实。中式灯笼在寒冷的夜晚散发着温暖的红光，楼上的房间还配有浴缸。

**White Orchid Guesthouse** 客栈 $

（061-312403；房间 含早餐 80,000~200,000K；）客房的墙壁被漆成了薄荷绿色，配有洁净的独立浴室和贴心的毛毯。楼层越高价格越贵，景观也越好。房费含从机场或长途汽车站接客人来此的服务。

**Anoulack Khen Lao Hotel** 酒店 $$

（061-213599；www.anoulackkhenlaohotel.com；房间 200,000~300,000K；）就质量而言，这栋位于现代化的五层建筑内的酒店比附近所有的住处都好。价格为200,000K的客房性价比最高：干净明亮、面积大，有雪白的床上用品、烧水壶、冰箱和淋浴房，房费还含早餐。有一部电梯，更重要的是，还有一部为电梯供电的发电机。

**Xieng Khouang Hotel** 酒店 $$

（061-213567；xiengkhouanghotel@gmail.com；房间 US$20~100；）这座粉蓝色的越南风格大楼内有一系列干净但并无特色的房间。这家酒店经常接待来访的政府代表团。房费含免费Wi-Fi。

### 城区周边（Around Town）

城区周边有几个不错的木屋风格酒店，其中几家位于松林覆盖的山顶。

**Hillside Residence** 酒店 $$

（061-213300；www.thehillsideresidence.com；Ban Tai；房间 含早餐 US$30；）这座仿建的半木结构宅邸位于一个翠绿的小花园内，看起来宛若殖民地时代的山中避暑胜地。房间小，但装饰细节很迷人。楼顶有公共露台，楼上的某些房间带独立阳台。Wi-Fi免费。

**Maly Hotel** 酒店 $$

（061-312031；www.malyhotel.com；房间 含早餐 US$25~60；）这家酒店所在的区域住宿地很少。木梁和烛光营造出一种独特的氛围。房间带独立卫浴、电视、热水和老挝产的纺织品。拐角处的8号房间是个套房，是同类房型中最好的。

## 进入越南：丰沙湾至荣市

### 前往边境

从丰沙湾（每周4班）和琅勃拉邦（每周2班）开往荣市（Vinh）的直达长途汽车会穿过荒凉的**农黑（Nong Haet，老挝）/南根（Nam Can，越南）边境站**（⏰8:00至正午和13:30~17:00），边境站位于荣市西北方约240公里处。老挝一侧距离边境站最近的城镇是边境西侧13公里处的农黑，这里每天最多有4班长途汽车开往丰沙湾（35,000K；4小时），正午前后有一辆双条车开往边境（20,000K）。

### 在边境

走这个边境站的旅行者不多。入境时即可按照标准价格办理老挝签证（但有时会以“超时”的理由多收钱）。边境站不办理越南签证，因此要提前在琅勃拉邦或万象办好。

### 入境

进入越南境内后，有一条蜿蜒的公路通至21公里之外的第一个小镇Mu'òng Xén。从边境到这里没有公共交通，但你可以花钱搭乘小汽车或摩托车。Mu'òng Xén有一家简陋的酒店，16:00左右有一班开往荣市的长途汽车。但是，由于边境两侧的交通工具极有可能会漫天要价，乘坐往返于丰沙湾和荣市的国际长途汽车会更便捷。

**★Auberge de la Plaine des Jarres** 小屋 $$

（☎030-517,0282；www.plainedesjarres.com；房间 US$50~60；@📶）位于山坡上，欧洲红松和瑞士风格的木质内饰让这些迷人的全木小屋看起来有种奇特的高山感觉。专营法国菜和老挝菜的餐厅很不错，晚上室内还会燃起炉火，坐在餐厅里便可尽览城市全景。房间有点旧，但不乏魅力。距离城区10分钟车程。

**Vansana Plain of Jars Hotel** 酒店 $$

（☎061-213170；www.vansanahotel-group.com；房间 400,000~500,000K）以丰沙湾的住宿标准来看，这家富丽堂皇的酒店已算是相当高档，占据了一个能俯瞰城区的小山头。房间舒适，地毯毛绒绒的，内饰富有品位。房内还配有大电视、迷你吧和大浴缸。每个房间都带小阳台，能俯瞰美丽的城景。贵宾房面积很大，深受团队游客的喜爱。

**Phouviengkham Resort** 酒店 $$

（☎061-213417；phouviengkham@live.com；房间 US$65~85）这可能是丰沙湾最精致可爱的酒店，位于一个孤零零的山头，能俯瞰城市全景。房间宽敞时髦（至少在城市的这片区域内），床上铺着老挝产的寝具，屋里摆放着竹子家具。奇怪的是，山景房竟然比城景房便宜将近20美元。那可是山啊！

### ✕ 餐饮

野生松茸（hét wâi）和腌过的燕子（nok ạen dạwng）是当地的特色食物——去**生鲜市场**（fresh food market；⏰6:00~17:00）逛逛。如果你想避免令你不快的“惊喜”，须知有几家越南餐馆出售狗肉（thit chó）。

**★Bamboozle Restaurant & Bar** 各国风味 $

（Rte 7；正餐 15,000~52,000K；⏰7:00~10:30和15:30~23:00；📶）🍃入夜后这里便会成为城里最热闹的地方，供应各种令人愉悦的食物，包括比萨和最棒的老挝菜肴。部分收益归支持城市青年发展的**Lone Buffalo Foundation**（简称LBP；www.facebook.com/lonebuffalo）。

**Nisha Restaurant** 印度菜 $

（Rte7；正餐 10,000~30,000K；⏰7:00~22:00；

（📝）外表看起来平平无奇，但一走进店内就会发现这里是老挝北部最好的印度餐馆之一。菜单上有各种素食。除了美味的卷饼（dosa）、玛莎拉咖喱（tikka masala）和香料羊肉咖喱（rogan josh）之外，还有好喝的lassi（印度酸奶，大多时候加盐或者水果）。

**Simmaly Restaurant** 老挝菜 $

（Rte 7；正餐15,000~30,000K；⏲6:00~21:00）盘子里堆放着米饭、面条和香辣的肉菜——包括蒸米粉（fěr）。姜炒猪肉也很好吃。

**Sanga Restaurant** 老挝菜 $

（主菜15,000~30,000K；⏲11:00~22:00）看起来就像是一间普通的客厅，但没想到这里会有如此美味又实惠的菜肴。鸡肉腊普（làhp）尤其美味，售价30,000K的牛排和薯条好吃不贵，也很受欢迎。

**Craters Bar & Restaurant** 各国风味 $

（Rte 7；正餐20,000~50,000K；⏲7:00~22:00；📶）这可是丰沙湾餐饮界的老前辈，经常接待非政府组织（NGO）员工和旅行者。电视里播放着CNN新闻，你可以边看边吃烤面包、汤、汉堡、炸鸡、牛排或比萨。

**Barview** 酒吧

（⏲8:00~23:00）你可以坐在这间位于稻田上方的小棚屋里喝着啤酒欣赏日落。本地人喜欢聚集在这里弹吉他、吃烤肉。

## ℹ 实用信息

**老挝发展银行**（Lao Development Bank；☎061-312188）、**BCEL**（老挝外贸银行；☎061-213291；7号公路）和几家旅行社能换钱。7号公路沿线有两台自动柜员机。

老挝北部各省曾是轰炸重灾区，不要低估未爆炸武器的危险。

**Internet Shop**（每分钟200K；⏲7:00~22:00）位于Simmaly Restaurant旁边，网速很快。

**Lao-Mongolian Friendship Hospital**（☎061-312166）或许可以治疗小病。

**省旅游局办事处**（Provincial Tourist Office；☎061-312217）位置有些奇怪，拥有一系列内容翔实的书籍（值得细读），还组织一些地区内的徒步游。这里也有介绍丰沙湾和川圹的免费地图和小册子。院子里堆满了战争垃圾。

## ℹ 到达和离开

航班和长途汽车时刻表通常用“川圹”指代丰沙湾，尽管“川圹”原本是孟昆旧称。

### 飞机

**老挝航空公司**（Lao Airlines；☎061-212027）每天有航班抵离万象（US$101）。旺季有时每周有一班抵离琅勃拉邦的航班。

### 长途汽车

#### 国际和长途线路

旅行社预售的长途汽车票通常比票面价格贵40,000K左右，但他们能把你送到市中心以西约4公里处的长途汽车站。开往越南的长途汽车从这里发车，分别于周二、周四、周五和周日的18:30开往荣市（180,000K；11小时），有些季节周一还会有班车继续开往河内（Hanoi；320,000K）。开往万象的空调客车发车时间为7:00、8:00、10:30、16:30和18:30，另有一班豪华（VIP）客车于20:00发车（160,000K）。上述车次都经过万荣——此外丰沙湾还有一班7:30发车的班车发往万荣（95,000K）。开往琅勃拉邦（10小时）的小型公共汽车（95,000K）和豪华客车（120,000K）都是8:30发车。两班从万象至桑怒（Sam Neua）的长途客车会经过丰沙湾，8:00丰沙湾还有一班车开往桑怒（110,000K；8~10小时）。7:30出发的长途汽车准点开车，沿新公路开往北汕（130,000K）。

#### 本地线路

本地公共汽车和双条车从中国市场（Chinese market）发车，目的地包括孟昆（15,000K；每小时1班）、孟坎（Muang Kham；20,000K；2小时；每小时1班）和农黑（35,000K；4小时；每天4班）。

## ℹ 当地交通

如果你能找到嘟嘟车（tuk-tuk），它们的价格是短途最低10,000K，去机场则为20,000K左右。**Lao-Falang Restaurant**（☎020-2221 2456；Rte 7；⏲8:00~18:00）出租自行车（每天40,000K）和100cc排量的摩托车（100,000K）——骑自行车或摩托车是游览石缸部分遗迹的好方法。如果你自认为够勇敢，他们还有中国的四轮越野摩托车（160,000K）。

大多数客栈和酒店都能帮你包一辆带司机的

六座客货两用车或四驱车。去桑怒的包车费用约为150美元，去琅勃拉邦则只需120美元。

## 丰沙湾周边 (Around Phonsavan)

### 石缸平原 (Plain Of Jars)

ທົ່ງໄຫຫີນ

来历成谜的缸状巨石散落在丰沙湾周边数百平方公里的区域内，这里因此得名“石缸平原”。实际上它并非“平原”，而是一个位于芒新(Muang Sing)或琅南塔的碗形山谷，而大部分奇特的“石缸”遗迹就位于山坡上。但比石缸本身更奇妙的是创造这些石缸的文明——至今仍是不解之谜。真的，没有人知道。但这挡不住导游随心所欲地胡猜，他们的说法时常令人忍俊不禁。与此同时也有一个动人的传说：6世纪，泰老混血英雄Khun Jeuam推翻残暴的封建君主，解救了当地百姓，人们为庆祝此事制作了这些可以煮大量米酒的“巨锅”。在这个故事的某些版本中，为了制作这些石缸，人们先用水牛皮、沙子、水和甘蔗做成的“粘合物”塑形，然后再将它们放在“窑”里进行烧制。有些人甚至宣称1号石缸遗址(Jar Site 1)旁边的洞穴就是这样的窑。实际上，石缸完全是天然石块，考古学家估计它们的形成年代可追溯到东南亚的铁器时代，即公元前500年至公元200年。

从很久以前就开始有收藏者偷偷将部分小型石缸运走，但留下了大约2500个比较大的石缸、石缸碎片和“石盖”。由于印度支那战争期间该地区遭受了地毯式轰炸，能遗留下这么多石缸实属奇迹。记录在案的石缸中只有90个已经清理完未爆炸武器，也就是说可供参观的区域很有限。这些遗址及通往遗址的小路皆以很不显眼的红白两色石块做了标记：务必走白色的一边，否则可能发生不幸。

1号、2号和3号遗址构成了大多数团队游的游览环线。完成帕胶徒步线路(Phakeo Trek)必须用两天，沿途经过3个相互挨着但杂草丛生的小型遗址。虽然石缸平原是老挝东北部最热门的旅游景点，但就连主景区也

#### 帕胶徒步线路

丰沙湾的很多旅行社都会组织这一精彩的两日徒步游活动，这条线路囊括了川圹的许多重要的旅游元素。第一天的徒步时间较长，途中会翻越次生森林覆盖的山脊前往一个由三部分遗迹组成的石缸遗址（共有约400个古代石缸和石缸碎片，许多长满青苔并被落叶覆盖）。之后沿着山坡往下走（没有公路），来到苗族村寨（Hmong village）班帕胶村（Ban Phakeo），你会看到许多木瓦屋檐、泥土地面的民居挤在中间的一个小石头山上。一个特意为游客建造的苗族风格客栈内有简陋的地铺，能住8个人，不过没有电。第二天往山下走，先到半农业化的山谷，然后一路沿着奔流的多级瀑布攀至著名的“炸弹村”——经过大规模的清理工作，那里已没有太多炸弹了。

**Plain of Jars**
**石缸平原**

是游人稀疏，如果下午来，甚至感觉很荒凉。

## 景点

相比1号遗址，2号和3号遗址的石缸的尺寸较小，数量也更少，但这两处遗址也各具特色。它们坐落于不同的地方，前往这两处遗址的途中还可以经过一些典型的当地村庄。

### 1号石缸遗址　考古遗址

（Jar Site 1，又名Thong Hai Hin；门票10,000K）展品最多，交通也最方便。1号遗址有334个石缸或石缸碎片，集中分布在两个布满弹坑的山坡上。最大的石缸**Hai Jeuam**重约6吨、高约2.5米，据说是英雄Khun Jeuam的神秘的"胜利之杯"。空旷的山坡看上去很美，但从某个方向可以望见丰沙湾机场，看起来有点不和谐。入口附近有小咖啡馆、礼品店和卫生间。

### 2号石缸遗址　考古遗址

（Jar Site 2，又名Hai Hin Phu Salato；门票 10,000K）2号遗址由两个小土丘组成，分开两个土丘的浅水沟也是通往2号遗址的小路。2号遗址在售票处上方700米处，雨后道路泥泞湿滑。左边稀疏的树林里有一个裂缝的石"瓮"，裂缝中长出了一棵树。右边青翠的小山头上有多个石缸，从山顶可以俯瞰层叠的山峦、稻田和牧场，非常有气氛。在售票处那里能买到几种简单的冰镇饮料。

### 3号石缸遗址　考古遗址

（Jar Site 3，又名Hai Hin Lat Khai；门票10,000K）拥有150个石缸的3号遗址位于班拉凯村（Ban Lat Khai）附近一个风景如画的山坡上，周围是葱郁的林地。沿着大路走，快到班香迪村（Ban Xiang Di，Ban Siang Dii）时你会看到一个小小的摩托车修理铺，旁边有一条向东延伸的小路通往3号遗址。售票亭旁边是个简单的本地餐厅，出售价格偏贵的米粉（30,000K）。途中你会经过一座小木桥，之后在稻田里穿行10分钟便可看到那些石缸，沿途风光还不错。

## 到达和离开

租一辆摩托车从丰沙湾出发，5个小时左右就能逛完这3处石缸遗址——1号遗址甚至骑自行车就能前往。1号遗址在丰沙湾市中心西南方向8公里处、孟昆公路以西2.3公里处；跟随Ban Hay Hin路口的路标转弯即可前往1号遗址。要去2号和3号遗址，沿着孟昆公路开过8公里路标后转向西行即可。沿土路分别前进10公里和14公里就到了前往2号和3号遗址的岔路口，然后沿泥土路分别走1.5公里和1.8公里即达。

或者也可以提前一天报名参加带导游的常规小型公共汽车团队游。这种团队游大多包含在3号遗址吃午餐（汤面），以及快速参观位于Ban Nakho路边矮林中的那辆生锈而笨重的装甲车——它外号"俄罗斯坦克"，听起来吸引人，但基本上就是残骸而已。

# 孟昆（原川圹）(Muang Khoun, Old Xieng Khuang)

ຊຽງຂວາງເກົ່າ (ເມືອງຄູນ)

人口 4000

19世纪的中国清朝军队和越南人将本地古都孟昆劫掠一空，而在接下来的第二次印度支那战争（Second Indochina War）中它又遭受了大规模轰炸，到1975年这里几乎被荒弃了。但是有几个古老的纪念塔残存至今，城市也在逐渐重建，但与新首府丰沙湾相比，孟昆不过是个小镇而已。这里肯定不是"必看景点"，但打算在该地区逗留数天的人不妨考虑来这里转转。

丰沙湾和孟昆之间有一条铺了沥青路面的公路（30公里），沿途会经过一些迷人的水稻梯田村庄和几栋用结实的木材建成的典型普安族狩猎屋。你可以在下列任意景点购买孟昆旅游券（Muang Khoun Visitor's Ticket；10,000K），以支持景点的日常维护。

## 景点

主要的古迹是3座历史悠久的佛塔，从Khoun Guesthouse步行即可前往游览。其中一座佛塔位于**西蓬寺**（Wat Si Phoum）正后方的空地上，这间寺庙在重建后变得格外亮丽，如今依然用于日常敬拜。另外两座佛塔位于对面的山脊上，沿着客栈对面的泥砖路（之后会逐渐变为一条步行小径）往山上走即可到达。建于1576年的**丰塔**（That Foun，又名That Chomsi）高约25米，风格为澜沧/兰纳式样。该塔塔尖如今已明显倾斜，你可以从一个洞口登塔。那是19世纪时中国黑旗军挖的洞，目的是掠夺塔身神龛内供奉的无价之宝舍利子。沿着山脊上的小径轻松走5分钟便可来到16世纪占族人（Cham）建的**宗佩塔**（That Chom Phet）的遗址。

经过**皮阿瓦寺**（Wat Phia Wat）后，主路继续往东并在Km 30前转向南行。皮阿瓦寺始建于1582年，经过1966年毁灭性的轰炸后只剩基座和几根砖柱了。但在这些柱子之间有一尊饱经沧桑却面露神秘笑意的灰色佛像，非常上镜。

沿着土路继续往东走5公里后，你会到达又小又破的**16号石缸遗址**（Jar Site 16）。从这里开始，土路变得越来越难走，再往前约12公里就到头了，这里就是**班塔林村**（Ban Thalin）。这个有趣的村子里没有任何商业设施，过去曾是帕胶徒步线路的起点。

## 食宿

**Khoun Guesthouse & Restaurant** 客栈 $

（☎061-212464；Rte 10，Km 29；房间40,000~80,000K）这是镇上唯一的住处。标价40,000K的客房最多也就是个小屋子，但80,000K的房间有电视和热水。餐厅有英文菜单，供应最简单的老挝食物，一些团队游会安排在这里吃午餐。

## 到达和离开

全天都有开往丰沙湾的长途汽车（15,000K；45分钟）。如果骑摩托车，只需一天即可游遍3处主要的石缸遗址和孟昆镇内的各个景点。

## 孟坎和周边（Muang Kham & Around） ເມືອງຄຳ

孟坎镇中心规模不比公路旁边的贸易站大多少，有一个市场和两三家客栈。距离公路上的Km185（孟坎镇中心以西2.5公里处）700米的**Kham District Handicrafts Group**（☎030-517 0185）出产优质平价的布品，还有个小小的天然染料展览。

## 景点

**坦皮乌溶洞** 洞穴

（Tham Piu，ຖ້ຳພິວ；门票 5000K；⏲7:00~16:00）孟坎北方有一条山脊，如同一道天然屏障。山脊上覆盖着大片森林，但依然可以看到裸露的石灰岩面。坦皮乌溶洞就嵌在其中一面峭壁上，印度支那战争期间当地村民为躲避美军轰炸曾藏身洞内。1968年11月，美军战斗机向洞内发射了一枚火箭弹，造成数百人丧生，老挝人民至今对此耿耿于怀。如今，洞口的环境很是美丽，但停车场内的小博物馆提供不了多少有价值的信息，其陈列的照片和炸弹碎片与坦皮乌溶洞炸弹事件并无直接关系。沿着清晰的台阶往上走10分钟就能到达洞穴，你可以看到焚烧柴草产生的烟对溶洞的损害，而在地上，零零散散地堆放着一些质朴的小型纪念石堆。洞口很宽，足够让自然光照进洞内，但要往深处走还是需要手电照明。

以公路主路上有“Tham Piew”路标的地方（孟坎以北约4公里处）为起点，沿着沥青小路（路况较差）向西走2.6公里即可到达溶洞。

# 桑怒（Sam Neua，Xam Neua） ຊຳເໜືອ

☎064 / 人口 16,000

如今这里随处可见高大的水泥建筑，但在现代化的表象背后，桑怒多彩的农产品市场和形形色色的少数民族才是这座城镇最为人们称道的特色。要去附近的芒咸（Vieng Xai）或乘坐每天开往越南的长途汽车都要路过桑怒，但它仍然是老挝游人最少的省府之一。由于这里海拔接近1200米，如果你是冬季（旱季）前来，记得备些保暖衣物，至少在夜晚和清晨浓雾散开之前会用得到。4至10月是植被最为茂盛的时节，气候也较为温暖湿润。

## 景点

除了两座历经战时轰炸却仍屹立不倒的古老佛塔之外，主路看起来既摩登又俗气。但是，与公路仅相距几米之遥的河边却很迷

# Sam Neua 桑 怒

## Sam Neua 桑 怒

**景点**

1 食品市场……B2
2 大市场……B2
3 Suan Keo Lak Meung Monument……A3
4 吊桥……A1

**住宿**

5 Bounhome Guest House……A3
6 Phonchalern Hotel……B3
7 Sam Neua Hotel……B3
8 Xayphasouk Hotel……A3

**就餐**

Chittavanh Restaurant……(见6)
9 Dan Nao Muang Xam Restaurant……A3
10 食品摊……B2

**饮品和夜生活**

11 Nang Nok Bar……B3

**实用信息**

外币兑换处……(见2)

**交通**

12 摩托车商店……A2

人，在只容自行车和行人通过的吊桥那里能看到美丽的景色。

### Suan Keo Lak Meung Monument 纪念碑

（ສວນແກ້ວຫຼັກເມືອງ）奇特的Suan Keo Lak Meung Monument矗立在市中心的主路路口。四条斜拉的水泥柱高高托起一个像迪斯科舞厅灯光球一样的圆球——它代表着被誉为“坚固宝石”的桑怒民歌。但是将不伦不类的喷泉和共产主义战士群雕作为背景，在不经意间营造出了一种喜剧效果。

### 大市场（Main Market） 市场

大市场里的商品以中国和越南日用品为主，但也有出售本地纺织品的摊位。此外还有珠宝店，贩卖古董钱币和曾用作部落头饰的银器。

### 食品市场（Food Market） 市场

迷人的食品市场货品充足，出售新鲜的蔬菜和肉，有些真是“新鲜”极了。田鼠被开膛破肚之后直接摆在摊位上，以显示其内脏的新鲜程度；蠕动的昆虫包裹在香蕉叶里；此外还有大量带着毛的野生动物尸体——对于其中一些动物，估计你会更愿意看它们在森林里好好活着。

## 住宿

城里有许多客栈，一些便宜的住处位于正对市场的河对岸。

### Bounhome Guest House 客栈 $

（☎064-312223；房间60,000~100,000K；📶）楼上有舒适的小房间，采光充足。房间整洁，低矮的床铺很是坚固，有风扇和热水淋浴。

### Phonchalern Hotel 酒店 $

（☎064-312192；www.phonechalernhotel.com；房间100,000~120,000K；❄📶）这是桑怒第一个安装电梯的商家，考虑到房间的干净和舒适度，这家酒店的性价比相当高。房内配备了电视和冰箱。尽量选择正面的房间，因为它们带有能俯瞰河道的阳台。

### Sam Neua Hotel 酒店 $

（☎064-314777；snhotel_08@yahoo.com；房间100,000~200,000K；❄@📶）与

大市场位于同侧河岸。这家维护得当的酒店有17间客房，铺着新换的床单被罩，有松木家具、卫星电视和带热水的独立浴室。

**★ Xayphasouk Hotel** 酒店 $

（☎064-312033；xayphasoukhotel@gmail.com；房间 150,000~200,000K；❄📶）这是桑怒最精致的酒店。巨大的大堂兼餐厅几乎没什么人，但就桑怒在老挝的地理位置而言这家酒店的房间算是非常舒适了，有管道热水淋浴、平板电视、优雅的家具和浆洗过的寝具。还有免费Wi-Fi。



## 餐饮

大市场周围的**食品摊**（⏰黎明至黄昏）出售便宜的米粉和许多不知名的当地小吃。

**Dan Nao Muang Xam Restaurant** 老挝菜 $

（主菜 15,000~50,000K；⏰7:00~21:30）这个小馆子谈不上气氛，但却有着全城最地道的英文菜单。早餐包括玉米片和美味米粉。晚餐包括好吃的米饭和汤套餐，此外还有牛排，主厨甚至会用配菜在盘里摆成星形。

**Chittavanh Restaurant** 老挝菜 $

（主菜 20,000~40,000K；⏰7:00~21:30）这家酒店餐厅的面积大得拍掌都有回声，塑料桌布是定制的。中式炸豆腐值得一试。本地人喜欢来这儿吃饭——通常说明这家餐馆的确不错。

**Nang Nok Bar** 酒吧

桑怒的夜生活平淡无奇，但这家酒吧比较活跃。茅檐亭子建在城区边缘，本地青年会来这儿喝大瓶的老挝啤酒（Beerlao）。

## 实用信息

现在许多酒店和客栈都提供Wi-Fi。

**农业发展银行**（Agricultural Promotion Bank；⏰周一至周五 8:00至正午和13:30~16:00）兑换泰铢和美元，汇率合理。

**BCEL**（⏰周一至周五 8:00~15:30）有两台能提取老挝基普的自动柜员机，此外还能兑换主流货币。

**外币兑换处**（Foreign Exchange；⏰8:00至17:00）在大市场里的纺织品摊位换外币通常最快捷；他们能换越南盾，而且周末也营业。

**老挝发展银行**（Lao Development Bank；☎064-312171；⏰周一至周五 8:00~16:00）位于长途汽车站以北400米处的主路左侧，可兑换现金和旅行支票。

**省旅游局办事处**（☎064-312567；⏰周一至周五 8:00至正午和13:30~16:00）很好的游客中心，会说英语的员工乐于提供帮助。

**Tam.com Internet Service**（每分钟 150K；⏰8:00~22:00）服务相对可靠的网吧。

## 到达和当地交通

### 飞机

桑怒的小机场——**纳通机场**（Nathong Airfield）在市中心以东3公里处，近芒咸方向。**老挝国内航空公司**（Lao Air；www.lao-air.com）每周一、周三和周五有航班飞往万象（915,000K）。该机场经常有航班在临起飞时取消，所以丰沙湾/川圹机场更可靠。

### 长途汽车

桑怒有两个长途汽车站。发车时刻经常变化，因此出发之前务必再三确认，一定不要依赖旅游地图或告示牌上的时刻表。

#### 长途汽车总站

长途汽车总站在市中心纪念碑以南1.2公里处的山上，紧邻通往温通的公路。每天9:00、正午和14:00均有长途汽车从这里经丰沙湾（80,000K；10小时）开往万象（170,000K；22小时）。此外，8:00还有一班长途汽车经温通（40,000K；6小时）、琅勃拉邦（140,000K；17小时）和万荣开往万象。每天还有若干班小型公共汽车开往温通和琅勃拉邦。

#### 纳通长途汽车站

纳通长途汽车站在城区最东端，位于通往芒咸的公路边，距离机场一公里。每天有5班开往芒咸的双条车（15,000K），目前发车时间分别为8:00、10:00、11:00、14:30和16:00。其他车辆开往纳磨（实际上是南绥边境站；8:00发车；30,000K；3小时）和桑代（Sam Tai，又名Xamtay；9:30发车；50,000K；5小时）。

### 小汽车和摩托车

市中心的**摩托车商店**（⏰7:00~18:00）出租劣质摩托车，日租金为60,000K。

## 进入越南：桑怒至清化

### 前往边境

如果想从**南绥（Nam Soi，老挝）/纳磨（Na Meo，越南）边境站**（Km 175；⏲7:30～11:30，13:30～16:30）过境，最方便的交通方式是乘坐每天发车的直达长途汽车（有时是小型公共汽车），该车往来于桑怒和清化（Thanh Hoa）之间，途经芒咸附近，但不进城。每天早上8:00发车（180,000K；11小时）。在长途汽车总站买票可以避免花冤枉钱。即使购买了所谓"直达"河内的票，你也需要在清化换车。

也可以乘坐早上8:00从桑怒开往纳磨边境的双条车（3小时）。但进入越南后，肆无忌惮的车主似乎不宰客不罢休。

### 在边境

往西进入老挝时要注意：老挝的边境站（南绥）并不是城镇。那里有几个简陋的小饭馆，但没有住处，除了11:30开往桑怒的双条车之外再无其他交通工具。

到达该边境站后可获得老挝签证，但这里不能办理越南签证——出发往东走之前记得先办好。

### 入境

到达清化后，那里有一班夜行火车（23:30）开往河内，到达时间是凌晨4:00左右。从清化返回的车（8:00）的票价应该是20万越南盾，但外国人常常被宰。



## 桑怒周边（Around Sam Neua）

进入桑怒周边那些仿佛时光永驻的村庄并不难。如果你想骑摩托车随心所欲地走，可以尝试从医院出发往南走数公里，或是沿土路往北直奔珀赛萨纳兰寺（Wat Phoxaysanalam）的右侧。后者蜿蜒11公里直至**班坦村**（Ban Tham），村前有个普通的佛洞（在学校和商店前约100米的左侧）。但更迷人的地方是桑怒周边4公里之外的水稻梯田山谷，河对岸的两个村庄风景如画，每个村子里都有古老的灰色佛塔。如果有辆合适的摩托车，便可在芒咸附近轻松开展一日游活动，也可以再开远些，经达萨雷瀑布（Tat Saloei）前往欣当。

### 芒咸（Vieng Xai） ວຽງໄຊ

☎064 / 人口 10,000

发人深思的芒咸"防空洞"位于壮观的喀斯特地貌岩石之间，在这里你可以真正了解老挝北部地区在20世纪的那段辛酸历史。芒咸很像万荣，但前者曾在历史上备受蹂躏，后者却是体验轮胎漂流的欢乐之地。或者可以把芒咸看做胡志明市（Ho Chi Minh City）的"古芝地道"（Cu Chi Tunnels），只不过这条"地道"是用石头砌成的。

#### 历史

几个世纪以来，深藏于古代森林和喀斯特岩崖之间的Long Ko一直是一处平和静谧的小村寨。但1963年万象的政治压迫和暗杀泛滥让巴特寮（Pathet Lao）的领导人撤退至华潘腹地，最终在该地区的洞穴内定居。随着美国秘密战争（US Secret War）的进行，周边的村子受到无情的轰炸。惊恐困惑的当地人不知道是谁在攻击他们，也不明白是何原因使他们惨遭屠戮。为了逃命，他们搬进四通八达的洞穴里，超过450个洞穴后来成为23,000人的避难所。战事不断推进，洞穴成为印刷厂、医院、市场、甚至金属加工厂。1973年的停火协议让在洞里生活了将近10年的难民战战兢兢地离开洞穴，并在此地重建了一个小镇。实际上，在1975年12月之前，这里是巴特寮自由领土（Liberated Territories）的事实首都。小镇取名芒咸，因为芒咸曾是后来成为总统的凯山·丰威汉（Kaysone Phomvihane）在此藏身时的代号。几十年过去了，芒咸的许多洞穴还保留着明显的战时角色的特点，这也令这一洞穴群成为冷战时期遗留下来的全世界功能最完善的革命根据地之一。



## 景点

**★芒咸溶洞群** 洞穴

（Vieng Xai Caves, ຖ້ຳວຽງໄຊ; www.visit-viengxay.com; 门票 含语音讲解团队游60,000K）你可以通过参加非常有趣的团队游游览芒咸7个最重要的战争避难所（团队游路线共包含18处景点），并参观几栋20世纪70年代（战后）修建的、与主要解放英雄们有关的建筑。这些建筑都坐落在漂亮但非常原始的花园内，背后就是美丽的喀斯特地貌。会有一位当地导游为你打开每个建筑的门锁，还能回答简单的问题。同时，语音讲解器会为你提供第一手的背景资料和历史知识，让游客对老挝人民如何挣扎着度过战争岁月有所了解，内容深刻、客观且见解独到。你在老挝其他地方听不到这么专业的讲解。这里有来自当地幸存者的原始采访录音和录像资料，并以声光效果还原了当时的情景。模拟美军飞机的声效尤其值得回味——当战斗机的声音在头顶响起时，你不由得想找个掩体躲起来。

大多数洞穴都留有一些当年的家具。有些洞穴有“紧急房间”——密闭的水泥洞中洞，用于保护政治局高层躲避化学或毒气袭击。这种袭击并不曾发生，但**凯山·丰威汉溶洞**（Kaysone Phomvihane Cave）内紧急房间的抽气泵仍然可以工作。你可以在**诺哈·冯沙万溶洞**（Nouhak Phoumsavan Cave）洞口透过竹林眺望城市，并寻找**苏发努冯溶洞**（Souphanouvong Cave）上方两个受火箭弹影响形成的喀斯特岩突——这个溶洞曾是老挝著名的“红色亲王”（Red Prince）苏发努冯亲王的藏身地。几乎所有的主要洞穴都有照明，但如果你想进入简陋的**山洞医院**（偶尔发洪水）还得带上手电。

沿着人工挖掘的**坎代·西潘敦溶洞**（Khamtay Siphandone Cave）的台阶往下走便可来到**兵营洞**（Barracks Caves），这些巨大的天然洞穴能够容纳几百名征召来的解放军士兵。上方的**大炮洞**（Artillery Cave）有开放式瞭望孔，能看到来袭的美军飞机。游览的高潮部分在**歌剧洞**（Xanglot Cave），这个巨大的双口洞穴曾用于举行婚礼、播放电影、甚至上演戏剧。不可思议的是，来自俄罗斯、中国和越南的演员都曾于战时在这里演出，并由此诞生了大量作品。喜欢科林·科特里尔（Colin Cotterill）的Dr Siri系列小说的人们应该知道：*Disco for the Departed*的故事场景正是芒咸洞穴及其周边地区。

团队游于上午9:00和下午13:00从洞穴办公室出发。如果有导游，其他时间也可以安排私人参观活动（每团另支付50,000K）。如果你租了自行车（洞穴办公室可提供自行车租赁服务，每次/每天 10,000K/20,000K），而且在各景点之间边走边听语音讲解（而不是等听完一处再前往下一处），那么用3个小时参观完目前开放的18处景点也不会显得很赶。

不要错过

### 坦诺安溶洞

**坦诺安溶洞**（Nok Ann Cave，ຖ້ຳນົກແອນ；门票 10,000K，双人皮划艇30,000K；⏲8:00~17:00）是新开放的溶洞群，入洞后可乘坐皮划艇沿地下河穿过山体。这里就像个微缩的坦贡洛溶洞（Tham Kong Lo），没时间去老挝中部的人应该来这里玩玩，虽然需要绕道，但保证不虚此行。洞内照明良好，有一些巨大的水母状石块。溶洞群内还有一所越南军队医院。皮划艇上没有救生衣，你要时刻注意低头避让低矮的钟乳石。

在到达芒咸前约5公里的地方注意看主路上的路标，沿旁边的小路往右走到头即是售票亭和小吊桥。

## 食宿

芒咸只有几个客栈，想住得更舒服的人最好去桑怒过夜。

芒咸的餐馆种类很少，许多餐馆只供餐至20:00。到了21:00，城里一片寂静。17:00之前市场里有几家米粉店售卖米饭和便宜的汤面。

**Naxay Guesthouse** 客栈 $

（☎064-314330；房间60,000~80,000K）位于洞穴办公室对面，是芒咸最舒适的住处，有镶竹子边的平房，也有水泥小房间，所在的绿地背后是一面犬牙交错的峭壁。床铺舒服，有管道热水，附设的海滩风格咖啡亭偶尔出售食物。

## 方位

从3号公路（Rte 3）分出的两条公路向南延伸一公里，直通繁忙的市场区，小镇的其他地区则很安静。在凯山1973年的"首都"，宽敞的大道和独栋住宅与人工湖、树林、花园和几处喀斯特岩石相映成趣。

## 实用信息

**芒咸溶洞旅游办事处**（Vieng Xai Cave Tourist Office；☎064-314321；www.visit-viengxay.com；⏲8:00~11:30和13:00~16:30）溶洞办事处位于市场以南约一公里处，组织所有的洞穴游览活动，出租自行车，也有地图，并提供二手书交换服务，还有一块实用的信息告示板。这里甚至有个玻璃展柜，里面摆满老旧的列宁半身像和五花八门的社会主义图片。

## 到达和离开

开往桑怒的双条车（15,000K；50分钟）大约在7:00、10:00、13:00、14:30和16:00从市场发车。往来于桑怒和桑代、南绥或清化之间的长途汽车（都是每天1班）经过芒咸以北一公里处，如果客人有要求可以停车。如果你选择租嘟嘟车从桑怒前往芒咸游览，往返车费约为每辆车250,000K。

## 桑怒至越南 (Sam Neua to Vietnam)

桑怒经芒咸至越南的路线沿途景色美丽，对持越南签证的外国人开放。路虽窄，但铺设了路面，景色美不胜收。水稻梯田山谷的背后是伟岸嶙峋的喀斯特崖壁，其间点缀着葱郁的树林。沿途有几个村庄，其中**班丙般村**（Ban Piang Ban；Km 144.5）的特产是编筐和竹子工艺品。跨过河流，位于Km169处的**"铁洞"**（steel cave）在第二次印度支那战争期间曾是打造刀具和耕具的地方，几乎达到了工业化规模。

在164公里处转向南行，沿着新近铺设了沥青的支路可以前往以出产优质纺织品而闻名的**桑代**（Xamtay）。如果你有意去人迹罕至的地方逛逛，桑代有几家客栈可以住宿。通往**南桑河国家保护区**（Nam Sam NPA）的公共入口目前不开放。

## 桑怒至琅多 (Sam Neua to Nong Khiaw)

6号公路（Rte 6）从桑怒开始沿着山脊蜿蜒而行，沿途会经过欣当考古园（Hintang Archaeological Park），然后在桑怒以西92公里处的小村庄Phoulao（Ban Kho Hing）附近与通往丰沙湾的1号公路（Rte 1）汇合——从那里开始，公里数开始重新计算标注。Phoulao西面至南埃河（普类山）国家保护区边界的这片地区被浓密的森林所覆盖。从温通去那个国家保护区最方便，而且游客也可以暂别长途跋涉而在温通稍事休息。通往琅多的下山路绵延数公里，沿途可以看到很棒的景色。

### 景点

**达萨雷瀑布** 瀑布

（Tat Saloei，又名Phonesai Waterfall）这个惊人的连环瀑布总落差将近100米。如果你沿着6号公路往东行驶，在过了Km55后约一公里的地方（距离桑怒36公里的地方）便可望见这座瀑布，但往西行的人很容易错过它。路边有几个小小的当地咖啡馆和餐馆，还有一个看起来像售票亭的地方，但我们来的时候根本没人卖票。

**欣当考古园** 考古遗址

（Hintang Archaeological Park，又名石

园Suan Hin，ສວນຫີນ）这些独特的、没有围墙的**立石柱**据信至少有1500年的历史了，几乎跟著名的川圹石缸一样神秘。这些散乱放置在地上的纺锤形石柱最高的约有3米，其间还点缀着一些过去用来堆在墓地上面的**圆形石盘**。有些石块直径超过一米。与斯通亨奇巨石阵（Stonehenge；位于英国索尔兹伯里平原）相比，欣当石堆更像埃夫伯里石阵（Evebury；位于英国威尔特郡），但这些"石阵家族"必定有某种神秘的联系，而欣当如今已经成为联合国世界遗产。当地传说这些石头原本是一个名叫Ba Hat的巨人为了建造一座伟大城市而用魔斧劈开的，但他的计划被狡黠的琅勃拉邦国王阻止了。

在距离桑怒57公里处的**班包村**（Ban Phao；Km 35.3）离开6号公路转向南行，沿一条有车辙印的土路可以前往欣当考古园。只要一下雨，这条路就会变得十分泥泞，机动车难以通行。沿路走6公里便可到达主景区（过了一个明显的无线电信号杆后再往前走约800米即是）。向着主路方向往回走两公里左右，便可看到一个桔色的路标指向**Keohintang Trail**，体力充沛的游客可以沿着这条带有标识的两小时徒步线路游览不为人所知的远古巨石碑群。走那条狭窄的上坡路，不要走朝Ban Nakham方向的、比较宽的下坡路。如果你走对了，小路应该在**班陶欣村**（Ban Tao Hin；Km 31.5）处与6号公路汇合。这个小村子没有任何服务设施。

如果从桑怒包嘟嘟车前往欣当考古园，往返车费约为500,000K。如果要在桑怒和丰沙湾或琅多之间往返的话，要多留出两小时的富余，因为去遗迹的主要景点不仅要绕远，而且路况差车速慢。公共交通工具都停靠在6号公路上，所以从公路到景点的路程需要步行完成。最好是从桑怒去丰沙湾（反之亦然）的路上顺便游览欣当：先乘坐开往温通的小型公共汽车，然后步行约6小时，最后乘坐开往丰沙湾或万象的末班车返回。

## 温通（孟亨）（Vieng Thong, Muang Hiam）

ວຽງທອງ (ເມືອງຫ້ຽມ)

☎064 / 人口 4000

如果你在琅多和桑怒之间旅游，为了给

### 南埃河（普类山）国家保护区

南埃河（普类山）国家保护区（Nam Et/Phou Louey NPA，ປ່າສະຫງວນແຫ່ງຊາດນ້ຳແອດພູເລີຍ）占地4200平方公里，在这片相对原始的森林中，生活着罕见的麝猫（civet）、亚洲黄金猫（Asian golden cats）、河獭（river otter）、白颊冠长臂猿（white-cheeked crested gibbon）和老挝独有物种：老挝瘰螈（Laotian warty newt，Paramesotriton laoensis），以及十多只老虎。保护区内约有一半面积是难以进入的核心区域，另外一半则分布着98个少数民族村庄。观赏野生动物两日游率先在公园远端的Nam Nern野外观测站开展起来，那里曾经是个村庄，不通公路，露营地和周边的步行小径已经完成了未爆炸武器的清除工作。两日游亮点包括夜间进行的"野生动物寻踪之旅"乘船游活动和由向导带队的日间徒步游（可以学到如何利用足迹追踪野生动物）。实际上不太可能看到野生老虎，但看到水鹿（sambar）和东南亚小鹿（barking deer）的几率比较大。每当游客看到重要的野生动物，附近的村庄都能得到少量酬劳。这个主意很好，鼓励当地居民积极驱逐偷猎者。

游览由温通的国家保护区办公室（NPA office；见89页）组织，但最好提前跟他们联系，因为每周只发两个团。团队游报价（5人团 每人 US$80，双人团 每人 US$100）包括导游、厨子、食物和露营装备。活动收益的很大一部分归村庄发展基金。报价还包括90分钟的乘船游（从温通以东约50公里的Ban Sonkhua出发，1号公路路边）。你可以从温通或丰沙湾乘坐早晨的小型公共汽车过来（团队游报价不含此项费用），但记得要先跟团队游组织者商量好。

漫长的旅途增添点儿乐趣，至少应该在温通住上一晚。美国的轰炸摧毁了壮观的温通寺院，但幸免于难的**亨塔**（That Hiam）就在地区行政大楼旁边的山丘上。小镇周围碧绿的稻田景色如画，可以步行或骑车前往美丽的泰登族（Tai Daeng）、苗族（Hmong）和佧木族（Khamu）村寨。

许多当地人仍然用温通的旧名“孟亨”称呼它。“孟亨”来自泰登语，意为“当心”——恰如其分，因为这里的森林曾经是老虎出没之地。如今这里只剩下隐藏在南埃河（普类山）国家保护区深处的十几只老虎，但温通仍然是新开发的**“寻虎徒步路线”**（tiger treks）的起点。寻虎徒步游由位于温通游客中心（Vieng Thong visitors' centre）内的**南埃河（普类山）国家保护区办公室**（Nam Et/Phou Louey NPA office；☎064-810008；www.namet.org；⏲周一至周五 8:00至正午和13:00~16:30）组织。你可以在这里了解到该公园的其他野生动物保护项目，还可欣赏由广泛安装在公园内的固定镜头拍摄到的美丽动物照片。这个办公室位于小镇西北端，过了市场去再走700米：沿着1号公路跨过南康河（Nam Khao），紧接着在Km197处右转，沿着未铺设沥青的Muang Pur（Meuagper）路走，然后再左转沿小路走200米即达。

沿着Muang Pur路再走10分钟便可来到小小的**温泉区**（hot spring area）。虽然这里如今已被开发出来，且收取每人10,000K的门票，但几乎没什么洗浴设备。温泉水的上游源头位于几百米外的密林之中，那里有一片空地，泉水汩汩地涌出地面，水温滚烫。下游是一个垃圾遍地的池塘，如经彻底清理，可以变成一个大温泉池。当地人利用管道将泉水引出作为日常清洗用水，公园停车场旁也安设了一个淋浴龙头，当地人会在那儿洗澡。有3个供沐浴的小型“温泉池”，但其中两个水深仅及脚踝，而另一个则放满凉水。这里潜力无限，但就目前状态而言，你还是别去了。

## 食宿

长途汽车站旁边有几个食品摊，旅行者可以在这里找到各种美食，比如串在细棍上的青蛙。

**Dork Khoun Thong Guesthouse** 客栈 $

（☎064-810017；房间 50,000~80,000K；❄）温通的住处不多，这家客栈是其中最好的，就在小镇中心。房间大小适中，非常干净，有热水淋浴和网格窗，舒适的新床上铺着印有温馨话语的床单，毛巾上还绣着泰迪熊。一楼的共享区域很宜人，从后面的露台能看到河边的稻田。

**Dokchampa Guesthouse** 客栈 $

（☎064-810005；房间 不带/带浴室 30,000/50,000K；@📶）这家小客栈的房间条件一般，有蚊帐、热水淋浴和蹲厕。店主会提供一些适合旅行者的服务，如出租自行车（每天30,000K）、免费Wi-Fi和一个小网吧（每小时5000K）。

**Tontavanh Restaurant** 老挝菜 $

（主菜 10,000~20,000K）这家看起来很正宗的本地餐馆出售令人惊艳的美味食物，甚至还有地道的英文菜单。

## 到达和离开

从桑怒往西开的长途汽车会在正午前后到达这里，并在午饭后继续开往琅多（60,000K；5小时）、巴蒙（Pak Mong）和琅勃拉邦（130,000K；9小时）。往东的话，最好乘坐早上7:00开往桑怒的小型公共汽车（40,000K；6小时），因为另外两班（分别从琅勃拉邦和万象开来）经过桑怒的长途汽车主要走夜路。

长途汽车站在6号公路沿线，与位于镇东端的市场相距300米。

# 孟威区
# （MUANG NGOI DISTRICT）

老挝北部到处是迷人的大片绿色山地，但在琅多和不通公路的小镇孟威诺，层峦叠嶂的山峰轮廓更加引人注目。在这两个地方，喀斯特山峰和高耸的峭壁屹立在南乌江畔，景色令人叹为观止。琅多和孟威诺很适合那些想要远离琅勃拉邦的都市喧嚣、一心寻求田园平静之美的人们，乘船即可从孟夸至此。琅多也是琅勃拉邦和温通/桑怒之间一个很不错的乡村休息站。

## Nong Khiaw 农胶(琅多)

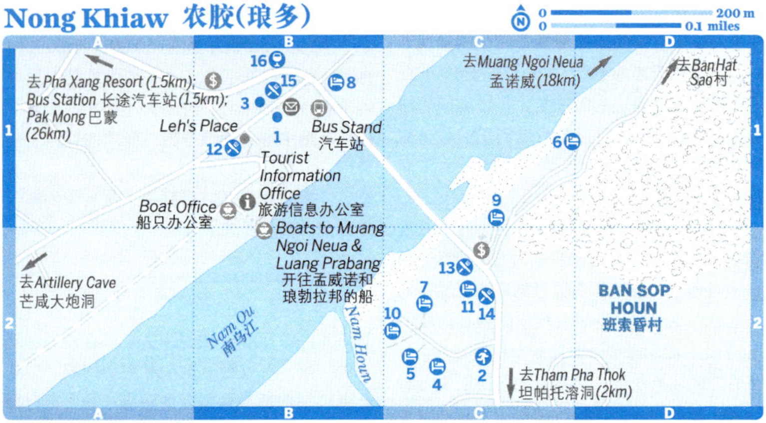


## 琅多(Nong Khiaw)

ໜອງຂຽວ

☎071 / 人口 3500

位置，还是位置——琅多的优势就是位置好。这个慵懒的小村庄位于水流迟缓的南乌江畔，河西岸有两条安静的街道，漂亮的河东岸——官方名称为班索昏村(Ban Sop Houn)——有几个面向旅行者的客栈和餐馆。连接东西两岸的水泥桥建于1973年，站在桥上可以远眺高耸的石灰岩悬崖和嶙峋的山石。

注意：琅多又名"孟威"(Muang Ngoi，与所在的地区同名)，很容易与北边75分钟水路之外的孟威诺搞混。

### Nong Khiaw 农胶(琅多)

**活动、课程和团队游**

1 Green Discovery .......... B1
2 Sabai Sabai .......... C2
3 Tiger Trail .......... B1

**住宿**

4 Amphai Guesthouse .......... C2
5 Namhoun Guesthouse .......... C2
6 Nong Kiau Riverside .......... C1
7 Paradise Bamboo Guesthouse .......... C2
8 Sengdao Chittavong Guesthouse .......... B1
9 Sunrise Guesthouse .......... C1
10 Sunset Guest House .......... C2
11 Vongmany Guesthouse .......... C2

**就餐**

12 Coco Home Bar & Restaurant .......... B1
13 CT Restaurant and Bakery .......... C2
14 Deen .......... C2
15 Delilah's Place .......... B1

**饮品和夜生活**

16 Hive Bar .......... B1

## 景点

从桥上望去的河景已经美到无可匹敌。黄昏时分一定要回到桥上——深蓝色的天空如同画布，闪烁的星星将其装点为一幅绝美的点彩画，河岸的山峦轮廓在夜幕中若隐若现。

### 坦帕托溶洞 洞穴

(Tham Pha Thok, ຖ້ຳຜາທອກ; 门票5000K; ⏲7:30~14:30)高耸的喀斯特山脉沿着分外安静的1C号公路(Rte 1C)往东绵延约两公里，如同一曲波澜起伏的交响乐，在不断的积蓄之后最终迎来了其简短却无比震撼人心的高潮乐章。再往前，坦帕托溶洞位于一处突兀的石灰岩峭壁上的一系列洞穴。第二次印度支那战争期间，村民和许多巴特寮的琅勃拉邦省政府官员为躲避美军轰炸住在这些洞穴里。第一个、也是最明显的洞穴比地面高30米左右，可以沿着长满青苔、吱嘎作响的木质台阶走上去。峭壁旁边约300米处的第二个洞比较小，但也更有意思(幽闭恐惧症患者除外)。1968~1974年，这个洞曾是该地区的主要银行，入口是一条狭窄扭转的旧虹吸通道。洞内漆黑一片，因此需要自带头灯，或者在售票亭花5000K租一个。

## 活动

琅多有几家生态旅游机构，组织该地区周边的徒步、骑车和划皮艇活动。

**Green Discovery** 徒步、骑车

（☎071-810018；www.greendiscoverylaos.com）这家公司口碑甚佳，组织多种徒步游和各种皮划艇游，包括前往琅勃拉邦的划船加露营三日游（每人1,330,000K起）。一日游包括乘长尾船前往孟威诺，然后划船回来，每人350,000K（该报价以4个游客、2艘双人皮划艇为基准）。富有经验的员工还能帮你组织前往孟夸和南埃河（普类山）国家保护区的长距离徒步游，后者另有夜间野生动物观赏游。

**Tiger Trail** 徒步、骑车

（☎071-252655；www.laos-adventures.com；Delilah’s Place）这家公司注重环保，会组织本地区周边的徒步游，如前往“百瀑”（100 waterfalls）的一日游（4人团每人350,000K）。穿越苗族村寨的两日游包括在民居住宿一晚和参观泥塑学校，每人500,000K（最低4人成团）。

**Sabai Sabai** 按摩

（Ban Sop Houn；全身按摩 40,000K，汗蒸 15,000K）在安静的禅宗花园里祛除疲劳，舒缓酸痛的四肢吧。一过Sunset Guest House的路口就是。

## 住宿

所有房价在淡季时均可议价。可以去2013年下半年新开业的Mandala Ou Resort看看。

**Namhoun Guesthouse** 客栈 $

（☎071-810039；平房 50,000~100,000K；📶）家居后面的小花园周围有一排平房，房价便宜。面朝南乌江的河边平房比较好，但要价100,000K呢。所有房间都配备蚊帐和悬挂着吊床的阳台。

**Amphai Guesthouse** 客栈 $

（☎020-5577 3637；Ban Sop Houn；房间 60,000K；📶）这家客栈不在河边，所以在地理位置上不具有竞争力，但价格能弥补这个不足。房间宽敞而凉爽，有干净的浴室和热水。新开张的印度菜餐厅就在楼下的庭院里。

**Paradise Bamboo Guesthouse** 客栈 $

（☎020-5554 5286；Ban Sop Houn；房间 60,000~100,000K；📶）桃粉色的大楼内有舒适且带热水的房间，空地上还有摇摇晃晃的平房，后者虽然简陋但拥有更好的景致。还有一栋两层的木质客房楼，就舒适度而言介于前两者之间。

**Vongmany Guesthouse** 客栈 $

（☎030-923,0639；Ban Sop Houn；📶）在餐厅后面便能发现这栋能望见河景的精致的两层建筑。房间宽敞干净，有热水。12号和14号房间正对河流，房价为100,000K。

**Sengdao Chittavong Guesthouse** 客栈 $

（☎030-923 7089；房间 80,000~100,000K；📶）这是城内唯一一个位于河西岸的客栈，樱花盛开的花园内有数栋面积适中的平房。带浴室的房间有藤编的墙壁，内饰简洁，但鲜花、干净的寝具和阳台提升了它们的性价比。餐厅很热闹，光线适中，能看到河和花园。

**Sunrise Guesthouse** 客栈 $

（☎020-2247 8799；Ban Sop Houn；平房 70,000~150,000K；📶）家庭经营的客栈，员工友好，平房有些年头了，面积略小，但能看到河和桥。4栋新建的平房有时髦的浴室和光亮的木地板，甚至还有冲茶和煮咖啡的机器。

**Sunset Guest House** 客栈 $

（☎071-810033；sunsetgh2@hotmail.com；Ban Sop Houn；房间 150,000~200,000K；📶）这家客栈一直在努力提高服务质量，屋顶咖啡馆是新开业的，小草坪上还有两栋孤零零的可爱平房。但是，与城里其他经济型客栈相比，这家的房价有点偏贵——为了看河景还是得付出点代价的。

★**Nong Kiau Riverside** 客栈 $$

（☎020-5570 5000；www.nongkiau.com；Ban Sop Houn；含早餐 标单/双 310,000/350,000K；@📶）位于河畔的优雅平房内有

蚊帐、木地板和编织床罩，朦胧的灯光营造出一种独特的氛围，实为本地酒店业的翘楚。每间客房都带精美的浴室，站在阳台上可以望见美丽的河景和若隐若现的喀斯特山峦。从前台和餐厅望出去的景色更美，所以你可以要求住编号较大的房间。餐厅的价位异常实惠，景色也令人叹为观止。

### Pha Xang Resort

酒店 $$

（☎071-810014；📶）位于长途汽车站附近，这里是城内较为安静的区域。酒店拥有一系列高端小屋。在房间里即可眺望远处陡峭的山峰，景色壮观。小屋是用木头和藤条搭建的，还配有宽敞的浴室。

## 餐饮

东岸的1C号公路沿线有几家面向旅行者的小饭馆。主码头上方的吊脚楼里有一两家无名咖啡馆，但做饭速度极慢，如果距离开船时间只剩不到一小时就别点菜了。

### ★Coco Home Bar & Restaurant

老挝菜、各国风味 $

（主菜15,000~45,000K；📶）位于西岸的主干道附近，是城里生意最火爆的综合餐馆。客人们可以在码头上方的迷人花园里就餐。菜单上有老挝、泰国和各国风味美食，也有供你打发漫漫长夜的饮品。楼上每晚放映电影，但在楼下大快朵颐的食客通常不为所动。

### Deen

印度菜 $

（Ban Sop Houn；主菜20,000~35,000K；⌚8:30~22:00；@📶）这是一家特别好的印度小馆，有木柴烤馕、让人欲罢不能的唐杜里菜肴（tandoori dishes，用特制泥炉烤制的菜肴）和味道鲜美的咖喱，环境舒适，食客络绎不绝。店里还有一排电脑（上网 每小时15,000K；Wi-Fi免费）。

### Delilah's Place

各国风味、老挝菜 $

（主菜15,000~35,000K；⌚7:00~22:00；📶）这家外墙爬满藤蔓的优雅餐馆既有各种美味煎饼、百吉饼（bagel，硬面包圈，也叫贝果）、沙拉、春卷和老挝绿咖喱，也有汉堡和西式早餐。甚至还有正宗拿铁咖啡。

### CT Restaurant and Bakery

各国风味、老挝菜 $

（Ban Sop Houn；主菜15,000~30,000K；⌚7:00~22:00）位于桥梁的一端，位置居高临下，食物适合西方人：有煎饼、早餐、三明治和老挝主食。徒步者可以买份三明治打包带走。

### Hive Bar

酒吧

（⌚17:00至深夜）或许不如琅勃拉邦的同名酒吧那么热闹，但却是城里唯一营业至深夜的餐饮场所。第一次来的客人可以免费喝一杯老老米酒（lòw-lów）。

## 实用信息

几乎到处都有Wi-Fi，Deen（见本页）有能上网的电脑。

**BCEL** 在近班索昏村一侧的桥头有一台自动柜员机。

**邮局**（⌚8:30~17:00）这个小邮局能兑换泰铢和美元，但汇率略低。

**旅游信息办公室** 在船坞上方，很少开门办公。

## 到达和离开

### 船

乘坐河船是琅多旅游的一大亮点。要去琅勃拉邦（110,000K；5~8小时；11:00），提前一天在**船只办公室**（boat office）登记。包船费用为1,500,000K。有时水位过低，在某些水域必须下船等待把船推过浅滩并/或乘坐嘟嘟车绕行10公里。提前做好准备，带上适宜的鞋子。

开往孟威诺的船（25,000K；1小时15分钟）的开船时间为11:00和14:00。这段航程很迷人，旺季时可能会增开船只。11:00那班船会继续开往孟夸（120,000K；7小时），那里有前往丰沙里或越南的奠边府（Dien Bien Phu）的公共交通工具。

### 长途汽车和双条车

理论上3小时就可以到达琅勃拉邦，但实际上最少得4小时才能到。小型公共汽车或双条车（40,000K）的发车时间为9:00和11:00左右，13:00还有一班面包车（50,000K）发车。乘客可在长途汽车站购买车票，但11:00出发的那班车实

际上是从船只办公室发车的，载满了从孟威乘船过来的人。每当有来自孟夸的船只抵岸，通常就会加开一班开往琅勃拉邦的面包车，15:00左右从船只办公室发车。

开往乌多姆赛（Udomxai）的直达小型公共汽车（50,000K，3小时）11:00发车。旅客也可以乘坐任何往西开的车辆，然后在巴蒙（25,000K；50分钟）换车。

从琅勃拉邦出发，经温通（100,000K；5小时）前往桑怒（130,000K；12小时）的小型公共汽车11:30左右在琅多稍作停留，午餐后立刻重新上路。另一班开往桑怒的长途汽车（从万象开来）会在晚间经过这里。

### 当地交通

租自行车是游览当地村庄或前往洞穴的好方式。城市自行车的日租金为20,000K，山地自行车的租金则为30,000K，位于繁华地段的Leh's Place可以提供这两种自行车的租赁服务。

## 孟威诺（班诺高村）（Muang Ngoi Neua, Ban Ngoi Kao） ເມືອງງອຍເໜືອ (ບ້ານງອຍເກົ່າ)

人口 1000

孟威诺是老挝北部最美丽的河边村庄之一，这里几乎不通公路，四面都是高耸雄伟的喀斯特山峰和峭壁。村内只有一条"街道"，长度仅500米，起点是主寺院，终点是被森林覆盖的金字塔形状的齿状石灰岩。步行一小段距离便可来到质朴的周边乡村，在那里可以乘坐皮划艇游览令人难忘的南乌江，河两岸的村庄都美丽如画。

去琅多还是去孟威诺，难以抉择？确实很难：琅多的住宿和就餐条件比较好，但孟威诺更有乡村韵味，而且附近有许多徒步线路。

### 历史

历史上孟威诺曾叫孟威，是当时的地区中心，但在第二次印度支那战争中被夷为平地，三座曾辉煌一时的古老寺庙也同时被毁。战后"新建"的孟威（即琅多）是地区政府所在地，而原来的孟威则改名孟威诺，但外人经常把孟威和孟威诺的名字弄混。新建的孟威诺村庄于20世纪90年代被旅行者"发现"，虽然任何旅游指南上都不会提及这个小村庄，但在那个Twitter还没有出现的年代，这里的美景和慵懒的氛围已吸引了一大批游客慕名而来。2002年，几乎所有的客栈都推出了每晚一美元的面向外国游客（falang）的住宿，一些游客在这里连住数月，乐不思蜀。但老挝对毒品的严厉打击极大地改变了这里的环境。非常便宜的客栈大多关门或改为接待乐于从琅多乘船来此、但对徒步和划皮艇更有兴趣的年轻旅行者——他们只想欣赏河边风景而已。如果你想住便宜至极的民宿，可以去会博村（Huay Bo）附近碰碰运气。

### 景点和活动

河边的景色太美了，以至于游客乐于整天躺在酒店阳台上或坐在位置较好的餐馆里观赏风景。日出后不久，你便可以看到当地人向翻建的古寺**Wat Okadsayaram**的和尚布施，很有意思。

当地有很多自由导游，他们会组织各种前往老挝族、苗族、佧木族村寨和瀑布的步行游览活动。价格相当合理，有些游览活动——如前往**That Mok**瀑布的游览活动——包括乘船游。其他线路的步行游览很轻松，没有导游也能玩得很好，不过可能要在3个偏远村庄中的某个村庄住宿一夜。

划皮划艇是欣赏南乌江沿河美景的好方式。**Lao Youth Travel**（☎030-514 0046; www.laoyouthtravel.com; ⏲7:30~10:30和13:30~18:00）拥有便利的地理位置：就在船坞小道和两层楼的Rainbow House的交叉路口，他们有自己的皮划艇。

### 住宿

这里地方虽小，但却有很多经济型住处，而且经常能听到英文，让人感觉不到这里其实是个交通不便的偏远村庄。与位于下游、发展蒸蒸日上的琅多相比，这里唯一的缺点是住处太破旧了。

大多数简陋的客栈都面朝南乌江和岸边

层峦叠嶂的喀斯特群山。躺在房间里就能欣赏美景是孟威诺的亮点之一，因此不要为了节省10,000K而入住远离河岸的客栈。

**★Ning Ning Guest House** 客栈 $

（☎020-3386 3306；房间含早餐US$17~20）位于一个安静的花园内，是村里最精致的住处之一，有干净的木质平房。配套设施包括蚊帐、走廊、房内浴室、亚麻床单和挂在墙上的民族风格挂毯。坐在餐厅里即可观赏河景。

**Phetdavanh Guesthouse** 客栈 $

（铺/房间 30,000/40,000K起，平房80,000K起）主楼的房间看不到河，也没有吊床，但24小时供电，而且有便宜房型，还有吸引旅行者的各种宿舍风格房间。想要彻底放松身心的旅客可以考虑入住河边的平房。

**Nicksa's Place** 客栈 $

（房间 50,000K）这家友好的客栈得名于店主的女儿，7栋平房在美丽的河滨花园内一字排开。每栋平房都有阳台和吊床，让客人可以饱览风光。不过只有冷水淋浴。

**Rainbow Guest House** 客栈 $

（☎020-2295 7880；房间 60,000K）这家新盖的客栈离船坞很近，房间虽然没什么特点，但很干净。有芬芳的寝具、宽敞的房内浴室、公共走廊和可以看到日落的咖啡厅。

**Bungalows Ecolodge** 客栈 $

（房 80,000K）在一条小巷内，新平房面积中等，推拉窗让你躺在床上就能看到喀斯特山峰上变成琥珀色的天空（日落）。优雅的亚麻床单、太阳能淋浴、蚊帐和本地原料制作的美食让这里鹤立鸡群。

**Aloune Mai Guesthouse** 客栈 $

（房 70,000K）别跟河边那个摇摇欲坠的Aloune Mai弄混了。这个隐秘的瑰宝在河对岸一条土路深处，旁边是块草坪，美丽的棕榈藤建筑内有10间客房，提供热水淋浴。附设一个小餐厅，能看到河对岸的峭壁，但看不到河。

**Lattanavongsa Guesthouse** 客栈 $

（☎030-514,0770；房间 100,000K起）位于一个种满棕榈树的花园里，带阳台的平房能看到远方的喀斯特地貌。房间里摆放着讲究的家用器具，如燃气热水器和高级亚麻床单。河边有4栋用棕榈藤搭建的平房，船坞上方还有12栋。

**Veranda** 客栈 $

（☎020-2386 2021；房间 100,000K）5栋用竹子搭建的平房呈弧形排列，面朝开阔的河面。所有平房都带吊床、绣花床罩、舒适的床铺和太阳能淋浴。我们来的时候正在翻修，完工后可能会变成一个简单的精品度假村，房价也会随之提高。

## 餐饮

几家客栈均可提供各种当地食物和适合旅行者口味的饭菜。

**★Riverside Restaurant** 老挝菜 $

（正餐 15,000~35,000K；⏰7:30~22:00）位于硕果累累的芒果树的荫蔽之下，树上还挂着灯笼，从这家生机勃勃的餐馆里能望见美丽的南乌江风光。菜单上有面条、油炸类菜肴和腊普（làhp，凉拌肉末）。来这儿吃饭的旅行者非常多，果然名不虚传。

**Nang Phone Keo Restaurant** 老挝菜 $

（主菜 10,000~20,000K；⏰7:30~21:00）这个民居餐馆位于主街，出售孟威最有异国情调的甜品：火焰熊熊的老老米酒（lòw-lów）下面是炸香蕉。裹着花生酪、香蕉、糯米和蜂蜜的西式卷饼（falang roll）也很有想象力。

**Phetdavanh Street Buffet** 老挝菜 $

（每人 20,000K；⏰19:00）价格实惠的自助晚餐吸引了众多本地人和旅行者慕名而来。19:00左右店家把桌椅摆到街上，供应包括烤猪肉、鸡肉、鱼、糯米饭和素菜在内的各种美食。

**Bee Tree** 烧烤 $

（主菜 15,000~35,000K；⏰11:30~23:30）这家烧烤餐馆兼啤酒花园位于主干道的尽头，气氛十分悠闲。出售老挝菜肴和一些小吃，17:00~20:00鸡尾酒打折，路过这里时不妨喝一杯。

## 实用信息

孟威诺目前已连接输电线，所以有网吧和Wi-Fi。紧急情况下可以在几家客栈兑换美元，不用说，汇率低得可怜。

孟威诺廉价客栈里时常会发生偷盗事件：乐过头的客人没有锁好门窗，或是把贵重物品放在小偷伸手就能够着的地方——窗户大多没有玻璃。

## 到达和离开

开往琅多的船（25,000K；1小时）9:00左右发船，Ning Ning Guest House旁边的船只办公室8:00开始售票。从孟夸开来的船会在13:30左右到达孟威诺，然后开往琅多。去孟夸的船（120,000K；6小时）9:30发船，前提是前一天在船只办公室登记的人够数量。航程的第一个小时景色尤其壮观。

连接孟威诺和琅多的新公路正在修建。公路通车后，时髦的城市游客或许会极大地改变目前此地轻松悠闲的氛围。

# 孟威诺周边
# （Around Muang Ngoi Neua）

孟威诺旁边位于喀斯特山中的乡村常常有白色和橙色的蝴蝶翩翩飞舞，非常适合短途徒步。无需导游或地图也能轻松到达最近的3个村庄。从河边出发，沿着从船坞延伸而出的小径往东走。步行25分钟左右会遇到一个小收费站，外国人需缴纳10,000K后方可继续前行。交费后不仅能去上述3个村庄，还能去邻近的坦康溶洞（Tham Kang），这个中等大小的石灰岩洞穴位于一品红灌木丛和麝香百合花丛之间。洞内有几只蝙蝠，一个乍看起来像巨型下颌的石块里竟然流出一股泉水，很是奇特。如果渴了或饿了，可以跨过清澈的Nam Ngoi河上的小竹桥，前往简陋的小餐馆**Cave View Restaurant**（主菜10,000~30,000K；⏲8:00~18:00）。

继续往前走15分钟，穿过一条小溪（与其走湿滑的石头台阶，还不如直接蹚水过去）便可来到一大片稻田。一进稻田后马上沿左侧路走，在下一个路口（3分钟后）左转前往会森村（Huay Sen；45分钟）或右转前往班纳村（Ban Na；15分钟）和会博村（Huay Bo；40分钟）。沿着曲折老旧的主路走比较明智，因为每到一些容易混淆的路口就有手绘小路标为你指明方向。3个村庄都有简陋但极其便宜的住处：共用户外蹲厕，附设的餐厅只是个棚子而已，何时开伙得看厨师什么时候当班。

要看吊脚楼，**会森村**是3个村庄里最有气氛的。唯一的**客栈**（房间10,000K）不过是一排小竹楼，但热情的店主会说英语，会做好吃的炒饭，还会酿制非常好喝的老老米酒。他还能组织前往附近的苗族村寨的两小时徒步导览游，。

**班纳村**的民居看起来没有那么原始，但你可以去那里看当地纺织工人工作。两个村子的客栈都能俯瞰一大片延伸至远方喀斯特山中的稻田。**OB Bungalows**（☎020-3386 3225；房间10,000K）在村子最远端，景色比较好，面积相对适中的竹屋性价比尤其高。**Chantanohm Guesthouse**（房间10,000K）环境美丽，特点是有条滚球（petang）道，以及一些炮弹外壳。

通往会博村的小路景色宜人，但沿途需要蹚水过河。你将经过一块特别尖的石灰岩石，然后在它下面沿着小路往前走。村里的建筑多为吊脚楼和竹子搭建的房屋，但气氛不如会森村那么幽静。3个简陋的客栈并排挨着，房价都是5000K，或许是全老挝最便宜的住处了。

# 丰沙里省
# （PHONGSALI PROVINCE）

这里既不像老挝也不像中国，景色优美的丰沙里是老挝最传统的山地部落的居住地。徒步者常会感觉自己走进了《国家地理》（*National Geographic*）的画册之中。对于旅行者而言，丰沙里省游人最多的村庄是孟夸，那里是个中转站，与琅多之间有水路相连，亦有陆路通至越南的奠边府。再往北走，漫无边际的蛇形公路沿线基本没什么游客。唯一一条沥青公路连接孟夸、乌多姆赛、丰沙里和中国的勐腊（Mengla）。但是外国人不能从这个省的任何地方进入中国边境。通往奠边府的公路目前老挝这边修得很好，但越南那边很差。

政府计划将奔诺（Boun Neua）建成新

## Muang Khua 孟 夸

### Muang Khua 孟 夸

**景点**

1 吊桥 ........ C3
2 寺庙 ........ B1

**住宿**

3 Chaleunsuk Guesthouse ........ C1
4 Manhchai Guesthouse ........ C2
5 Nam Ou Guesthouse ........ D1
6 Sernalli Hotel ........ C1

**就餐**

7 Sayfon ........ C1

**购物**

少数民族手工艺品商店 ........ (见 3)

的省府，但还没实现。不过奔诺已经是所谓“丰沙里”机场的所在地了。

## 孟夸(Muang Khua)

ເມືອງຂວາ

☎088 / 人口 4000

往来于老挝和越南奠边府，或在哈沙(Hat Sa，丰沙里)和琅多之间走水路(南乌江)的人一定会经过面积极小的孟夸。虽然景色不如琅多，但地处南乌江和南帕河(Nam Phak)交汇处的棕榈林间的小镇孟夸自有其迷人之处。如果你从奠边府过来，就在这里尽情享受吧。这里是老挝，不是邻国越南，不需要、也不应该过分讲价。

### 景点和活动

走过南帕河上一道吱嘎作响的**吊桥**(仅限自行车和行人通行)，再往前走一会儿就到了淳朴的佧木族村庄。另有一条更为轻松的漫步路线，你可以先游览一下五颜六色的小**寺庙**，然后直奔另一个被棕榈树覆盖的乡村(路越来越窄)。Chaleunsuk Guesthouse内的**少数民族手工艺品商店**(ethnic handicrafts shop)出售各种当地工艺品，数量不多，但种类不少。带图片的讲解板上有产品介绍，还列出了你购物所消费的资金会用于资助哪些村庄。

旅游局办事处会组织多种徒步游活动，包括**班巴卡村**(Ban Bakha)一日游。班巴卡村是一个阿卡巴拉(Akha Pala)族村庄，位于巴南内村(Pak Nam Noi)上方的密林山间，游玩一圈会令你收获不小。村民是1990年移居至此的，许多妇女如今仍会穿着艳丽的传

## 进入越南：孟夸至奠边府

### 前往边境

每天都有长途汽车（50,000K；双向 6:00发车）往来于孟夸和奠边府之间，车辆在孟迈（Muang Mai）以东26公里处的**邦霍（Pang Hok，老挝）/西庄（Tay Trang，越南）边境站**过境。老挝这边的公路经过彻底重修，直达邦霍边境站，但越南侧的道路路况极差。这条公路沿途风景如画，尤其是沿奠边府峡谷往下的路段，路边的稻田仿佛铺着翡翠的毯子。我们不建议你分段式乘车，因为那样不仅比乘坐直达长途汽车贵得多，而且一旦车子出现问题你就束手无策了。

### 在边境

有一些旅行者会选择这个偏僻的边境站过境。到达老挝境内后可以按照标准价格获得老挝签证，但越南边境绝对不办理越南签证，因此要提前签好。

### 入境

边境站两侧都没有服务设施或等客的机动车，两侧的边境站都没有服务设施或等客的机动车，边境站被大约4公里的无人区分隔开来。西庄边境站距离奠边府大约31公里。



统巴拉族围裙并佩戴有金属珠串的头饰。

总部位于琅勃拉邦的Tiger Trail（见51页）会组织阿卡村寨六日“公益旅行”，价格为US$399。这项游览的时间较长，参加者要在这些村寨住宿。

## 食宿

**Nam Ou Guesthouse** 客栈 $

（☎088-210844；房 不带/带浴室40,000/50,000K）这家破旧的客栈俯瞰着南乌江，有各种各样的房间。最好的房间带热水淋浴和公共露台，而最便宜的房间不过是简陋的竹楼而已。吊脚楼餐厅适宜旅行者就餐，“牛排”（超薄的一片）和薯条很好吃，还有各种油炸菜肴。菜单上以鸭肉菜为主。

**Chaleunsuk Guesthouse** 客栈 $

（☎088-210847；房间 60,000K；@）位于船坞上方，房间宽敞干净，床铺大而舒适，有热水淋浴。大多数房间配备了桌子，天花板上画着星星、挂着塑料“星球”。公共露台上提供免费的茶水。

**Manhchai Guesthouse** 客栈 $

（☎088-210841；房间 100,000K）位于旅游局办事处旁边，楼下是一个家庭商店。经过重装后，房间里配备平板电视，但仅能收看老挝、泰国、越南和中国频道。浴室里有热水淋浴，亚麻床单很干净。

**Sernalli Hotel** 酒店 $$

（☎088-212445；房间 200,000K）这是孟夸最好的酒店，一看大门就知道这是一栋优雅的新殖民风格建筑。小小的大堂里摆满雕花硬木家具。房间干净舒适，配备木质家具和热水。其他设施包括空调和平板大电视。

**Sayfon** 老挝菜 $

（主菜 15,000~30,000K）这家餐厅位于河边高处，能看见棕榈树林。英文菜单厚厚的，某些菜肴常年有售。姜汁蘑菇特别好吃。

## 实用信息

城里有两台自动柜员机。**BCEL和老挝发展银行**（Lao Development Bank）都能兑换美元（仅接受干净的新钞）、欧元、越南盾和泰铢等主要货币。Chaleunsuk Guesthouse内有网吧，每小时10,000K，含耳机和摄像头（为需要使用Skype的客人预备的）。

实用的**旅游局办事处**（☎020-2284 8020；⊙周一至周五 8:30~11:30和13:30~16:30）在Sernalli

Hotel对面，能解答问题和安排徒步游。如果你要在非办公时间预订徒步游，可联系**Keo**（☎020-284 8020）与他面谈。也可以浏览网站www.muangkhua.com，上面有几条可预订的徒步线路，以及对镇上每家客栈的详细介绍。

## 到达和离开

开往越南奠边府的长途汽车（50,000K）从BCEL支行门口发车。目前双向的长途汽车都是6:00左右出发，含过境时间在内全程约需6小时。但如果乘客不多，不一定发车。

孟夸的**长途汽车站**（2E号公路，过Km97后900米处）在河西侧（近乌多姆赛方向）将近两公里处，位置很不方便。嘟嘟车（每人5000K）在满员后会从BCEL门口开往这里，但车次非常少。开往乌多姆赛的长途汽车（35,000K；3小时）分别在8:30、正午和15:00发车。要去丰沙里的人可以先乘坐8:00出发的双条车前往巴南内村（15,000K；1小时），然后在那里等候从乌多姆赛开往丰沙里的长途汽车——通常10:00左右在此停靠。

如果你不赶时间，在南乌江上乘船也是非常好的旅行方式。去往上游哈沙（105,000K；7小时；10:00）的船有时晚点得厉害，导致乘客赶不上开往丰沙里的末班车，因此旅程所需时间可能会比预计的长一些。往下游去的船只开往孟威诺（100,000K；5小时；9:00出发）和琅多（120,000K；6小时）。

# 丰沙里（Phongsali）

ຜົ້ງສາລີ

☎088 / 人口 15,000 / 海拔 1400 米

丰沙里与老挝其他省府截然不同，它位于浦法山（Phu Fa，“天山”；1625米）脚下

## Phongsali 丰沙里

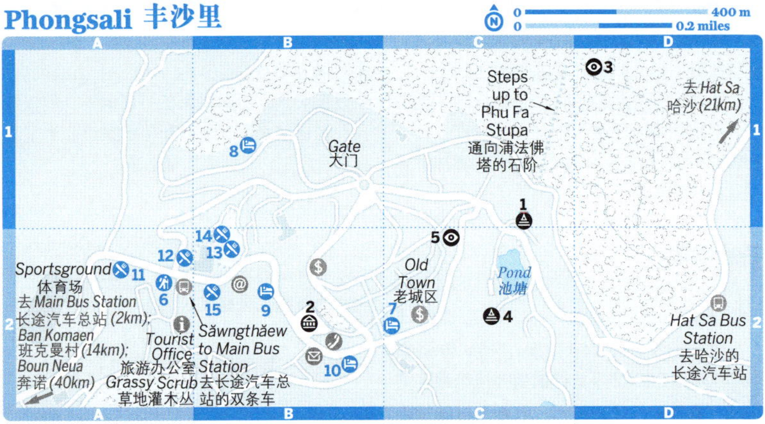


## Phongsali 丰沙里

**景点**

1 中国寺庙 ........ C1
2 部落博物馆 ........ B2
3 浦法山 ........ D1
4 Wat Keo ........ C2
5 云南商铺 ........ C2

**活动、课程和团队游**

6 Amazing Lao Travel ........ A2

**住宿**

7 Phongsali Hotel ........ C2
8 Phou Fa Hotel ........ B1
9 Sengsaly Guesthouse ........ B2
10 Viphaphone Hotel ........ B2

**就餐**

11 Laojerm Restaurant ........ A2
12 Laoper Restaurant ........ A2
13 市场 ........ B2
14 面摊 ........ B2
15 Yeehua Guesthouse ........ B2

**交通**

老挝国内航空公司 ........（见10）

## 在老挝北部徒步

老挝北部的“生态徒步”系统获过奖，最初始于琅南塔和南哈河国家保护区（Nam Ha NPA）。经过注册的旅行社承诺将大部分收益返给游客参观的村庄并奉行保护生态的指导原则。参观偏远村庄而不带导游或许是不合法的。幸运的是，当地的旅行社可以很快为游客安排好导游并办理所需的全部徒步许可证，通常在出发前一晚就办完了。不含交通在内的费用通常是：单独成团每人每天约需US$50至US$75，但多人团每人每天只要US$25。这些旅行社通常不会直接竞争，因此与其比较价格不如比较他们所提供的服务和项目内容。聘请自由导游可能会比较便宜，但他们并不把收入交给村庄发展基金。详情可见这个出色的网站www.ecotourismlaos.com。下面是对各条线路不同特点的概述。

**丰沙里**（见98页）这条线路无与伦比：你将进入真正的世外桃源，村民（尤其是在偏远的阿卡族村庄）身穿传统服饰，信仰神秘的万物有灵论。许多民居保留着只有在图画书里才能见到的茅草屋顶——至少现在还保留着。你还可以在奔诺附近的原始森林里徒步。

**琅南塔**（见110页）在该地区开展的徒步游很成熟，可选线路不计其数。有些线路将徒步与骑车和皮划艇等活动结合起来。前往南哈河国家保护区的“丛林营地”的林间徒步游特别受欢迎。因为沿途村庄接待能力有限，为减轻它们的压力，大多数旅行社的活动路线都不相同。但缺点就是让游客对“想去哪儿？看什么？”更加难以抉择了。并非所有的路线都那么有趣。

**文布卡**（见115页）前往南哈河森林的徒步线路相对没那么商业化。

**芒新**（见115页）你可以在这里开展前往交通相对便利的阿卡族村庄（许多当地妇女还穿着传统服饰）的自助游或导览游活动。

**乌多姆赛**（见103页）一家专业机构把乌多姆赛变成了一个广受欢迎的山地车骑行胜地，有些旅行线路中包含徒步游环节。

**孟夸**（见96页）在这里开展的旅行活动不太多，其中包括游览阿卡巴拉族村庄（有些当地妇女穿着艳丽的半传统服饰）的一日徒步活动。沿途景色不错，但几乎看不到森林。

**丰沙湾**（见75页）这里有一条十分独特的徒步线路，沿途会参观长满青苔的考古遗迹，并在不通公路的苗族村寨住宿，而高潮部分是上山游览一个多层瀑布。步行很有意思，但别指望在这个地区看到穿传统服饰的部落居民。

**孟威诺**（见93页）这里既有前往美丽村寨的日间自助游，也有价格低廉的由自由导游带队的团队徒步活动，有些团队游还包含乘船观光游。

一处小小的山脊高原上。因为地势高，所以在城里即可尽览周边地区的全景风光，而且气温在几个小时之内就能从温暖宜人变为寒冷难耐。为防万一最好还是带上夹克衫和防水服，即使是在4月。普内族（Phoo Noi）和贺族（Haw，也有称华族）/中国云南人（Haw是对从滇南过来说汉语的人的称呼）混居于此，他们有些是世代定居在此的居民，但更多的是刚迁来的移民。也就是说，来丰沙里的人都不是为了这个城市——游客只是为了在周边的山区和乡野间徒步罢了。

### 历史

相传普内族是一个好战的民族，他们从缅甸一路迁至琅勃拉邦。意识到危险和机遇并存的澜沧国王从领土的北端拿出一块土地给了他们，也就是今天的丰沙里，让他们在边界阻挡来自西双版纳（Sipsong Panna）的泰鲁王国（Tai Lü）的入侵。

## 景点

### 老城（Old Town）
历史景区

由3条粗糙的石头小巷和一条蜿蜒的街道构成的老区面积不大，但很有特色。街道两边传统的**云南商铺**（Yunnancsc shophouses）的门脸令人想起昆明老城区的建筑。新建的**中国寺庙**（Chinese Temple）俯瞰着一个池塘，后面的**Wat Keo**更好看，因为玩滚球的和尚比建筑本身有趣多了。



### 浦法山
山丘

（Phu Fa; ພູຟ້າ）要想俯瞰城景，就去建有佛塔的浦法山顶——要么在树荫下气喘吁吁地攀爬400多级石头台阶，要么骑摩托车挂一档沿陡峭而坑洼的公路一路行至山顶。从野餐区算起，在上坡路的最后一段有一处收费站，你需要缴纳4000K通行费。新开发的一条下山道路在城东两公里处的一个茶场附近与通往哈沙的公路汇合。

### 部落博物馆
博物馆

（Museum of Tribes；门票 5000K；⏲周一至周五 8:00~11:30和13:30~16:30）博物馆里陈列着该省各少数民族的服饰，10分钟即可游完。如果门锁着，可去马路对面的邮局要钥匙。

## 活动

丰沙里省的山地部落徒步游是老挝同类游览活动中最地道且内容最丰富的。团队游强调生态和文化保护理念，收益的很大一部分归游客所参观村庄的发展基金。秩序井然的游客中心会推出各种经过精心策划的徒步线路。大多数徒步游可以在报名第二天成行，如果你提前致电就更有把握了。**丛林徒步**（Jungle Trek；从奔诺出发的两日游）很受欢迎，沿途会参观Akha Phixo族村庄并穿越罕见的原始森林。这里还有各种线路不同的多日游，包括从哈沙出发的南乌江乘船游和经高山小径前往阿卡努魁族（Akha Nuqui）村庄的游览活动。如果参加前往本代（Boun Tai）的**Nam Lan Trek**三日游等单程徒步游，你的行李将被旅行社送到住处，这样你就不必走回头路了。这条线路经过Yang族、Laobit族、Akha Djepia族和阿卡努魁族村庄。但是，由于沿途要过30多条小溪和河流，因此最好在旱季时走。要找导游可提前致电丰沙里的旅游局办事处，或联系Amazing Lao Travel。

如果是多人团，每人每天的费用最低为165,000K，单人团则需要大约365,000K。报价含导游、食物和极其简陋的山村民居住宿，不含交通费：你需要自费乘坐公交工具或包车前往出发地点，二者的价格差别很大。"体验之旅"可让参加者在村子里跟村民待更长的时间，或许还可以跟着村民去采集当地人晚餐所需的食材。

### Amazing Lao Travel
徒步

（Northern Travelling Center; ☎088-210594; www.explorephongsalylaos.com; ⏲8:00~17:00或更晚）丰沙里最大的独立徒步游组织者，提供多种徒步活动。许多旅行者给我们写信称赞这家公司的服务水平。

## 住宿

下列住处都有热水（寒冷的冬季洗个热水澡真是浑身舒畅啊），但有时候一天之中只供电数小时。

### Phou Fa Hotel
酒店 $

（☎088-210031；房间 100,000~200,000K；❄📶）西式厕所、房内暖气片和金色的床罩让这家酒店成为丰沙里最好的住宿地。较贵的房间几乎都是铺着地毯的套房。1975年之前，中国领事馆曾位于楼内。本书写作之际，这里是丰沙里唯一有Wi-Fi的地方，因此虽然餐厅平平无奇，但也值得喝上一杯或吃点东西。

### Sengsaly Guesthouse
客栈 $

（☎088-210165；房间 60,000~80,000K）这是主干道3家便宜住处中最好的一家。价格60,000K的房间床铺有点老旧，但带独立浴室。比较好的房间是新建的，舒服、有热水，只是颜色过于花哨。

### Viphaphone Hotel
酒店 $

（☎088-210111；房间 100,000~150,000K）外表看起来毫不起眼，但客房比第一眼印象强些。房间宽敞，配备桌子、衣橱和电视。

## 善解人意的徒步

参观部落村庄时，应该了解当地各不同民族的不同礼节。下面的介绍主要以阿卡族（Akha）为基础，因为该族妇女穿着的装饰着银币的深蓝色服饰让她们的村庄成为热门徒步目的地，而她们的万物有灵信仰也是很不可思议的。

**鞋和脚** 穿着鞋进入老挝少数民族家中可能是不礼貌的，但苗族、阿卡族和其他几个民族的民宅是泥土地面的，所以最好别脱鞋。无论是否脱鞋，都不能用脚尖对着别人。

**卫生间** 如果村里有厕所，就上。如果是去树林里方便，注意背离水源。但如果偏远的村庄里根本没有厕所，就在经过导游同意后按照本地习俗解决吧：按说你应该把粪便埋起来，但在某些村庄贪婪的猪会把粪便狼吞虎咽地吃完，所以就别浪费了！但是，无论用过的厕纸和卫生棉条等有多么令你不快，也一定要把它们带走。

**照相** 虽然许多山地部落的男孩很喜欢被拍照，但大多数村妇一看到照相机就尖叫着跑开。如果你请求为路过的陌生人拍照，通常会遭到断然拒绝——你应该尊重对方的意愿。但是，在村民家中住宿是你跟房东一家人交"朋友"的好机会。尽量用数码相机给婴儿和男人拍照，照完后马上给女主人看，最终她们会愿意看到自己出现在相机屏幕上。但是一定不要强迫人家照相，因为的确还有些人还抱着古老的迷信想法，认为拍照者会"偷走"被拍者的灵魂。

**礼物** 如果你想赠送礼物，可以考虑送水果和蔬菜种籽/苗——你走后礼物也能为他们造福。一定要先问问导游，送某种礼物是否得体，如果得体，把礼物直接送给朋友或村长。给小孩礼物等于变相鼓励他们乞讨，这对一直自给自足的村庄是种伤害。

**床** 在接待徒步者的村庄，游客通常会被安排住在村长家里。在传统的阿卡族民居，全体男性睡在高于地面、四周有帘子的平台上，大多数女性睡在另一个平台上（绝对禁止参观），儿媳妇住在一个跟她的身体高度契合的、有帘子的空间里（像个奴隶似的）。为了给游客空出地方，大多数男性晚上会搬到其他屋子里睡觉，导游、徒步者和一两个村中长者就挤在他们空出的一小块空间里。自带睡袋能解决私密性问题。注意：女性徒步者通常被看做"名义上的男性"。

**神灵** 与其他老挝文化一样，山地部落文化中的神灵世界也很丰富，游客碰触村中图腾［泰鲁族（Tai Lü）村庄］、神灵之门（阿卡族村庄）或其他禁忌物体是极其糟糕的行为。一旦发生，请导游替你解释。绝对不要坐在阿卡族村庄的秋千（hacheu）上摇荡。

**胸部和婴儿** 袒露胸脯的阿卡族妇女既非忘了穿衣，亦非在拉客。她们只是相信：年轻的妈妈如果盖住双乳会给新生儿带来伤害。孕期吃石头是一个更加奇特的风俗，而阿卡族人对双胞胎的残暴态度令人发指（如果有双胞胎诞生，那么他们将被处死，村庄也会集体搬迁到另一处）。

**Phongsali Hotel** 酒店 $

（☎088-210042；房间 100,000K）这家酒店是中国人建的，位于城区中心地带，是一栋四层楼的建筑。房间朴素，但由于窗户大所以很明亮。大多数房间有3张床，最贵的房间有热水。但员工态度却是冷冰冰的。

### 就餐

在**市场**（清晨时最热闹）西北角的**面摊**（面条 10,000K；⏲6:30~17:00）能吃到美味的面条（kòw sóy，用猪肉沫和番茄丁做浇头的汤面）。城里的餐馆都无意以装修取胜，食物以中餐风味为主。Đôm Ɓạh（奶酪火锅风格的鱼汤）是本地特色，制作这种菜肴的简陋小饭馆都在通往哈沙的公路沿线（2公里处和4公里处）。

**Yeehua Guesthouse** 老挝菜 $

（主菜 15,000~30,000K；⏲7:00~22:00）楼上是丰沙里最便宜的客栈（但我们不推荐），这家餐馆出售好吃不贵的充饥食物、法国红酒、中国啤酒和香浓的老挝咖啡。菜单是英文的，还有台能上网的电脑。

**Laojerm Restaurant** 老挝菜 $

（主菜20,000~35,000K；⏲11:00~22:30）精心制作的食物分量适中，但菜单上的英语差强人意，有些名称令人摸不着头脑，如“霸道的猪肝”（土匪猪肝）和“宫殿保护着的肉丁”（宫保肉丁），看起来这里更偏向中国菜。

**Laoper Restaurant** 老挝菜 $

（主菜15,000~30,000K；⏲17:00~22:00）当地人认为这家餐馆的饭菜是全城最好的。没有菜单，只是把可能用到的原料都摆出来。选好了就指一下，看看做出来的菜是什么样儿，颇像中国西南一带小餐馆的做法。适合多人来吃，因为人多就可以多点几个菜尝尝，一个人就别来了。

## 饮品

丰沙里地区，特别是班克曼村（Ban Komaen），以出产中国风格的绿茶而出名。除了销售当地出产的老老米酒之外，旅游局也出售这种绿茶。这种浅绿色的茶叶经过覆盆子叶的熏制，带有果香味。

## 实用信息

**BCEL**公路对面有一台自动柜员机。

**老挝发展银行**（⏲周一至周五 8:30~15:30）能把多种货币兑换成基普，兑现美元旅行支票不收手续费。有一台自动柜员机，也是西联（Western Union）的代办处。

**Lao Telecom**或许可以拨打国际长途。

**旅游局办事处**（☎088-210,098；www.phongsaly.net；⏲周一至周五 8:00~11:30和13:30~16:00）提供的地图和小册子也可以通过其网站下载，大多数客栈也有免费的同类资料。如果你有紧急情况需要帮助，或者想临时预订团队游，可致电020-2257 2373或门口贴出的值班员工的手机号。

**Electronics Shop**（⏲7:00~22:00）能上网，定时供电。

## 到达和离开

丰沙里的机场实际上在奔诺，但若要乘坐**老挝国内航空公司**（☎088-210999；www.lao-air.com）飞往万象（990,000K）的航班，则需要到Viphaphone Hotel购票。持机票可免费乘坐小型摆渡车从机场前往丰沙里。如需返回奔诺机场，则需要另付30,000K作为摆渡车的车费。

抵离孟夸的船只在哈沙发船/靠岸，从城区向东走10分钟即可到达哈沙长途汽车站，这里每天8:00和13:30各发一班长途汽车开往码头。

丰沙里的长途汽车总站位于城西3公里处。每天6:30会有双条摆渡车从市场地区开往那里（5000K），其余时间只有很少的几班摆渡车，因此你可能要等上好久才能坐上下一班。开往万象（190,000K；超过20小时）的长途汽车每天8:20发车，途经琅勃拉邦（130,000K）。开往乌多姆赛（75,000K；7小时）的长途汽车8:00发车。由于外国人不能经班巴卡村进入中国境内，因此乘坐开往勐腊的长途汽车（7:00和13:30）的外国游客最远到奔诺（15,000K）就得下车了。

Amazing Lao Travel提供小型摩托车租赁服务，日租金最低为100,000K。

# 丰沙里周边（Around Phongsali）

## 班克曼村（Ban Komaen）

ບ້ານກໍແມນ

☎088 / 人口 400

丰沙里著名的产茶村是个迷人的地方，能俯瞰壮观的山谷景色。站在学校后面的山坡上便可一览周边全景。有一些质朴的普内族（Phu Noi）民居建在石头堆成的平台上。从丰沙里（15公里）来这里的路上会经过许多茶林，但穿过村中心的主路两侧的茶树都有400多年历史了，据说是全世界最古老的茶树。

班克曼村很适合骑摩托车游览。沿着通往奔诺的公路往前走，在充满创意的“Km 4 Nightclub”对面左转（不是之前那条沥青路），沿弯曲的土路向前继续走，在所有的岔路口都要沿着左边的路走，不要拐到前往山谷的下山路上去。

## 哈沙（Hat Sa）

ຫາດສາ

☎088 / 人口 500

哈沙是南乌江岸边一个小小的河“港”

村庄，村庄沿着铺设着木板的陡峭河岸铺展开来。哈沙位于丰沙里以东21公里处，二者之间有一条土路相连。村里有几个面摊，每个月的15号和30号还有集市——届时村里从清晨开始就热闹起来了，摊贩主要向山地部落居民出售中国商品。开往孟夸（105,000K）的船就停在村子正下方的船坞里，发船时间大概在丰沙里开来的首班车达到后30分钟左右，但前提是乘客够多、水位够深。很容易就能找到船，有个官员会计算乘客数量，看是否需要增开一班船。水位低的话，就改为一周发两班船，而且船票也会涨价。

万一你被困在哈沙（如果从孟夸开来的船只迟到，这种情况就会发生），要知道这里没有客栈。**Wanna Ngyai Shop**（每人30,000K）楼上有3个没有家具、竹墙掉渣的房间，你或许可以在那里过夜，码头上方的那栋二层小楼就是。房间里有蚊帐和薄薄的地垫，但你最好自带睡袋。如果非要洗衣服或洗澡，那只能去河里了。

开往丰沙里（15,000K）的长途汽车会在9:00左右和14:00从市场发车，由于山路陡峭，往西开要花1.5小时。从孟夸开来的船到岸后，通常还会有一班双条车发往丰沙里，每人收费20,000K，至少要满5人才发车。

### 普登丁山国家保护区（Phu Den Din NPA）

ປ່າສະຫງວນແຫ່ງຊາດພູແດນດິນ

这个保护区在越南边境附近，面积很大，部分未开发森林相对原始，所在的山区最高处接近2000米，交通不便。目前唯一能一探究竟的合法交通方式是在班塔村（Ban Tha）和哈沙之间的南乌江上乘坐不定期的船只或划皮划艇顺流而下，但这需要事先做详细的计划和细致的安排。你还得自带露营设备，因为那里没有任何村庄。有些游客考虑不够充分，试图从哈沙驾车进入公园。虽然有座法国修建的吊桥和一条粗糙的土路，但沿途只能看到刀耕火种产生的烟雾而已。而且当你好不容易开了70公里后，你会遇到一个军队检查站，那里的工作人员绝对不会让你进入国家保护区。偷偷溜进去是非常不明智的，因为你有可能被当成偷猎者而遭到枪击。

# 老挝西北部

## （NORTHWESTERN LAOS）

北方的乌多姆赛省和琅南塔省是由河流、森林和传统村庄构成的山区，生活着将近40个不同的民族。在南哈河国家保护区周边数个能接待旅行者的城镇之中，琅南塔是最发达的一个。南哈河国家保护区占地2224平方公里，只要游客提出要求，园方就可以马上安排组织徒步、骑车、划皮划艇和乘船等活动，很方便。乌多姆赛是地区交通枢纽，而磨丁（Boten）的中（国）老（挝）边境站允许外国游客过境。

## 乌多姆赛（孟赛）

## Udomxai（Oudomsay, Muang Xai）

ອຸດົມໄຊ

（ເມືອງໄຊ）

☎081 / 人口 25,000

繁华的乌多姆赛是老（挝）中（国）贸易中心和近便的交通枢纽，以老挝北部的标准而言简直就是一个国际化大都市。俗气的主街和缺少旅游氛围会让许多短期游客大呼上当，但去城市周边就能看到老挝真正的一面。管理井井有条的旅游局办事处会提出许多点子，让你愿意多住几天。

乌多姆赛的居民中有约四分之一是中国人，在某些商铺和酒店，云南方言跟老挝语一样常见。

### 景点

台阶从主路开始通往两座面对面的山峰，在两座山上都能看到美景。其中一座山顶有个美丽的小佛塔**蒲塔塔**（Phu That Stupa），这个古老的建筑在战争中曾被严重损坏，之后又被彻底重建。满月的时候可以来这里观看宗教仪式。这儿还有个迷人的小**蒲塔寺**（Wat Phu That）和一尊崭新的佛立像。另一座山上有个没什么意思的**博物馆**（⏲8:00~11:00和14:00~16:00）免费，博物馆所在的二层建筑是新建的，很宏伟，有殖民地风格的百叶窗和东方风格的山墙。

### 般坚寺 佛教寺庙

（Banjeng Temple，Wat Santiphab；⏰日出至黄昏）般坚寺是乌多姆赛最重要的寺庙，面积虽然不大，但因为位于河边小坡，所以非常美丽。该寺最醒目的特点是虚构的水泥"生命之树"。每当微风拂过，树上的金属叶片便会叮当作响。金属叶片下面是根据当地佛教传说雕刻的动物和鸟的塑像，造型天真朴拙。

### 乌多姆赛生产和营销中心 艺术中心

（Productivity & Marketing Center of Oudomxay，简称PMC；☎081-212803；www.pmc.oudomxay.org；⏰8:00至正午和14:00~17:00）这个小展室兼商店会介绍本地纺织品并出售手工制作的纸制品、包袋和本地特产。你或许会纳闷为什么这家店是由联合国毒品和犯罪问题办公室（UN Office on Drugs and Crime）提供部分资助的，原因在于这些工艺品是由过去种植罂粟的村庄生产的，他们希望用这些商品（而不是毒品）创收。因此这家店铺外号"鸦片商店"。

## 活动

旅游局办事处（见106页）会组织乌多姆赛周边地区的一日团队游、城市步行游和前往宗翁洞（Chom Ong Caves）的两日或三日游，以及另外两种可能会组织的徒步游（途中会在佧木族村庄民居住宿）。要寻找徒步游同伴，就在出发前一天的16:00来办公室参加"会师大会"吧。

### Samlaan Cycling 骑车

（☎020-5560,9790；www.samlaancycling.com）该机构会组织一些很不错的一日和多日骑车团队游，后者将骑车和徒步结合起来。员工忙碌的时候"办公室"经常关门，因此要提前致电。

### Lao Red Cross 按摩

（☎081-312391；汗蒸 20,000K，按摩 每半小时 30,000K；⏰15:00~19:30）这栋小型建筑位于一个能俯瞰美丽河湾的山坡上，室内铺着竹垫，提供瑞典式的按摩和草药汗蒸。

## 课程

旅游局办事处（见106页）会组织一系列有趣的造纸工作坊（费用视参观人数而定，最低每人100,000K），工作坊中包含了收集造纸原材料的环节；烹饪课程（不少于4人每人100,000K起，双人 每人200,000K）也同样包含前往市场购买食材配料的环节，老师的法语说得比英语好。

## 住宿

乌多姆赛有很多住处，包括房价在100,000K上下的、干巴巴的中国酒店。要想住有趣的乡村酒店，可以考虑去北边28公里之外的孟拉（Muang La），那里除了客栈之外还有本地区最豪华的精品度假村。

### Vilavong Guesthouse 客栈 $

（☎081-212503；Rte 1；房间 50,000~60,000K；📶）楼上的房间价格为60,000K，楼下的为50,000K，但看不到什么景色。店主很热情，就所在的位置而言（在市中心）房价还算合理。

### Saylomen Guesthouse 客栈 $

（☎081-211377；房间 带风扇/空调 60,000/100,000K；❄）带风扇的房间条件简单、面积中等，有热水、高级床单和彩色衣架，性价比优于城里客栈的平均水平。如果是夏天入住，最好住有空调的房间。

### Xayxana Guest House 客栈 $

（☎020-5578 0429；紧邻Rte 1；房间 70,000~100,000K；❄📶）占地面积大，房间宽敞而凉爽，墙壁雪白，地面铺着瓷砖，床铺很舒适。所有的房间都带独立浴室。

### Lithavixay Guesthouse 客栈 $

（☎081-212175；Rte 1；房间 70,000~150,000K；❄📶）这里一直深受旅行者喜爱，热情友好的工作人员会在大堂迎接你的光临。早餐可口，还有网吧。虽然有些房间看起来有点破旧，但配备了电视、沙发和家常用具。该客栈也是老挝航空公司（Lao Airlines）的一处代理点。

# Udomxai 乌多姆赛

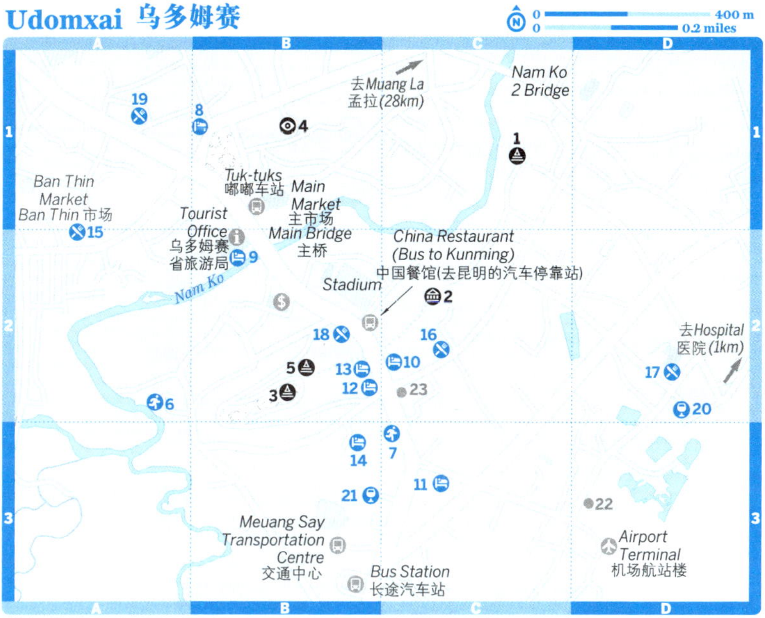


## Udomxai 乌多姆赛

### 景点

1 般坚寺 ........ C1
2 博物馆 ........ C2
3 蒲塔塔 ........ B2
4 乌多姆赛生产和营销中心 (PMC) ........ B1
5 蒲塔寺 ........ B2

### 活动、课程和团队游

6 Lao Red Cross ........ A2
7 Samlaan Cycling ........ C3

### 住宿

8 Charming Lao Hotel ........ B1
9 Dansavanh Hotel ........ B2
10 Lithavixay Guesthouse ........ C2
11 Saylomen Guesthouse ........ C3
12 Vilavong Guesthouse ........ B2
13 Villa Keoseumsack ........ B2
14 Xayxana Guest House ........ B3

### 就餐

15 Ban Thin 市场 ........ A2
Cafe Sinouk ........ (见 8)
16 Meuang Neua Restaurant ........ C2
17 Nonmengda 市场 ........ D2
18 Sinphet Restaurant ........ B2
19 Souphailin Restaurant ........ A1

### 饮品和夜生活

20 Ming Khouan ........ D2
21 Phonemali Nightclub ........ B3

### 交通

22 老挝航空公司 ........ D3
23 Xai-Ya ........ C2

**★Villa Keoseumsack** 酒店 $$

（☎081-312170；Rte 1；房间 120,000～200,000K；❄ 📶）这是城里性价比最高的酒店，地板刷漆，有独立卫浴、电视、苗族手织布床垫和蓬松的枕头。免费的Wi-Fi和凉爽而又适于读书的阳台更是为这里增色不少。后面的房间比主楼里的房间更宽敞。

**Dansavanh Hotel** 酒店 $$

（☎081-212698；Rte 1；房间 120,000～250,000K；❄ @ 📶）这里曾是乌多姆赛最高级的酒店，外表看起来颇有新殖民地风格建筑的富丽堂皇感，但房间虽大且家具齐全，却没有什么创意和特色。设施包括一个小型水疗中心、卡拉OK厅和一个河边餐厅兼啤酒花园。大堂内的茶馆De Syuen是品茶爱好者的必去之地。

**Charming Lao Hotel** 精品酒店 $$

（☎081-212881；www.charminglaohotel.com；含早餐 双/标双 405,000/485,000K，套 含早餐 687,000K起；❄@📶）没想到乌多姆赛竟然有这样一个地方。一走进摆放着优雅家具的房间，你就会感受到这家精品酒店的魅力。其他细节包括平板大电视和现代化的浴室。酒店内有个水疗中心，还有Pakse's Cafe Sinouk（见本页）的北部分店。

## 就餐

**Ban Thin市场**和**Nonmengda市场**出售蔬菜、水果和肉，有些动物（死的或活的）我们不认识（特别是在周末）。

**Souphailin Restaurant** 老挝菜 $

（主菜 20,000~40,000K；⏲7:00~22:00）这家小餐馆在小巷深处，用mok ҍah（用蕉叶裹着的鱼）等地道的老挝北方食物烹调出富有创意的特色美食。房子是用竹子搭建的传统建筑，挂在墙上的锅是店内唯一的装饰品。如果有其他客人就餐，你就得非常耐心地等菜。

**Meuang Neua Restaurant** 老挝菜 $

（主菜 20,000~40,000K；⏲7:00~22:00）搬到繁华地段后，这家餐馆深受住在乌多姆赛的游客（为数不多）喜爱。四壁用藤蔓图案装饰。从沙拉到南瓜汤和咖喱，再到鱼和炒菜，菜肴都极具创意性。

**Sinphet Restaurant** 老挝菜 $

（主菜 20,000~30,000K；⏲7:00~21:00）位于桥的附近，有点脏兮兮（紧挨公路），房子老得简直快要塌了。挂着老挝啤酒（Beerlao）的广告画，出售面条、牛排和沙拉。

★**Cafe Sinouk** 老挝菜、各国风味 $$

（Charming Lao Hotel；主菜 20,000~95,000K；📶）波罗芬高原（Bolaven Plateau）的Sinouk Coffee名声赫赫，他们在老挝北部也投资开办了这种风格的餐厅，兼咖啡厅兼酒吧。咖啡种类是全城最全的。食物包括各种老挝菜和各国风味美食，有些菜肴用全鱼制成。特价午餐（15,000K）和晚餐（20,000K）的性价比很高。周末花园庭院里有现场音乐表演。

## 饮品和夜生活

**Ming Khouan** 酒吧

（⏲11:00~23:00）这家酒吧跟乌多姆赛很相称。木头和竹子搭建的啤酒花园很热闹，吸引了大批年轻人前来喝老挝啤酒。花园中央的喷泉有点变形；酒吧出售老挝菜食物，如烤肉串。就位于机场附近。

**Phonemali Nightclub** 夜店

（⏲20:00~23:30）免费 这是一家典型的老挝乡下夜店：每天晚上刚开始时大家会在舞池里跳老挝排舞，接着在泰国音乐的伴奏下跳迪斯科，不知不觉中又响起了外国舞曲——没错，连鸟叔的《江南Style》（*Gangnam Style*）都有。

## 实用信息

现在大多数客栈和酒店都会为客人提供免费Wi-Fi。

**BCEL**（☎211260；Rte 1）有一台自动柜员机，能兑换几种主要货币，也可兑现某些旅行支票（手续费2%）。

**乌多姆赛省旅游局**（Provincial Tourism Department of Oudomxay；☎081-211797；www.oudomxay.info；⏲4月至9月周一至周五 7:30~11:30和13:30~18:00，10月至次年3月 周一至周五 8:00至正午和13:30~16:00）这里能为你的下一段旅程提供大量信息，此外也有不少关于住宿和本地景点的信息。许多客栈内和长途汽车站的告示板下面都能找到旅游局出版的专业宣传册子和优质的免费城区地图。它还能组织各种徒步游，并出售GT-Rider出版的老挝地图。办公室有时周末也营业，但时间不固定。

## 到达和离开

### 飞机

**老挝航空公司**（Lao Airlines；☎081-312047）本书写作之际，老挝航空公司每天会有飞机抵离万象（895,000K）。有时会有特价机票，最低票价可达645,000K。旅行者也可以通过Lithavixay

## 从乌多姆赛出发的长途汽车

| 目的地 | 票价（K） | 发车时间 | 时长（小时） |
|---|---|---|---|
| 磨丁 | 40,000 | 8:00 | 2 |
| 琅勃拉邦 | 55,000 | 9:00，正午，15:00 | 6 |
| 琅南塔 | 40,000 | 8:30，11:30，15:30 | 3 |
| 孟昏 | 30,000 | 正午，14:00，16:00 | 2 |
| 孟夸 | 35,000 | 8:30，11:30，15:00 | 3 |
| 琅多 | 45,000 | 9:00 | 4 |
| 巴本 | 40,000 | 8:30，10:00 | 4 |
| 巴蒙 | 35,000 | 14:00，16:00 | 3 |
| 丰沙里 | 75,000 | 8:30和14:00左右 | 7 |
| 万象 | 150,000 | 11:00 | 18 |
| 万象（豪华车） | 190,000 | 16:00，18:00 | 16 |



Guesthouse（见104页）买票。

### 长途汽车和双条车

#### 远途长途汽车

**长途汽车站**在市中心西南侧。

#### 地区长途汽车

满员后，双条车会在8:30和11:30左右从Meuang Say**交通中心**（Meuang Say Transportation Centre）出发，开往孟拉（10,000K）。

#### 开往中国

8:00开往勐腊的小型公共汽车从长途汽车站发车。从琅勃拉邦开往昆明的卧铺客车也经过长途汽车站，但只是11:30左右在**China Restaurant**稍事休整，吃完午饭后立刻上路。不能提前订票，但如果车上有空座就可以上去。

### 当地交通

**Xai-Ya**（☎081-212753；⏲9:00~22:00）有排量为100cc的摩托车可供租赁（当天17:00之前还车 旧车/新车租金 50,000/100,000K，每24小时 80,000/150,000K）。虽然新车的租金较贵但确实物有所值。Lithavixay Guesthouse出租质量过硬的自行车（每半天/全天 20,000/40,000K），Samlaan Cycling出租优质的山地自行车（每天US$10）。Xai-Ya、Lithavixay和旅游局都可以安排带司机的面包车，每天的费用为US$100。

你也可以乘嘟嘟车在城区内游览（如果你能找到的话），每人每次10,000K。

## 乌多姆赛周边（Around Udomxai）

骑上一辆合适的摩托车，随便找条路走下去，很快就能看到迷人的景色和各种乡趣。**南卡瀑布**（Nam Kat Waterfall）很不错，它距离市中心约23公里，很适合野餐。在Ban Fan右转，往停车场方向走，最后半小时需步行穿过受保护的林区。

### 宗翁洞和班宗翁村（Chom Ong Caves & Ban Chom Ong）

ຖ້ຳຈອມອອງ / ບ້ານຈອມອອງ

**宗翁洞**是乌多姆赛的招牌旅游景点。这个大型洞穴群位于树林覆盖的喀斯特山脊脚下，总长超过15公里，附近是与乌多姆赛相距48公里的佧木族村庄班宗翁村。洞内高度基本保持40米，不亚于一个大教堂的高度。最初的450米通道用太阳能灯照明。经数百万年形成的钟乳石外表是一层矿物质壳，因为后来被水冲刷的关系有时会掉落碎石。要来这里，你需要先借大门钥匙，并在**班宗翁村**请个导游（40,000K），然后从村里步行一小时到达宗翁洞。村庄下方是个宽阔而迷人的山谷。周围大片的稻田背倚茂密的树林和长满竹子的山坡，高高的"哨兵树"很有趣。你可以在村里看居民编织、纺布、推磨，看少女用竹筒汲水，看牙齿血红的老妪嚼槟榔。村里的"客栈"是一栋特意为游客建造

## 勃拉新卡姆佛

考试过不去？想发财？害怕不孕不育？别担心。不管你求什么，只要告诉勃拉新卡姆佛（Pra Singkham Buddha），你的愿望就会实现……当然前提是你得心诚。如果心愿真的达成，你得回来还愿，当初许了什么东西就要给勃拉新卡姆佛留下什么东西。许多寺院都有这样的说法，但人们认为孟拉的勃拉新卡姆佛尤其灵验。

这尊镶嵌着宝石的200公斤镀金铜佛像的来历很有趣。传说在佛祖涅槃之后的几个世代后，人们在斯里兰卡塑成了这尊佛像，公元868年，佛像经由印度的阿约提亚（Ayodhya）进入老挝。1355年，为了在新王国的偏远地区普及信仰，它被澜沧王国创建者法昂（Fa Ngum）尊奉为五大佛像之一。但是，装载佛像的船在战斗中沉了。后来一个渔夫发现了佛像，人们费了好大力气把它拖出水，从此它就成了孟拉居民和孟夸居民争夺的目标。下游的孟夸人比较狡猾，建议说让佛像自己选择属于谁，然后把它放在竹筏上“任凭它选择”。然而，竹筏竟神奇地溯流而上，“证明”自己属于孟拉。原本压根毫无胜算的孟拉赢了。1457年之前佛像安放在新卡姆洞（Singkham Cave）中，1457年人们在今天孟拉镇所在的位置专门为佛像修建了一座寺庙。与老挝各地的乡村一样，20世纪的两次印度支那战争让寺庙淡出人们的视线。但是佛像在美军轰炸之前就被重新放入新卡姆洞了。到1987年新寺庙建成时，佛像“因感怀满目疮痍”而已经变成深绿色。不过现在它又金光闪闪了。

曾经安放佛像的新卡姆洞在Ban Samakisai村以西3.7公里处，即乌多姆赛和孟拉之间大约中点的位置。在Samakisai村桥南第二栋棚屋门口问一句“Khor kajeh tham noy”（请把钥匙借给我好吗）就行。然后过桥，在第二条勉强够嘟嘟车或摩托车通行的土路那里往西走。土路尽头有一堆棚屋，从那里沿一道狭窄的台阶往上走，只需3分钟就到新卡姆洞了。洞不大，洞内目前的佛像明显是个复制品，但环境很美，有一片灌木丛林地通往栽种旱稻的陡峭山坡。

的当地风格长屋，没有招牌，很简陋：床是地铺，但室外公用卫生间内竟然有自来水龙头和陶瓷蹲厕。注意：村里没电，也基本没人会说英语。没有餐馆或商店，要想买食物、雇导游和借（宗翁洞）钥匙，不会说老挝语或佧木族语的话，你就只能靠比划了。更糟糕的是所谓的“公路”几乎全是颠簸的土路，雨后泥泞难行，车辆无法进入。

### 到达和离开

乌多姆赛旅游局可以组织前往周边村庄的两日游和三日游活动，活动包含三餐且配备了英语导游，并有充足的时间让你饱览典型的老挝乡野风光，只是有一点，团队游配备的车辆是吉普双条车，坐起来相当不舒服。Samlaan Cycling组织带导游的山地自行车三日游（7人团/3人团 每人US$65/155，单人团 US$195）。乌多姆赛旅游局组织的两天一晚的游览活动报价为：8人以上团每人595,000K，双人团每人1,270,000K。

## 孟拉（Muang La） ເມືອງຫລາ

风景如画的孟拉与乌多姆赛相距28公里（近丰沙里方向），看腻了“大城市”的游客可以到这个迷人的乡村换换口味。这个泰鲁族村庄位于南拉河（Nam La）和南帕河交汇处，种满了棕榈树。村内的主要特色建筑是一座造型经典的寺庙，庙内供奉着老挝北部最神圣的佛像：勃拉新卡姆佛。沿河边走，看看孟拉的小**温泉**——水位高的时候可以看到汩汩温泉流入河中。

**Dr Houmpheng Guesthouse**（☎020-5428 0029；房间 不带/带浴室 50,000/60,000K）位于棕榈林内，房屋（带个小公共露台）的外墙被刷成了桔色和青绿色，是孟拉最显眼的建筑。卫生间是蹲厕，上完需用桶里的水冲。

**Lhakham Hotel**（☎020-5555 5930；lhakhamhotel@gmail.com；房间 100,000K）在Dr Houmpheng Guesthouse后面的河边，

有一些老挝北部性价比最高的房间。家具优雅，浴室里有淋浴设施，能看到河景，房价又便宜。如果外观再稍加修饰便可更好地与周遭环境融为一体了。河边还附设一个餐厅。

精致优雅的**Muang La Resort**（☎020-2284 1264；www.muangla.com；3晚全包价每人 US$691起）令人难忘，高高的围墙被刷得雪白，洋溢着浓浓的乡野风情。不接待未经预约的客人或散客，所以如果你想享用棕榈林间的实木客房、桑拿和露天温泉池，就必须预订至少两晚住宿或其他多日住宿套餐。

河水水位低的时候，你可以从温泉出发，经由一条晃晃悠悠的吊桥到达用盐泥炼盐的盐田。

从乌多姆赛开往丰沙里和孟夸的长途汽车会在出发约一小时后途经孟拉。返回乌多姆赛的末班车通常会在17:00左右经过此地。这里没有长途汽车站，只需站在路边招手即可。另外，如果客人数量够多，7:00和11:00会各增开一班前往乌多姆赛（10,000K）的双条车。

## 磨丁（Boten） ບໍ່ເຕນ

位于老（挝）中（国）边境附近的磨丁是一部兴衰史的活教材。15年前这里只是一个小村庄，但现在有酒店、赌场、商场和卡拉OK歌厅。很多人慕名而来，以至于在2010年时这里的人口曾一度激增至10,000人，达到饱和状态。但是，由于发生了著名的中国赌徒被劫持事件，Royal Jinlun Hotel and Casino与其他赌场和卡拉OK厅都在2011年被勒令关闭。中国政府禁止公民在磨丁赌博并鼓励老挝政府取缔各种非法活动。结果，如今的磨丁黄金城（Boten Golden City）更像个鬼城（Boten Ghost Town）。

磨丁是唯一对外国人开放的老（挝）中（国）边境站，从乌多姆赛去琅南塔的路上可以顺便来这里看看。位于主街北端的**老挝发展银行**（⏲周一至周五 8:30~15:30）可兑换主要货币，不过你是要用人民币兑换基普，也可以选择在马路对面的超市兑换，手续十分简便，汇率也挺合理。

### ℹ 到达和离开

虽然磨丁的出租车司机不承认，但磨丁确实有定点抵离琅南塔（40,000K；2小时）的长途汽车，此外还有中国至老挝的长途汽车经过磨丁。包辆小货车出租车去琅南塔需约160,000K，去Ban Na Theuy村需约80,000K。



### 进入中国：磨丁至勐腊

#### 前往边境

磨丁（老挝）/磨憨（Móhān，中国）边境检查站（⏲老挝时间 7:30~16:30，北京时间 8:30~17:30）位于磨丁市场北侧，步行只需几分钟就到了。过境后有摆渡嘟嘟车载你穿过无人区到达磨憨的中国边境检查站，你也可以选择自己步行过去，10分钟就到了。

旅行者还可以乘坐多班老挝至中国（如乌多姆赛至勐腊、琅南塔至景洪（Jinghong）和琅勃拉邦至昆明）的长途汽车过境。

#### 在边境

往北走的外国人必须提前办好中国签证。当然，对于中国人来说，欢迎你回国。

#### 入境

从中国边境站出发，沿磨憨的主街步行15分钟到达一个车站，开往勐腊的小巴大约每20分钟发一班（人民币16元，1小时），一直到下午3点左右。这些车会抵达勐腊的第二公共汽车站。你可以穿过勐腊的城区，在北边的长途汽车站乘坐开往景洪（人民币42元；2小时；18:00前班次频繁）或昆明（仅上午发车）的长途汽车。

## 琅南塔（南塔）（Luang Namtha，Namtha）

ຫຼວງ ນ້ຳ ທາ

☎086 / 人口 21,000

琅南塔中心区的布局像棋盘一样整齐，拥有各种你需要的生活和旅行设施。市区周围是种着水稻的山谷，在落日的照耀下，层层山峰像是披上了一件金色的轻纱。这里有老挝最好的户外活动，你也可以参加“生态徒步游”前往该地区的森林和少数民族村庄进行游览。

### 景点

即使只是在中心区游玩，租辆自行车或摩托车也能让你省下不少力气。如果单靠步行，想要游览一些远途的景点就会很辛苦。嘟嘟车极少，发车间隔也长，而且天黑后就停驶了。

**琅南塔博物馆** 博物馆

（Luang Nam Tha Museum，ພິພິດທະພັນຫຼວງນໍ້າທາ；门票 5000K；⏲周一至周四 8:30~11:30和13:30~15:30，周五 8:30~11:30）琅南塔博物馆收藏着各种当地的人类学器物，例如民族服饰、佧木族铜鼓和陶瓷制品。此外还有许多佛像和常年开放的革命历史展。

**班南迪村** 村庄

（Ban Nam Di，Nam Dy；停车费 自行车/摩托车/小汽车 1000/2000/3000K）虽然离琅南塔只有3公里，但这个小村庄是老会族（Lao Huay；也称蓝登族，即Lenten）聚居地，这个民族的女子至今仍身穿有紫色饰带的传统深蓝色长袍，并佩戴银项圈。他们擅长用竹浆制作粗糙的纸，造纸过程中用到的棉网（用来将纸浆摊平）在河岸边随处可见。在村子东头与停车场相距3分钟步程的地方，有个6米高的瀑布（门票 2000K）。与其说这

**Luang Namtha**
**琅南塔**

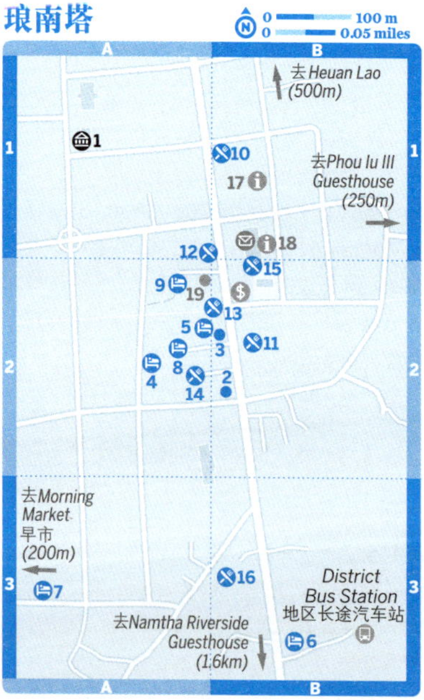


**Luang Namtha 琅南塔**

**景点**
1 琅南塔博物馆 ........ A1

**活动、课程和团队游**
Forest Retreat Laos ........（见11）
2 Green Discovery ........ B2
3 Jungle Eco-Guide Services ........ B2
Nam Ha Ecoguide Service ........（见18）
Namtha River Experience ........（见14）

**住宿**
4 Adounsiri Guest House ........ A2
5 Khamking Guesthouse ........ A2
6 Lao Style Guesthouse ........ B3
7 Royal Hotel ........ A3
8 Thoulasith Guesthouse ........ A2
9 Zuela Guesthouse ........ A2

**就餐**
10 Aysha Restaurant ........ B1
11 Forest Retreat Gourmet Cafe ........ B2
12 Manikong Bakery Cafe ........ A1
13 Manychan Guesthouse & Restaurant ........ B2
14 Minority Restaurant ........ A2
15 夜市 ........ B2
16 Panda Restaurant ........ B3

**实用信息**
17 南哈河生态旅游项目 ........ B1
18 省旅游局 ........ B1

**交通**
19 自行车行 ........ A2

是一处景点，倒不如说更像个野餐区，但到那里游览可以让村庄挣一点点钱。除非水位过高，否则没必要沿着山脚下的台阶攀至高处，不必理会那些标识，径直沿着美丽的小溪步行过去即可。

### 金色佛塔 佛教寺庙

（Golden Stupa；门票5000K）巨大的金色佛塔位于城镇西北方向一座陡峭的山上，是南塔最醒目的地标建筑。从远处看，佛塔金光闪闪。离近看，那金色便显得有点过于俗气，但在佛塔脚下能俯瞰整个城区，景色壮观。

### 蓬普佛塔 佛教寺庙

（That Phum Phuk；门票5000K）走进蓬普寺山门后见到的赤金色佛塔是2003年的复制品。它旁边残破的灰泥和砖头是佛塔的早期版本，但毁于第二次印度支战争中美军战机的轰炸。根据塔身的混凝土构造判断，它也并非那座据说建于1628年的原始佛塔。蓬普佛塔坐落在异常偏僻的Phouvan Guesthouse西北3公里处的山丘上，沿一条曾经与机场跑道平行的坚硬红土路可以走到那里。从佛塔前面的路口开始，有一排装饰着那伽灵蛇雕塑（naga，蛇头装饰物，多见于东南亚小乘佛教寺院的台阶扶手，也被称为那伽龙神，而最初是印度梵文里所说的蛇形水怪）的台阶通至佛塔。

## 活动

琅南塔是南哈河国家保护区各项户外活动（如徒步、漂流、骑山地车和划皮划艇）的起点。许多多日团队游中都包含了在周边少数民族村庄住宿的环节。老会族和阿卡族因为服饰的关系特别上镜。但如果你只是想了解村民生活，无论哪个村子都很值得一游。

徒步活动必须严格遵行可持续发展的原则，不同的徒步路线长度和难度各异。雨季时的水蛭很是恼人。

琅南塔的旅行社会把各自组织的团队游行程写在告示板上，上面还注明了各条线路已报名的人数，方便你选择参团（最少8人成团，人越多人均费用越划算）。如果你想独立成团，有些旅行社也能安排，但额外收取大约50美元的“单人附加费”。

这里有十多家旅行社，每家都有自己的特色线路。

### Nam Ha Ecoguide Service 生态游

（☎086-211534；⏲8:00至正午和13:30~20:00）作为省旅游局的分支机构，他们拥有组织某些最佳徒步线路的“特权”。

### Green Discovery 生态游

（☎086-211484；www.greendiscoverylaos.com；⏲8:00~21:00）老挝生态游的鼻祖，团队游线路与旅游局安排的不同，如此一来既不构成直接竞争又能让更多的村庄受益。

### Jungle Eco-Guide Services 生态游

（☎086-212025；www.thejungle-ecotour.com；⏲8:00~21:00）经营多种游览活动，如南哈河国家保护区一日徒步游和佧木族民居住宿。此外还有3日徒步游（在丛林露营地过夜），参加者可以进入保护区腹地。

### Forest Retreat Laos 生态游

（☎020-5568,0031；www.forestretreatlaos.com；⏲7:00~23:30）这家生态游机构位于Forest Retreat咖啡馆内，可安排各种丛林探险游、沿河游和强度很大的骑车游。还能安排将集多种探险活动于一体的1~6日游。他们会尽量雇用有少数民族背景的员工和导游。

### Namtha River Experience 皮划艇、漂流

（☎086-212047；www.namtha-river-experience-laos.com；⏲8:00~21:00）专营前往佧木族和老会族村庄的皮划艇游和漂流游，也跟几家民宿有合作。

## 住宿

口碑好的酒店很快会被订满，尤其是在11月至次年2月的旺季期间。

### 中心区

琅南塔的住处大多在城北面向游客的餐馆周边，建筑看起来平平无奇。

### ★Phou lu III Guesthouse 客栈 $

（☎030-571 0422；www.luangnamtha-oasis-resort.com；房间100,000K起）店主跟芒新的Phou lu II的老板是姻亲，客房性价比高。平房宽敞，木头床铺装饰得很漂亮，还

## 南哈河国家保护区

占地2224平方公里的南哈河国家保护区与琅南塔、芒新和文布卡（Vieng Phukha）都相距不远，是老挝交通最方便的自然保护区之一。交通方便既有益处也有弊端，不同民族（包括老会族、阿卡族和佧木族）聚居的村庄为了生活需要会砍伐公园周边和园内的树林，但这些村庄的居民也懂得生态游能带来经济利益的道理。自1999年开始，受到褒奖的**南哈河生态旅游项目**（Nam Ha Ecotourism Project；www.unescobkk.org/culture/our-projects/sustainable-cultural-tourism-and-ecotourism/namha-ecotourism-project）一直试图通过团队游旅行社和村民共同努力，既为徒步者营造真实的体验，又把他们对当地社区和环境的影响降低到最小程度。团队游只限小团，每家旅行社都有自己的线路，原则上每个村庄每周不能接待超过两个团。当局并不指定村民能做什么和不能做什么，但同时会向他们宣传与林业和渔业相关的可持续发展农耕技术，因此保护森林有望成为这些村庄迫切而自发的行为。

有壁炉和迷人的露台。花园还在兴建，但就目前的设施而言已经物超所值了。在中心区有清晰的路标可以将你指引至此。

**Zuela Guesthouse** 客栈 $

（☎020-5588 6694；www.zuela-laos.com；房间 60,000~120,000K；❄📶）客栈位于一个绿树成荫的院子里，且一直在扩建。新增部分包括一栋用木头和裸砖搭建的房子，以及一间不错的餐厅。你可以在这里享用"活力早餐"、煎饼、奶昔、沙拉和辣味阿卡族菜肴。房内铺着木地板，有风扇和新换的亚麻床单。店方出租轻便摩托车，还经营一辆开往会晒的空调面包车。

**Adounsiri Guest House** 客栈 $

（☎020-2299 1898；adounsiri@yahoo.com；房间 60,000~100,000K；📶）位于一条安静的街道旁边，房间干净，雪白的墙上挂着手工艺品，床上铺着新换的亚麻床单，地上铺着瓷砖。每个房间都有电视。此外还提供免费Wi-Fi、茶和咖啡。

**Thoulasith Guesthouse** 客栈 $

（☎086-212166；www.thoulasith-guesthouse.com；房间 70,000~100,000K；❄📶）这间客栈位于城镇的繁华地带，房间纤尘不染，有床头灯，墙上挂着艺术品，坐在舒适的阳台上也能使用Wi-Fi。距离马路有段距离，环境相对安静，你可以在徒步游前后在这里好好休息。

**Khamking Guesthouse** 客栈 $

（☎086-312238；房间 70,000~100,000K）这间客栈十分干净，色彩亮丽，性价比高。房间里的家具包括床头灯、美丽的窗帘和床罩。但是要当心：这里有个养鸡场，鸡笼就在你窗根底下，所以务必带耳塞！

**Lao Style Guesthouse** 客栈 $

（☎030-921 1319；房间 80,000~100,000K；❄）位于地区长途汽车站附近的一栋美丽的木质建筑内，看起来简直像个寺院。内部装修是典型的老挝样式，设施包括风扇/空调、卫星电视和热水。

**Royal Hotel** 酒店 $$

（☎086-212151；双/套 250,000/350,000K）这是琅南塔最时髦的酒店。标间床铺舒适，有小型淋浴间和各种现代化的服务。套房铺着地毯，还提供豪华浴袍。员工会说中文，但不会说英语。

### 郊区

**Chaleunsuk Homestays** 家庭寄宿 $

（☎020-5555 7768；Rte 3，Km 45后500米；每人 80,000K）在3号公路主路边，位于与琅南塔中心区相距约20公里的Chaleunsuk村内。不必参加徒步团队游，这4栋纯朴的民居就能让你体验在真正的佧木族家庭借宿的感觉。房费包含早餐、午餐和给村庄发展基金的费用，参加带导游的森林步行需另外

支付20,000K。听起来很不错，但这里没人会说英语，所以不会说当地语言的人可能会比较尴尬。详情可咨询琅南塔旅游局办事处。

**Namtha Riverside Guesthouse** 客栈 $$

（☎086-212025；namthariverside@gmail.com；房间 60,000~200,000K）这个悠闲的度假村是琅南塔的一个幽静所在。河边的平房很宽敞，装饰着部落图案，热水来自太阳能。可以玩滚球，也可以慵懒地躺在阳台上的长沙发里。位于中心区以南两公里处，性价比很高。

**Boat Landing Guest House & Restaurant** 度假村 $$

（☎086-312398；www.theboatlanding.com；房间 含早餐 US$40~60）这是老挝最早的生态度假村之一，木制平房带太阳能淋浴设施，周围是金合欢树林。房间很简朴，但悠闲的气氛弥补了这一不足。度假村位于新城以南7公里处，距离公路主路约150米。

## 餐饮

热闹的夜市（⏲19:00~22:00）是品尝小吃的好地方。早市的面摊也很不错。

**Minority Restaurant** 老挝菜 $

（主菜 15,000~35,000K；⏲7:00~22:30）这个诱人的木屋餐馆在一条小巷深处，你可以品尝到佧木、泰丹（Tai Dam）和阿卡等族的经典美食。如果你对棕榈藤笋（rattan shoots）和香蕉花汤没兴趣，这里还有各种炒菜。

**★Forest Retreat Gourmet Cafe** 各国风味 $

（www.forestretreatlaos.com；主菜 20,000~50,000K，比萨 50,000~90,000K）这家餐馆堪称你的"家外之家"，种类繁多的菜肴令这里美名远扬。你可以在徒步游（店方也能组织）前后在此大吃自己做的三明治，此外还有意大利面、炭烤比萨、蔬菜调味饭和家常煎饼任你选择。晚上这里会变身为Bamboo Bar酒吧，供应多种鸡尾酒。

**Manychan Guesthouse & Restaurant** 各国风味、老挝菜 $

（主菜 15,000~40,000K；⏲6:30~22:30；📶）迷人的室内全木装饰和朦胧的灯光让这家位于街边露台上的餐馆成为城里最受外国游客欢迎的地点之一。Wi-Fi免费，菜单上有各种美食，此外还有冰镇啤酒和香浓的咖啡。

**Manikong Bakery Cafe** 面包房 $

（主菜 10,000~50,000K；⏲6:30~22:00）这家小咖啡馆出售美味沙拉、百吉饼（贝果）、三明治和自制蛋糕。白天来喝奶昔和咖啡，晚上来喝鸡尾酒（17:00~19:00是特价畅饮时段）。

**Panda Restaurant** 各国风味、老挝菜 $

（主菜 15,000~35,000K；⏲6:30~21:30；✎）从这家餐厅里可以望见池塘、稻田和远处的群山，建筑是木质的，木梁上竟然悬着蜂巢（没有蜜蜂）和水牛角，很有趣。菜单也同样奇特，既有炸鱼薯条（fish and chips）和培根奶油意大利面（spaghetti carbonara），也有老挝和泰国风味的汤和一些素菜。

**Aysha Restaurant** 印度菜 $

（主菜 30,000K；⏲7:00~22:00；✎）这个小饭馆供应又香又辣的金奈（印度城市）美食，很好吃。家常的馕、各种素菜和咖喱鸡肉（chicken korma，korma是一种比较温和的咖喱）会让劳累了一天的你食指大动。

**Heuan Lao** 老挝菜、泰国菜 $

（主菜 20,000~50,000K；⏲8:00~22:00；✎）这家迷人的餐馆在拐角处的楼上，装饰着木板和竹板，还有个荫凉的包围式露台。菜单上只有部分泰国和老挝菜肴标有英文名称。

**Boat Landing Restaurant** 老挝菜 $$

（正餐 20,000~150,000K；⏲7:00~20:30）位于河边，环境悠闲，有些老挝菜的口感极为正宗。从2~3人享用的5道菜大餐，到一人份的简餐，这里有太多美食供你选择。如果你不知道怎么选，就尝尝jąaou（一种蘸酱）。菜单上有很多种jąaou，用糯米饭团蘸着吃就行了。

## 方位

琅南塔地势平坦，实际上由10公里范围内的多个村庄组成，行政中心在城区北端。自1976年

## 从琅南塔发车的长途汽车

| 目的地 | 票价（K） | 时长（小时） | 车站 | 发车时间 |
|---|---|---|---|---|
| 磨丁 | 35,000 | 2 | 地区长途汽车站 | 8:00~15:30，每天6班 |
| 会晒 | 60,000 | 4 | 远途长途汽车站 | 长途汽车 9:00、13:30，小型公共汽车 8:30 |
| 景洪（中国） | 90,000 | 6 | 远途长途汽车站 | 8:30 |
| 琅勃拉邦 | 90,000~100,000 | 8 | 远途长途汽车站 | 长途汽车 9:00，小型公共汽车8:00 |
| 勐腊（中国） | 50,000 | 3.5 | 远途长途汽车站 | 8:00 |
| 孟隆 | 60,000 | 4 | 地区长途汽车站 | 8:30 |
| 琅新 | 30,000 | 2 | 地区长途汽车站 | 8:00~15:30，每天6班 |
| 纳拉 | 40,000 | 3 | 地区长途汽车站 | 9:30，正午 |
| 乌多姆赛 | 40,000 | 4 | 远途长途汽车站 | 8:30，正午，14:30 |
| 文布卡 | 35,000 | 1.5 | 远途长途汽车站 | 9:30，正午 |
| 万象 | 180,000~200,000 | 21~24 | 远途长途汽车站 | 8:30，14:30 |



建成后，行政中心就像棋盘一样整齐，其中有两个街区是由客栈、网吧和团队游旅行社等面向游客的设施组成的。第二中心区在行政中心以南7公里之外的机场附近，面积略小，但景色更美。第二中心区过去曾是琅南塔的商业区，但在第二次印度支那战争被炸毁。如今那里基本成为了住宅区，被称为Meuang Luang Namtha，简称Ban Luang。新建的长途汽车站在第二中心区南边3公里外的3号公路支路处，也就是说与行政中心区相距10公里，很不方便。

### 实用信息

主街附近有几个网吧，但如今大多数客栈和酒店都提供免费Wi-Fi。

**BCEL**（周一至周五 8:30~15:30）兑换主要货币（无手续费）和旅行支票（手续费2%，最低US$3），还有一台24小时自动柜员机。

**省旅游局**（086-211534；8:00至正午和14:00~17:00）同时也是Nam Ha Ecoguide Service的办事处。

### 到达和离开

#### 飞机

**老挝航空公司**（086-312180；www.laoairlines.com）每天有航班飞往万象（895,000K），有时机票仅645,000K。

#### 船

乘船沿南塔河（Nam Tha）顺流而下前往会晒（全程两天，沿途会在不通公路的村庄住宿）是一种很不错的方式。但你得抓紧时间了，因为Ban Phaeng村附近的大坝即将开工。琅南塔的旅行社会根据具体乘船人数确定乘船费用，大约为每人US$120~300，费用含住宿、三餐和全程导游。直接去Boat Landing Guest House旁边的**船站**（boat station；086-312014）乘船或许能享受一点点优惠。如果河水水位过低（1月至6月常有这种情况），船站就会关闭，船只改从纳拉（Na Lae）出发。纳拉的旅行社会用嘟嘟车把乘客送过去，再换乘提前安排好的船。

#### 长途汽车和双条车

琅南塔有两个长途汽车站。地区长途汽车站（district bus station）距离游客集中的繁华地段不远，步行即可前往。远途长途汽车站（long distance bus station）在城南10公里处。无论你坐哪个车站的车，提前订票也不保证有座，不如早点过去亲自买票占座。

要去琅多，可以先乘开往万象或琅勃拉邦的长途汽车，然后在巴蒙换车。

### 当地交通

如果包一辆嘟嘟车从长途汽车站或机场到中心区，车费约为每人10,000K（一车最低价40,000K）。大多数旅行社和客栈都出售长途汽车票，票价包含从客栈到汽车站的交通费用，即比票面价格多大约20,000K。

骑自行车是游览琅南塔周边寺庙、瀑布、村庄（ban）和地貌的理想方式。Zuela Guesthouse门口有几家**自行车行**（自行车 每天10,000~25,000K，摩托车 每天30,000~50,000K；⏲9:00~18:30）。选自行车还是摩托车，在于你认为自己的体力是否够充沛。

## 琅南塔周边（Around Luang Namtha）

### 文布卡（Vieng Phukha，Vieng Phoukha） ວຽງພູຄາ

安静的文布卡很适合作为徒步游览南哈河国家保护区西缘的大本营，最有名的徒步线路包括阿卡小路（Akha trail）三日徒步线路。与琅南塔的徒步线路相比，这些小路游人罕至，沿途会经过一些森林，景色很美。可惜文布卡近郊许多山头上的树都被砍光了。小镇的中心区由3条平行的街道构成。步行几百米便可看到几家客栈和生态游公司，例如**Nam Ha Ecoguide Service Vieng Phoukha**（☎020-5598 5289；www.namha-npa.org；⏲8:00至正午和13:30~17:00）和**Nam Ha Hilltribe Ecotrek**（☎020-9944 0084；www.trekviengphoukha.com；⏲8:00至正午和13:00~18:00）。

### 食宿

文布卡的住处全都是简陋的茅草平房，淋浴只有凉水。

**Phuet Mung Khun Guesthouse** 客栈 $

（☎020-5588 6089；房间 50,000K）位于岸边，待客热情。小平房很整洁，还附设一个小餐厅。店主能说基本的英语。

**Samlangchai Guesthouse** 客栈 $

（☎020-5588 6089；房间/平房40,000/50,000K）位于山顶，得走300米长的陡峭山路才能到达。平房的床铺舒适，有阳台，但显得有点旧。花园里有台生锈的推土机，看起来像一个与环境格格不入的“雕塑”。

**Thongmyxai Guesthouse** 客栈 $

（☎020-2239 0351；房间 60,000~80,000K）城里最精致的住处，位于一个迷人的花园内，平房比较结实。

**Mein Restaurant** 老挝菜 $

（☎020-5408 0110；Rte 3；主菜 10,000~30,000K；⏲7:00~21:00）位于城南的边缘地带，有英文菜单，但翻译得都不对。

### 到达和离开

开往琅南塔（30,000K；1.5小时）的双条车会在9:00左右和13:00从中心区发车。你也可以招手拦下从会晒开往琅南塔的车（每天3班）。

### 南塔河下游（Down the Nam Tha）

在琅南塔以南约35公里处，豆绿色的南塔河在两岸竹林的簇拥下急速流过，河岸很高，景色迷人。琅南塔的团队游公司可以安排前往此地的**皮划艇**一日游，也可以把划船跟南哈河丛林徒步结合起来。如果你租了自行车或摩托车，则可以沿着河东岸的土路骑行，虽然灰尘很大，但景色不错，而且不用走路就能看到许多有趣的少数民族村庄。

### 芒新（Muang Sing） ເມືອງສິງ

☎081 / 人口 10,000

芒新与缅甸接壤，其地理位置几乎在中国的群山之间——它是金三角（Golden Triangle）的腹地。芒新是个乡下地方，很落后，没什么可看的。过去芒新曾是臭名昭著的鸦片走私通道，但本书写作之际这里只是个拥有陈旧的泰鲁族风格民居的安静小镇，徒步者远远多于毒品走私犯。苗、泰鲁、阿卡和泰丹等族的居民会穿着传统服装来赶早市（他们天亮前就到了），为这里带来边陲小镇的风情。

20个世纪90年代，芒新是老挝必游的景点之一，但在过去的10年里，由于快船服务被关闭、鸦片贸易被取缔，它逐渐淡出了

## 高饶洞

这个幽深的**洞穴系统**（Kao Rao Caves，ຖ້ຳເກົາເລົາ；门票 10,000K）位于3号公路路边、Nam Eng村以东1.5公里处，交通便利。洞内有700米长的部分对游客开放。主要的石灰岩结构包括外层包裹着矿物结晶的古老钟乳石。一些奇形怪状的沟槽深深嵌入地面，看上去如同古树的盘根，它们曾是碳酸盐池的边缘［与土耳其帕慕克卡莱（棉花堡）的形成原理相同］。本地导游会陪游客进入洞穴，但他们不会说英语，手电的光线也不够亮。如今这里已安装了大量照明设备，但经常停电，所以你还是得自带手电。游览需要45分钟。

旅行者的视线，被琅多或万荣等新兴的户外活动中心所取代。小镇死气沉沉，但周边的乡村很吸引人。如果时间充裕，旅行者可以徒步前往南哈河国家保护区——从芒新到保护区的徒步路线中有几条是景色最美的。

## 历史

18世纪末，Chiang Khaen国的王后建立了如棋盘般整齐的小镇Wiang Fa Ya（今芒新），同时建立的还有附近的香东佛塔（That Xieng Tung）。1803年，这个地区成为难（难府，Nan，在今泰国境内）的附属国，后由于1805年和1813年的两次驱逐事件而日渐荒废。但Chiang Khaen的王子回来了，1884年他将国都从湄公河畔的Xiang Khaeng迁至这里。随后的20年里，法国、英国和暹罗的战争使这个小国家一分为二，西部（包括今芒新）被并入法属印度支那。芒新很快成为金三角最大的鸦片市场——法国官方允许这里种植和买卖鸦片。1946年，部分城区被国民党劫掠一空，他们在这里一直待到20世纪50年代。1958年，著名的美国"丛林医生"托马斯·杜利（Thomas A. Dooley）在芒新兴建医院，这所医院是后来一系列国际阴谋的策划地。

**Muang Sing**
**芒 新**

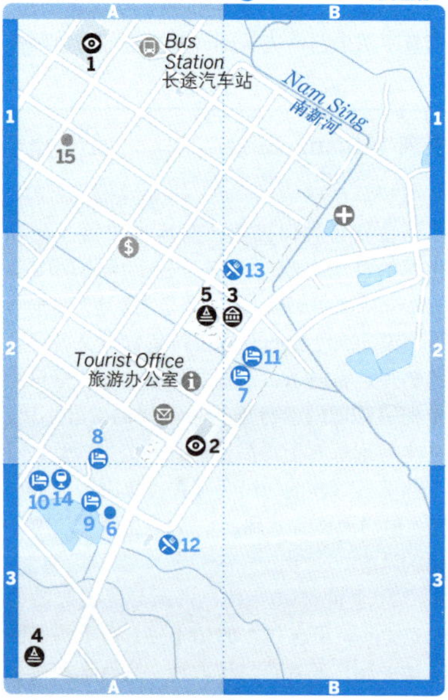


### Muang Sing 芒 新

**景点**
1 新市场 ... A1
2 老市场 ... A2
3 部落博物馆 ... B2
4 南高琅寺 ... A3
5 香贾寺 ... A2

**活动、课程和团队游**
6 Phou lu Travel ... A3

**住宿**
7 Dan Neau 2 Guesthouse ... B2
8 Phou lu 2 Guesthouse ... A2
9 Sing Cha Lern Hotel ... A3
10 Singduangdao Bungalows ... A3
11 Thai Lü Guest House ... B2

**就餐**
12 Muang Sing View Restaurant ... A3
13 Phunnar Restaurant ... B2

**饮品和夜生活**
14 Singsavanh Nightclub ... A3

**交通**
15 Kalao Motorcycle ... A1

## 景点

城里的主街两边有几栋经典的老挝法国混合风格大宅。它们大多建于20世纪20年代，一楼有砖和灰泥墙，二楼是木质的，带个有遮蓬的包围式外廊。旅游局办事处和Thai Lü Guesthouse所在的建筑是其中最具代表性的两座。

本书写作之际，建于1954年的**老市场**正在维修。熙熙攘攘的**新市场**在长途汽车站附近，你可以在清晨逛逛这处缤纷多彩的集市，以此开始快乐的一天。

### 部落博物馆 博物馆

（Tribal Museum；门票5000K；⊙周一至周五 8:30~16:30，周六 8:00~11:00）这栋最具特色的老挝法国混合风格建筑如今是部落博物馆的所在地，博物馆占了两个房间，楼下陈列服饰，楼上有6个文化展品柜。观看介绍阿卡族的40分钟视频需要另付5000K。

### 香贾寺和南高琅寺（Wat Xieng Jai & Wat Namkeo Luang） 佛教寺庙

游览当地寺庙时，要注意看那些典型的泰鲁族风格建筑，比如描绘在红色柱子和天花板上的泰鲁族银漆图案，以及典型的泰鲁式经幡（thóng，用竹竿挑起来直着挂的长条形彩色图案布）。最具视觉冲击力的寺院是**香贾寺**和**南高琅寺**（ວັດນ້ຳແກ້ວຫລວງ）。后者的特色是入口处有吐着红信子的金色那伽灵蛇雕塑，此外还有一个高得异乎寻常的装饰性镀金佛塔。在发展缓慢的Bâan村庄，一些村民仍然通过汲水吊杆式的杠杆装置从水井里打水。附近有个不大的Lak Baan族精神图腾，但触碰它被认为是极度的冒犯行为。

### 香东佛塔 佛教寺庙

（That Xieng Tung，ທາດຊຽງຕຶ້ງ）香东佛塔在芒新东南方向约6公里处，这个著名的佛塔是1792年由芒新的创建者、Chiang Khaen国的王后兴建的。与南高琅寺相比，香东佛塔比较矮，装饰物也不多，八角形的结构令人想起西双版纳（边境另一边）的同类建筑。香东佛塔位于一片绿草茵茵的高地上，高地上还生长着几株“圣树”。沿着通往琅南塔的公路前行，经过Km 52后再往前走200米，那里有条一公里长的土路往南通往这个高地。这里在节日期间（老挝历十二月的满月，公历10月末和11月中旬之间）很热闹，求神拜佛的人在佛塔基座前供奉蜡烛、鲜花和香，从全省各地赶来的和尚会在此处集体化缘。传统舞蹈表演也让整个城市变得热闹异常。

## 活动

游客来芒新主要是为了参观少数民族村庄，它们都位于芒新周边被稻田和甘蔗田覆盖的山谷内。骑自行车或摩托车就可以前去游览，出发之前先在游客中心买一份Wolfgang Korn编写的《芒新文化指南》（*Muang Sing Cultural Guide Book*）。地图上标出了主要公路并注明山谷内各村庄所属的民族。如果你想近距离观看村民的生活情况，可以通过芒新的生态游公司雇个导游（仅需100,000K）。那些公司能安排各种长距离徒步和民居住宿活动。

### Phou lu Travel 探险游

（☎081-400012；www.muangsingtravel.com；⊙7:00~19:00）这是芒新首屈一指

### 神秘的托马斯·杜利

圣人还是恬不知耻的自我吹嘘者？人道主义者还是中情局的密探？这位1958年建立著名的芒新慈善医院的“丛林医生”已经过世50多年了，但对他的来历仍众说纷纭。托马斯·杜利是个虔诚的天主教徒，因性取向问题被美国海军除名，但肯尼迪总统说建立“和平队”（Peace Corps，1961年——杜利死于癌症那年成立，目的是招募训练有素的美国人到外国从事援建工作，满足当地对技术人才的需求）的灵感来自于他。然而，他的反共著作影响了美国在印度支那战争中的政治倾向，也有人说把药品运来芒新的飞机在返回时装满了鸦片。想要更为深入地了解这个人，可以阅读詹姆斯·费舍尔（James Fisher）的*Dr America*，里面详细介绍了托马斯·杜利的生平，虽然其中有部分内容可能存在偏差。

的团队游公司，办公地点在Phou Iu Ⅱ Guesthouse，组织非常成熟的芒新周边徒步游。他们还能安排客人游览挨着缅甸的Xieng Khaeng区（也属于金三角地区），详情见www.adventure-trek-laos.com。

## 住宿

### 芒新城中心

**Thai Lü Guest House** 客栈 $

（☎086-400375；房间 30,000~40,000K）这里看起来俨然李小龙功夫电影里的场景。虽然藤墙和蹲厕不怎么令人愉快，但这个吱嘎作响的木头客栈不乏魅力。楼下的餐厅（正餐 10,000~25,000K）出售泰国、老挝和西式菜肴。

**Sing Cha Lern Hotel** 酒店 $

（☎086-400020；房间 60,000~120,000；❄📶）赭石色的二层建筑里有22间干净整洁但没什么个性的房间，有热水和风扇。凉风习习的大堂内有两个沙发椅、几个破旧的仿皮沙发和一台播放亚洲肥皂剧的电视。接受人民币付款。

**Dan Neau 2 Guesthouse** 客栈 $

（☎020-2239 3398；房间 60,000K起）入口对着主路，看起来平平无奇，但走进来就会发现客房楼很大，房间有卫星电视、热水和风扇，很不错。

**Singduangdao Bungalows** 客栈 $

（☎020-2200 4565；房间 70,000K起）客栈建在一个翠绿的花园内，可爱的平房隐藏在卡车地秤后面。所有房间都有热水淋浴。员工会说英语。

**Phou Iu 2 Guesthouse** 客栈 $

（☎086-400012；www.muangsingtravel.com；平房 小/中/大 100,000/200,000/400,000K）客栈位于一个大花园里，最大的平房带有用石块围起来的露天淋浴间。所有的房间都配备舒适的床铺、蚊帐、风扇和小外廊。客栈里还有草药桑拿（10,000K）和按摩（每小时50,000K）设施及一个小餐厅。

### 芒新城外

**★Adima Guesthouse** 客栈 $

（☎020-2239 3398；房间 100,000K）这家客栈的卖点在于紧邻游客趋之若鹜的典型阿卡族村庄——面向游客、但仍保持本色的Nam Dath村就在700米之外（有小路相连）。许多其他少数民族村庄也在步行范围之内。茅草顶的砖质平房有热水淋浴和厕所（上完用桶里的水冲）。朴素而迷人的餐厅俯瞰着鱼塘。从芒新出发，沿Pang Hai路走，到达Ban Udomsin村的远端（过7公里路标后再走500米）后右转，客栈就在南侧600米之外。乘嘟嘟车从城里到这儿需约20,000K。

## 餐饮

芒新的餐馆种类不多，当然游客也并非为了美食而来。

**Phunnar Restaurant** 老挝菜 $

（Panna Restaurant；主菜15,000~30,000K；⏲7:30~20:00）这家露天餐馆位于安静的小巷里，供应物美价廉的炒饭、面条和腊普（làhp）。

**Muang Sing View Restaurant** 老挝菜 $

（主菜15,000~30,000K；⏲8:00~19:00）在铺着竹地板的吊脚楼里能俯瞰一眼望不到边的稻田，这也令这家餐馆成为城里最受欢迎的就餐地。菜单上列出了各种菜肴，但大部分都做不了。适合边吃饭边欣赏日落。

**Singsavanh Nightclub** 夜店

（⏲19:00~23:30）一到21:00，芒新就陷入了一片沉寂，唯独这家夜店除外，因为当地人都会来这里看老挝和中国流行乐的现场演出。白天似乎从来都不开门，但一到晚上就热闹起来了。

## 实用信息

**老挝发展银行**（⏲周一至周五 8:00至正午和14:00~15:30）可兑换美元、泰铢和人民币，但汇率不理想。

**邮局**（⏲周一至周五 8:00~16:00）面积很小，跟隔壁的滚球场地一样大。

**旅游局办事处**（⏲周一至周五 8:00~16:00）介绍信息的图书很有用，但员工态度很差。

## 到达和离开

双条车从位于城区西北角的长途汽车站出发，8:00、11:00和13:30各有一班开往孟隆（40,000K；1.5小时）。开往琅南塔（50,000K；2小时；58公里）的小型公共汽车的发车时间分别是8:00、9:00、11:00、12:30、14:00和15:00。

## 当地交通

**Kalao Motorcycle**（每天 80,000K；⏲8:00~17:00）在通往主市场的路边，出租摩托车，但员工不会说英语，因此你得带上老挝常用短语手册。主街上有几家公司和客栈出租自行车（每天30,000K）。

# 更谷（Xieng Kok） ຊຽງກົກ

每逢赶集日（每月的14号和28号），山地部落的居民和周边国家的商人就会来到更谷。虽然更谷被认为是走私的必经之路，但这个能眺望到湄公河谷和缅甸一侧湄公河岸的小镇很安静。秋季河水水位上涨，中国的驳船便会驶入河港。一小批旅行者会来更谷乘船游览老挝景色最美丽的湄公河河段。更谷和孟蒙（Muang Mom）之间的地区没有公路，快艇的费用为约900B（每人）或3500B（每船）。如果花1200B（每人）或4500B（每船），则可以继续往下行至敦彭（Tonpheung），从那里前往会晒的双条车比较多。每天9:00出发的快艇船票由孟隆旅游局（Muang Long tourist office）出售，但如果没有其他人坐船，你就只能包船了。1月末至6月水位通常很低，根本不能通船。

乘船到达更谷后，你要登上陡峭的河岸，之后沿着朝向移民局办公室的一条环形沥青公路继续走。左转就是**Xieng Kok Resort**（☎030-511,0696；房间 60,000K起），11栋简单的木质平房排成一排，俯瞰着湄公河，每个房间都有阳台、独立蹲厕和冷水淋浴。

两条公路在300米内汇合，开往孟隆（20,000K；35分钟）的小型公共汽车从城里的小药房门口出发，发车时间分别是6:00、8:00和14:00。即使你想包车，也很难找到其他车辆。

# 湄公河中部（THE MIDDLE MEKONG）

奔腾的湄公河流经博胶省（Bokeo）、沙耶武里省（Sainyabuli）和位于乌多姆赛南部的巴本。许多游客只是在往来于泰国和琅勃拉邦之间时路过这里（他们通常会乘坐两天的慢船从会晒经巴本前往琅勃拉邦），但对于喜欢冒险的旅行者而言，这里还是很好玩的。博胶的字面意思是“宝石矿”，因为会晒地区有蓝宝石矿。这个省虽然人口稀少，但居住着34个少数民族。一提起沙耶武里省，人们就想起为人类工作的大象。同名省府的郊区还有一个新建的大象保护中心（Elephant Conservation Center；见133页）。如果去会晒和巴本之外的城镇，你得带上一本老挝常用短语手册。沙耶武里西部尚未进入旅行者的视线，但如果你想当先锋，Khop区等地是“最后的处女地”，有各种少数民族混居，还有大片原始森林。

# 会晒（Huay Xai，Hoksay） ຫ້ວຍຊາຍ

☎084 / 人口 20,000

会晒据说在秘密战争期间曾是美国海洛因加工厂的所在地，但如今在会晒出出进进的只有经此地前往琅勃拉邦的旅行者。会晒与泰国隔湄公河相望，对于许多旅行者而言，会晒是他们进入老挝后见到的第一个城镇：别担心，如今的会晒已经发展得十分成熟。晚上，中央大街两侧灯火通明，路边还有各种美食店铺可以让你大饱口福，城里还有很多面向旅行者的客栈和供应美味食物的咖啡馆。组织新兴的“长臂猿体验”活动的公司都在会晒，而这项活动是老挝最受赞誉的丛林环保旅游项目。

## 景点

会晒的旅游景点相对质朴，其中包括几座引人入胜的寺庙，从这些寺庙里可以远眺

# Huay Xai 会晒

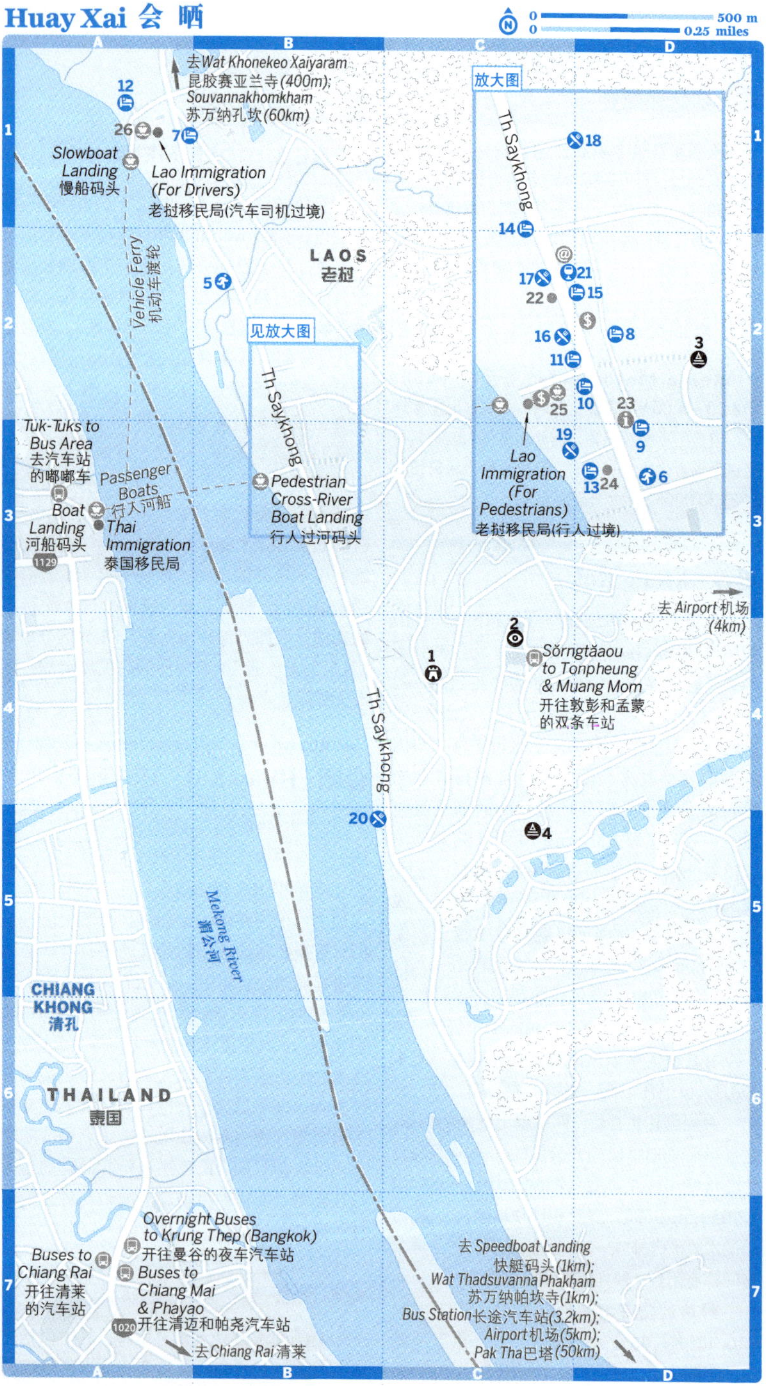
0 500 m
0 0.25 miles
去Wat Khonekeo Xaiyaram 昆胶赛亚兰寺(400m); Souvannakhomkham 苏万纳孔坎(60km)
Slowboat Landing 慢船码头
Lao Immigration (For Drivers) 老挝移民局(汽车司机过境)
Vehicle Ferry 机动车渡轮
LAOS 老挝
见放大图
放大图
Th Saykhong
Pedestrian Cross-River Boat Landing 行人过河码头
Lao Immigration (For Pedestrians) 老挝移民局(行人过境)
Tuk-Tuks to Bus Area 去汽车站的嘟嘟车
Passenger Boats 行人河船
Boat Landing 河船码头
Thai Immigration 泰国移民局
1129
去Airport机场 (4km)
Sŏrngtăaou to Tonpheung & Muang Mom 开往敦彭和孟蒙的双条车站
Mekong River 湄公河
CHIANG KHONG 清孔
THAILAND 泰国
Overnight Buses to Krung Thep (Bangkok) 开往曼谷的夜车汽车站
Buses to Chiang Rai 开往清莱的汽车站
Buses to Chiang Mai & Phayao 开往清迈和帕尧汽车站
1020
去Chiang Rai清莱
去Speedboat Landing 快艇码头(1km); Wat Thadsuvanna Phakham 苏万纳帕坎寺(1km); Bus Station长途汽车站(3.2km); Airport机场(5km); Pak Tha巴塔(50km)

## Huay Xai 会 晒

**◎ 景点**

1 卡诺堡垒 ........ C4
2 大市场 ........ C4
3 君考马尼拉寺 ........ D2
4 胶蓬萨瓦塔纳兰寺 ........ C5

**活动、课程和团队游**

5 Lao Red Cross ........ B2
6 Wangview Tour ........ D3

**住宿**

7 Arimid Guest House ........ A1
8 Daauw Homestay ........ D2
9 Friendship Guesthouse ........ D3
10 Gateway Villa Hotel ........ D2
11 Phonetip Guesthouse ........ C2
12 Phonevichith Guesthouse & Restaurant ........ A1
13 Riverside Houayxay Hotel ........ D3
14 Sabaydee Guest House ........ C1
15 Thaveesinh Hotel ........ D2

**就餐**

16 BAP Guesthouse ........ C2
Daauw ........ （见8）
17 Maung Ner Cafe ........ C2
18 Nut Pop Restaurant ........ D1
19 Riverside Restaurant ........ C3
20 Tavendeng Restaurant ........ B5

**饮品和夜生活**

21 Bar How ........ C2

**实用信息**

22 长臂猿体验办公室 ........ C2
23 旅游信息处 ........ D2

**交通**

24 老挝航空公司 ........ D3
25 琅塞号游轮 ........ C2
26 慢船售票亭 ........ A1

湄公河的美景。

### 君考马尼拉寺

佛教寺庙

（Wat Jom Khao Manilat, ວັດຈອມເຂົາມະນີລັດ）这座位于山顶的寺庙建于1880年，游客可以沿着正对着渡口小路的台阶登至山顶，台阶上装饰着那伽灵蛇雕塑。

### 苏万纳帕坎寺

佛教寺庙

（Wat Thadsuvanna Phakham, ວັດທາດສຸວັນນະຜາຄຳ）位于快艇码头正上方的高地上，距离市中心3公里（市中心南边）。五颜六色的苏万纳帕坎寺是新建的，可看之处是寺内的8尊镀金佛像，它们排成一排，冷眼观望着下方被繁叶遮蔽的湄公河。

### 昆胶赛亚兰寺

佛教寺庙

（Wat Khonekeo Xaiyaram, ວັດໂຄນແກ້ວ）昆胶赛亚兰寺位于昆胶村（Ban Khonekeo），正面有许多红色、金色和绿色的柱子和大门，显得格外奢华。

### 胶蓬萨瓦塔纳兰寺（Wat Keophone Savanthanaram）

佛教寺庙

大殿北墙上的壁画描绘了可怕的酷刑场景，是胶蓬萨瓦塔纳兰寺的特色看点。山坡上的铁丝网后面还有一尊很大的卧佛像。

### 卡诺堡垒（Fort Carnot）

要塞

摇摇欲坠的卡诺城堡是法国人修建的，位于博胶省长办公室（Bokeo Governor's Office）后面的山上。兵营屋顶的瓦片已经脱落，只有两座高塔还屹立不倒（入口在其中一座的下面）——这样一座破败不堪的城堡实在很难算是会晒的“亮点”。热闹的会晒**大市场**（main market）在后面的山谷里。

## 活动

会晒的旅行社所组织的“山地部落徒步游”其实是从文布卡出发，因此去文布卡预订更好。一些旅行社还会提供前往苏万纳孔坎（Souvannakhomkham）的一日游活动——包括在金三角周边地区开展的乘船游活动，但由于参加者少，因此人均价格很高。相比之下，骑摩托车自助旅行显得更为灵活便利。

### Lao Red Cross

按摩

（☎084-211935；按摩 每小时 35,000K起，草药桑拿 15,000K；⏲周一至周五 13:30~21:00，周六和周日 10:30~21:00）这家按摩中心设在湄公河畔的一栋富丽堂皇的古老大宅内，提供瑞典风格的按摩和传统草药桑拿（16:00开始）。

## 住宿

中央大街两侧有大量客栈，城郊还有更

多住宿选择。

**Phonetip Guesthouse** 客栈 $

（☎084-211084；Th Saykhong；房间50,000~120,000K；❄📶）客栈位于市中心，以经济型住处的标准而言足够朴素、干净。最便宜的房间只有床，但只要你能找到空座位，楼上面朝马路的公共休息区还是很宜人的。

★**Daauw Homestay** 家庭寄宿 $

（☎030-904 1296；www.projectkajsiablaos.org；房间60,000~80,000K）作为经营方的民

不要错过

## 长臂猿体验

博胶自然保护区（Bokeo Nature Reserve）占地106,000公顷，保护区内的环保游既注重生态保护，又能满足游客的探险需求。**长臂猿体验**（Gibbon Experience；☎084-212021；www.gibbonexperience.org；2日速览游 US$190，3日经典游或瀑布游 US$290）本质上是让参加者经由一系列"高空滑索"从树冠上方穿越生活着老虎、云豹、黑熊和黑颊长臂猿的原始森林。

7年前，偷猎威胁着黑冠长臂猿的生存，但好在Animo（一个注重环保的团队游组织）说服了博胶的猎人，让他们成为森林的保护者。后者现在当导游挣的钱比过去打猎挣得还要多。

作为可持续发展的"猴子产业"的标杆项目，为期3天的长臂猿体验之旅是老挝最令人难忘的探险游之一。游客有机会扮演人猿泰山，在密林内高高的树屋住两晚，还能在山谷之间体验高空滑索——有些滑索的长度超过500米哦，看着就让人心惊胆战，玩过的人都是超级英雄。刹车质量不够好，万一下雨，你要提前减速。导游乐于提供帮助，但你必须亲自确认绳索的结是否牢固。

参加长臂猿体验经典游的人很有可能听到这种动物令人难以置信的叫声。实际上，看到长臂猿的机会很小，但有些幸运的团队的确见过它们的身影。除非参加前往3号树屋的凌晨徒步活动，否则参加瀑布徒步游的客人基本上不可能听到长臂猿的叫声。最近新增了一项两日速览游，适合时间不多的游客。所有游览活动都包含较长时间的日间徒步活动，所以记得带一双徒步靴和长袜，以免被无处不在的水蛭咬伤。

住处是茅草屋顶的树屋，树屋和树屋之间距离很远，你会感觉自己独享整片丛林。树屋通常建在距离地面40米的高处，且都带有天然的露台，可一览周边壮丽的丛林美景。大多数树屋有地铺和布帘，能住8人，但也有些树屋只能住两人。你不得不与墙上的大蜘蛛和天花板里窸窸窣窣的老鼠为伴，毕竟这是在丛林里。由米饭和4道菜构成的美味三餐会在三个简陋的厨房里做好后靠高空滑索运至你的树屋，每栋树屋里还有咖啡、茶、热巧克力和各种小吃。一定要把所有的食物都放入旅游公司提供的结实盒子里，以防森林鼠偷吃。

为迎合追求舒适度的游客，经典游的行程中新增了长臂猿水疗护理、高级美食、高级住处和按摩服务。无论你的选择是什么（提前数周预订），这趟长臂猿体验之旅都会让你毕生难忘。

你可以通过Paypal提前在线付款，但同时得耐心等待回复，因为沟通有时不那么及时。出发前一天要和会晒的**长臂猿体验办公室**（Gibbon Experience office；Th Saykhong）确认一下。办公室隔壁出售手套（玩高空滑索必须戴手套）。最好带上手电筒、水杯和耳塞（届时会有百万蟋蟀大合唱），但最好把大部分行李寄存在办公室的储藏间里。无论你带什么，沿陡坡徒步和玩高空滑索时都得自己背着。树屋没有供电设施，所以别忘了事先把相机电池充满并带上足够电池。

间组织Project Kajsiab旨在倡导女性赋权和少数民族权利，因此如果你在平房里住一晚，就能为他们的事业做出一些贡献。除客房外，还有一个餐厅兼酒吧和一个小小的手工艺品商店。提供为期一周至一个月的志愿工作职位，含食宿每周费用为850,000K。沿着通往君考马尼拉寺的台阶向上攀登，登至一半时便可在右侧找到这家民宿。

### Friendship Guesthouse 客栈 $

（☎084-211219；标单/双/标三/四 70,000/80,000/160,000/200,000K起；）和其他客栈一样，陈旧的房间里随处可见修补的痕迹，床也吱嘎作响。不过这里有开放的屋顶休憩区，风景极美，还有3张简单的餐桌让你可以边吃边欣赏美景，这一点很有诱惑力。

### Thaveesinh Hotel 酒店 $

（☎084-211502；thaveesinh.info@gmail.com；Th Saykhong；标单/双 带风扇 70,000/90,000K，带空调 100,000/130,000K；）位于市中心，房间大小适中，且十分干净，但粉色窗帘显得有点俗气。有沉重的木质家具、装饰得花团锦簇的公共区域和位于屋顶的早餐室。

### Gateway Villa Hotel 客栈 $

（☎084-212180；gatewayconsult@hotmail.com；Th Saykhong；房 带风扇/空调 81,000/127,000K起；）挨着码头，室内摆放着有品位的家具，铺着硬木地板，有藤椅、电视和看起来很时髦的亚麻床单。某些房间比另外那些更精致。店主在城里还有另外3处产业。

### Sabaydee Guest House 客栈 $

（☎084-212252；Th Saykhong；房间 含早餐 90,000~130,000K；）房间干净，颜色明快，家具宜人，有舒适的床铺、电视、风扇和浴室。某些房间能俯瞰河，漂亮的公共区域能上网。

### Arimid Guest House 客栈 $$

（☎084-211040；Ban Huay Xai Neua；标单/双 80,000/180,000K；）质朴的小屋附带宜人的凉台，所在的花园经过精心修剪，摆满了雕塑。其中一些雕塑很是古旧，一定要去看看店主的藏品。

### Riverside Houayxay Hotel 酒店 $

（☎084-211064；riverside_houayxay_laos@hotmail.com；房间 豪华/河景 600/900B）这是市中心最高级的酒店，紧邻繁华地段，门口就是奔流的湄公河。房间宽敞，纤尘不染；打开龙头就有热水；此外还有卫星电视和迷你吧。

### Phonevichith Guesthouse & Restaurant 客栈 $$

（☎084-211765；houayxairiverside.com；Ban Khonekeo；房间 600~1000B；）五颜六色的纺织品、风扇和俗艳的台灯让配备了热水淋浴和空调的精致房间显得更有特色。新盖的客房楼有城里最漂亮的床铺，简直称得上是精品酒店。美味的湄公河鲈鱼和紧邻慢船码头的绝佳位置是该客栈的两大亮点。

## 餐饮

慢船码头附近有3家西式风格（falang-style，falang同泰语farang，指外国人或者外来物）的餐馆，位于Phonevichith Guesthouse的那家能看到最美的河景。

### BAP Guesthouse 老挝菜 $

（Th Saykhong；主菜 15,000~35,000K；）店主Changpeng夫人会说英语，这家面向游客的餐馆出售小吃、蔬菜和老挝主食。离老挝移民局很近。

### Nut Pop Restaurant 老挝菜 $

（Th Saykhong；正餐 20,000~40,000K；16:30~22:00）门口有座桥，夜晚桥上有串串金色小灯。这个树屋风格的餐馆很适合吃一顿浪漫的晚餐。供应美味的老挝和越南食物。

### Daauw 老挝菜 $

（主菜 20,000~50,000K；）有凉风习习的露台、低矮的沙发和开放式坑火，看起来有点泰国风格。供应新鲜的苗族有机菜肴、各种素食和湄公河烤全鱼/鸡。如果吃饭的人太多，只喝一杯laojito——用老老米酒做成的mojito鸡尾酒也不错。

**Riverside Restaurant** 老挝菜、泰国菜 $

（Th Saykhong；主菜 20,000~60,000K；⏲7:00~23:00）在湄公河观景露台上能看到来往于老挝和泰国之间的船只。菜单上有许多泰国和老挝美食，也供应西式早餐。如果你受得了店里播放的背景音乐，在这儿看日落是很不错的。

**Maung Ner Cafe** 老挝菜、各国风味 $

（Gecko Bar；Th Saykhong；正餐 20,000~40,000K；⏲6:30~23:00）挂着兽角的青绿色墙壁已经开始掉皮了，但生意一如既往地火爆。不仅有令人垂涎三尺的腊普、西式早餐和炭烤比萨，店内气氛也很热闹。

**Tavendeng Restaurant** 老挝菜 $

（主菜 25,000~80,000K；⏲7:00~23:00）这个位于大木屋内的餐馆主要面向泰国游客，特色是现场音乐表演以及青蛙和炸鳄鱼肉等异国美食。



## 进入泰国：会晒至清孔

### 前往边境

从这里穿越**老挝–泰国边境**（⏲8:00~18:00）需要乘船横渡湄公河（新的跨湄公河大桥已于2013年12月11日全线贯通）。即使你打算直奔琅勃拉邦，也不要被位于泰国一侧的写着“最后一家小卖部”或“最后一家饮料店”等标语的店铺招牌所迷惑，老挝这一侧有许多卖小吃的店铺。

行人可乘坐长尾船（3分钟）过境，从泰国进入老挝的收费标准为每人30B，大件行李每件10B，从老挝进入泰国的费用则为每人10,000K，大件行李每件3000K。每隔几分钟就发一班船，哪怕只有两三个乘客。

每天（周日除外）会有一辆机动车轮渡多次往返泰国移民站（Thai immigration point）和会晒慢船码头之间，可搭载摩托车（500B）和小汽车（1000B，如需乘坐17:00那班船则需1500B）。

### 在边境

与其他边境站一样，这里的老挝移民局也可为入境游客办理有效期30天的旅游签证（大多数国家的公民 US$30~42，周末或16:00后加收US$1）。如果你没有办理护照用的大头照，还得再交40B。老挝移民局一侧紧邻海关处有个货币兑换亭（营业至17:00），能兑换货币，汇率合理。进入泰国境内后，你得交30B的港口费（16:30后为60B），乘坐嘟嘟车前往长途汽车站需要30B。泰国一侧最近的自动柜员机在南边将近两公里之外。进入泰国清孔边境站之后，中国公民可以办理落地签证（1000B，15天），时间有限，有时还可能需要查询机票和现金等（随身现金最好超过10,000B），保险一点的话最好是在国内办好签证。一个值得期待的消息是，中国与泰国的免签协议已经谈完，未来将找合适时机签署。

### 过境

在泰国一侧，长途汽车会从距离清孔（Chiang Khong）泰国移民检查站以南2.5公里的一系列办公室出发。嘟嘟车则会在检查站上方紧邻长途汽车办公室的市场附近候客。两地之间的车费为30B。

6:00~17:00，发往清莱（Chiang Rai；65B；2小时15分钟）的本地长途汽车每小时对开一班。**Greenbus**（☎0066 5365 5732；www.greenbusthailand.com）在6:00、9:00和11:40各有一班车开往清莱。开往曼谷（Bangkok；500~700B；10小时）的夜车分别在15:00和15:30从附近开出。

## Bar How

酒吧

(Th Saykhong；正餐 20,000~40,000K；⏲6:30~23:00；📶) 这是会晒城区最时髦的酒吧兼餐馆，位于主街上，白天是个卖饭菜的小餐馆，晚上则出售各种饮品。家酿老老米酒或其他米酒供应充足，能跟从蓝莓到酸角等各种果汁搭配。够胆的话就尝尝……我们尝过了。

## 实用信息

**BCEL**(Th Saykhong；⏲周一至周五 8:30~16:30) 有一台24小时自动柜员机，能兑换外币，也是西联代理处。

**老挝发展银行货币兑换亭**(Lao Development Bank Exchange Booth；⏲8:00~17:00) 位置便利：就在入境海关办事处窗口旁边。大多数主要货币都可以在此兑换成基普。至于美元，仅接受2006年或之后发行的钞票。

**旅游信息处**(Tourist Information Office；☎084-211162；Th Saykhong；⏲周一至周五 8:00~16:30) 有免费城区地图，还能提供省内旅游建议。

**Yon Computer Internet Cafe**(Th Saykhong；每小时 10,000K；⏲9:00~21:00) 可以打Skype电话，网络连接稳定。工作人员还可以帮你修理笔记本电脑。

## 到达和离开

多年来，前往琅勃拉邦的旅行者在到达会晒后，都是直接登船沿美丽的湄公河前往下游。如今，公路条件已有改善，越来越多的人选择乘坐夜班长途汽车继续前行。但是，长途汽车虽然比慢船稍微便宜一点，沿途景色却不那么迷人，也不便于乘客互相交流，而且大多数旅行者下车后都感到很疲劳，所以乘长途汽车也未必是理想的省时交通方式。

### 飞机

会晒机场的位置有点怪：在紧邻城市支路的山坡上、长途汽车站西北方向1.5公里处。**老挝航空公司**(☎084-211026；www.laoairlines.com) 每天有航班抵离万象，票价为895,000K，但有时会有季节性特价票，仅需645,000K。

### 船

#### 开往巴本和琅勃拉邦的慢船

按照现行的时刻表，慢船会于每天的11:00从会晒发船。在**慢船售票亭**(slowboat ticket booth；☎084-211659) 可购买前往巴本(100,000K；1天)和琅勃拉邦(200,000K，不含住宿；2天)的船票。发船当天8:00开始售票。如果通过旅行社买票(到巴本500B)，意味着你会坐上要价过高的嘟嘟车，然后不得不坐在码头周围等开船。

“座位”通常是很不舒服的木头长凳，不妨花10,000K买个座垫(城里许多旅行社都有售)。但有些船只配备了舒服的飞机式座椅。如果船主想多塞几个乘客(超过70人，一般70人为核定承载人数)，后来的乘客应该拒绝上船，改为等待下一班船。

我们还听说过另一种骗局：船主会说因为水位过高以及隐藏的岩石，所以去琅勃拉邦得用4~5天时间。不过这只是在淡季时才会发生的事情，船主为了节省行船费用，经常会用这种说辞劝乘客改乘长途汽车。

#### “豪华”慢船

要想更舒服地度过前往琅勃拉邦路途上的两天时间，可以乘坐颇受欢迎(定员40人)的**琅塞号游轮**(Luang Say Cruise；☎020-5509,0718；www.luangsay.com；每人 US$362~491，单间附加费 US$67起；⏲8:00~15:00)。票价含三餐、导游、沿途景点游览和在巴本可爱的Luang Say Lodge住一晚。旺季每周发3~4班船，季节不同票价差异很大。6月或湄公河水位过低时停驶。

新的**松浦游轮**(Shompoo Cruise；☎020-5930,5555；www.shompoocruise.com；每人US$110起) 票价更低。这艘高级游轮每周一、周三和周五开往下游，每周二、周四和周日返回上游。船票包含在巴本的两顿午餐和一顿晚餐，但不含住宿(乘客可以自由选择住处)

小型团队游客只要耐心等待便可包一条慢船径直前往目的地，最低租金为US$750(可以使劲砍价)。

#### 快艇和长尾船

**快艇码头**(speedboat landing；☎084-211457；Rte 3，200m beyond Km 202) 就在苏万纳帕坎寺正下方、城区以南3公里处。六座快艇(héua wái) 通常8:00左右发船，在巴本(每人/每船 160,000/960,000K；3小时) 和琅勃拉邦(每人/每船 360,000/2,040,000K；包括岸上午餐在内7小时) 之间飞速穿梭，虽然很刺激，但有一定危险性。如果要乘坐开往更谷的快艇，从孟蒙出发会更便宜。

如需乘长尾船前往琅南塔（或在旱季时前往纳拉），由旅行社安排的包船价格约为6000B或US$200，如果直接找船主，只需1,300,000K左右（但是不会说老挝语的人可就费劲了）。天亮后在快艇码头有时能找到开往Ban Khon Kham村的长尾船，船夫收费每人才150,000K。不过到Ban Khon Kham村后，你还得自己找开往纳拉的船。

### 长途汽车和双条车

注意：开往会晒的长途汽车经常标有"Borkeo"字样。长途汽车站在城东5公里处。经琅南塔和乌多姆赛开往琅勃拉邦（120,000K；14~17小时）的长途汽车分别在9:00、11:30、13:00和17:00发车。11:30那班继续开往万象（230,000K；25小时）。17:00那班是豪华车（135,000K），提供毯子，座位也能放倒一点儿，但睡觉肯定不舒服。8:30有一班长途汽车开往乌多姆赛（85,000K；9小时）。9:00另有一班车开往琅南塔（60,000K；4小时）。

开往琅南塔的旅行社小客车9:00左右从会晒市中心发车（100,000K），但到达琅南塔后却停靠位置很不方便的城外长途汽车站。

满员后，开往敦彭的双条车（35,000K）会从大市场旁边出发，偶尔也会继续开往孟蒙。

### 当地交通

**Wangview Tour**（☎084-211 055；www.wangviewtour.net；⏲8:00至正午和13:30~17:00）出租相对新的小型摩托车（半天/全天 150/250B）。Thaveesinh Hotel（见123页）出租自行车（每天30,000K）和比较旧的摩托车。

老挝移民局门口50米之外的主路上有成排的嘟嘟车，去快艇或慢船码头每人需20,000K，去机场或长途汽车站每人需30,000K。这里就一条路，因此即使看起来他们走错路了也不必惊慌。

## 会晒周边 (Around Huay Xai)

### 苏万纳孔坎 (Souvannakhomkham)

仅余残垣断壁的苏万纳孔坎位于湄公河拐弯处，这座古城曾在16世纪60年代由澜沧国王塞塔提腊王（Sai Setthathirat）主持重建。现在，地势平坦的大片玉米田里只剩几堆砖块（佛塔遗迹）和一两尊风化严重的佛像。古迹最集中的地方在Ban Don That村和Ban Hanjin村之间的小路旁边900米处。如果想来这里游览一番，你可以从敦彭出发，往西南方向走8公里，看到写着"900"的老挝语路牌时右转。一直走便可看到一座7.2米高的**砖质佛坐像**，这尊风化严重的佛像是这处古迹最著名的标志。在快到佛像前有一条岔路，沿岔路向左走即可到达古迹集中的地方。由于周围全是高大的凤凰木，因此这里的气氛显得格外神秘。往湄公河对岸（泰国一侧）看，不远处有尊更大的金佛。可悲的是，前往苏万纳孔坎的公路糟糕得不成样子，晴天时暴土扬长，下雨后泥泞难行。

## Pak Beng 北宾(巴本)

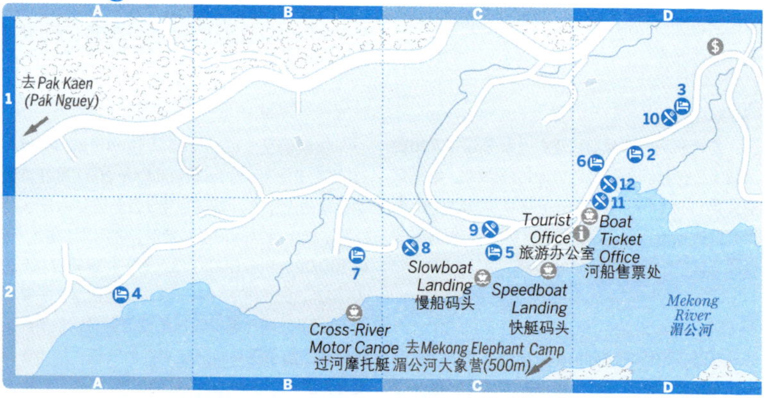

## 金三角(Golden Triangle)

ສາມຫຼ່ຽມຄຳ

在敦彰以北约5公里处，窄小的3号公路一下子就变样了。突然之间你身处一条双色林荫大道（路面经过铺设），两旁是棕榈树，清道夫把整条路打扫得干干净净。金色穹顶和仿古马车就在你身后。不，你没看错，这里是金三角的老挝“拉斯维加斯”，赌场和娱乐城尚未完工，但建成后占地将近100平方公里。2.5公里后这条超现实主义的林荫大道会向左转，之后延伸继续600米达到尽头：尽头是湄公河岸，那里还有一个类似迪斯尼城堡的建筑和一个迷你大本钟。这儿的大型赌场对所有人开放，但大多数游戏是专门为中国或泰国赌徒准备的，你可能不会玩。电动俄罗斯转盘是赌场里最容易上手的游戏。

这块滨河地带属于著名的金三角，不仅泰国和老挝在此接壤，二者的边境之间还有一块狭长的沙地属于缅甸。游轮从泰国那边慢悠悠地驶来，快船在老挝这边等待接客。但事先没办好手续的外国人不能入境。

## 孟蒙(Muang Mom) ເມືອງມອມ

在即将到达Ban Siboun村（Km 58）的地方，3号公路就像童话故事中写道的那样，从“华丽的马车”变回了不起眼的“南瓜”，重现其崎岖破旧的本色。Ban Siboun村很富裕，有一座颜色亮丽的新寺庙。公路的尽头是孟蒙（Km 68），只有想乘坐快艇沿湄公河去往更谷的人才会来这个小镇。快艇没有固定的发船时刻表，水位低时（通常是1月至5月）会停驶。孟蒙的快艇码头在寺院后面，很不显眼。

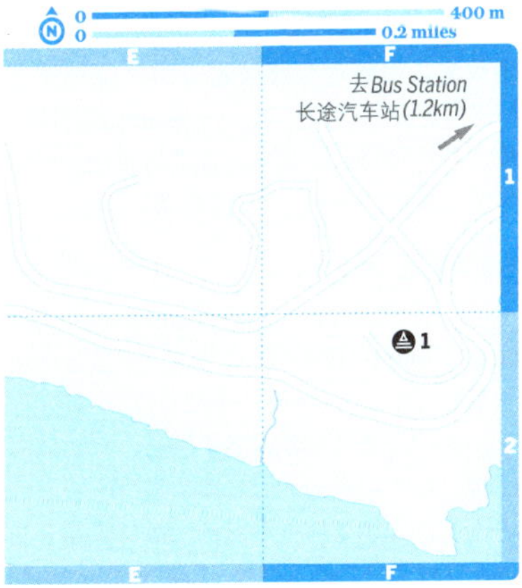


# 巴本(Pak Beng)

ປາກແບ່ງ

☎084 / 人口 20,000

这个只有一条街道的城市如同一条蜿蜒的缎带，铺展于岸边的陡坡上。往好里说，它很“安静”，其实就是死气沉沉，连鸡叫声都没有。旱季时水位下降露出水边的礁石，景色会好看许多。但是，这个城市没什么旅游潜力，乘坐慢船前往会晒或琅勃拉邦的人会在这里住一晚，乘坐会晒至琅勃拉邦快艇的人则会上岸吃顿午餐，仅此而已。

## 景点和活动

旅游局办事处可以向你介绍当地最为经典的几处洞穴和瀑布景点，如果你能租到摩托车（看客栈有没有——市场周围也有人租车，但每小时租金高达40,000K），周围的乡村也值得一游。

即便你不打算去大象营（Elephant Camp），你也可以坐船过河（摩托艇 5000K），然后沿着斜向方向步行约10分钟到一处纯朴的苗族小村寨游览一番。

### Pak Beng 北宾（巴本）

**景点**

1 欣迥江寺 ........ F2

**住宿**

2 Dockhoun Guesthouse ........ D1
3 Donevilasak Guesthouse ........ D1
4 Luang Say Lodge ........ A2
5 Mekong Riverside Lodge ........ C2
6 Monsavan Guesthouse ........ D1
7 Pak Beng Lodge ........ B2

**就餐**

8 Bounmee Guesthouse ........ C2
Hashan ........ （见12）
9 Khopchaideu ........ C2
10 Ounhoan ........ D1
11 Sarika ........ D2
12 Sivilai ........ D1

### 欣迴江寺 佛教寺庙

（Wat Sin Jong Jaeng, ວັດສິນຈົງແຈ້ງ）古色古香的欣迴江寺静静俯瞰着湄公河，其历史可追溯到早期殖民地时期。虽然屋檐被整个重新刷过，但大殿东侧外墙的壁画还保留着（褪色严重）。仔细看，你会发现一个戴帽子、拿伞、长着大鼻子、留着八字胡的人物形象，那或许代表了早期的某位欧洲访客。

### 湄公河大象营 大象营

（Mekong Elephant Camp; ☎071-254130）湄公河大象营位于河对岸，由Pak Beng Lodge协助经营。在这个大象营里，游客可以骑退休的大象，还能给它们洗澡。游览活动内容各异，有半天的，也有一天的，价格在US$40至US$82之间。有几种游览项目还包含在Pak Beng Lodge吃晚饭。

## 住宿

以老挝乡下标准而言，巴本的住宿价格很高。招揽客人的黄牛党会在码头上迎接下船的乘客，虽然热情，但不那么诚实。他们会领客人去房价在150B左右的小酒店，这类客房里通常只有硬床垫和公用设施。花300B基本可以确保住上有热水的中档酒店。下面列出的价格为淡季价格，11月至次年3月旺季期间价格会翻番。因为短短5分钟步行路程内就有20多家相似的酒店，所以你应该多看多比较。客栈价格走向的趋势是：离山顶越近越便宜。

### Donevilasak Guesthouse 客栈 $

（☎084-212315；老楼 标单/双/标三30,000/40,000/ 50,000K，新楼 标单/双70,000/80,000K；📶）这是这条街上最“年轻”的客栈，拥有数栋大客房楼。一栋是脏兮兮的木质老楼，房间简陋，需共用一个浴室（有热水）。其他的客房楼很整洁，房内还有带热水的浴室。

### Villa Santisouk 客栈 $

（☎020-5578 1797；房间 淡季 100~400B；❄📶）这家超级友好的客栈是个温馨的住宿地。新楼内的客房有带流苏的窗帘，舒适的新床上放着图案时髦的毛巾。老楼客房相对朴素，床铺硬，天花板是用硬质纤维板做成的。有个简单的露台餐厅，客人可以在那里凝望湄公河。

### Dockhoun Guesthouse 客栈 $

（☎084-212540；dockhoun@hotmail.com；房间 300B起；📶）位于市中心最繁华的地段，客房铺着新换的亚麻床单，还有热水淋浴，住起来很舒服。迷人的阳台咖啡厅出售自家烘烤的蛋糕，你可以一边欣赏湄公河美景一边吃蛋糕，感觉好极了。

### Monsavan Guesthouse 客栈 $

（☎084-212619；房间 100,000K起；❄📶）这家大型客栈位于市中心，有着细腻白滑的正面墙壁以及光亮的实木大门，但内部的房间墙壁却是竹板的，而且客人需要共用浴室。干净、整洁、位置好，街对面提供免费Wi-Fi的河景咖啡馆也这家客栈开的。

### ★Mekong Riverside Lodge 精品酒店 $$

（☎020-5517 1068；www.mekongriversidelodge.com；房间 US$40起；📶）这家酒店非常适合那些中等预算但又坐不起琅塞号游轮的人。所有平房的风格大致相同，都有着光滑的地板、漂亮的浴室和能够眺望河景的露台。有些房间以一道门相隔，打开后即可变成套房，适合家庭游客入住。房费含早餐，就餐地点是对面的Khopchaideu。

### Luang Say Lodge 度假屋 $$

（☎084-212296；www.luangsay.com；房间 700,000K起）这个令人印象深刻的酒店主要接待往来于会晒和琅勃拉邦的琅塞号游轮乘客。用硬木和藤条建造的传统风格老挝平房很漂亮，能俯瞰分外美丽的湄公河河景。所有房间都很宽敞，有风扇和独立热水淋浴。从露台餐厅也可以俯瞰湄公河。

### Pak Beng Lodge 精品酒店 $$$

（☎084-212304；www.pakbenglodge.com；房间 US$84~184；❄📶）🍃这里的房间布置优雅，装修漂亮，有西式浴室和迷你吧，每一间都可以看到全景风光。酒吧兼餐厅很时髦，适合边欣赏日落边喝酒吃饭。店内还提供传统老挝按摩服务。部分收益会被用于支持被称为巴本医疗（Les Medicins du

## 万象之国

老挝原名澜沧（Lan Xang），意即“万象之国”，但奇怪的是近年来对于这种动物的现存数量竟然没有一个准确的统计数字。尤其是在沙耶武里省，工作象一直是伐木业的主力军。它们可以更为灵活地将木材拖出森林，而如果使用运输卡车，则需要砍倒整条道路上的树木来为卡车开道。一个象夫训练并带领一只大象工作，他跟大象的关系如同一场婚姻，而这种关系可以持续一生。大象通常属于村民共有，大象的收入、支出和风险也由全村共同承担。为了挣钱，象主人得让大象不停地干活，但结果是工作象们没有时间“谈恋爱”，更无暇“休产假”（大象的孕期是两年）。由于老挝大象的死亡和出生比为10:1，按照2010年的速度计算，老挝的大象50年后就会灭绝。这个数据是由位于城郊的很棒的大象保护中心（见133页）后面的**ElefantAsia**（www.elefantasia.org）提出的。这家机构还创建了广受欢迎的**大象节**（Elephant Festival；festival.elefantasia.org；⏲2月中旬）免费，为期两天的狂欢活动包括音乐、戏剧、啤酒帐篷、大象游行和大象技艺表演。在过去几年里，这个一年一度的节日曾由巴莱（Pak Lai）和班文高村（Ban Viengkeo；位于洪沙附近）轮流主办，但最终沙耶武里成为固定的举办地。同时，不计其数的退休或“失业”大象也在旅游业中找到了“就业机会”，特别是在琅勃拉邦和巴本。ElefantAsia的网站上列出各种“骑象须知”，帮助游客选择设施完善的大象营（因为不同的大象营服务水平各不相同）。



Pakbeng）的医保计划。

### 餐饮

餐馆“一条街”与客栈聚集的街道一样长。大多数餐馆能烹制各种常见的老挝、泰国和西式菜肴，每家的价格都差不多（主菜 15,000~35,000K）。白天，你可以在**Bounmee Guesthouse**、**Sarika**或**Sivilai**一边吃饭一边饱览湄公河美景。Sivilai每天18:00还有特价畅饮时段。晚上，五颜六色的彩灯为**Ounhoan**聚拢人气。印度餐馆**Hashan**也有迷人的彩灯和装饰物，且同样能看到不错的河景。虽然看不到河，但在综合口味餐馆中，**Khopchaideu**是最好的一家。大多数餐馆7:00左右就开门了，并会为船客制作能打包带走的午餐三明治。厨房在21:00前后就停止工作了——如果你在夜里10点钟出门，最多只能买到啤酒。

Luang Say Lodge（见128页）的酒吧兼餐厅是欣赏湄公河日落美景的好地方，你可以边欣赏边喝金汤力（gin tonic）或红酒。店内定期有为琅塞号游轮乘客举办的民族舞表演。

### 实用信息

很多客栈都能换钱，但汇率不太合理。泰铢在这里广泛流通。现在大多数客栈都设有供住客免费使用的Wi-Fi。

**老挝发展银行** 在重建的市场附近有台自动柜员机。据说繁忙时段柜员机里的钱很快就会被取空。

**旅游局办事处**（www.oudomxay.info；⏲7:00至正午和14:00~21:00）提供市区地图，还能安排导游。

### 到达和离开

小小的长途汽车站在城区最北端，开往乌多姆赛（40,000K；4小时）的长途汽车会在9:00和12:30各发一班。等到通往巴本北部的新桥建好后，每天还将有开往孟恩（Muang Ngeun）、泰国边境和洪沙（Hongsa）的车次。

开往下游城市琅勃拉邦的快艇会在9:00至10:00之间发船（100,000K；约8小时），如果客人有要求，中途可以停靠巴塔（Pak Tha）和塔暖（Tha Suang，可以由此前往洪沙）。开往会晒的慢船（100,000K；约9小时）8:00出发。

乘坐快艇从这里去琅勃拉邦或会晒都需要3小时左右，只要能塞进去6个乘客，每人就只需支付180,000K，但这样很危险，而且非常不舒服（可是包船要1,300,000K呢）。快艇到岸后，通常会有当地男孩主动帮你拎行李，（讲价后）收费5000K。如果你的行李又大又沉，这笔钱花得不冤，因为水位低时你不仅要过两道船板，还得沿岸边陡峭的沙坡往上爬，最后才能到达进城的公路。

## 塔暖（Tha Suang）

人口 40

塔暖只是湄公河岸边的一个小码头，来这儿的人都是为了去洪沙。慢船靠岸后你需要换乘开往洪沙的双条车（25,000K；70分钟）。但是，等到通往巴本北部的新湄公河大桥建好后，巴本与孟恩和洪沙之间就会有长途汽车往来。到那时塔暖就会彻底被人们抛弃。

## 洪沙（Hongsa） ຫົງສາ

☎074 / 人口 10,000

洪沙以大象而闻名，许多游客来这里都是为了骑大象，但沙耶武里附近新建的大象保护中心（见133页）其实有着更为完善的游览设施。洪沙有个泰国投资新建的大型发电厂，不幸的是，它把景致全都破坏了。但是，它为洪沙带来就业机会，让这个城市的经济小小地繁荣了一把。

洪沙是琅勃拉邦和泰国难府（Nan，经孟恩前往）之间的物流站。新规划的中心区如棋盘格子一般整齐，但郊区（远离发电厂）有许多小溪和美丽的水稻梯田。**BCEL和老挝发展银行**都有自动柜员机，也都能兑换泰铢、美元和欧元。

### 景点

**西芒昆寺** 佛教寺庙

（Wat Simungkhun, ວັດສີມຸງຄຸນ, Wat Nya）西芒昆寺是洪沙数座寺庙中最有特色的。山门（hang song pa）造型古朴，古色古香且装饰着壁画的大殿坐落在一块凸起的石头平台上，据说平台下面有个"通往世界尽头"的大洞。从中心区出发，向着孟恩方向走一公里，过第一道河桥后再往北走100米就到了。

## 进入泰国：洪沙至帕府

### 前往边境

**孟恩（老挝）/会孔（Huay Kon，泰国）边境站**（⏲8:00~17:00）在孟恩路口以西约2.5公里处。有几班双条车从洪沙开往孟恩（40,000K；1.5小时）。一旦巴本北边的新桥建好，就有长途汽车连接巴本和孟恩了。

从泰国进入老挝境，老挝这一侧没有餐馆，也没有任何等客的交通工具，但如果你能说服移民局官员帮你打电话，那么下午开往洪沙的双条车应该愿意载你一程（收很少一点钱）。

### 在边境

经由这个边境站进入老挝的人可以在入境后办理老挝签证，游客可用美元或泰铢支付（但汇率很低）。大多数国家的公民无需签证即可进入泰国境内，不过对中国公民目前并不免签，此地也无落地签，最好提前在国内获取签证。

### 过境

在泰国一侧，到达边境站之前有一公里的无人区，如果你不想自己拎行李，就花100B雇一辆侧斗能载货的摩托车。泰国边境站所在地会孔只是个小村子，但有几家简陋的面条餐馆。唯一的交通工具是11:45从边境站出发、经难府（100B；3小时）开往帕府（Phrae；160B；5小时）的豪华小型公共汽车（☎083-024 3675）。从帕府长途汽车站往北开的车辆的发车时间为6:00，从难府长途汽车站往北开的车辆的发车时间为8:00。

### 班文高村

村庄

（Ban Viengkeo, บ้านวຽງແກ້ວ）提前一天联系的话，Jumbo Guesthouse能为你安排5公里骑大象游，沿途会经过被稻田覆盖的宽阔山谷和西瓜地，最后到达班文高村。村内有许多以原木（据说是紫檀木）建造的泰鲁族民居，这些高高的吊脚楼下面还摆放着织布机。班文高村也是该地区最大的工作象中心。

## 食宿

**Nong Bua Daeng（Lotus）Café**（Lotus Café；主菜 15,000~35,000K；⏲8:00~21:00）和**Saylomyen Restaurant**（主菜 15,000~ 35,000K）都位于Jumbo Guesthouse西侧的街区里，两家餐馆分别设在鱼塘上方的两个茅草亭子里，但都没有现成的菜单，服务员也只会说最简单的英语。

### Jumbo Guesthouse

客栈 $

（☎020-5685 6488；www.lotuselephant.com；房间 100,000~120,000K；@）出生于巴西的德国人类学家莫妮卡（Monica）经营着这家家庭风格的客栈。虽然只有公共浴室，但6个房间干净迷人。你可以和其他人一起吃晚餐，气氛相当活跃，但注意点菜时看清正餐、早餐和进口咖啡的价格。这家酒店能提供最全面的本地信息，还能组织各种骑大象活动，你甚至可以在班文高村跟工作象待上整整一天。此外还有两天、甚至四天的乡村深度游。

## 到达和离开

市场旁边的**售票处**（☎020-5558 711）会在7:30左右开始发售开往沙耶武里（70,000K；3小时）和孟恩（40,000K；1小时15分钟）的长途汽车票。只要乘客人数达到标准就发车（通常在9:00之前）。

# 孟恩（Muang Ngeun）

ເມືອງເງິນ

这个非常安静的边境“小镇”实际上只是稻田里几个以泰鲁族为主的村庄。镇中心在边境站以东约2.5公里、洪沙-难府（Nan）公路以北一公里处，有个新建的小市场，市场里有能兑换泰铢和基普的商家。

**Phouxay Guesthouse**（☎020-2214 2826；房间 60,000K）在主路路口以西800米处（近泰国方向）。这里有一排平房（房价合理），地势略高，因此能看到漂亮的风景。

14:00~16:00，双条车会从市场旁边小小的**客车站**（passenger car station；☎020-244 4130，020-245 0145）出发开往洪沙（40,000K；1.5小时）。等到巴本北边的新桥完工，每天都会有长途汽车开到这里。

# 沙耶武里（Sainyabuli, Sayaboury）

ໄຊຍະບູລີ

☎074 / 人口 20,000

作为老挝的一处“大象之都”，沙耶武里（也写作Xaignabouri、Xayaboury、Sayabouli和Sayabouri）是个繁华的城市，西边有迷人的山林。为了营造出大都市的感觉，沙耶武里市中心修建了过于空旷的大道和崭新的行政大楼（规模虽大但并不美观）。从旅游局办事处出发往南走，你会看到越来越多的美丽的木质或半木质建筑，其中一些位于安静的棕榈树林内。总体上这是个友好而安静的城市，旅行者很少。尽管新修了道路，但由于游客大多直奔大象保护中心（见133页），所以城里还是没什么游人。

## 景点

感谢在南洪河（Nam Heung）投下美丽倒影的**Pak Kimin**山，令河边的一切看起来都充满了田园趣味。

### 西本黄寺

佛教寺庙

（Wat Sibounheuang, ວັດສີບຸນເຮືອງ）西本黄寺是城里最著名的寺庙，寺内令人愉快的花园里有一尊倾斜的镀金佛塔和一座卧佛像。原始大殿建于14世纪初，但如今只剩下一堆裸露的砖块。“新”大殿里有壁画，其中有关反对不忠行为的壁画让人联想起了马蒂斯的绘画风格（Matisse）。建筑底下有个神秘的“洞”，传说有幽灵被镇在里面——为了安抚他们，人们将2月临近满月的那几天

Sainyabuli (Sayaboury)
沙耶武里

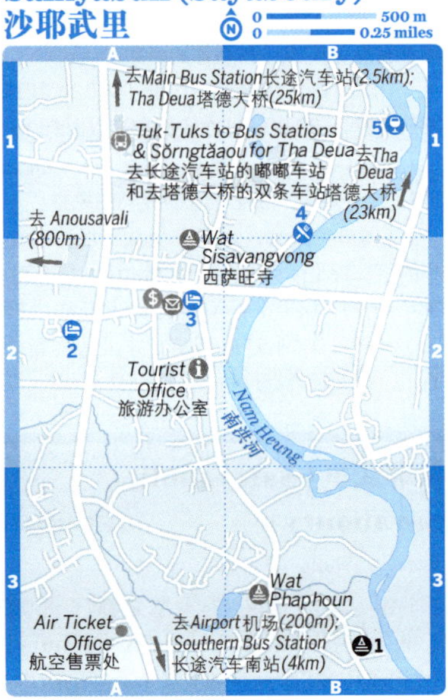


## Sainyabuli(Sayaboury) 沙耶武里

**景点**

1 西本黄寺 ........ B3

**住宿**

2 Alooncheer Hotel ........ A2
3 Sayananh Hotel ........ A2

**就餐**

4 Sainamhoung Restaurant ........ B1

**饮品和夜生活**

5 啤酒花园 ........ B1

立为**Phaveth Festival**（老挝历3月13日至15日）。

**南提恩湖** 湖泊

（Nam Tien, ນ້ຳຕຽນ）想要欣赏沙耶武里周边的风景，就得驱车前往大象保护中心（见133页）的门户——位于沙耶武里西南方向9公里之外的南提恩水库湖。大坝上方有个餐馆，从那里能够看到一望无际的碧绿色稻田和被树林覆盖的山坡，Pak Kimin山和Pak Xang山在西边的地平线处相重叠。

沿巴莱公路（Pak Lai road）行至长途汽车南站前500米处，那里有一座桥（距离沙耶武里市中心6.5公里），沿着桥前的一条沥青支路向西行驶3公里即可到达南提恩湖。

## 住宿

**Alooncheer Hotel** 客栈 $

（☎074-213136；房间 带风扇/空调50,000~70,000K/80,000~120,000K；❄）这个中等规模的客栈是苗族人开的，虽然地处市中心但依然很安静。大堂里装饰着光亮的木板，挂着传统苗族器具。大多数房间有高高的天花板、精致的灯具和迷你吧。性价比高，但注意：最便宜的房间质量很差。

**Sayananh Hotel** 酒店 $

（☎074-211116；房间 不带/带电视 100,000/120,000K，套 200,000K；❄）这间三层楼的酒店位于市中心，木质门脸看起来富丽堂皇，但走廊两边的客房简直可以用来做电影《闪灵》（*The Shining*）的拍摄场景了。不过好歹有管道热水。

## 餐饮

市中心环岛附近的**夜市**（⏲18:00~22:00）有卖汤面、老挝烧烤、新鲜水果和老挝传统糕点（khàn ŏm）的摊位。

**Sainamhoung Restaurant** 老挝菜 $

（☎074-211171；主菜 25,000~70,000K；⏲7:00~22:00）你可以在这里边吃美味的老挝饭菜，边凝视长满竹子的河岸和高高的Pak Kimin山。菜肴包括可口的蒸鱼、烤肉以及炸蟋蟀、炸黄蜂和竹虫等奇特的食物。

**Nam Tiene Restaurant** 老挝菜 $

（主菜 25,000~60,000K，鱼按重量计价；⏲6:30~23:00）南提恩湖大坝之旅绝对会让你感到不虚此行：既能吃到正宗美食，又能看到可爱的水库景色。本地人会在周末来到这里，届时能租到奇特（灵感可能来自飞禽）的小脚踏船。

**啤酒花园（Beer Gardens）** 啤酒花园

除了灯光昏暗、危机四伏的夜总会之外，

不要错过

## 大象保护中心

位于南提恩湖（Nam Tien lake）湖畔的**大象保护中心**（Elephant Conservation Center，简称ECC；☎020-2302 5210；www.elephantconservationcenter.com；1日游 US$60，3日体验游 US$175，6日生态体验游 US$399）使沙耶武里成为游客瞩目的焦点。该中心与NGO组织ElefantAsia（www.elefantasia.org）合作，让游客可以深入了解这种美丽高贵的生物。中心内有象夫训练中心、大象医院（兽医持国际资格证）、信息中心、餐厅、几栋传统平房和宿舍房间（为过夜客人提供）。

前往保护中心的旅途本身就令人难忘——小木船推开河面上的绿色浮萍缓缓向前。小船靠近中心的时候，游客有可能看到大象在晨光中沐浴，那番景象仿佛来自《现代启示录》（*Apocalypse Now*）。参加一日游的客人可在导游带领下参观中心，深入了解这里的大象保护工作，例如参观这里为中心内大象和沙耶武里省其他360只注册大象治疗疾病的医院。机动小队定期为全省和其他省份的大象做体检。

大象幼儿园在湖对岸，小象们在这里安全无虞地成长。你可以先看大象享用丰盛的早餐，然后学习如何像象夫那样骑大象。

如果时间允许，你应该在中心内住3晚，并在白天参加大象保护工作。这样一来，你就有机会从早到晚跟大象互动。除了了解大象保护工作的严肃性，游客在学习驭象术时也会享受到巨大的乐趣。驭象术课程在院子里举办，老挝导游会教游客简单的口令，如“停”和“走”，“左”和“右”。要正确地发音可能有点难，但能让这庞然大物“haow”（停）下来会令你感到非常自豪。体验内容还包括给大象喂食、清洁和洗澡。游客甚至有机会跟着大象回到它们过夜的休憩地。

如果你对大象特别有兴趣，也许可以选择在这里住6晚（担任志愿者）或更久。这样你就可以进一步了解大象和象夫的生活以及该中心的运作方式。长期志愿者住在宿舍里，跟中心工作人员一起就餐——这也是了解老挝人生活习惯的好方式。

中心内的住处是简陋的茅草篷房，晚上的电流只够点亮LED阅读灯。房间里有蚊帐和一个小阳台，中午时可以坐下来休息一会儿。住客需要共用卫浴设施，但浴室非常干净。为满足万象和琅勃拉邦的团队游旅行社需求，该中心将新建一些比较精致的平房。

全包价含三餐和抵离沙耶武里的交通费用。大象保护中心与Sakura Tour合作，经营从琅勃拉邦开往沙耶武里的小客车。你可以在餐厅边享用三餐边透过四面玻璃围墙欣赏湖泊和中心的全景。食物是美味的老挝饭菜，此外还有各种小吃和饮料供你自选。但是，万象离这里路途遥远，如果你有特别爱吃的，或者特殊的饮食要求，应该提前规划好。

大象保护中心并非你想象中的那种大象营。中心的工作人员都是热爱动物的人，游客带来的收入将全部用于资助该中心和全国其他大象保护项目。

南洪两岸各有一个热闹的啤酒花园。喜欢喝老挝啤酒的年轻人会蜂拥而至。

## 实用信息

**BCEL**（⊙周一至周五 8:30~15:30）兑换外币，有一台自动柜员机。

**邮局**（⊙周一至周五 8:00~11:00和13:00~17:00）

**旅游局办事处**（☎030-518 0095；Sayaboury_ptd@tourismlaos.org；⊙周一至周五 8:30~11:00和14:00~16:00）免费城区地图不错，员工能说英语，并出租自行车和摩托车。

## 到达和离开

机场位于巴莱公路的路边，即市中心以南约3公里处。**老挝国内航空公司**（☎074-213152；www.laocapricornair.net；⏲周一至周五 8:00至正午和14:00~16:00）在每周一、周三和周五的9:30和10:30各有一班抵离万象的航班。乘客可到北侧800米之外的小售票处购买机票（715,000K）。

双条车从位于市中心以北2.5公里处的**长途汽车总站**（main bus station）开往洪沙（70,000K；3小时；11:00发车），有时会继续开往孟恩（90,000K）。

开往万象的长途汽车都会经过琅勃拉邦或巴莱，到这两处的票价都是110,000K。途经琅勃拉邦的班次发车时间分别为13:00和16:00。途经巴莱的车次的发车时间为9:30，目前仅旱季发车。9:00左右和正午各有一班双条车发往巴莱，发车地点是机场西南方向约4公里处的**长途汽车南站**（southern bus station）。但考虑到路上暴土扬长，我们认为乘坐长途汽车去巴莱（80,000K；4小时）是更好的选择。

湄公河上新建的塔德大桥（Tha Deua）已经竣工通车了，乘坐小型公共汽车或私人车辆前往琅勃拉邦的时间被缩短至2~3小时。9:00和14:00发车的长途汽车（60,000K；3小时）比较慢。**Sakura Tour**（☎074-212112）与大象保护中心（见133页）合作，每天运营一班连接沙耶武里和琅勃拉邦（90,000K；2.5小时）的长途汽车，双向发车时间都是8:30。因为是新开的线路，详情请咨询Sakura或大象保护中心。

开往两个长途汽车站的嘟嘟车（每人 总站/南站 10,000/15,000K）都从大市场发车。

## 巴莱（Pak Lai） ປາກລາຍ

☎074 / 人口 12,000

巴莱位于沙耶武里和黎府（Loei；位于泰国境内）之间，对于那些希望另辟蹊径的旅行者来说，这个热闹的湄公河港口城镇是这条旅行线路上的必经之地。巴莱的城区沿着4号公路（Rte 4）的一段5公里长的弯路铺展开来，在公路西侧一个街区之外有条较短的河岸道路与之平行。河边有几栋老挝或法国殖民地风格的老房子。经典的游览方向是从北往南游览：从**西萨旺寺**（Wat Sisavang, Wat Sisavangvong）出发，顺便可以看看寺里的古老僧房以及俗艳的新钟楼和山门。继续往前走，在不到500米的距离内你会依次经过各大客栈、河港和**BCEL**（有自动柜员机，能兑换货币），然后经由一座古老的小木桥进入一个看起来像是村庄的地方。经过小市场后再往前走就是当地人的住宅区了。

## 食宿

地处市中心的**Jenny Guesthouse**（☎020-2236 5971；房间 带风扇/空调 60,000/100,000K；❄）有热水淋浴，某些房间还能看到湄公河，所以即便房间里有蜘蛛网也是可以容忍的。新开业的**Sengchaleurn Guesthouse**（☎020-2206 8888；房间 120,000K；❄）位于北侧一个街区处，所有的客房都配有空调。**Kemkhong Restaurant**（主菜 20,000~40,000K；⏲6:00~22:30）位于隔壁的一栋木质旧楼内，适合边喝啤酒边安静地欣赏河景。**Saykhong**（主菜

### 进入泰国：巴莱至黎府

#### 前往边境

安静的**甘陶（Kaen Thao，老挝）/塔利（Tha Li，泰国）边境站**（⏲8:00~18:00）位于乡野之间，这里也有一座（小）友谊桥（Friendship Bridge），只不过这一座友谊桥是横跨在南洪河上。10:00和正午会有双条车（40,000K；1小时45分钟）从巴莱开往位于甘陶的边境站。

#### 在边境

经由这个边境站进入老挝时可以就地办理老挝签证，但需要交一张护照用照片。大多数国家的公民无需签证即可进入泰国，不过对中国公民目前并不免签，此地也无落地签，最好提前在国内获取签证。

#### 入境

步行过桥后，你得乘坐双条车（30B）前往8公里之外的塔利，然后在那里换乘另一辆双条车（40B）前往46公里之外的黎府。黎府有定点长途汽车开往曼谷和其他城镇。

20,000~40,000K）在Jenny Guesthouse旁边，也能看到河景，但气氛更活跃。

## 到达和离开

如果你乘坐双条车（80,000K；4小时）往来于巴莱和沙耶武里之间，记得带上面罩并穿上一次性衣服。7:30~9:30以及正午前后，双向的双条车会对开一班。“风尘仆仆”的乘客会在巴莱市中心以北3公里处的小小的沙耶武里长途汽车站下车，那里有开往客栈（每人10,000K）或长途汽车南站（每人15,000K）的嘟嘟车。9:00，长途汽车南站会有一班长途汽车开往万象（100,000K；约6小时）。

# 万象和周边

**包括➡**


景点......142
活动......154
课程......156
团队游......156
住宿......157
就餐......164
饮品和夜生活......168
娱乐......169
购物......170
实用信息......173
交通......175
普考奎山国家保护区......181
万荣......184


## 最佳餐饮

- ➡ La Signature（见168页）
- ➡ Le Silapa（见166页）
- ➡ Lao Kitchen（见166页）
- ➡ Makphet（见164页）

## 最佳住宿

- ➡ Mandala Boutique Hotel（见163页）
- ➡ Hotel Khamvongsa（见158页）
- ➡ Ansara Hôtel（见163页）

## 为何去

从懒洋洋的嘟嘟车夫到它的咖啡馆和价格实惠的水疗，这个从前的法属贸易中心如今显得多少有些无精打采。万象的老城区最适宜悠然漫步，林荫道上到处都是素馨和罗望子树、闪闪发光的寺庙、游荡的僧侣和令人目不暇接的那伽（Naga，一种盘绕的巨型蛇神，也称那伽龙神）塑像。

不管是资金充裕的旅行者还是背包客，这座城市都能让他们自得其乐。这里既有廉价的处所和路边摊，也有高档得令人咋舌的漂亮精品酒店和拥有著名巴黎大厨的法式餐馆。这里的咖啡馆和面包房的数量比琅勃拉邦（Luang Prabang）还要多，各国菜式包罗万象。很有可能会让你长胖！

你可以窝在老式面包房里看书，或者去丝绸铺子里采购，更可以一边畅饮老挝啤酒（Beerlao）一边欣赏湄公河上的绚丽残阳，你会发现在这里度过的时光是如此令人难忘。

## 何时去

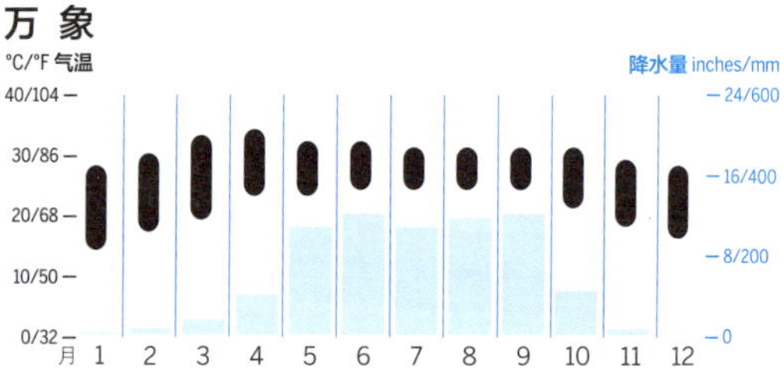


**11月至次年1月** 极佳的游览时间，11月有梦幻般的塔銮节（满月节）。

**3~5月** 温度和湿度升高，但酒店价格下降；许多地方都有空调！

**6~11月** 雨季带来新鲜的空气以及出夏节、河节等一个接一个与河流相关的节日。

# 万象（VIENTIANE）

☎ 021 / 人口 254,500

## 历史

万象（ວຽງຈັນ）坐落在湄公河的一处拐点上，公元9世纪前后开始有人在这里定居。万象曾隶属于早期的老挝流域城邦（Meuang），该城邦在10世纪左右发展壮大。由于周围的冲积平原土地相当肥沃，定居在这里的老挝人造就了万象。起初，万象城邦繁荣昌盛，享有根基脆弱的主权。

在接下来的大约10个世纪里，万象命途多舛。在不同时期，万象一直是主要的中心地区；可是在其他时期，越南人、缅甸人和暹罗人先后入主万象。

万象的鼎盛时期可能是16世纪中叶澜沧国（Lan Xang，1353~1707年）迁都万象之后的那些年，即塞塔提腊王（King Setthathirat）将澜沧国都从现在的琅勃拉邦迁至万象后的诸年。万象的几座寺庙就是在迁都后修建的，随后，万象逐渐成为主要的佛学中心。

好景不长。缅甸人、暹罗人和中国清朝军队轮番攻入万象，澜沧王朝的分崩离析也让万象这座城市元气大伤。

直到1805年昭阿努（Chao Anou，一位曾在曼谷接受教育的老挝王子）在暹罗人的扶植下登上王位，历经长年战乱的万象才得到喘息休整的机会。昭阿努兴建的公共工程包括在1818至1824年修建的西萨格寺（Wat Si Saket）。

不幸的是，昭阿努试图摆脱暹罗争取老挝独立未果，反而引来了万象历史上最残暴血腥的灭顶之灾。

1828年，暹罗人击溃了昭阿努的军队，随即将万象夷为平地，强行掳走大量人口。西萨格寺是当时唯一幸免于难的主要建筑，万象沦为荒野。

1867年曾有几名法国探险家来到万象。但是，直到19世纪后期法国人选定万象为法属领地首府后，万象的重建工作才正式开始。法国人首先为城市重建制定了一份简单的坐标网，几座零星的殖民风格官邸和行政大楼



## 游览万象

### 两日游

在**Le Banneton**面包房享用过咖啡和可颂（羊角）面包后，你便可开始**凯旋门至湄公河自行车游**（Monument to Mekong cycling tour），沿途会经过绝大部分万象重要景点，包括**西萨格寺、玉佛寺**（Haw Pha Kaeo）和**早市**（Talat Sao），最后在河畔的**Spirit House**喝杯鸡尾酒结束第一天的行程。第二天可以乘车去**香昆寺**（Xieng Khuan）瞻仰无数混凝土佛像和印度教众神。回程时可参观**塔銮**（Pha That Luang），并在那里借着美妙的午后阳光摄影留念。最后在**La Signature**享受一顿精致美味的法国大餐。

### 四日游

第三天看你的起床时间，但记得要去据称有着万象最美味的长棍面包和水果奶昔的**PVO**吃午餐。这里距离**矫形假肢合作企业游客中心**（COPE Visitor Centre）仅咫尺之遥，你可以在里面花上几个小时细心观看展览和震撼人心的纪录片。在**Khambang Lao Food Restaurant**吃过简单晚餐后，到街角的**Herbal Sauna**好好享受一次健康的老挝式桑拿。最后在**Bor Pennyang**喝上几杯老挝干啤结束第三天。第四天可以去**Villa Lao**学习烹饪老挝菜，或是到Th Nok è okoummane路上的手工艺品和纺织品店铺去血拼，在**Indochina Handicrafts**搜寻“共产主义”风格的手表和玻璃佛像，或是在**T'Shop Lai Gallery**挑选手工香皂和精油。

## 万象和周边亮点

❶ 参加骑车游万象（Vientiane By Cycle；见156页）团队游活动，骑着自行车在万象平坦的道路上穿行。

❷ 去**索巴琅寺**（见156页）或The Spa（见155页）享受传统桑拿和按摩，好好犒劳一下自己。

❸ 在Le Banneton（见164页）享用金黄色的可颂面包，或是在La Signature（见168页）这种超酷的餐馆里品尝高卢美食。

❹ 在**万荣**（见184页）周边的河流及绝美的喀斯特地貌上漂流、攀岩、划皮划艇、骑自行车、骑摩托或徒步。

❺ 住在Nam Lik Eco-Village（见184页），探索新兴的生态旅游区南利盆地（Nam Lik basin），或是参加**南利丛林飞跃**（见183页），在丛林上方40米的空中曲折飞跃。

中国地图出版社供图

去Phonsavan
丰沙湾(35km)
XIENG KHUANG
川圹省
Long Cheng
龙镇
Phu Bia
普别山
(2820m)
Tha Thom
Ban Huay Kham
Saisombun
赛松本
Nam Ngum
南俄河
(2128m)
Nam Xan
Nam Mang
Phu Khonhouat
(1551m)
Pho Ho
(1671m)
Bolikham
Long Xan Valley
Phu Sang
(1666m)
Tat Xai & Pha Xai
达赛和帕塞瀑布
Tat Leuk
达勒瀑布
Phu Khao Khuay NPA
普考奎山国家保护区
BOLIKHAMSAI
波里坎塞省
Ang Nam Leuk
南勒水库
Ban Hat Khai
班哈凯村
Nam Leuk
南勒河
Ban Phu Khao Khuay
普考奎村
Ban Huay Leuk
Tha Bok
班塔博村
湄公河
Paksan
北汕
Beung Kan
Nam Gnong
Ban Vang Hua
River
Ban Na
班纳村
Tha Pha Bat
塔帕巴
Mekong
Phu Khao Khuay
普考奎山
(1039m)
Ban Naxay
Ban Pako
Somsamai
Muang Pak Ngum
THAILAND
泰国
Xieng Khuan (Buddha Park)
香昆寺
Thai-Lao Friendship Bridge
泰老友谊大桥
Nong Khai
廊开
0 40 km
0 20 miles
去Udon Thani
乌隆他尼

# Vientiane 万象

0 2 km
0 1 miles
去Houey Hong Vocational Training Center for Women (2km)
去Kaysone Phomvihane Memorial 凯山 · 丰威汉纪念馆 (3.5km)
去Pha That Luang 塔銮 (600m)
Th Nong Buathong
Th Sihom
Th Thong Khan Khan
Th Talat Sisavath
Th ASEAN
Th Sibounheuang
Th Kaysone Phomvihane
Thai Embassy 泰国大使馆
Th That Luang
Vietnamese Embassy 越南大使馆
Th Nongbone
Australian Embassy Clinic
Wat Phonxai
Th Khounboulom
Th Saylom
Th Lan Xang
Th Samsènethai
Th Setthathirath
Nam Phu
Th Fa Ngoum
Th Mahasot
Th Dong Palan
Wat Ban Fai
Thai Consulate 泰国领事馆
Th Bourichane
Th Phonsay
见万象市中心地图(150页)
Centre Médical de L'Ambassade de France
International Clinic
Th Sakkarine
Wat Dong Palan
Don Chan
Wat Phia Wat
Th Simeuang
COPE Visitor Centre 矫形假肢合作企业游客中心
Th Dong Palan
Th That Khao
Th Khu Vieng
Water Tower 水塔
Th Tha Deua
Cambodian Embassy 柬埔寨大使馆
Th Saphantong Thai
Th Si Amphon
Myanmar Embassy 缅甸大使馆
Th Sok Pa Luang
Chinese Embassy 中国大使馆
Wat Ammon


万象和周边

## Vientiane 万 象

**重要景点**

1 矫形假肢合作企业游客中心……G4

**景点**

2 凯旋门……G2
3 西孟寺……G4

**活动、课程和团队游**

4 Bee Bee Fitness……G7
5 Papaya Spa……D2
6 Sengdara Fitness……H4
7 The Spa……G4
8 Ultimate Frisbee……G7
骑车游万象……（见21）
Villa Lao……（见17）
9 索巴琅寺……H5

**住宿**

10 Dorkket Garden Guest House……G3
11 Green Park Hotel……G4
12 Hotel Beau Rivage Mekong……D3
13 Khunta Residence……C2
14 Mandala Boutique Hotel……G4
15 Nalinthone Guesthouse……D2
16 Parkview Executive Suites……D2
17 Villa Lao……D2
18 Villa Manoly……F4

**就餐**

19 Cafe Nomad……H3
20 PVO……G3

**饮品和夜生活**

21 Kong View……B2
Spirit House……（见15）

**娱乐**

22 At Home……C2
23 Echo……D2
24 老挝国立歌剧院……E2
25 老挝国家马戏团……F1
26 Peurk-may……G5

**购物**

27 通坎坎市场……E1

**交通**

亚洲航空公司……（见29）
中国东方航空公司……（见28）
老挝国内航空公司……（见29）
老挝航空公司……（见29）
28 泰国国际航空公司……C2
29 瓦岱国际机场……A1

相继拔地而起。不过，在法属印度支那的优先顺序中，万象始终处于末等，万象朴实无华的建设规划无疑证明了这一点。

1928年，万象这座"城市"仅有9000人口，其中多数还是法国人带过来的越南籍行政官员。直到第二次世界大战结束，万象人口才出现猛增势头。冷战时期，法国人和美国顾问先后通过各种渠道潜入老挝，战争资金也随之源源流入万象，从而引发了人口增长。

在政治动荡的20世纪60年代，万象遭遇了数次政变，导致70年代初的万象几乎是一座空城。通常只在仅有的几家酒吧里才能看到人影，不过大都是神秘兮兮的间谍和记者，以及侍候他们的女招待。

不出所料，1975年巴特寮（Pathet Lao，简称PL）占领万象后，情况发生了变化。间谍满天飞的夜总会最先被取缔，万象陷入了沉寂，时不时有一些低水平的集体化运动和早期的打击佛教的运动。这一时期给这座城市留下的只有一些毫无新意的苏式建筑。90年代，万象终于有了较大起色。特别是最近几年，万象大兴土木，重建道路，大力发展交通设施。这些项目大多都是由中国这个看来将对万象的未来有着最深远影响的国家投资兴建的。

## 景点

万象的大多数景点都集中在市中心的一小片区域内。除香昆寺（又名佛像公园）外，所有景点都可以骑自行车轻松到达，大多数情况下甚至可以步行前往。这里只列出了几处著名寺庙，如果想要探访城中的一些小庙，不妨参加我们的城市自行车游（见158页）。从上午僧人化缘结束一直到18:00左右，绝大部分寺庙都开门迎客。

### ★矫形假肢合作企业游客中心 信息中心

（COPE Visitor Centre；ສູນຟື້ນຟູຄົນພິການແຫ່ງຊາດ；见140页地图；☎021-218427；www.copelaos.org；Th Khu Vieng；⏲9:00~18:00）免费 矫形假肢合作企业（Cooperative Orthotic & Prosthetic Enterprise，简称COPE）是老挝的假肢、助行器和轮椅的主要生产者。该组织的国家康复中心（National Rehabilitation Centre）里设有很好的游客中心，通过多媒体手段展示了与外科修复术和致残元凶未爆炸武器

（Unexploded Ordnance，简称UXO）相关的信息，翔实有趣。舒适的影院里会循环放映几部极具震撼力的纪录片。中心还设有一间礼品店和咖啡馆，销售所得收入全部用于支持COPE在老挝的项目。

**西萨格寺** 佛教寺庙

（Wat Si Saket；ວັດສີສະເກດ；见150页地图；Th Lan Xang和Th Setthathirath的交叉路口；门票 5000K；⏲8:00至正午和13:00～16:00，节假日不开放）由昭阿努在1819～1824年兴建的西萨格寺据信是万象现存最古老的寺庙。但显然，这座被改用作国立博物馆的美丽寺庙急需修缮。

**玉佛寺** 博物馆

（Haw Pha Kaeo；ຫໍພະແກ້ວ；见150页地图；Th Setthathirath；门票 5000K；⏲8:00至正午和13:00～16:00）这里曾是专门供奉著名的玉佛（Emerald Buddha）的皇家寺庙，如今则已成为国家宗教艺术博物馆。玉佛寺位于西萨格寺东南方向大约100米的地方。

**凯旋门** 纪念碑

（Patuxai；ປະຕູໄຊ，又名胜利纪念碑；见140页地图；Th Lan Xang；门票 5000K；⏲8:00～17:00）万象的凯旋门矗立在Th Lan Xang的闹市区，与周围的环境显得有些格格不入。它的正式名称是“胜利纪念碑”（Victory Monument），是为纪念在革命前期的战争中牺牲的老挝人而修建的。1969年万象人挪用了美国捐助的准备用来修建新机场的水泥建造了这座纪念碑，纪念碑也因此被外国人称为“垂直跑道”。登上顶部可以俯瞰万象全景。

**老挝国家博物馆** 博物馆

（Lao National Museum；ພິພິດທະພັນປະຫວັດສາດແຫ່ງຊາດລາວ；见150页地图；☎021-212461；Th Samsènethai；门票 10,000K；⏲8:00至正午和13:00～16:00）很遗憾，这座樱花和木兰树掩映下的法国占领时期的迷人建筑将被拆除，博物馆将搬迁至新楼。这里曾是老挝革命博物馆（Lao Revolutionary Museum），里面的藏品至今仍可让人们感受到当时那股不可动摇的革命热情。楼下是南方高棉文化的相关展览以及一些工具和佛像；楼上则是关于巴特寮故事的沉闷展示以及列宁和胡志明的半身像。

**西孟寺** 佛教寺庙

（Wat Si Muang；ວັດສີເມືອງ；见140页地图；Th Setthathirath、Th Samsènethai和Th Tha Deua的交叉路口；⏲每天 6:00～19:00，特殊节日 至22:00）这是万象香火最旺盛的寺庙，也是城市之柱（lák méuang）的所在地。城市之柱据说是万象守护神的居所。

宏大的佛殿（sǐm；毁于1828年，后于1915年重建）围绕着城市之柱而建，共有两个厅堂。入口的大殿仿造玉佛寺而建，而里面那尊小得多且看起来仿佛快要融化掉的石



## 舍身成仁

传说，1563年塞塔提腊王将国都迁至万象后，一群圣僧选址修建西孟寺。建寺地址一选定就挖了个大坑来竖立沉重的石柱，这就是后来的城市之柱。石柱可能是从附近的高棉古遗址搬过来的。石柱运到后，人们先用绳子把石柱悬吊在大坑上方，随后又敲锣打鼓地把市民召集到大坑前。大家等着有人自愿跳入大坑献身神灵。

根据讲述人的说法，传说有好几种版本。其中最普遍的说法是，一位名叫绍西（Sao Si）的孕妇纵身跃入坑中，人们随即解开绳子放下石柱。绍西献出了自己的生命，与此同时，这根石柱也被赋予了守护城市的神力。还有其他两种说法，一种是她骑着一匹马跳入坑中，另一种是她和小沙弥两人一起跳了进去。

不过，老挝学者认为这个传说没有可考的文史资料，故事发生的时间可能比塞塔提腊时代还要早得多，大概发生在前佛教孟人时代或高棉时代，因为那时才有以活人献祭的习俗……绍西她那富有传奇色彩的纵身一跳可能并非出于自愿。

1

2

4

AUSTIN BUSH/GETTY IMAGES ©

GRANT DIXON/GETTY IMAGES ©

FLASH PARKER/GETTY IMAGES ©

**1. 琅南塔的乡村生活（见110页）**

一位少女在琅南塔附近的山地部落村庄里为稻米脱粒。

**2. 万象夜市（见168页）**

在万象夜市，小贩在准备老挝街头美食。

**3. 街头食物（见329页）**

用香蕉叶包裹的老挝传统烤猪肉、烤牛肉和烤蔬菜。

**4. 琅勃拉邦的夜市（见63页）**

琳琅满目的琅勃拉邦手工艺品夜市上的彩色纸伞。

1

2

GRANT DIXON/GETTY IMAGES ©

3

FRANS LEMMENS/GETTY IMAGES ©

**1. 芒新（见115页）**

老挝北部琅南塔省芒新附近的瑶族妇女在绣花。

**2. 孟威诺（见93页）**

老挝北部孟威诺的和尚在化缘。

**3. 琅南塔（见110页）**

老挝北部的阿卡族山地部落村庄。

# 河上生活

湄公河是老挝的命脉。其他的重要河流如同血管，而湄公河则像一条动脉一样穿过这个国家的心脏，为这片土地带来勃勃生机，同时也为偏远的内陆城镇提供了交通路线。对于许多老挝人而言，这条河不仅是生活的一部分，它就是他们的生命。

1

**1. 孟威诺的南乌江（见93页）**

南乌江上渡客的长尾船“出租车”。

**2. 万象的湄公河（见136页）**

在万象附近的河上讨生活。

**3. 他曲（见208页）**

当地人在湄公河上用传统渔网捕鱼。

**4. 东德岛（见268页）**

东德岛上的旅行者跃入湄公河的一瞬。

## Central Vientiane 万象市中心

佛据说躲过了1828年的灭顶之灾。当地人相信这尊石佛能帮人达成愿望或答疑解惑，求佛许愿的方法是上抛垫子三次，同时脑袋里想着疑惑或愿望。如果愿望达成或疑惑解决，就要返寺还愿供献祭品，比如香蕉、绿椰子、鲜花、熏香和蜡烛（通常每次两根）。

城市之柱位于后殿，据信建造于高棉时期，这也意味着这处地址被用作宗教场所已有1000多年历史。现在它被裹上了圣衣，前方是一个雕有一尊坐佛浮雕的木碑。

大殿后面是一座破败的红土佛塔（jẹhdii），基本已可以确定这座佛塔是高棉人建的。善男信女将残损的神像和陶器堆放到塔基四周，这样，佛塔众神就会“结束”这些信徒因打破神像和陶器而招来的厄运。大殿前面有一个小公园，园内有一尊西萨旺·冯国王（King Sisavang Vong，1904~1959年）的雕像。

### 凯山·丰威汉纪念馆 博物馆

（Kaysone Phomvihane Memorial; ຫໍພິພິດທະພັນແລະອະນຸສາວລີໄກສອນພົມວິຫານ; 门票纪

念馆/故居 5000/5000K；⏲纪念馆 周二至周日 8:00至正午和13:00~16:00，故居 周二至周日 8:00~16:00）纪念馆位于向南延伸的13号公路（Rte 13）的6公里处附近，于1995年庆祝已故主席凯山·丰威汉诞辰75周年时对外开放，表达了对这位印度支那最务实的共产党领导人的赞颂之情。凯山·丰威汉的故居极为朴素，相反，纪念馆却是一座宏伟的越南风格建筑，以此歌颂这位伟大的领袖（他本人从未赞同过这样的个人崇拜）。

你可以骑自行车，或在13号公路搭乘任何交通工具南行均可到达这里。凯山故居有些难找，因此在参观完纪念馆后最好回到来时的路继续往南走。在第一个红绿灯处右转继续前行一公里，直到看到右手边写着“Mémorial du Président Kaysone Phomvihane”的标牌。另外，从市中心做嘟嘟车到此的车费约为40,000K。

虽然故居有些难找，但纪念馆你绝对不会错过。巨大的凯山青铜雕像屹立在纪念馆前，两侧是“社会主义英雄”式的大型

## Central Vientiane 万象市中心

**◎ 景点**

1 玉佛寺 ........ F5
2 老挝国家博物馆 ........ D2
3 西萨格寺 ........ E4

**活动、课程和团队游**

Best Western ........ (见 10)
4 Herbal Sauna ........ B3
5 老挝保龄球中心 ........ E1
6 Oasis ........ B4
Settha Palace Hotel ........ (见 32)
7 万象游泳馆 ........ E2

**住宿**

8 Ansara Hôtel ........ B3
9 Auberge Sala Inpeng ........ A3
10 Best Western ........ B4
11 City Inn ........ E2
12 Day Inn Hotel ........ E2
13 Douang Deuane Hotel ........ C4
14 Dragon Lodge ........ C2
15 Hotel Khamvongsa ........ A3
16 Intercity Hotel ........ A3
17 Lani's House ........ B2
18 Lao Heritage Hotel ........ C2
19 Lao Orchid Hotel ........ A3
20 Lao Plaza Hotel ........ D2
21 Lao Silk Hotel ........ B3
22 Lao Youth Inn ........ B3
23 Mali Namphu Guest House ........ D3
24 Mixay Guest House ........ C4
25 Mixok Guest House ........ C3
26 Orchid Guesthouse ........ B4
27 Phasouk Residence ........ C4
28 Phonepaseuth Guest House ........ D3
29 Phonethip Guesthouse ........ A3
RD Guesthouse ........ (见 24)
30 Salana Boutique Hotel ........ B3
31 Saysouly Guest House ........ C3
32 Settha Palace Hotel ........ E1
Soukchaleun Guest House ........ (见 25)
33 Souphaphone Guesthouse ........ B3
34 Syri 1 Guest House ........ D1
35 Vayakorn House ........ C3
36 Vayakorn Inn ........ C2
37 Vientiane Backpackers Hostel ........ C3

**就餐**

38 Amphone ........ C3
39 Aria ........ B3
40 Baguette & Pâté Vendor ........ D3
41 Ban Anou Night Market ........ C1
Benoni Café ........ (见 59)
42 Bistrot 22 ........ F4
43 Common Ground Café ........ A3
44 Croissant d'Or ........ C3
Han Sam Euay Nong ........ (见 19)
45 Han Ton Phai ........ E1
46 Istanbul ........ B3
47 JoMa Bakery Café ........ D3
48 Khambang Lao Food Restaurant ........ A3
49 Khop Chai Deu ........ D3



雕像群，以及各民族雕像和一尊运动员雕像，“运动员”看上去像表情超级严肃的超人。纪念馆建筑本身也呈现出完全不同的风格，内部全是有关凯山及其革命党的展品，种类相当齐全，包括凯山儿时在沙湾拿吉（Savannakhet）住过的老房子的模型、凯山在班代村（Ban Tai）法国殖民学校上学时用过的课桌、华潘省（Hua Phan Province）“凯山洞穴”（Kaysone Cave）部分场景的模型以及左轮手枪、双筒望远镜、收音机和其他私人物品。

与此形成对比的是，凯山故居相当朴素，但却非常吸引人，这不仅仅因为其历史悠久，更因为自1992年这位伟人去世后，故居及内部的陈设始终保持着原样。故居位于前美国国际开发署（USAID）和中央情报局（CIA）驻地内，里面设施齐全，无所不有。因为距万象市中心6公里，联合总部曾又名“六公里城”。联合总部曾设有多处酒吧、餐馆、网球场、游泳池、一家杂货商店，以及策划组织了秘密战争（Secret War）的各个办公室。1975年万象政权交接期间，巴特寮使用武力赶走了美国人，占领了联合总部。从此，凯山一直住在这里直到他去世。

一名老挝人民革命党（Lao People's Revolutionary Party，简称LPRP）导游将带你参观故居，展品包括凯山喝过的剩下半瓶的苏格兰酒、俗气的东方集团（Eastern Bloc）纪念品、白色跑鞋、记事本以及原装的凯尔维纳特牌（Kelvinator，创建于1914年的美国制冷品牌）空调。就连凯山访问莫斯科时穿过的冬大衣也干干净净地挂在衣柜里。

### 塔銮　　佛教舍利塔

（Pha That Luang；ພະທາດຫລວງ，又名Great Sacred Reliquary或Great Stupa；Th That Luang；门票 5000K；⊙周二至周日 8:00至正午和13:00~16:00）修长的塔銮是老挝最重

50 Korean Restaurant B2
51 La Signature B3
52 La Terrasse C3
53 L'Adresse de Tinay B3
54 Lao Kitchen C2
55 Le Banneton C3
56 Le Silapa B2
57 Le Vendôme A3
58 Makphet B3
Paradlce (见74)
59 Phimphone Market D3
60 PhimPhone Market 2 E3
61 Pho Dung C2
62 Pimentón C3
63 Rice Noodle – Lao Porridge B2
64 Scandinavian Bakery D3
65 Taj Mahal Restaurant C3
66 Vieng Sawan B2
67 YuLaLa Cafe C2

**饮品和夜生活**

68 Bor Pennyang A3
69 iBeam B2
70 Jazzy Brick D3
Khop Chai Deu (见49)
71 Noy's Fruit Heaven C2
72 Samlo Pub C3

**娱乐**

73 Anou Cabaret B2
74 法国文化协会 G2
75 老挝国家文化宫 C2
76 Wind West A2

**购物**

77 Book Café C2
78 Camacrafts C4
79 Carol Cassidy Lao Textiles C3
80 Carterie du Laos B3
81 Couleur d'Asie B4
82 Indochina Handicrafts B2
83 Kanchana Boutique E3
84 Khampan Lao Handicraft C3
85 KPP Handicraft Promotion Enterprise of Sekong Province B2
86 Mixay Boutique C3
87 Monument Books C3
88 Oriental Bookshop B3
89 Satri Lao C3
90 夸丁市场 H4
91 早市 G3
Treasures of Asia (见72)
True Colour (见25)
92 T'Shop Lai Gallery B3
93 VanSom E3
94 Vins de France E3

**交通**

95 Europcar C3
96 Jules' Classic Rental D3
97 老挝航空公司 D4
越南航空公司 (见20)

要的国家历史文物，它既是佛教信仰的象征，又是老挝至高权力的标志。传说早在公元前3世纪，来自印度孔雀王朝阿育王时代的几位圣僧在这里建立了一座佛塔（tâht）用以安奉佛祖的一枚胸骨舍利。

45米高的塔銮四周是小窗密布的高墙回廊。回廊的边长为85米，并雕有千姿百态的佛像。塔銮坐落在万象市中心东北方向大约4公里的地方，就在Th That Luang路的尽头。

## 老挝纺织品博物馆

博物馆

（Lao Textile Museum；ພິພິດທະພັນຜ້າໄໝບູຮານລາວ；☎030-572 7423；www.ibiss.co.jp/laomuseum/access.html；门票30,000K；⏲10:00~16:00）这里原本是由经营Kanchana Boutique（见172页）的家族所建立的私人博物馆，在几家外国NGO（非政府组织）的帮助下，后来成为了某种意义上的老挝文化中心。这是一座绿树成荫的传统老挝建筑，内部的主要藏品是纺织品。除了木屋内陈列的各种织布机和代表不同部落的古老织物，这里还设有纺织和印染课程以及一间商店。

博物馆还设有老挝烹调班，尽管在我们拜访期间并未开始授课。周六有老挝传统音乐课，但只为会演奏老挝乐器并精通老挝语的人开设。以上两项都建议提前和博物馆或Kanchana Boutique联系。

博物馆位于国家马戏团（Hong Kanyasin）东北约3公里处，Kanchana Boutique可以提供地图。

## 香昆寺

博物馆

[Xieng Khuan；ຊຽງຂວັນ，又名Suan Phut或佛像公园（Buddha Park）；门票 5000K，照相 3000K；⏲8:00~16:30] 香昆寺位于万象东南约24公里处，寺内供奉着各种超凡脱俗

## 瞻仰塔銮

塔銮（见152页）的每一层都拥有不同的建筑特征，体现了不同的佛教教义；建议游客绕塔观赏时思忖一下这些特征的含义。第一层是近乎正方形的塔基，东西长69米，南北宽68米，前后左右共有323块戒碑（sěe máh）。塔基表现的是物质世界，四面还各有一座拱形祈佛亭（hŏr wái）。游客可拾阶而上，进入膜拜亭，再走几步便是第二层。

第二层是边长48米的正方形，周围栏杆被雕刻成120片盛开的莲瓣。这一层上面有288块戒碑，以及象征30种圆满佛果（báhlamée săhm-síp tat）的30座小佛塔，始于布施，止于平等舍心。

四面又各有一道拱形门通向第三层。第三层是边长30米的正方形底座。高大的中心佛塔由砖砌而成，外面用灰泥进行了粉饰，矗立在碗状的塔座上，不禁让人想起了桑吉（Sanchi）的印度第一座佛教舍利塔。塔座之上便是莲花瓣环绕的中心佛塔。

曲线优美的四面尖顶像一朵被拉长的莲花花蕾，据说它象征着莲花的生长过程——从湖底淤泥中的一粒种子长成在湖面怒放盛开的一朵莲花，比喻世人从懵懂无知到受佛明诲的觉悟过程。1995年整座塔銮再镀金身，庆贺老挝人民民主共和国（PDR）建国20周年。现在，塔銮顶上加有一把意象化的香蕉花宝伞。从地面至塔尖，塔銮高45米。



的佛教和印度教雕像，令人叹为观止。1958年，一位身兼瑜伽修行者、祭司、萨满多重职务的高僧（Luang Pu）设计并修建了这处寺庙，他将印度教和佛教的哲学思想、神话和造像艺术融为一体，造就了这样一座充满神秘感的宗教圣所。

14路公共汽车（8,000K；1小时）白天每15或20分钟从早市（Talat Sao）汽车站出发直达香昆寺。另外你还可以包一辆嘟嘟车（往返200,000K）前往。

## 活动

### 飞盘

**Ultimate Frisbee** 飞盘

（见140页地图；American soccer pitch；12,000K；⏲周一 18:15）每周一晚上，飞盘迷们会聚集在American soccer pitch举办Ultimate Frisbee比赛（两支队，每队7人）。可登录Facebook页面（Vientiane Ultimate Frisbee）查询详细信息或联系搭车。你可以在这里看到男孩和女孩，老挝人和外国人。如果要在万象逗留一段时间，这是个很不错的接触当地人的途径。

### 保龄球

**老挝保龄球中心** 保龄球

（Lao Bowling Centre；见150页地图；☎021-218661；Th Khun Bulom；每局及租鞋16,000K；⏲9:00至午夜）老挝保龄球中心里有明亮的灯光、老挝啤酒和活泼喧闹的球手。

### 健身房和瑜伽

**Bee Bee Fitness** 健身

（见140页地图；☎021-315 877；日卡40,000K；⏲周一至周五6:00~21:00，周六和周日 7:00~21:00）这家超棒的健身房位于澳大利亚大使馆正对面，俯瞰湄公河，你可以一边看着过往的船只，一边在跑步机上奔跑。健身房宽敞开阔，设备也较齐全：有划船机、动感单车和力量训练设备。有一个正在修建中的泳池，还有常规的尊巴舞（zumba）和普拉提（pilates）课程。

**Sengdara Fitness** 健康与健身

（见140页地图；☎021-452159；5/77 Th Dong Palan；⏲6:00~22:00）Sengdara的设施较齐备，跑步机数量充足，有桑拿、泳池、按摩（每小时60,000K）、有氧操和瑜伽课程。游客只需购买45,000K的日卡，便可使用所有设施。晚上还有跆拳道(tae kwon do)课程。

### Best Western 健康与健身

(见150页地图；☎021-216906；22/3 Th François Ngin；每次 80,000K)健身房、桑拿房和泳池都很小，位于市中心。

### Lemongrass Yoga 瑜伽

(☎020-5887 2027；www.lemongrassyoga.com；每节课 70,000K；⊙周四 18:30~20:00，周日 正午至13:30)Shelley 是城中最好的瑜伽老师，她研习瑜伽已有15年，并在自己的传统老挝式木结构住所内开设一对一或者小班授课式的哈达(hatha)瑜伽课程。瑜伽室(6号)位于Dongphalan Thong村Th Boulichanh路旁的一条小巷(soi)里。巷口坐落着地标建筑Vieng Vang大楼——这是一栋六层写字楼，就在泰国领事馆和Th Boulichanh路上的Ton Lam餐厅中间。

## 按摩/桑拿

### ★The Spa 按摩

(见140页地图；☎021-285113；www.the-spa-laos.com；Th That Khao；⊙10:00~22:00；📶)坐嘟嘟车离城数分钟即可到达，这块宁静的绿洲是城中最好的水疗中心，环境清凉，提供头部按摩(98,000K)、精油按摩(185,000K)和草药蒸熏及桑拿(110,000K)等细致周到、令人无比享受的护理服务。两只方脸波斯猫更将这种奢靡享乐的气氛推向极致。

### Oasis 按摩

(见150页地图；Th François Ngin；⊙9:00~21:00)清凉、洁净而且专业，这里是在中心城区享受足部按摩(50,000K)、老挝式身体按摩(60,000K)或薄荷油全身护理(200,000K)的理想场所，而这些只是这家机构提供的众多护理服务中的一小部分。

### Wat Sok Pa Luang 按摩、水疗

(Th Sok Pa Luang；⊙13:00~19:00)忘掉空调和浮华，在绿树成荫的Wat Sok Pa Luang庭院里尽情享受健康的老挝式草药桑拿吧。巨大的锅中烹煮着由桉树、柠檬草、罗勒和青柠混合而成的魔力汤药，药草的雾气被用来熏蒸(20,000K)。此外还有传统式按摩(40,000K)和冥想课程(免费)。距离市中心约3公里，尽量避开15:00~18:00的高峰时间。

### Herbal Sauna 按摩

(见150页地图；☎020-5504 4655；紧邻Th Chao Anou；⊙13:00~21:00)位于河畔，外观朴实无华，提供分男女隔间的老挝式草药桑拿服务(15,000K)。除桑拿外，还提供各种按摩，包括老挝式按摩(每小时40,000K)、精油按摩(每小时80,000K)和足部按摩(每小时40,000K)。费用中含浴衣(男用)和毛巾，女性必须额外支付2000K租借纱笼(sarong)。

### Papaya Spa 水疗

(见140页地图；☎020-5561 0565；www.papayaspa.com；Th Phagna Sy；⊙9:00~19:00)一部分是波西米亚风格的休闲吧，另一部分是鸦片室风格的布置，这处古旧的别墅是放松的好地方。按摩最低价为110,000K，草药桑拿30,000K；瑞典式按摩或椰子/木瓜身体护理的价格为210,000K。这里的主人十分和蔼可亲，但据说最近的品质下降得很厉害，从顶级跌到了普通。

### White Lotus Yoga & Massage 按摩

(☎021-217492；Th Pangkham；⊙9:00~21:00)这家店地处市中心，就在Nam Phu北面，提供一站式的护理服务，不仅可以舒缓客人疲惫的双脚和筋骨，还提供面部美容和蜜蜡脱毛(110,000K)服务。店里的墙壁需要重新粉刷了，老挝式按摩(50,000K)也乏善可陈，但坐在复古的椅子上享受一次足部按摩(55,000K)还是不错的。设有定期瑜伽课程。

## 跑步

### 万象小饭馆猎狗队 跑步

(Vientiane Hash House Harriers；www.hashlaos.com)这里欢迎跑步爱好者参加他们每周组织两次的HASH活动(全称小饭馆猎狗队，是一项世界性的长途越野跑步活动；通过在风景如画的野外翻山涉水、紧追

慢跑、玩笑、游戏、畅饮啤酒，达到锻炼身体、磨炼意志、结交朋友、释放压力的目的。周六的HASH活动是比较有挑战性的跑步活动，15:45从Nam Phu出发。活动结束后是聚餐和畅饮老挝啤酒。周一的跑步活动比较轻松，17:00开始，从不同地方出发；你可以在Scandinavian Bakery或Asia Vehicle Rental找到相关地图，租车行的店主乔·朗布尔（Joe Rumble；☎020-5551 1293）非常乐于助人。

### 游泳

万象有好几处地方可以让你尽情在水中遨游或者仅仅享受泡水带来的乐趣。你可以去Sengdara Fitness，那里的日卡价格是45,000K。几家宾馆也欢迎非住店客人去游泳，比如美丽的**Settha Palace Hotel**（见150页地图；6Th Pangkham；⏲7:00~20:00）有不错的泳池和池畔酒吧，Lao Plaza Hotel（见161页）的泳池尺寸很不错，躺椅数量也充足（但价格高达120,000K）。

**万象游泳馆** 游泳

（Vientiane Swimming Pool；见150页地图；☎020-5552 1002；Th Ki Huang；门票15,000K；⏲8:00~19:00）万象游泳馆位于市中心，安静、干净，很适合折返游。但记得租赁或者自备泳镜——池水里的氯气浓度非常高。

## 课程

**Villa Lao** 烹饪

（见140页地图；☎021-242292；www.villa-lao-guesthouse.com；紧邻Th Nong Douang；半日课程 150,000K）Villa Lao不仅适宜居住，还在9:00和14:00开设烹饪课程（需预约），内容包括集市采购、自选三道菜进行烹制并品尝成果。采用班级整体收费制度，所以上课的人越多摊到每个人的费用就越低，但每人大致需要150,000K。

**Houey Hong Vocational Training Center for Women** 织染

（☎021-560006；www.roueyhong centre.com；Ban Houey Hong；⏲周一至周六 8:30~16:30）你可以在这家女子职业培训中心里学习用天然染料给纺织品染色，以及用传统织机纺织染过色的织物。中心隶属于一家NGO，位于万象北部，管理者是一名老挝籍日本女性。这里为弱势的农村妇女提供了天然染色工艺和传统丝织技术的培训课程。游客可以免费参观或共同参与染色工作（120,000K；2小时；两条披肩）或纺织过程（200,000K，一整天），并可保留自己的劳动成果。往来中心的交通接送需要另付33,000K。中心在万象的联络点和店铺叫True Colour（见172页）。

**Lao Textile Museum** 织染

（☎030-525 8293；www.ibiss.co.jp/laomuseum/access.html；课程 US$50；⏲10:00~16:00）这个由Kanchana Boutique经营的博物馆开设有纺织和印染课程。上课必须提前预约，部分课程采用英语教学，但真正有心学习的人最好自带翻译。位于城外约5公里处。

### 内观冥想

**索巴琅寺** 冥想

（Wat Sok Pa Luang；☎021-2311938；Th Sok Pa Luang）每周六的16:00~17:30，索巴琅寺的僧人会上一节坐禅及行禅冥想课（通过静坐或行走的方式来实行禅修）。欢迎老挝人和外国人参与，无需费用。冥想课程后的提问时间通常配有一名翻译。

## 团队游

**骑车游万象** 骑车游

（Vientiane By Cycle；见140页地图；☎020-5581 2337；www.vientianebycycle.com；半天/全天 350,000/450,000K）这是由活力四射又讨人喜欢的前向导Aline经营的骑车游览活动，途中你将有机会沿着万象的河畔漫游、在富人区和贫民区间穿行，历览学校和寺庙的独特景致，充分领略城市的另一面。可登录网站或打电话联系预订游览活动。每天8:00从湄公河上的Kong View出发。

## 节日和活动

不管是什么节日，万象的庆祝活动都和

全国任何地方一样热烈。但在此期间醉酒驾车行为会极为普遍，且事故频发——无论如何，节日期间千万不要在城中驾车或骑行。

### 塔銮节 文化节

（Bun Pha That Luang，又名That Luang Festival；⏲11月）通常在11月初举行的塔銮节是老挝规模最大的庙会。除了热情似火的宗教庆祝活动外，节日里还有商业展览和大量嘉年华会。庆典活动随着在西孟寺举行的绕佛仪式（wéean téean，指一种虔诚的修行，顺时针方向环绕神圣的物体，如佛像、佛塔）拉开帷幕，之后游行队伍会一路走到塔銮，而塔銮会彻夜通明持续整整一周时间。满月日早上举行的đák bàht仪式会将塔銮节庆典活动推至高潮，来自老挝全国各地的几千名僧人在仪式中接受施舍。满月日晚上，善男信女们带着巴萨（Ƅạhsàht，用香蕉杆制成、饰有鲜花和其他贡品的寺庙模型）在塔銮周围举行最后的绕塔仪式。届时，烟花会照亮夜空，每个人都在黎明到来之前积蓄功德或尽情狂欢。

### 河节 划船比赛

[Bun Nam，又名赛舟节（Bun Suang Héua）；⏲10月] 这是万象另一个盛大的节日，在每年10月封斋节（pansăh，佛教雨住节）结束时举行，节日期间湄公河上会举行龙舟赛。来自老挝全国各地甚至泰国、中国和缅甸的龙舟队齐聚一地竞技赛舟。节日庆典会持续三天三夜，届时河岸上排满了小吃摊、临时迪斯科舞场、嘉年华会和露天啤酒花园。河节期间，万象到处人山人海。考虑到龙舟赛的距离和找到有利观赛位置的难度，我们建议到小一点的镇上去观看比赛，比如万荣和孟孔（Muang Khong），但孟孔只在12 月初国庆节前后才举行节日。

## 住宿

万象城里有各种住宿选择，从便宜的背包客宿舍到雅致的精品客栈，再到整齐划一的大型酒店，应有尽有。大酒店里设有商务中心，且通常都有游泳池和餐厅，大部分酒店接受主流信用卡。

至于价格，手头拮据的旅行者想省钱的话，花上几美元就可以找个宿舍窝起来，但在顶级酒店，有可能一晚上就花掉你数百美元。这两个极端之间，还有一些非常干净私密的客栈，每晚的价格大约在US$20（双人间）。

## Th Setthathirath路和Nam Phu

### Lao Youth Inn 客栈 $

（见150页地图；☎021-241352；Th François Ngin；房间 带电扇/空调 60,000/80,000K；❄📶）Th François Ngin路上有好几家薄荷绿色的Lao Youth Inn，最好的一家位于道路北端，紧邻Th Setthathirath路。房间有些憋闷但芬芳怡人，带浴室和光亮的瓷砖地板。虽然不够精致，但胜在便利。客栈还可以帮助客人订票，并提供租借自行车（10,000K）和小摩托车（60,000K）的服务，员工也很友善。

### Vientiane Backpackers Hostel 青年旅舍 $

（见150页地图；☎020-9544 4147；www.vientianebackpackerhostel.com；Th Nokèokoummane；@📶）很不错的新旅舍，有3间装着电扇的宽敞宿舍。旅舍内设有咖啡馆，21:00后伏特加免费，提供洗衣服务，更有免费Wi-Fi供住客上网，此外住客还可以在这里租借自行车（10,000K）和小摩托车（70,000K）。浴室和淋浴房现代而洁净，还有齐全的自炊设施。早餐免费，旅舍可代订各种票务或办理签证，友好的欧式管理模式让这里物有所值。

### Mixok Guest House 客栈 $

（见150页地图；☎021-251606；Th Setthathirath；房间 含早餐 130,000K；❄@📶）所有的房间都有空调、电视和Wi-Fi。还有一家网吧（每小时6000K）。客栈提供公交订票服务，可惜员工服务态度生硬。

### Saysouly Guest House 客栈 $

（见150页地图；☎021-218383；www.saysouly.com；23 Th Manthatourath；标单/双 不带浴室 50,000/90,000K，房间 带空调和浴室 120,000K；❄）从Nam Phu步行两分钟

即可到达这家客栈。这里深受背包客欢迎，共有3层楼，旅舍房间仅有基本配置但很干净，有些需要共用浴室。服务不算热情，但社交气氛不错，在阳台上可以结识到不少其他旅行者。

**Soukchaleun Guest House** 客栈 $

(见150页地图；☎021-218723；121 Th Setthathirath；房间 带电扇/空调 80,000/110,000K)这是一家仅有基本配置的老旧旅舍，大堂空间虽小，但有一只八哥和快活的员工活跃气氛，距离米赛寺也不远。房间虽是普通的套房，但是整体给人的感觉很热情，并不沉闷。



**★Hotel Khamvongsa** 酒店 $$

(见150页地图；☎021-218415；www.hotelkhamvongsa.com；Th Khounboulom；含早餐 标单/双/标三 US$35/50/60；❄📶)这座迷人的法国殖民时期建筑经过精心改建后成为了一家美妙的精品酒店，令住客有宾至如归之感。玻璃滤过的光影、格子花样的瓷砖地面和精致简约的房间、泛着柔光的木地板和充满印度风情的装饰无不彰显着法国"美好年代"时期(belle-époque)的风格。3层和4层的房间景观超群。还有安静的庭院和餐厅。

**Lani's House** 客栈 $$

(见150页地图；☎021-215639；www.lanishouse.com；Th Setthathirath；标单/双 US$50/60；Ⓟ❄)这个装饰艺术风格的华丽住所隐藏在一座寺庙旁安静而荫凉的小巷里。随处可见的古董和老挝工艺品让这里呈现出印度支那最美的一面。房间凉爽宜人，有木质叶片风扇、用来书写航空长信的浪漫书桌、做旧风格的大衣橱、有线电视、冰箱、壁挂、蚊帐和竹架床。风情浓郁的大堂里点缀着工艺品和动物标本。

**Vayakorn Inn** 酒店 $$

(见150页地图；☎021-215348；www.vayakorn.biz；19 Th Hèngbounnoy；房间 US$35；❄@📶)位于日渐喧嚣的Th Setthathirath路旁一条安静的街道上，装饰着工艺品的华丽大堂、精巧的咖啡馆和硬木地板更加彰显了这间雅致宁静的酒店的价

## 自行车游
## 湄公河畔的历史建筑

**起点**：Le Banneton
**终点**：Spirit House
**距离**：5公里
**需时**：4~6小时

万象是个极为适合骑自行车游逛的城市。我们建议趁早上凉爽的时候出发，骑行路线中包括了早餐和午餐点，如果出发的时间较晚，则可以改为午餐和晚餐点。夸丁市场(Talat Khua Din)这样的景点最好一大早就去。

先去Th Nokèokoummane路上的法式面包房❶**Le Banneton**(见164页)来杯咖啡和脆皮可颂面包，新的一天就此开始。面包房隔壁就有一处自行车租赁店，邻近的Th François Ngin路上还有好几家，大部分都会在7:00开门营业，租金每天约10,000K。

骑上车，沿着单行道Th Setthathirath路骑行，途中会经过❷**Nam Phu**，这是万象最壮观的喷泉。继续骑大约一公里来到红绿灯处，右手边就是❸**总统府**(Presidential Palace)，这是一幢给法国殖民总督居住的布杂式风格(beaux arts-style)的别墅。

正对面就是有着成千上万座佛像的❹**西萨格寺**(见143页)，再继续往前，就是❺**玉佛寺**(见143页)，即国立佛教艺术馆。早上来可以避开汹涌的人流。

沿着Th Setthathirath路继续骑行，穿过Th Mahasot路后左转沿Th Gallieni路前行。看到左手边的白墙就说明你来到了❻**法国大使馆**(French Embassy)，右手边则是高耸的❼**大教堂**(Catholic Church)。沿这条路往西北方向骑，一直到一个丁字路口，对面就是❽**夸丁市场**(见171页)的一个隐蔽入口，这里是万象最大的生鲜食品市场之一。

沿Th Khu Vieng路继续往西北骑，右转进入Th Lan Xang路，这条路被称为"东方香榭丽舍"多少有些言过其实。此时你已来到了万象最大的市场❾**早市**(见171页)门口，这里是采购纺织品的好地方。

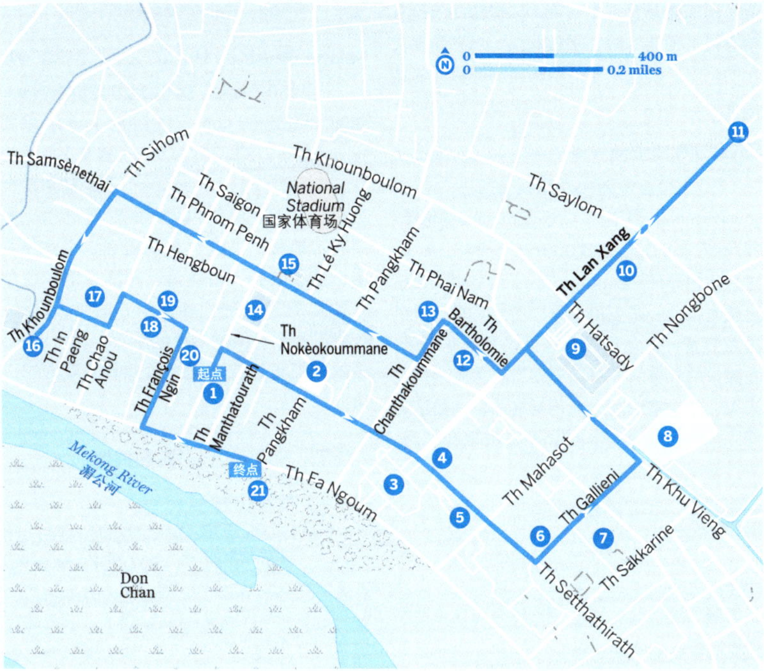


沿Th Lan Xang路往东北走，你会经过⑩**旅游信息中心**（Tourist Information Centre；见175页），中心距离⑪**凯旋门**（见143页）只有500米。你可以登上凯旋门一览整个城市和周边的无敌景观，保证让你觉得不虚此行。

绕着凯旋门沿Th Lan Xang路往西南方向骑，右转进入宁静的Th Bartholomie路。经过⑫**美国大使馆**（US Embassy）的院墙后继续前行便可来到⑬**丹塔**（That Dam）。这座佛像上的黄金据说被暹罗人在1828年入侵时掠夺而去。如果你经过时没有被据说常年潜伏于地底的那伽吞噬，就继续往西南方向前行然后右转进入Th Sams è nethai路。

继续前行两个街区，直到在左手边看到由中国投资兴建的⑭**老挝国家文化宫**（Lao National Culture Hall）的浮华建筑。它的正对面是⑮**老挝国家博物馆**（见143页），可以进去一窥老挝的古代和现代文明。

沿着单行道Th Sams è nethai路再往前骑500米来到红绿灯处，左转沿Th Sihom路往西南方向骑过下一个红绿灯，之后你会进入Th Khounboulom路。继续往西南骑大约250米就来到了⑯**Khambang Lao Food Restaurant**（见168页）。这家由家族经营的饭店是万象最棒的老挝餐厅，也是你的午餐目的地。

沿着Th Khounboulom路往东北方向回骑一个街区即可到达⑰**因邦寺**（Wat In Paeng），它以大殿上精美的灰泥浮雕而闻名。经Th Chao Anou路穿行至Th Setthathirath路，将自行车停在⑱**翁得寺**（Wat Ong Teu Mahawihan），去看一尊与寺庙同名的16世纪铜佛，佛像高达5.8米，重达数吨。供奉铜佛的大殿最有名的是其正面露台的木质外立面，这是老挝雕刻工艺的典范之作。在绿树成荫且鲜有人至的⑲**海索寺**（Wat Hai Sok）稍事休息，之后就向此行的最后一座寺庙——⑳**米赛寺**（Wat Mixai）进发，它有着曼谷式的大殿和厚重的大门，由两位巨型守护神（nyak）保护。从这里骑不多远就能回到还车点。

还车后你可以朝西南方向步行至湄公河畔，在㉑**Spirit House**（见169页）找个座位，当天边燃起晚霞时，要上一杯血腥玛丽好好放松一下吧。

值。房间宽敞且一尘不染，床褥洁净，还有精心挑选的装饰画、平板电视、书桌和现代化的浴室。楼上几层的房间还拥有极佳的城市景观。

### Vayakorn House 酒店 $$

（见150页地图；☎021-241911；www.vayakorn.biz；91 Th Nokèokoummane；标单/双/标三 140,000/200,000/260,000K；❄📶）这里比姐妹店Vayakorn Inn的历史更久，也更便宜，是一个安静、干净的好住处。员工服务热情，大堂里设有轻松愉快的早餐区，在凉快的外廊上还可以观察繁忙大街上的人来车往。共有21间崭新而富有品位的简洁客房，被褥清新干净，带浴室、电视和空调。支持信用卡支付。

### Phonepaseuth Guest House 客栈 $$

（见150页地图；☎021-212263；www.laoguesthouse.com；97 Th Pangkham；房间带电扇/空调 US$22/25；❄@📶）这家古老而可靠的客栈距离Scandinavian Bakery仅仅数十米，新刷的墙壁、凉爽宽敞的房间、干净的浴室、有线电视、Wi-Fi和干爽的被褥令这里始终备受旅客青睐。如果希望拥有个小阳台，可以选择临街的房间。房间里床上的苗族（Hmong）盖毯和墙上的螺钿灯罩都很漂亮。

### Mali Namphu Guest House 客栈 $$

（见150页地图；☎021-215093；www.malinamphu.com；114 Th Pangkham；标单/双/标三 含早餐210,000/260,000/350,000K；❄@📶）位于裁缝一条街上的这家老店一点都不显得破败，明亮的房间围绕着一个绿树成荫的庭院，早餐也在这里享用。芬芳怡人的房间里摆放着老挝手工艺品，有书桌、一尘不染的浴室和空调，还有有线电视。

### Souphaphone Guesthouse 客栈 $$

（见150页地图；☎021-261468；www.souphaphone.net；紧邻Th François Ngin；房间 US$20；❄@📶）在热爱家务讲求生活品质的店主人的打理下，这家客栈非常整洁。共有22间房，只有部分房间有窗户，但被褥都非常干净，瓷砖地板清凉宜人，墙壁也朴素干净。房间带浴室、冰箱、Wi-Fi和电视。

鉴于这个价格，房间经常被预订一空。

### Salana Boutique Hotel 精品酒店 $$$

（见150页地图；☎021-254254；www.salanaboutique.com；Th Chao Anou；房间标准/豪华 US$135/145；🚭❄📶）高端精致、木质装饰的Salana融汇了老挝和现代风格，是万象的住宿地中的时髦之选。房间有木地板、民族风格的盖毯、柔和的照明、平板电视、保险箱、花洒淋浴和散落在各处的素馨花等各种精心的贴心设计。有些房间享有绝妙的寺庙景观。你可以在4楼的酒吧里边饮鸡尾酒边欣赏壮观的城市风光。

## Th Samsenthai路和周边

### Syri 1 Guest House 客栈 $

（见150页地图；☎021-212682；Th Saigon；房间 50,000~150,000K；❄@📶）有着火焰般的外墙、带一点老式时髦味道的客栈Syri位于一条安静的街道上，由好脾气的Air和他的家人一起经营。多年来这里一直都深受游客好评，这并不是没有理由的：它有宽敞的房间（带空调和电扇、独立浴室和公用浴室），凉爽宜人，还有一间DVD休闲吧；提供自行车租借服务，并可根据旅客需要量身定制城市自行车游。服务态度好到没得挑。

### ★Lao Heritage Hotel 客栈 $$

（见150页地图；☎021-265093；Th Phnom Penh；房间 US$20~25；❄@📶）这家别致的老挝传统房屋掩映在树木和藤蔓之下，漂亮、亲切且充满家一样的温馨氛围。这间客栈刚刚转型为一家精品酒店，现下正在新的管理方针下一步步进行改造。客栈内还有一家出色的西班牙小吃（tapas）餐厅。房间有木地板、盖毯、电视、有些陈旧的浴室和冰箱。工作人员很快乐，管理也令人愉悦。有足够的角落可以发呆，房间里也有Wi-Fi。我们的最爱是1号房和2号房。

### Day Inn Hotel 酒店 $$

（见150页地图；☎021-222985；dayinn@laopdr.com；59/3 Th Pangkham；标单/双/标三 含早餐 450,000/650,000/850,000K；

⊖ ❄ @ 📶）这家高效运作的酒店是商务旅行者的不错选择，从香草色的外墙到供应亚洲创意菜的鲜绿色餐厅可见一斑。共有32间房，有新有旧，配有大床、写字台、平板电视、空调和简洁利落的装饰，浴室里还有浴缸，但最好选择远离街道的房间。另外还可以免费接机，性价比很高。

**Dragon Lodge** 客栈 $$

（见150页地图；☎021-250114；dragonlodge2002@yahoo.com；Th Samsènethai；房间 130,000~180,000K；❄ 📶）现代风格的Dragon有着红砖墙、一间时尚的酒吧和挂着灯笼的餐厅，40间以粉彩装饰的房间都极为干净，并配备有空调、电视和浴室。布告栏上经常有实用的信息。员工态度亲切，可以代办签证和订票，离唐人街（Chinatown）的Tha Hengboun Street不远。

**★Settha Palace Hotel** 酒店 $$$

（见150页地图；☎021-217581；www.setthapalace.com；6 Th Pangkham；房间 标准/豪华 US$152/234；P ⊖ ❄ @ 📶 🏊）这座堂皇的建筑坐落在缤纷的鲜花丛中，优雅而放松。吊扇在头顶旋转，大理石地面光亮得可以照见手中的香槟杯，服务也无可挑剔。有四柱大床、书桌和木地板的房间同样迷人——较为宽敞的豪华房（记得要园景房）更是如此。19世纪末美好年代风格的餐厅时尚而且正式。Settha就是印度支那出类拔萃的代表，让人回想起过去的年代。菜豆形的游泳池也很值得一试。

**Lao Plaza Hotel** 酒店 $$$

（见150页地图；☎021-218800；www.laoplazahotel.com；63 Th Samsènethai；标单/双/套 含早餐 US$190/215/380；❄ 📶 🏊）这家设计朴素，以宽敞的国际化大堂和舒适的房间为特点的大理石大厦是商务旅行者的理想选择。有Wi-Fi、冰箱、有线电视、浴缸和真丝床头。但走廊上的地毯亟待更换。游泳池（非住客 120,000K）也非常棒，很适合日光浴和戏水乘凉。大厦里有曼谷航空（Bangkok Airways）和越南航空（Vietnam Airlines）的营业点，另外还有3家餐馆。

## 公寓

如果打算在万象逗留一段时间，你可以留意以下豪华公寓：**Parkview Executive Suites**（见140页地图；☎021-250888；www.parkviewexecutive.com；Th Luang Prabang；❄ @ 📶 🏊）和法国人开的**Khunta Residence**（见140页地图；☎021-251199；www.khuntaresidence.com；紧邻Th Luang Prabang；❄ 📶 🏊）。小开间公寓的月租金最低为US$1300，单卧公寓月租金最低为US$1700。

对于在住宿方面有充足预算的人来说，万象的许多新开业的小酒店，如**City Inn**（见150页地图；☎021-281333；www.cityinnvientiane.com；Th Pangkham；含早餐 房间/套 550,000K/810,000~900,000K；❄ 📶）和**Phasouk Residence**（见150页地图；☎021-243415；www.phasoukresidence.com；57/4 Th Wat Xieng Nyean；房间/套 US$55/75；❄ @ 📶），均可提供与酒店式公寓相同的服务。

## 湄公河岸和周边(Mekong Riverfront & Around)

**Phonethip Guesthouse** 客栈 $

（见150页地图；☎021-217239；72 Th In Paeng；房间 带电扇/空调 US$10/15；❄ 📶）在酷暑和人潮中，这里汩汩的流水、荫凉的庭院和点缀其中的秋千和休憩地简直就是避世桃园。房间分若干档，有些配有冰箱和电视，比其他房间好些，因此可以多看几间。店主很亲切。

**Douang Deuane Hotel** 酒店 $

（见150页地图；☎021-222301；DD_hotel@hotmail.com；Th Nokèokoummane；标单/标双/标三 含早餐 120,000/170,000/220,000K；❄ @ 📶）这座苏联灰色的建筑有着令人生畏的外观和破旧的大堂，但客房本身倒还不错，配有冰箱、硬木地板、有线

电视、大衣橱和战舰灰色的老式椅子。有些房间有阳台，可以眺望五光十色的Th Nokèokoummane街道。出租小摩托车，租金每日60,000K。

### RD Guesthouse
客栈 $

（见150页地图；021-262112；www.rdlao.com；37-01 Th Nokèokoummane；铺US$6，房间 US$12~17；）RD（Relax & Dream away，意为放松身心与消磨时光）的房间跟这个名字实在是不太匹配，但至少还算干净，而且有电视、空调和浴室。最廉价的六人宿舍很拥挤，但也配有浴室。客栈就位于河岸，非常方便，还设有一个小图书馆和公共厨房。

### Mixay Guest House
客栈 $

（见150页地图；021-262210；39 Th Nokèokoummane；铺 50,000K，标单/双 不带浴室 80,000/90,000K，房间 带空调和浴室 120,000K；）万象遗留下来的老校舍改成的廉价住宿，但实在没什么让人兴奋的。Mixay有电扇房和空调房，有些有热水浴室，有些却连窗户都没有。提供行李寄存和订票服务。

### Orchid Guesthouse
客栈 $

（见150页地图；021-252825；Th Fa Ngoum；房间 90,000~160,000K；）由中国人经营的这家Orchid乏善可陈，建筑本身歪歪斜斜，如同一座挂着灯笼的叠叠乐（Jenga）宝塔一般插入天空。43间客房以迷宫一般的分布方式散落在建筑各处，房间亟待粉刷且很多连窗户都没有，不过还好房内都有浴室，有些还有空调和电视。日落时可以在露台上眺望湄公河。尽量选较新的双人房，Wi-Fi只能覆盖到一楼。

### Villa Manoly
客栈 $$

（见140页地图；manoly20@hotmail.com；紧邻Th Fa Ngoum；房间 含早餐 US$35~45；）这幢位于茂密绿植和素馨花林中的美丽老屋简直就像是作家Le Carré隐居起来写小说的地方（里面收藏的古董电话和打字机就是明证）。木地板房间里有精美的家具、空调、浴室和床头灯，充满令人愉悦的氛围。

### Best Western
酒店 $$

（见150页地图；021-216909；www.bestwesternvientiane.com；2-12 Th François Ngin；含早餐 标单/双/豪华 US$70/80/89；）这家熠熠生辉的酒店拥有时尚豪华的大堂，宁静的户外花园中还有泳池和健身房，适合偏爱高档住宿环境的客人。另有一家诱人的亚洲风味餐厅。共有44个房间，木地板、雪白的被褥和高档设备会令你喜出望外，有线电视、冰箱和一尘不染的浴室更是锦上添花。

### Hotel Beau Rivage Mekong
客栈 $$

（见140页地图；021-243375；www.hbrm.com；Th Fa Ngoum；房间 含早餐 非景观/景观 US$55/67；）与湄公河平行的泥泞小径被铺上了路砖，完全没有了树木，这使得外部环境看起来不那么浪漫，但这家艳粉色的精品酒店拥有美丽的房间，竹质屏风、华夫格床罩、挑高天花板和宜人的后花园也使得它仍为上佳之选。非常适宜情侣入住。

### Lao Silk Hotel
客栈 $$

（见150页地图；021-213976；www.laosilkhotel.com；Th François Ngin；房间 US$25~35；）这家漂亮酒店里的所有20个房间都芬芳宜人，装饰时尚，附带小而精致的浴室。虽然对于职业摔跤选手来说房间可能有点小，但Wi-Fi、有线电视、空调和它的豪华舒适足以弥补这点不足。可以在楼下轻松的咖啡馆里工作或看书。

### Dorkket Garden Guest Hous
客栈 $$

（见140页地图；020-5571 2288；www.dorkketgarden.com；Th Sakkarine；房间 US$30~40；）精心打理的房间里有拼花地板、空调、巨大的床、雕工精致的衣柜、藤椅、壁挂和干净的浴室。随处可见的绿植和舒适的氛围更为这栋老宅锦上添花，此外还有冰箱、电视和赏心悦目的花园。从市中心走一小段路即可到达这里（从Nam Phu坐嘟嘟车约5分钟即到）。住进这里相当值得，好好放松吧。

### Lao Orchid Hotel
酒店 $$

（见150页地图；021-264134；www.laoorchid-hotel.com；Th Chao Anou；含早餐 双/套 US$65/95；❄📶）这家迷人的现代酒店有着漂亮的大堂和凉爽的能欣赏街景的外廊咖啡馆。32个舒适的房间都配有光亮的木地板、崭新的床上用品、书桌、阳台、冰箱和印度支那式的家具。记得向前台要能看到湄公河的房间。总体而言，这确实是一家物有所值的住宿地。

**Auberge Sala Inpeng** 客栈 $$

（见150页地图；☎021-242021；www.salalao.com；Th In Paeng；房间 含早餐 US$25~40；❄📶）这座复合型客栈拥有小木屋和美丽的传统老挝风格房屋，坐落在一个满是罗望子树和赤素馨花的花园里，在城中绝对独一无二。大房洋溢着乡村风情，带浴室和空调；较便宜的木屋虽然比较小，但情调浓郁。员工待客亲切，让人有宾至如归之感。

**Intercity Hotel** 酒店 $$

（见150页地图；☎021-242843；www.laointercity.com；24-25 Th Fa Ngoum；含早餐 标单/双/套 US$40/60/80；❄@📶）朝河一面的外墙上满是尘土，看上去不那么讨人喜欢。然而，在酒红色的墙后，却是一个由马赛克地板和47间满是传统艺术和精美手工艺品的客房组成的另一个世界。豪华间坐拥浪漫的湄公河景观，令人叹为观止，相比之下标准房就没什么特色了。楼下大堂里满是光怪陆离的佛像、高棉浮雕和食虫植物。

**Nalinthone Guesthouse** 客栈 $$

（见140页地图；☎021-243659；namrinnvte@yahoo.com；Th Fa Ngoum；房间 US$25~30；P❄@📶）这家位于河岸、由家族经营的现代客栈缺乏一点情调。鉴于它的地理位置，干净而清洁的房间显得尤为超值——双人河景房（US$30）是最佳选择。更妙的是它离可爱的Spirit House（见169页）只有数十米之遥。

**★Ansara Hôtel** 精品酒店 $$$

（见150页地图；☎021-213514；www.ansarahotel.com；紧邻Th Fa Ngum；含早餐 房间 US$123~133，套US$198~250；🚭❄@📶）极其美丽的Ansara开在一幢新近建成的有着浓厚印度支那风格的法式别墅里。它的露台餐厅和其供应的高卢美食一样精致。楼里有16间客房，户外则有一片精心修剪的花园；所有房间都有木地板、阳台、平板电视、浴室和精美的手工艺品。

## 万象周边 (Around Vientiane)

**Villa Lao** 客栈 $$

（见140页地图；☎021-242292；www.villa-lao-guesthouse.com；紧邻Th Nong Douang；房间 100,000~180,000K；❄@📶）Villa Lao是位于城西大约1.5公里处的一座花园绿洲，有着大片蕨类植物和棕榈树，以及23间赏心悦目、风格质朴、特色鲜明的房间：想想那些木垫板、白墙、蚊帐以及迷人的公共阳台和休闲吧。最便宜的房间空空如也，只有电扇和公用浴室，但所有房间都宽敞凉爽，并配有低矮的床。会讲英语的主人热衷于老挝美食，开设有很棒的早间烹调课（150,000K）。可租借自行车。

**★Mandala Boutique Hotel** 精品酒店 $$$

（见140页地图；☎021-214493；www.mandalahotel.asia；紧邻Th Fa Ngoum；房间 含早餐 US$80~100；P🚭❄@📶）这家超级时尚的新酒店有着全城最明亮最凉爽的住宿环境（我们说的是"壁纸"而非The Fonz——20世纪80年代初美国连续剧Happy Days的主角，是当时的流行偶像）。它位于一座建于20世纪60年代的法式老别墅内，色彩鲜明，随处可见类似涂漆花岗岩地面这样的花哨装饰，平板电视和黑木家具与酒店的装饰主义美学理念融合得恰到好处。这里的四柱大床大概是全老挝最舒服的了。花园里还有一家干净漂亮的亚洲风味餐厅，我们到访的时候它的菜单刚刚确定下来。

**Green Park Hotel** 精品酒店 $$$

（见140页地图；☎021-264097；www.greenparkvientiane.com；248 Th Khu Vieng；房间 含早餐 US$145~450；P❄@📶🏊）这家迷人的精品酒店是城市中的世外桃源。当你走进这里以黑木装饰的大堂，或是进入鲜花烂漫的中心花园，又或是面对掩映在糖棕榈与赤素馨树下的波光粼粼的泳池时，你立刻就能感受到弥散在空气中的安宁与静谧。

房间极为时尚，铺设着硬木地板，有宽敞的浴室、睡榻、保险箱和步入式蚊帐。员工态度亲切，早餐和晚餐美味无比，仅仅为这个去一趟也值得。

## 就餐

东南亚很少有地方像万象这样有着如此令人眼花缭乱的全球美食，从正宗土耳其餐馆的炸豆丸子（felafel）到高级的日韩烧烤应有尽有。与Th Setthathirath路相交的几条街道上香气扑鼻，烟雾缭绕，恍如老式学校的餐厅，供应美味的意大利和法国食物以及琳琅满目的各国美食。近年来老挝食品经历了一场现代化改造，很多21世纪风格的餐馆都会供应经过新派烹饪手法改良后的传统佳肴。最后，如果想找一些简单而又暖心的食物，不妨去那些法国人遗留下来的美味面包房吧。万象以新鲜出炉的长棍面包和酥松的可颂（羊角）面包闻名，再配上一杯醇厚的咖啡，能让塞纳河都为之艳羡。

在那些高卢的精致优雅之外，万象也是个接地气的城市，你可以从遍布老城区街角的摊点上买到便宜食物，时不时还能撞见红红炉火上烤着的鸡肉和穿在铁签上的湄公河鱼。记得不要错过在Th Hengboun的唐人街品尝香喷喷的靓汤的机会。

### Th Setthathirath路和Nam Phu

**★Makphet** 老挝菜 $

（见150页地图；Th Setthathirath；主菜40,000K；周一、周三、周四、周五和周六11:00~21:00，周二18:00~21:00；）由国际友好组织（Friends International；www.friends-international.org）经营，Makphet帮助贫困儿童成为厨师和侍者，并振兴本国传统菜式。鳄梨酱色的墙壁、硬木家具和辣青木瓜沙拉如此相得益彰。位于紧邻Th Setthathirath路的翁得寺对面。

**★Le Banneton** 面包房 $

（见150页地图；Th Nokèokoummane；早餐45,000K；7:00~21:00；）毫无疑问这里出品的可颂面包是全老挝最美味的，但想要在售罄前尝到新鲜的面包就得一早赶到这里。Le Banneton里面挂满了杜瓦诺（Doisneau，1912~1994年，法国人文主义摄影大师）的摄影作品。你可以坐在室内，或是在户外的小露台上选个座位，一边品尝小馅饼、沙拉、帕尼尼（panini，意式三明治）或美味蛋卷（omelette）一边读报纸，惬意无比。

**Aria** 意大利菜 $

（见150页地图；021-222589；www.aria.org.com；8 Th François Ngin；主菜60,000K；11:00~14:30和17:30~23:00）这家凉爽的意大利小馆内总是回荡着优雅的古典音乐，橙色内墙上挂着老挝挂毯，供应各种汤、意面、焗饭（risotto）、比萨和牛排，味道不错。我们在城中还没找到比这家做得更好吃的派（pie）。

**Taj Mahal Restaurant** 印度菜 $

（见150页地图；紧邻Th Setthathirath；正餐25,000K；周一至周六10:00~22:30，周日16:00~22:30；）这家低调质朴的餐馆藏身在文化宫（Culture Hall）背面正对着的一条岔路上，供应新鲜爽口的咖喱和入口即化的馕（naan），分量很足。食客可以在半露天的用餐区享用美食。另有多种菜肴可供素食者选择（20道菜）。玛沙拉鸡（chicken masala）很好吃。

**Scandinavian Bakery** 面包房 $

（见150页地图；www.scandinavianbakerylaos.com；Nam Phu；主菜10,000~30,000K；7:00~21:00；）尽管失修的木质外墙看起来就好像经历过一场海难，但这家万象名店是满足口腹之欲的不二之选，供应各色新鲜三明治、早点、布朗尼、麦芬、百吉饼和香醇的咖啡。吃完主菜还可以逛逛他们的甜品柜台，品尝手指饼干（eclair）、乳酪蛋糕和甜甜圈。楼上楼下都有充足的舒适沙发和露天餐桌。

**JoMa Bakery Café** 面包房 $

（见150页地图；Th Setthathirath；主菜29,000K；周一至周六7:00~21:00；）这家抹茶色的咖啡馆里挤满了饥肠辘辘的游客和外国人，是万象最忙碌也最时尚的面包房，因为这里有清凉宜人的氛围、各种丰盛的沙拉（25,000K）和可以自选食材的百吉饼（可选择意大利萨拉米香肠、火腿、鲑鱼、火鸡、奶酪和沙拉馅料）。店里还供应墨西哥玉米饼（tacos）、早点和汤。舒适的沙发、免费Wi-Fi、洁净的空间和位于中心地段的位置都会令你情不自禁地想要再度光临。

### Croissant d'Or
面包房 $

（见150页地图；021-223741；96/1 Th Nokèokoummane；6:30~21:00；）这家简单的面包房的内饰洋溢着浓浓的现代气息，配有伞形吊灯。冷餐柜台供应火腿、萨拉米香肠、各种奶酪和沙拉。咖啡香醇浓郁，长棍面包轻盈松软。

### Phimphone Market
自炊 $

（见150页地图；94/6 Th Setthathirath；周一至周六 7:00~21:00；）这处自炊圣地样样齐备，从新鲜水灵的蔬菜、冰激凌、法国和德国进口的萨拉米香肠、面包、饼干和巧克力，到西方杂志和西式的洗浴用品，应有尽有。附属的咖啡馆的咖啡和果汁以及长棍三明治特别棒，不要错过。同时还提供城市漫游地图。

### L'Adresse de Tinay
法国菜 $$

（见150页地图；020-5691 3434；紧邻Th Setthathirath；主菜 130,000K；18:00~23:00；）蜗牛炒蛋、鲷鱼排、牛柳、迷迭香烤羊排和马达加斯加香草味的法式焦糖布丁汇成一次丰富的味觉盛宴。大厨Tinay是城中厨师中的翘楚。这里适合盛装出席，餐厅新址就在Makphet旁边。

### Khop Chai Deu
亚洲创意菜 $$

（简称KCD；见150页地图；021-251564；54 Th Setthathirath；主菜 25,000~60,000K；8:00至午夜；）位于Nam Phu附近一座改建过的殖民时期别墅内，Khop Chai Deu长期以来都是游客们的最爱。店里供应丰富多样、精心烹调的老挝、泰国、印度菜式和各种欧洲食品。你可以在厨房里挑选一条活鱼，过不了多久它就会出现在你的盘子里。这里还有许多有意思的活动，每月的11号会举办速配活动，女性客人可以参加扳手腕大赛和免费变妆活动。楼上是一家新开的灯光昏暗的酒吧，里面满是衣饰入时的浮华男女。

### Benoni Café
亚洲创意菜 $$

（见150页地图；021-213334；Th Setthathirath；主菜 40,000~50,000K；周一至周六 10:00~18:00）Benoni坐落在Th Setthathirath上，这间时尚餐厅总是在华灯初上时就早早关门，而这似乎让它更受欢



## 面条大观

老挝人喜爱各种各样的面条，而万象的面条品种之多在全国首屈一指。最受欢迎的面条无疑是fĕr，也就是老挝版的越南米粉（pho），一般会搭配牛肉和猪肉，并按照老挝习惯配上一大盆新鲜蔬菜、香草和大量的调味品。万象市中心最受欢迎的米粉店是Pho Dung（见167页）。还有一种名为kòw bûn的细米线也很常见，在泰国则叫kànŏm jee。在老挝，既有像Amphone（见166页）这样将米线下在辛辣的汤中食用的，也有像Han Sam Euay Nong（见168页）那样下在猪肉清汤（kòw bûn nâm jąaou）里吃的。另外还有一种大米和木薯粉制成的粗米线，通常会搭配浓汤和酥脆的油炸五花肉或炸鸡肉一起享用，**Rice Noodle-Lao Porridge**（见150页地图；020-5541 4455；Th Hengboun；主菜 8000K；16:00至次日1:00）是吃这个的好去处。

其他老挝人爱吃的面条还有mii（传统中式鸡蛋面），在由Th Hengboun、Th Chao Anou、Th Khounboulom和最西端的Th Samsènethai这4条街道围成的非正式唐人街尤其受欢迎。另外还有bǎn kŭan，老挝人叫bánh cuôn，这是一种拌猪肉糜、蘑菇和胡萝卜的蒸米粉，虽为越南特色食品，但在老挝也很流行。清晨在Th Chao Anou路和Th Hengboun路的交叉路口可以找到卖这种食物的店铺。

迎。你可以来这里吃午餐，装饰现代的餐厅（位于Phimphone Market楼上）里满满都是NGO的工作人员和老挝当地人，他家的菜单号称是亚洲创意菜和意大利菜的完美结合体。快餐小食、沙拉和意面都非常新鲜，意大利烤面条加干酪沙司（carbonara）特别棒。

### Le Vendôme

法国菜 $$

（见150页地图；39 Th In Paeng；主菜50,000K；周二至周日 17:00～22:00）藏身在一片常春藤垂枝后面的这家店仿佛就是一家隐秘的法国老餐馆。菜单上有蛋奶酥（soufflés）、肉馅饼（pâtés）、沙拉、果木烤比萨和牛排，价格都相当合理。装饰着老斗牛海报的餐厅里烛光摇曳，非常适合度过一个浪漫之夜。

### Amphone

老挝菜 $$

（见150页地图；10/3 Th Wat Xieng Nyean；主菜45,000K；11:00～14:00和17:30～22:00；）名厨Anthony Bourdain在《探索》（*Discovery*）节目中曾介绍过这家店。这间铺着木地板并配有粉橙色墙壁的高档餐厅精致而酷炫。除了种类繁多的酒单，这里还有以店主人Mook的祖母所烹制的老挝传统菜肴为特色的各色菜式。"Luang Prabang sausage"和"fish citronella"就是其中的两例招牌菜。记得品尝一下蛇豆沙拉（snake bean salad）或冬阴功汤（tom yum soup）。

### La Terrasse

法国菜 $$

（见150页地图；Th Nokèokoummane；主菜40,000～100,000K；周一至周六11:00～14:00和18:00～22:00；）这家餐厅洋溢着浓浓的老法国氛围，白色餐桌和卡士达酱色内墙为享用精致的高卢美食提供了绝佳的环境。可选的美食包括牛排薯条（steak au frites）、普罗旺斯牛排（steak Provencal）、煎鱼、蛋饼、汤和红酒炖牛肉（boeuf bourguignon）以及薄脆比萨等等。这里诱人的酒单也深受当地法国居民的青睐。

### ★Le Silapa

法国菜 $$$

（见150页地图；021-219689；88 Th Setthathirat Rd；主菜 US$20；11:00～23:00；）最近刚迁至新址的Le Silapa是一间时髦的白色调餐厅，室内装饰着木地板、带有横梁的天花板和鸟笼形吊灯，显得格外漂亮。这家万象最好的高卢餐厅的名菜包括鹅肝（foie gras）、沙拉、牛排和烩猪脑锅（brain casserole）等菜肴。位于很棒的iBeam酒吧楼上。精彩绝伦！

### Pimentón

西班牙菜 $$$

（见150页地图；021-215506；www.pimentonrestaurant-vte.com；Th Nokèokoummane；主菜 80,000～170,000K；午餐和晚餐时间；）工业化装饰风格的Pimentón充满时尚气息，开放式烹饪台上被煎得滋滋作响的进口肉类飘散出阵阵诱人的浓香。这里是在万象吃牛排的新圣地：有牛腰肉大牛排（Chateaubriand）、肋眼牛排（rib-eye）、嫩腰肉（tenderloin）或肋排（ribs），另外还有火焰烤鸡（flame-grilled chicken）和西班牙香肠（chorizo）等其他美食。主人是西班牙人，因此还能品尝到正宗的肉馅卷饼（empanadas；内含牛肉、青橄榄和葡萄干）、炸鱿鱼（calamares）和熏肉口味的正宗西班牙小吃。

## Th Samsènethai和周边

### ★Lao Kitchen

老挝菜 $

（见150页地图；021-254332；www.lao-kitchen.com；Th Hengboun；主菜30,000～40,000K；11:00～22:00；）这家簇新的老挝现代餐厅最善于以创新手法烹制传统老挝菜。色彩缤纷的墙面上点缀着很棒的摄影作品，播放着独立音乐，服务也相当到位。菜式包括汤、琅勃拉邦香肠（高热量）、各种腊普（láhp；用碎畜肉、禽肉或鱼肉做成的老挝辣沙拉）、炒空心菜以及各种美味的果汁冰糕。你一定会一来再来的。

### YuLaLa Cafe

亚洲创意菜 $

（见150页地图；Th Hengboun；主菜50,000K；周二至周日 11:30～14:00和18:00～21:30；）这家店一尘不染、宁静放松，室内铺着木地板，播放着古典音乐，游客们都盘腿坐在坐垫上（将鞋留在外面）。你可以尝尝豆腐饺子、炖茄子和腌猪肉，看看

哪个更合口味。这里是在喧嚣都市中体味禅意的好地方。

### PVO
越南菜 $

（见140页地图；☎021-454663；紧邻Th Simeuang；主菜 18,000K；⏰周一至周六 6:00~19:00，周日 6:00~14:00；✎）这家由越南人经营的小店新鲜而不花哨，是城中午餐的最佳就餐地。除了几道以越南春卷为主的菜式（16,000K）外，PVO还有万象最好的kòw jee Ђá-đê（半条/整条长棍面包 8000K）。

### Pho Dung
老挝菜 $

（见150页地图；☎021-213775；158 Th Hengboun；汤粉 12,000~15,000K；⏰6:00~14:00）这家超棒的fĕr（汤粉）店里总是挤满了当地人和旅游者。可以选择猪肉、牛肉或鸡肉汤粉。友善的越南店主会按照老挝习俗给你端上各种堆得高高的调料以及无数碟新鲜蔬菜和香草。

### Vieng Sawan
越南菜 $

（见150页地图；☎021-213990；Th Hengboun；主菜 16,000~46,000K；⏰11:00~22:00）位于唐人街里的Vieng Sawan是一家宾客盈门的半开放式餐馆，在这里吃饭绝对是乐事一件。这里的特色是năam néuang（越南烤猪肉丸）和各种各样的yór（春卷），通常和kòw Ђûn，即新鲜生菜、薄荷、罗勒、各种蘸酱、杨桃片和青香蕉一起作为“套餐”（sut）出售。

### Han Ton Phai
老挝菜 $

（见150页地图；☎021-252542；Th Pangkham；主菜 10,000~20,000K；⏰9:00~22:00）吃腻了满是碳水化合物的面包糕点？来这家朴实而又正宗的餐厅试试吧。这里的菜品以老挝菜为主，包括猪肉腊普（láhp；肉糜辣薄荷沙拉）和kôy pạa（淡水鱼和新鲜香草做的大份沙拉；10,000~20,000K）。店铺没有英文招牌，所以注意寻找写有“traditional food”（传统食物）的广告牌。

### Korean Restaurant
韩国菜 $

（见150页地图；☎020-208 7080；Th Hengboun；主菜 30,000~180,000K；⏰9:00~23:00）虽然店名很平庸，这家由韩国人经营的餐馆却是个品尝东南亚最新流行菜式的好地方。大部分老挝人都是直奔韩国烧烤（80,000K）而来，但我们更爱的是泡菜汤（30,000K），上菜时还会配上一大堆小菜。

### Noy's Fruit Heaven
果汁吧 $

（见150页地图；Th Hengboun；水果奶昔 8000K；⏰7:00~21:00；📶👪）这是一家亲切朴实、色彩缤纷的果汁吧，天花板上还挂着中式纸灯笼。可以进去挑几样喜欢的果蔬，榨杯每日必需营养果蔬汁，或是用一杯由火龙果、椰子、芒果或番茄打成的水果奶昔来消除宿醉。店里还供应极为新鲜的水果沙拉和汉堡，并出租自行车（10,000K）。

### Baguette & Pâté Vendor
街头小吃 $

（见150页地图；Th Samsènethai；半条/整条长棍面包 11,000/22,000K；⏰6:00~20:00）非常好吃的kòw jịi pátê（搭配肝肠、蔬菜、奶油奶酪和甜辣酱的长棍面包）。小店没有英文招牌，但就在Th Pangkham路和Th Samsènethai路的交叉路口处。

### Phimphone Market 2
自炊 $

（见150页地图；☎021-214609；Th Samsènethai和Th Chanthakoummane的交叉路口；⏰8:30~20:30）这家Phimphone market的小分店里有新鲜长棍面包、饼干、厨房用具、麦片、鲜牛奶、香肠和火腿，另外还有一个小酒窖。

### ★Bistrot 22
法国菜 $$

（见150页地图；☎020-5552 7286；Th Samsènethai；主菜 65,000~250,000K；⏰11:30~14:00和18:00~22:00；📶👪）Bistrot 22位于离城中心稍有距离且不算太繁华的地方，之所以受到热捧全因大厨菲利普（Philippe）烹制出的那些灿烂美食：梨子沙拉、炸苹果和卡门贝奶酪沙拉（camembert salad）、嫩牛排和花椰菜汤。这家私密的小餐馆是许多游客在老挝的最爱美食之地。

## 湄公河岸和周边

### Istanbul
土耳其菜 $

（见150页地图；☎020-7797 8190；Th

François Ngin；主菜 20,000~90,000K；⏲9:30~22:30；📶）这里仿佛就是伊斯坦布尔的一角，这家由家族经营的餐馆热情好客，气氛活跃，内饰时髦，店前还有几张露天餐桌。菜单也丰富多样，有土耳其烤肉、烤肉串，以及我们最爱的肉丸子、鹰嘴豆泥（hummus）和炸泥豆三明治（felafel）。品尝一下伊斯坎德尔烤肉串（Iskender kebab）——炙烤牛肉加胡椒酱、乳酪和青椒。所有肉类都腌得很入味，超级强劲的土耳其咖啡能让你充满活力。

### Common Ground Café 墨西哥菜 $

（见150页地图；☎020-7872 7183；Th Chao Anou；主菜 29,000K；⏲周一至周六 7:00~20:00；❄📶✍👪）这是一家空调清凉、宾至如归的墨西哥咖啡馆。有适合阅读的沙发，冷餐柜台里有各种卷饼、玉米饼、炸豆泥三明治、沙拉和自制曲奇饼干。更棒的是，如果带着孩子，店中还有装着滑梯和爬架的封闭游戏区。这是一个既可以看着孩子玩耍，又能放松身心的好地方。

### Khambang Lao Food Restaurant 老挝菜 $

（见150页地图；☎021-217198；97/2 Th Khounboulom；主菜 10,000~70,000K；⏲11:30~14:30和17:30~21:00）这家位于湄公河北面的粉蓝色餐馆里的老挝菜值得排队等候，新鲜辛辣的口感会让你的味蕾大感刺激。推荐美味的腊普（láhp，辣猪肉沙拉）、烤湄公河鱼、炒蛙腿、菜单上描述为"炖辣牛肉"的áw lám，还有好吃的琅勃拉邦口味香肠。超好吃！

### Han Sam Euay Nong 老挝菜 $

（见150页地图；Th Chao Anou；主菜 8000~20,000K；⏲8:00~19:00）价位便宜、环境整洁而且菜肴可口，在这家生意兴隆的家族饭店里必须一尝的菜式包括：酥脆的炸米饭团和酸猪肉肠碎混合而成的类似沙拉的nǎam kòw，以及美味的猪肉竹笋香草汤米线kòw ƀûn nâm jąaou。这个不起眼的小店紧邻Lao Orchid Hotel。

### ★La Signature 法国菜 $$

（见150页地图；☎021-213523；www.ansarahotel.com；Ansara Hotel；❄📶）La Signature的楼上有一座露台，那里放置着玻璃台面的藤条桌，桌上的风扇不停地旋转着。比莉·哈勒黛（Billie Holiday）的歌声飘荡在露台上。赭色调的餐厅，是谈天说地、享受浪漫晚餐的理想之地。香煎鲑鱼配蓝乳酪、龙虾、百里香烤羊肉都是这处美丽的法式别墅里的佳肴。

## 万象周边

### Cafe Nomad 咖啡馆 $

（见140页地图；Th Phonsay；主菜 29,000K；⏲周一至周五 8:00~19:00，周六和周日 8:00~18:00，❄📶👪）这家低调的咖啡馆位于泰国大使馆旁边，芥末黄色的墙壁上悬挂着原创艺术品，电扇呼呼作响，供应各种好吃的意式三明治和据说是城中最好吃的布朗尼。咖啡飘香，员工亲切，非常适合工作，尤其受到外籍居民的欢迎。

### Paradlce 法国菜 $

（见150页地图；☎021-312836；Th Lan Xang；主菜 35,000~45,000K；⏲周一至周六 11:00~19:00；📶👪）位于法国文化协会（Institut Français）院内，这家通风舒适的咖啡馆非常适合坐下来边喝咖啡边沉心阅读，此外还有高速Wi-Fi供客人使用。电视里播放着法语新闻，还有各种各样的三明治和蛋糕让你心满意足。记得别忘了点美味的冰激凌和巧克力。

### Ban Anou Night Market 老挝菜 $

（见150页地图；正餐 10,000~15,000K；⏲17:00~22:00）每晚在Th Chao Anou北端附近的一条小街上开设的美食夜市，供应各种香气扑鼻的老挝菜，从炙肉到蘸辣酱吃的蔬菜和糯米食品，应有尽有。

## 饮品和夜生活

万象再也不是保罗·泰鲁（Paul Theroux）在他1975年创作的小说《铁路大集市》（*The Great Railway Bazaar*）中描写的那个堕落快乐的天堂了。在书中，那曾经是一座"妓院比酒店更干净，大麻比卷烟更廉价，鸦片比冰啤酒更好找"的城市。现今这里早已不见了妓院的身影，早市（Talat Sao）的大麻

商贩也不能公然设摊了，而冰镇的老挝啤酒则代替鸦片成为夜饮的不二之选。大部分酒吧、餐馆和迪斯科舞厅都在大约23:30或午夜前后关门。

DJ是万象新近才出现的事物，进一趟老挝的夜店可能会让你不得不火速到药房去找耳塞。里面震耳欲聋，气氛混乱，充斥着不是太懂锐舞音乐（rave music）的老挝年轻人；在一家夜店里，你甚至觉得那些顾客简直像在玩定格动作。卡拉OK在这里很受欢迎，还有乐队演绎各种西方歌曲。

随便说说，去机场的路上有两家相对不错的夜店，相距也不远，步行可达。**Echo**（见140页地图；☎021-213570；Th Samsènethai；⊙20:00至次日1:00）位于Mercure Hotel内，即便是用西方标准来衡量也相当酷，里面有很多万象的俊男美女。再往前走，**At Home**（见140页地图；Th Luang Prabang；⊙20:00至午夜）以迷幻电子音乐和house music著称。

### ★Khop Chai Deu 酒吧

（KCD；见150页地图；☎021-251564；www.inthira.com；Th Setthathirath）KCD是万象最早的酒吧之一，现在则被大规模改建成了一个夜间的欢场——里面灯光昏暗，酒单精美，举行速配、女子扳手腕大赛等比其他酒吧更丰富的活动。3楼新开了另一家酒吧，让人恍若置身迈阿密海滩而不是万象，充满都市气息，非常酷。

### ★iBeam 酒吧

（见150页地图；☎021-254528；Th Setthathirath；⊙11:00~23:00；📶）这是城中最高级的新兴酒吧，有着玻璃幕墙和精致的内饰。你可以坐在里面翻翻纽约客（New Yorker）老杂志或看看俊男美女，品尝这里美味的西班牙小吃，再从品种丰富的酒单里挑几种爱喝的酒尽情享用。周三女士之夜打对折——抱歉，小伙子们。

### Spirit House 鸡尾酒吧

（见140页地图；☎021-262530；Th Fa Ngoum；鸡尾酒40,000K；⊙7:00~23:00；📶）这栋老挝传统房屋面对湄公河，酒类品种丰富，酒单上的鸡尾酒花样繁多，定能让酒徒们满意。冷色调的内饰、深色的木饰和舒适的沙发营造出一种优雅的氛围。

### Bor Pennyang 酒吧

（见150页地图；☎020-7873 965；Th Fa Ngoum；⊙10:00至午夜）这个有着锡皮屋顶的木椽结构酒吧位于地势较高处，俯瞰湄公河，汇集了众多当地人、外国人、酒吧女郎和旅行者。你可以在日落时分坐在阳台上一边喝着老挝啤酒一边远眺毗邻的泰国。店里回荡着悦耳的西方音乐，有台球桌和一个巨大的吧台，电视里还播放着体育节目。

### Samlo Pub 酒吧

（见150页地图；☎021-222308；Th Setthathirath；⊙7:00至深夜）破烂邋遢，灯光昏暗，这间酒吧就好像是East End Kray酒馆和帕篷（Patpong）那些寻欢作乐的酒吧的私生子。这里是体验酒馆氛围的好地方，你身边的人可能是流氓、妓女、人妖、罪犯或者另一个你自己。可以进去快速喝几杯，但千万别逗留！

### Kong View 酒吧

（见140页地图；☎021-520522；紧邻Th Luang Prabang；菜肴25,000~70,000K；⊙11:00至午夜）位于湄公河较为平静的一段流域附近，阳台极具现代风格，可以俯瞰湄公河。无论来喝啤酒还是来吃饭都很不错。

### Jazzy Brick 酒吧

（见150页地图；☎020-244 9307；Th Setthathirath；⊙19:00至深夜；📶）时髦的裸露砖墙上张贴着老爵士海报，柯川（Coltrane）的歌声回荡在灯光迷离的酒吧中。这里非常适合度过高端大气的一夜。偶尔会有现场拉丁乐和波萨诺瓦表演，菜单上的鸡尾酒品种也足以让酒鬼手不离盅（mojito非常棒）。

## ✩ 娱乐

和其他所有事情一样，随着政策日益宽松，经济不断发展，万象的娱乐产业也在稳步上升，尽管种类还比较有限。根据法律，娱乐场所必须在23:30关闭，但大部分地方都会延迟到午夜时分。

## 电影

20世纪90年代录像带商店潮流出现后，老挝的电影院就彻底消失了。不过在Green Park Hotel旁边即将建成的世贸购物中心（World Trade Shopping Centre）里将会有一座电影院落成。

### 法国文化协会 电影院

（Institut Français；见150页地图；☎021-215764；www.ambafrance-laos.org/centre；Th Lan Xang；免费；⏰周一至周五 9:30~18:30，周六 至正午）这个高卢文化活动中心会定期举办舞蹈、美术展、文学研讨和现场音乐等活动。中心也会放映法国电影（周六 19:30），同时开设法语和老挝语课程。



## 马戏

### 老挝国家马戏团 表演艺术

（National Circus，又名Hong Kanyasin；见140页地图；Th Thong Khan Kham；👪）20世纪80年代成立的老"俄罗斯马戏团"现在被称为Hong Kanyasin。他们有时会在城北的老挝国家马戏团举行演出。可以在《万象时报》（*Vientiane Times*）上查阅演出信息。

## 现场音乐

### Anou Cabaret 现场音乐

（见150页地图；☎021-213630；Th Hengboun和Th Chao Anou的交叉路口；⏰20:00至午夜）位于Anou Paradise Hotel底楼，这家舞厅已经经营多年。这里有歌手驻场，可以体验浓郁的20世纪60年代风情，非常有意思。

### Wind West 现场音乐

（见150页地图；☎020-2000777；Th Luang Prabang；⏰17:00至次日1:00）Wind West是一家美式公路旅馆风格的酒吧和餐厅，大多数晚上都有乐队现场演奏老挝和西方摇滚乐——演出通常会在21:00左右开始，次日1:00左右结束。演出水平参差不齐，有时超棒，有时毫无亮点，但室内悬挂的牛仔帽和鹿角以及美洲土著木雕像营造出浓浓的民俗艺术氛围。

### Peurk-may 现场音乐

（见140页地图；☎021-315536；Th Tha Deua；⏰18:00至午夜）店名的意思是"树皮"，也是这间定位为"古典吉他吧"的酒吧的特色。店内音乐主打泰国民谣和流行音乐。即使你对这类音乐不感冒，里面适度的音量和诱人的泰国老挝混合菜单（主菜12,000~65,000K）也会让你觉得Peurk-may确是一处不错的低调休憩之所。

## 传统音乐和舞蹈

每天19:30~23:00在Lane Xang Hotel都可以观看6种老挝传统舞蹈。**老挝国家文化宫**（Lao National Culture Hall；见150页地图；Th Samsènethai）有时也有同样的演出，但没有公开的日程安排，需要密切关注《万象时报》上的通告。

### 老挝国立歌剧院 剧院

（Lao National Opera Theatre；见140页地图；☎021-260300；Th Khounboulom；门票70,000K；⏰周二、周四和周六 19:00~20:30）这是一处由国家资助的表演场所，在这里你可以看到"老挝金曲"演出、老挝拳击和被称为老挝版《罗摩衍那》（*Ramayana*）的Pha Lak Pha Lam传统表演。

# 购物

在万象可以买到老挝出产的所有东西，包括山地部落的手工艺品、首饰、传统纺织品和雕刻制品等。城中的主要购物区位于Th Setthathirath以及与之相交的几条街道上。

## 书店

### Book Café 书籍

（见150页地图；Th Hengboun；⏰周一至周五 8:00~20:00）这间万象品种最丰富的二手书店的主人是人类学家及作家罗伯特·库珀博士（Dr Robert Cooper），店内出售各种旅行指南、悬疑小说以及有关老挝历史文化方面的书籍。

### Monument Books 书籍

（见150页地图；124 Th Nokèokoummane；⏰周一至周五 9:00~20:00，周六和周日至

18:00）一站式购买时尚杂志和趣味高雅的当代经典小说、旅行指南、悬疑小说、老挝画册以及儿童图书和玩具的好地方。

**Oriental Bookshop** 书籍

（见150页地图；☎021-215352；121 Th Chao Anou；⏲10:00~20:00）店主Ngo先生收集了大量二手小说、明信片和邮票，还有不少关于老挝民族文化的图书。店里还提供咖啡和互联网（每小时5000K）。

## 手工艺品、古玩和艺术品

Th Samsènethai路、Th Pangkham路和Th Setthathirath路上的几家店里有售老挝和泰国的部落及山地部落的手工艺品。漆器、佛像等老挝产品日渐被来自越南和泰国的商品所替代。许多写有出售纺织品和布料的地方都有手工艺品和古玩出售。

**★T'Shop Lai Gallery** 化妆品和家庭用品

（见150页地图；www.laococo.com/tshoplai.htm；紧邻Th In Paeng；⏲周一至周六 8:00~20:00，周日 10:00~18:00）这里是老挝的购物天堂——走进这座感官的殿堂，首先吸引你的便是混杂的香气：椰子、芦荟、蜂蜜、素馨花和木兰花，这些香味都来自于由自学成材的香氛师"咪咪"米歇尔·萨达（Michel 'Mimi' Saada）制作并精心包装的按摩油、香皂、喷雾、香水和润唇膏。接下来再去看看那些在老挝传统风格中融合了些许包豪斯（Bauhaus）风格的螺钿家具，还有聚光灯下那些装在古董瓶子里的成套的古老药剂。卡片、手镯、印刷品、钢笔等等独具匠心的商品都是采用当地出产的可持续原材料制作的，这些商品由老挝工匠合作社（Les Artisans Lao cooperative）里的贫困妇女手工制作。非常有创意。

**Carterie du Laos** 礼品

（见150页地图；☎021-241401；118/2 Th Setthathirath；⏲9:00~17:00）这家店出售种类丰富的明信片、卡片、海报、图书以及一些小纪念品。

**Indochina Handicrafts** 手工艺品

（见150页地图；☎021-223528；Th Setthathirath；⏲10:00~19:00）这是狄更斯笔下的"老古玩店"（Old Curiosity Shop）的老挝版，店里满是佛像、老旧的胡志明和毛泽东胸像、俄国手表和共产主义文物、火柴盒汽车、奖章、鼻烟盒和旧托盘，是万象的必游之地。位于Carterie Du Laos隔壁，外墙上有许多植物。

**Satri Lao** 纪念品

（见150页地图；☎021-244384；Th Setthathirath；⏲周一至周六 9:00~20:00，周日 10:00~19:00）这家占据3层楼的商店精致光鲜、清香扑鼻，就像百货公司中的阿拉丁藏宝洞，出售高品质的首饰、苗族手袋、枕套、东方风情的宽松女装、《丁丁历险记》主题的漆画、佛像以及其他林林总总之物。价格昂贵，但很适合在旅行的最后时刻去采购纪念品。

**Treasures of Asia** 艺术品

（见150页地图；☎021-222236；86/7 Th Setthathirath；⏲周一至周五 正午至19:00）这家小画廊里收藏有老挝著名艺术家的真迹，许多《老挝当代艺术》(*Lao Contemporary Art*）一书中提及的艺术家作品都可以在这里找到。

## 市场

**早市** 市场

（Talat Sao；见150页地图；Th Lan Xang；⏲7:00~17:00）逛早市曾经是在万象令人难忘的购物经历，但可惜现在那里已经被改造一新。曾几何时，出售鸦片烟枪、首饰和古玩的摊位占据了市场三分之二的面积，只是现在已经被拆除，取而代之的是一座毫无个性的现代化商场。余下的那些纺织品店铺估计也命悬一线。

**夸丁市场** 市场

（Talat Khua Din；见150页地图；Th Khu Vieng；⏲5:00~13:00）位于早市的东面、汽车站过去一点。你可以在这个泥泞的市场里买到生鲜产品、肉类、鲜花、烟草和其他各类货品。

**通坎坎市场** 市场

（Talat Thong Khan Kham；见140页地图；

Th Thong Khan Kham和Th Dong Miang的交叉路口；⏲5:00~15:00）这个市场位于城中心北面的班坎坎村（Ban Khan Kham），全天开放，但最好还是一早前去采购。这里是万象最大的市场之一，从食品到工具，各类货品应有尽有。附近还有篮筐和陶瓷市场。

## 纺织品和服装

万象的中心地区随处可见售卖纺织品的店铺，以Th Nokèokoummane路最为集中，早市也是一个购买布料的好地方。除现代风格织物外，你还可以在这里找到古风织物、实用物品，比如肩背包（用几块方形古风织物巧妙拼接而成）、靠垫和枕头。

如果想现场观看老挝传统织布过程，可以去织布区班农布瓦通村（Ban Nong Buathong）看看。班农布瓦通村位于孟占塔布里（Muang Chanthabuli）镇中心的东北方，村中二十来户人家大多是从华潘省（Hua Phan Province）的桑怒（Sam Neua）举家搬迁到这里定居和劳作的。有几户人家直接对外出售纺织品。

**Carol Cassidy Lao Textiles** 手工艺品

（见150页地图；☎021-212123；www.laotextiles.com；84-86 Th Nokèokoummane；⏲周一至周五 8:00至正午和14:00~17:00，周六 8:00至正午，或提前预约）这家店铺出售高级现代织物，设计师从古老的老挝编织图案、主题和编织技巧中汲取灵感，设计出了这些精美的原创作品。美国设计师卡罗尔·卡西迪（Carol Cassidy）雇用了一批老挝织工，并让他们在一栋精巧的法国老挝混合风格的老房子后面织布劳作。他们织出的织物享有国际声誉，因此价格也不菲。

**Couleur d'Asie** 时装

（见150页地图；☎021-223008；www.couleurdasie.net；201 Th François Ngin；⏲周一至周六 9:00~17:00）这家色彩斑斓的时装店如同画家的调色盘，充满了欢乐的氛围。店主是一位法籍越南设计师，出售款式多样的女装、男式亚麻衬衣和波希米亚风宽松衬衣，另外还有可爱的首饰、盖毯和真丝围巾。你可以到楼上参观制衣现场并量体定制自己喜欢的服装。

**Kanchana Boutique** 手工艺品

（见150页地图；☎021-213467；102 Th Chanthakoummane；⏲周一至周六 8:00~21:00）这里出售的老挝丝绸可能是万象最高级的（最昂贵的设计品都在相邻的另一个房间里，有些售价高达几千美元）。亲切的店主还可以帮忙联系参观他们的老挝纺织品博物馆，甚至可以为你安排学习纺织和印染技术的课程。

**KPP Handicraft Promotion Enterprise of Sekong Province** 手工艺品

（见150页地图；☎021-241421；Th Setthathirath和h Chao Anou的交叉路口；⏲9:00~20:00）🍃这家店铺看上去很朴实，出售产自塞公（Sekong）的波罗芬高原（Bolaven Plateau）的公平贸易纺织品。

**True Colour** 手工艺品

（见150页地图；☎021-214410；Th Setthathirath；⏲周一至周六 9:00~20:00）🍃这家店出售色彩丰富的手纺真丝围巾和挂毯以及鲜艳的苗族手袋和针垫。所有产品都是由Houey Hong Vocational Training Center for Women（见156页）的女工手工制作的。

**Khampan Lao Handicraft** 手工艺品

（见150页地图；☎021-222000；Th Nokèokoummane；⏲8:00~21:00）出售产自桑怒地区的纺织品，价格非常合理。

**Mixay Boutique** 手工艺品

（见150页地图；☎021-216592；Th Nokèokoummane；⏲9:00~20:00）出售本地出产的高档丝绸。

**Camacrafts** 手工艺品

（见150页地图；www.camacrafts.org；Th Nokèokoummane；⏲周一至周六 10:00~18:00）🍃出售产自川圹省（Xieng Khuang Province）的丝绸服装和布料以及一些苗族风格的特色床上用品和靠垫套。

## 葡萄酒

**Vins de France** 酒类

（见150页地图；☎021-217700；354 Th Samsènethai；⏲8:00~20:00）这家酒馆（店

招上写着“baràvin”）是东南亚最好的法国葡萄酒庄之一。即使你不喜欢葡萄酒，这家酒庄也值得一去，因为酒庄内部和周围的外部环境截然不同。如果你喜欢喝酒，不妨花上US$3品尝一下这里的葡萄酒，保证让你觉得不虚此行。

### VanSom

酒类

（见150页地图；☎021-212196；110/01 Th Samsènethai；⏲周一至周六 8:00~20:00）这里也是一家藏酒丰富、品质优秀的葡萄酒庄。

## 方位

万象沿着湄公河曲折的河岸铺展开来，并形成了一条由西北向东南延伸的曲折的轴线，中心区孟占塔布里就位于轴线中心。大多数政府大楼、宾馆、餐馆和历史寺庙都坐落在湄公河附近的孟占塔布里。这里既有保存完好的老旧的法国殖民时期建筑和越中风格的商铺房，也有方方正正的社会主义现实主义风格新建筑。

瓦岱国际机场（Wattay International Airport）位于市中心西北方向大约4公里的地方。北部汽车客运站（Northern Bus Station）位于市中心西北方向约2公里处，运营往返北方各地的长途汽车。南部汽车客运站（Southern Bus Station）位于市中心东北方向8公里处的13号公路上，运营往返南方各地的长途汽车。设在泰老友谊大桥（Thai-Lao Friendship Bridge）的泰老边境站位于万象市东南方19公里处。

只有主干道、市中心旅游区才设有街道指示牌。虽然有指示牌，但英语、法语的写法各不相同，比如route（意为“道”）、rue、road（意为“路”）、avenue（意为“大街”）。然而，老挝语的写法一般为“tanǒn”（读作“塔农”，意为“街道、公路”，简写为Th）。所以，问路时最好使用“tanǒn”。

Th Setthathirat大街（这条街上有几座著名寺庙）和Th Samsenthai大街平行，两条大街都是万象市中心的主要街道。两条大街向西北方向延伸并最终汇入Th Luang Prabang大街和向北延伸的13号公路。而在另外一端，这两条大街都朝东南方向延伸，垂直相交于Th Lan Xang大街。这是一条主要的林荫大道，从总统府开始，途经早市抵达凯旋门，汇入Th Phon Kheng大街后一直通至朝南延伸的13号公路和南部汽车客运站。

万象的孟（老挝语为meuang，音为“孟”，意为“区”，有的地名译为“芒”）分为若干个班（老挝语为bâan，音为“班”，意为“村”，英语写成Ban）。其中，“班”是指与当地寺庙有关的居住区或村子。例如，瓦岱国际机场位于班瓦岱村（Ban Wat Tai），即瓦岱寺（Wat Tai）所在的居民区。

### 地图

Hobo Maps（www.hobomaps.com；US$2）这份常用地图大概是最好的万象地图，可以在书店和Phimphone Markets购买。

## 实用信息

### 危险和麻烦

按国际标准衡量，万象的犯罪率极低，但读者反馈和当地传闻都显示在万象遭遇抢劫的风险正日益增高。河岸的老挝外贸银行（BCEL）周边尤其需要小心，那里出现过两人骑摩托车掠夺行人包袋的案件，记住安全防卫常识就可以避免。针对旅行者的暴力犯罪极少发生。

节日期间也请尽量不要在城市道路上停留，尤其是**老挝新年**（Pi Mai；⏲4月）期间，醉酒驾车事故发生率飙升，扒窃案件也更为高发。

### 紧急求助

**救护车**（☎195）

**火警**（☎190）

**警察**（☎191）

**旅游警察**（见150页地图；☎021-251128；Th Lan Xang）

### 上网

Nam Phu（喷泉）和Th Manthatourath之间的Th Setthathirath北侧有一排网吧，营业时间为9:00~23:00，费用为每小时6000K。万象的许多咖啡馆都有Wi-Fi，通常可以免费使用。

Oriental Bookshop（见150页地图；☎021-215352；121 Th Chao Anou；每小时 5000K；⏲8:30~22:00）书店里有几台可供客人上网的电脑。

True Coffee Internet（见150页地图；Th Setthathirath；每小时 8000K；⏲9:00~21:00；📶👪）你可以在这家时髦而富有品位的咖啡馆里收发Email。店里还供应苹果Mac电脑配件以及布朗尼、酸奶和鲜榨果汁。不妨在这里边上Skype边喝上一杯拿铁咖啡，或是用自己的电脑享受免费Wi-Fi。

## 媒体

老挝唯一一份英文报纸是政府经营的《万象时报》，虽然内容经过严格审查，但着重于老挝和中国以及其他国家的经贸往来，详细报道矿业和水利发展。懂法语的人可以看《革新报》(*Le Rénovateur*)。另外可以在Pasai的Facebook主页上了解即将开始的活动和事件。

## 医疗服务

万象的医疗设施远远不能满足需求，因此，大病重伤都得出国前往医疗设施先进得多的泰国医院。**艾克乌隆国际医院**(Aek Udon International Hospital；☎0066-4234 2555；www.aekudon.com)可派遣救护车将病人接至泰国的乌隆他尼(Udon Thani)。万象只能处理小病轻伤。

**Alliance International Medical Center**(见140页地图；☎021-513095；Th Luang Prabang)这家新近落成的医院清新洁净，能治疗跌打损伤等常见疾病并分发抗生素。位于瓦岱国际机场附近的本田汽车展示厅后面。

**Australian Embassy Clinic**(见140页地图；☎021-353840；⏲周一至周五 8:30~17:00)这家诊所只接待澳大利亚、英国、加拿大、巴布亚新几内亚和新西兰公民。诊所的澳大利亚医生可根据预约处理小病轻伤，但诊所不具备急救设施。可使用信用卡或现金结算。位于凯旋门东南一个街区处。

**Centre Médical de L'Ambassade de France**(法国大使馆医疗中心；见140页地图；☎021-214150；Th Khu Vieng和Th Simeuang的交叉路口；⏲周一、周二、周四和周五 8:30至正午和16:30~19:00，周三13:30~17:00，周六 9:00至正午)向所有人开放，但工作时间之外需要预约就诊。

**International Clinic**(见140页地图；☎021-214021/2；Th Fa Ngoum；⏲24小时)Mahasot Hospital的分部。如果需要紧急治疗，且伤情或病情不太复杂，这里便是最好的选择。诊所里有几个说英语的医生。需准备好身份证件和现金。

**Setthathirat Hospital**(☎021-351156)日本人最近对这家医院进行了大规模扩建，如果伤病不太严重，也可以选择来这里治疗。位于城中心东北方6.5公里处。

**Poppy's Pharmacy & Beauty**(见150页地图；☎030-981,0108；Th Hengboun；⏲8:00~22:00)这家干净明亮、备货充足的现代化药房是购买洗漱用品、化妆品、防晒霜、防疟疾药片(非Larium类药物)和乘坐长途汽车时所需的安眠药的好地方。

## 现金

万象中心城区可以找到不少有执照的货币兑换点，尤以Th François Ngin和Th Pangkham之间的Th Setthathirath上为多。你也可以在各种店铺、酒店或市场兑换现金，不收服务费，但汇率很低。

下列银行可兑换现金和旅行支票，并提供Visa信用卡和万事达信用卡(MasterCard)的预借现金(大部分银行可兑换老挝货币基普，但有时也可兑换美元和泰铢)服务。很多银行现已配备了支持外国银行卡的自动柜员机(ATM)，但在柜台办理预借现金服务通常更划算。所有银行的营业时间均是周一至周五的8:30~15:30。

**ANZ**(☎021-222700；33 Th Lan Xang)总行有两台自动柜员机，可以为Visa卡和万事达卡用户提供预借现金服务，收取45,000K服务费。此外，该行在Th Setthathirath和Th Fa Ngoum路上还设有数台自动柜员机。

**大城银行**(Bank of Ayudhya；见150页地图；☎021-214575；79/6 Th Lan Xang)提供Visa卡预借现金服务，收取1.5%佣金。

**BCEL**(Banque pour le Commerce Extérieur Lao；见150页地图；Th Pangkham和Th Fa Ngoum的交叉路口；⏲周一至周五 8:30~19:00，周六和周日 至15:00)汇率最佳，营业时间最长。货币兑换点位于Th Fa Ngoum路上，主建筑旁边有3台自动柜员机。

**联合发展银行**(Joint Development Bank；见150页地图；75/1-5 Th Lan Xang)提供预借现金服务，且佣金最低，也有自动柜员机。

**泰京银行**(Krung Thai Bank；见150页地图；☎021-213480；Th Lan Xang)在Th Fa Ngoum路上设有兑换点。

**暹罗商业银行**(Siam Commercial Bank；见150页地图；117 Th Lan Xang)有自动柜员机，提供Visa卡预借现金服务。

## 邮局

**邮政电话电报局**(Post, Telephone & Telegraph，简称PTT；见150页地图；Th Lan Xang和Th Khu Vieng的交叉路口；⏲周一至周五 8:00~17:00，周六和周日 至正午)提供"留局待取"(poste restante)服务并出售邮票。

## 电话

大多数网吧都可以拨打国际电话，费用是每分钟5000K，但如果能用Skype的话更划算。可在任何宾馆大堂拨打市内电话，而且通常是免费的。

**Lao Telecom Numphu Centre**（见150页地图；Th Setthathirath；⏲9:00~19:00）可以发传真、拨打国际电话，费用为每分钟2000K（国内电话每分钟1000K）。

## 旅游信息

**旅游信息中心**（Tourist Information Centre，简称NTAL；见150页地图；www.ecotourismlaos.com；Th Lan Xang；⏲8:30至正午和13:30~16:00）位于早市和凯旋门之间，一楼的政府旅游信息中心值得一去。办公室布置得十分精巧，服务便利，可提供各省景点的详细信息。我们到访时，工作人员会说英语，并且能够回答我们提出的大多数问题。你可以在这里领取一些旅行小册子和区域地图。工作人员可为你提供前往普考奎山国家保护区（Phu Khao Khuay NPA）的详细信息。

## 旅行社

万象市中心有不少可以代订机票和泰国火车票并代办缅甸和越南签证的旅行社。

**Green Discovery**（见150页地图；☎021-264528；www.greendiscoverylaos.com；Th Setthathirath）无疑是老挝最有信誉的专注探险游的旅行社，经营皮划艇、自行车、高空滑索和徒步旅行项目，并可以帮助安排旅行事务。

**Lasi Ticketing**（见150页地图；☎021-222851；www.lasiglobal.com；Th François Ngin；⏲周一至周五 8:00~17:00，周六 8:30至正午）员工会说英语，出售机票、豪华（VIP）客车票和火车票，并能代办柬埔寨和越南签证。可联系Pha小姐咨询详情。

**Maison du Cafe**（见150页地图；☎021-219743，020-7804842；119 Th Manthatourath；⏲8:00~22:00）提供订票和代办签证服务，并有几台电脑可供上网（每小时6000K）。

# 到达和离开

## 飞机

从万象的**瓦岱国际机场**（见140页地图；☎021-512165）出发非常便利。西边是气势宏伟的国际航站楼（International Terminal），东边的老白楼内是国内航站楼（Domestic Terminal）。到达大厅设有咨询处（不过经常无人值守），可在国际航站楼的楼上用餐。

**亚洲航空公司**（Air Asia；见140页地图；www.airasia.com；瓦岱机场国际航站楼）每周有数班由万象至吉隆坡（Kuala Lumpur）的航班。

**中国东方航空公司**（China Eastern Airlines；见140页地图；www.ce-air.com；Th Luang Prabang）每天有飞往昆明和南宁的航班。

**老挝国内航空公司**（Lao Air；见140页地图；☎021-513022；www.lao-air.com；瓦岱机场国内航站楼；⏲8:00~17:00）每周有3班航班飞往桑怒（US$116）和沙耶武里（US$90），每周另有两班飞往丰沙里（US$126）的航班。

**老挝航空公司**（Lao Airlines；见150页地图；☎021-212051；www.laoairlines.com；Th Pangkham；⏲周一至周六 8:00至正午和13:00~16:00，周日 至中午）运营从万象至会晒（US$115；每周3班）、琅勃拉邦（US$90；40分钟；每天5班）、琅南塔（US$115；每周4班）、巴色（US$134；每周4班）、丰沙湾（US$90；每天）、沙湾拿吉（US$115；每周4班）、乌多姆赛（US$115；每周4班）的各个国内航班。每天另有从万象出发的国际航班前往曼谷（US$170）、清迈（Chiang Mai；US$165）、河内（Hanoi；US$165）、昆明（US$265）、金边（Phnom Penh；US$185）、暹粒（Siem Reap；US$185）、胡志明市（Ho Chi Minh City；US$205）和广州（US$360）。在**机场**设有办事处（见140页地图；☎021-512028；瓦岱机场国际航站楼；⏲4:00~20:00）。

**泰国国际航空公司**（Thai Airways International；见140页地图；www.thaiairways.com；Th Luang Prabang）每天有两班往返万象和曼谷的航班。

**越南航空公司**（Vietnam Airlines；见150页地图；www.vietnamairlines.com；Lao Plaza Hotel，63 Th Samsènethai；⏲9:00~17:00）有往返万象和胡志明市、河内和金边间，以及往返琅勃拉邦和河内、暹粒间的航班。

## 船

现在，往返万象和琅勃拉邦的客船几乎已经绝迹，因为大多数人都选择搭乘更快捷更便宜的长途汽车。

有慢船定期由万象开往115公里外的巴莱（Pak Lai）。周一、周三、周六8:00发船（120,000K；约8小时）。

## 长途汽车

万象有3个汽车站，有些员工会说英语，并设有食品和饮料摊点。

**北部汽车站**（Th Asiane）距离市中心东北方向约两公里，运营前往万荣以北包括中国在内的各个城市的长途线路。有英文版的目的地和最新票价表。

**南部汽车站**（Rte 13 South）俗称东多汽车客运站（Dong Dok Bus Station）或九公里汽车站（khíw lot lák káo），离市区大约9公里，这里的长途汽车发往南方各地。开往越南的公共汽车也从这里发车。

**早市汽车站**（见150页地图；☎021-216507；Th Khu Vieng）运营开往万象省内各地（包括万荣和一些较远的地方）的长途汽车，慢得要命。但

## 从万象出发的长途汽车

| 目的地 | 出发地 | 票价（K） | 里程（公里） | 时长（小时） | 出发时间 |
|---|---|---|---|---|---|
| 阿速坡（电扇） | 南部汽车站 | 140,000 | 812 | 22～24 | 9:30，17:30 |
| 阿速坡（豪华） | 南部汽车站 | 200,000 | 812 | 14～16 | 20:30 |
| 东孔岛（电扇） | 南部汽车站 | 150,000 | 788 | 16～19 | 10:30 |
| 会晒（空调） | 北部汽车站 | 230,000 | 869 | 24 | 17:30 |
| 孔敬（空调） | 早市汽车站 | 52,000 | 197 | 4 | 8:15，14:45 |
| 拉绍（电扇） | 北部汽车站 | 85,000 | 334 | 6～8 | 5:00，6:00，7:00，20:30 |
| 琅南塔 | 北部汽车站 | 180,000 | 676 | 24 | 20:30（电扇） |
| 琅勃拉邦 | 北部汽车站 | 110,000 | 384 | 10～11 | 6:30，7:30，9:00，11:00，13:30，16:00，18:00，19:30（空调） |
| 琅勃拉邦（豪华） | 北部汽车站 | 150,000 | 384 | 9～12 | 19:30，20:00 |
| 呵叻（泰国；空调） | 早市汽车站 | 82,000 | 387 | 7 | 7:30 |
| 廊开（泰国；空调） | 早市汽车站 | 17,000 | 25 | 1.5 | 7:30，9:30，12:40，14:30，15:30，18:00 |
| 农羌（柬埔寨；电扇） | 南部汽车站 | 130,000 | 818 | 16～20 | 11:00 |
| 北汕 | 南部汽车站 | 40,000～50,000 | 143 | 3～4 | 7:00～15:00（嘟嘟车）；或搭乘任何向南开行的汽车 |
| 巴色（空调） | 南部汽车站 | 140,000 | 677 | 16～18 | 7:00～20:00整点发车 |
| 巴色（豪华） | 南部汽车站 | 180,000 | 677 | 8～10 | 21:00 |
| 丰沙里 | 北部汽车站 | 190,000 | 811 | 25～28 | 6:45（电扇） |

如果你真的要去比较远的地方，最好去北部或南部汽车站搭车。开往泰国的孔敬、呵叻、廊开和乌隆他尼的泰老国际长途汽车也经停该站。

老挝的路况和长途汽车车况都很差，因此路上所需时间可能比预计时间要长。除了运营国内长途线路外，早市汽车站如今也有几班汽车开往几个泰国城市。如果你想搭乘前往中国的长途汽车（终点为昆明），可以到北部汽车站联系Tong Li汽车公司。去越南的长途汽车每天19:00从南部汽车站出发经荣市（Vinh；180,000K；16小时）到河内（220,000K；24小时），或经顺化（Hue；200,000K；19小时）到岘港（Danang；230,000K）。周一、周四和周日发车时间为18:00。前往胡志明市的旅客需要在岘港换车，详情请联系SPT。

| 目的地 | 出发地 | 票价（K） | 里程（公里） | 时长（小时） | 出发时间 |
|---|---|---|---|---|---|
| 丰沙湾 | 北部汽车站 | 110,000 | 374 | 10~11 | 6:30，8:00，9:30，11:00，16:00，18:40（空调），20:00 |
| 丰沙湾（豪华） | 北部汽车站 | 150,000 | 374 | 10~11 | 20:30 |
| 沙耶武里（电扇） | 北部汽车站 | 110,000 | 485 | 14~16 | 9:00，16:00，18:30 |
| 沙拉湾（电扇） | 南部汽车站 | 120,000 | 774 | 15~20 | 16:30，19:30 |
| 沙拉湾（空调） | 南部汽车站 | 150,000 | 774 | 16 | 19:30 |
| 沙拉湾（豪华） | 南部汽车站 | 180,000 | 774 | 13 | 20:00 |
| 桑怒（电扇） | 北部汽车站 | 170,000 | 612 | 22~24 | 7:00，9:00，正午 |
| 桑怒（空调） | 北部汽车站 | 190,000 | 612 | 22~24 | 14:00 |
| 沙湾拿吉（电扇） | 南部汽车站 | 75,000 | 457 | 8~11 | 5:30，6:00，7:00，8:00，9:00，或搭乘任何去巴色的汽车 |
| 沙湾拿吉（豪华） | 南部汽车站 | 120,000 | 457 | 8~10 | 20:30 |
| 他曲（电扇） | 南部汽车站 | 60,000 | 332 | 6 | 4:00，5:00，6:00，或搭乘任何去沙湾拿吉或巴色的汽车 |
| 他曲（豪华） | 南部汽车站 | 80,000 | 332 | 5 | 正午，13:00 |
| 乌多姆赛 | 北部汽车站 | 170,000 | 578 | 16~19 | 6:45，13:45（电扇） |
| 乌多姆赛（豪华） | 北部汽车站 | 190,000 | 578 | 15~17 | 16:00 |
| 乌隆他尼（泰国；空调） | 早市汽车站 | 22,000 | 82 | 2.5 | 8:00，10:30，11:30，14:00，16:00，18:00 |
| 万荣（电扇） | 早市汽车站 | 30,000 | 157 | 3~4 | 7:00，9:30，13:00，15:00 |

## 去泰国：从万象到廊开

### 前往边境

泰老友谊大桥（老挝语为Saphan Mittaphap Thai-Lao）横跨湄公河，一端连接泰国的**廊开**，一端连接老挝的**塔纳伦**（Tha Na Leng；万象东南方约20公里处）。最轻松且最便宜的过境方式是搭乘舒适的泰老国际公共汽车（Thai-Lao International Bus）。泰老国际公共汽车每日发车去往泰国孔敬、呵叻、廊开和乌隆他尼。往返万象和大桥的其他交通工具还有出租车（300B）、嘟嘟车（拼车/包车 5000K/250B）、江博车（jumbo；250~300B）或是每天6:00~18:30从早市汽车站发车的14路Tha Deua公共汽车（15,000K）。

如果你是从泰国过来的话，乘坐嘟嘟车从廊开火车站到桥上的泰国边界的车费为20B，从汽车站出发则需要55B。你也可以在廊开汽车站（55B；1.5小时）或乌隆他尼汽车站（80B；2小时）搭乘泰老国际公共汽车直达万象的早市汽车站。如果你是乘坐飞机抵达乌隆他尼，乘坐嘟嘟车从机场到乌隆他尼汽车站的价格大约是120B。

2009年后，坐火车过桥成为另一种选择。从廊开火车站开始，铁路继续延伸3.5公里进入老挝境内，直达东帕西站（Dongphasy Station），距离万象市中心约13公里。火车从廊开发车，每天两班（9:30和16:00；电扇/空调 20/50B；15分钟），过境手续可在两边各自的火车站内办理。

### 在边境

在泰老边界，有效期为30天（有时会随意地变成15天）的老挝签证按国籍不同，收费为US$20~42。如果没有照片，需要多付US$1，在工作日的6:00~8:00和18:00~22:00以及周末和节假日需要征收US$1“超时费”（overtime fee）。另外还要缴纳US$1入境费。不管嘟嘟车司机说什么，不要让他们代办老挝签证——所需时间会比你自己办理长得多，而且还得多付“服务费”。坚持让他们直接把你送到大桥。

大多数国家的游客都可以免签证进入泰国，但持中国护照的旅客目前不能免签。廊开口岸目前可以提供落地签，不过还是建议你在国内先办好签证。

### 入境

从廊开到曼谷（Bangkok）的火车发车时间是18:20，二等座票价为US$23，卧铺票价为US$37。

如果从泰国过来，可以选择坐面包车（100B）、嘟嘟车（250B）或出租车（300B）走完从边境至万象的19公里路。开往早市的14路公共汽车的价格最为便宜，约为15,000K或20B，运营至18:30。

### 火车

2009年3月，铁轨从泰国廊开火车站经泰老友谊大桥延伸至老挝的东帕西站，这也是老挝的首条铁路。本书调研期间，政府已宣布将铁轨再延长9公里的计划，这也是将在未来5年内发轫兴建的国家铁路网的一部分，但现在老挝的铁路总长只有3.5公里。

## 当地交通

步行即可游览万象的中心城区，但如果你想游览万象周边地区，就需要借助交通工具。

### 抵离机场

瓦岱国际机场位于市中心西北方大约4公里处，如果乘坐出租车则车费为US$10，显然昂贵得不可思议。这个价格是政府规定的，US$10可以带你去万象的任何地方（但到泰老友谊大桥则只要US$13）。只有官方出租车才能在机场接客。

如果手头不宽裕，行李又不多，只要步行500米走出机场门，穿过Th Luang Prabang，再叫一辆合乘江博车（相当于宽敞一些的嘟嘟车，每人20,000K）就行了。官方规定嘟嘟车从市中心到机场的单程价格为60,000K。如果你要去比中心城区更远的地方，拼车费用也会相应提高。

从早市汽车站发车的30路Tha Pa公共汽车和49路Nong Taeng公共汽车到机场只要10,000K。

## 自行车

万象大多地方都比较平坦，因此骑自行车四处逛逛既经济又舒服，值得推荐。多数客栈和不少商铺均有自行车出租，租金每天大约10,000K。不用地图就能找到租自行车的地方。

## 公共汽车

万象有城市公共汽车系统，但公共汽车大多开往郊区，而不是去市中心孟占塔布利区（Chanthabuli）。大多数公共汽车从早市公共汽车站发车；去往泰老友谊大桥的14路Tha Deua公共汽车从6:00至18:30每两小时发出一班，票价为15,000K。

## 小汽车和摩托车

轻便摩托车是在万象四处逛逛的好工具，中心城区各处都有出租点，**Douang Deuane Hotel**（见161页）附近的Th Nokèokoummane路西就有好几处租赁点。酒店正前方的一家价格最便宜，排量为110cc的摩托车租金为每天70,000K。

**Jules' Classic Rental**（见150页地图；☎020-9728 2636；www.bike-rental-laos.com；Th Setthathirath；每天 US$35，最短租期一周）备有各种车型供你选择，且车辆都经过定期保养。这里既有轻便摩托车，也有崭新、生猛、大排量的250cc和450cc的越野摩托车。店主蒂埃里（Thierry）还能帮你把行李送到目的地（收费）。如果要去较远的野外而不想折返（例如去琅勃拉邦），付US$50就可以将车留在当地。如果遇上紧急情况，可以给他们打电话，他们会帮你找附近的修车店来解决（如果他们知道）或是亲自赶来帮你。注意看门口摆放着旧车的店铺，这里可是品质上佳的一家店。

**Europcar**（见150页地图；☎021-223867；www.europcarlaos.com；Th Setthathirath；⏲周一至周五 8:30~18:30，周六和周日 8:30~13:00）在



## 嘟嘟车和江博车之傻瓜指南

万象有两种不同的嘟嘟车和江博车，一旦了解了两者的区别，不仅能省下不少钱，还能避免不必要的口舌之争。

### 旅游嘟嘟车（Tourist Tuk-Tuks）

排着队停在大众旅游景点（比如Nam Phu）外面候客的嘟嘟车就是旅游嘟嘟车。理论上讲，如果路程在一公里以内，嘟嘟车的包车费用不应高于20,000K。但是，旅游嘟嘟车司机通常会向你出示一张压了膜的车费价目卡，所列车费至少是老挝人所付车费的两倍。讨价还价基本是徒劳的，因为排队司机间有个协议：低于起步价，嘟嘟车不发车。

### 非定点嘟嘟车（Wandering Tuk-Tuks）

非定点嘟嘟车随时随地搭载乘客，谈妥价钱后可开往任何地方。其车费比旅游嘟嘟车便宜，但如果你的目标路线远离主干道则可能会加价。如果要去的地方就在中心城区，递给司机15,000~20,000K，直接告诉他们你的目的地就行了。

### 固定路线合乘江博车（Fixed-Route Share Jumbos）

这种最便宜的嘟嘟车更像是公共汽车，从嘟嘟车站发车，车费固定，路线也固定。最大的嘟嘟车站位于早市附近。有一条很实用的路线通往友谊大桥（Friendship Bridge；每人5,000K，包车 200B）。尽管上车吧，告诉司机你想去的地方即可。

## 摩托车游

摩托车运动在老挝已经兴起了一段时间，但随着2013年柏油路面的大规模铺设、新型轮胎的全面推行以及车辆出租业的良好运营，这一运动也飞速发展起来。现在，你可以骑上坚固且保养良好的摩托车，依仗老挝完善的移动电话服务，随时和大本营保持联系，还有手持GPS导航仪可为你指路。有了送客至目的地和行李转送服务，现在你完全可以在假期里抽出几天进行一次两轮旅行（我们认为比起乘坐闷热拥挤的公共汽车，骑摩托车要美好得多）。你可以从Jules' Classic Rental租一辆车，花一周时间去老挝北方或者中部游览一番，用几天之间穿越崇山峻岭到达万荣，然后继续前往琅勃拉邦和北方其他地区，最后将车辆留在琅勃拉邦。

或者你也可以坐公共汽车到万荣，然后参加位于南俄水库（Ang Nam Ngum）附近的Blue Lagoon resort里的**Uncle Tom's Trail Bike Tour**（汤姆叔叔的越野摩托游；☎020-2995 8903；uncletomstrails@hotmail.com；Blue Lagoon Resort，Ban Theua，Ang Nam Ngum；两日行程 每人 US$110）。这家优秀的新租车行的主人是一位长得像汤姆·琼斯（Tom Jones）的威尔士人，他可以教你各种骑行技巧（新手也适用），并可根据你的要求为你量身定制一日摩托车游。

如果想尝试一次甘蒙省（Khammuan Province）环线骑行，你完全不必骑着摇摇晃晃的轻便摩托车一路爬行，新开业的Mad Monkey Motorbike（见214页）在他曲有崭新的250cc排量的本田泥地摩托车可供租赁。他曲也是进行环线骑行和前往孔洛洞（Kong Lo Cave）探秘的最佳大本营。更妙的是，如果你在荒郊野外遇到麻烦，店主人DC还可以赶来救你。

最后，感谢神秘的**Midnight Mapper**（☎020-5865 6994；espritdemer@hotmail.com）在过去10年中孜孜不倦地绘制老挝地图。Midnight Mapper是绰号，你可以在他的网页上购买卫星地图，然后插入你的GPS导航仪（价格为US$50，他会将SIM卡邮寄给你）就可以用了。或者你也可以从他那里借一台Garmin牌导航仪，租金为每天US$10，只要输入你的坐标就永无迷路之虞了。他还可以带你去阿速坡省（Attapeu Province）和古老的胡志明小道（Ho Chi Minh Trail）附近的一些人迹罕至的非热门地区去探险。

这里可以租到优质的小汽车，从小轿车（US$55/天）到皮实的四驱车（每天 US$77）都有。你也可以以每天US$10的价格雇个司机，但如果想要开到万象以外就需要管司机的吃住，价格为US$20。支付一定费用就可以将车留在目的地。标准配置中包含第三方责任保险。

### 江博车和嘟嘟车

近至500米，远至20公里，江博车和嘟嘟车司机都可以送你去。如果不想被黑被宰，了解各种嘟嘟车的区别就显得尤为重要（见179页方框）。旅游嘟嘟车最贵；在市区运营固定路线的合乘江博车便宜不少，通常每人只需20,000K的车费。这些路线包括Th Luang Prabang至Th Setthathirath，或者从Th Lan Xang至塔銮。

### 出租车

你可以在大酒店或机场门口找到各种车型、大小和车龄的出租车。除了Meter Taxi Service（☎021-454168）这家公司的车外，其他都需要讨价还价。Meter Taxi Service的司机通常都在Day Inn Hotel斜对面的Th Pangkham路上待客。另一家实用的新公司名为Taxi Vientiane Capital Lao Group（☎021-454168；⏲24小时）。

**早市出租车站**（Talat Sao taxi stand；见150页地图；⏲7:00~18:00）位于早市对面的Th Lan Xang和Th Khu Vieng的交叉路口处，在那里可以找到去友谊大桥的车（300B）。

不出城的话，包一辆车（带司机）的价格大约为每天US$50。如果要去南俄水库或是万荣这些较远的地方，价格会更高。

# 万象周边

## （AROUND VIENTIANE）

万象周边有几处地方值得一看，而且游览起来也毫不费力。有些景点很适合作为一日游的目的地，其他景点则可能要多花几天时间。

## 普考奎山国家保护区（Phu Khao Khuay NPA）

ສວນອຸດທິຍານແຫ່ງຊາດພູເຂົາຄວາຍ

普考奎山国家保护区（www.trekkingcentrallaos.com）位于万象东边，占地2000多平方公里，内有崇山峻岭和多条河流，是老挝最容易到达的保护区。在与保护区边缘的两座村子班纳村（Ban Na）和班哈凯村（Ban Hat Khai）密切协商后，各种徒步游发展臻于成熟，既有几小时即可完成的短线徒步线路，也有历时长达3天的长途徒步线路。

普考奎山（Phu Khao Khuay）的意思是"牛角山"，这个名字源于当地传说。普考奎山是3条主要河流的源头所在，河流从砂岩山脉流出，流进南勒水库（Ang Nam Leuk Reservoir）。普考奎山中有极其罕见的濒危野生动物，包括野生大象、长臂猿、亚洲黑熊、云豹、暹罗火背鹇（Siamese fireback pheasant）和绿孔雀。普考奎山保护区约88%的面积都被森林覆盖，不过只有32%的区域被划为密集成熟林区。因为海拔高度不同，游客可能会看到耐旱常绿龙脑香树（dry evergreen dipterocarp，一种结双室果的东南亚树种）、落叶混交林、针叶树林或高山草地。如果你是从万象出发来此进行一日游，途中还可参观几座气势磅礴的瀑布。

毋庸置疑，保护区内的景色全都令人难忘，尤其是能够亲眼看到濒临灭绝的野生动物。不过，到目前为止，普考奎山最吸引游客的地方还是野生大象群。很遗憾，由于近几年发生的一系列灾难事件，见到这些野生动物的希望更为渺茫了。

有关普考奎山的徒步游、住宿和抵达离开的详细信息可以在万象的旅游信息中心（见175页）获悉。普考奎山徒步游的价格为每人每天160,000K，且必须购买进入保护区（NPA）的许可证（50,000K）并为乡村基金捐款（50,000K）。如果从班哈凯村出发，还需要支付船费（每艘船70,000K，最多搭载5名乘客）。

### 到达和离开

万象南部汽车站有公共汽车定时出发至班塔博村（Ban Tha Bok）和北汕。去往帕巴蓬桑寺（Wat Pha Baht Phonsan）和班纳村的乘客需在Km 81里程石附近的塔帕巴（Tha Pha Bat）下车。佛殿就位于13号公路旁，班纳村则在它北面约两公里处——跟随路标即可到达。

如要前往到班哈凯村，继续坐车到92公里处左转（朝北），过了这个岔路口再往前走就是班塔博村了。如果你是自驾出行，则可沿着平滑的红土路继续行驶8公里，走过一座新桥，然后来到Y字路口。从这里右转再行驶一公里即是班哈凯村，从这里再继续行驶9公里便可抵达达赛瀑布（Tat Xai）；如果你在Y字路口左转并继续前行6公里，在经过一段4公里长的崎岖道路后便可抵达达勒瀑布（Tat Leuk）。如果事先联系好，班哈凯村的村民可以骑摩托车到班塔博村去接你，费用为15,000K。

注意，如果你是从万象出发，沿途会看到3个指向普考奎山入口的路标，第二个通往班纳村，第三个通往班哈凯村和几个瀑布。

## 班纳村（Ban Na） ບ້ານນາ

班纳村是一处低地农耕村，位于万象东北方向82公里处，人口约为600人。这是一个典型的老挝村庄，妇女用竹篾编制各种筐篮（给点小钱的话，她们很乐意传授编筐技艺），男人则在田地里耕种。但是对游客来说，当地的大象群最有趣。

班纳村的农民一直以种植稻谷和蔬菜为生，几年前他们开始种植甘蔗，但他们未曾料到附近山上的大象对甜食情有独钟。没过多久，这些庞然大物就发现了山下田间的宝藏，开心地吃起班纳周边种植的甘蔗、菠萝和香蕉来。农民们当然没那么开心，为了摆脱这些大象，村民们只好放弃种植甘蔗，重新种起无聊（利润也较少）的蔬菜。

人们本指望那30多头大象会识趣地回到山林，没想到它们却将班纳村附近的低地森林、竹林和田野当成了自己的家，这对班纳村的环境和经济都造成了严重破坏。为了继续和这些大象和平共处下去（而不是射杀它们），村民们所能想到的唯一办法就是让它们自己做出贡献。结果就出现了大象生态游。

事实上如今在这里已经看不到大象的身影。2007年，普考奎山区据估计有25头健壮的大象。2009年，其中5头已经被猎杀，象牙被拔掉，后腿也被剥去，这说明它们不是死于村民之手，而是被盗猎者杀害的。2010年，又有两头被登记死亡。据老挝军队称，它们是被闪电击毙的。如今这里应该还剩下18头大象，但已经难觅影踪。

村民导游会组织从班纳村出发的一日、两日、三日徒步游，游程包括从班纳村前往根卡尼急流（Keng Khani，单程3~4小时）、穿过森林深处前往**达法瀑布**（Tat Fa；4~5小时），以及去往**邦赛**（Pung Xay；4公里）的观象塔。前往观象塔的一小时徒步游很轻松，途中会经过种植园并穿越密林边缘。观象塔居高临下，可以俯瞰到大象最喜欢的盐渍地（野兽舔食岩盐的地方），大象会定时光顾。晚上，游客就睡在塔内（每人100,000K），有床垫有蚊帐，导游还会烹煮可口的当地风味晚餐。就算没有大象，这也是一次十分有趣的探险活动。

你也可以住在村民家中，费用为每人每晚30,000K，另外每人还需支付30,000K饭费。这个价格不包括从万象过来的交通费，而且不可议价。所有收入都归村子和国家保护区。如果你想直接和班纳村民联系，可以打电话给只说老挝语的**邦塔侬先生**（Mr Bounthanom；☎020-220 8286）。

前往班纳村途中，值得在**帕巴蓬桑寺**稍作停留。帕巴蓬桑寺坐落在塔帕巴的一块突出的岩石上。而塔帕巴位于班纳村以南大约两公里处13号公路旁。帕巴蓬桑寺因其庞大的佛祖足印（pa bàht）神祠、庙宇和大卧佛而备受尊崇。只要看过寺中一尊1933年修建的精美大佛塔，你就会明白了。

## 班哈凯村（Ban Hat Khai）

ບ້ານຫາດໄຂ່

和班纳村一样，班哈凯村也是普考奎山国家保护区徒步游的起点。你可以从这里出发前往**帕琅**（Pha Luang；单程3~4小时），观赏那里的巨崖和美景，或是探索**会基灵河**（Huay Khi Ling；单程2~3小时）周围的林区。包含上述所有目的地的徒步游需2~3天，具体时间视季节而定；徒步者需要在森林里过夜（向导费 每天160,000K，许可证 50,000K，另需向乡村基金缴纳50,000K捐款）。班哈凯村有船（每人70,000K，最多5人）逆流而上开往**帕塞**（Pha Xai）。

班哈凯村也可以安排游客住在村民家，费用为每人每晚30,000K，另收30,000K伙食费。这个价格不包括从万象过来的交通费，且不可议价。所有收入都归村子和国家保护区。具体事宜可以联系说老挝语的**卡姆安先生**（Mr Khammuan；☎020-224 0343）。

## 达赛瀑布、帕塞瀑布和达勒瀑布（Tat Xai, Pha Xai & Tat Leuk）

在快到班塔博村前，沿着13号公路上的岔路向北走即可到达普考奎山中的3座壮观的瀑布。**达赛瀑布**分七级跌落，在下游800米处，**帕塞瀑布**飞流直下40多米。瀑布下有个非常适合游泳的水潭，但雨季时在此游泳是很危险的。

**达赛瀑布**就小了许多，但当夜幕降临时这里就成为了一处美丽的露营地。如果水流不是太快，你甚至可以在瀑布上方游泳。游客中心（Visitor Centre）提供部分地区相关信息，包括有关1.5公里长的**会本河天然小道**（Huay Bon Nature Trail）的详细信息。游客中心的工作人员可组织当地徒步游（160,000K），并出租优质的四人帐篷（30,000K），以及吊床、地席、蚊帐和睡袋（每样10,000K）。里面有一家仅能满足基本需求的餐厅，所以最好在进山前就备好充足的食物。另外还有一些关于野生动物的书籍和一副望远镜。

# 万象至万荣（Vientiane to Vang Vieng）

前往南俄水库的路上有少数有趣的景点

值得你稍作停留。你可以很轻松地找到南多达库卡纳瀑布(Nam Tok Tat Khu Khana，又名欣卡纳瀑布，即Hin Khana)：13号公路17公里处附近有个班纳赛通村(Ban Naxaithong)，该村附近有条土路向西延伸，沿着土路前行10公里即可看到瀑布。

旺桑(Vang Sang)坐落在万象以北65公里处的13号公路上。旺桑悬崖上的10座高浮雕佛像据说开凿于16世纪。其中两座佛像高度超过3米。旺桑的意思是“大象宫殿”，指在附近发现的一座大象墓地。如果想去旺桑，先跟着指示牌走到62公里处附近的Vang Xang Resort，接着沿小湖边的红土路一路上山，直到你看到一片遮天蔽日的森林。

继续往北走就到了繁荣的小镇蓬洪(Phon Hong)。蓬洪坐落在通往塔拉(Thalat)和南俄水库的岔路上。南俄水库是1971年南俄河筑坝后形成的一个广博的人工湖。山谷被淹没后，以前河谷的最高峰变成了郁郁葱葱的岛屿。1975年巴特寮占领万象后，据估有3000名来自万象的妓女、轻罪犯和瘾君子被集中流放到其中两座小岛上，男女各占一岛。如今，南俄河水电站不仅满足了万象地区大部分用电需求，还把富余的电量卖给泰国。南俄水库湖面上星星点点地散布着风景如画的小岛，值得一游。你可以在班纳肯村(Ban Na Kheun)租船前往各个岛屿，村里还有该地区最好的住宿和餐馆。游船费用为半天150,000K、全天300,000K。

过了Km 80就是班森索姆村(Ban Senhxoum)，从这里右转，沿平坦的红土路前行7公里就到了南利河(Nam Lik)河岸，这片宁静的地方正在被改造为新的生态旅游基地。位于南利河西岸的河畔度假村Nam Lik Eco-Village(见184页)不仅是住宿的好地方，也是不错的户外活动基地。你可以在遍地的兰花间漫步闲游，或在河上玩皮划艇或是骑山地自行车，还有该地区最刺激的活动——南利丛林飞跃(Nam Lik Jungle Fly；☎020-5662 2001；www.laosjunglefly.com)。丛林飞跃开放于2010年初，有10段高空滑索和一条两公里长的绳桥。山顶有舒适的帐篷供住宿，从那里可以俯瞰南利河。可以在设在万象及万荣的Green Discovery(☎021-264528；www.greendiscoverylaos.com)办事处预订或询价，万荣是最适合玩丛林飞跃的地方。大致的价格范围是：一行4人租过夜帐篷、玩滑索和皮划艇，每人开销约US$177。你可以选择一日游项目，也可以选择丛林飞跃加露营的组合项目。乘船沿南利河溯流而上大约10分钟即可到达活动基地。

集市村庄班塔华村(Ban Tha Heua)位于兴何普(Hin Hoep)以北，这里有一条岔路通向(前)赛松本特区[(Former) Saisombun Special Zone]。自1975年苗族武装叛乱后，在其后30年里这里一直都是禁区，现任老挝政府认为已经不再需要赛松本特区了。这一区域实际上是从万象省东北角一直延伸到到川圹省的一片面积为4506平方公里的崎岖山地和高原。当年之所以被划为禁区是因为这里的苗族人口众多，也是苗族人和美国中央情报局在第二次印度支那战争(Second Indochina War)中建立的“秘密城镇”龙镇(Long Cheng)的所在地。

战争史爱好者也许会想要去龙镇游览一番，但这个前基地(现在的老挝军事基地)的大部分地区仍然还是禁地——尤其是在一名在中国人经营的普别山(Phu Bia；老挝最高峰)铜矿工作的工程师被疑似苗族叛乱者射杀之后。

## 食宿

从万象到万荣的整条13号公路沿线分布着能满足基本需求的住宿地。

**Vang Xang Resort** 客栈 $

(☎021-211526；房间 60,000K)如果从万象骑自行车前来，位于万象以北65公里的Vang Xang Resort是理想的首站停留地。

**Blue Lagoon Resort** 小屋 $$

(☎020-5489 4272；www.blue-lagoon-resort-laos.com；Ban Theua；小屋 US$20~45；P ❄ 📶)Blue Lagoon设于水库岸边的崭新平房非常棒，从基本房型到带空调的豪华间都有。很适合带全家过来玩花式滑水和水上摩托，你还可以在这里学开摩托车，或是参加Uncle Tom's Trail Bike Tour(见180页方框)。

**Salapa Fisherman's Haven** 小屋 $$

(☎030-526 6026；www.salapafishermans.com；Ban Na Khuen；平房 含早餐

US$30；❄）位于离南俄水库大坝不远的班纳昆村（Ban Na Khuen），这里的食宿条件在当地首屈一指。Salapa Fisherman's Haven拥有可以眺望水库的漂亮小屋。这里的主人是一位在法国住了30年的老挝人，也是狂热的垂钓爱好者，能为你提供钓鱼装备和建议。

**Nam Lik Eco-Village** 小屋 $$

（☎020-202 6817，020-5550,8719；www.namlik.org/eco；平房 US$15~50）位于备受推崇的南利河生态村班万孟村（Ban Vang Mon）外的南利河西岸，这里聚集了形形色色的科学家、昆虫学家和兰花迷，还有那些纯为田园寻梦而来的人们。度假村里有12座宽敞的别墅套间和一家不错的餐厅，但最具吸引力的还是里面的活动：在皮划艇、垂钓和这周边森林骑山地自行车、深入当地村民的生活，堪称真正意义上的"生态游"。这里的鱼类和爬行动物的品种也很丰富。

**Nam Ngeum** 老挝菜 $

（☎020-5551 3521；Ban Na Khuen；主菜 15,000~50,000K）班纳昆村（Ban Na Khuen）屈指可数的几家餐馆之一，Nam Ngeum美味的gôy Ƀąh（酸辣鱼沙拉）、gąang Ƀąh（鱼汤）和neung Ƀąh（鲜香草蒸鱼）的风评都很不错。

## 到达和离开

万象的早市汽车站从6:30~17:30每小时会有一班开往南俄水库旁最大的城市塔拉（15,000K；2.5小时；87公里）的长途汽车。从塔拉可以搭乘双条车（sǒrngtăaou）到班纳昆村（15,000K），如果住Salapa Fisherman's Haven的话，店里可以派车来接客人。如要乘坐万象的出租车回到湖边，通常需要US$50。回程可以让司机走可以望见班纳昆美丽风景的10号公路（Rte 10）。

如果提前预约，Nam Lik Eco-Village和南利丛林飞跃都可以提供交通工具接客。另外，也可以在万象直接跳上任何一辆开往万荣的长途汽车，在班森索姆村（25,000K；约3小时）下车，然后打电话联系Nam Lik Eco-Village或是搭便车再走7公里到达班万孟村。



# 万荣（Vang Vieng） ວັງວຽງ

☎023 / 人口 33,612

风景如画的万荣位于南松河（Nam Song）河畔，周围是陡峭的悬崖峭壁和一片片翠绿的锦绣田野。多亏老挝政府在2012年铁拳出击，河畔的锐舞吧才最终被关闭，日益泛滥的嗑药派对景象也得以清除，整个区域自此变为一个户外天堂，有着极其漂亮的精品酒店和一系列在大自然中进行的惊心动魄的户外活动。

多年以来，这是首次有西方的家庭游客和更为成熟稳重的旅客拜访此地（许多是在前往传说中的琅勃拉邦时途经此地）。他们在南松河上划皮划艇，或去喀斯特地貌区探洞、攀岩，玩得不亦乐乎。这也让万荣居民的心中的担忧大为纾解。虽然村民们多少还是有些担忧如何才能保证客栈的入住率，曾几何时，在其旅游高峰期，仅一年内就有多达170,000名游客蜂拥而至。但无论如何，当地人还是很高兴，现在的万荣终于可以不再为震天的音乐、无礼的青少年和对世间万物的谬见所困扰。

在这里花上几天时间好好享受吧。你可以租一辆轻便摩托车四处逛逛，也可以参加越野摩托车团队游，或是尝试一下轮胎漂流，抑或徒步游；还有，当你看到老挝最令人惊艳的风景时，要准备好用手托住自己掉下来的下巴。

## 景点和活动

万荣已经发展成为老挝首屈一指的探险胜地，划皮划艇、漂流、探洞、山地车骑行、世界级攀岩各种活动任你选择。这些活动甚至比景点更受欢迎，而这里的主要景点就是几座始建于16、17世纪的寺庙。**西温松寺**（Wat Si Vieng Song，又名瓦塔寺，即Wat That）、**瓦冈寺**（Wat Kang）和**西苏曼寺**（Wat Si Suman）是其中最著名的寺庙。南松河上有两个从别处迁移过来的苗族村子，骑自行车或摩托车即可轻松到达。

### 洞穴

下面，我们将介绍几处最容易到达的洞

穴（tàm）。大多数溶洞都设有英语和老挝语指示牌，溶洞门口验收门票。花点小钱雇个导游（经常是个村民小男孩），他可以带你游遍溶洞；记得带上饮用水和手电筒，并确保电池电量充足——时刻谨记那些广为流传的"黑暗迷失"故事，备用电池非常重要。

万荣附近的洞穴非常壮观，但洞穴毕竟是洞穴，具有危险性——黑暗、湿滑、难以判断方位。在洞里很容易迷路，尤其是当手电的电池耗尽的时候。因此在探洞时雇一位导游是很有必要的，而且记得带上两支电筒，以防一支失效。

如果想参加游览多个溶洞的探洞游，大多数客栈均可为你安排导游。有一些包含河上轮胎漂流和洞穴团队游两部分的游览项目，价格大约为半日游US$15，全日游US$25。

### 坦江溶洞 洞穴

（Tham Jang；ຖ້ຳຈັງ；门票 17,000K）坦江溶洞是这里最负盛名的洞穴，原本在19世纪初期是用来抵御jęen hór（中国云南人）劫匪的地堡（jang意为"坚守"）。沿着楼梯可以通往主洞口。

### 坦普坎溶洞 洞穴

（Tham Phu Kham；ຖ້ຳພູຄຳ，又名蓝潟湖，即Blue Lagoon；门票 10,000K）巨大的坦普坎溶洞是老挝人心中的圣地，这里之所以如此受欢迎，主要是因为溶洞中的潟湖。你可以在这片美丽的碧蓝色的湖水中畅游一番，舒缓登山带来的疲惫。主洞室供奉着一尊泰国风格的青铜卧佛，有几条幽深的地道从主洞室发散而出蜿蜒深入山腹。如果想去看坦普坎溶洞，沿着风景优美但尚未铺筑路面的公路抵达班纳通村（Ban Na Thong），然后从班纳通村沿着指向悬崖的指示牌前行，在低矮的丛林间沿着陡峭的山路向上攀爬200米即到。

### 坦桑溶洞三角（Tham Sang Triangle） 洞穴

你可以花上半天时间自助游览坦桑溶洞和附近其他3个溶洞。首先骑自行车或坐江博车沿着13号公路北行13公里，在169公里的里程石后面几百米的地方左转；里程石上的字几乎看不见了，请注意识别。然后沿着一条崎岖不平的公路开往南松河方向，之后经过一座收费桥（5000K）即到。雨季时可以乘船前往班坦桑村（Ban Tham Sang，往返船费 20,000K）。下船便是坦桑溶洞，旁边还有一家小餐馆。

坦桑溶洞Tham Sang；门票 5000K）的意思是"大象溶洞"，但溶洞本身比较小。洞里有几尊佛像和一个佛祖"足印"，以及形象模糊的大象形状的钟乳石，洞名由此而来。最好在上午参观溶洞，因为上午有阳光射入溶洞。

从坦桑溶洞出发，沿着一条设有指示牌的小路向西北方向走一公里，穿过稻田即可来到坦会溶洞（Tham Hoi）和坦卢溶洞（Tham Loup；两洞门票 10,000K）。小路有些模糊难辨，但只要付一点小费，当地的小孩会很乐意给你带路。坦会溶洞口有一尊大佛像。据说，坦会溶洞纵深约3公里，洞穴深处为石灰岩构造，尽头有一个地下湖。让人欣喜的是，坦卢溶洞是个未经开发的天然大溶洞，洞内有形象生动的钟乳石。

从坦会溶洞沿着一条成形小路南行400米左右即可来到这趟旅程的亮点——坦南溶洞（Tham Nam；门票 5000K）。坦南溶洞深约500米，一条南松河的支流从低处的洞口流出。旱季期间能涉水入洞，但水位较高时得借助轮胎才能入洞。你可以找洞口附近那位和善的女人索取轮胎。轮胎和头灯的费用已包含在门票内。手拉固定绳索摸索着穿过溶洞隧道真的很好玩。

如果此时你依然精力充沛，从坦南溶洞往南沿一条小溪走大约两公里可以到达坦帕陶溶洞（Tham Pha Thao），这个洞据说绵延数公里，中心有一个水潭。不去那里的话，从坦南溶洞轻松步行一公里即可回到班坦桑村。大多数万荣旅行社组织的皮划艇、徒步游、轮胎漂流等多合一游览项目都包括此次环线半日游。

## 皮划艇

皮划艇活动几乎（但并不完全）和轮胎漂流一样受欢迎，游程通常包括参观溶洞和村落，以及横穿数条激流。皮划艇活动的危险程度视水流速度而定。许多旅行社都组织皮划艇游，价格大概是每人每天US$15。卓越的Green Discovery（见187页）经营沿南利河前往万象的皮划艇游项目，他们还在南松河上开展类似的活动，但很多时候你需要用桨划船。以上都只有在雨季过后且水位够高时才能进行。

另一家可以选择的经营皮划艇项目的旅行社是VLT（见187页）。

### 攀岩

就在最近几年，作为东南亚最好的攀岩场地，万荣周边的石灰岩峭壁赢得了不菲声誉。这里已经有200多条线路被定线，大多数都装上了膨胀螺栓。线路难度介于4a到8b之间，绝大部分都在洞穴中或附近。最受欢迎的攀岩点是拥有20多条线路的**坦农溶洞**（Tham Non，又名睡洞，即Sleeping Cave）以及附近难度更大的**睡壁**（Sleeping Wall），那里的几条攀岩路线包含数个高难度的仰角。

攀岩季节一般是在10月至次年5月间，其他时候大多数攀岩路线会变得过于湿滑。但最近帕登山（Phadeng Mountain）里的几处岩石形成的仰角线路被开发出来并打上了螺栓（共23条线路），在雨季里也能攀爬。位于医院对面的**Adam's Rock Climbing School**（☎020-5501 0832；www.laos-climbing.com；攀岩 半天/全天 180,000/260,000K，两日课程 US$100；👪）可以提供全套装备和从入门到进阶的技术培训课程。亚当本人是当地最富经验的攀岩者（见本页方框），他可以用多种语言指导攀岩者，深受好评。这里也提供装备租赁服务（350,000K）。Green Discovery（见187页）也开设有攀岩课程（大概价格：半天/全天 US$27/36），有时还可提供本地区实用的攀岩向导。

### 轮胎漂流

几乎所有到万荣的年轻游客都会去玩轮胎漂流，游客们坐在充满气的拖拉机轮胎内胆里，沿着南松河顺流而下。轮胎漂流的出发点在城北3.5公里处，根据速度和河流水况的不同，有可能是一趟在丛林盘绕的喀斯



当地知识

## 攀岩者亚当：桑通·尼塞尔特

亚当原名桑通·尼塞尔特 [Santhong（Adam）Nieselt]，是Adam's Rock Climbing School（见本页）的创始人，他向我们介绍了万荣的攀岩情况：

**谁是第一个在万荣攀岩的人？**

第一个在这里进行攀岩的人是一位名叫大卫（David）的法国老挝混血儿。2002年，他在万荣以西两公里处的南松河边的帕当山（Pha Daeng）打下了第一个螺栓。

**你呢？你是在何时何地开始学习攀岩的？**

我可以说是第一名老挝攀岩者！1997年我在泰国南部开始学习攀岩，在甲米（Krabi）当了6年攀岩教练后又去德国和法国待了3年半，期间一直在玩攀岩。2005年我来到万荣并创建了自己的攀岩机构。

**在万荣攀岩跟在世界其他地方比起来如何？**

我觉得万荣是亚洲首屈一指的攀岩地。从万荣到中国一路上有无数石灰岩山崖，绝大部分都是超过200米高的悬崖峭壁。

**万荣只适合攀岩高手吗？新手适合在这里学习攀岩吗？**

这里是新手学习攀岩的理想场所。我们一般只带新手爬难度为4a和5a的线路，不会更难了。万荣的平房和客栈都很便宜，而且就在河边，食物也很美味。

**政府的扫除行动对万荣有好处吗？**

现在更好些。河流更干净，当地渔民因此受益，也有更多的人来这里参加攀岩等探险活动，尤其是有越来越多家庭也开始来这里度假了。

特地貌之间的平缓泛舟，也有可能是一路顺流直奔万荣的高速漂行。2012年河畔酒吧被关闭后，很少再发生有人喝得醉醺醺跌倒在危险的激流中的事件了，但水流湍急时还是要穿上救生衣（即使你很清醒）——当地流传着许多令人唏嘘的关于游客溺死在这条表面波澜不惊的河流里的故事。在南松河上不管是玩轮胎漂流还是皮划艇都是有一定危险性的事。如果你决定尝试轮胎漂流，有必要先了解全程所需时间（根据季节不同时长也不尽相同），以便留出足够的时间保证在天黑前回到万荣（这里的冬天天黑时间大约是下午6点）。最后谨记，虽然微醉着进行南松河漂流会更有趣，但也更危险。

如今这里已经成立了**轮胎漂流经营者联合会**（Tubing Operators；⌚8:30~19:00），所有轮胎漂流公司都集中在老集市对面的一座小楼里。每个轮胎的租金为55,000K，另需缴纳60,000K的押金。有救生衣出租，还可以花上20,000K借个防水袋。漂流费用里包含了到出发点的交通费，但记得必须在18:00前将轮胎归还，否则需要支付20,000K延时费。如果将轮胎弄丢了，就得付60,000K。

女孩子们还要记得带上纱笼一类的衣物，以便在漂流后走回城时披上。当地人并不喜欢看到穿着比基尼或泳衣的人在街上乱晃。水位高时，南松河沿途的激流有可能相当可怕。

## 团队游

经营万荣郊外探险游的公司有好几家。价格视团队规模而定（人数越多，摊到每个人的费用就越便宜），标准也各不相同，以下是口碑较好的几家：

### ★Green Discovery 探险游

（☎023-511230；www.greendiscovery laos.com；Th Luang Prabang；一日自行车团队游每人 US$37，攀岩 半天/全天 US$27/36，乘皮划艇至万象 每人 US$53）Green Discovery 是万荣最大也最可靠的旅行社，提供徒步、皮划艇、漂流、攀岩和探洞项目。你还可以从这里出发随团前往南利河丛林飞跃（见183页）的活动基地。装备更新及时，保护措施也很得力，秉承安全至上的活动理念。

### ★Vang Vieng Jeep Tour 探险游

（☎020-5443 5747；noedouine@yahoo.fr；Chez Mango；最少4人成团，每人120,000K；👪）位于Chez Mango（见193页），友善的诺埃（Noé）驾驶着他的吉普车带你充分领略乡村风情。首先会去附近的山中，稍稍爬一小段山路便可远眺壮丽景色；然后再去田野中漫步，接着在坦普坎溶洞的蓝潟湖中游泳，最后参观溶洞。

### VLT 探险游

（☎020-5520 8283，023-511369；www.vangviengtour.com）这里的主人叫沃内（Vone），公司声誉不错。一日皮划艇游的价格是US$13，一日山地自行车游的价格为US$22，徒步一日游的价格为US$33。每天6:30、16:00和16:30都有时长为40分钟的热气球游（US$80）。从空中俯瞰峭壁、田野和蜿蜒的河流是一件十分有趣的事情。

## 住宿

由于彻夜狂欢的派对活动已于2012年被全面禁止，对于大幅削减的客流来说，这里的130家客栈实在太多了。针对高端客人的中档和高档酒店的生意相当不错，没落的是背包客的歇脚点。随着潮流的发展，精品酒店也在逐渐增多。

## 万荣市区

### Champa Lao 客栈 $

（☎020-5823 4612；房间 不带/带浴室 70,000/100,000K，标三 130,000K；@📶）这幢老挝传统木结构房屋里有带蚊帐和电扇的简单房间。花园赏心悦目，你可以在露台上一边躺在吊床上来回摇荡，一边欣赏喀斯特地貌和日落美景。采用环境光照明的花园餐厅散发出扑鼻浓香，河岸边还有平房可供住宿。

### Khamphone Guest House 客栈 $

（☎023-511062；房间 80,000~120,000K；❄）位于城南端的3幢蜜桃色建筑里提供有性价比很高的套房，最好的房间价格为120,000K，里面有电视、空调和冰箱。先

## Vang Vieng 万荣

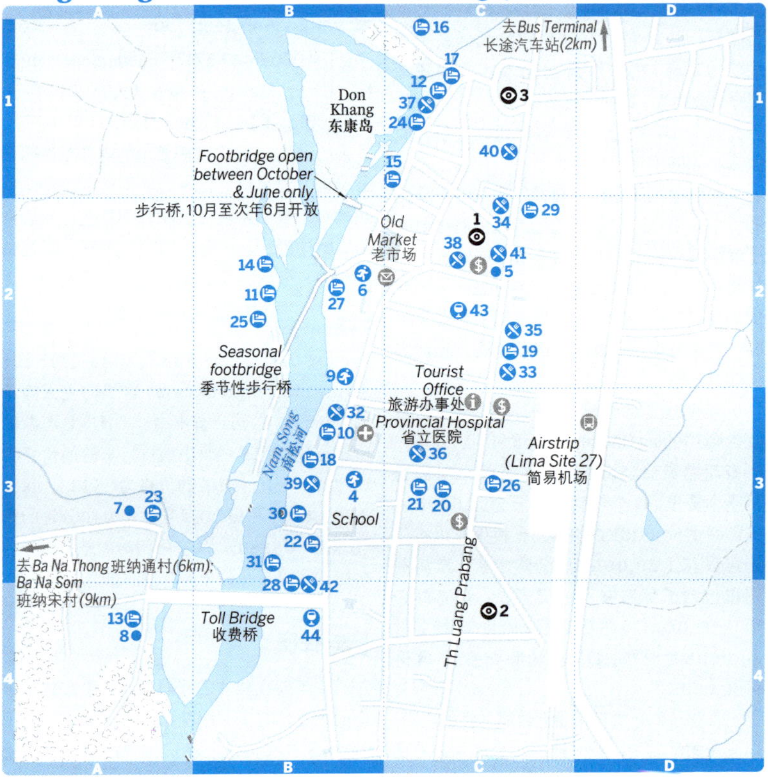


去最新的一幢楼里看看，那里的房间比较多。

### Pan's Place

客栈 $

（☎023-511484；Th Luang Prabang；房间 30,000~70,000K，小屋 标单/双 30,000/40,000K；@ 🛜）这是一家有着浓郁背包客氛围的老客栈，提供只有基本设施但铺有地砖且带浴室和电扇的舒适房间。后面树木葱茏的花园中有可供住宿的小屋，还有一块公共的乘凉区。客栈中还有一个整洁的小咖啡馆（可丽饼和水果沙拉不错），楼上的影音室里有好几百张DVD可供选择。

### Le Jardin Organique

客栈 $

（☎023-511420；房间 100,000K，标三 150,000K；P ❄ @ 🛜）客栈位于南松别墅（Villa Nam Song）背后，这里的房间一尘不染，但也个性全无，配有电视、空调、浴室和床头灯。只有5个房间所在的高度能看到外面的惊人美景，所以订房的时候务必要订其中的一间。附设的小型咖啡吧供应早餐和老挝食品。

### Seng Aloun Guesthouse

客栈 $

（☎023-511203，020-5512 1052；房间 带电扇/空调 80,000/100,000K，标三 150,000K；P ❄ 🛜）这家由家庭经营的客栈安静、清洁、待客友善，有20个三人间和奶油色的双人间，房内有硬木地板、橱柜和电视。鉴于它所处的中心位置，虽然其貌不扬但很宁静。

### Nam Song Garden

客栈 $

（☎023-511544；平房 50,000~70,000K，4人宿舍 120,000K；🛜）位于城市北端犬牙交错的山腰上的这家客栈拥有一片葳蕤的花园，从这里可以望见整个城市的最美景观。客栈

## Vang Vieng 万荣

### 景点

1 瓦冈寺 ........ C2
2 西苏曼寺 ........ C4
3 西温松寺 ........ C1

### 活动、课程和团队游

4 Adam's Rock Climbing School ........ B3
5 Green Discovery ........ C2
6 轮胎漂流经营者联合会 ........ B2
7 Uncle Tom's Trail Bike Tours ........ A3
8 Vang Vieng Jeep Tour ........ A4
9 VLT ........ B2

### 住宿

10 Ban Sabai Bungalows ........ B3
11 Banana Bungalows ........ B2
12 Champa Lao ........ C1
13 Chez Mango ........ A4
14 Cliff View Bungalows ........ B2
15 Domon Guesthouse ........ C1
16 D-Rose Resort ........ C1
17 Easy Go Hostel ........ C1
18 Elephant Crossing ........ B3
19 Inthira Hotel ........ C2
20 Khamphone Guest House ........ C3
21 Kianethong Guest House ........ C3
22 Le Jardin Organique ........ B3
23 Maylyn Guest House ........ A3
24 Nam Song Garden ........ C1
25 Other Side ........ B2
26 Pan's Place ........ C3
27 Phoubane Guest House ........ B2
28 Riverside Boutique Resort ........ B4
29 Seng Aloun Guesthouse ........ C2
30 Thavonsouk Resort ........ B3
31 Villa Nam Song ........ B3

### 就餐

32 Ban Sabai Restaurant ........ B3
33 Breakfast Vendors ........ C2
34 Grilled-Meat Vendor ........ C2
35 Kitchen ........ C2
36 Le Café De Paris ........ C3
37 Living Room ........ C1
38 Luang Prabang Bakery ........ C2
39 Mama Sababa ........ B3
40 Mitthaphap Fusion ........ C1
Nam Song Garden ........ (见24)
41 Nazim ........ C2
42 Restaurant Du Crabe D'Or ........ B4

### 饮品和夜生活

43 Gary's Irish Bar ........ C2
44 Kangaroo Sunset Bar ........ B4



有一个四人大间和各种带或不带浴室的小屋，景观也都不错。有食物供应（主菜40,000K）。

**Kianethong Guest House** 客栈 $

（☎023-511069；www.kanaeng.com/kianethong.html；房间60,000~100,000K；P ❄ 📶）这里的40多个房间让人想起美式汽车旅馆，一样便宜、整洁而且可靠。房间里有书桌、电视，有些还有花园景观。很实用。

**Domon Guesthouse** 客栈 $

（☎023-511210，020-9989 8678；房间 无景观带电扇/景观带空调100,000/150,000K；❄ 📶）店主是一位迷人的越南女士。客栈在老市场北面的南松河畔设有宽敞干净的房间，墙壁刷成粉蓝色，家具质量不错，有电视、浴室，空间宽裕。当你读到这本书时，客栈的露台和餐馆应该都已竣工了。

**Easy Go Hostel** 青年旅舍 $

（☎020-5536 6679；www.easygohostel.com；铺25,000K，双 不带浴室40,000K）这处光线昏暗的背包客旅舍由竹子、藤条巧妙修建而成，加上木质步道和迷宫般的5个拥挤宿舍，让人想起电影《海滩》（*The Beach*）中的场景。尽管没什么特别之处，房间还是很干净，友善的店主对于组织活动很是热心积极。

★**Ban Sabai Bungalows** 客栈 $$

（又名Xayoh Riverside Bungalows；☎023-511088；www.ban-sabai-bungalows.com；房间US$42~54；P 🚭 ❄ @ 📶）这家不显眼的精品酒店在山上设有漂亮的小屋，可以眺望河流和喀斯特地貌全景。想象一下开满鲜花的整饬草坪，有着大床、精致装饰和入时的现代浴室的舒适房间。客栈里有游泳池，有观景外廊和一间位于高处的宁静餐厅。晚上烛光摇曳，灯笼点起，浪漫至极。

**Inthira Hotel** 精品酒店 $$

（☎023-511070；www.inthirahotel.com；Th Luang Prabang；房间 含早餐 标准/高级/豪华US$32/43/54；🚭 ❄ @ 📶）位于主道上的这家

精品酒店仿佛是一处绿洲，从其猩红的房间里可以眺望喀斯特地貌和美国中情局的老跑道（Lima Site 27）。和所有Inthira集团的酒店风格一脉相承，这里也有硬木地板、高级家具、精美画作、床头灯和光洁无瑕的现代浴室。餐馆绿树成荫、清凉宜人，员工服务专业。

**Elephant Crossing** 酒店 $$

（☎023-511232；www.theelephantcrossinghotel.com；房间 350,000~650,000K；P ❄ @ 🛜）位于一座树木繁茂的花园内，有秋千摇曳，有迷人的露台可供客人在河畔享用早餐。36个品位高雅的房间都有玻璃幕墙、无瑕的浴室和尘世间最洁白的墙，再加上苗族盖毯、木地板、空调、电视和冰箱，万事俱备。订房时一定记得要河景房!

**Thavonsouk Resort** 酒店 $$

（☎023-511096；www.thavonsouk.com；房间 含早餐 250,000~450,000K；P ❄ @ 🛜）漂亮的木装饰房间采光极佳，可以欣赏到喀斯特地貌和繁茂花园的正面全景。华夫格的床罩、古董床、崭新的蜂蜡散发出的香气和高标准的服务让这里脱颖而出。花园里有秋千和浪漫的角落。还有一家美味诱人的餐馆。

**Cliff View Bungalows** 小屋 $$

（☎020-5555 7780；房间 带电扇/带空调 150,000/250,000K；❄ 🛜）位于Banana Bungalows隔壁的这家酒店的高档小屋为万荣的别墅风景又添新景。房间里有新床和干净清新的床上用品，配有阳台和浴室，还可望见喀斯特地貌的壮观风景。

**D-Rose Resort** 酒店 $$

（☎023-511035；www.drosehotelvientiane.com；含早餐 基本小屋 120,000K，豪华别墅 250,000~320,000K；❄ @ 🛜 🏊）位于河畔，占地广阔，维护精心。基本小屋有电扇和公用浴室，更高级的别墅里有奶黄色的墙、蚊帐、浴室、外廊、Wi-Fi和电视。另外还有一个游泳池可以清凉一下。

**Phoubane Guest House** 平房 $$

（☎023-511306；带电扇 房间/标三 50,000/70,000K，带河景和空调 标单/双 200,000/250,000K，平房 标单/双



摩托车游

## 西万荣环线（West Vang Vieng Loop）

**起点：** Maylyn Guest House
**终点：** Maylyn Guest House
**距离：** 26公里
**需时：** 6小时

宏伟的喀斯特石灰岩地貌从万荣对面的水稻田地里拔地而起，如果你想要深入这片岩石地带的中心区，可以考虑骑摩托车或山地自行车沿着西万荣环线走一趟。我们觉得这段旅程最好安排成一日游，途中可在几个溶洞、观景点和可游泳的水潭稍作停留。最好是骑越野摩托车（trail bike），轻便摩托车或山地自行车也可以。环线的后半段路会经过几个旱季收费桥，雨季时若不借助这些桥梁几乎难以完成整个环线旅行。除了Maylyn Guest House的乔（Joe）以外，该地区最棒的向导就是Hobo Maps出品的《万荣》（*Vang Vieng*；www.hobomaps.com；US$2）地图，里面有大量实用信息，甚至包括部分路段上的电线杆编号这样的细节信息。

从❶**Maylyn Guest House**出发往西行，在最初的几公里路上，你可以看到手绘的通往各个洞穴的指示，其实值得一游的只有几个，所有洞穴的门票价格都是10,000K，含或不含导游费。值得考虑的有❷**坦帕丹溶洞**（Tham Pha Daeng），沿着16号电线杆后面的岔路即可到达。里面有一个溶洞湖，据说是夜间观察蝙蝠群出洞的最佳场所。到❸**坦坎溶洞**（Tham Khan）需要再走两公里，24号电线杆后面有一条长约1.5公里的岔路通至这里，这个洞穴可能比那些漫长而幽闭的洞穴更值得一游。

到距离Maylyn Guest Hous大约3公里的苗族村落班彭怒（Ban Phone Ngeun），在两家杂货店对面的42号电线杆后右转，有一条断头路经过当地学校通往一个平台，当地小孩只要收取10,000K就可以花上45分钟带你爬上陡峭的❹**帕怒山**

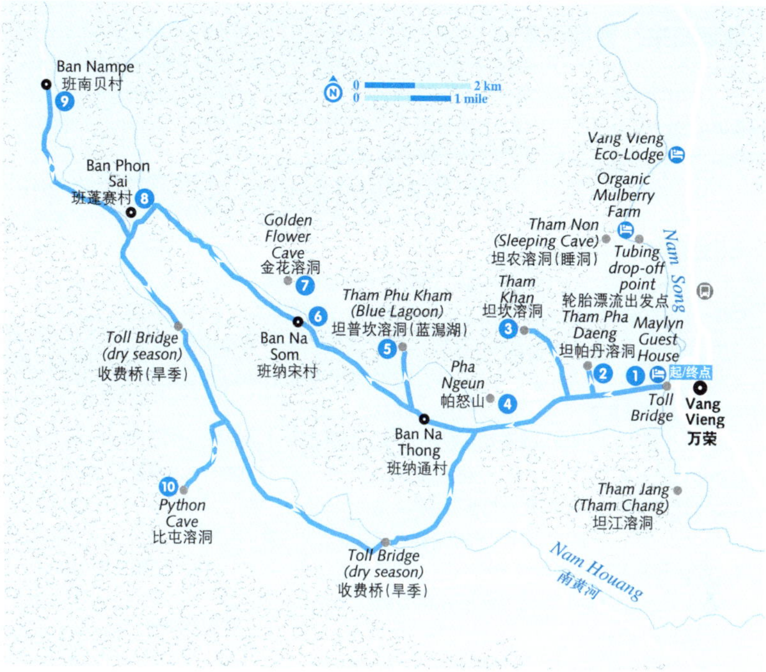


(Pha Ngeun)，当地人在这处山石嶙峋的悬崖上修建了几个观景平台，据称从这里可以看到该地区最为壮丽的风景。

回到主路，在下一个岔路口继续往右走，穿过老龙族（Lao Loum）村落班纳通村。继续前行两公里来到另一个岔路口处，有标牌指向右边的❺**坦普坎溶洞**（见185页），沿小径骑700米就可到达。不要将这里和附近的坦普通溶洞（Tham Phu Thong）搞混，这两个洞都被当地人称为蓝瀉湖，但坦普通溶洞其实更像是一个泥潭。坦普坎溶洞的天然湖泊是停下来游上几圈，清凉一下的绝佳之地，尤其是当你从帕怒山下来之后。溶洞门口还可以买到同样新鲜清凉的有机果汁奶昔。

再次回到主路继续西行，很快你就会来到迁居至此的苗族村寨❻**班纳宋村**（Ban Na Som），喀斯特地貌上的植被被刀耕火种开垦得伤痕累累。过了班纳宋村后便可看到通往❼**金花溶洞**（Golden Flower Cave）的路标，从这里你需要步行穿过稻田、翻过篱笆，再跟着两个白色箭头走几分钟才能到达溶洞。这个溶洞位于山上50米处，你可以在灌木丛中找到不甚清晰的台阶，但这个洞其实不是很值得如此大费周章地前往游览。

继续沿着紧靠喀斯特地带边缘的公路往西骑，一路上风景秀丽。在跨过几条小溪（雨季时小溪将导致行车困难）后你会最终来到❽**班蓬赛村**（Ban Phon Sai）。一路走来的公路将和另外一条公路在班蓬赛村汇成一条路况更好的土路，但首先你得跨过南黄河（Nam Houang）。雨季时南黄河也会形成行车困难。

此时你面临两个选择：要么继续西行，沿着景色更美的公路骑行5公里到达❾**班南贝村**（Ban Nampe），这是个可爱的村寨，但也没什么可看的；要么沿着南边的公路东行返回。在班蓬赛村东南方大约6公里的地方，跨过另外几条小溪后，你会看到几个指示牌指向小桥对面的一条小路，小路通往800米开外的❿**比屯溶洞**（Python Cave）。看过比屯溶洞后，就开始打道回府返回万荣吧。沿着公路继续前进，在交叉路口左拐走左边的岔道（沿着电线杆走），紧接着跨过一条小溪，之后不多久便可回到主路上。至此，整个西万荣环线游结束。

## 地狱归来：重回天堂

直到1999年，万荣还是一个不为人知的田园小城，游客们来此的目的多是为了坐在拖拉机轮胎内胆里沿河漂流，或是为骑行游览这里壮观的喀斯特地貌乡村，又或是为了能在探索各个奇妙溶洞的间隙抽到些古怪的大麻烟卷。渐渐地，万荣开始成为人们口中的享乐圣地——它甚至被誉为东南亚下一个享乐主义者的麦加圣地，锐舞少年也将之列为和泰国帕岸岛（Ko Phangan）齐名的目的地。而当地的老挝人很快就建起了客栈招徕不断增长的客流，毒品越来越烈，派对也越来越混乱。

2009年，在轮胎漂流线路旁搭起了临时的锐舞平台。忘掉美丽的风景，以及包括攀岩、骑行、皮划艇和徒步在内的户外活动吧，处于间隔年期间的孩子们在这里沉湎于大麻香烟、红牛、烈酒、冰毒和鸦片混合剂。丑恶，但绝对有利可图。一些酒吧每天的收入高达1700英镑，这在老挝算发财了。因为毒品倾家荡产的事时有发生，街头也到处游荡着半裸游客，仿佛是从电影《海滩》（*The Beach*）中走出来的临时演员。

狂欢的背后是黑暗的现实：到2011年，很多20~25岁的年轻游客（主要来自澳大利亚和英国）不是死于心脏病，就是死于溺水或脖颈断裂（因撞在匆忙修建的一条位于危险的低洼河流的滑索上而致脖颈断裂，这条滑索也被称为“死亡滑索”），死亡人数之多令人错愕。2012年8月末前后，老挝总理在东南亚国家联盟（ASEAN）会议前夜到访万荣。据说他对这里恶劣的状况震惊不已，一周后万荣这些河岸酒吧的主人们被旅游和文化部（Ministry of Tourism and Culture）请去开会，而无照经营的酒吧（占绝大多数）则被勒令在10日内关闭。

毒品从菜单上消失后，整个城市从一个乌烟瘴气的派对中心回归到当年的田园天堂。尽管当地医生不再因为频繁出现的急救任务而劳累过度，但许多客栈经营者却开始担心自己还能否挺过下一个旅游季。

160,000/200,000K；❄📶）Phoubane凉爽的小屋面朝南松河，铺着地砖，有干净的浴室和热水。原来的小木屋是装有电扇的基本房型，价格只是新房子的十分之一。公共的休闲走廊还不错，但附近酒吧里的喧闹打破了宁静。

**★Riverside Boutique Resort** 精品酒店 $$$

（☎023-511 726；www.riversidevangvieng.com；房间 US$123~150；🅿🚭❄@📶🏊）这家糖白色的酒店时尚到无以复加，其管理者同时也经营着Green Park Hotel，因此也延续了相同的格局，开阔的客房围绕着青橙色的泳池排开，青翠的花园里可以远眺喀斯特地貌。房间有阳台、干燥雪白的床单、如同从《墙纸》（*Wallpaper*）杂志上拔下来的时髦内饰，非常华丽。你可以在餐厅一边观察附近桥上的人来人往，一边享受鸡尾酒——前提是你能忍住不去波光粼粼的泳池里畅游一番。

**Villa Nam Song** 客栈 $$$

（☎023-511015；www.villanamsong.com；房间 US$100~130；🅿❄📶）这家精致的酒店坐落在一片满是芒果树、棕榈树、兰花和三角梅的土地上，可以看到静谧的悬崖峭壁。粉色砖砌的别墅里清香四溢，有拼花地板、奶油色墙壁和高端家具。这里有家供应老挝、泰国、日本和越南菜式的半露天餐厅，凉风习习。推荐尝尝蜜汁鸭（duck in honey sauce；60,000K）。

### 城外

如果万荣城里的住宿不能满足你的需要，那就出城去找个安静的地方吧。

**★Organic Mulberry Farm** 客栈 $

（☎023-511220；www.laofarm.org；铺30,000K，房间 40,000~150,000K，豪华悬崖景观别墅 200,000K；🅿@📶）🌿被当地人称为普丁当桑葚农场（Phoudindaeng

Mulberry Farm）的这家有机农场位于城外数公里处的南松河畔，坐拥宁静的田园风光。非常适合家庭入住，最漂亮的别墅房有些可以眺望桑葚田，有些则可眺望高耸的峭壁。房间光洁干净，有蚊帐、浴室和外廊。山上是3间8床宿舍，房内一尘不染且装有电扇。里面还有一家很棒的餐厅，一定要尝尝桑葚煎饼和桑葚鸡尾酒（mulberry mojito）！可以向志愿者了解他们的永续农业（permaculture）项目。周末有为当地孩子们开设的美术课，如果你愿意可以和他们一起在石头上画画。烹饪课程费用为US$30。

**Chez Mango** 客栈 $

（☎020-5443 5747；www.chezmango.com；房间 50,000~70,000K；❄）位于桥另一端的Mango热情友好而且非常洁净，鲜花烂漫的花园里有7间设施简单但缤纷多彩的小屋（有些带浴室）。来自法国的店主诺埃（Noé）将这里打造成了一个让人想沉沉睡去的宁静之所。供应早餐。诺诶还经营从这里出发的万荣吉普车游（Vang Vieng Jeep Tour；见187页）。值得推荐。

**Maylyn Guest House** 客栈 $

（☎020-5560 4095；jophus_foley@hotmail.com；房间 50,000~80,000K；P❄📶）你可以在宁静的Maylyn感受万荣旧时的美好。热爱交友的乔（Jo）经营着这家位于桥梁另一侧的客栈。舒适宽敞的小屋坐落在草木繁茂的花园里，蝴蝶飞舞，马缨丹盛开，从这里望见的喀斯特景观可能是附近最为壮丽的。客栈的新建筑里有带干净浴室的套房，有许多神秘角落供孩子们嬉戏，还有一个泳池和一个咖啡馆。

**Vang Vieng Eco-Lodge** 小屋 $

（☎020-224 7323；房间 US$25；P📶）尽管这里的绿色证书不那么令人信服，但这处令人愉悦的住宿地正对着坦江溶洞，位于河畔一处僻静的地方，唯一可以听到的就是哗哗的流水声和古怪的公鸡打鸣。小屋凉爽且保持了传统式样，有木地板、四柱大床和书桌。堪称田园天堂。

**Other Side** 小屋 $

（☎020-5512 6288；小屋 70,000K）这里的小屋均以木柱架起，带阳台、浴室和电扇，墙壁被漆成薄荷绿色，屋内仅有最最基础的设施。不过从这里可以尽览周围壮美的悬崖景观，多少弥补了硬件方面的缺憾。多亏近年来夜行野生动物的习性发生了变化，这里也更安宁了。你尽可以爬进吊床放松一下。

**Banana Bungalows** 小屋 $

（☎023-941 5999；房间 带浴室和空调 100,000K，带公用浴室和电扇 70,000K；❄）Banana Bungalows的房屋是破旧的吊脚楼。房间仅有基本设施，但优点是便宜，有吊床和阳台，现在还很安静。

## 就餐

万荣毕竟不是琅勃拉邦，但最近还是开了几家像样的餐馆。另外在高端酒店里也可以找到品质不错的餐厅。

要吃老挝食品的话，每天早上在Organic Mulberry Farm的咖啡馆对面都会有一排**早餐摊点**（breakfast vendors；Th Luang Prabang；主菜 5000~7000K；⏲6:00~9:00）出售简单但可口的老挝食物。晚上，可以去Chillao guesthouse北面的Th Luang Prabang路，那里有食客盈门的**Mitthaphap Fusion**（☎020-225 4515；Th Luang Prabang；烧烤套餐 45,000K；⏲17:00~22:00）供应自助韩国烧烤（seen dàat）；还有一个**烤肉摊**（grilled-meat vendor；Th Luang Prabang；主菜 15,000K；⏲13:00~21:00）供应Ъêeng mŏo（烤猪肉）和美味的năam kòw（酸猪肉肠饭团），两者都会配上一大盘新鲜蔬菜和香草，摊点没有英文招牌。

★**Kitchen** 各国风味 $

（www.inthira.com；Inthira Hotel, Th Luang Prabang；主菜 30,000K；⏲7:00~22:00；📶✍）这家餐馆介于老挝厨房和时尚餐厅之间，在家常菜品和潮流菜品之间寻得了微妙的平衡。店里通常都是满座，一旦你尝到了它的椰子虾（coconut shrimp）、泰式炒河粉（pad thai）、肋排和蒸鱼自然就会明白这里为何如此受欢迎了。另外也供应比萨和意面。

**Ban Sabai Restaurant** 各国风味 $

（Ban Sabai Bungalows；主菜 30,000K；

⏲7:00~22:00；📶✍👪）餐厅位于南乌江（Nam Ou）畔的繁华地段。早上，你可以来这里享用英式早餐或水果沙拉。晚上这里则更为迷人，花园里灯笼高挂，厨房里烹制着亚洲各国风味的菜肴：热烈的腊普（láhp）、冬阴功汤以及各种各样的海鲜。牛排不错，意面也做得很好。

### Living Room　亚洲菜 $

（☎020-5491 9169；⏲15:00~23:00）这间经典的卡士达色咖啡馆拥有时髦的休闲露台，食客可以一边观赏绝妙的喀斯特景观，一边听着雷鬼音乐。菜单上既有老挝菜也有奥利地菜，包含了新鲜果汁、奶昔（10,000K）、汤、豆腐、猪肉排和万荣细意面（类似于博洛尼亚式肉酱面与香辣腊普沙拉的混合体）这样别出心裁的创意菜式。菜肴美味而且新鲜。就在Champa Lao Guesthouse隔壁。

### Le Café de Paris　法国菜 $

（主菜20,000~30,000K；⏲17:30~23:30）这家简单的高卢美食餐厅一开业，它的鞑靼牛排（steak tartare）、红酒炖牛肉（boeuf bourgignon）和巴黎热狗（hot dog Parisien）很快就吸引了一批追随者。菜单上有各种红、白葡萄酒，内饰装潢给人以家的感觉，灯光柔和，值得一去。

### Nazim　印度菜 $

（☎023-511214；Th Luang Prabang；主菜30,000K；✍）Nazim是一家遍布老挝的连锁店，其经营理念就是在简洁干净的环境中为食客奉上美味的马来菜和南印度菜。万荣的这家分店也不例外，烤鸡块（chicken tikka）、羊肉玛沙拉（lamb masala）和蔬菜咖喱（vegetable jalfrezi）都很好吃。

### Nam Song Garden　亚洲创意菜 $

（☎023-511544；⏲7:00~23:00；📶）这家露天餐馆位于东康岛（Don Khang）的高处，在那里凝视夕阳余晖下锯齿状的喀斯特山峰很是浪漫。菜单上的选择很多，从烤鱼、烤鸡和烤肉到早餐、各种腊普和酸甜口味菜肴，种类丰富。至少应该来这里享用一杯落日下的鸡尾酒（30,000K）。

### Mama Sababa　犹太菜 $

（主菜15,000~40,000K；⏲7:00~22:00）Sababa（希伯来语中“清凉、酷”的意思）的主人据说是一位老挝犹太人，并以其希伯来语菜单为傲。这里无疑也是在城中寻找你心目中的炸豆三明治（felafel）的最佳去处。这里的炸鸡排评价也很不错，还有豆腐、沙拉和牛排。

### Luang Prabang Bakery　面包房 $

（☎023-511145；主菜25,000~60,000K；⏲7:00~22:30；📶）重新装修后换上了木灯笼和藤桌椅，使得这间餐厅变得前所未有的新潮。但这里真正的宝藏是他们的巧克力布朗尼、曲奇饼、甜甜圈、奶油水果蛋糕和丹麦馅饼，对爱吃甜食的人来说实在是不可多得的宝地。

### ★Restaurant du Crabe d'Or　各国风味 $$

（☎023-511726；www.riversidevangvieng.com；River-side Boutique Resort；⏲7:00~10:00和12:00~22:00；❄📶✍👪）坐落于Riverside Boutique Resort优雅的花园中，这家装修精致的老挝风格餐厅拥有壮丽的悬崖景观。菜单很适合大众口味：有煎三文鱼排、蜂蜜柠檬猪肉片以及种类繁多的亚洲传统菜肴。所有菜式上桌时都经过了精心装饰。这里也是在城中边喝冰镇泰亭哲玫瑰香槟（Tattinger）边欣赏落日的最佳去处。

## 饮品和夜生活

日臻成熟的新万荣如今已经摈弃了通宵派对活动，取而代之的是一份闲适与宁静。

### Gary's Irish Bar　爱尔兰小酒馆

（☎020-5825 5774；主菜35,000K；⏲9:00至午夜）主人是一位和蔼的爱尔兰人，这家既酷又轻松的酒馆很适宜听着印度音乐、玩一局桌球或是在包厢里观看最新的体育赛事度过一夜。全套早餐、自制馅饼和18:00~22:00的欢乐时光都很棒。这里还供应汉堡包（25,000K）、小吃和老挝食品。

### Kangaroo Sunset Bar　酒吧

（☎020-7714291；主菜35,000K；⏲8:00~23:30；📶）这家酒吧新近翻修过，并换了新的管理者——一段万荣传奇又复生了。这里有色彩缤纷的灯笼、冷酷的摇滚和

爵士音乐，菜单综合了老挝和西方菜式，供应老挝啤酒肉饼、素食卷、鸡肉总汇三明治、意面和沙拉。酒吧的位置很适合在河边落日下喝着啤酒胡思乱想。欢迎再来。

**Fluid Bar** 酒吧

（☎020-5929 5840；📶）经营者克雷格（Greg）交友广泛、消息灵通，这个河畔酒吧在2012年著名的清扫行动中幸存了下来，这让我们感到庆幸。酒吧的外墙被漆成牛仔蓝色，室内有原创的迷幻画作和马赛克装饰墙，此外，这里还有休闲的阳台吧、桌球台、很酷的音乐、疯狂的高尔夫比赛和一个有着阳光休闲吧和吊床的生机勃勃的花园。酒吧菜单也很值得推荐，有泰国菜、素食、各种鸡尾酒和小吃。富有创意而且亲切友善。位于坦洛洞（Tham Lom Cave）对面，过了长途汽车站后在第二个路口左转即达。

## 实用信息

网吧遍布全城，大多数的收费标准都在每分钟300K左右。www.vangviengbiz.com网站上会有详细的最新活动信息。

多数游客离开万荣时最糟糕的状态也就是带着宿醉，但对游客来说，这个平静的小城却是老挝最危险的地方。每年都有游客在进行河上活动或探洞时出事。扒窃也是一个问题，作案者通常都是同行的其他游客。做好预防措施，且不要将贵重物品放在洞穴外。

**农业促进银行**（Agricultural Promotion Bank；Th Luang Prabang）只能兑换现金。

**BCEL**（☎023-511434；Th Luang Prabang；⏲8:30~15:30）可兑换现金和旅行支票，并提供Visa卡、万事达卡（MasterCard）和JCB卡的预借现金服务。城中共有两个自动柜员机，另一个位于老市场的另一家支行里。

**邮局**（☎023-511009）位于老市场旁边。

**省立医院**（Provincial Hospital；☎023-511604）这家普通医院里有X光机，可以治疗骨折、割伤和疟疾。我们拜访时，医生的英语水平还可以。

**旅游局办事处**（Tourist Office；☎023-511707；Th Luang Prabang；⏲8:00~12:00和14:00~16:00）员工的英语水平极为有限，但这里是搜集各种当地旅游信息宣传页的好去处。

## 到达和离开

城北两公里处的**长途汽车站**（bus terminal；☎023-511657；Rte 13）是长途汽车、迷你巴士和双条车的聚集地。但如果你是从万象过来，则最有可能在离城中心不远处的一条废弃的飞机跑道附近的停靠**站点**（Rte 13）处下车。离开万荣时，即使你已在车站买好了票，价格较高的迷你巴士和空调车通常会优先搭载falang（西方人），而且还会绕城一圈到各个客栈接客，通常会比预计出发的时间要晚上一个小时。

如果要去北方各地，11:00~20:00每小时都有从万象去琅勃拉邦的长途汽车停靠在长途汽车站，停靠时间约为5分钟。时刻表上这一方向的所有车次都会在卡西（Kasi）和普昆（Phu Khoun；可前往丰沙湾）停靠。

前往南方诸地的旅客可在多班开往万象的长途汽车（见上述表格）中选择合适的班次。此外还可以搭乘双条车（30,000K；3.5~4.5小时），5:30~16:30间每20分钟有一班双条车出发，且车上通常都有空位，相当令人高兴。

## 当地交通

步行就能轻松转遍万荣。租自行车（10,000K/天）或山地自行车（30,000K/天）骑行游览也是很受欢迎的出行方式；自行车租赁点

### 毒品

2012年的清扫行动过后，毒品在万荣不再随处可得，类似亚巴冰毒这样的药物更是被全面禁止。不过，瘾君子们还在，当地警方对毒品的嗅觉也极其灵敏，尤其是在深夜。如果被抓到藏匿大麻（或任何其他毒品）则会面临巨额罚款。按照惯例，警察会没收你的护照并罚款US$500。不要指望拿到收据，也犯不着去麻烦你的大使馆。

如果必须使用鸦片，不要将其与过多其他药物混合，尤其是青柠汁。几位万荣的居民告诉我们，至少已有一名游客在同时服用鸦片和一杯听起来无害的青柠汁后死亡。当地传说中，山地部落的女人会用这种混合物自杀，以此来对抗她们凶恶的丈夫。

## 从万荣出发的长途汽车

| 目的地 | 出发地 | 票价（K） | 里程（公里） | 时长（小时） |
|---|---|---|---|---|
| 琅勃拉邦 | 110,000 | 168 | 6~8 | 9:00，14:00，15:00（迷你巴士） |
| | 130,000 | | 6~7 | 10:00，11:00，12:00，20:00，21:00（豪华） |
| 万象 | 40,000 | 156 | 3~4 | 5:30，6:30，7:00，12:30，14:00（电扇） |
| | 60,000 | | | 9:00，10:30，13:30（迷你巴士） |
| | 80,000 | | | 13:30，14:00，15:00（空调） |

随处可见，且通常也提供摩托车（每天 50,000K）和自动摩托车（每天 70,000K）租赁服务。如果想游览市区外的溶洞景点，可以在老市场附近包一辆双条车。前往市区外南北方向各20公里以内的景点，双条车的包租费大概是US$10（单次）。



### 万荣至琅勃拉邦
### （Vang Vieng towards Luang Prabang）

连通万荣和琅勃拉邦的公路蜿蜒而行，沿途会翻越美不胜收的崇山峻岭，一直通往琅勃拉邦的湄公河。如果晕车，出发前请做好预防措施。

万荣以北大约20公里处的班帕当村（Ban Pha Tang）得名于一座高耸的石灰岩壁——帕当山，是个可爱的河畔小村。村里的桥上是拍摄帕当山的最佳位置。该地区唯一的住宿地是老旧但舒适的**Pha Tang Resort**（☎020-5531 9573；Rte 13；房间 US$12），位于村南3公里处，就在帕当山的脚下。店里的食物很棒，主人一家也很和蔼可亲。

**卡西**位于万荣以北56公里处，坐落在一片肥沃的稻田之中，是长途汽车乘客和卡车司机行车途中的午餐点。周围地区全是有趣的少数民族村落，据说此地还有好几个很大的溶洞，但几乎没人为此驻足探访，因为村子里没什么旅游设施。如果突发奇想要去探寻一番，可以住在**Somchit Guesthouse**（☎020-220 8212；Rte 13；房间 80,000~170,000K；🅿❄📶）。这是一家昂贵但整洁的酒店，位于城北一公里处。另一个选择是入住**Vanphisith Guest House**（☎023-700084；Rte 13；房间 60,000K）仅有简单设施的客房，这家客栈就位于汽车站餐厅的附近，可步行至城中的换钱点，非常便利。

卡西城固然平淡无奇，但通往琅勃拉邦的道路上却绝对令人难忘，尽管周遭的地貌被刀耕火种的农耕方式破坏了不少。到普昆前的50公里路都是上坡路，沿途可尽览全老挝最为壮美的石灰岩山峰景色。

# 老挝中部

**包括➡**


北汕......199
坦贡洛溶洞......204
拉绍......207
他曲......208
他曲周边......214
沙湾拿吉......216
栋普文森林国家保护区..224
普桑赫山国家保护区....224
车邦和胡志明小道......224


## 最佳餐饮

- Inthira Restaurant（见212页）
- Chai Dee（见220页）
- Dao Savanh（见220页）

## 最佳住宿

- Inthira Hotel（见211页）
- Salsavan Guesthouse（见219页）
- Thakhek Travel Lodge（见209页）

## 为何去

从当年他曲（Tha Khaek）在法国殖民之下崭露头角，到旅行者在数年后的今天回来，将坦贡洛溶洞（Tham Kong Lo）那7公里长的戏剧性的地下世界列为行程单上的必看之地，溶洞如蜂巢、密林如长龙的老挝中部正在召唤你前来拜访。想要到栋普文森林国家保护区（Dong Phu Vieng NPA）徒步，投宿嘎当族（Katang）村庄与众神同眠，或是在甘蒙省（Khammuan）和波里坎塞省（Bolikhamsai Provinces）探洞、划皮艇，所有这些都能在他曲得以妥当安排。

这里号称是全国森林覆盖率最高、野生动物物种最多的地区，其中包括多个在东南亚其他地方已经消失的物种。崎岖而无畏的旅行，加上沙湾拿吉（Savannakhet）和他曲所提供的时髦舒适享受，来上一杯血腥玛丽，老挝中部就是唤醒你内心那个印第安纳·琼斯的不凡之地。

## 何时去

### 沙湾拿吉

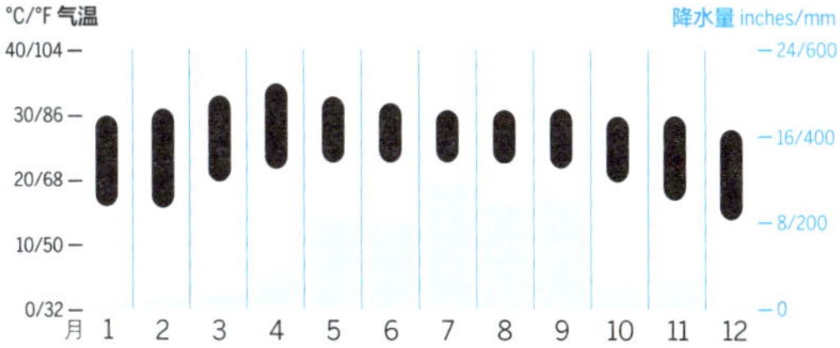


**11月至次年2月** 旅行的最佳时间，气温适宜、稻田尽绿，道路均可畅行。

**3~5月** 季风将至未至，土地干涸，空气湿度却节节攀升。记得避开蒸笼一样的南部。

**6~11月** 骤雨频繁，但柏油公路通行无阻，四野风景青翠欲滴，空气也会随之变得凉爽起来。

## 气候

湄公河流域总是酷热难耐，3月至5月期间，沙湾拿吉热得如同蒸笼一般。朝长山山脉（Annamite Chain）和拉绍（Lak Sao）往东走，气温逐渐降低，8B公路（Rte 8B）沿线村庄冬天夜晚的温度可能接近冰点。6月至10月期间西南季风带来大量雨水。纳盖南屯河国家生物多样性保护区（Nakai-Nam Theun NBCA）周边的地区受南海影响，雨季持续时间更长，从而为茂密的植被提供了充足的降水。

## 国家保护区

老挝中部地区是全国受到最多保护的地区，这片广阔的土地上共有6个国家保护区（NPAs）。游览纳盖南屯河国家生物多样性保护区、欣南诺国家保护区和色班暖河国家保护区（Se Ban Nuan NPA）都需要熟练掌握老挝语，并且拥有充足的时间和金钱。而其他的国家保护区则都比较容易前往游览。

在甘蒙省，无论是独自上路还是参团或付费出行，都可以轻松徒步游览普欣本山国家保护区中迷宫一般的喀斯特石灰岩、溶洞和河流。沙湾拿吉省也有类似的徒步游，可以前往神圣的森林和栋普文森林里信仰万物有灵的村庄。



## 到达和当地交通

13号公路（Rte 13）铺设有柏油路面，多亏了它在与中国的贸易活动中的重要地位，路况维护得尤其好。其他路况不错的公路还有从沙湾拿吉到越南边境劳保（Lao Bao）的9号公路（Rte 9）、位于13号公路与越南边境南包（Nam Phao）之间的8号公路（Rte 8）、连接他曲和越南边境的12号公路（Rte 12），以及通往坦贡洛的公路。

# 波里坎塞省和甘蒙省（BOLIKHAM SAI & KHAMMUAN PROVINCES）

波里坎塞省和甘蒙省横跨老挝国土狭长的腰部。地势从湄公河谷向北边和东边一路

### 在老挝中部徒步

一直被低估的老挝中部其实是自然风光与文化体验完美融合的好地方。在老挝中部，他曲和沙湾拿吉的国营机构Eco-Guide Unit与私人公司Green Discovery（见209页）共同经营着大部分的徒步线路，费用从人均40~500美元不等（一个团队里的人数越多，人均价格越低）。下面列出了该区域重点推荐的一些徒步地点。

**普欣本山国家保护区**（Phu Hin Bun NPA，见203页）从他曲出发。论美景，很难有什么与这些穿越庞大喀斯特石灰岩的徒步以及水上旅行相比拟。2~3日行程可以在他曲的旅游信息中心（见212页）预订，而Green Discovery则可提供4日游行程。

**坦洛色邦非－欣南诺国家保护区**（Tham Lot Se Bang Fai/Hin Namno NPA，见216页）从他曲出发。尽管这里的徒步游活动才刚刚起步，而且大多线路都是围绕着与之齐名的南洛溶洞（Nam Lot），你仍然可以在壮观的欣南诺国家保护区里安排一次包含家庭借宿在内的徒步旅行。详情可咨询他曲的旅游信息中心或Green Discovery旅行社。

**东纳达森林**（Dong Natad，见223页）由沙湾拿吉出发。沙湾拿吉附近这个省级保护区里的1~2日游项目很便宜，并且因为提供家庭借宿和展示村民与神圣森林如何共处而大受欢迎。详情可咨询沙湾拿吉的Eco-Guide Unit（见221页）。

**栋普文森林国家保护区**（Dong Phu Vieng NPA，见224页）从沙湾拿吉出发。这里的3日徒步线路（头尾总有一端需要走一小段公路）将带你游览两个嘎丁族村庄，在那里人们信奉万物有灵，还有一大堆各式各样的禁忌。这绝对是值得期待的文化体验，但由于交通因素，使得价格略显不合理。行程由沙湾拿吉的Eco-Guide Unit负责组织安排。

爬升，经过高度适中、蔚为壮观的山区，最后延伸到与越南交界的长山山脉。悠然自适而四通八达的他曲成为旅游胜地便在情理之中了。

说波里坎塞省和甘蒙省特有方言的低地老挝人（Lowland Lao）在全国人口数量最多，是旅行中最容易遇见的民族。此外两省也有几个较小的泰族（Thais）山地部族。在更偏远的地区，使用孟高棉语（Mon-Khmer）的马贡族（Makong，俗称Bru族）占整个甘蒙省总人口的10%以上。而在东部山区的集市和村庄里，你可能会见到苗族（Hmong）、克里族（Kri）、嘎当族、马灵族（Maling）、阿德尔族（Atel）、普安族（Phuan）以及特马鲁族（Themarou）等少数民族的居民。

该地区大部分区域人口稀少，6片广袤的森林已经被定为国家保护区。然而这些地方现在已演变成两派势力博弈僵持的主战场，其中一方主张开发老挝大量的水电资源储备，另一方则希望能够保护亚洲最原始的荒野地区。到目前为止，主张开发的一方是赢家。

## 北汕（Paksan） ປາກຊັນ

054 / 人口 43,700

北汕（也写成Pakxan或Pakxanh）位于南散河（Nam San）和湄公河的交汇处，是波里坎塞省的省会。尽管比不上老挝那些最引人注目的地方，但在这里还是有一些客栈和餐厅，因此，如果打算来往于万象和他曲之间，北汕是个不错的中转站。在这里也可以过境进入泰国，但很少有人会这么做。

市场东边有一家老挝发展银行（Lao Development Bank），这里同时也是长途汽车的停靠站。再向东步行片刻就是南散河大桥和主街道。在Paksan Hotel东面200米处还有一台老挝外贸银行（BCEL）的自动柜员机。

### 食宿

**BK Guest House** 客栈 $

（054-212638；房 70,000~80,000K；P ❄）坐落在绿树成荫、赤素馨花环绕的花园中，这家讲究摆设的客栈有8个房间，凉爽、芬芳，私人浴室和清爽的亚麻布料一尘不染。是个停留住宿的好地方。

**Paksan Hotel** 酒店 $

（054-791333；Rte 13；标单/双 100,000/140,000K；P ❄ 📶）城里最豪华的选择。这座越南人经营的庞然大物有着寺庙式样的屋顶，32个宽敞的房间全都配备有私人浴室、电视机、冰箱、阳台和大衣橱。

**Viengxum Restaurant** 老挝菜 $

（主菜 8000~30,000K）离桥很近，这家餐厅以其一流的老挝菜、越南菜和泰国菜而在13号公路（Rte 13）沿途颇负盛名。

**Saynamsan Restaurant** 老挝菜 $

（054-212068；主菜 35,000K；7:00~23:00）这家亲切的河岸餐厅位于城中南散河大桥的西北端，坐在阳台上能感觉到凉风习习。菜单上有辣鱿鱼汤、咖喱和腊普（láhp，用肉末、禽肉或鱼做的老挝式辣沙拉）。

### 前往泰国：从北汕（PAKSAN）到汶干（BEUNG KAN）

#### 前往边境

很少有旅行者会选择从湄公河上的**北汕（Paksan，老挝）/汶干（Beung Kan，泰国）边境通道**（8:00至正午和13:30~16:30）过境。过境船（60B，20分钟）要凑足8个人才开船，除非你愿意支付包船费用（480B）。

#### 在边境

如果你来到老挝的出入境办公室，工作人员通常不会在文书工作上大做文章，但也不签发落地签证。

#### 入境

进入泰国后，有长途汽车从汶干开往乌隆（Udon Thani，又名乌隆他尼）和曼谷（班次很少）。

## 老挝中部亮点

❶ 跋涉于**普欣本山国家保护区**（见203页）颇具哥特风格的喀斯特石灰岩、地下溶洞和蜿蜒曲折的河流之间。

❷ 走**大环路**（见204页），欣赏水流滚滚的山谷，体验颠簸崎岖的公路，穿越丛林，品味凌云高山带来的震撼。

❸ 在**他曲**（见208页）和**沙湾拿吉**（见216页）的历史街区感受殖民时代的气息。

❹ 在**栋普文森林国家保护区**（见224页）偏远的乡村小住，体验众灵齐聚的丛林生活。

❺ 另辟蹊径，前往**坦贡洛溶洞**（见204页），乘船穿过让人叹为观止的7公里地下溶洞。

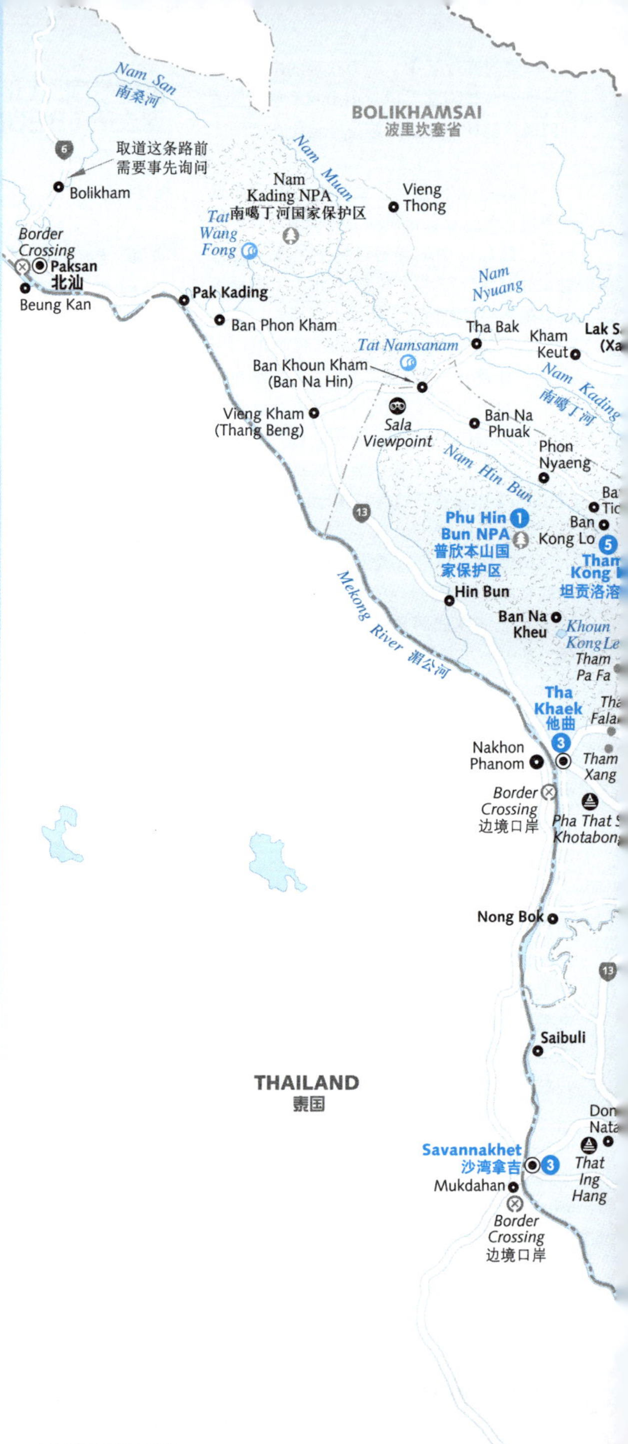

中国地图出版社供图

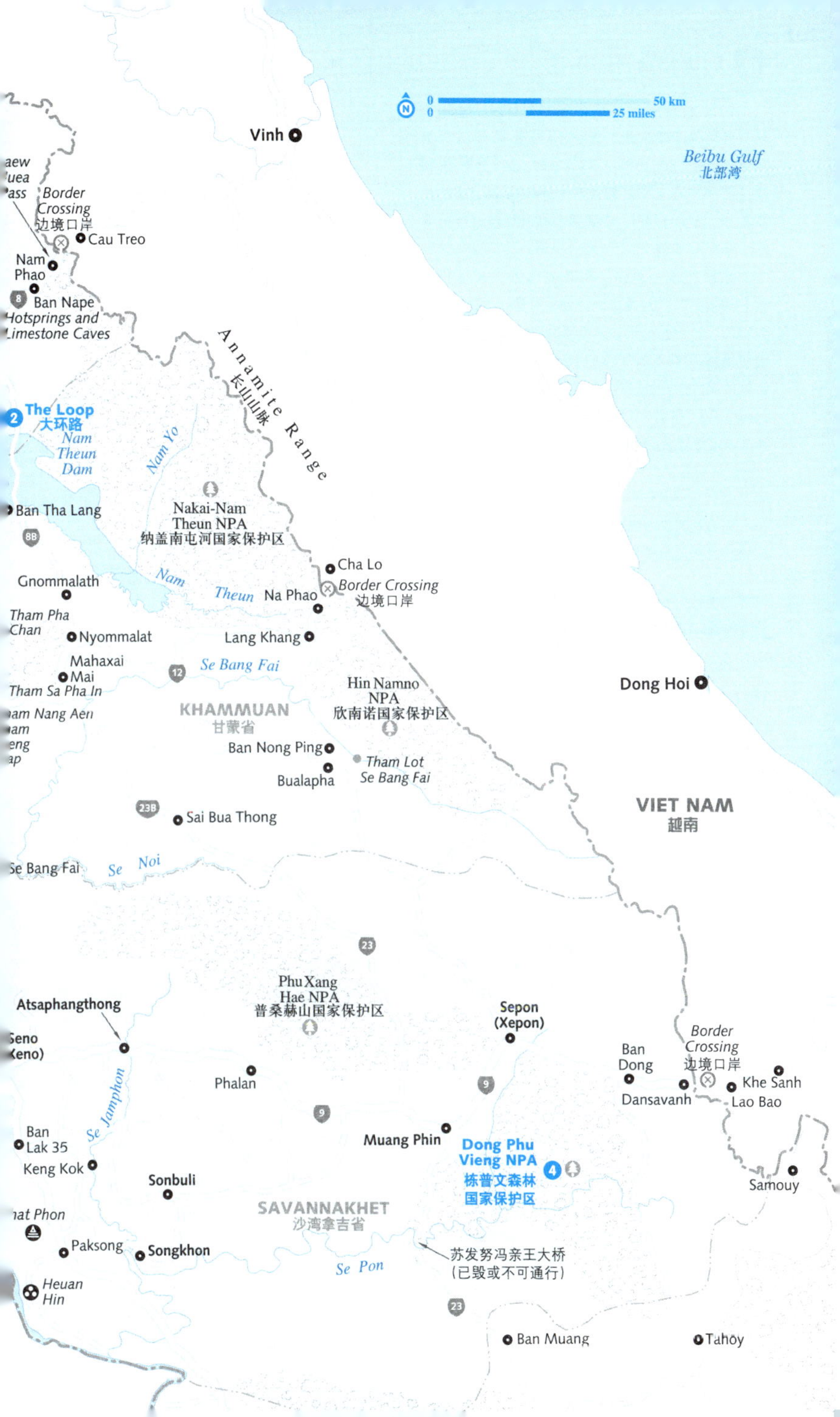

0 50 km
0 25 miles
Vinh
Beibu Gulf
北部湾
Border
Crossing
边境口岸
Cau Treo
Nam
Phao
Ban Nape
Annamite Range
长山山脉
The Loop
大环路
Nam
Theun
Dam
Nam Yo
Ban Tha Lang
Nakai-Nam
Theun NPA
纳盖南屯河国家保护区
Gnommalath
Nam
Theun
Na Phao
Cha Lo
Border Crossing
边境口岸
Tham Pha
Chan
Nyommalat
Lang Khang
Mahaxai
Mai
Se Bang Fai
Tham Sa Pha In
Hin Namno
NPA
欣南诺国家保护区
Dong Hoi
KHAMMUAN
甘蒙省
Ban Nong Ping
Tham Lot
Se Bang Fai
Bualapha
VIET NAM
越南
Sai Bua Thong
Se Noi
Phu Xang
Hae NPA
普桑赫山国家保护区
Atsaphangthong
Sepon
(Xepon)
Border
Crossing
边境口岸
Ban
Dong
Khe Sanh
Phalan
Dansavanh
Lao Bao
Se Jamphon
Ban
Lak 35
Muang Phin
Dong Phu
Vieng NPA
栋普文森林
国家保护区
Keng Kok
Sonbuli
Samouy
SAVANNAKHET
沙湾拿吉省
Paksong
Songkhon
苏发努冯亲王大桥
（已毁或不可通行）
Se Pon
Heuan
Hin
Ban Muang
Tahoy

## 到达和离开

由北汕出发，长途汽车在6:05~16:30间从早市（Talat Sao）外的13号公路开往万象（Vientiane；30,000K，3~4小时，143公里），班次主要集中在上午。双条车（Sǒrngtǎaou）也由此发车，班次很多。或者你也可以招停任何一辆向西开行的车辆。

如果打算去越南，可以先坐双条车前往拉绍（60,000K，5~6小时，189 公里），发车时间为5:00、5:30及6:30，人多客满时也会直接发车。接着继续换乘双条车前往13号公路与8号公路交会处的温坎（Vieng Kham），通常又叫唐本（Thang Beng，20,000K，1.5~2小时）；然后转乘其他交通工具沿8号公路前往拉绍（30,000K，1.5~2.5小时，100公里）。每小时有一班长途汽车开往巴嘎丁村（Pak Kading，75,000K）。

所有自万象向南行驶的长途汽车在从首都发车行驶2小时后都会经过北汕——在早市外等车即可。



# 北汕至拉绍（Lak Sao）

如果从万象至河内（Hanoi）那活受罪的24小时长途汽车旅程对你没有吸引力，不妨搭乘当地交通工具，以走走停停的方式来欣赏沿途的老挝中部地区风光。

## 南嘎丁河国家保护区（Nam Kading NPA）

ປ່າສະຫງວນແຫ່ງຊາດນ້ຳກະດິງ

沿着13号公路向东行驶，就会来到距万象187公里的风景如画的恬静山村**巴嘎丁村**。巴嘎丁村位于湄公河和**南嘎丁河**（Nam Kading）交汇处的上游地区。南嘎丁河目前是老挝最原始的河流之一，河床宽阔、碧水清澈，流经崇山峻岭环绕、四面石灰岩岩层狰狞的山谷，谷内草木丰茂。河流蜿蜒曲折，最后进入**南嘎丁河国家保护区**。在南嘎丁河上顺流而行无疑是进入这片荒野的最好方式。南嘎丁河国家保护区内已确定的珍稀动物包括大象、巨麂（giant muntjac）、倭蜂猴（pygmy slow loris，又名小懒猴）、黑叶猴（François' langur）、白臀叶猴（Douc langur）、长臂猿（gibbon）、印度野狗（dhole）、亚洲黑熊（Asiatic black bear）、老虎以及许多鸟类。通常，如果能在老挝看到其中几种，就算是非常幸运的了。

不管去不去看瀑布，巴嘎丁村的**Bounxou Restaurant**（☎055-320046；Rte 13；主菜10,000~25,000K；⏰8:00~21:00）都是美餐一顿的好地方，那儿的鱼类菜肴很有名。如果不得不留下来过夜，可以去**Vilada Guesthouse**（房带风扇/空调70,000/100,000K；P ❄）。

## 班昆坎村（班纳欣村；Ban Khoun Kham/Ban Na Hin）

ບ້ານຄູນຄຳບ້ານນາຫີນ

班昆坎村原本扮演的角色是游客参观非凡的坦贡洛溶洞的集散地，然而随着班贡洛村（Ban Kong Lo）逐渐对游客开放，班昆坎的地位已经在很大程度上被取代，因为从班贡洛到溶洞更近，而且在那里还能见到风滚草滚过的景象。班昆坎本地最主要的景点是让人印象深刻的双子瀑布**塔南萨南瀑布**（Tat Namsanam），瀑布位于村子以北3公里处（不过在旱季就只能想象这番风景了）。瀑布位置险峻，喀斯特溶岩环绕四周，上层瀑布非常高。遗憾的是，前往瀑布的小路和路标完全不清晰，不止一批外国游客曾在这里迷路。路上小心辨别方向，当然，更好的办法是通过这里出色的**旅游信息中心**（tourist information centre；☎020-5559 8412；Rte 8；⏰8:00~16:00）请一位导游。旅游信息中心在塔南萨南瀑布入口处的南边，同时经营从村子到普欣本山国家保护区的团队徒步游线路。争取和Thoum聊一聊。

如果从13号公路前往班昆坎村，在32~33公里处有一个观景小屋（sala，一侧敞开的）。无论如何，不要错过这里令人赞叹的壮观景象：那是一种介于美梦与噩梦之间的景象，粗糙的黑色岩层嶙峋耸立。

### 食宿

班昆坎村的主要街道与13号公路平行，街上有几家大同小异的客栈，都提供配有有线电视和热水供应的空调房。

**Xok Xai Guesthouse** 客栈 $

（☎051-233629；Rte 8；房 80,000K；P ❄）背靠8号公路（或从市场向北走400

米）的一栋传统房屋，客房很可爱。上过漆的地板洁净无尘，有厚厚的羽绒被、电视机、空调、浅蓝色窗帘和供应热水的私人浴室。

### Mi Thuna Restaurant Guesthouse 客栈 $

（☎020-224 0182；Rte 8；房 60,000K；🅿 ❄）Mi Thuna位于8号公路旁的市场南面约800米处，过了壳牌（Shell）加油站。房间很舒适，有干净的瓷砖地板、小书桌、电风扇或空调，以及简单的私人浴室。餐厅供应老挝菜和西餐——前提是你能把厨子叫醒。记得要背街的房间，否则来来往往的卡车会让你没法睡觉。

### Sainamhai Resort 度假村 $

（☎020-233 1683；www.sainamhairesort.com；房 130,000K；🅿 ❄ 📶）Sainamhai 坐落于南海河（Nam Hai）边。这里有一间漂亮的长屋餐厅（主菜 25,000K）、一片繁茂的花园和12间维护良好的藤墙小屋。每个房间都配备有私人阳台、浴室和干净的亚麻织品。只有一条需要注意的——小公鸡很吵闹。戴上耳塞睡觉，否则你就要在瞌睡中穿过坦贡洛溶洞了！

度假村位于8号公路（Rte 8）以东3公里，留意城东8号公路与屯欣本大坝（Theun Hin Bun dam）外的道路相交处的路标，或顺着通往坦贡洛溶洞的公路走几公里后拐上岔路。提前打电话，他们会到双条车车站来接你。

### Inthapaya Guesthouse 客栈 $

（☎020-2233 6534；房 带风扇/空调 60,000/ 90,000K；🅿 🚭 ❄）矢车菊蓝色调的客房里空气清新（室内禁烟），地面铺着瓷砖，私人浴室很干净，有空调房和风扇房两种选择。此外还有一个小巧雅致的庭院咖啡馆。位于主街东北面。

### Phamarn View 客栈 $

（☎020-240 3950；房 带风扇/空调 60,000/ 90,000K；🅿 ❄ 📶）庭院四周桃红色墙壁的客房芬芳幽雅，新床、电视机、冰箱和空调一应俱全，此外还有外廊。客栈离市场和长途汽车站都很近。

### Dokkhoun Restaurant 老挝菜 $

（☎020-246 9811；主菜 30,000K；⏲7:00～22:00）餐厅位于城中的主街上，果汁、炒饭、腊普（láhp）和欧式早餐都很不错。

## ℹ 到达和离开

在他曲，每天8:00和9:00各有一趟班车开往班昆坎（50,000K，3～4小时）。如果你是从他曲（或者万象）启程，另一个选择是跳上任何一辆朝北（如果从万象过来是朝南）的长途汽车，在13号公路和8号公路交会的温坎下车，然后换乘双条车（25,000K，7:00～19:00，1小时）到班昆坎。

所有沿8号公路运行的交通车辆都会在班昆坎停靠，其中包括开往万象（75,000K）和他曲（75,000K，3小时，143公里）的长途汽车。这两者都是上午的班次较多。如果晚了，你就得搭乘半正规的双条车先到温坎（30,000K，7:00～17:00），如果你是打算去越南边境，那就到拉绍（25,000 K，7:00～17:00）再转车。两者距离班昆坎都是差不多1小时车程。去坦贡洛溶洞的双条车每天10:00、12:30、15:00发车（25,000K，1小时）。

## 普欣本山国家保护区 (Phu Hin Bun NPA)

ປ່າສະຫງວນແຫ່ງຊາດພູຫີນປູນ

普欣本山国家保护区是一个地域辽阔的荒野保护区，占地面积1580平方公里。这里有碧水潺潺的溪流、茂密的季风雨林、横跨甘蒙省中部地区的奇特喀斯特地貌。这里在1993年被设立为保护区。可以毫不夸张地说，普欣本山国家保护区是老挝这个国家最激动人心的地方之一。大片的石灰岩悬崖几乎垂直地拔地而起，直冲云霄，高达数百米，漫步或乘船游览其间，不由得要赞叹大自然的鬼斧神工。

虽然普欣本山国家保护区里大部分地方都尚未修建公路，但当地人的狩猎和伐木行为使主要依赖森林生存的物种数量不断减少。尽管如此，这里仍然是濒危的白臀叶猴、黑叶猴和其他几个原始物种，以及大象、老虎和多种珍稀鹿类的栖息地。

在坦贡洛溶洞游览会让你真切地感受到，一个国家保护区应该展示出怎样的风采神韵。有两种更好的办法会让你真正融入到这个保护区中，感受这里神话般的奇峰怪石和蜿蜒逶迤的川溪河流。

甘蒙省开设了5种不同的团队徒步游项目，长度各有不同。从他曲出发，热门的普欣本山国家保护区两日徒步游（单人出行1,350,000K，两人人均800,000K，3~5人人均650,000K）非常不错。沿途经过大量的喀斯特风光区，步行穿过坦巴占溶洞（Tham Pa Chan），夜里在少数民族村庄住宿。第二天要徒步15公里，但为了能在景色迷人的昆贡琅湖（Khoun Kong Leng，又名蓝湖，Blue Lagoon）里游上两圈，一切都是值得的。

行程可在他曲的旅游信息中心（见212页）提前预订。

愿意多花一点时间和金钱的话，Green Discovery（见209页）也提供类似的徒步游项目，额外包含了非常有吸引力的皮划艇游，从南欣本河（Nam Hin Bun）出发，驾着皮划艇穿行于悬崖峭壁间，沿着一个大大的逆时针弧线划向湄公河（US$453/人）。此外还有南欣本河上的4日水上旅行（两人成团，US$510/人；4人团队US$321/人）。



## 坦贡洛溶洞 (Tham Kong Lo)

ລອດກອງລໍ

坦贡洛溶洞就算不是老挝全国的，至少也是中部的最大亮点之一。深入这不可思议的地下世界就像是驾船驶入原初的黑暗一般。长达7公里的旅途中河流曲曲折折，经过高高的石灰岩溶洞时会遭遇一些小小的急流。洞中一小段区域设置了灯光，让你可以一瞥这恢宏壮阔的奇观：长尾船从岩石洞口驶入，带你参观难得一见的钟乳石柱和石笋林的景象。当小船深入那纯粹的黑暗之中时，你的想象力会开始疯狂旋转——你或许会觉得好像置身电影《魔戒》里的“中土世界”，船头的灯光就像幽暗中古鲁姆那闪亮的眼睛，或是希腊神话里冥王哈得斯的地下世界。不管怎样，这将是你永远无法忘怀的经历。

单程需要约1个小时，旱季河水水位较低时你还得下来走一段，船夫和身强力壮的船夫和纤夫会把船拉过浅滩。从另一头钻出溶洞后，你可以到上游5分钟路程外的休息点稍

骑摩托车

## 走大环路

**起点：**他曲

**终点：**他曲

**距离：**500公里

**需时：**4天

大环路是一条人迹罕至的线路，沿途经过甘蒙省和波里坎塞省一些偏远的地区，最近几年，得益于勇敢的旅行者追捧，这条线路已经获得了颇为尊崇的地位。骑自行车也能走这条线，但更好的选择是摩托车——要注意，我们说的是摩托车，而不是电动车。电动车有着摇摇晃晃的窄轮和不可靠的刹车，骑电动车的旅行者已经发生过大量的行车事故，甚至是悲剧性的死亡事故。要感谢他曲的一家新的公司Mad Monkey Motobike（见214页），他们出租质量可靠的轻型摩托车。骑游这条路线需要留出至少3天时间，如果你想要参观坦贡洛溶洞的话，4天更好。路上许多村庄都能找到加油点。

从❶**他曲**出发，在旅游信息中心能够得到有关整个旅程的建议。动身之前先在Thakhek Travel Lodge坐下来，就着冰凉的老挝啤酒（Beerlao），读一读越来越丰富的旅行指南，这是个不错的主意，或者直接找Mad Monkey的DC聊一聊。

请为12号公路（Rte 12）东段留出一天时间，以便游览这段路途上的溶洞和游泳点。在❷**马哈赛**（Mahaxai Mai）往北20公里，大约距离他曲40公里处能够找到落脚点。马哈赛北面就有两家简单的客栈，分别是Maniphone（☎020-215 8699）和**Mahaxai Mai**（☎020-216 4453）。继续向北15公里，有着水泥平房和餐厅的**Linxomphou Resort-Night Club**（☎020-5458 4453）提供了另一个选择。而往北55公里就是12号公路转向越南的岔路口和规模庞大的南屯河2号主营地（Nam Theun 2 Main Camp），在它对面，**Phothavong Guest House**（☎020-5663 5555）是一个比较好的住宿地。

从12号公路岔路口再向北走5公里就会经过纳马拉（Gnommalath），这里有个加

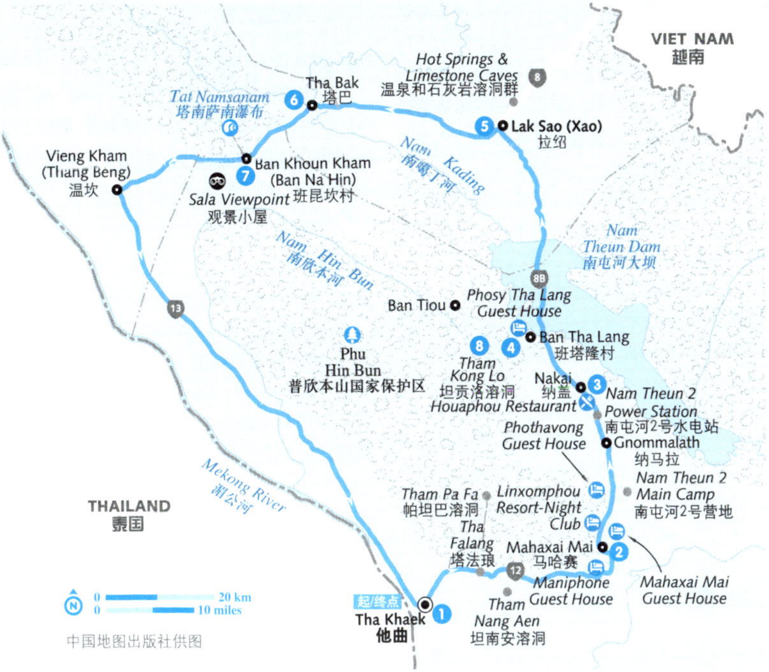

中国地图出版社供图

油站，提供基本的食物。之后你就来到了南屯河2号水电站。在抵达拉绍以前，这是最后一小段铺设有路面的公路。到达山顶后，公路在一个叫乌敦苏村的繁忙小村分岔。保持直行，3公里后就是③**纳盖**，你可以入住**Houaphou Restaurant**（☎051-620111），让疲惫的身体重新充满电，同时在加油站为摩托车加满油。

接下来的23公里是一段颇让人困扰的路程，在你的左手边是原始森林，而右手边则是因为修建南屯河2号大坝而被淹没的区域，从环境的角度来说，这可称得上是灾区了。你会开始看到bâan jat sàn——一个受水库影响而搬迁兴建的整齐村庄。在经过南屯河上一座新桥之前，你会先到达小小的④**班塔隆村**，这里的**Phosy Tha Lang Guesthouse & Restaurant**（☎020-5880 4711）提供干净简单的小屋，床单气味清新，配有私人浴室和阳台，是个休整解乏的好地方。从马哈赛到班塔隆花了我们大约两个小时。

在班塔隆过桥后，继续前行约60公里即可抵达拉绍。这是一段令人惊叹的生态走廊，穿行于纳盖南屯河国家生态多样性保护区和普欣本山国家保护区之间。然而这一段的路况却十分糟糕，碎石路面崎岖不平，一路上还有许多“之”字形急弯。记得要放慢速度，饱览美景。偶尔这严重坑洼的道路会几乎垂直地爬过路边的采石场，经过翻倒的卡车。过岔路口后还要继续直行17公里（左边的岔路会把你带到南屯河2号大坝现场）。在旱季这段路耗费了我们差不多两个小时。

当你最终踏上柏油碎石路面，来到⑤**拉绍**小镇前时，你一定会如释重负地马上找个住宿和吃饭的地方。如果你的摩托车需要修理，在这里也是适得其所。接下来从拉绍到班昆坎村的56公里道路非常平整。沿着8号公路走，仿佛是进入了电子游戏里的场景：铺设着柏油路面的公路路况良好，在喀斯特岩壁的夹缝之间一路延伸，深入群山，道路一侧是固若金汤的喀斯特山壁，然后在⑥**塔巴**跨越宽阔的南屯河河面。塔巴值得稍作停留，看看独特的炸弹船。

⑦**班昆坎村**有一个加油站和众多住宿点，同时它也是⑧**坦贡洛溶洞**各种游览项目的大本营。不过最近两年里，班贡洛村（Ban Kong Lo）的住宿点也如雨后春笋般开办起来，住在这里更便于在清晨赶早进入溶洞。

加休整，喘过气之后就该掉头投入更刺激的体验之中了。

记得带个手电筒——景区出租的那些都不合用。还要穿上橡胶凉鞋——河床边的砾石非常坚硬锐利，游客通常要在几个水浅的地方下船涉水而过。

往返全程费用是105,000K/船（约2.5小时，最多4人），船上提供救生衣。溶洞门票为5000K，停泊费5000K。

自从通往坦贡洛溶洞的公路铺上柏油路面后，甘蒙省就开设了多条参观溶洞的当日旅游线路（1/2/4人团队人均费用1,350,000/750,000/600,000K）。在他曲的旅游信息中心（见212页）可以预订行程。和专家Somkiad先生聊一聊会有所收获。Green Discovery（见209页）也经营坦贡洛溶洞一日游项目，2人团队每人费用为141美元，4人团体人均费用为84美元。



## 食宿

### Sala Kong Lor 客栈 $

（020-5564 5111；www.salalao.com；Ban Tiou；平房 含早餐 US$6~30；P）位于坦贡洛溶洞下游1.5公里处，这些吊脚平房紧邻南欣本河，客房从简单到豪华都有。带浴室的房间设施简单，但砖墙、蓝色床罩、蚊帐、少量家具和足以享受河景的私人阳台很受欢迎。附近有条清澈的小溪可以清凉一下。

### Chantha Guest House 客栈 $

（020-210 0002；Ban Kong Lo；房 不带/带空调 60,000/100,000K；P ❄ @ 📶）这家瑞士风格的客栈位于通往班贡洛村的交通要道边，就在村头上。客栈共有15间凉爽而装备良好的房间，分双床房、大床房和一间可容纳5人的宿舍（180,000K）。这里有个DVD放映室和一个小小的咖啡屋。店主很友好。Wi-Fi不太稳定。

### Saylomyen Guest House 客栈 $

（020-7775 5216；Ban Kong Lo；房 40,000~80,000K；P）这是一座背后有着私人阳台的吊脚藤楼，房间里有色彩鲜艳的床单、电扇和浴室。此外也有一个咖啡屋。位于小镇的北部边界上。

### Kong Lo Eco Lodge 客栈 $

（030-906 2772；Ban Kong Lo；房 60,000K；P）这个地方位于主街的背面，共有12个几乎毫无装饰的朴素房间——这就是说，它很干净，而且便宜。也有一个不错的咖啡吧。

### Homestay 家庭寄宿 $

（Ban Kong Lo；每人含早、晚餐 50,000K）只要说“家庭寄宿（homestay）”，你就会被带到村子里某处的某个人家。在溶洞另一边的班纳坦村（Ban Na Tan）和更美丽的班丰坎村（Ban Phon Kham）也可以找到寄宿的地方。这两个村庄都在游船终点站饮料吧的步行范围内：沿着左边岔路走2公里是班纳坦，而向右走1公里后遇到的第二个村庄就是班丰坎。饮料店主更乐于推荐你往右走。

### ★Auberges Sala Hinboun 客栈 $$

（041-212445；www.salalao.com；房 含早餐 US$23~29；P）从班贡洛沿南欣本河往北10公里，河边就是Auberges Sala Hinboun。这里共有12个不起眼的灰绿色吊脚小屋。房间里挂着吉普赛吉卜赛风格的窗帘，搭配藤地板、阳台和舒适的床。面朝河流的房间是最大的（US$29），但小些的房间也很不错（US$25）。

餐厅供应炸鱼、烤鸡和老挝沙拉，如果你想要奢侈一点，正好又有几个人同行，何不试试烤乳猪（450,000K）呢？

### Mithuna Restaurant 老挝菜 $

（Ban Kong Lo；主菜 20,000K；7:00~20:00）这家有风扇的半露天餐馆离坦贡洛溶洞的入口很近，供应面条、炒饭和腊普（láhp，猪肉辣沙拉），同时提供西式早餐。

## 到达和离开

从班昆坦到班贡洛的50公里公路是一段轻松的路程，乘双条车或骑摩托车1小时即可到达。从班贡洛出发开往班昆坦的双条车（25,000K）每天分别于6:30、8:00和11:00发车。

## 塔巴（Tha Bak） ບ້ານທ່າບັກ

从班昆坎村向东18公里，塔巴坐落在南嘎丁河与南屯河交汇处附近。小城本身很美，而且相当幽静，游客逗留此地的真正目的要么是为了拍几张漂亮的河景照，要么是为了体验一下不可思议的**炸弹船**（bomb boats）。"炸弹船"这个名字容易让人产生误解，实际上这些船是用20世纪六七十年代喷气式飞机的大型副油箱改造而成，副油箱外形像导弹，因此才将这种改造船称为炸弹船。如果想坐炸弹船兜风，去桥东头的河边找船家讲讲价钱吧。

## 拉绍（Lak Sao） ຫລັກຊາວ

☎ 054 / 人口 31,400

拉绍原本只是波里坎塞省东边靠近越南（边境在32公里外）的一个小地方，曾经只有两条街道，灰扑扑不起眼。如今这里却挤满了开往越南去的卡车，这也使得它的名字与伐木小镇联系在了一起。城市四周是漂亮的锯齿状峭壁，每当暮色降临，就被渲染成了浴火的炭笔画。

这里有一些平淡无奇的客栈，一个迷宫似的市场，一台24小时工作的自动柜员机，外加两三处吃饭的地方。托没完没了在空气中飞扬的尘土的福，这不是个美丽的地方，但如果是要换现金、加油或是在走大环路途中需要休整，这里就显得很有用了。

### 食宿

所有的食宿点都离市场和长途汽车站很近。市场周边好几家**小餐厅**（⏲6:00~20:00）和米粉（fěr）摊档都供应老挝菜和越南菜。

**Phoutthavong Guest House** 客栈 $

（☎054-341074；Rte 1E；房 80,000K；P ❄ 📶）背靠8号公路，这间舒适的客栈有



## 前往越南：从拉绍到荣市（VINH）

### 前往边境

**南包（Nam Phao，老挝）/吊桥（Cau Treo，越南）边境通道**（⏲7:00~16:30）位于高诺关口（Kaew Neua Pass），距离拉绍36公里。双条车（20,000K，45分钟）大约每小时一趟，从拉绍市场发车，将乘客送到以悠闲松散为特色的老挝边境站。老挝边境这边有个货币兑换点，不过汇率并不划算。

从越南过境，由荣市出发的长途汽车全天都有，定时开往西山（Tay Song，正式名称是Trung Tam；70,000d，3小时，70公里）。从西山再走25公里茂密的山路即可到达边境。正常来说，乘摩托车或出租车的费用为50,000d，但司机往往要价好几倍。在这段行程中要小心被宰。

### 在边境

进入越南的签证需要提前办理好。而老挝则可以在边境签发有效期为30天（有时可能为15天）的落地签证。

### 入境

很不方便的是，越南边境站离公路还有1公里远，因此你一过关，迎面就会看到各式各样的开往荣市的小车，司机30美元的要价根本不值——开往荣市的小面包车票价每人5美元左右才算合理，但前提是你要很擅长砍价。计里程的出租车费用约为35~40美元，而搭乘摩托车只需200,000d。你应该跟尽可能多的游客联合起来租车，这样才有利于讨价还价。

直接搭乘拉绍直达荣市的长途汽车（120,000K，4小时）可以尽量避开这些胡乱要价的家伙。通常每天正午到14:00之间有4班长途汽车发出。抵达荣市后，你就可以搭乘长途汽车或**Reunification Express**（www.vr.com.vn）运营的长途卧铺车直达河内。

着大大的房间、桃花心木的床和家具、基本的私人浴室和电视机。这里还有一只会说话的八哥能陪你打发时间。

**Souriya Hotel** 酒店 $

（☎054-341111；Rte 1E；房 50,000～80,000K；🅿 ❄）所有房间都配有风扇或空调（其中有几间相对其他房间要小一些）。房间本身都很新，床很硬，浴室的水很热（对骑行大环路而疲惫不堪的身体来说正合适）。酒店里有可以安全停放摩托车的地方。提供有线电视。

**Vongsouda Guest House** 客栈 $

（☎020-210 2020；房 60,000K；❄）顺着一条土路从8号公路向北走大约300米。这个家庭经营的客栈有很不错的房间，房间相对较大，燃着壁炉的公共休息区很舒适，只是若想要遇见其他人就要靠运气了。

**Only One Restaurant** 老挝菜 $

（☎054-341034；Rte 1E；主菜 20,000～40,000K；⏲7:00～22:00）这家洞穴似的餐厅有一个很棒的露台，可以观赏喀斯特地貌的风景。这里的老挝腊普（*láhp*）、烤猪肉、小炒和炒空心菜都不错。

## 实用信息

**老挝发展银行**（Lao Development Bank；Rte 1E）这家银行位于市场附近，可以兑换泰铢（Thai baht）、美元（US dollars）、英镑（UK pounds）和越南盾（Vietnamese dong）。

**邮局**（Post Office；cnr Rte 8 & Rte 1E）

## 到达和离开

开往万象的长途汽车（85,000K，6～8小时，334公里）每天5:30、6:30、8:00及20:00由市场东头开出。所有班车中途都会在温坎（唐本；35,000K，1.5～2.5小时，100公里）停车，可以在这里换乘开往南方的班车，也可以在北汕（40,000K，5～6小时，189公里）下车。其他长途汽车和双条车沿着8号公路开往温坎/唐本（8:30～17:00），7:30有一班车开往他曲（60,000K，5～6小时，202公里）。

# 他曲（Tha Khaek） ທ່າແຂກ

☎051 / 人口 81,000

在这个曾经的中南半岛交易码头里，散落的法国别墅和突兀的中国店铺有趣地融合在一起，舒适的河畔魅力依旧，除了通往附近泰国的新大桥外，几乎没有变化的痕迹。待上一天一夜，这是个会令人浮想联翩的地方。你可以从这里开始大环路旅行，也可以将它当作做坦贡洛溶洞一日游的落脚点。赶早出行的双条车现在也为迟来者开行。除此之外，附近还有大量的溶洞（其中一些还有可供游泳的潟湖），骑电动车或坐嘟嘟车就能到达。

不要期望他曲会是像琅勃拉邦那样精致高雅的城市，你能看到的是一座充满历史感的老城镇，还有老挝真实生活的端倪。老城区的"震中"（如果你愿意这样称呼它的话）是一座端庄的喷泉广场，就在离河不远的库沃拉冯大街（Th Kuvoravong）的西头。

## 历史

如今的他曲奠基于1911～1912年法国殖民建设时期。这一时期的痕迹在喷泉广场周围那些慢慢老去的建筑中随处可见。在法国统治时代，这座城市同时扮演着码头、边防站和行政中心的角色。

## 景点和活动

除了漫步街巷之间、感受历史气息之外，在他曲并没有太多事可以做。但如果你想要多少找点更有活力的事情，城里有许多有组织的滚球（petang，老挝的pétanque）场地。从喷泉广场往南两个街口，**Bounthong Petang Field**（☎020-5561 9331；⏲16:00～22:30）和**Nang Linly**（☎020-5522 2021；⏲16:00～22:30）比邻而居，只要买瓶老挝啤酒或其他任何饮料，就可以使用他们的场地玩一场法式滚球游戏。广场以外还有个可以做**按摩**（Massage；每小时50,000K；⏲10:00～22:00）的地方。

## 团队游

旅游信息中心经营着本地区的旅游线路。徒步游价格因成团人数而有很大不同，因此给值得信赖的**Mr Somkiad**（☎030-5300503，020-5571 1797；somkiad@yahoo.com）打个电话是很值得的，他经营着一个协调各个旅行者需求的中心。比如说，普欣本山国家保护区里的2日徒步游，如果是4人团，每人650,000K的价格是合理的。家庭寄宿（homestay）是这些徒步游项目的特色。也可以向他咨询一下最近新发现的坦帕逊溶洞（Tham Pa Seuam，鱼洞）的情况。这个溶洞长3公里，2013年才刚刚开始对外开放。它与坦贡洛溶洞有些相似，特点是令人惊叹的钟乳石和石笋。而更方便的是，它仅仅在城外15公里处。旅游信息中心提供的行程价格大约为4人团人均150,000K。

**Green Discovery** 探险游

（☎051-251390；Inthira Hotel，Th Chao Anou；⏲8:00～21:00）经营范围从繁茂苍翠的普欣本山国家保护区里的徒步游到短途皮划艇游都有。也可以把坦贡洛溶洞游、自行车骑行、皮划艇和家庭寄宿组合起来。在Inthira Hotel有一个接待台。

## 住宿

或许让人有些意外，虽然是距离庞大的南屯河2号大坝最近的大城镇，他曲所能提供的住宿很有限。

**★Thakhek Travel Lodge** 客栈 $

（☎051-212931；thakhektravellodge@gmail.com；Rte 13；铺 30,000K，房 40,000～180,000K；P ❄ @ 📶）如果所有的客栈都能像这个旅行者的绿洲一样该有多好，这里宁静、别出心裁而又充满居家气息。搭乘嘟嘟车出城向东5分钟即可到达。它以一系列充满印度风格元素的各不相同的房间而见长。这家客栈最大的装饰要数那个枝繁叶茂的庭院，夜晚人们围着点燃的火坑，交换着大环路上的故事。

这里还有一家清爽整洁的咖啡馆供应老挝食物，包括老挝腊普（láhp）、西式沙拉、猪排和各种果汁。我们到来时有7个新房间刚刚装好石板地板、平板电视和冰箱。

**Phoukhanna Guesthouse** 客栈 $

（☎051-212092；Th Vientiane；房 带电扇/空调和浴室 65,000/85,000K，房 带电扇无浴室 35,000K；❄）这家客栈带有餐厅，餐厅里总是放着震耳欲聋的泰国流行音乐，相当嘈杂。工作人员死气沉沉的，至于房间，尽管号称有私人浴室、浅蓝墙壁和拼花地板，实际上却不太招人喜欢，显得有点暗。

**Southida Guest House** 客栈 $

（☎051-212568；Th Chao Anou；标单/双 120,000/ 150,000K；P ❄）距离河边和喷泉广场不远，很难给人留下深刻的印象。这是一栋2层小楼，房间很干净，开通了有线电视。大部分房间都至少有一个阳台，但大小却相差很大，因此最好要求多看几个房间。不要选靠近马路的房间。

**Phonepadidh Guesthouse** 客栈 $

（☎030-777 2826，020-5672 6111；Th



### 木之殇：老挝的非法采伐贸易

老挝还保留着一些东南亚大陆最广袤的原生雨林。随着中国、泰国和越南相继颁布严格的法令来保护其本国森林，老挝的原始森林便成为了外国公司瞄准的目标。环境调查研究所（Environmental Investigation Agency，EIA）声称越南的家具厂从2000年至今已经增加了10倍，从老挝源源不断运送来的木材支撑了这一成长。据估计，每年有500,000立方米的木料被送出边境。尽管表面上政府已经采取强硬措施反对大规模的森林砍伐，但偏远地区却因私人武装和地方官员收受贿赂牟利而沦为受害者。

老挝的森林覆盖率上世纪40年代还有70%，到2000年左右已经不到40%，平均每年有90,000公顷的森林消失。国家保护区（National Protected Areas，NPAs）本应根据老挝法律而得到保护，却饱受非法砍伐之苦，人们因贵重木材所带来的利润而容忍了盗伐行为。预计到2020年，老挝的森林覆盖率将只能维持在30%。

# Tha Khaek 他曲

0 400 m
0 0.2 miles
A B C D E F G
1 2 3 4
去Friendship Bridge 友谊大桥(10km)
Th Chao Anou
Immigration Office 移民局
Th Setthathirat
Th Vientiane
Tourist Information Centre 旅游信息中心
Th Unkham
Th Kuvoravong
Th Nong Bua Kham
Th Captain Bourkeut
Th Champasak
Fountain Square 喷泉广场
Mekong River 湄公河
Tha Khaek Hospital 他曲医院
Talat Phetmany
Talat Lak Săam (Sook Som Boon Bus Terminal) 拉松市场(苏松本汽车客运总站)
去Route 13 13号公路(1km); Bus Station 长途汽车站(2km); Mahaxai Mai 马哈赛(40km)
1 2 3 4 5 6 7 8 9 10 11 12 13 14 15 16 17 18 19 20 21 22

## Tha Khaek 他曲

**活动、课程和团队游**

1 Bounthong Petang Field ........ B3
Green Discovery ........ (见4)
2 按摩 ........ B3
Nang Linly ........ (见1)

**住宿**

3 Hotel Riveria ........ A2
4 Inthira Hotel ........ B3
5 Khammuane Inter Guest House ........ B2
6 Mekong Hotel ........ B2
7 Phonepadidh Guesthouse ........ B2
8 Phoukhanna Guesthouse ........ C1
9 Sooksomboon Hotel ........ A2
10 Southida Guest House ........ B3
11 Thakhek Mai ........ B1
12 Thakhek Travel Lodge ........ G1
13 Thipphachanh Guesthouse ........ G2

**就餐**

14 Duc Restaurant ........ B3
15 Grilled Meat Restaurants ........ B3
Inthira Restaurant ........ (见4)
16 Kesone Restaurant ........ B2
17 Local Food Place ........ A3
18 Smile Barge Restaurant ........ B3

**饮品和夜生活**

19 Phudoi Disco ........ F1

**实用信息**

20 Wangwang Internet ........ B3

**交通**

21 Mad Monkey Motorbike ........ B3
Mr Ku's Motorbike Rental ........ (见12)
22 Phavilai Restaurant ........ B3
Wangwang Internet ........ (见20)

Vientiane；房100,000K；P ❄）这是一个紧邻Vientiane大街的两层楼设施，在一个安静的院子里。房间没什么特色，但很干净，墙壁雪白，还有空调和热水淋浴。

### Mekong Hotel 酒店 $

（☎051-250777；Th Setthathirat；标单/双130,000/140,000K；P ❄ 📶）得益于最近的重新粉刷，这个苏维埃式的庞然大物整体提升了不少。房间很不错，可以享受有线电视、空调和清爽的浴室。酒店还有一个餐厅，正对着湄公河。

### Thipphachanh Guesthouse 客栈 $

（☎051-212762；Rte 13；房 带风扇/空调60,000/80,000K；P ❄）除开它灰扑扑的地理位置，这些寓所其实是很清新而令人愉悦的。寓所中间是一个庭院，房间里铺着瓷砖，墙壁雪白，配备了电视和私人浴室。此外还有干净的被单和毛毯，以备寒冷的夜晚（真的有吗？）所需。

### Khammuane Inter Guest House 客栈 $

（☎051-212171；Th Kuvoravong；房50,000~80,000K；❄ 📶）一所老旧的大房子，房间很简单，有Wi-Fi、桌子和冰箱。但老实说，非常普通。提供电动车出租（50,000K）。

### Sooksomboon Hotel 客栈 $

（☎051-212225；Th Setthathirat；房130,000~150,000K；P ❄）位于湄公河边一个殖民时期的警察局里。房间干净，层高很高，配有电视、浴室和雕刻着涡卷装饰的桃花心木床。附属的餐厅供应韩国烧烤，晚上中国灯笼随风转动的情形很吸引人。

### Thakhek Mai 客栈 $

（☎051-212551；Th Vientiane；房100,000~120,000K；P）拥有利落的装饰线条，如果能再多加上一点爱心，这个地方就会很不错。然而就它目前的状况来说，不免有些乏味单调。房间里有电视、浴室和几样廉价的家具。

### ★Inthira Hotel 精品酒店 $$

（☎051-251237；www.inthirahotel.com；Th Chao Anou；房 含早餐 US$29~39；❄ @ 📶）位于一栋老旧的法国别墅中，在漂亮的外表之下，是全城最浪漫、最时髦的住所。它的餐厅就在老喷泉前面，而酒红色的房间则是疲惫旅行者的福音。房间里保留着裸露的砖墙，提供淋浴、有线电视、深色木家具、空调和保险箱。最好的房间都面朝街道，有阳台。

### Hotel Riveria 酒店 $$

（☎051-250000；Th Setthathirat；房间US$58~75；P ⊖ ❄ @ 📶）从酒店远眺泰国视野极好，另一边的风景则是远方锯齿状的喀斯特山峰，引人注目。这里非常适合家庭或商务人士入住。房间很大，配有特大号床、电视机、电冰箱、浴室和国际化的家具。楼下的餐厅相当不错，有很棒的自助早餐和煎蛋。很专业。

## 就餐

喷泉广场上每天傍晚都有个很小的夜市，从夜市往南靠近水边的地带有好几家露天烤肉店（主菜10,000~20,000K；⌚11:00~23:00），都以鸭肉（Ms Noy、Ms Kay和Ms Mo）和羊肉（Khem Kong）见长。

### ★Inthira Restaurant 创意菜 $

（Th Chao Anou；主菜45,000K；⌚7:00~22:00；📶✏）赤裸的水泥墙、幽暗的灯光、开放式厨房、美观大方的吧台里笑容明媚热情，这家工业设计风格的餐厅是享用早午晚一日三餐的好地方。主营亚洲创意菜，招牌菜包括美味的黑椒牛排（steak au poivre）、冬阴功汤（tom yum soup）、各种沙拉、咖喱、炒菜和量大味美的汉堡。值得推荐。

### Local Food Place 老挝菜 $

（Th Chao Anou；主菜5000~10,000K；⌚7:00~19:00）熙熙攘攘的地方美食街就在河边，如果有兴趣，不妨尝尝老挝的特色美食，如烤鸡（pîng kai）和糯米饭，糯米饭可以免费添加。

### Duc Restaurant 老挝菜 $

（Th Setthathirat；餐15,000K；⌚6:00~22:00；✏）位于河边，紧邻喷泉广场，这个家庭经营的餐厅非常干净，有风扇纳凉，屋内屋外都安放了桌子，墙上挂着家庭成员的照片，看上去就像是一个大号的居家客厅。供应非常好吃的fĕr hàang（干拌米粉，装在碗里，配上各种香辛料和调料，不加肉汤）。

### Kesone Restaurant 创意菜 $

（☎051-212563；Th Setthathirat；主菜25,000~35,000K；⌚9:30~23:30）可以选择在花园或是室内用餐，这是个晚餐的热门地点，供应泰国菜、泰式中餐和老挝菜。冰激凌也很不错。

### Smile Barge Restaurant 老挝菜 $

（Th Setthathirat；餐25,000K；⌚正午至23:30；✏）墙上挂着的鹿角和灯笼将这家位于河边的Smile餐厅渲染得很有气氛，树荫下的外走廊很是凉爽舒适，供应牛排、汤、沙拉、炸鱼和蔬菜。



## 饮品和夜生活

### Phudoi Disco 夜店

（⌚20:00至午夜）位于Phudoi Guest House后面，在这里可以体验老挝式的一夜狂欢，前提是你有足够旺盛的精力和想象力，来与本地年轻人一起应对大量的泰国流行乐、一丁点儿老挝流行乐和一些俗气的西方古典乐。

## 实用信息

在喷泉广场北面的Th Chao Anou街上有两三个上网的地方，网速还不错。他们大约在10:00~22:00之间营业，收费为每小时6000K。

**BCEL**（老挝外贸银行；Th Vientiane）主要币种和旅行支票均可兑换，亦可从维萨（Visa）信用卡里预借现金。在城里设有自动柜员机，一个在喷泉广场，还有一个在长途汽车站。

**老挝发展银行**（Lao Development Bank；Th Vientiane）只能提取现金——不能兑换外币，也不能使用信用卡。

**警察局**（cnr Th Kuvoravong & Th Unkham）

**邮局**（Th Kuvoravong）也提供昂贵的国际长途电话服务。

**Tha Khaek Hospital**（他曲医院；Th Chao Anou和Th Champasak交叉路口）他曲医院在诊治小病和包括疟疾、登革热等在内的常见病方面不错。记得找会说英语的Bounthavi医生。

**旅游信息中心**（Tourist Information Centre；☎030-530 0503，020-5571 1797；www.khammuanetourism.com；Th Vientiane；⌚8:30~17:00）非常出色的旅游信息中心，有大量信息量充足的手册，出售本城和本省地图。也经营团队游项目。

**Wangwang Internet**（Fountain Sq；每小时7000K；⌚7:30~21:30）有几台笔记本电脑可供上网，同时经营电动车出租（60,000K/天）。

## 到达和离开

### 长途汽车

他曲的长途汽车站距离市中心大约3.5公里，设有一个大型市场和几家风格简单的旅馆，为南来北往的定期班车提供进一步完善的服务。开往万象（70,000K，6小时，332公里）的长途汽车分别在4:00、5:30、7:00、8:30和9:00开出，此

## 前往越南：他曲至洞海（DONG HOI）

### 前往边境

尽管12号公路已经全部铺上了柏油路面，但对外国游客来说，**纳包（Na Phao；老挝）/茶洛（Cha Lo；越南）边境通道**（⌚7:00～16:00）仍然是老挝边境通道里最少被用到也是最不方便的一个关口。部分原因是两国边境的交通工具都太少，而且车行很慢，虽然每天还是有一班双条车在8:00从他曲（50,000K，3.5～4小时，142公里）出发开往距离边境尚有18公里远的琅康（Lang Khang）。如果你决定从这里过境，尽早出发，因为边境附近没有住宿，而在去往边境的一路上总是免不了会走走停停。

### 在边境

从越南进入老挝可以获得30天（有时是15天）有效期的落地签证，但如果反向行走，越南的边境则不签发落地签证。

### 入境

进入越南后，最近的略具规模的城镇是洞海（Dong Hoi）。他曲与洞海之间有直达的长途汽车（90,000K，10～14小时），由他曲开出的班车每周一、周三、周五和周日19:00发车。这是穿越该处边境的最合理方式。



外，VIP班车9:15发车（85,000K），VIP卧铺车夜里1:00发车（85,000K）。9:00至午夜，从巴色和沙湾拿吉过来的公共汽车大约每小时一班，中途停靠他曲。所有北上的公共汽车都经停温坎（唐本；30,000K，90分钟，102 公里）、巴嘎丁（Pak Kading，50,000K，3小时，149公里）或北汕（Paksan，40,000K，3～4小时，193公里）。

南去沙湾拿吉（30,000K，2～3小时，125公里）的长途汽车每半小时一班。前往巴色可搭乘9:00的空调客车（70,000K，6～7小时，368公里），此外，全天都有本地客车每小时发出一班（70,000K）。每天15:30和23:00各有一趟长途汽车开往阿速坡（Attapeu；85,000K，约10小时）。由万象开出的长途车在17:30左右驶出本站，分别去往东孔岛（Don Khong；150,000K，约15小时，452公里）和柬埔寨边境的农羌（Nong Khiang；90.000K，约16小时，482公里）。它们都在17:00～18:00经停他曲，想搭乘需要抓紧时间。

如果打算去越南，每周一、周二、周三、周六和周日20:00各有一趟长途汽车开往顺化（Hué，120,000K）。此外，开往岘港（Danang；120,000K）的长途车每周一、周五20:00出发；开往洞海的班车（Dong Hoi，90,000K，10～14小时）每周一、周三、周五和周六19:00发车；开往河内的班车（160,000K）每周二、周六20:00开车。

### 双条车

双条车自佩特玛尼市场（Talat Phetmany）开往马哈赛（35,000K，1小时，50公里），车很多，坐满即发车。7:30有一班车直接开往班贡洛（80,000K，4小时）。拉松市场（Talat Lak Săam；又名苏松本汽车客运总站，Sooksomboon Bus Terminal）有长途车开往甘蒙省内各地。双条车在7:30～9:30之间大约每小时一趟开往纳马拉（Gnommalath；45,000K，1.5～2小时，63公里）和纳盖（Nakai，45,000K，2小时，80公里）。前往琅康（50,000K）和纳包（80,000K，3.5小时，142公里）的班车每天8:00发车，纳包距离越南边境还有18公里。此外7:00、8:00、9:00各有一趟班车开往博拉帕（Bualapha; 50,000K, 5～6小时）。

## ℹ 当地交通

乘江博车（Jumbo，三轮摩托出租车）到长途汽车总站的费用应当是20,000K，你需要为此谈谈价钱。从长途汽车总站出发，江博车要等到客满才肯开车，除非你肯支付60,000K包下整辆车。城内乘车费用约为15,000K/人。

城中现在有几处提供摩托车出租的地方，在旅游信息中心可以拿到完整名录。但只有一个地方可以租借到结实可靠的越野摩托车，满足骑行大环路和其他探险的需要，这就是Mad Monkey Motorbike（☎020-2347 7799，020-5993 9909；dcn66@hotmail.com；喷泉广场；250cc 摩托车/电动车 每天US$38/28；⏲9:00~20:00），店主叫DC，是一个友好的德国移民。Mad Monkey有两辆本田250cc轻型摩托、三辆宽轮电动车。如果你在途中发生故障，打电话给DC，只要肯支付一定的费用他就会来接你和车。他也带团往返坦贡洛溶洞，8:00出发，当天20:00返回（4人团每人300,000K）。

Mr Ku's Motorbike Rental（☎020-220 6070；每天10,000K；⏲7:30~16:30），就在Thakhek Travel Lodge中，有110cc的韩国摩托车出租，可供在城内或附近溶洞骑行。

Phavilai Restaurant（喷泉广场；60,000K/天；⏲6:00~21:00）有几辆电动车出租。

Wangwang（☎020-5697 8535；喷泉广场；50,000~60,000K/天；⏲8:00~21:00）也是同样的情况。

### 前往泰国：他曲至那空拍侬（NAKHON PHANOM）

#### 前往边境

湄公河上的**他曲（老挝）/那空拍侬（Nakhon Phanom；泰国）边境**（⏲7:00~16:00）水上通道目前仅对当地人开放。旅行者必须搭乘嘟嘟车（20,000K）从长途汽车总站前往友谊大桥（Friendship Bridge）。每天7:00~16:30之间长途汽车每30分钟开行一班。如果要在营业时间结束之后过境，则需额外支付加班费。

#### 在边境

在他曲，老挝的出入境办公室通常签发有效期为30天（有时为15天）的旅行落地签证。入境处有一台24小时营业的自动柜员机，老挝外贸银行（BCEL）在此提供货币兑换服务。泰国方面同样可签发30天有效期的旅行落地签证。

#### 入境

一旦进入泰国，就可以花上30B拼车搭乘嘟嘟车前往长途汽车站。这里有长途汽车由那空拍侬出发，开往乌隆（Udon Thani；多班次定时发车）和曼谷（每天7:30和19:00~20:00发车）。

## 他曲周边（Around Tha Khaek）

### 他曲以北及以南

#### 西科达邦圣佛塔　　佛教寺庙

（Pha That Sikhottabong，ພະທາດສີໂຄດຕະບອງ）市区以南大约6公里处是令人神往的西科达邦圣佛塔（Pha That Sikhottabong stupa），佛塔矗立在19世纪修建的同名寺庙中。由于西科达邦圣佛塔被认为是老挝最重要的佛塔之一，16世纪塞塔提腊王（King Setthathirat）下令完成了佛塔（tâht）的首度修复工程，奠定了今天圣佛塔的基本形貌。佛塔于20世纪50年代得以再度修复，随后在70年代扩建。西科达邦圣佛塔是每年2月重大节日的活动场所。

寺庙大殿（*wihăhn*）里供奉着一尊巨大的坐佛，这是阿努王（King Anouvong；封号昭阿努，Chao Anou）下令塑造的。

与寺庙比邻而居的是一座有趣的露天博物馆。博物馆共由9间木屋组成，展示甘蒙省丰富多样的建筑风格。

#### 坦帕巴溶洞　　洞穴

（Tham Pa Fa,Buddha Cave；门票5000K；⏲8:00至正午和13:00~16:00）2004年4月，本农（Bun Nong）先生在依靠藤蔓攀登一个200米高的悬崖时，发现了一个狭窄的洞口，当他走进较远处的洞穴后，229尊青铜佛像呈现在他面前，佛像高度从15厘米到1米左右，各不相同。这些佛像似乎已经面对着这个激动人心的石灰岩溶洞洞口坐了好几百年。溶洞距离他曲有14公里，乘嘟嘟车花费约100,000K。

#### 昆贡琅湖　　湖泊

（Khoun Kong Leng，也称为夜锣湖，Evening Gong Lake；门票5000K）依偎在普欣本山国家保护区的喀斯特石灰岩之中的，是美不胜收的夜锣湖。碧波荡漾的湖水源自一条地下河，经过石灰岩的过滤，湖水像水晶一样晶莹清澈。

在入湖游泳之前一定要先征得村民的同意。即便取得了许可，也只能在人行木桥旁边昆贡琅湖分流出来的小溪里游泳，而不能在昆贡琅湖中游泳。垂钓捕鱼也是不允许的。

昆贡琅湖坐落于他曲东北方向30公里处。沿着13号公路向北走，在29公里处向右拐（向东）上一条土路。在土路上走2公里后再向右（向南）转弯，翻过几座小山、穿过几个村庄后再走16公里，才能到达班纳克村（Ban Na Kheu）。从这里到昆贡琅湖还有1公里的路程。

## 沿着12号公路向东

无论是一日游行程还是作为大环路的一部分，从他曲沿12号公路向东的前22公里范围内有许多溶洞、一段废弃的铁道和两三个游泳点可以游览。这是甘蒙省广袤的石灰岩地区的一部分，整个石灰岩地区介于12号公路和8号公路之间，向东直达8B号公路。在这里有着数以千计的溶洞、峻峭的悬崖和锯齿一般高下参差的喀斯特山峰。

以上所有地点都可以借助嘟嘟车、自行车或租借的摩托车到达。

### 坦桑溶洞　洞穴

（Tham Xang，ຖ້ຳຊ້າງ，大象溶洞 Elephant Cave；门票 5000K）因形似"大象头"的天然石笋而闻名遐迩。大金佛后面有一条小路通往"象头"石笋。记得带上手电筒。

### 塔法琅　洞穴

（Tha Falang，ທາ ຝລັ່ງ，法国码头 French Landing）免费 在11公里处（Km 11；距13号公路大约9公里），一条崎岖的小路向北延伸2公里通往塔法琅的水雕岩石群。塔法琅位于风景秀美的南敦河（Nam Don）流域。与昆贡琅湖相比，塔法琅更加容易到达，但却不如昆贡琅湖那样吸引人，旱季尤其如此。雨季里，可能需要在香列桥（Xieng Liap bridge）附近雇一只小船前往。搭乘嘟嘟车的费用为150,000K。

### 坦香列溶洞　洞穴

（Tham Xieng Liap，ຖ້ຳຊຽງລຽບ）免费 在14公里处转下12号公路（一座木桥的前面），你会经过一个指向该溶洞的路标。沿着泥路走大约400米，在靠近班松昆村（Ban Songkhone，距离13号公路约10.5公里）处，便是妙不可言的石灰岩溶洞坦香列。溶洞口在突兀高耸达300米的悬崖的底部。洞体纵深约200米，旱季里可以徒步涉水穿越全洞，也可以在溶洞彼岸风景如画的山谷里游泳。溶洞里栖息着龟鳖（*Paa faa*，一种软壳龟），据说最近发现洞外的悬崖是老挝岩鼠（kan yoo）的栖居地。

### 坦萨帕因溶洞　洞穴

（Tham Sa Pha In，ຖ້ຳສະພານອິນ，坦帕涅因溶洞 Tham Phanya Inh）免费 12号公路两边悬崖高耸，穿过山间的羊肠小道（距13号公路约11.5公里），之后马上出现一条小路向北延伸直至坦萨帕因溶洞。这个人迹罕至的佛教圣窟据说拥有神奇的治病疗伤的力量，不能在此游泳。这里没有标记，留意寻找褪色的砖砌入口。

### 坦南安溶洞　溶洞

（Tham Nang Aen，ຖ້ຳນາງແອນ；门票 10,000K；⏲8:00~17:00）这段蜿蜒曲折的12号公路上最后一个溶洞是颇受游客青睐的坦南安溶洞，距离他曲约18公里。

从12号和13号公路交会处左转行进16公里，在这里，清晰的路标指明了通往溶洞的道路。接下来700米长的小路除雨季外均可通行。入口附近有一个关着鹿和马来熊的可怜的"动物园"，就算不喜欢动物的人也会忍不住去看一眼。

### 坦帕占溶洞　洞穴

（Tham Pha Chan，ຖ້ຳພະຈັນ）免费 坦帕占溶洞的入口有60米高，约100米宽。一条小溪绵延600米穿过一片石灰岩喀斯特地区，旱季里可以步行走过小溪。溶洞西端离地大约15 米的裂缝里有一尊檀香木佛像，溶洞因此而得名，意思就是"檀香木佛洞"。

坦帕占溶洞不远处是**南敦河复流溶洞**（Nam Don Resurgence，ຂຸນນ້ຳໂດມ）。南敦河在这里发生复流现象，这是一种自然的奇迹，水从溶洞冒起来、流出地表。潟湖位于高耸的石灰岩喀斯特区底部，是个美丽的游泳场地。

以上两处都需要经过一段崎岖不平的道路才能到达。从12号与13号公路交会处向东10公里，转而向北走9公里就到了这条路上。建议骑摩托车、搭乘嘟嘟车，或者通过他曲的旅游信息中心找一名会说英语的导游前往。

### 坦洛色邦非溶洞

洞穴

（Tham Lot Se Bang Fai, ຖ້ຳລອດເຊບັ້ງໄຟ）

整个甘蒙省内最动人，却也最少被关注的溶洞要数奇妙的坦洛色邦非溶洞了。它位于欣南诺国家保护区的边界上，色邦非河（Se Bang Fai river）在这里陡然跌落6.5公里，穿过一座石灰岩山体，形成了坦洛色邦非溶洞，构成一幅由通往巨大洞穴的地下通道、摄人心魄的岩层、湍急的水流和瀑布组成的美景，而只有很少的外国游客曾经亲眼看到。

直到2006年，一支加拿大、美国联合探险队认定，坦洛色邦非溶洞足以跻身世界上最大的河流溶洞行列。在那以后，它才被正式标注在了地图上。穿越整个溶洞涵盖8段行程，而且只有在1月至3月的旱季才有可能完成。本地小木舟只能胜任第一段行程，即抵达进洞后约1公里处的位置，接下来整个穿越洞穴的行程就只能靠救生艇或皮划艇来完成。

要参观坦洛色邦非溶洞，可将班侬平村（Ban Nong Ping）作为落脚点。这是个老龙族（Lao Loum）和沙琅族（Salang）混住的村庄，位于洞口下游约2公里处。然而，由于最近发生了要求游客付高价宰杀山羊以祭祀洞穴神灵的事件，家庭借宿目前无法实现。在一个月的警告之后，你现在可以通过Green Discovery（见209页）安排一条路线，但这份特例需要你支付高达800美元的费用。据信，他曲的旅游信息中心将开通这条旅行线路，届时家庭借宿也将重新启动。

## 沙湾拿吉省（SAVANNAKHET PROVINCE）

沙湾拿吉是老挝人口密度最高的省份，全国大约15%的国民居住在这里。这里西临湄公河和泰国，东靠长山山脉与越南，近年来已经逐步发展为这两大邻国之间日益重要的贸易走廊。随着高级平整的柏油马路9号公路的建成，加上2006年12月开通的另一座泰老友谊大桥（Thai-Lao Friendship Bridgy），沙湾拿吉在交通上越发重要。

全省近926,000人口中包括了低地老挝人（Lowland Lao）、泰丹人（Tai Dam）、几个小型的孟高棉语系（Mon-Khmer）族群以及长期居留的越南人和中国人。

有3个国家保护区完全或部分坐落于省内，分别是9号公路南面的栋普文森林国家保护区、北面的普桑赫山国家保护区（Phu Xang Hae）和临近沙拉湾省（Salavan）并跨越两省边界的色班暖河国家保护区（Se Ban Nuan）。东沙湾拿吉是参观胡志明小道（Ho Chi Minh Trail）遗迹的好地方。在越南战争中，这条小道是北越军队（North Vietnamese Army）向南越（South Vietnam）地区输送物资兵力的主要供给线。这也是游客由越南经劳保入境老挝的重要门户。

## 沙湾拿吉（Savannakhet）

ສະຫວັນນະເຂດ

☎041 / 人口 139,000

时间凝滞，倦怠和幽灵般的宁静在闷热的空气中弥漫，让整个老城显得破旧懒散。如今的沙湾拿吉是个令人着迷的奇异混合体，往昔时光的痕迹加上了越来越多的现代商业气息。城中最好的地方是它那令人吃惊——大概只能这样来形容——的历史街区，在这里，满目皆是渐渐颓败的20世纪初的建筑。这些建于印度支那全盛时期的豪华别墅如今早已斑驳不堪，就好像年华老去的女子一样，期望着能够有机会焕然一新。在城里没有太多事情可做，除了在河边漫步，要么就是一头扎进本地面店、几家时尚餐厅或那些越来越多的小巧精致的咖啡馆。

这就是说，在城市周边有许多值得一游的地方。沙湾拿吉有一个专业的旅游信息中心以及Eco-Guide Unit，他们提供了大量的周边国家保护区探险旅游线路。

沙湾拿吉城区街道是简明的井字格布局，正南正北，虽然大，但很便于步行游览。

## 景点

沙湾拿吉的魅力很大程度上体现在悠闲的漫步之中，细细欣赏安静的街巷、新旧杂处的建筑、笑容灿烂的孩子们和慢条斯理玩着滚球的老人们。旅游信息中心里有一本小册子叫《沙湾拿吉市区》(*Savannakhet Downtown*)，其中推荐了一条自助游线路，涵盖了城中大部分值得一看的建筑。除此之外，信息中心也可组织历史街区的团队导览游。

### 恐龙博物馆 博物馆

(Musee Des Dinosaures, ຫໍພິພິດທະພັນໄດໂນເສົາ, Dinosaur Museum；☎041-212597；Th Khanthabuli；门票5000K；⏲8:00至正午和13:00~16:00)20世纪30年代时，附近村子的一次重要发掘中出土了两亿年前的恐龙化石。这个热情经营的博物馆是个很有趣的地方，可以在里面愉快地消磨上1小时左右的时光。沙湾拿吉省内有5处恐龙遗址。

### 赛涅蓬寺 佛教寺庙

(Wat Sainyaphum, ວັດໄຊຍະພູມ；Th Tha He)老挝南部最古老且规模最大的寺院。宽敞的寺院内有些百龄老树，河口附近还有一家作坊，坊内有一条真正的金佛生产线。

### 拉塔纳琅西寺 佛教寺庙

(Wat Rattanalangsi, ວັດລັດຕະນະລັງສີ；Th Phagnapui)拉塔纳琅西寺建于1951年，寺内设有一所僧人小学。其中戒堂(sĭm)很独特，安装了玻璃窗户(老挝寺庙里的大部分窗户是不装玻璃的)。其他部分包括一个装饰相当浮华的婆罗门神殿、一个现代风格的讲经堂(*săhláh lóng tám*)和一个15米长的卧佛画像的供奉所，画像取材自《本生经》(*Jataka*，讲述佛陀前世的故事)。

### 沙湾拿吉省博物馆 博物馆

(Savannakhet Provincial Museum, ພິພິດທະພັນແຂວງສະຫວັນນະເຂດ；Th Khanthabuli；门票5000K；⏲周一至周六8:00~11:30及13:00~16:00)沙湾拿吉省博物馆很适合参观战争遗迹、大炮残片和致命的UXO(未爆炸武器)样本，据称，从战争结束至今，这些未爆炸武器已经夺去至少12,000名老挝人的生命。

## 活动

就好像沙湾拿吉的天气还不够闷热潮湿似的，这里竟还有两三处地方可以体验老挝式的草药桑拿。

### Red Cross 按摩

(☎041-212826；Th Kuvoravong；按摩每小时30,000K，桑拿10,000K；⏲10:00~20:00)Red Cross主要提供老挝按摩和草药桑拿。我们经过时关门停业了，不过这是因为它打算于再搬到一幢新建筑里重新开张。

### Herbal Sauna 桑拿

(Th Ratsavongseuk；桑拿20,000K；⏲13:00~20:00)开门时间不固定。

## 住宿

就经济型的要求来说，沙湾拿吉的住宿水平很合理，但如果你想要寻找一些豪华的享受，就没什么值得激动的选择了。大部分客栈都在迷人的老城区的步行范围之内。

### Souannavong Guest House 客栈 $

(☎041-212600；Th Saenna；房不带/带空调70,000/100,000K；P ❄ 📶)带私人浴室的房间干净清爽、前台井然有序，这家始终保持清新感觉的客栈位于一条开满九重葛的安静街道上，有Wi-Fi，提供自行车出租。是一个很热情的地方。

### Boualuang Hotel 酒店 $

(☎041-300106；Th Ratsavongseuk；房150,000K；P ❄ 📶)距离沙湾拿吉老城区几个路口之遥。Boualuang的客房里散发着薄荷的清香，床品雅致、家具体面、空调制冷强劲，而且电视信号也很稳定。除此之外，瓷砖地板一尘不染，盥洗室宽敞明亮。但总体来说缺少了一些个性。

### Leena Guesthouse 客栈 $

(☎041-212404；leenaguesthuse@hotmail.com；Th Chaokeen；房50,000~90,000K；P ❄ @ 📶)灯火点点的Leena有点像一间有

## Savannakhet 沙湾拿吉

着桃色干净房间和粗劣装饰的汽车旅馆，陈旧但却打理得不错。房间里铺着瓷砖地板，有热水淋浴、电视和一片舒适的早餐区，早餐区内有Wi-Fi。空调房间比较大。此外还有一个咖啡屋。

**Nongsoda Guest House** 客栈 $

（☎041-212522；Th Tha He；房100,000~150,000K；🅿❄📶）客栈位于赛涅蓬寺以北约200米处，这些古怪的临河老房子已经显得有些陈旧了，但仍然有着宽敞的房间、复

## Savannakhet 沙湾拿吉


**景点**

1 恐龙博物馆 ........ A2
2 沙湾拿吉省博物馆 ........ B5
3 拉塔纳琅西寺 ........ C3
4 赛涅蓬寺 ........ A3

**活动、课程和团队游**

5 Herbal Sauna ........ B4
6 Red Cross ........ B3

**住宿**

7 Boualuang Hotel ........ C5
8 Daosavanh Resort & Spa Hotel ........ B6
9 Leena Guesthouse ........ C3
10 Lelavade Guest House ........ D2
11 Nanhai Hotel ........ B1
12 Nongsoda Guest House ........ A2
13 Phonepaseud Hotel ........ D1
14 Phonevilay Hotel ........ B5
15 Salsavan Guesthouse ........ B4
16 Savanbanhao Hotel ........ B3
17 Souannavong Guest House ........ B3

**就餐**

18 Café Chez Boune ........ B2
Chai Dee ........ (见5)
19 Dao Savanh ........ B4
20 Khao Piak Nang Noy ........ B2
21 Lin's Café ........ B4
22 Riverside Snack & Drink Vendors ........ A3
23 Savan Restaurant ........ C5
24 Xokxay Restaurant ........ B4

**实用信息**

25 Eco-Guide Unit ........ B4
Savanbanhao Tourism Co ........ (见16)
26 SK Travel & Tour ........ B2
27 泰国领事馆 ........ A2
28 旅游信息中心 ........ B4
29 越南领事馆 ........ C3

**交通**

30 老挝航空公司 ........ D5


古的家具和基本的私人浴室。电视和空调也是标准配置。有一个小咖啡馆。

### Lelavade Guest House
客栈 $

（☎041-212732；Th Chaimeuang；房 60,000~100,000K；❄）这些平和，或者说呆滞的混合风格的寓所距离市中心约10分钟脚程。带私人浴室的客房配有电视、冰箱，空气清新，但看上去好像人们自由得可以上墙似的。这就是说，它们宽敞、凉爽，而如果你不介意里面那苏联时期的家具设施的话，这里还不错。

### Phonevilay Hotel
酒店 $

（☎041-212284；172/173 Th Phetsalat；房 带风扇/空调 40,000/90,000K；❄）Phonevilay那些配有电视和冰箱的空调房足够好，但阴暗的风扇房则完全不同，里面甚至只有冷水。床单看起来很干净，但几乎没什么舒适的家具设施。总体来说比较苍白贫乏。

### Savanbanhao Hotel
酒店 $

（☎041-212202；sbtou@laotel.com；Th Saenna；标单/双 70,000/90,000K；P❄📶）坐落在一片广阔却没什么吸引力的乡间，房间极其简单，半花砖墙面、少量家具，古老的空调机像怪兽一样，整个看起来就好像是从卡夫卡的噩梦里跑出来的东西。所有房间都有热水和英语电视。

### ★Salsavan Guesthouse
客栈 $$

（☎041-212371；Th Kuvoravong；标单/双 含早餐 US$23/28；P❄📶）这是一座漂亮的法国别墅，从前是泰国领事馆的所在地，具备精品酒店所应有的一切。房间宽敞，老式的木地板、蚊帐、嵌着百叶窗的深色墙壁和阳台组合在一起很有风情。虽然浴室是难看的苏联式的，但整个地方仍然令人愉快。外面有个可爱的花园露台。

### Nanhai Hotel
酒店 $$

（☎041-212371；Th Santisouk；房/套 含早餐 US$25/45；P❄📶）这是一幢乐高玩具似的象牙色砖楼，相当新，透着温柔的气质和一种仿佛是为了一场从未召开的政治局会议而修建的感觉。宽敞的房间里配有电视、浴室和空调，但说真的，谁在乎呢。至于室外那个破了的游泳池，盯着那绿色的水面多看一会儿，简直会觉得那伽将要破水而出！

### Phonepaseud Hotel
酒店 $$

（☎041-212158；Th Santisouk；房 US$25~35；P❄📶）这里有一位友善的、能说英语的店主，干净的大堂和充满想象力的房间，房间贴着法国墙纸，配有空调、电视、冰箱和浴室。VIP房间要大得多。室外有一个塑着那伽像的喷泉，绿树成荫，花草丰茂，

此外还有一个网球场。淡季有折扣。

**Daosavanh Resort & Spa Hotel** 酒店 $$$

（☎041-212188；Th Tha He；房 含早餐US$77~90；P ❄ 🛜 🏊）豪华、崭新，而且还面对着湄公河，这座酒店是个能够提供世界级舒适享受的地方。而它那肾形的游泳池在闷热的日子里（大多数日子都是闷热的）更是大受欢迎。酒店有卡拉OK、免费机场接送、按摩和一个健身房。房间很大，完美无瑕。

## 餐饮

美味的街头小食、散布城内的法餐厅，加上不断涌现的新咖啡馆，可供选择的饮食非常丰富。赛涅蓬寺对面的**河畔小吃区**（riverside snack and drink vendors；⏲17:00~22:00）很适合在日落时分去喝上一杯饮料，随着夜幕降临，韩式烧烤（seen dàat）也将登场。

**★Chai Dee** 日本菜、各国风味 $

（☎020-5988 6767；Th Ratsavongseuk；主菜 20,000K；⏲8:30~21:00；🛜 ✎）由友善的Moto经营，这家日本咖啡馆吸引了众多的旅行者。理由很多：在这里可以懒洋洋地靠在藤垫上消磨时光，可以交换图书，有清凉的T恤出售，而且还有一份丰盛的菜单，供应萨莫萨三角饺（samosas）、自制酸奶、泰国食物、豆腐，外加健康的奶昔。

**★Lin's Café** 各国风味 $

（Th Latsaphanith；主菜 30,000K；⏲8:00~20:00；🛜 ✎）这家时髦的咖啡馆在20世纪30年代时曾经是一个中国商人的住所，位于St Theresa's Catholic天主教堂边老广场外一条可爱的小巷里。店内有古董家具也有现代桌椅，放着轻松的音乐，咖啡都是精心调制的。此外还提供水果奶昔、炸鱼、蔬菜、早餐、水果沙拉和老挝腊普，他们甚至会做培根三明治！

到这里来换本书，翻翻那丰富的本地信息手册，楼上还有沙湾拿吉省所有现存历史建筑的图片展示。

**Xokxay Restaurant** 老挝菜 $

（Th Si Muang；主菜 15,000K；⏲9:00~21:00；✎）这是天主教堂旁的广场上一个很棒的小地方。Xokxay干净整洁，很受欢迎，供应美味的老挝食物，包括面条类、炒饭、沙拉和酥脆的炸虾。

**Khao Piak Nang Noy** 老挝菜 $

（☎020-7774 4248；Th Ratsavongseuk；主菜 7000K；⏲7:00~22:00）Nang Noy出售一种叫做kòw pjak sèn的美食，这可能是沙湾拿吉境内最流行的，也差不多是最丰盛的美食，是用粗面条配上适量浓稠的肉汤和酥脆的炸五花肉或鸡肉而成。没有英文招牌，找紫色Tigo招牌下最热闹的摊档就对了。

**Savan Restaurant** 韩国菜 $

（☎041-214488；Th Khangluang；主菜 20,000~50,000K；⏲18:00~23:00；✎）室外环境奇特浪漫，装点着几个竹台和几个私人包房。这家餐厅主要经营韩式烧烤（seen dàat），也供应早餐、水果沙拉、泰式炒河粉和汤。

**Lao Lao Der** 老挝菜 $$

（☎041-212270；主菜 30,000~70,000K；⏲10:00~23:00）这家河畔餐厅位于老体育场以北2公里处，是城内少有的几个能够尽赏湄公河景的地方之一。厚厚的菜单将老挝菜、泰国菜和中国菜一网打尽，但Lao Lao Der的经营方式更类似于酒吧。

**Café Chez Boune** 法国菜 $$

（Th Ratsavongseuk；主菜 75,000K；⏲7:00~22:00；❄ 🛜）这里非常清凉，橘色的墙上绘着巴黎油画，老板能说一口法语，有鉴于此，Chez Boune能够受到海外移民者的追捧也是理所当然的了。而必不可少的还有出色的服务和美味的食物，包括牛排、意大利面、烤宽面条、猪排和菲力牛排——所有这些菜式都是精心烹制的。

**Dao Savanh** 法国菜 $$$

（Th Si Muang；主菜 100,000~ 150,000K；3道菜的咖啡午餐 65,000K；⏲7:00~22:00；🛜）面对着广场，拥有优雅的殖民建筑外观，这家酷酷的餐厅大概也是城内最好的餐厅了。风扇呼呼转动，玻璃酒杯叮当作响，而你则可以好好研究一下包括汤、烤牛肋排和普罗旺斯小羊排在内的典型法式菜单。楼上的餐厅比较高级（只在晚餐时间营业），而楼下的

## 前往泰国：沙湾拿吉至莫拉限（MUKDAHAN）

### 前往边境

随着2006年第二座泰老友谊大桥（Thai-Lao Friendship Bridge）的建成通车，除泰国和老挝公民以外的人不再被允许由水路经莫拉限和沙湾拿吉过境。

泰老国际长途汽车（Thai-Lao International Bus）经**沙湾拿吉（老挝）/莫拉限（泰国）边境通道**（⌚6:00～22:00）双向开行。由沙湾拿吉出发，泰老国际长途汽车（15,000K，45分钟）在8:00～19:00之间约每小时开出一班。由莫拉限长途汽车站发出的长途汽车（50B，45分钟），则是在7:30～19:00以同样约每小时一班车的频率运行。

### 在边境

进入老挝，可在边境办理落地签证，费用从20～42美元不等，这取决于你的国籍。如果没有自备照片，会被额外收取约为2美元的费用。工作日在6:00～8:00和18:00～22:00期间过境需要支付1美元的“加班费”，周末和节假日也是如此。此外还有一个1美元或40铢的“入境费”。

大部分的国籍可免签进入泰国，持中国护照者可以在此获得落地签。

### 入境

由莫拉限出发，每天有5班长途汽车开往曼谷，开车时间集中在17:30～20:15。



咖啡馆全天都开着门，供应沙拉、三明治和法式三明治（croque-monsieur）。

## 实用信息

在Th Sutthanu和Th Chaokeen之间的Th Ratsavongseuk西侧有好几家网吧，其中大部分在8:00～22:00间营业，每小时收费6000K。

沙湾拿吉的旅游信息中心非常专业，所提供的信息也很丰富。

**BCEL**（老挝外贸银行，Th Ratsavongseuk；⌚8:30～16:00）有自动柜员机，提供货币兑换和信用卡取现服务。

**Eco-Guide Unit**（☎041-214203；www.savannakhet-trekking.com；Th Latsaphanith；⌚周一至周五8:00至正午及13:00～16:30）勤勉的Eco-Guide Unit所提供的资讯范围很广，从东纳达森林省级保护区（Dong Natad PPA）和栋普文森林国家保护区（Dong Phu Vieng NPA）的徒步游预订，到汽车时刻表、住宿信息，乃至哪里有好的按摩、哪里能租摩托车，应有尽有。提供免费Wi-Fi。

**老挝发展银行**（Lao Development Bank；Th Udomsin；⌚8:30～11:30和13:30～15:30）可兑换货币和信用卡预借现金。也有一个自动柜员机。

**丰沙湾银行**（Phongsavanh Bank；☎041-300888；Th Ratsavongseuk；⌚周一至周五8:30～16:00，周六至11:30）仅提供货币兑换。

**邮局**（☎041-212205；Th Khanthabuli）如果是要打电话，找个网吧更好。

**省立医院**（Provincial Hospital；☎041-212717，020-260 1993；Th Khanthabuli；⌚8:00～12:00和13:00～16:00）找会说英语的Outhon医生。

**Savanbanhao Tourism Co**（☎041-212 944；Th Saenna）设在Savanbanhao Hotel内，可安排前往车邦（Sepon）、胡志明小道和环欣（Heuan Hin）的旅行。也出售到越南的长途汽车票。

**SK Travel & Tour**（☎041-300177，041-300176；Th Chaimeuang；⌚8:00～16:00）可代订飞机票。

**旅游信息中心**（☎041-212755；Th Si Muang；⌚周一至周五8:00至正午和13:00～16:00）旅游信息中心的工作人员能说英语，能够就航班信息和长途汽车班次提供建议，此外有各式各样的资讯手册，从本地饮食到境内自助一日游都有。

**游客警察处**（Tourist Police；☎041-260 173）

## 到达和离开

### 飞机

沙湾拿吉的**机场**（☎041-212140；Th Kaysone Phomvihane）仅对老挝航空公司（Lao Airlines）开放，飞往万象的国内航班（895,000K，55分

钟）每周一13:25、周二至周五每天9:30和15:00起飞离港，飞往曼谷的航班（US$145，80分钟）则在每周一、周三、周四和周五10:35各开行一班. 机票可在**老挝航空办公室**（Lao Airlines Office；☎041-212140；Savannakhet Airport；⏲6:30~16:30）或城内各旅行社购买。

机场位于城市南郊，由市区乘江博车前往费用约为70,000K。

## 长途汽车

沙湾拿吉的**长途汽车总站**（☎041-213920；Th Sisavangvong），通常被称作khíw lot，在市区北端的沙湾赛市场（Talat Savan Xai）附近。每天6:00~11:30间每隔半小时发出一班长途汽车开往万象（75,000K，8~11小时，457公里）。从13:30开始直至22:00，你就只能搭乘由巴色开出的过路车。这些班车都会经停他曲（30,000K，2.5~4小时，125公里）。此外8:00~16:00间每隔一个小时也有双条车和小型面包车开往他曲（30,000K）。开往万象的VIP长途卧铺车（120,000K，6~8小时）21:30发车，你也可以试着在从巴色开出的过路VIP长途汽车上找个座位。

每天共有10趟班车由此始发开往巴色（45,000K，5~6小时，230公里），首班车7:00发车，末班车22:00开车。或者搭乘班次频繁的万象至巴色的过路车亦可。此外，每日一班开往东孔岛（80,000K，6~8小时，367公里）的长途汽车19:00发车，每日两趟开往阿速坡（80,000K，8~10小时，410公里）的班车分别于9:00和19:00发车。

开往老挝越南边境的丹沙湾（Dansavanh；60,000K，4~6小时，236公里）的班车依次于7:00、8:30和11:00开出，途中经停车邦（Sepon，50,000K，4~5小时）。

前往越南，也有一班长途汽车直达洞海（80,000K，约7小时，350公里），班车逢双数日早上8:00发车。到顺化，有地方班车（90,000K，约13小时，409公里）每天22:00发车，VIP长途汽车（110,000K，约8小时）每周一至周五10:30开行。开往岘港的客车（110,000K，约10小时，508公里）每周二、周四和周六22:00发车；这趟班车一直开到河内（200,000K，约24小时，650公里），不过除非万不得已，应该没有人会考虑这么受罪



## 前往越南：沙湾拿吉至东河（DONG HA）

### 前往边境

在**丹沙湾（Dansavanh，老挝）/劳保（Lao Bao，越南）边境关口**（⏲7:00~19:30）过境是一件相对愉快的事情。从沙湾拿吉出发，有长途汽车开往丹沙湾（60,000K，4~6小时，236公里），发车时间分别是7:00、8:30和11:00。另一种选择是中途下来在车邦停留一夜，参观一下胡志明小道，你会不虚此行。

丹沙湾的长途汽车站距离边境还有1公里路程，越南少年们会很乐意以10,000K的价格驾着摩托车把你送到边境。

### 在边境

老挝边境可签发30天有效期（有时是15天）的旅游落地签证，此外还有一个货币兑换亭。越南签证必须提前准备好，可以在沙湾拿吉的越南领事馆办理。

### 入境

一旦过境进入越南，搭一辆摩托车（20,000d）开2公里就到了劳保长途汽车总站，在这里可以乘车前往东河（70,000d，2小时，80公里），东河地处越南最主要的南北高速公路和铁路旁。若是进入老挝，有长途汽车分别于7:30、9:30、10:00和正午开往沙湾拿吉（60,000K，4~5小时），此外双条车在7:00~17:00间频繁开往车邦（30,000K，1小时）。边境两侧都有简单的住宿地。

如果你的时间比较紧张，那么就在从沙湾拿吉开往越南的东河、顺化或岘港几个城市的各种长途汽车之中挑选一趟搭乘吧。

的行程。

## 当地交通

沙湾拿吉的大小刚好足以让你偶尔需要搭乘一下江博车——周边游的花费大概15,000K就够了，而到长途汽车站则需要20,000K，这是全车的费用。

要租借摩托车，可以前往Souannavong Guest House和Nongsoda Guest House，费用分别为每天70,000K和80,000K。Eco-Guide Unit提供摩托车租借点的完整名录。此外还有几个地方可以租到自行车，大部分都在Th Ratsavongseuk街上，费用为每天10,000K。

# 沙湾拿吉周边

## 景点

### 英杭佛塔　寺庙

（That Ing Hang，ທາດອິງຮັງ；门票5000K；⏲7:00~18:00）据信英杭佛塔修建于16世纪中叶，这座比例协调的9米高塔是老挝南部继占巴塞瓦普寺（Wat Phu Champasak）之后第二神圣的宗教建筑。人们相信，在远古的时候佛祖曾云游至此，而且因为生病在这里停下了脚步。当时他背靠着（ing）一棵杭树（hang）休息，因此佛塔取名“Ing Hang”。这座佛塔因供奉佛祖脊骨舍利而闻名。

除孟族风格的方形塔基外，英杭佛塔的其他部位都曾在塞塔提腊国王（King Setthathirat；1548~1571年）统治期间大规模重建过。佛塔现有三层台基，台基顶部是一座传统老挝式的浮屠塔（Stupa）和一把重40铢（600克）的金伞。佛塔下半部是一个中空的小室，里面安放着几尊模糊难辨的佛像。由于宗教习俗的原因，女性被禁止进入室内。1930年法国人修复了英杭佛塔。

老挝阴历正月月圆时会举办**英杭佛塔节**（That Ing Hang Festival）。

英杭佛塔位于沙湾拿吉东北方向大约11.5公里处，取道9号公路（Rte 9），然后向东行驶3公里，岔路口处有明显指示牌。任何北去的公共汽车都会经停这里，或者，也可以跟江博车（sakai-làap）司机还还价。砍价本事好的话能够以低于100,000K的往返价成交。租辆自行车或摩托车骑着去看佛塔更有意思。

### 东纳达森林　野生动物保护区

（Dong Natad，ດົງນາທາດ）东纳达森林是个充满宗教神圣色彩的半常绿森林，为沙湾拿吉省的省级保护区，距沙湾拿吉15公里。东纳达森林内有两个村子，都已经与这片森林共同经风历雨度过了差不多400年的时光，村民们日常采集的林产品有蘑菇（雨季才有）、野果、油脂、蜂蜜（3~5月）、树脂和昆虫。如果前往这里游览，正是参观村民收集红须蚁（red ant）、蝉（cicada）或其他生物的好机会，具体能看到什么视季节而定。这些生物就是当地村民饮食和经济收入来源的重要组成部分。

你完全可以自行从沙湾拿吉前来东纳达森林游玩，借助自行车、摩托车或者搭乘嘟嘟车均可。无论如何，这都将是一次清新的森林之旅。最好通过Eco-guide Unit雇请一位能说英语的沙湾拿吉导游。该机构提供多种选择，从含家庭借宿的多日行程到一日环游都有，若是2人成团出行，人均费用从1,000,000~2,000,000K不等。人多会便宜一些。这些团队徒步游的口碑不错，会说英语的导游和村民导游会向游客提供有关当地人的生活方式的详细介绍。需至少提前一天预订游程。

### 环欣　遗迹

（Heuan Hin，ເຮືອນຫີນ）这处占（Cham）或高棉（Khmer）的遗迹位于沙湾拿吉以南的湄公河畔，“环欣”的意思是“石屋”，最初修建于公元553~700年之间。除了几处墙壁之外，这座前吴哥时代的建筑早已倾颓，如今只余一堆堆破碎的砖石。没有任何雕刻保存下来，人们所唯一知道的楣梁也早已被运到了巴黎。

坐公共汽车去看遗迹是一次漫长痛苦的旅程，除非你是名副其实的狂热寺庙爱好者，才有可能愿意忍受这样一次旅行。双条车（30,000K，2~3小时，78公里）从沙湾赛市场（Talat Savan Xai）发车，客满即走，通常在上午的中段时间出发。如果是自驾车，沿着13号公路向南走，在差不多490公里处附近的班农诺坚村（Ban Nong Nokhian）向西转弯，接下来是尘土飞扬的17公里，之后即可到达。从沙湾拿吉出发也有导览游可供选择。

## 栋普文森林国家保护区 (Dong Phu Vieng NPA)

ປ່າສະຫງວນແຫ່ງຊາດດົງພູວຽງ

老挝最令人心驰神往的徒步游之一是栋普文森林国家保护区徒步游。栋普文森林国家保护区是一个正在快速消失的世界，此次徒步游也是一次亲临这个神奇世界的难得机会。保护区位于沙湾拿吉省中部孟品（Muang Phin）以南的地方，拥有许多嘎当族村庄。如果举止得体，就可以投宿村中。

这条徒步线路需要步行穿过好几处茂密的林地、竹林和几乎没有植被覆盖的乱石区，或是一些只能在旱季（11月至次年5月）通行的小路，到第三天，将有一段水上行程。所有饮食都包含在行程之中，而品尝当地的森林特产则是其中亮点。村民导游会带领徒步者穿过一片神圣的森林，在那里你会看到lak la' puep——村中各家摆放在丛林中的氏族图腾柱。一路上常常可以看到各种动物，其中包括珍稀的银叶猴（silver langur）、叶猴（leaf monkey）和犀鸟（hornbill）。

三日徒步游通常采用当地交通工具往返国家保护区，路上行程长180公里。路程如此遥远，也就不难解释为什么车费如此昂贵——每人1,500,000K。很明显，跟大部队走是明智之举。如果有兴趣的话，最好一到沙湾拿吉就直接找到Eco-Guide Unit，在徒步游名册上登记上自己的名字。另一个值得推荐的做法是，提前打电话询问旅行团出发时间。

## 普桑赫山国家保护区 (Phu Xang Hae NPA)

ປ່າສະຫງວນແຫ່ງຊາດຊ້າງແຫ

普桑赫山国家保护区因野象山（Wild Elephant Mountain）而得名。这是一片广袤的森林，东西横跨沙湾拿吉省整个偏远北部，而保护区内的丘陵是几条小河的发源地。生活在这里的普泰族（Phu Thai）和栋普文森林国家保护区内的嘎当族一样，也遵循着一系列的禁忌。

不幸的是，进山路况相当糟糕，因此造访普桑赫山并非易事。理论上说，沙湾拿吉的Eco-Guide Unit经营着一条在村庄和丛林过夜的团队五日游路线。然而，2009年全年总共只有3个团队走了这条线，这很可能是因为费用太过昂贵（US$250/人；最少2人同行）。

## 车邦和胡志明小道 [Sepon (Xepon) & the Ho Chi Minh Trail]

ເຊໂປນ/ເສັ້ນ ທາງໂຮຈິມິນ

☎041 / 人口 40,000

如同第二次印度支那战争后急需重建



### 与众神相伴同眠

栋普文森林里的嘎当族村民信奉的是森林中那环绕着他们的众多神灵。其中最重要的神灵之一便是护宅神，村民认为护宅神就居住在每一户人家的家中。数百年来，这里已经形成了一系列的禁忌来避免惊扰护宅神，而对于入住嘎当族家庭的游客来说，至关重要的一点就是不要触犯这些禁忌：

绝对不要进入主人的卧室或触摸神龛。

不要睡在异性身边——即使那人是你配偶。如果你们的确不能分开，请告诉Eco-Guide Unit，他们会为你们安排一顶帐篷。

睡觉时头要朝向最近的外墙；绝对不要把脚对着外墙或者别人的头，这是众神所禁止的。不用说，这些村庄对外界的影响极为敏感，这就是为什么只能通过沙湾拿吉Eco-Guide Unit组织的徒步游前往参观。

## 胡志明小道（HO CHI MINH TRAIL）

声名不佳的胡志明小道实际上是一个由土路和碎石路所组成的复杂交通网，与老挝越南两国边境并行延伸，北起甘蒙省，南至柬埔寨。胡志明小道在1966～1971年间发挥了极其重要的作用，当时，超过60 万的北越军队（NVA），连同大量的物资装备及总装载达50万吨的货车、坦克、武器和弹药，都是沿着这条小道输送出去的。当时，随时都有大约3万名北越军队官兵把守这条小道，地下兵营、油库、汽车修配厂、医院、宿营地乃至更加复杂精密的防空炮统统像蜂巢一样排列在小道沿途周边。

战争期间北越人自始至终都否认胡志明小道的存在。美国也拒不承认轰炸过这条小道。尽管美国投放了足足110万吨炸弹对小道进行饱和轰炸（轰炸行动从1965年开始，到1969年时每天出动差不多900架次轰炸机，包括动用B-52巨型轰炸机），但小道沿线交通从未出现过长时间中断的情况。就像一群被一根棍子分开的蚂蚁似的，越南士兵和物资源源不断地大量涌向南方，其中估计只有15% ～20%的士兵和物资受到轰炸影响。有估算认为，每300颗炸弹才能造成一名北越军队人员的伤亡。

与常人的理解不同的是，胡志明小道既不是一个单一的路线，也不是一条狭窄的小路。当时，北越军队出动了好几个工程大队负责修路、架桥、建造防御工事。避开空中侦察的方法简单却非常巧妙——修好的桥面刚刚好隐藏在水面以下，将树枝绑在一起来遮盖路面变宽的地方。

如今，最便于参观胡志明小道的地方是班东村、车邦以东地区以及阿速坡省的巴安村（Pa-am），后者几乎就在小道的主要通道上。在这里，你还能看到两三辆坦克和一枚地对空导弹。想要看更多的东西，就得找个当地人作导游，深入到其他地方。总部位于万象的Don Duvall，另一个名字叫Midnight Mapper（见180页），从2013年下半年开始开通有关这条小路的摩托车骑行历史观光游线路。



的其他许多城镇一样，车邦（经常拼写为Xepon）如今相当不起眼。造访车邦的主要目的通常是要到胡志明小道一窥究竟，同时看看车邦城东6公里处老区首府车邦高（Sepon Kao）所遗留下来的痕迹。

**车邦高**（Sepon Kao，意为“老车邦”）之旅是一次发人深省的经历。车邦高位于色邦河（Se Pon）畔，在第二次印度支那战争期间，这里几乎被炸回到了石器时代。尽管后来有少量村民搬了回来，但他们身边仍然处处都是战争的痕迹，比如外表被炸得千疮百孔的寺庙，或是一堆残砖环绕着的保险柜，那里曾经是城中的银行。如果是步行或骑自行车前往，从车邦出发一路向东，在过了Km 199处之后即向右转，路边有路标写着“Ban Seponkao”。

车邦以东20公里处的**班东村**（Ban Dong）位于胡志明小道的一条主要通道上，是最便于参观如今仅存的一点战争痕迹的地方。大部分从前散落在这附近的相关物品都被收集起来，安置在了最近开放的**战争博物馆**（War Museum）门内的草坪上。这其中就包括了当年在“兰山719行动”（Operation Lam Son 719）中所使用的两辆美国制造的坦克。“兰山719行动”是指1971年2月南越军队（Army of the Republic of Vietnam，ARVN）针对胡志明小道所发动的一次灾难性袭击。但是，尽管有美国战斗机的支持，南越军队最后还是在班东村一带被作战经验丰富的北越军队（North Vietnamese Army，NVA）击溃，退回了劳保边境外。要参观这些坦克、飞机残骸、枪支和其他遗存的物品，只要到班东村东边的博物馆即可，博物馆外围着一圈淡蓝色和粉色的栅栏。

通向博物馆的泥路事实上就是**胡志明小道**的一条主要支路。这条路现在仍在使用中，如果你向南再走个两三公里，就会看到一座吊桥，这是越南人在战争结束后修建的。

在沙湾拿吉以东155公里和车邦以西34公里的孟品（Muang Phin）有一块越南人修建的肃穆雄伟的纪念碑，用以纪念两次印度支那战争中老挝、越南两国的合作。纪念碑呈现出明显的社会主义风格，并描绘出北越军队和巴特寮战士高高挥舞AK-47突击步枪和老挝国旗的画面。

沙湾拿吉的旅游信息中心印制了一种以地图为基础的本地区导览手册，就叫作《胡志明小道》(*Ho Chi Minh Trail*)。

## 食宿

在车邦，吃饭的地方不多，而且都没什么特别之处，只要看黄色的老挝啤酒标志就能够找到它们。在市场/长途汽车站附近，每天17:00开始会有一个小小的夜市。

**Khamvieng Tienmalay Guesthouse** 客栈 $

（☎020-2246 519；房80,000~100,000K）这是一家新开的客栈，共有10个基本的客房，位于市场西面。房间里都有电风扇和浴室。

**Ki Houng Heuang** 客栈 $

（☎020-2231 1370；Rte 9；房带风扇/空调 50,000/70,000K；❄）位于车邦中心地带，9号公路南侧过了市场就是。客栈提供几间舒适但无甚特色的客房。

**Vieng Xay Guesthouse** 客栈 $

（☎041-214895；Rte 9；标单/双 70,000/80,000K；❄）位于城中心的Vieng Xay无疑是当地最好的寓所，30个客房大部分都很宽敞，配有电视机、空调，供热水。此外还有个不错的咖啡馆，供应老挝食物。一条镶着弹壳的小路通向背后的更多房间。

## 到达和离开

双条车和班次很少的长途汽车每天8:00~15:00间由车邦的市场外发车，开往沙湾拿吉（35,000K，4~6小时，196公里）。你也可以拦下任何一辆向西开行的长途汽车，票价相同。同时间段内，大量双条车频繁发车开往班东村（10,000K）和位于边境的丹沙湾（20,000K，1小时）。当然，你也可以跳上任何一辆相同方向的长途汽车——这是下午出发的最好方式。

# 老挝南部

## 包括 ➡


巴色……229
占巴塞……239
占巴塞瓦普寺……243
吉翁村……247
色边河国家保护区……248
波罗芬高原……249
塞公……256
阿速坡……258
四千岛……264


## 最佳餐饮

- Na Dao（见235页）
- King Kong Resort（见276页）
- Four Thousand Sunsets（见276页）
- Little Eden Restaurant（见276页）
- Bolaven Cafe（见234页）

## 最佳住宿

- Kingfisher Eco-Lodge（见248页）
- Residence Sisouk（见233页）
- Inthira Hotel（见242页）
- Hoang Anh Attapeu Hotel（见261页）

## 为何去

靠近柬埔寨边境，湄公河从沉睡中醒来，河水猛烈拍击四千岛后分散为汩汩翻腾的湍流。在下游，一群伊洛瓦底江豚簇拥在一处涡流里寻求和平的慰藉。而在上游，逐渐扩大的旅客队伍们则在东德岛和东昆岛遍布吊床的平房内找寻他们的慰藉。

乘皮划艇或骑自行车环绕这些梦幻般的岛屿而行是老挝南部地区的招牌体验。然而，不要忽略这个多元化地区中其他那些令人难以置信的地方。在这里你同样可以发现颓废的吴哥寺庙，凉爽波罗芬高原上的高地文化，一流的徒步旅行，以及东部省份里那些另辟蹊径的野外旅程。通过租用摩托车来探索这片地区是一项颇受欢迎且充满收获的消遣。

这里就像一块磁铁一样，长久以来吸引着无数背包客，而该地区目前也以高档丛林小屋和湄公河畔的精品酒店诱惑着那些高端的旅客。新落成的高速公路和水坝正永远地改变着这里的景致，因此抓紧时间赶快到这里来吧。

## 何时去

### 巴色

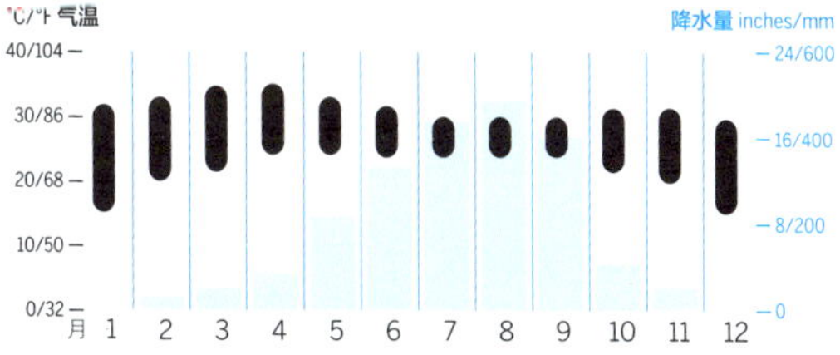


**10~11月** 骑自行车游览的理想时间，雨量不大，扬尘也不严重。

**12月至次年2月** 阳光充足且更为凉爽——波罗芬高原上的气温很低。

**5月** 老挝新年（Pi Mai）意味着整整10天的打水仗和老挝啤酒派对活动，但部分度假村将歇业。

## 老挝南部亮点

❶骑自行车或划皮划艇游览**东昆岛**（见275页）时，在湄公河的湍流中搜寻稀有江豚。

❷躺在东昆岛的姐妹岛**东德岛**（见276页）的吊床里，观赏湄公河上的落日。

❸沉浸在**波罗芬高原**（见249页）的凉爽气候之中，一边满怀敬畏地凝望100米高的瀑布，一边啜饮公平贸易咖啡（fair-trade coffee）。

❹早早起身前往**占巴塞瓦普寺**（见243页）的古代高棉寺庙群观看壮丽的日出。

❺在各个瀑布间穿梭游览以及**环达洛**（见252页）徒步，尽享属于背包客的热门地与悠闲的氛围。

❻踏上**南环路**（见258页），开启一段围绕波罗芬高原和东部省份的自行车骑行旅程。

❼爬上大象去探索**吉翁村**（见247页），这里是南部首屈一指的生态旅游区域。

# 巴色（PAKSE）

☎031/ 人口 75,000

巴色，这座进入老挝南部的门户城市，坐落在湄公河与色敦河（Se Don）的交汇处。尽管没几栋殖民时期建筑保留下来，这座城市依然保持着那种懒散的湄公河城镇氛围，一如你在沙湾拿吉（Savannakhet）和再北些的他曲（Tha Khaek）见到的。留意市中心的中法混合风格建筑——**中国社会大厦**（Chinese Society building，Th 10）。

大部分旅客不会在此作过多的停留，因为在这里的确无事可做。这座城市主要的吸引力仅限于在河滨啜饮老挝啤酒，沉浸于乡村地区散漫悠闲的氛围中，然后向波罗芬高原、达洛以及吉翁村等周边地区进发。

巴色是占巴塞省（Champasak Province）的省会。在10~13世纪期间，占巴塞曾经是柬埔寨吴哥王朝的一部分。位于占巴塞镇附近的占巴塞瓦普寺（Wat Phu Champasak，见243页）就是反映那个时代的最辉煌的遗迹。在吴哥王朝衰落后，15~17世纪末的占巴塞又被划入了澜沧国（Lan Xang kingdom）的版图中，但18世纪和19世纪初期间，它又从澜沧国分裂出来创建了一个独立的老挝王国。

今日的占巴塞省覆盖了老挝南部的湄公河地区，包括四千岛（Si Phan Do）和波罗芬高原。全省现有人口50多万，其中包括低地老族人（许多是普泰族，Phu Thai）、高棉人和小部分的孟高棉语族族群，大多数居住在波罗芬高原地区。

## 景点和活动

感知巴色远比观览更为重要：它的“景点”非常有限。

### 占巴塞历史博物馆　　博物馆

（Champasak Historical Heritage Museum，ພິພິດທະພັນມໍລະດົກປະຫວັດສາດຈຳປາສັກ»Rte 13；门票10,000K；⏰周一至周五8:00~11:30和13:00~16:00）这间博物馆内有少量有趣的艺术品，包括三面非常古老的东山铜鼓（Dong Son bronze drum），一颗在奥蒙寺（Uo Moung，见246页）出土的7世纪暹罗风格的砂岩佛头和同样来自7世纪的一道非凡的砂岩过梁。尼亚亨族（Nyaheun）、绥族（Suay）和拉旺族（Laven）手工制作的简单纺织品和珠宝首饰也在展示之列，其铁制大脚镯和象牙耳塞趣味盎然。

同时展出的藏品还有各种乐器、几块刻有老挝坦文的15~18世纪的石碑、一只11或12世纪的水瓮、一尊小林伽（lingam，印度教湿婆生殖器的象征）、一组占巴塞瓦普寺模型，以及一些美国未爆炸武器（UXO）和其他武装设备。

### 瓦琅寺　　佛教寺庙

（Wat Luang，ວັດຫຼວງ；Th 11）巴色城内大约有20座寺庙，其中建于1935的瓦琅寺乃规模较大的寺庙之一。瓦琅寺内的僧伽学校有装饰华丽的檐柱、雕花木门以及多幅壁画。壁画的画匠构思奇妙，超脱世俗，但又不失传统风韵。大殿（sǐm）后面便是僧伽学校，学校设在一栋原先修建的木结构建筑中。

### 坦费寺　　佛教寺庙

（Wat Tham Fai，ວັດຖ້ຳໄຟ；Rte 13）建于1935年，坦费寺地处Champasak Palace Hotel附近，除宽阔的寺院场地以外与其他寺院别无二致，它是举办各种节庆活动的主要场所。寺内有一座佛祖脚印小神殿，因此坦费寺又名帕巴寺（Wat Pha Baht）。

### Pakse Golf　　高尔夫

（☎030-534 8280；www.paksegolf.com；Ban Phatana；18洞 平日/周末 405,000/445,000K，球杆租赁180,000K；⏰6:00~18:00）不谙球技的客人们可以在这片长长的技术场地上练习推杆，场地维护的良好程度令人惊讶。沿38号公路（Rte 38）出城，在Champasak Grand Hotel以东1公里处标识清晰的岔路右转，然后再继续前行3公里。

### Friendship Bowling　　保龄球

（Th 11；保龄球费用含球鞋 午前/午后 7000/12,000K，斯诺克3000K；⏰9:00~23:00）对于那些想寻找保龄球运动的人来说，这里绝对相当划算。在我们玩保龄球的当晚似乎没有什么友谊氛围可言，因为这里基本上没有其他人。

# Pakse 巴色

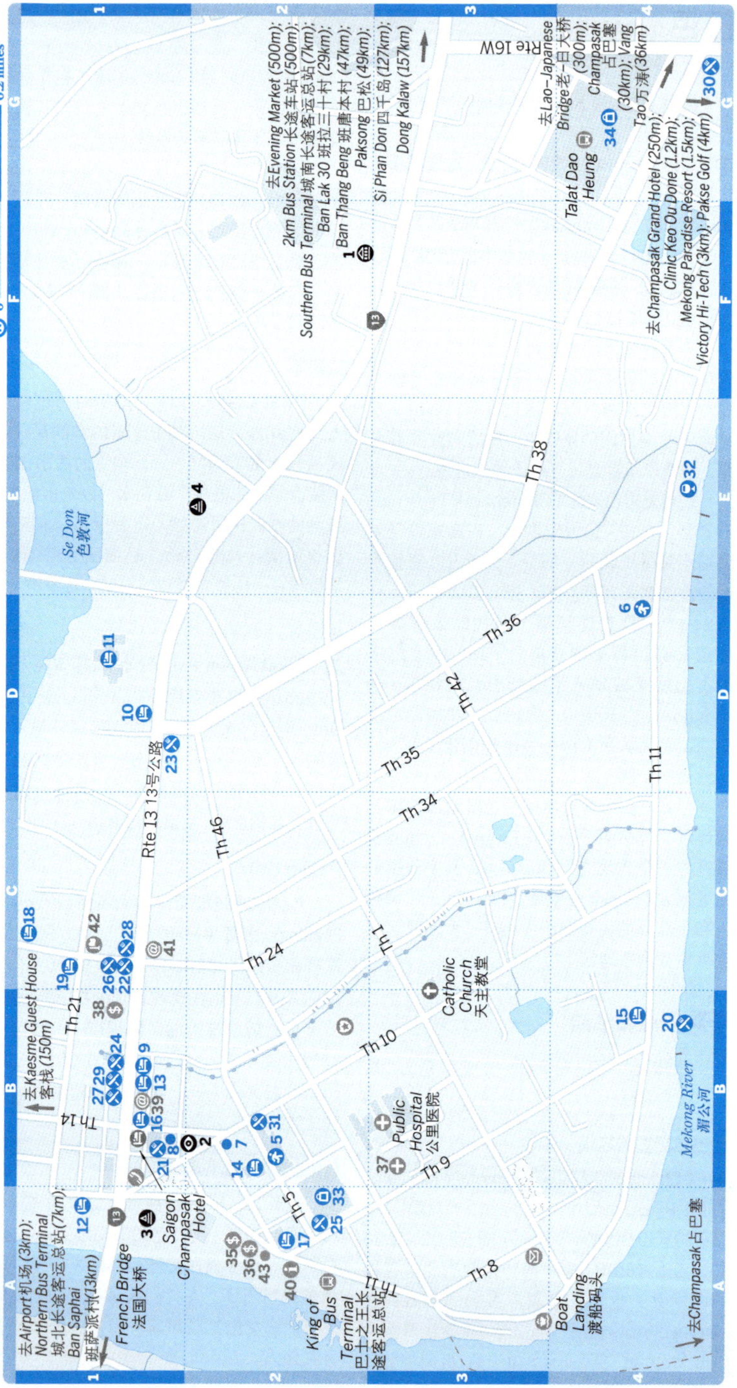
0 400 m
0 0.2 miles
去Airport机场(3km); Northern Bus Terminal 城北长途客运总站(7km); Ban Saphai 班萨派村(13km)
French Bridge 法国大桥
Saigon Champasak Hotel
King of Bus Terminal 巴士之王长途客运总站
Boat Landing 渡船码头
去Champasak占巴塞
去Kaesme Guest House 客栈(150m)
Public Hospital 公里医院
Catholic Church 天主教堂
Mekong River 湄公河
Se Don 色敦河
Rte 13 13号公路
Th 14
Th 21
Th 24
Th 46
Th 5
Th 1
Th 9
Th 10
Th 8
Th 34
Th 35
Th 42
Th 36
Th 38
Th 11
Rte 16W
去Evening Market (500m); 2km Bus Station长途车站(500m); Southern Bus Terminal城南长途客运总站(7km); Ban Lak 30 班拉三十村(29km); Ban Thang Beng 班唐本村(47km); Paksong 巴松(49km); Si Phan Don 四千岛(127km); Dong Kalaw (157km)
去Lao–Japanese Bridge老-日大桥(300m); Champasak 占巴塞(30km); Vang Tao万涛(36km)
Talat Dao Heung
去Champasak Grand Hotel (250m); Clinic Keo Ou Done (1.2km); Mekong Paradise Resort (1.5km); Victory Hi-Tech (3km); Pakse Golf (4km)

## Pakse 巴 色

### 景点
1 占巴塞历史博物馆……F2
2 中国社会大厦……B2
3 瓦琅寺……A1
4 坦费寺……E2

### 活动、课程和团队游
5 Dok Champa Massage……B2
6 Friendship Bowling……D4
7 Green Discovery……B2
Vat Phou……（见17）
8 Xplore-Asia……B1

### 住宿
9 Alisa Guesthouse……B1
10 Athena Hotel……D1
11 Champasak Palace Hotel……D1
12 Fang Sedone Guesthouse……A1
13 Lankham Hotel……B1
14 Pakse Hotel……B2
15 Pakse Mekong Hotel……B4
16 Phi Dao Hotel……B1
17 Residence Sisouk……A2
18 Sabaidy 2 Guesthouse……C1
19 Thaluang Hotel……C1

### 就餐
Baguette Vendors……（见27）
20 Banlao Boat Restaurant……B4
Bolaven Cafe……（见9）
21 Champady……B1
22 Daolin Restaurant……C1
23 Delta Coffee……D1
24 Friendship Minimart……B1
25 Fruit Vendors……A2
26 Hasan……C1
27 Jasmine Restaurant……B1
28 Katuad Café……C1
Lankham Noodle Shop……（见13）
Le Panorama……（见14）
29 Mengky Noodle Shop……B1
30 Na Dao……G4
Sinouk Coffee Shop……（见17）
31 Xuan Mai Restaurant……B2

### 饮品和夜生活
32 Oay……E4

### 购物
33 Champasak Plaza Shopping Centre……A2
34 Talat Dao Heung……G4

### 实用信息
35 BCEL……A2
36 BCEL Exchange Office……A2
37 International Hitech Polyclinic……B3
Lankham Hotel Currency Exchange Counter……（见13）
38 老挝发展银行……B1
39 Miss Noy's Internet & Bike Rental……B1
40 省旅游局……A2
41 SK 互联网……C1
42 越南领事馆……C1

### 交通
Europe Car……（见7）
43 Lao Airlines 老挝航空公司……A2

**Clinic Keo Ou Done** 按摩

（Traditional Medicine Hospice；☎020-543 1115，031-251895；按摩30,000~70,000K，桑拿10,000K；⏰9:00~21:00，桑拿16:00~21:00）这间专业且大受欢迎的按摩中心设有一间空调按摩室，以及按性别分开的药草桑拿浴室。要前来这里，从38号公路出城并右转驶向Pakse Golf方向，这里位于Champasak Grand Hotel以东1公里处。就在距38号公路的岔路口几百米处的右侧。

**Dok Champa Massage** 按摩

（Th 5；按摩35,000K起，身体磨砂200,000K；⏰9:00~22:00）这是市中心营运时间最长，且目前仍是最棒的按摩场所。以其时尚的设置来说，价格相当合理。

### 团队游

很多人将他们的老挝南部地区旅游和徒步规划于巴色以外。几乎所有酒店（以及许多餐馆）都有波罗芬高原、占巴塞瓦普寺、达洛以及吉翁村/普阿萨山（Phu Asa）的一日游广告。导览游收费平均为20~50美元一天，根据人数而定，交通费用另计。

对于多日探险游而言，可选择沿河或陆地游，你也可以在省旅游局（Provincial Tourism Office，见255页）咨询。

**Green Discovery** 探险游

（☎031-252908；www.greendiscoverylaos.com；Th 10；二日Tree Top Explorer 2/4人每人US$300/200）Green Discovery的招牌团

队游是在波罗芬高原上靠近巴松的栋华绍森林国家保护区（Dong Hua Sao NPA）内进行Tree Top Explorer（树梢探险）。它由2~3天的高空滑索、树梢漫步以及丛林徒步等行程组成。住宿（已包含在费用内）是位于森林地面上空高处的环保小屋。Green Discovery也开展雨季沿巴松会邦灵河（Huay Bang Lieng）的皮划艇游。还有更多该地区团队游的信息——浏览网站获取详情。

**Xplore-Asia** 探险游

（☎031-251983；www.xplore-laos.com；Th 14）Xplore-Asia擅长组织多日探险游，包括至四千岛并进入柬埔寨河段湄公河的各项旅游，有小船及/或皮划艇可供选择。英语导游费用为35美元一天。还出售一些关于该地区的有趣书籍和指南。

**Vat Phou** 乘船游

（www.vatphou.com；Residence Sisouk，Th 9和Th 11的交叉路口）经营往返于巴色和四千岛之间的豪华游轮游。

**Mekong Islands Tours** 乘船游

（www.cruisemekong.com）经营沿湄公河往返于巴色和四千岛之间的昂贵河船之旅。

## 住宿

游客中心位于法国大桥和Th24之间的13号公路（Rte13）上。如果你想轻松前往旅行社、摩托车租赁点、货币兑换处和旅游观光餐厅，那么就在这里停宿。在转角附近，你会发现位于商业区内的酒店更多一些。这些酒店围绕在Champasak Plaza Shopping Centre（见235页）一带。如果你是住在其他地方——比如在河滨或是在13号公路中心以东的某间酒店，你或许需要考虑租一辆摩托车或自行车四处游览。

**★ Alisa Guesthouse** 酒店 $

（☎031-251555；www.alisa-guesthouse.com；Rte 13；房 110,000K；❄@📶）除了昏昏欲睡的服务以外，它的房价不错，在该价格范围以内提供更清洁及更为时尚的客房比什么都重要。客房内设有舒适、洁净的床铺，有卫星电视和一台冰箱，水压也很足。此外，这里还有大量摩托车供租赁。它位于旅游区的中心地带。

**Kaesme Guest House** 客栈 $

（☎020-9948 1616；Se Don riverfront；房 30,000~70,000K；❄📶）位于色敦河（Se Don）上的安静位置和木质阳台是这里借以吸引客人的主要特色，但客房简单，带或不带浴室以及空调的房间差别相当大。毛巾和肥皂则是个不错的额外配置。

**Fang Sedone Guesthouse** 客栈 $

（☎031-212158；Th 11；房 带风扇/空调 50,000/70,000K；❄）这里的客房配置基本，但其位于河畔的地理位置，与那些位于主流地区的经济型酒店相比显得十分安静。带空调的客房提供热水。

**Sabaidy 2 Guesthouse** 客栈 $

（☎031-212992；www.sabaidy2tour.com；Th 24；铺 30,000K，标单/双/标三 不带浴室 50,000/70,000/114,000K，双 带浴室85,000~100,000K；@📶）这间客栈没什么好景致，但它却凭借自己在背包客之间的优质声誉而美名远播。如果直接拎包入住会发现这里常常满房，因此尽量提前预订。位于客栈外部后面带浴室的客房物有所值。

**Lankham Hotel** 酒店 $

（☎031-213314；Rte 13；3床 铺 40,000K，双 带风扇/空调 60,000/90,000K起；❄📶）另一间并非因为服务而走俏的酒店，该酒店仍然因其中心的位置和低廉的房价而爆满。经济型客房很小且吵闹。价格较高的空调房稍微好一点，但不如邻近的Phi Dao和Alisa。

**Thaluang Hotel** 客栈 $

（☎031-251399；Th 21；标单/双 60,000/70,000K起；❄）Thaluang从颇受欢迎的邻居酒店Sabaidy2处分到一些客人。这对于他们来说是件好事，因为它落伍的客房（部分无窗）和平庸的服务并不足以构成人们前来下榻的理由。这里提供城中一些最便宜的带空调的客房，但最好的客房位于主屋内。一只八哥会在你到来时欢迎你。

### ★ Residence Sisouk 精品酒店 $$

（☎031-214716；www.residence-sisouk.com；Th 9和Th 11交叉路口；房 US$50~100；❄📶）这家精致的精品酒店位于一栋有着60年历史的迷人殖民地风格建筑内。酒店客房拥有抛光的硬木地板、平板电视、凉台、苗族床旗、丰富的照片以及随处可见的鲜花。早餐位于顶楼的360度全景咖啡厅（其他时间歇业）。支付额外房费可获得前面更大、更明亮的客房，标准间位于后面。

### Athena Hotel 酒店 $$

（☎031-214888；www.athena-pakse.com；Rte 13；房 含早餐US$60~90；❄@📶🏊）它无疑是巴色最现代和最漂亮的酒店。房间的床如棉花糖般柔软舒适，镶嵌在天花板内的暗色灯光让你可以调节多种亮度。三间豪华房间内庞大的平板电视、浴袍以及大型浴缸堆砌出酒店奢华的元素。温馨的游泳池则是在尘土飞扬的道路上行走了一整天之后最受欢迎的场所。酒店距离旅游中心仅10分钟步程。

### Pakse Hotel 酒店 $$

（☎031-212131；www.paksehotel.com；Th 5；标单200,000K起，双 含早餐250,000~450,000K；❄@📶）这家传统豪华型的酒店矗立在巴色中央地区，拥有一个华丽的大厅，微风习习的走廊上挂满了精美的雕塑和纺织品。经济房很暗而标准间则很局促，因此至少升级到一间高级房，房间内有平板电视、精美的肥皂、名家设计的家具以及湄公河的美丽景致。

### Phi Dao Hotel 酒店 $$

（☎031-215588；phidaohotel@gmail.com；Rte 13；标单/双/标三 135,000/155,000/180,000K起；❄📶）在这里，服务实际上是不存在的，但客房却无可质疑。这里有巴色最时尚的低端到中端的房间。然而临街的房间都很嘈杂，因此选择位于后面的房间。独行旅客应避免选择局促的单人间，还是升级到一间宽敞的双人间吧。

### Pakse Mekong Hotel 酒店 $$

（☎031-218445；tim_chanthavong@yahoo.com；Th 11；房 不带/带河景 185,000/210,000K；❄@📶）时尚、完美无瑕的客房配有平板电视、漂亮的白色床单和巨大的瓷制水槽，它们使这间酒店脱颖而出。河畔的位置是一项额外优势，如果你不介意离旅游中心稍远的话。奇怪的是，有些不伦不类且无家具的阳台和屋顶露台都发挥不了什么作用。

### Champasak Palace Hotel 历史酒店 $$

（☎031-212263；www.champasakpalacehotel.com；Rte 13；标单/双 含早餐 US$23/26，套 US$60~200；❄📶）你不能错过这间宽阔、外形如结婚蛋糕一般的酒店。它最初是为昭文翁·纳·占巴塞（Chao Boun Oum na Champasak）修建的宫殿。昭文翁是占巴塞的最后一位王子以及老挝1960~1962年间的总理。地面已经褪色但维护精良的客房拥有舒适的卧床及床上用品，而优雅的餐厅和公共区域有木质柱头和法国瓷砖。值得花费（60美元）入住一间大型的VIP套房，这种房间使用的是木质地板，并且能尽览全城的景色。较新的Sedone大楼内的客房比较便宜，但却有些平庸。

### Mekong Paradise Resort 度假村 $$

（☎031-254120；mekongparadise@yahoo.com；房 含早餐US$38~85；❄📶）坐落于河畔的这间度假村距离巴色中心以南仅3公里，虽然听上去有些奇怪，但这里实际上是一个逃离城市生活的理想庇护所。大部分房间都拥有其他酒店无法匹敌的湄公河日落美景。高级客房（$55）相当浪漫：精美的硬木地板、私人阳台以及柔和的灯光。这里非常安静——有时显得太安静了。从38号公路（Rte38）下来转入前往Pakse Golf岔路，然后继续前行500米。

## 就餐

与当地人一起就餐，尤其是在早餐和午餐时段，是一段非常老挝的体验。**Lankham Noodle Shop**（Rte 13；面条15,000~25,000K；⏰7:00~22:00；📶）位于Lankham Hotel下面，就在马路对面的**Mengky Noodle Shop**（Rte 13；餐8000~15,000K；⏰7:00~22:00）则是品尝面条和汤的安全热闹之地。Mengky

的著名菜肴是鸭肉米粉（duck fěr）早餐。Lankham的服务从冷漠到粗鲁，不过它的汤却值得一尝。

如果想吃点轻淡小吃，这里也有**法式面包摊**（baguette vendors，Rte 13），在入夜后，**夜市**（Evening Market，Rte 13）里架着烧烤肉串的火盆就会燃起，这里位于13号公路上，市区以东2公里处。晚间时分可以在位于Champasak Plaza Shopping Centre（见235页）西北角的室外**水果摊贩**（fruit vendors）处购买一些可口的水果。

自炊者可以前往任何市场或尝试到位于市中心的**Friendship Minimart**（Rte 13；⏲8:00～20:00）购物。

### ★ Bolaven Cafe　　咖啡馆 $

（www.bolavenfarms.com；Rte 13；主菜20,000～40,000K；⏲周一至周六7:00～21:30；📶）公平贸易有机咖啡（fair-trade organic coffee）在巴色可谓风靡得如火如荼。这间轻快的咖啡馆则将烘焙咖啡做到了极致。捎上几袋（每袋50,000～70,000K）回家吧。这里的早餐满载浓郁的咖啡气息，外加一份全面的老挝和泰国美食菜单以及各款三明治，它值得你在一天中的任何时段光临。在你就餐的同时还可以阅读关于波罗芬农场的有趣历史。

### Xuan Mai Restaurant　　老挝菜、越南菜 $

（Th 5；主菜18,000～30,000K；⏲6:00～23:30）由越南人经营的这间餐厅供应新鲜烹制的米粉（fěr）、猪肉丸（nǎam néuang）、白面粉面条拌甜辣酱（kòw Ɓûn）、水果奶昔，甚至还有蒜香面包。店制老挝腊普（láhp，用畜肉、禽肉或鱼肉凉拌的辣味沙拉）满载诚意。

### Champady　　咖啡馆 $

（主菜15,000～35,000K；⏲7:00～21:00）位于一栋法国殖民时期的建筑中，它提供一份选择广泛的泰国和老挝菜单，其中包含各类美食、咖啡和甜点，如芒果甜糯米饭（sweet sticky rice with mango，10,000K）。

### Sinouk Coffee Shop　　咖啡馆 $

（Th 9和Th 11交叉路口；菜肴25,000～45,000K；⏲6:30～20:30；📶）与隔壁那栋了不起的Residence Sisouk hotel接壤，这间香气四溢的咖啡馆是一处享受优质早餐或午餐的地方。有三明治、沙拉、意大利面、糕点、新鲜面包以及强劲的空调。来自波罗芬高原馥郁的阿拉比卡咖啡（Arabica coffee）以杯装和袋装出售。

### Delta Coffee　　咖啡馆 $

（Rte 13；主菜25,000～40,000K；⏲7:00～21:00；📶）这间餐厅所提供的美食远不止"咖啡"而已，还包括选项丰富的意大利和泰国菜肴。如果你的饮食一直停留在偏远地区那些糯米食物上的话，我们推荐你尝尝这里的千层面、意大利面和比萨饼。店主人Alan和Siriporn（他是中国人，她是泰国人）为你供应来自巴松附近他们种植园产的咖啡。

### Jasmine Restaurant　　印度菜 $

（Rte 13；主菜20,000～30,000K；⏲8:00～22:00）这里有美味的咖喱和马来西亚美食，如印尼羊肉炒饭（nasi goreng with mutton），加上吱吱作响的玛莎拉烤鸡（chicken tikka masala，masala是一种印度香料），它们是如此的美味，以至于你会用枕头般柔软的馕将碗盘都抹干净。

### Daolin Restaurant　　老挝菜、各国风味 $

（Rte 13；主菜15,000～30,000K；⏲6:30~22:00）这间露天餐厅的巨大声望来自于它显著的地理位置以及一份能够满足不同客人口味的菜单。但来这里的最佳理由则是其奢侈的冰激凌圣代（ice cream sundaes）——我们沉迷于卡布奇诺百汇（cappuccino parfait，20,000K）。

### Katuad Café　　老挝菜、各国风味 $

（Rte 13；主菜15,000～25,000K；⏲7:00～ 20:30；📶）这间简单的咖啡馆供应优质的西式早餐、三明治、汉堡包以及冰激凌，还有各款炒菜和辣味沙拉。此外还有超棒的咖啡和水果奶昔。

### Hasan　　印度菜 $

（Th 24；⏲7:00～22:00）是另一家稍带马来西亚风情的印度餐厅，店主人曾经为一家高端的万象酒店掌过勺。

### ★ Na Dao

法国菜 $$

(☎255558；Th 38和Rte 16W交叉路口；主菜30,000~180,000K；⊙周一至周六11:00~13:30和18:30~22:00）精致的法国美食已登陆巴色。从万象流落至此的餐厅业主已将他们精致的菜品引入到了老挝南部地区。摩尔风情菜肴包括三文鱼和生鲈鱼片（sea bass carpaccio）、橄榄巴松鹅以及五道菜式的品鉴菜单（185,000K）。

### Le Panorama

创意菜 $$

（Th 5；主菜30,000~70,000K；⊙16:30~22:00；📶）位于Pakse Hotel屋顶的餐厅可以提供美味的法国和亚洲美食以及无与伦比的360度城市美景。菜单包括T骨牛排、鸭肉以及多汁的酿鱼（Ъah neung het hŏrm）。

### Banlao Boat Restaurant

老挝菜 $$

（Th 11；主菜40,000~80,000K；⊙8:00~23:00）它是湄公河上几家海鲜舫中最棒的，这里有涵盖各种老挝美食的靠谱菜单，除了各类享誉世界的菜肴，如北京烤鸭和德国猪手外，还有如蚂蚁蛋等奇特的风味可以满足大胆食客们的需求。它的主要优势在于其河上的位置。

## 饮品和夜生活

Le Panorama（见235页）是在夕阳中品尝老挝啤酒的必停之处。而若想体验更加当地的情调，可以试试遍布湄公河河滨两旁直面夕阳的露天烧烤店和啤酒花园。大多数在周末一直营业至午夜，但平日时段则较早打烊。

### Oay

啤酒花园

（Th 11；📶）位于湄公河畔的这间时尚场所有不定期的现场音乐演出，以及在一个大型平板电视上播出的足球比赛。

### Victory Hi-Tech

夜店

（Rte 38）这间位于Champasak Grand Hotel以南约3公里处通往柬埔寨道路上的夜店，是众多青春夜店中最受欢迎的。它音乐响亮而灯光昏暗，和万象的风格略有不同，这里会一直营业至午夜——所以，耐心着点吧。

## 购物

来自波罗芬高原的咖啡是该地区的传统纪念品，你可以在任一咖啡馆买上一袋。也可以到集市去看看篮装糯米等其他物品。在Pakse Hotel（见233页）的大厅里出售优质纺织面料。

### Monument Books

书籍

（Th 5；⊙9:00~20:00）这家高档的书店是你购买老挝南部、老挝其他地区以及整个湄公河地区地图的最佳书店，此外这里还有明信片和一系列关于区域历史和文化的书籍。

### Talat Dao Heung

市场

（早市，Morning Market）老一日大桥附近的这间大型市场是老挝国内最大的市场之一，因其新鲜的农产品和来自波罗芬高原的咖啡而著名。

### Champasak Plaza Shopping Centre

市场

占巴塞广场购物中心售卖名牌包和服装，其中既有真品也有赝品，还出售一些面料。

## 实用信息

访问www.ecotourismlaos.com这个优秀的网站还可以获取更多有用的信息。

在旅游区沿13号公路有多台自动柜员机，包括Lankham Hotel（见232页）外的澳新银行（ANZ）柜员机。Lankham还有一个**货币兑换柜台**（⊙7:00~19:00），提供公道的利率以及仅需一小笔佣金的维萨卡（Visa）现金预支服务。

**BCEL**（Th 11；⊙周一至周五8:30~15:30）银行设有专门的英语柜台，可兑换美元和欧元计价的旅行支票（收取1%的佣金），并提供维萨卡（Visa）和万事达卡（MasterCard）现金预支（收取3%佣金）服务。它隔壁的**货币兑换办公室**（Th 11；⊙周一至周五8:30~19:00，周六和周日至15:00）的营业时间更长，此外你可以在全城各处找到BCEL自动柜员机。

**International Hitech Polyclinic**（VIP Clinic；☎031-214712；ihpc_lao@yahoo.com；Th 46；⊙24小时）与公立医院相邻，有讲英语的工作人员和高水准的护理、服务和设施，还有一间药店。

**老挝发展银行**（Lao Development Bank，Rte 13；⊙周一至周五8:00~16:00，周六和周日至

15:00）兑换现金和旅行支票。内设一家西联汇款（Western Union，转账服务仅在工作日提供）。

**主邮局**（Main Post Office，Th 8和Th 1交叉路口；⏲周一至周五8:00至正午和13:00~16:00）

Miss Noy's Internet & Bike Rental（Rte 13；每小时500K；⏲7:00~20:00）也提供自行车和摩托车租赁。

**警察局**（Police；☎031-212145；Th 10）

**省旅游局**（Provincial Tourism Office，☎031-212021；Th 11；⏲8:00至正午和13:30~16:00）组织良好的会讲英语的员工可以为你预订色边河国家保护区（Se Pian NPA）和普香通山国家保护区内（Phou Xieng Thong NPA）以社区为大本营的2~3日徒步游，包括皮划艇和露营组合；以及在东科岛（Don Kho）和东当岛（Don Daeng）的民宿体验。这里有免费巴色地图以及最新的公交车时间表。

**SK Internet**（Rte 13；每小时5000K；⏲7:30~21:00）提供高速网络连接服务。

**Unitel**（Rte 13；⏲周一至周五8:00~17:00，周六至正午）如果你刚抵达老挝，那么这里是你购买当地SIM卡的便利之处。工作人员可以帮助你在智能手机上设置3G网络。

## 到达和离开

### 飞机

**老挝航空公司**（Lao Airlines；☎031-212252；Th 11；⏲周一至周五8:00至正午和13:00~17:00，周六8:00至正午）有从**巴色国际机场**（Pakse International Airport，☎031-251921）飞往以下亚洲城市的直飞航班：

| 目的地 | 价格（US$） | 班次 |
|---|---|---|
| 万象（Vientiane） | 75~135 | 每日2班 |
| 沙湾拿吉（Savannakhet） | 35~65 | 每周4班 |
| 暹粒（Siem Reap） | 160 | 每日 |
| 胡志明市（Ho Chi Minh City） | 170 | 每周4班 |
| 曼谷（Bangkok） | 165 | 每周4班 |



## 到达泰国：巴色至乌汶（Ubon Ratchathani）

### 前往边境

**万涛**（Vang Tao，老挝）和**钟湄**（Chong Mek，泰国；⏲5:00~18:00）之间的过境通道在撰写本书之时正在重修，这是为了应对因连接越南的新高速公路开通而增加的交通流量。

在巴色，有双条车（sǒrngtǎaou，10,000K，75分钟，37公里）往返于新市（Talat Dao Heuang）和万涛之间，直至16:00左右。他们会载你到边境处，然后你需要步行过境。

压力较小的是泰—老国际客车（Thai-Lao International Bus，80,000K，2.5~3小时，126公里），直接从巴色的2公里公交客运总站到乌汶的主要公交车站。客车分别于8:30和15:30双向发车。或者，你也可以购买前往曼谷（从巴色出发235,000K，14小时）的通票，这有可能需要（也有可能不需要）在乌汶转车。巴色的旅行社也提供前往泰国首都（280,000K）的公交车和火车卧铺组合票。

### 在边境

老挝实行落地签证（约35美元，不过取决于你持有什么护照），而在泰国方面，大多数国家护照都可获得15天免签证费的签证，但如果持中国护照，那么建议你提前办好签证。

### 入境

如果你步行跨越边境，可以在另一面寻找前往披汶（Phibun Mangsahan）的双条车（40B，1小时）。从披汶的双条车站到公交车站需步行一段漫长的路程，或者你也可以搭乘一段短途三轮摩托车到公交车站。公交车站有前往乌汶（40B，1小时，40公里）的双条车。另外，出租车司机通常在泰国移民局外等候，前往乌汶需900~1200B（1小时，82公里）。

曼谷还有一种更便宜的方式，就是通过陆路前往乌汶，然后从那里搭乘廉价航班飞往曼谷。

机场位于市西北3公里处。乘坐三轮车（săhm-lór）或嘟嘟车（tuk-tuk）前往机场的费用大约是40,000/50,000K。

### 船

跟其他船只一样，从巴色至占巴塞和东孔岛的公共轮船已经停运。然而，只要有足够多的乘客，前往占巴塞的旅游船只大多在早上8:30出发（单程每人70,000K）。从占巴塞出发的回程船在13:30出发。它沿占巴塞下游行驶2个小时，回城的时间则要略长一点。

## 长途汽车和双条车

巴色有好几个公交车和双条车的客运总站。绝大多数旅客都是通过他们下榻的客栈或通过旅行社来预订公交车旅程的；由于代理预订的费用通常包括免费市中心接送，或免费转车至相关出发地点，因此如果你这样操作的话并不会多花太多钱。

然而，对于某些路线——尤其是前往柬埔寨、越南和万象的线路——你要小心选择相关服务：一旦选择错误的话可能会让你多花上好几个小时的时间，而且还会给你造成很大的困扰。

这里有5个主要车站：

**城南长途客运总站**（Southern Bus Terminal，Rte 13）也被称为khíw lot lák paet，或“8公里公交客运总站”。顾名思义，它位于13号公路上城南8公里处。

**城北长途客运总站**（Northern Bus Terminal，Rte 13）通常被称为khíw lot lák jét（7公里公交客运总站）；正如你所推测的——位于城北7公里处。这个车站非常本地化且完全缺乏英文版的车次信息。

**早市**（Talat Dao Heung）这里以双条车为主，它们会成群聚集在市场南侧的边缘。

**2公里长途车站**（☎031-212428；Rte 13, Km 2）也被称作夜市车站、VIP车站，或是Sengchalean车站。

**巴士之王长途客运总站**（King of Bus Terminal；☎020-5501 2299；Th 11）另一个所谓的“VIP客运总站”。

### 万象和北部周边

大多数旅客更喜欢乘坐舒适的夜间卧铺客车至万象（170,000K，7~8小时）。你可以通过下榻的客栈或前往巴士之王长途客运总站进行预订，那里每天有3趟夜间车。其他“VIP”卧铺车从2公里长途车站出发。可以乘坐这些车前往他曲（Tha Khaek，140,000K，4.5小时）和色诺（Seno，前往沙湾拿吉，140,000K，3小时）。

如果希望在白天出行，慢行的普通（非空调）客车（110,000K，16~18小时）和条件较好的空调客车（140,000K，10~12小时）从城南长途客运总站出发，全天都有班车前往万象，出城之时经停2公里长途车站和城北长途客运总站。这些客车还去他曲（普通/空调60,000/70,000K，8/6小时）和色诺。

从6:30到16:00，每40分钟就会有一辆极其缓慢的普通公交车从城北长途客运总站嘎嘎地向北出发，前往沙湾拿吉（40,000K，4~5小时，277公里）和他曲（70,000K，7小时）。

前往班萨派村（Ban Saphai，前往东科岛）可搭乘从早市出发的普通双条车（10,000K，45分钟）。

### 波罗芬高原和东部周边

大部分前往波罗芬高原和东部周边的交通都来自城南长途客运总站的普通客车。

前往沙拉湾（Salavan，25,000K，3~4小时，每日5班）可让你在达洛（Tat Lo）下车；第一趟是6:45，最后一趟是16:00。6辆满载的客车于7:45和16:00间开往阿速坡（Attapeu，45,000K，5.5小时）。

班车会经过塞公（Sekong）前往阿速坡（35,000K，4小时），但是当新巴松—阿速坡高速公路建成后，这条路线可能就会有所改变。还有另外两趟客车的终点站就是塞公。前往巴松可搭乘任何一趟前往阿速坡的车（25,000K，90分钟）。开往越南边境边布依（Bo Y）的空调客车是前往阿速坡/塞公的更舒适选择。

### 占巴塞和四千岛

从早市有前往占巴塞（20,000K，1~2小时）的普通双条车，班次营运至正午。早间经湄公河东岸开往占巴塞的增开双条车从城南长途客运总站出发；这些客车的车费相同，包括横渡去班孟村（Ban Muang）的渡船费用。

从巴士之王长途客运总站有一趟档次较高的客车前往占巴塞，每天早上发车时间为8:00（45,000K，1小时）。还有一趟早间旅游巴士前往占巴塞（60,000K，45分钟），可到你下榻的酒店接你，大多数旅行社都提供这项服务。

前往四千岛最受欢迎和便捷的方法就是乘坐

旅游客车或小型客车，客车可在城内接客，费用包括乘船至东孔岛（Don Khong，60,000K，2小时15分钟）、东德岛（Don Det，70,000K，2.5小时）和东昆岛（Don Khon，70,000K，2.5小时）。可通过任何客栈或旅行社预订。所有班车都在7:30~8:00出发。

如果你想在当天晚些时候出发，可以从城南长途客运总站乘坐一辆双条车至班纳嘎桑村（Ban Nakasang，前往东德岛和东昆岛；40,000K，3.5小时）。当乘客坐满这些车就出发，客车运营至16:00，并且经停哈夏昆（Hat Xai Khun，前往东孔岛）。

一趟双条车往返于吉翁村和班帕珀村（Ban Phapho，25,000K，2小时左右）之间，于正午前后出发。

### 越南

前往越南可在劳保（Lao Bao，见341页）或是布依（见341页）跨越边境。

大多数经过劳保"直接"前往顺化（Hue，210,000~270,000K，14~16小时）和岘港（Danang，240,000~280,000K，18~20小时）的行程都会到沙湾拿吉绕道，并且还需要在边境换车，还可能需要在其他地方换乘。我们已提醒过你，早市的班车发车很早，在出城时会在城北长途客运总站经停。2公里长途车站外还有其他额外营运服务。大部分旅客会从市中心的代理处购票，费用通常包括免费载你去发车点。

还有一趟前往顺化的速度奇慢的夜班车，但它会在半夜抵达劳保，而你必须花几个小时等边境开放。我们不推荐该路线。

客车会经阿速坡在布依边境过境，并最终到达越南中部高地的终点站昆嵩（Kontum）或嘉莱（Gia Lai，也称作Pleiku，波来古）。沿这条路运行的Mai Linh Express是最舒适的客车（至昆嵩145,000K，8.5小时，5:45出发），可在巴色的Saigon Champasak Hotel购票。否则，就只能去挤城南长途客运总站出发的普通客车了。

## 当地交通

巴色的当地交通按地区的标准来说是昂贵的。作为一个外国人，你需要讨价还价以避免被宰。

如果你是单人乘坐，一段短途嘟嘟车或三轮车的费用在10,000K——如果多位乘客则费用会更高一些。乘车前往城北或城南长途客运总站的每人收费在10,000K，如果包下整辆嘟嘟车则需50,000K。到2公里长途客运总站，三轮车需20,000K，嘟嘟车则需30,000K。

在旅游带沿13号公路的多家商店和客栈都提供自行车（每天15,000K）和摩托车（100cc的摩托车每天50,000~60,000K，125cc的摩托车或本田Scoopy的费用则上升至100,000K）租赁业务。其中Alisa Guesthouse（见232页）和Lankham Hotel（见232页）提供的租车价格比较实惠。Lankham有日租金为240,000K的223cc的越野摩托车，而本田CRF250L的价格则从320,000K起。

**Europe Car**（☎031-214946；Th 10；每天US$77起）出租福特四驱皮卡车系列和SUV系列。

# 巴色周边

## 东科岛和班萨派村（Don Kho & Ban Saphai）

ດອນໂຄ/ບ້ານສະພາຍ

湄公河的**东科岛**（Don Kho）和附近的**班萨派村**（Ban Saphai）都位于巴色以北约15公里处，两地皆因丝绸织造而闻名。人们会看见女人们坐在自己房屋下的大型织机前工作，织造独特的丝绸和棉质男装长裙（pàh salóng，男用长纱笼），而她们也乐意让你围观。

东科岛上没有汽车，若不是已经通电的话，这个小岛很容易让你觉得自己穿越时光回到了一个更简单的时代。大约300名居民分别居住在这座800米宽的岛屿的两端，岛的中心则是稻田。不管你信不信，19世纪90年代当法国人来到老挝之后，东科岛曾短暂地担任过老挝南部的首都，后来则被用作东德岛至沙湾拿吉之间的一处船只停泊点。而眼下的日子，唯一真正的景点就是**东科寺**（Wat Don Kho）了，寺里面有一些法国殖民时期的建筑和令人印象深刻的鼓楼。在寺院的东南角有一棵参天大树，当地人说它已经有500多岁了，不过事实上它看上去更像是200岁。这些树都被定期用大火燃烧树干内部，以提取用于密封本地船只的树脂。

东科岛是一个体验民宿的卓越之地。只要你来到岛上，并对当地的村民说"homestay（民宿）"，他们就会帮你安排每床30,000K的住宿了，每个家庭最多接纳两人。你将在下榻的地方和主人家庭一同用餐，费用为20,000K。根据我们的经验，食物很美味。当地人安排的活动包括老挝风格的钓鱼之旅（fishing trips）和丝绸织造课程（silk weaving）。

东科岛上也有一处社区客栈（community guesthouse），位于岛上另一端的一座圣林（sacred forest）边缘。它和民宿相比没有太大差别；设施超级简单且基本收费相同。下船处有该客栈的清晰路标（步行约700米）。

在班萨派村码头附近的旅游信息中心（tourist information centre）里的工作人员能讲一些英语，还可以通过电话预订提前安排住宿或联系相关活动。这里是班萨派村手工艺品中心的一部分，有几个售卖本地织品的摊位。

### 到达和离开

班萨派村距离巴色中心以北17公里；在法国大桥以北约13公里处，留意13号公路上的一处清晰的岔路标识。

从巴色的早市有频繁开往班萨派村的双条车（10,000K，45分钟）。而雇三轮车往返班萨派村的费用非常离谱，要150,000K，包括等待时间。嘟嘟车则收取250,000K。可以试着讲讲价。单程费用只比往返稍微便宜一点。

从班萨派村到东科岛，1~5人船费为20,000K。乘船环游东科岛费用为70,000K。

## 普香通山国家保护区（Phou Xieng Thong NPA）

ປ່າສະຫງວນແຫ່ງຊາດພູຊຽງທອງ

方圆1200平方公里的普香通山国家保护区（www.ecotourismlao.com）坐落于占巴塞和沙拉湾省，但最容易进入的地方却在巴色上游大约50公里处。保护区内有灌木丛、混杂的落叶季雨林、裸露的砂岩山脊和形如洞穴的露头（指岩石和矿床露出地面的部分），部分露头上还有史前彩绘。

普香通山国家保护区内栖息着各种野生动物，包括数量众多的绿孔雀（green peafowl）。云豹、白臀野牛（banteng）、大象、亚洲黑熊和老虎曾经在这里出没，然而目前它们是否仍然存在就很难说了，而你一定不会见到它们。如果季节适宜，你更可能看到的是那些惊艳幽雅的野兰花。

进入普香通山国家保护区的最佳办法是，参加从湄公河畔班兴桑潘村（Ban Singsamphan）出发的两日或三日团队游。行程包含坐船、在班兴桑潘村民宿下榻，第二天则是长达4~5小时的徒步攀越普孔山（Phu Khong），然后于午后乘船沿湄公河而下返回巴色结束二日游。但是我们推荐三日游那个行程，因其包含了继续向下游至东科岛体验一晚民宿的项目。

要参与这项旅游请联系巴色省旅游局（Pakse' s provincial tourism office，见236页）。此处交通条件有限，虽有可能，但自行前往班兴桑潘村相当困难——跟旅游局咨询一下。

## 占巴塞（CHAMPASAK）

☎031

很难想象占巴塞是王权中心，但在30年前占巴塞确实如此。现在这座城市宁静祥和，主街中心的圆形喷泉池诉说着往日的辉煌。法国殖民时期遗留下来的建筑与传统的老挝式木房和谐共存，其中一栋殖民建筑曾是昭文翁（Chao Boun Oum）的官邸，另外一栋则是他父亲昭拉萨达奈（Chao Ratsadanai）的寝宫。稀稀拉拉的几辆车本来就在狭窄的主街道上左顾右盼，还得给水牛和奶牛让路。即使用老挝人的标准来看，街道景象也未免太闲适了。

这里有一系列出人意料的优质住宿和几处值得一访的景点——最令人瞩目的就是吴哥时代的遗迹占巴塞瓦普寺（Wat Phu Champasak，见243页）——你很容易明白为何与繁忙的巴色相比，人们更喜欢在占巴塞停留。

占巴塞几乎所有机构都分布于河畔大街上，圆形喷泉池的两侧。

### 景点和活动

占巴塞有两座小有趣味的寺庙。

**纽提坦寺** 佛教寺庙

（Wat Nyutthitham，ວັດຍຸດຕິທຳ，Wat Thong）这座寺庙位于河西岸的主干道边，俗称瓦通寺（Wat Thong），建于19世纪晚期，古旧的大殿有一个拱形柱廊，大殿正面有一

# Champasak 占巴塞

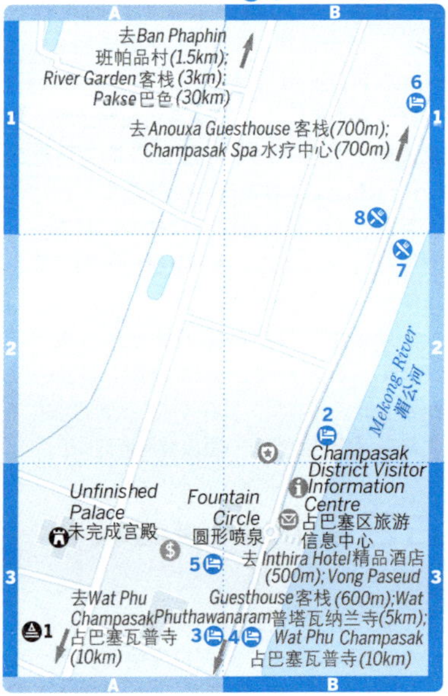


## Champasak 占巴塞

**景点**

1 纽提坦寺 ........ A3

**住宿**

2 Dokchampa Guesthouse and Restaurant ........ B2
3 Khamphouy Guesthouse ........ A3
4 Saythong Guesthouse & Restaurant ........ B3
5 Siamephone Hotel ........ A3
6 Thavisab Guesthouse ........ B1

**就餐**

7 Champasak With Love ........ B2
8 Frice and Lujane Restaurant ........ B1

块水洗灰泥浮雕。瓦通寺曾是占巴塞皇家的御用寺庙，舍利塔（thâat kádųuk）内供奉着纽提坦王（Nyutthitham，卒于1885年）、昭拉萨达奈（卒于1946年）和昭文翁（卒于1975年）等皇室成员的骨灰。

### 普塔瓦纳兰寺 佛教寺庙

（Wat Phuthawanaram，Wat Muang Kang）俗称孟冈寺（Wat Muang Kang）的普塔瓦纳兰寺是占巴塞最古老的寺庙，它矗立在占巴塞城南约5公里的湄公河畔。孟冈寺引人注目的三藏阁（hǒw tại）集法国殖民建筑和老挝佛教建筑特色于一身。大殿和三藏阁的三层房顶边角处都有彩色镶嵌图案，最高屋脊中心放有一个四面是彩色水晶窗格的小盒子，不禁让人想起了缅甸式建筑。

从表面上看，四面水晶装饰的盒子装着佛祖画像，但根据当地的传说，三藏阁顶上的盒子更是神乎其神。据称，每年农历的某个时候（大多数人说是在瓦普节期间），午夜时分会有一道神奇的光柱从河对岸射过来，经过水晶（kâew）反射后，照在瓦普寺上方的圣山西林加巴瓦塔山（Sri Lingaparvata）顶上。

到达孟冈寺非常简单——只需出城沿河畔的路骑自行车前往，骑行约2公里时会看见道路朝右转了个大弯，此时就向左急转，然后沿湄公河畔的土路再骑行3公里左右。

### Champasak Spa 水疗

（☎020-5649 9739；www.champasak-spa.com；⊙10:00至正午和13:00~19:00）正当你认为无法获得任何更令人身心放松的感受时，这片绿洲般香气缭绕且俯瞰湄公河的水疗中心将为你疲乏的肌肉提供一份完美的感官解药。护理项目包括足底按摩（55,000K）、传统老挝全身按摩（70,000K）以及草药按摩（95,000K）。所有按摩产品均为有机生物产品。它的存在也提供了许多就业机会，使女人们能够留在占巴塞，而不用迁移到城市去。

## 住宿

在占巴塞寻找住处非常方便，除了占巴塞瓦普寺节（也被称作“Magha Puja”，万佛节，通常在2月）期间以外。节日期间你可能要在瓦普寺地面睡觉。占巴塞的住宿从基本（民宿）到豪华都有，东当岛（Don Daeng）附近也可以找到住处。

### Anouxa Guesthouse 客栈 $

（☎031-511 006；房 带风扇/空调 60,000K/100,000~200,000K；❄📶）价格较高的空调房都面朝河流，其优势是带有可欣赏景致的阳台。这里有宜人的桃色和灰色内饰、干净的浴室和体面的床品，还有一个诱人的河畔餐厅，值得让你小小挥霍一番。但不要对这里的服务抱有太多期待。

**Vong Paseud Guesthouse** 客栈 $

（☎031-920038；房 带风扇/空调30,000~50,000/100,000K；❄📶）尽管房间设施非常基础，然而因其会讲英语和法语的店主人以及拥有极佳位置的河畔餐厅，这里早已成为背包客青睐的下榻之所。在这里预订短途旅行的费用比其他地方低一点。

**Saythong Guesthouse & Restaurant** 客栈 $

（☎020-2220 6215；房 带风扇/空调50,000/ 80,000K；❄）是该市第一间客栈，当我们到访时此地正在装修，因此它的房间品质和价格都会有所提升。餐厅占据湄公河上一处宜人的位置。

**Khamphouy Guesthouse** 客栈 $

（☎031-511010；房 30,000~40,000K）这里的房间虽然简单，与备受欢迎的Vong Paseud相比要更好一些，但是床和枕头如石头一般硬。此外，经理的英语水平有限，它的位置也不在河畔。

**Siamephone Hotel** 酒店 $

（☎020-5543 1175；房 110,000K；❄）比城里其他客栈更舒适、更洁净，但氛围和服务却比不上其他客栈。它大概是占巴塞最大的酒店，位于河边一栋艳丽的混凝土建筑里。

## 古老的占巴塞

占巴塞市以南4公里的地方，棕榈树下，水稻田间，有一座大约有1500年历史的古城遗迹，它就是孟高棉族真腊王国的首都。这座古城现名为孟考（Muang Kao，意为“古都”），但学者普遍认为它曾名伊赏那补罗（Shrestapura，又写成 Isanapura 或 Shreshthapura，又译伊赏、伊舍）。

从航拍照片来看，古城遗迹呈长方形，长2.3公里，宽1.8公里，三面有双层土墙环绕，东有湄公河保驾护城。古城其他遗迹包括小水池（baray，高棉语意为“水池”，通常用于仪式）、几处圆形砖砌殿堂基座、先进灌溉系统遗迹、各种印度教雕像和石刻、石器以及陶器。所有这些遗迹都极其罕见，印证了东南亚古代就已形成城市，而从设计风格来看，单个遗迹也揭示了宗教信仰在日常生活中的重要性。

直到这里发掘出东南亚最古老的梵语铭文，才成功解开了这座古城的起源之谜。5世纪的石碑表明，德瓦尼卡王（King Devanika）创建了这座古城，定名库茹柴陀（Kuruksetra）。铭文也提到了附近繁荣兴盛的西林加巴瓦塔山（Sri Lingaparvata），明确指出是占巴塞瓦普寺附近的一座山。西林加巴瓦塔山“自古受尊崇”，人们认为它是印度教主神湿婆的居所或显灵的地方。直至今日，当地人依然将西林加巴瓦塔山美誉为Phi Intha（山之灵或山之保护神）。

5世纪末时，这座古城进入鼎盛时期。至少直到公元7世纪以前，它一直都是重要的中心地区，1994~1995 年发现刻有质多斯那—摩诃因陀罗跋摩王（Citrasena-Mahendravarman）铭文的两座南迪（Nandi，湿婆的神牛坐骑）雕像也证实了这一点。摩诃因陀罗跋摩王就是后来将首都迁至柬埔寨东北部的三坡波来古（Sambor Prei Kuk）的“征服者”。考古材料指出，这座古城一直有人居住，直至16世纪。

佐莱塞博士（Dr Patrizia Zolese）和她的团队正在对瓦普寺进行科学研究，他们的研究结果表明，9世纪以后在瓦普寺附近又修建了第二座城市。她认为，西达妃殿（Ho Nang Sida）曾位于第二座城市的中心，而这座城市很有可能就是诸多古代铭文提到的林加布罗（Lingapura），但目前现代学者仍未明确肯定这一说法。

**Thavisab Guesthouse** 客栈 $

（☎020-5535 4972；房 不带/带空调50,000/100,000K；❄）位于河后面一间通风的老房子内，舒适的客房有薄荷色的窗帘以及干净的床单。

**Dokchampa Guesthouse and Restaurant** 客栈 $

（☎020-5535,0910；房 带风扇/空调60,000/ 100,000K；❄）带阳台的房间和一个拥有河上优越位置的餐厅为这里平淡的房间提供了些受人欢迎的气息。后面便宜的风扇房就像是一个个闷热的火药桶；如果可能，尽量升级到有空调的房间。

**★ Inthira Hotel** 精品酒店 $$

（☎031-511011；www.inthira.com；标单/双 含早餐US$44/49；❄📶）它就像是湄公河美人，该酒店的豪华房间和灯光昏暗的亚洲创意菜餐厅（主菜35,000K）为我们在占巴塞多停留一天提供了另一个理由。这间位于路边一栋（面向湄公河）新楼里的酒店，曾经是一间老中国店屋。房间铺有砖地板，还有高天花板、氛围照明、平板电视、雨林喷头以及水磨石浴缸。大多数房间都是双床房，因此如果你想要一个大床间就早一点前来。

**River Resort** 精品酒店 $$$

（☎020-5685,0198；www.theriverresortlaos.com；园景/河景别墅 US$119/139；❄📶🏊）这里的10栋复式别墅7栋位于河畔，3栋围绕花园和池塘而设，均配备巨型大床，以及美妙壁挂和床旗，宽敞的开放式浴室配备有深色木制水槽，阳台经过了精心的装潢——的确和它五星级的景致完全相符。这里有一个无边际泳池和一个美丽的餐厅，也安排各种高档乘船或其他模式的短途游。酒店距离占巴塞以北3公里，但让人感觉这里相当偏僻。

## 就餐

客栈的食物似乎是最棒的。

**Champasak With Love** 创意菜 $

（主菜20,000~40,000K；⏲8:00~22:00）这间泰国人开的餐厅设有一座美妙坚实的木质河畔露台——是城内极少数可以确保不会被风暴吹走的河畔露台之一。菜品趋向于欧式和泰式。提供自行车租赁服务，而且他们可能很快就会开一间客栈。



值得一游

## 东当岛（Don Daeng）

就像一只伏在湄公河中央晒太阳的老鳄鱼一样，东当岛有点像一个被时间遗忘的岛屿。湄公河中央的位置堪称经典，8个村庄散落在边缘，中间则是稻田。环岛运行的约8公里长并且有树荫的小路上幸好没有车辆——自行车、慢行摩托车和奇怪的小型拖拉机（dok dok）就是全部的交通工具。这里有大量的沙滩可以游泳，但请记住，这里不是东德岛——女性游泳时需要穿纱笼，而不是比基尼。

你可以在岛上最北端的**社区客栈**（☎020 5527 5277；铺 40,000K）住宿——问问Khan先生，他可以帮你安排民宿（每人30,000~40,000K）。任一住处的餐费为每人20,000K。

**La Folie Lodge**（☎030-534 7603；www.lafolie-laos.com；双 含早餐 淡季/旺季US$60~90/110~186K；❄@📶🏊）是另一个完全不同档次的住宿之处。它位于河畔，面对瓦普寺。房间是华丽的木制平房，装潢细节考究，包括老挝织品、殖民地风格的图案和抛光木地板。该度假村还包括一个可以欣赏到普帕萨山（Phu Pasak）风景的迷人泳池。大气的池畔餐厅供应选择广泛的老挝菜和国际菜肴。他们还为东当岛上的许多社区项目提供了支持，包括乡村医院的装修。

从占巴塞到东当岛可以通过你的客栈或游客信息中心租一条船（往返60,000~80,000K）。从班孟村乘船约单程/往返40,000/60,000K，费用可以稍作商量。从占巴塞租一辆自行车来游览东当岛吧，因为在岛上很难找到租赁之地。

**Frice and Lujane Restaurant** 意大利菜 $

（主菜40,000~60,000K；⏲17:00~21:00）虽然意大利创始人已经去世，但他留下的遗产——那些来自意大利弗留利高山地区（Friulian alpine region）的美食灵感在它氛围浓厚的餐厅里继续发扬光大。它位于一栋翻新的别墅中，菜单包括玉棋（Gnocchi，意大利土豆汤团，类似面疙瘩）、卤猪排骨、匈牙利土豆烧牛肉（goulash）和家常香肠。

### 实用信息

**占巴塞区旅游信息中心**（Champasak District Visitor Information Centre；☎020-9920 6710；⏲周一至周五8:00~16:30）可以安排乘船前往东当岛，安排当地民宿或是在当地的客栈安排一个铺位。当地导游中部分人会讲英语，可带领瓦普寺和奥蒙寺（Uo Moung）周边游。你还可以乘船前往奥蒙寺（450,000K），沿途游览东当岛和孟康寺（Wat Muang Kang）。

**网吧**（Internet Cafe，每分钟200K；⏲7:00~18:00）位于Inthira Hotel以南约150米处。

**老挝发展银行**（Lao Development Bank，⏲周一至周五8:30~15:30）设有一台仅接受维萨卡（Visa）的自动柜员机，可以换零钱和兑换旅行支票。

### 到达和离开

占巴塞距离巴色28公里，顺着一条秀美而几乎空空如也的柏油路沿湄公河西岸前行可达。所有沿这条线路运行前往巴色的双条车都在8:00前出发。这里也有往返于巴色的旅游大巴和轮船。

往返巴色可以经由湄公河东岸的班孟村（Ban Muang）到达。班孟村和占巴塞以北1.8公里的班帕品村（Ban Phaphin）之间有小渡船（每人5000K，搭载摩托车20,000K）往返。从班孟村开往巴色城南长途客运总站的双条车，从早上一直运营到10:00左右。

如果想往南走，占巴塞的客栈可以提前帮你安排一辆前往南方的旅游大巴在班拉三十村（Ban Lak 30，Km 30）接你，班拉三十村位于13号公路上的班孟村以东5公里。或者你也可以直接走出班拉三十村搭上一辆顺风车。

### 当地交通

自行车（每天10,000~15,000K）和摩托车（每天80,000K）可以在Vong Paseud（见241页）和Khamphouy（见241页）以及其他客栈租赁。

# 占巴塞周边

## 占巴塞瓦普寺（Wat Phu Champasak） ວັດພູຈຳປາສັກ

古老的高棉风格宗教建筑群占巴塞瓦普寺是老挝旅游的亮点之一。瓦普寺绵延1400米，直至普帕萨山（Phu Pasak，俗称普快山，Phu Khuai，或佩尼斯山，Mountain Penis）山脉的低坡段。瓦普寺与柬埔寨暹粒附近的吴哥时代遗址相比，如同小巫见大巫。但是，你知道有句老话强调“位置、位置、位置”，而这里的楼台亭阁摇摇欲坠，湿婆林伽圣殿装饰华丽，鳄鱼石难以捉摸，参天大树遮天蔽日，树荫凉意沁人心脾，这一切都让瓦普寺笼罩着一股神秘的气息。迷人景致使然，加上高棉建筑中独一无二的布局方式，瓦普寺在2001年被联合国教科文组织列入《世界文化遗产名录》。

根据梵语碑铭和汉语文献考证，早在5世纪中叶，瓦普寺便已是善男信女争相膜拜的神址。寺庙被设计成人间天堂，曾是包括路网、城市、居住地和其他庙宇在内的大规模方案。如今呈现世人眼前的瓦普寺是长达几个世纪不断修建、重建、改建和增建的结果，修筑时间距离现在最近的庙宇建筑也要追溯至吴哥王朝晚期。

在鼎盛时期，瓦普寺和附近的城市是当时该地区最重要的政治经济中心。但是，不管历史意义有多重大，占地84公顷的瓦普寺在各方面都面临着相当大的危险。据详细研究资料表明，渗水侵蚀正影响着寺庙，如果没有系统的水管理方案，庙宇最终将倒塌。由意大利和日本出资的多个项目，对从瓦普寺南面引水流出中心建筑的古渠进行了加固。然而，同样重要的北渠已经完全坍塌，因而瓦普寺的北侧正在缓慢却稳步地毁坏殆尽。将瓦普寺南侧相对完整的台阶和亭阁与北边的比较一下，你就会明白。

意大利考古团（Italian Archaeological Mission）和无人可比的帕特里奇亚·佐来塞博士（Dr Patrizia Zolese）已在瓦普寺工作多年，

其中首席专家佐莱塞博士更是从1990年便开始在这里潜心研究瓦普寺。经过多年努力，他们已绘制出瓦普寺及周围400平方公里的首张详细地图，揭示了瓦普寺古人生活的方方面面。

一辆高尔夫球车运载客人往返于售票处和水池（baray）之间。在此之后，你就要步行了。

## 景点

瓦普寺坐落在湄公河平原和普帕萨山的交界处。普帕萨山在过去的几个世纪里一直都是这片地区的几个南亚语系部族所膜拜的神山，这段历史早于人们开始建造现已沦为遗迹的这片建筑群。

瓦普寺南面有三处状况颇糟的小型吴哥时代景点，主要吸引的是那些高棉建筑的铁杆粉丝。这三处景点都位于前往柬埔寨吴哥窟的古道旁。在对岸，奥蒙寺（见246页）也被认为是与瓦普寺相关的寺庙。

### 占巴塞瓦普寺　　佛教寺庙

（Wat Phu Champasak，门票 8:00～16:30 30,000K，6:00～8:00和16:30～18:00 40,000K；⏲6:00～18:00，博物馆8:00～16:30）这片考古遗址本身分为三层六阶，一条长长的台阶步道贯穿其中，台阶步道两旁有几尊狮子雕像和那伽雕像。

#### ➡下层

20世纪60年代，昭文翁下令修建了一座现代风格大厅，这座大厅曾经坐落在水池西侧，直到最近才被拆除，露出了古代主大门的砂岩地基。一条堤道式礼仪步道从这里开始延伸，南北两侧各有一座水池。北池和南池内部分地方还有水。雨季期间，水池里还

**Around Champasak 占巴塞周边**

## Wat Phu Champasak 占巴塞瓦普寺

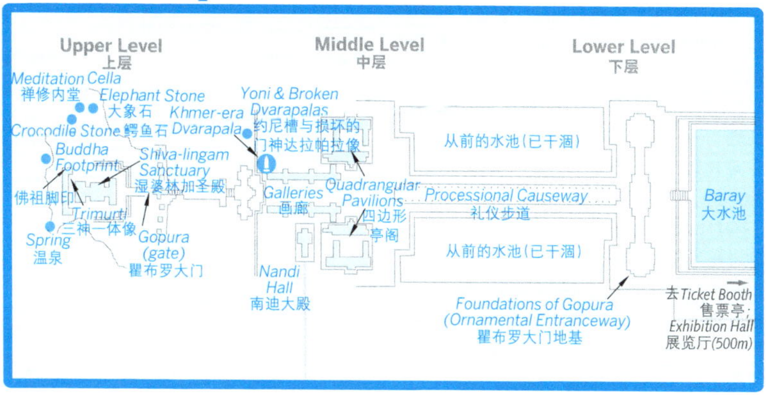


有骄艳盛放的睡莲和零星几头水牛。自从台阶步道两旁的莲花蕾形状的石柱都被重新竖立起来后，这片遗址的形状看去上去就完整多了。

### ➡中层

中间部分有两座砂岩红土精雕细琢的四边形亭阁（quadrangular pavilions）。人们认为两阁建于10世纪中期或11世纪早期，风格类似于柬埔寨的高盖（Koh Ker，也译作孔科、戈格、贡开）。

在后来的几个世纪里，瓦普寺曾被改建为佛教用地，但过梁上原有的印度教雕刻保存了下来，上面有各式各样的毗湿奴和湿婆形象。北阁的东侧山形墙上有一组湿婆和帕尔瓦蒂（Parvati，湿婆的妻子雪山女神——译注）坐在南迪（Nandi，湿婆的坐骑，是一头雪白的公牛）上的浮雕。北阁由四条游廊和一座中心露天庭院构成，但出于安全考虑大门禁止通行。

南阁后方是规模较小的于最近修复的南迪大殿（Nandi Hall，专为湿婆坐骑南迪而建）和两条坍塌的游廊，两条游廊中间夹着一道通往下一层的红土台阶。一条古代皇室专用道路从南迪大殿朝南延伸大约1.3公里，直达西达妃殿（Ho Nang Sida），最终通往柬埔寨的吴哥窟（Angkor Wat）。

在一组小楼梯的底部，向前通往上层的地方有一尊威武的门神达拉帕拉（dvarapala，佛教中的门神，通常守在佛寺或其他建筑门外保护圣所），门神手持权杖蓄势待发矗立在曾经的一座瞿布罗（gopura，华丽的玄关）遗址附近。当我们造访时，门神正身披僧人的橘红色僧袍并手执一顶红色宝伞。如果沿着台阶走下去，然后走到北边的绿地上，将发现一处遗迹约尼槽（yoni pedestal），它象征着与湿婆崇拜教派有关的阴道子宫。约尼槽附近有两尊无头无臂的大型门神达拉帕拉像（dvarapala statues），它们半掩埋在草丛中。在所有前吴哥王朝遗址中，这两尊门神像是迄今最大的达拉帕拉像。

在小楼梯处，一条砂岩路逐渐上升到一处小露台，在那里你会看到6座砖石神龛的遗址——如今只剩下基石了。一道可能修筑于11世纪的那伽造型台阶坡度陡直，通向圣殿。台阶两侧种有成行的老挝国树——鸡蛋花树（plumeria或frangipani，老挝语dàwk jąmpąa）。

### ➡上层

最高层是圣殿本身。圣殿内曾有一尊沐浴在水中的湿婆林伽，沐浴用水取自瓦普寺上方和后方的圣泉，通过石材管道系统输送到圣殿中。现在，圣殿内祭坛上有一组看上去不那么精美细致的佛像。圣殿的砖砌后部是一间内堂（cella），约建于9世纪，曾经供奉着一尊神圣的林伽。

主圣殿后面是一座由一整块大石雕刻而成的高棉式三神一体像（Trimurti），即将印度教的三位主神湿婆、毗湿奴和梵天合雕于一身的全成像。继续向后走，穿过几步平台是一个洞穴，圣泉水就是从这个洞穴流进圣殿的。

就在湿婆林伽圣殿以北，在一片岩石和瓦砾之间，找找**大象石**(elephant stone)和很难找到的**鳄鱼石**(crocodile stone)。在高棉文化中，鳄鱼是半神半兽，尽管很多人认为鳄鱼石曾经用来盛放活人祭品，但鳄鱼石的真正用途至今仍是个谜。鳄鱼石的历史可追溯至吴哥时期，而大象石的历史据说可追溯至16世纪。此外，留意附近的一处石砌的**禅修内堂**(meditation cella)遗迹，以及由两条蛇装点的一排有趣的台阶。

欣赏完瓦普寺的每一处风景后，坐下来好好领略一番从大水池处看出去的开阔视野。流域平原和湄公河景色美不胜收，游客蜂拥而入之前的清晨景致更是美妙绝伦。

### ➡展览厅

(包含在瓦普寺门票内；⏲8:00~16:30)售票处旁的展览厅展示着几十组过梁、那伽(神话中的水蛇)、佛像以及其他来自瓦普寺的石雕作品。简介皆为英文，此外这里还有干净的洗手间。

### 西达妃殿(Ho Nang Sida)　佛教寺庙

只需步行1.3公里即可到达瓦普寺南部的西达妃殿——一定要沿着从台阶步道朝南延伸的小路走，因为该地区可能有一些未爆炸武器(UXO)。它可能建于10世纪早期，而且可能曾是另外一座古城的中心神殿。

### 龟王庙(Hong Tha Tao)　佛教寺庙

位于瓦普寺以南约2.3公里的另一处瓦砾堆。

### 方底砖砌塔　佛教寺庙

(Prasat，ພາສາດ)瓦普寺以南，靠近班塔村(Ban That)的地方有三座高棉方底砖砌塔(prasat)，不禁让人想起泰国华富里(Lopburi，又译为洛布里，泰国中部古城，1665年曾是大城王朝的陪都)类似的三重塔。毫无疑问，这三座塔象征印度教三神一体的湿婆、毗湿奴和梵天，据说建于11世纪。可自驾车或搭乘嘟嘟车前来。

## 节日

### 占巴塞瓦普寺节(Bun Wat Phu Champasak)　佛教节日

这个为期三天的节日是占巴塞全年的亮点，在阴历第3月的满月日(通常是在公历2月)举行。节日期间进行的重要仪式都与佛教有关，满月日那天节日活动达到高潮，一行僧人在大清早接受信徒施舍，当天晚上在下神殿举行烛光绕佛仪式(circumambulation，老挝语wéean téean，指顺时针方向环绕神圣的物体)。

节日期间整整三天时间里，老挝香客攀爬附近山坡，停下来祈祷，敬献鲜花和熏香供品。现在的瓦普寺节已日趋商业化，多数情况下，节日气氛介于儿童嘉年华和音乐节之间。节日重大活动有泰国拳击赛、斗鸡、喜剧表演和大量的歌舞表演，甚至还会有从万象远道而来的乐队。天黑后，老挝啤酒和老挝米酒(lòw-lów)可无限畅饮，气氛也开始变得喧闹起来。

## 到达和离开

瓦普寺距离巴色46公里，距离占巴塞10公里。早上可能有双条车从占巴塞出发，但不要仅仅指望它。在占巴塞租一辆自行车或摩托车，或雇一辆嘟嘟车吧(往返80,000~100,000K)。

## 奥蒙寺(Uo Moung，Tomo Temple)　ອູໂມງ, ວັດໂຕະໂມະ

高棉寺庙遗迹奥蒙寺(又名多莫寺，Tomo Temple；门票10,000K；⏲7:30~16:30)据说建于公元9世纪末，时值高棉王耶输跋摩一世(Yasovarman I)统治时期。奥蒙寺位于13号公路旁巴色以南45公里处，坐落在一片遮天蔽日的森林中，旁边有一条湄公河小支流。虽然人们对奥蒙寺的确切用途知之甚少，但其面朝神山普帕萨山的方位说明它与瓦普寺存在某种关联。

奥蒙寺遗迹包括入口大门的距离标志(常被错当成林伽)和两座支离破碎的瞿布罗。相对完整的瞿布罗上有一根林伽模样的奇特石柱，石柱上面刻有两张脸。说它奇特是因为一般的穆卡林伽(mukhalinga)刻有四张脸，而最普通的林伽根本没有刻脸。高耸挺拔的龙脑香树（dipterocarp）下有几根砂岩过梁，但奥蒙寺遗迹最好的过梁现藏于巴色的占巴塞历史遗产展览馆。遗迹中心的一座白色建筑内供奉着一尊素可泰风格（Sukhothai-style）的佛祖铜像。

## 到达和离开

如果你自行前往奥蒙寺，可在13号公路以西的Km 42处向西转，沿着一条柏油公路继续前行5公里。从巴色出发向南行的双条车可以让你在岔路处下车，在那里会有三轮车和嘟嘟车等候，但是返回巴色便成了难题。一个更合理的计划是继续乘船前往占巴塞，可在班多莫村（Ban Tomo，遗址以南400米处的一个河畔村庄）乘船。

你还可以从湄公河对岸的东当岛或占巴塞乘船前往奥蒙寺。从占巴塞出发，往返的船费约为300,000K，其中包括1小时左右的等候时间。从东当岛出发稍微便宜一点，尤其是如果你骑自行车前往东当岛南端的班西苏村（Ban Sisouk），并从那里乘船（往返约60,000K）。

另一个很好的选择便是租一辆自行车，乘船先前往东当岛，然后再到奥蒙寺，接着过河到孟康寺，最后骑行返回占巴塞。

# 吉翁村（Kiet Ngong）

ບ້ານຜາໂພ

吉翁村位于色边河国家保护区（Se Pian NPA，见248页）边上，在这里老龙族（Lao Loum）的村民与大象结下了百年不解之缘。以前，大象被用来搬运木头或在稻田里干重活。通常而言，每头大象都有一位不同的主人，在大多数情况下，主人和大象之间的这种主仆关系会占据彼此生命中的大部分时光。但由于大象饲养成本很高，加之现在机器可以取代大象运木头、干农活，村民已转向发展旅游业来维持大象的生活。

于是，这便促成了老挝南部最成功的以社区为基础的生态旅游项目。在亚洲发展银行（Asian Development Bank）的帮助下，这一项目于21世纪头十年的中期开展了起来，吉翁村目前已经能自行运作。由社区经营的旅游信息中心（见248页）可以安排民宿、徒步旅行、骑象游、观鸟以及许多其他的探险活动。

吉翁村坐落在13号公路上10公里处的湿地边缘，这里聚集了很多鸟类。散养大象和大群水牛带给湿地一种野生动物园的感觉。最好在这里留宿至少一晚，当然也可以从巴色或占巴塞前来此地开展一日游。

到访吉翁村的游客需要在色边河国家保护区支付门票20,000K。

## 活动

骑象游是一项极具吸引力的活动。其他活动包括传统的独木舟游（仅限雨季），有导游带领的全天和半天自然之旅，步行或乘独木舟观鸟。徒步游的机会在色边河国家保护区比比皆是，也可由导游带领前往普阿萨山（Phu Asa）。在游客中心（Visitor Centre）或Kingfisher Eco-Lodge可安排各种相关活动。

### 骑象游

几乎每位前来吉翁村的游客都会骑大象前往一座名为普阿萨山的山顶，山名源自19世纪一群反抗暹罗人的民族主义者。这座平顶的小山上有一座摇摇欲坠和杂草丛生的寺庙——仅存的只是几块石板砖柱头。寺庙远处有一条小路通往佛祖脚印石刻。

这个地方有一种巨石阵的感觉，但当地人的说法却恰恰相反，他们说这些石柱的历史可能还不到1000年。在顶部，你可以俯瞰整片湿地和辽阔的大片森林。不过这90分钟骑象游（每头大象120,000K）走的是陡峭的红土路，而并非林间路径。

骑着大象穿越湿地是另一种选择，而那些臀部坚实的旅客们可能会选择整天的大象“游猎”（每头大象360,000K）行程。

吉翁村和邻近的绥族（Suay）村庄班帕珀村（Ban Phapho）以东10公里处是传统的大象繁育中心。但最近吉翁村和班帕珀村的象夫们一直不愿让自己的母象交配，怕会导致它们臀部骨折（显然，该现象并不少见）。象主人们不能冒这个失去收入的风险。

现在，在国际保育团体的支持下，吉翁村的大象再次繁衍起来了。当你读到本书之时，吉翁村的13头大象（11头母象和2头公象）的数量正在日渐壮大呢。

## 食宿

在吉翁村有两种选择：入住高档的Kingfisher Eco-Lodge或是通过游客信息中心安排住宿。村民们会准备饭菜，你也可前往社区客栈用餐，每餐费用20,000K。

**★ Kingfisher Eco-Lodge** 度假屋 $$

（☎020-5572 6315；www.kingfisherecolodge.com；房 生态/舒适 旺季250,000/720,000K，淡季190,000/600,000K；⏲5月至6月歇业；❄@📶）由一个老挝意大利家族经营，这间生态度假屋建在7公顷的湿地边缘，吉翁村以东约700米。这是一个美丽的地方。黎明时分，坐在你的阳台上看水牛群拍打着水花趟过整片湿地，象夫们骑着大象前去工作，这将会是一段难忘的经历。

7间舒适房间意大利派头十足，房间浴室里有巨大的木质台面，抛光的硬木柱和地板，可爱的床，更无懈可击的是——设有大藤吊床的巨大阳台。4间经济（2间双床间和两间大床间）房间有较小的阳台和一间一尘不染的共用浴室。灯光和热水都是太阳能供给的。双层餐厅和酒吧很容易让人感觉置身于东非的游猎小屋。

由游客信息中心提供的大部分活动在这里也提供，甚至还有一个全天的课程，教授你如何成为一名象夫（每人570,000~680,000K）。也有色边河国家保护区的全日山地自行车之旅。度假屋对于这些活动的的收益非常透明化，包括村庄的收入和小屋的利润等信息都很透明。

**游客信息中心** 客栈 $

（Visitor Information Centre；每人40,000K）这里提供三种类型的住宿。最简单的是住在当地人家中的民宿（每晚30,000K）。第二个选项是一个社区客栈（每晚40,000K），距离游客信息中心15分钟步程，条件是两间大平房的宿舍，地理位置十分优越，可俯瞰湿地。第三种选择，是在靠近村庄中心较高档的带浴室的平房下榻，这些平房在我们调研期间尚未开放，估计费用约为80,000~100,000K。

**Boun Home Guest House** 客栈 $

（☎030 534 6293；每床30,000K）位于班帕珀村，这个客栈很小，超简约的客房是地道的木质房间。浴室是共用的，而且也没有热水，但Bounhome先生和他的家人都很热情，他们会讲一些英语和法语。如果要吃腊普（láhp，20,000K）和糯米饭（kòw nĕeo），请提前点单。Bounhome先生也可以安排骑象游（120,000K）或带你看大象工作（在适宜的季节，80,000K）。

## 实用信息

**旅游信息中心**（Visitor Information Centre；☎030-991 8155，020-9699 9793；toui_ps@hotmail.com；⏲7:00~16:00）这间由社区经营的设施位于吉翁村中心，他们可以安排你需要的一切，包括骑象游、住宿、从13号公路过来的交通以及导游。墙壁上张贴着有用的活动、短途游以及色边河国家保护区的生态和历史的信息。可以向中心一位会讲英语的导游Toui咨询一下。

## 到达和离开

吉翁村在班唐本村（Ban Thang Beng）以东那段有时如恶魔般的18A号公路（Rte 18A）旁，从巴色至阿速坡的13号公路以南48公里。至吉翁村的岔路是班唐本村以东7.5公里处的一条非柏油路，乘小摩托车可轻松行驶；村庄距离岔路以南1.8公里，再前行700米左右就到Kingfisher Eco-Lodge。

一辆或两辆前往巴色的双条车（30,000K，1.5~2.5小时）于8:00左右从吉翁村出发。还有另外一辆双条车在8:00或9:00从班帕珀村出发。相同的双条车于15:00~16:00从巴色的城南长途客运总站返回。说“吉翁村”经常会被误解，因此咨询时请说“普阿萨山”。根据乘客的数量，从巴色出发的双条车包车费用为300,000~400,000K。

或者，乘坐任何沿13号公路南下的车，在班唐本村下车，然后致电游客信息中心让嘟嘟车（70,000K）来接你。

# 色边河国家保护区（Se Pian NPA）

ປ່າ ສະຫງວນ ແຫ່ງ ຊາດ ເຊ ປຽນ

**色边河国家保护区**（Se Pian NPA；www.xepian.org）是老挝最重要的保护区之一。保护区西至13号公路，东接阿速坡，南邻柬埔

寨边境，占地2400平方公里。色边河（Se Pian）、色坎坡河（Se Khampho）、塞公河（Se Kong）三条大河滋润着这方宝地。保护区内栖息着少数的亚洲黑熊、黄颊长臂猿（yellow-cheeked crested gibbon）和暹罗鳄鱼（Siamese crocodiles）以及众多鸟类，包括稀有的赤颈鹤（sarus crane）、兀鹫（vulture）和犀鸟（hornbill）。白臀野牛（Banteng）、亚洲象、野牛和老虎也曾经在这里出没，但最近几年这些生物的踪迹已经由少见到销声匿迹了。

吉翁村游客信息中心（见248页）和巴色的省旅游局（见255页）提供的2~3天徒步之旅，可让你进入园区并参观少数民族村落。吉翁村的Kingfisher Eco-Lodge还组织山地自行车游，带你穿过一些村庄。巴色的Green Discovery（见346页）安排一次两日/一晚的园区露营之旅。在我们撰写本书的时候，前往达翁（Ta Ong）的拉维（Lavae，又作Brau）村的传奇徒步之旅被暂停了。

从阿速坡也可以到达色边河国家保护区。在吉翁村和阿速坡之间那条极其颠簸的18A号公路是对那些经验丰富的山地骑手的一项考验。如果没有精良的自行车（摩托车）和丰富的经验，请不要独自尝试这条路。一年之中的大部分时间有几条河需要轮渡过河，而崎岖的道路也岔路繁多。

如果你感到精力充沛又十分渴望探险，可以从阿速坡以西35公里处18A号公路旁的萨南赛（Sanamsay）租一条小船顺塞公河而下。这趟前往柬埔寨边境的旅程会让你深入到色边河国家保护区一片风景优美的区域。

## 波罗芬高原（BOLAVEN PLATEAU）

波罗芬高原(ພູພຽງບໍລະເວນ，老挝人称之为普平波罗芬山，Phu Phieng Bolaven）横跨占巴塞省东北部，一直延伸至沙拉湾和塞公以及阿速坡省，这片美丽富饶的土地因其凉爽的气候、磅礴的瀑布、肥沃的土地和高品质的咖啡种植园而闻名于世。

直至20世纪早期，法国人开始在这里种植咖啡、橡胶树和香蕉，波罗芬高原才出现农耕密集的现象。20世纪50年代老挝独立后，多数法国种植者随即离开了这片土地，留下来的那些人因为无法忍受美国人的轰炸在60年代也相继离去。对于美国人和北越人来说，控制波罗芬高原具有生死攸关的战略意义，至今残留在高原上数量惊人的未爆炸武器便能说明这个问题。

清理未爆炸武器的工作仍在缓慢进行中，但是，在已清理干净的区域里，当地农民和大型组织机构争相种植咖啡。当地其他农产品还包括水果、小豆蔻（cardamom）和省藤（rattan）。

波罗芬高原上最大的民族是拉旺族（Laven，波罗芬对于他们而言就是“拉旺族之家”）。部分其他孟高棉族群包括阿拉族（Alak）、嘎杜族（Katu）、达维族（Tahoy）和绥族（Suay）也居住在高原上。

从巴色可以骑摩托车对波罗芬高原开展一日游，但我们建议多花几天时间深入“南环路”（Southern Swing，见258页）探究一番。

### 巴松及周边（Paksong & Around） ປາກຊອງ

老挝的咖啡之都巴松没有太多景点值得一观，大部分地方都湮没在越南战争的纷飞炮火中。但巴松海拔1300米，温和的气候，让人倍感舒适。这里也是唾手可得的波罗芬高原探险出发地，还拥有一个饶有趣味的市场以及凉爽的空气。

#### 景点和活动

可以在会邦灵河（Huay Bang Lieng）进行河上漂流和皮划艇游，这条河流在7月至11月的雨季为达凡瀑布（Tat Fan）提供水源。详细信息请在巴色咨询Green Discovery（见346页）。

巴松有众多令人叹为观止的瀑布从波罗芬高原飞流直下，其中最热门的就是达凡瀑布和达旺瀑布（Tat Yuang）。从达凡瀑布出发，你可以徒步穿过片片覆盖着波罗芬高原的大小不等的咖啡树林。

**达凡瀑布** 瀑布

（Tat Fan，ຕາດຟານ；Rte 16，Km 38；门票5000K）达凡瀑布是老挝最壮观的瀑布之

一。会邦灵河的两条支流冲出茂密的森林，飞流直下120多米。观景点就在Tad Fane Resort（见251页），位于悬崖对面俯瞰瀑布的一间森林度假屋。这间度假酒店和E-TU度假村都提供有导游带领的前往瀑布顶端的徒步之旅。徒步通常在早上；往返瀑布需要数小时。

前往达凡瀑布的岔路在巴松以西12公里处有清楚的标识，从岔路处沿一条土路前往瀑布仅需约800米。往返于巴色和巴松之间的班车可以让你在这个岔路下车。

### 达旺瀑布

瀑布

（Tat Yuang，ຕາດເຍືອງ；Rte 16, Km 40；门票10,000K；⏲售票亭8:00~17:00，瀑布至18:30）达旺瀑布令人印象深刻，其双子瀑急流飞泻40米，汇入青葱茂密的丛林里。来自巴色和泰国的一日游旅客们非常青睐达旺瀑布，他们都喜欢到瀑顶进行野餐。因此要么赶早，要么逗留到黄昏后人群散去，这两种做法都是不错的主意。瀑布底下的水潭可以游泳，但女性必须穿着纱笼才能下水。

达旺瀑布从16号公路看上去很显眼，在巴松以西10公里，达凡瀑布以东2公里。

### 达塔杰瀑布和达嘎默瀑布（Tat Tha Jet & Tat Kameud）

瀑布群

那些寻找游客较少的观瀑经历的旅行者可前往班农琅村（Ban Nong Luang），它位于巴松以东11公里。从这个村庄出发可以参加一个由当地导游带领的徒步游，可到达两处蔚为壮观的瀑布，高达7层的达塔杰瀑布和达噶默瀑布。

要前往班农琅村，沿16号公路（Rte 16）往东，经过Ban Won coffeeshop后的第一个弯右转。

### 达埃杜瀑布

瀑布

（Tat Etu，Rt 16，Km 35；门票7000K）位于巴松以西15公里的E-TU Resort（见251页）正下方，达埃杜瀑布非常容易到达，但一些泰国旅行团也会前来此处。

### 栋华绍森林国家保护区

公园

（Dong Hua Sao NPA；ປ່າສະຫງວນແຫ່ງຊ



## 老挝咖啡（GAH-FÉH LÁO）

高峻而平坦的波罗芬高原是种植咖啡的理想之地，该地区出产一些世界上最好最贵的咖啡豆。阿拉比卡（Arabica）、迪比卡（Arabica Typica）和罗布斯塔（Robusta）等原种咖啡豆均有种植，大部分分布在"咖啡之都"巴松周边。

20世纪初期，咖啡由法国人带入波罗芬高原，运来的迪比卡咖啡豆当时被美誉为"香槟咖啡"。

上世纪60年代和70年代的地毯式轰炸之后，咖啡业务开始回升，20世纪90年代，占据主导地位的是几个种植园和企业，其中最大的是总部位于巴色的Dao Heung。对于农民而言，每公斤低于0.50美元的收入并没有提高他们的生活水平。

这些咖啡种植园和公司依然处于垄断地位，不过旨在惠及小规模农民的公平贸易项目正在如火如荼地展开。**杰海咖啡农合作社**（Jhai Coffee Farmer Cooperative，www.jhaicoffee.com）是一个500人组成的团体，于2004年在美国加利福尼亚杰海基金会和感恩咖啡公司（Jhai Foundation and Thanksgiving Coffee）的援助下建立。合作社成员主要由来自巴松以东的12个拉旺族村子组成。种植咖啡所需使用的机器设备已购置，合作社咖啡农也通过培训掌握了现代的咖啡种植技术，从而最大化提高咖啡豆品质。咖啡农持有公平交易证后，就能保证获得比卖给批发商的收购价高得多的利润。

那些想近距离观看咖啡种植园的人可以前往普维（Phuoi），这已成为杰海咖啡集团的非官方总部。沿23号公路（Rte 23）向东，在Bon Won coffeeshop后的第一个路口右转。到达普维还有4公里。

ໆດດົງຫົວສາວ）巴松周边覆盖了大部分波罗芬高原的就是占地1100平方公里的栋华绍森林国家保护区，园区包括大片原始丛林。在那里你可能会看到猴子、大型蝴蝶和罕见的犀鸟。根据环保组织所说，直至最近，野生大象也曾在此出没，不过现在它们已不见了踪影。

Green Discovery的探险专家（见215页）在栋华绍森林国家保护区设有大本营和滑索项目，位于巴松以南约15公里。这是体验园区的最佳方式，但你必须与Green Discovery在巴色的办事处提前预约安排这些团队游（显而易见，你不能单枪匹马就去体验滑索）。

达凡瀑布附近的Tad Fane和E-TU度假村也可以安排让你进入园区的徒步之旅。

## 团队游

### Koffie's Tours 咖啡团队游

（☎020-2276,0439；koffie@paksong.info；咖啡种植园之旅 每人50,000K, 咖啡烘焙作坊包括咖啡种植园之旅每人170,000K）如果想有不同的体验，Koffie，一位与Won Coffee（见251页）合作的荷兰人可组织咖啡种植园和咖啡烘焙作坊的观光旅。在Won Coffee或Tad Fane Resort附近问问Koffie在哪里。

## 住宿

在这里住宿根本无需空调房，当然大部分度假村也没有空调。

### Savanna Guesthouse 客栈 $

（☎020-5579,0613；房 80,000~100,000K）这是一个靠近池塘的友善客栈。房间现代化而明亮，包括漂亮的浴室。位于巴松市场的东北面；沿16号公路向东，在Kolau Motorcycle店左转，然后继续前行900米。

### E-TU Resort 精品酒店 $$

（☎020-2226 7222,,030-955 9144；www.waterfalletupaksong.com；Rte 16，Km 35；铺 US$12, 双 含早餐US$30~40；📶）位于巴松以西15公里的一处前咖啡和茶叶种植园，这个规模甚大的度假村的精美平房有抛光木地板、醒目的老挝织品和超软的床。较高档的房间有大型阳台，可聆听附近达埃杜瀑布的水声。较便宜房间是双床标准间。

### Sinouk Coffee Resort & Cafe 精品酒店 $$

（www.sinoukcoffeeresort.com；房/套US$40/80；@📶）位于巴松以西30公里处，位于前往他登（Tha Taeng）路上的一条潺潺小溪边的一个咖啡种植园内。这里有一种山间小站的感觉。像它的姐妹度假村，巴色的Residence Sisouk（见233页）一样，它的客房布置着地道的纺织品、古典家具和那些老时光照片。团队客人可以租下这里两间优质的小屋（或者其中一间）。如果你路过此地，也值得进来吃顿饭。

### Tad Fane Resort 度假屋 $$

（Rte 16, Km 38；房 含早餐US$27~37；📶）这片度假屋地理位置优越，可俯瞰达凡瀑布，可惜它卓越的地理位置却和它的管理不相匹配。窝在你价廉物美的复式小屋内，尽情享受夜间森林交响乐吧。当白天的汹涌人潮前来观望达凡瀑布之时，你不妨考虑去徒步以躲避他们。

### Paksong Phuthavada Hotel 酒店 $$

（☎030-534 8081；房 1000B起；❄）这间空闲得略显诡异的酒店屹立于一座可以俯瞰巴松的小山坡之上，全城都能看到这个酒店。从大气的车道驶入酒店，就可以看见宽敞和光洁可鉴的房间。

## 餐饮

### Borlavein Restaurant 老挝菜 $

（☎020-5583 6326；主菜15,000~40,000K）坐落在一座有美丽鲜花围绕的茅草房屋里，这间本地餐厅的特色菜是老挝胡椒汤面。在出城方向，它就位于城北端的右侧。

### Won Coffee 咖啡馆

（Rte 16；📶）免费这是品尝来自波罗芬高原的新鲜咖啡（一杯10,000K）和绿茶的地方，包括由麝香猫产的努瓦克咖啡（即“猫屎咖啡”，每100克200,000K）。这也是巴松地区唯一一处有无线网络的地方，还有该地区徒步游的信息。

## 实用信息

巴松的信息渠道很少。最好的方式是试试在E-TU Resort咨询，或者在Tad Fane Resort和Won Coffee找Koffie（见251页）。Koffie开设了两个有用的网站，www.paksong.info和 www.bolaven.com。

## 到达和离开

巴松和巴色城南长途客运总站之间的双条车在8:00~16:00（15,000K，90分钟）频繁往来。

# 达洛（Tat Lo） ຕາດເລາະ

034

达洛（念作đàht ló）迷人的环境、廉价的住宿以及丰富的景点正让它日渐受到背包旅行者青睐。瀑布是达洛存在的理由，瀑布为这里平添了一份平静，游客因此流连忘返。如果准备深入波罗芬高原以及一些南部省份腹地探险，达洛都是最理想的出发地。达洛村庄的真名叫班仙万村（Ban Saen Vang），不过所有人都叫它达洛。



## 景点

沿河而上有三处瀑布。

### 达杭瀑布 瀑布

（Tat Hang，ຕາດຮັງ）达杭瀑布距城最近，在桥上和几家客栈里能看到这座瀑布。你可以在达杭瀑布下游泳——通常会与当地人为伍。请注意，旱季期间上游的水坝管理部门会在晚上开闸泄洪，届时瀑布水量将增加一倍有余。问清楚几点开闸泄洪，到时你就不会站在瀑布顶端，从而避免潜在的致命危险。

### 达洛瀑布 瀑布

（Tat Lo，ຕາດເລາະ）达洛瀑布位于上游约700米处，比达杭瀑布稍大一点，但没有特别之处。如果想去看达洛瀑布，沿Saise Guest House旁的小河西岸直走便可到达。

### 达宋瀑布 瀑布

（Tat Soung，ຕາດສູງ）达宋瀑布高达50米。不幸的是，新建的大坝已大幅减少了这个曾经十分壮观的瀑布的流量。如果你向上游走约300米到达瀑布顶端，你会在那里发现一个令人愉快的游泳洞。你可以在一位导游的带领下前往达洛瀑布，或者骑摩托车或自行车到瀑布顶端，无论如何，出城向东，通过Tadlo Lodge并按照标志的方向前行大约10公里距离即达。

## 活动

### 徒步游

如果想前往达洛周边徒步，我们建议你从达洛导游协会（Tat Lo Guldes Association）聘请一位导游。协会位于达洛旅游信息中心（Tat Lo Tourism Information Centre，见254页）外。由导游带领既能够丰富你的徒步经验，又能避免迷路。

前往达宋瀑布最热门的就是半日和全日

## 与少数民族为伍

巴色和达洛的大多数旅游公司都在他们的标准一日游中包括了前往达洛和波罗芬高原周边少数民族村庄拜访的项目。不幸的是，这些旅游的不利之处是使当地传统遭受了影响，毫无疑问，当地村民也受够了频繁载客而来的客车以及那些只知道呆呆拍照的游客。

大多数旅游公司都会前往位于巴色和达洛之间的20号公路（Rte 20）沿线的一些村落，以及沿着班本村（Ban Beng）和他登（Tha Taeng）上行之路的几个村落。做足充分的调查，以确保你的团队不会前往其中之一。如果是，就考虑跳过寻访少数民族的项目。

同样要避免前往任何靠近主干道上的村庄。越是偏远的村庄，越能带给你值得回味的、真实的体验。在崎岖的18A号公路和23号公路（Rte 23）上就有几处这样的好地方。

拜访少数民族地区的常用规则均适用于此（见101页）。

## 嘎杜族和阿拉族水牛祭

达洛附近的嘎杜族和阿拉族因每年举行的一次杀牛以祭村神的祭祀活动（通常在3月的一个满月日举行）而颇有名气。根据村中的水牛状况和上年庄稼收成情况来确定牲牛数量，一般是1~4头。祭祀活动期间，几名男性村民勇士戴上木制面具，挥舞长矛和木盾，然后在房屋围成的圆圈中央围绕牲牛跳杀牛舞。规定时间的跳舞程序结束后，勇士聚在水牛周围，举起长矛刺死水牛。牛肉分给村民，每户人家都要将分得的牛肉作为祭神贡品放在篮中，挂在自家门前的一根竹竿上。

嘎杜族和阿拉族的其他传统，有些与拉旺族相同，包括女性面部文身（这是一项正慢慢消亡的传统），以及将他们的棕榈茅草屋排成圆圈状。嘎杜族的另一项独特的传统就是提前为家庭的每一位成员雕刻木质棺材。棺材被安放于房屋或米棚之下，直到需要的时候就抬出来使用——当你在这里转悠的时候偶尔可以看见它们。

徒步游，从嘎杜、达维和/或者绥族少数民族村庄开始。半日的徒步每人统一收费80,000K。全天的徒步费用取决于团队的人数。

如果希望进行一些更具探险性的活动，可考虑由旅游中心提供的为期两天的普考奎山（Phou Tak Khao Mountain）游，其中包括在绥族民族村庄夜宿一晚。2人/4人团每人费用约为US$60/35。

### 骑象游

Tadlo Lodge（见254页）提供以两头母象（每人100,000K，60分钟）为坐骑的游览。这条骑象游的经典路线会穿过你无法徒步穿越的森林、村庄和满是湿滑岩石的溪流。骑象游每天按照固定时间从Tadlo Lodge出发。

### 食宿

这个村庄只有一条街，大多数住宿都位于旅游局附近的桥的东面。如果你提前致电，可咨询你下榻的客栈关于高速公路（Rte 20）免费接送的事宜。

**★ Saise Guest House & Restaurant** 度假屋 $

（☎034-211886；房 带风扇/空调 60,000/180,000K起，主菜40,000~60,000K；📶）位于河西岸一座郁郁葱葱的花园内，这个地方从达杭瀑布延绵至达罗瀑布。房型从主楼廉价的风扇房到上游精致的空调平房不等。这里的餐厅是达洛最好的，包括炒菜、沙拉和各种鱼类佳肴。餐厅是唯一有无线网络的地方。

**★ Fandee** 客栈 $

（房 50,000~60,000K；📶）Fandee在老挝语里是"快乐"的意思，它非常恰当地描述了这间客栈友好的法国主人。4间抬高的平房十分稳健，且比该价格范围内的所有房间都更舒适和通风，还设有茅草屋顶、私人门廊和卵石地板以及冷水浴室。餐厅笼罩着公社氛围，客栈周日会组织前往达宋瀑布的野餐郊游。它位于旅游信息中心对面。

**Palamei Guesthouse** 客栈 $

（☎030-962,0192；房 不带/带浴室 40,000/60,000K起；📶）这间客栈俯瞰着美丽的草甸，较好的房间有蚊帐，露台有桌子，个别房间还有冰箱和简约厨房。这里的店主人Poh是一位优秀的厨师，因此来此就餐也是非常值得的。

**Sabai Sabai** 客栈 $

（☎030-962,0200；房 30,000~35,000K）它自诩"民宿"——估计是因其所有房间皆在同一屋檐下的缘故。但它实质上就是一间客栈。5间房间有蚊帐、混凝土地板和竹条窗户。为更大点的房间多付5000K还是值得的。这里还有摩托车供租赁以及工艺品出售，属于性价比颇高的一间客栈。

**Mama Pap Guesthouse** 客栈 $

（铺 7500~15,000K）没有哪一处比这间颇受欢迎的背包客聚集之地更廉价也更朴素的了。想象一下在一间大屋子的地板上有一张有蚊帐的床垫。两人合睡一张床每人只需付7500K。路边餐厅的Mama Pap（帕普妈妈）承诺"花小基普，享大美食"。

**Tim Guesthouse & Restaurant** 客栈 $

（☎034-211885；soulideth@gmail.com；房 40,000~60,000K；@ 📶）这里有7间染色红木平房——所有房间共用一个干净的浴室。房间是船的形状，但设施基本，有凹凸不平的床垫。咖啡馆与其他相比十分豪华。无线网络的收费是每小时30,000K。

**Siphaseth Guesthouse** 客栈 $

（☎020-9539 1126；房 40,000~70,000K）这间地理位置优越的客栈位于河上，在桥的东端。至于房间嘛，就没什么好期待的了。虽然有热水，但供水设施却显老化。坐在简约餐厅（主菜5000~25,000K）的凳子上可以俯瞰河流，这是一处品味老挝啤酒的理想场所。

**Mr Vieng Organic Homestay** 家庭寄宿 $

（☎020-9983 7206；每人20,000K,每餐15,000K）这是位于20号公路上一个咖啡种植园内的友好民宿，距离达洛以西约23公里，老涅安村（Lao Ngam）以西10公里。民宿主人嘎杜族夫妇售卖纺织品，还可以组织该地区的短途游览。

**Tadlo Lodge** 度假屋 $$

（☎034-211885；www.tadlolodge.com；标单/双 含早餐 US$41/47起；📶）位于瀑布上方，坐拥一江春水的伊甸园美景，正是你所需要的那样。主楼是传统的老挝风格，有木地板和菩萨塑像。河对面（西侧）新建的平房则很时尚。

## 饮品

**Em's Coffee** 咖啡

（ema.g@gmx.at）长期旅居老挝的Em是一位奥地利人，他经营有机咖啡、售卖嘎杜族织品并且提供铁锅烘焙咖啡豆的课程。它位于游客中心的隔壁，也能提供关于该地区和老挝的信息。

## 实用信息

在Tim Guesthouse（见254页）可以上网，每分钟500K。城内没有自动柜员机，因此请带上现金前来。

**达洛旅游信息中心**（Tat Lo Tourism Information Centre，☎020-5445 5907，034-211528；kouka222@hotmail.com；🕗8:00至正午和13:00~16:30）这间颇有帮助的办事处经营着达洛导游协会（Tat Lo Guides Association）。如果你需要一位导游或本地游览的信息，或者想要深入沙拉湾及更远处探索，那么它就是你前往的第一站。他们还可以帮助你安排波罗芬高原和东南各省的交通。这里还有该地区的地图和小册子。Kouka会讲英语，提前联系预约一位英语或少数民族导游会很值得。

## 到达和离开

达洛距离巴色东北86公里。只要在巴色城南长途客运总站说"达洛"，你就会被带到每日5趟的前往沙拉湾的班车前，客车在20号公路上的班夸塞村（Ban Khoua Set，25,000K，2小时）停车，从那里可步行1.5公里或乘坐嘟嘟车（10,000K）到达达洛。

如果你前往巴松、塞公或阿速坡，你就要在他登（Tha Taeng）转车。要到他登，先前往班夸塞村西北5.5公里的班本村（Ban Beng），在那里，上午有来自沙拉湾的客车经过。否则，你就要找一辆嘟嘟车或三轮车从班本村一路向上行21公里到达他登。此外，有从班本村发出的零星双条车和跟达洛（请在那边咨询）旅游局联运的小客车前往巴松。

# 沙拉湾（Salavan） ສາລະວັນ

☎034 / 人口 25,000

沙拉湾省因其比老挝其他传统景区偏远而知名。这里以前曾是占巴塞一个名为孟曼（Muang Mam）的王国，此地多由孟高棉少数民族居住。这里由暹罗人在1828年更名为沙拉湾（泰语写为Sarawan）。但它在印度支那战争中遭到全面摧毁，当时它在老挝皇家军队和巴特寮的占领中来回易主。

有传言说可能在2014年或2015年在沙拉湾以北的萨姆依（Samouy）开放一处边境口岸。在那之前，沙拉湾就是一处前不着村后不着店之地，没有什么前来此地的理

由——除非你想探索周边偏远的少数民族村庄。

虽然省内35万人口大半都是老族（老龙族和老松族），但是没有一个老族人是这里土生土长的。其余人口都是人数相对稀少的孟高棉语族，包括达维族、拉维族（Lavai）、嘎当族（Katang）、阿拉族（Alak）、拉旺族（Laven）、埃族（Ngai）、侗族（Tong）、巴戈族（Pako）、嘎奈族（Kanay）、嘎杜族和嘎多族（Kado）。

胡志明小道的几乎所有主要支路都穿过沙拉湾省某个地方，未爆炸武器依然是个严重问题。如果你自行外出探索该省就一定要小心谨慎。可以到主干道上的**UXO Lao**（⏲8:00~17:00）去看看清除小组清理的部分武器。

这里的主要景点是**农布瓦湖**（Nong Bua），这是一处因日渐稀少的暹罗鳄鱼（老挝语为khàe）而著名的湖泊。当前，这里剩下的鳄鱼已然不多（两只或三只），而亲眼目睹鳄鱼的机会也很渺茫。不过，可以去看看附近那1588米高的普嘎达山（Phu Katae）。湖泊距离沙拉湾以东仅15公里，并可以通过摩托车或自行车前往；在雨季里，还需要乘坐几趟渡船。

城中有几处可供住宿之处。如果希望找一处位置优越（市场附近）价格又不高的地方下榻，可以试试友好简约的**Thipphaphone Guesthouse**（☎034-211063；房40,000~70,000K；❄），如果想住得好一点，**Phoufa Hotel**（☎030-537,0799；房50,000~140,000K；❄）就位于城内主干道上，距离中心以西3公里。

## 实用信息

**省旅游局**（Provincial Tourism Office）位于城内主干道上，市场以南一个街区。如果你打算进一步探索该省就前去看看。达洛旅游信息中心（The Tat Lo Tourism Information Centre，见254页）可以提供与沙拉湾省相关的更好信息，并且还派发一本包含该省重要景点的小册子。

在市场旁有一台BCEL自动柜员机。

## 到达和离开

沙拉湾的长途客运总站距离城中心以西2公里，20号公路和15号公路（Rte15）在那里会合。这里每日有5趟车开往巴色（25,000K，3.5小时），大部分都继续驶向沙湾拿吉。

8:30有一趟经过他登（Tha Taeng）开往塞公的公交车。中午有一趟双条车前往达维（40,000K，3小时，84公里），13:00有经过达维到萨姆依（Samouy，80,000K，5.5小时，148公里）的客车。

# 沙拉湾周边（Around Salavan）

要当心，沙拉湾周边地区到处皆是未爆炸武器。沿那些公认的道路和小路行走。

### 敦兰和23号公路（Toumlan & Rte 23）

敦兰是个嘎当族村，位于崎岖的23号公路沿线，沙拉湾北约50公里的地方。敦兰的丝织工艺和拉布节（Lapup festival）非常有名，拉布节通常在2月下旬举行。敦兰非常贫困，但从文化角度来看却相当有趣，因为敦兰坐落在胡志明小道上。

前往敦兰可沿着凹凸不平的23号公路，途经**苏发努冯亲王桥**（Prince Souvanaphong's Bridge）可到达。亲王桥建于1942年，因其训练有素的工程师兼建造者“红色亲王”苏发努冯（Souphanouvong）而得名。遗憾的是，1968年亲王桥被炸，至今再未重修。

旱季时可以骑摩托车跨过亲王桥（从沙拉湾出发需2小时，其中至少包括一趟渡河），但在雨季，你需要一辆4驱卡车来开路。从敦兰你可以继续沿9号公路（Rte 9）前往孟品（Muang Phin）。

### 达维和胡志明小道（Ta-oy & the Ho Chi Minh Trail）

ເສັ້ນທາງໂຮຈິມິນ

达维位于15号公路（Rte 15）沿线东北部，这里是大约3万达维族人的聚集地，人口集中分布在沙拉湾省和塞公省两省东部地区。达维族定居在海拔300~1000米的山谷森林里，常常与嘎杜族和其他孟高棉语族群混居。和老挝南部地区的许多孟高棉语族群一样，达维族人同时信奉万物有灵

(animism)和萨满教(shamanism)。在村子举行仪式期间，达维族人竖起菱形图案的竹图腾警告外人勿入。

达维是胡志明小道上重镇之一，有两条主要岔道通向15号公路附近的路旁。从沙拉湾到达维的非柏油路已经升级，且路况颇为像样。你可以从沙拉湾骑摩托车花2小时前往达维，或通过白天前往达维或萨姆依(Samouy)的公共交通前往。在达维有几家客栈可供住宿和餐饮，以便你恢复体能。

## 塞公(孟拉曼)(Sekong, Muang Lamam)

ເຊກອງ, ເມືອງລະມຳ

☎038/ 人口 15,000

这里是另一处令人昏昏欲睡且吸引游客甚少的地方，等2014或2015年巴松至越南边境的达张(Dak Cheung)的新高速公路建成之后或许会变得更为知名。这条高速路会缩短前往乌汶、泰国以及到越南港口城市岘港(Danang)的路线，同时也缩短前往达张高原上金矿和其他矿区的路线，它位于塞公河以东海拔1500米之处。达张的新边境口岸也将是该区开发的一部分。

目前，游客们没有什么在塞公省会停留的理由，除非你想离城去探索边远的瀑布和少数民族村庄。塞公是老挝人口最少的省份，但这里的90,000居民分属14个不同部族，使其成为该国种族最多元化的省份。全省约75%的人口为孟高棉族，阿拉族、嘎杜族、达灵族(Taliang)、亚族(Yae)和涅吉族(Nge)都是较大的族群。其他族群包括巴科族(Pacoh)、乍栋族(Chatong)、绥族(又称为Souei)、噶当族和达维族。

这些民族都不信仰佛教，因此你在此地不会看到太多寺庙。这里的人们主要信仰万物有灵和崇拜祖先。嘎杜族和达灵族倾向于一夫一妻制，但也容纳一妻多夫制(两个或多于两个丈夫)，这在历来男权主导的世界里实属罕见。

在**市镇市场**(town market)里，来自偏远地区的部族人会用布匹换取越南商品。喜欢战争残留物的人可以前往**老挝未爆炸武器**(UXO Lao; ⏲8:00~17:00)办事处，它位于财政部办事处的后面，市场的北面半个街区。



### 食宿

**Pisaxay Guesthouse** 酒店 $

(☎038-211271; Rte 16; 房 不带/带空调 60,000/100,000K; ❄📶)可能是众多中档酒店中设施最为完善的。简单的风扇房间位于后面一排，而主建筑内的是薄荷绿的空调房——虽然它们没什么特别之处，但有不错的大床、丰富的家具和高高的天花板。它位于前往阿速坡方向的城外左侧。

**Thida Hotel** 酒店 $

(☎038-211063; Riverside; 房 100,000K; ❄📶)位于市中心以西2公里的塞公河上(朝阿速坡方向)。这间泰国人经营的酒店客房刷着天蓝色油漆，有着闪闪发光的白色浴室和塞公河最棒的床。河畔餐厅(主菜40,000~50,000K)绝对是城内最有益健康的餐饮场所。餐厅营业至22:00——比大多数餐厅较晚打烊。

**Hong Kham Hotel** 酒店 $

(☎038-211777; Rte 16; 房 150,000K; ❄📶)一家位于主干道的大酒店，它超华美精致的客房配有一些现代化设施，如卫星电视和冰箱。餐厅(主菜40,000~60,000K)供应老挝、中国和越南菜肴。

**Woman Fever Kosmet Centre Guesthouse** 客栈 $

(☎020-5415 1610; 房 40,000K)位于Sekong Hotel旁，这个地方虽有些脏兮兮的，但价格便宜。所有房间都共用浴室。我们尚未听闻任何客人患上“女人热”(因客栈名称里有“女人热”); 客栈收益实际捐助给了一个疟疾教育集团。

**Khamting Restaurant** 老挝菜 $

(主菜15,000~40,000K; ⏲7:00~20:00)这是位于市中心既有美味佳肴又有英文菜单的少数几家餐厅之一。如果你想品尝飞狐猴汤(flying lemur soup)、烤鹿和烤穿山甲等，就不要指望了。虽然菜单上有其名称，然而实质上很少有这类菜。如果想吃炒菜、汤面和泰式菜肴倒是有丰富的选择。它位于

Sekong Hotel对面。

## 方位

塞公位于塞公河上一个大弯的西侧，这意味着——如果你从16号公路上的他登（Tha Taeng）驶入这座城市，那么你就是从东北方进来的，这和直观的感受不太相符。

该城市的布局为基本网格状，主干道大致为东西方向。政府大楼和市场都位于这条主路之上。主要高速公路（Rte 16）平行延伸到北部。另一条平行路沿塞公河直到南部。Sekong Hotel就在这条河滨路上，作为一家酒店虽然不怎么知名，但它却是一个有用的地标。

通往越南的新高速公路正在河对岸修建。目前还没有桥，但你可以在Thida Hotel附近乘渡轮过河，从另一面的新高速公路继续前行。

## 实用信息

在主干道上的市场对面有一台BCEL自动柜员机。

**老挝发展银行**（Lao Development Bank；⌚周一至周五9:30~16:00）位于旅游局以西一个街区的主路上。可以兑换泰铢和美元。

**邮局**（Post Office；⌚周一至周五8:00至正午和13:00~17:00）位于主路上，老挝发展银行以西200米处。

**塞公省旅游局**（Sekong Provincial Tourism Office；☎038-211361；⌚周一至周五8:00至正午和13:00~16:30）位于主路上市场以西100米。对这里不要抱太大的希望，不过他们也许能帮你找一位向导。

## 到达和离开

塞公尘土飞扬/泥泞不堪的长途汽车站位于城镇边缘东北处的16号公路上。往返于巴色和阿速坡之间的长途车会经过这里（目前情况是这样；当新的巴松—阿速坡高速公路建成之后则可能会发生改变）。前往巴色的客车也经过巴松。这里每天还有一趟前往沙拉湾（30,000K，2.5小时，94公里）的客车。

## 当地交通

在这里想不借助私人交通工具很难四下逛逛。这里的情况是BYOW（bring your own wheels，车轮自备），我们在这一带也没有发现摩托车或自行车租赁服务。一些嘟嘟车在汽车站外等候。否则，就步行游览吧。

# 塞公周边（Around Sekong）

在塞公以南，16号公路转换为11号公路（Rte11）。11号公路这里有几个村庄和瀑布，可策划一日游，或在前去阿速坡的途中顺道游览。你可以在塞公长途汽车站找一辆嘟嘟车或三轮车，但不要全指望它们。自驾摩托车要方便得多，也能轻松地骑上摩托车去探索11号公路上的岔开的土路，其中许多路都前往阿拉族、拉旺族和其他少数民族村庄。新落成的前往达张的高速公路也可供探索。

## 景点

### 达法克瀑布

瀑布

（Tat Faek，ຕາດແຟກ；门票5000K）前往达法克瀑布可在朝阿速坡11号公路上Km 14.5处的岔路左转。瀑布高约5米，其下有两个水潭可以游泳。一定要在瀑布上方的那个水潭里游泳，据说下方的水潭里潜伏着一条声音听起来像恶魔的河豚，老挝人将这种河豚称作"pa pao"。当地人以一种又恐惧又兴奋的复杂心情讲述这条邪恶的河豚是如何瞄准男人的生殖器，然后又如何用它剃刀般锋利的牙齿将其咬下的，它攻击的准确度简直让人觉得不可思议。诚然，女人们比男人们更喜欢在这里游泳。达法克瀑布在11号公路岔路约1.5公里的地方。周末和节假日时，当地人会争相前来这里的水潭游泳。

### 头颅瀑布

瀑布

（Tat Hua Khon，ຕາດຫົວຄົນ；门票5000K）在11号公路的17.5公里处跨过一座横跨色南内河（Se Nam Noy）的长桥，便会随即进入阿速坡省境内。过桥后，在Km 18处一条小路通往达色内瀑布（Tat Se Noi），当地人都称之为"头颅瀑布"（Tat Hua Khon）。"二战"期间，日本军队在这里砍下了大量老挝士兵的头，然后投进这座瀑布，头颅瀑布由此得名。达色内瀑布宽约100米，深7米。在节假日和周末这里人潮涌动。这里还有一间客栈，但我们却发现它客人甚少，而且好像有点儿怪异。

## 南多嘎丹多瀑布

瀑布

(Nam Tok Katamtok, ນ້ຳຕົກກະຕຳຕົກ) 会嘎丹河(Huay Katam)发源于波罗芬高原，从茂密的森林飞流直下100米。它被大家称为老挝第一高瀑布。无论是不是比达凡瀑布大，这几座瀑布留给人的印象更为深刻，因为它们实在是太难到达了。

至少这些瀑布曾经气势磅礴。当全新的巴松—阿速坡高速公路从瀑布右侧崛起之后，前来此处就轻松多了，而这座瀑布很快就会像波罗芬高原那些小卖部和泰国旅游客车泛滥造访的瀑布一样了。更糟糕的是，正在上游修建的大坝可能威胁到瀑布的存在。

但愿我们是错的。当我们上一次于2013年到访时，噶丹多瀑布依然尚未遭受庞大客流量的侵袭，且瀑布流量颇大。我们建议前来此地宜早不宜迟。你无法非常靠近瀑布，至少不那么容易，因此还是在左侧（巴松朝向）那个明确标注出来的观瀑点欣赏瀑布吧，在班本夸坎村(Ban Benghuakham)以西17公里。噶丹多以东约1.5公里，留意路右边另一座令人印象深刻的瀑布群。



## 住宿

### Mr Soulin's Homestay

家庭寄宿 $

(☎030-963 2758)这间民宿好评如潮。Soulin先生提供几间平房，还可以在你前往该地区另外几座隐秘瀑布时充当向导。在南多噶丹多瀑布观瀑点以西12公里处，留意找一下一块上面有个小瀑布的标牌。

# 阿速坡（沙马基赛）(Attapeu, Samakhi Xai)

ອັດຕະປື

☎036/ 人口 19,200

阿速坡省省会阿速坡，坐落于奔腾磅礴的塞公河和川流不息的塞加曼河(Se Kaman)交汇之处。阿速坡大街小巷林荫浓密，繁花锦簇，在老挝南部地区素有“花园村”的美称。

阿速坡的美名来之不易。要知道，在孟高棉语方言中，“阿速坡”的真正意思竟是“牛粪”。据传说，早年老龙族人初来乍到时，

## 摩托车之旅
## 南环路

**起点：** 巴色

**终点：** 巴松

**距离：** 430公里

**需时：** 5天

南环路(Southern Swing)是从巴色出发，途经波罗芬高原和其他几个南部省份的一趟摩托车或自行车游程。在至少3天的时间里，摩托车可以带你去你想去的任何地方。这里所列路线需要5天时间，但这仅是个参考。路上有对应的红白色“公里”（老挝语称为“lák”）牌标记，清楚地标记出所有的高速公路路段距离。大部分路段都是柏油公路，没有铺筑路面的路段路况也还算凑合，110cc摩托车更是应付自如。

从❶**巴色**沿13号公路向南出发，出城后沿16号公路直走8公里到达长途客运总站。在Km 21左转（向北）进入20号公路（而16号公路在这里一直延伸至巴松）。到这里为止，GPS还可以正常为你提供导航，但随着你离巴色越来越远，3G信号也会随之减弱，GPS就不会那么灵了。

在20号公路上行驶13.5公里后，你会看到一个岔路通往❷**Utayan Bajiang Champasak**(Phasoume Resort)，这是一间泰国人经营的生态度假村。这里的达帕酸(Tat Pasuam)瀑布虽小但非常漂亮，但大批的泰国旅游客车和一间俗气的“乡村博物馆”却破坏了这里的气氛。尽管如此，如果你感觉有点饿，它还是值得你留下来享用午餐的地方。

从这里开始，行驶约27公里就到达❸**Mr Vieng Organic Homestay**（见254页）——至少在这里停下来喝杯咖啡。此地距离达洛50公里。沿途你会经过几个嘎杜村庄，但它们也没什么特别之处；我们建议你把拜访少数民族村庄的行程安排在其他地方，最好离主高速路远一点。纺织品爱好者或许可在靠近Mr Vieng's Organic的班会浩(Ban Houay Houn)村庄停留一下。这里因嘎杜

族织工而闻名。

在 4 **达洛**停留几晚非常容易。当你准备离开时，前行5.5公里沿20号公路前往班本村（Ban Beng），向右转沿他登（Tha Taeng）的非柏油路直上波罗芬高原。沿这条路线行走，你同样会经过嘎杜村和阿拉村。但沿路那些村庄已经被从达洛和巴色前来的团队游客游览得过于频繁，而村民们也相对被宠坏了。

从他登出发，“小环路”将带你沿着南面16号公路到达巴松（37公里）并返回巴色。“大环路”则继续沿16号公路朝正东面延续下去。47公里以外便是 5 **塞公**，这里是个吃午餐或过夜的好地方。

从塞公前往 6 **阿速坡**的繁忙的76公里道路会经过几处小瀑布，虽然随后沿途也会出现大量的瀑布。你可以在阿速坡省轻松地花上几天好好探索一番。

接下来，朝巴松的方向前进。直至最近，这一段路仍然崎岖难行且几乎没有行人。这里有偏僻的瀑布、原始森林和少人问津的拉旺族及其他少数民族社区。这些景点仍然存在，但以前那条车辙斑斑的小道现在已被改造成了一条四车道的高速公路。是啊，毕竟时代变了。

在我们到访的时候，这条路线因施工而无法通行，但当你读到这本指南的时候它应该就能畅行无阻了。

新高速公路的岔路位于11号公路上，在Km 52（从阿速坡）之处，位于班本夸坎村（Ban Benghuakham，更为人知的简称为班拉52村，Ban Lak 52）。这里距离巴松正西约75公里。

这条路沿线的主要景点就是壮观的 7 **南多噶丹多瀑布**（Nam Tok Katamtok；见258页）。你会看到它是如何使那条主要高速公路和一个正在上游修建的大坝相形见绌的。

一旦你到了 8 **巴松**，可以去看看那些瀑布，从达凡瀑布处徒步并去品几杯像样的咖啡。这就是了——你会感觉几乎又回到了巴色。

## Attapeu (Samakhi Xai) 阿速坡(沙马基赛)

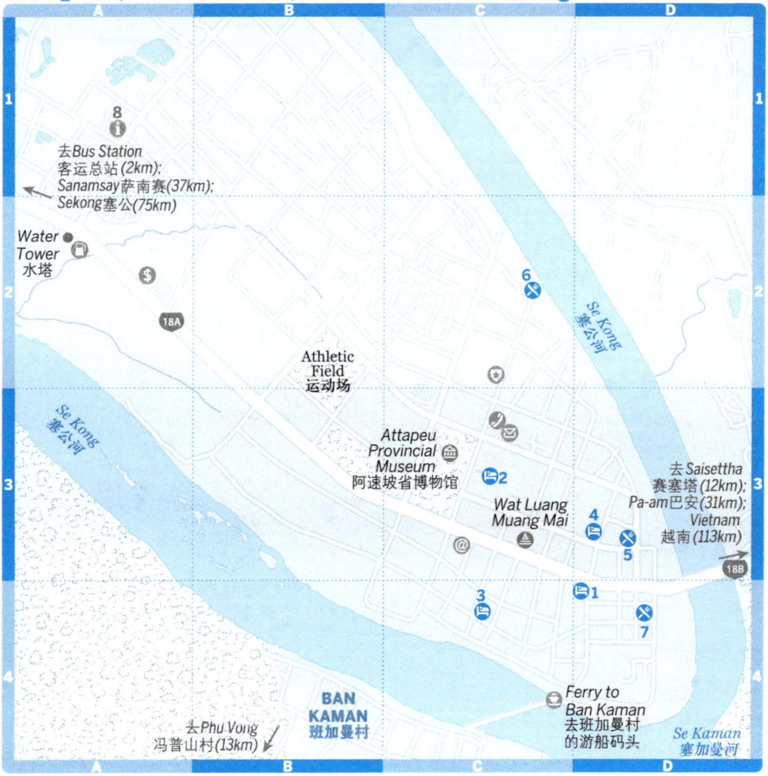


他们向当地人打听此地的地名。村民的回答却是指着附近地上的一堆牛粪（现代高棉语称为“ait krapeau”），而当地人把牛粪叫做itkapu。这其中可能有误解。也许可能是老龙族人或者是当地人根本就不喜欢这个地方，或者很可能是当地人在说笑。无论是出于何种原因，在发音进行了一些调整后，这座城市之名最终变成了阿速坡。

当下的阿速坡没有太多值得前往的理由，而许多游客也评论说，这里说是老挝，却似乎更像越南。前来此地的主要原因是把它作为一个探索老挝东部野外的基地，包括柬埔寨和越南边境高低起伏、茂密厚重的森林，这里栖息的野生动物比老挝全国任何一处地方都要多。

阿速坡省在越南战争期间遭到严重轰炸。罕见的军械武器仍然可见，但大多数都

### Attapeu（Samakhi Xai）阿速坡（沙马基赛）

**住宿**

1 Dúc Lôc Hotel ........ D4
2 Hoang Anh Attapeu Hotel ........ C3
3 Phoutthavong Guesthouse ........ C4
4 Souksomphone Guesthouse ........ D3

**就餐**

5 Roma Restaurant & Cafe ........ D3
6 Sabaydy Attapeu Restaurant ........ C2
7 Talat Nyai ........ D4
Thi Thi Restaurant ........（见1）

**实用信息**

8 阿速坡旅游局 ........ A1

**交通**

Mai Linh Express 梅玲客运 ........（见1）

被当作废料运走了——唯有巴安（Pa-am）的导弹发射器是个明显的例外。

## 住宿

### Phoutthavong Guesthouse 客栈 $

（☎020-5551 7870；房 不带/带空调 70,000/ 90,000K；❄）这是一间由越南人经营的客栈，房间普通，但位置极佳。不是所有房间的设置都一样，有的没有窗户，所以看看选择一下。提供自行车租赁服务（每天15,000K）。

### Souksomphone Guesthouse 客栈 $

（☎036-211046；双 不带/带空调 60,000/ 80,000K；❄）这间客栈有一排硬木楼梯从正面出来。风扇房间小而温馨，不过价格有点过高（它们共用浴室）。带空调的双床间都设有浴室，且性价比更高。这里的经理能讲一些英语。

### Dúc Lôc Hotel 酒店 $

（☎020-9982 2334；Rte 18A；房 800,000K；❄📶）留在这里的主要原因是这里的无线网络（在阿速坡很罕见）和位于中心的位置——就在前往越南的汽车公司梅玲客运（Mai Linh）上方。镶木板的房间都很实用，也挺干净的，只是可能会受到街道的噪音影响。

### Hoang Anh Attapeu Hotel 酒店 $$

（☎036-210035；hoanganhattapeuhotel@gmail.com；标单/双 含早餐 210,000/300,000K起；❄@📶）昔日的阿速坡宫殿（Attapeu Palace）酒店在2011年的一个区域经济会议召开之前几乎是推倒重建的。虽然我们对施工质量不太确定，但在其他地方你不可能再以这个价格找到如此奇特高档的房间了。酒店服务与硬件不相匹配，早餐也是彻头彻尾的不值一提，不论如何，它作为四星级档次边缘的一间酒店还是挺舒适的。这里有一个网球场，但没有健身房或游泳池。

## 就餐

阿速坡无论如何都算不上是一个美食目的地。早间时分在大桥附近的主市场（Talat Nyai）可以吃到面条和米粉（fĕr），其他任何时间段内也可以吃到其他小吃。

下列餐厅是阿速坡为数不多有英文菜单的餐厅。

### Sabaydy Attapeu Restaurant 老挝菜 $

（主菜35,000~50,000K；⏲8:00~20:30）这里的设置很有特色，它有一间乡村风格的木制房子，和一个能俯瞰塞公河的宽阔平台。菜单包含烤肉和炸肉系列。我们吃的是“裹粉炸鱼”，内裹木瓜沙拉馅料——地道的美味组合。

### Thi Thi Restaurant 越南菜 $

（Rte 18A；主菜10,000~40,000K；⏲7:00~21:00）这里是酒店Dúc Lôc Hotel的餐厅，被视为是城内最棒的几家越南菜餐厅之一，此外它的服务也非常稳妥。菜单上有炒饭、各种鱼类和汤等佳肴。

### ★ Roma Restaurant & Cafe 越南菜 $$

（主菜25,000~100,000K）这里丝毫没有什么意大利风范（相对名字而言），但由芒果树掩映的花园用餐区使其很容易成为城中一处宜人的场所。菜单上没有标注价格，但如果你不点海鲜的话，花费应该没有什么问题。与之相邻的咖啡馆乍看之下倒很西式（唉，不过再看第二眼就不甚如此了）。

## 实用信息

阿速坡旅游局（Attapeu Office of Tourism；☎036-211056）有相关英语导游（每天200,000K）和交通工具（摩托车或四驱车）租赁的信息，但不要指望能立刻找到。它位于18A号公路上那座惹眼的水塔东北400米处。

**BCEL**（Rte 18A；⏲周一至周五8:30~15:30）可用基普兑换美元、欧元或泰铢。也有一台自动柜员机。

**邮局**（Post Office；⏲周一至周五8:00至正午和13:00~16:00）

## 到达和离开

体验阿速坡的最佳方式是将它作为南部高地摩托车之旅的一部分。乘坐班车来这里不是理想的方式，因为在这里很难安排当地的交通和导游来协助你展开进一步的探索。如果乘坐班车而

## 进入越南：阿速坡至昆嵩（Kontum）

### 前往边境

2006年开放的18B号公路（Rte 18B）是一条113公里的壮观山路，一直通往**布依（Bo Y，越南边境）/ 坡夸（Phou Keua，老挝边境）**。第二段为坡路，在雨季经常发生山体滑坡。

梅玲客运（Mai Linh Express，☎阿速坡境内030-539 0216，越南境内0592-211 211）每天有小型公共汽车经过巴松、塞公和阿速坡往返于巴色和昆嵩（145,000K）之间。客车于5:45从巴色出发，10:30到达阿速坡。从阿速坡到达昆嵩大约需要5个小时，费用为70,000K。

在阿速坡，可以去Dúc Lôc Hotel（见261页）购买车票。Phoutthavong Guesthouse（见261页）出售另一趟于10:00（90,000K）出发的客车。还有其他的交通，包括长途班车和小型公共汽车从车站到嘉莱（Gia Lai）；所有客车都停在阿速坡中心的Dúc Lôc Hotel周围。

### 在边境

到达边境时即可获得老挝方的落地签证，但越南的签证就不那么容易获得了，因此提前在巴色办理手续吧。越南边境处颇有派头，还包含一个免税购物商场。相比之下，老挝这边的办事处就只是一些五花八门的小木屋。从边境办事处的楼体，就可以看得出两国发展阶段的显著差距。

### 入境

长途班车和小型公共汽车继续从边境前往昆嵩或嘉莱；如果你的目的地是岘港（Danang），你可能需要在边境换车。从昆嵩，你可以南下前往波来古（Pleiku）或归仁（Quy Nhon）以及向东北前往会安（Hoi An）和岘港。



来，你会在客运总站下车，它在城外西北3公里处的11号公路上。

沿波罗芬高原向南至占巴塞省运行的18A号公路，令大部分交通工具都难以通行，因此，所有往返巴色的交通都会经由塞公和巴松。如需前往越南，请见262页方框。

### ℹ 当地交通

要搭乘当地交通，最好的办法是前往18B号公路上市场以北中心地段的双条车车站；你可以在这里找一辆嘟嘟车。在远离城区的客运总站外面也会有嘟嘟车聚集，但如果你住在市中心，前来这里就不那么方便了。一辆嘟嘟车从客运总站到市中心的费用为20,000K。

我们发现这里唯一的私人交通工具就是由Phoutthavong Guesthouse客栈（见261页）出租的自行车。我们曾被带到Talat Nyai（见261页）的摩托车租赁处，但未果。可以尝试去旅游局咨询一下。

## 阿速坡周边（Around Attapeu）

### 赛塞塔及周边（Saisettha & Around）

ໄຊເຊດຖາ

沿着18B号公路东行可至赛塞塔（Saisettha）。赛塞塔是个规模相当大的村子，位于塞加曼河北岸，距阿速坡12公里。村子里有座吸引人的寺庙，至今香火不断，整个村子的氛围也不错。

朝东继续再走大约3公里，跨过塞加曼河（Se Kaman，又作Kaman River），在过桥后800米处右转，在15.2公里处留意一块前往帕孟（Pha Meuang）村的标牌。沿一条坑洼的路前行2.3公里，就能看到埋葬澜沧国赛塞塔提腊王的**帕赛塞塔寺**（Wat Pha Saysettha）。这座供奉着赛塞塔提腊王遗骨的佛塔，据说是他儿子在1577年主持修建的。

## 进入柬埔寨：老挝南部至上丁（Stung Treng）

### 前往边境

这个偏远边境**Non Nok Khiene（老挝边境）/Trapaeng Kriel（柬埔寨边境）**（⌚6:00~18:00）已发展成为周游中南半岛广受欢迎的过境检查站。多年前这里曾经有条可跨越边境的河，但现在已经没有了。

两家柬埔寨汽车公司每天经营往返于柬埔寨和老挝边境之间的客车。更可靠的一家是Sorya Phnom Penh Transport，它与总部位于巴色的老挝运营商Sengchalean有合作。这趟长途车于7:30从2公里长途客运总站出发，然后一路经过上丁（Stung Treng，15美元，4.5小时）到达柬埔寨首都金边（Phnom Penh，27美元，12~14小时），也有班车前往桔井（Kratie，US$20, 7小时）。

其他公司，比如Paramount Angkor，需要你在边境换车，这一过程往往会导致明显的耽搁。从边境向南，你可能要在上丁和/或桔井再次换乘。老挝的旅行社售卖Sorya或Paramount的车票；他们很少同时售卖两家公司的车票，所以寻找一家与Sorya合作的旅行社购票吧。

7月至11月，**Xplore-Asia**（www.xplore-asia.com；Ban Hua Det，Don Det）可以安排跨越边境前往上丁的游船或皮划艇之旅。到达边境时，皮划艇内的人需要下来，抬着皮艇步行通过移民局，到达柬埔寨之后再放艇继续前行。

从老挝到暹粒的交通也有广告宣传，但在上丁的湄公河上的一座新桥梁在2015年建成前，我们不建议你采纳任何这类交通方式。这种行程需要花上大约17个小时，并且至少需要换乘一次（斯昆，Skuon，位于柬埔寨）。可以在悠闲的河边小城桔井过夜来分隔一下你的行程，或咨询Xplore-Asia关于前往暹粒的特别旅程，这通常需要借道柬埔寨北部的捷径。这样可以将从四千岛到暹粒的行程缩短至7个小时。

### 在边境

老挝和柬埔寨的签证均可在抵达时获得。在老挝，当你入境和出境时，需要支付2美元或10,000K的费用（被称为“加班”费或“加工”费，这取决于当你过境时的情况）。

进入柬埔寨后，他们会将常规的20美元的签证费用抬高至25美元。额外的5美元被称为“茶钱”，因为穷困的边防军人被安排驻扎在这样一个偏僻的边境，需要“补贴”。

此外，柬埔寨人还会在你抵达后收取一项2美元的粗略医疗检查费用，并在出关时另收2美元的处理费。如果你抗议，这些费用可能会被取消，但不要抗议太久，否则你的客车可能不等你就开走了。汽车公司也希望从中分得一杯羹，所以他们也会收取额外的1美元到2美元来帮你办理在边防驻军处的文案手续。为了避免这些费用，你需要坚持自行办理文案手续并独自通过边境。

### 入境

除了每天两趟旅游客车以外，几乎没有其他交通方式了。如果你在边境下车，从这里打车至上丁预计需支付40美元，或支付150,000/50,000K的出租车/三轮车费用前往北面的班纳嘎桑村（Ban Nakasang）。

在村庄和寺庙周围漫步也很有趣。

### 巴安（Pa-am） ພະອຳ

赛塞塔一日游如果与低调、绿树成荫的巴安村参观活动合二为一的话，游程可能更愉快。巴安位于阿速坡往查林塞（Chaleun Xai）以东约31公里的地方，它曾是胡志明小道的一条岔道。主要景点是一座印有俄文和越南文的苏联**地对空导弹**（surface-to-air missile，简称SAM）发射台。这座发射台是当年北越人为对抗空袭而建造的。在政令的保护下，这座发射台才从废品回收商手中幸存下来，目前在村中心展示，周围有铁丝网和一些用作播种筒的集束炸弹壳。

去巴安时，沿18B号公路按路标行至圣塞（San Xai）——留意阿速坡方向13.7公里处一段标识清晰的岔路路标。从岔路处沿柏油路行走17公里便可到达导弹发射台。

巴安以北的道路很快就会变得多石崎岖，它一直通到查林塞，巴安以北38公里处，塞公西北面。这条路线最近已经有所改善，但它仍然比较颠簸，而我们也建议你仅在旱季行走。



### 普冯山村（Phu Vong） ພູວົງ

阿速坡省的东南部地区曾是胡志明小道的主要组成区域，因此战争期间这里饱受狂轰滥炸。轰炸机特别喜欢轰炸阿速坡东南方向13公里处的普冯山村（Phu Vong），因为胡志明小道就是在普冯山村分为两路，一路是向南通往柬埔寨的西哈努克小道（Sihanouk Trail），另一路则是顺转朝东通向越南的胡志明小道。在普冯山村消磨一两小时感觉很舒服。如果想来看看，先跨过塞公河（带摩托车过河每次5000K）到班加曼村（Ban Kaman），然后前行13公里到达普冯山村。

### 东安潘森林国家保护区（Dong Amphan NPA）

ປ່າສະຫງວນແຫ່ງຊາດດົງອຳພານ

东安潘森林国家保护区是阿速坡东北部一片占地1975平方公里的保护区。它因**农法湖**（Nong Fa）而出名。这座美丽的火山湖，与柬埔寨塞腊塔纳基里省（Rattanakiri）的那座呼声颇高的亚隆湖（Yaek Lom）相似，不过规模却更大。农法湖曾经被北越人用作急救与复苏中心来治疗在胡志明小道上受伤的士兵。现在从阿速坡可前来此地，但车程漫长，路程包括沿18B号公路的100公里平坦公路，以及65公里的糟糕土路。从阿速坡来此的单程车程几乎要5小时，因此需要提前出发。我们建议不要在雨季前来此地。

东安潘森林国家保护区至少目前是老挝保护得最原始的生态系统之一。然而，砍伐木材、偷猎野生动物以及在塞加曼河和色苏河（Se Su）上修建水电站等做法正在对这片原始环境形成威胁。

## 四千岛（SI PHAN DON, FOUR THOUSAND ISLANDS）

四千岛（ສີ່ພັນດອນ），也被称为“四千美岛”，是老挝吃莲蓬者的地方，这是由系列小岛组成的群岛，这里的时间更慢，生活更悠闲——是的，即便是以老挝的标准来看都是如此。四千岛的字面意思是“四千座岛屿”，这些岛屿是如此的悠闲，估计这些小岛顺流而下漂进了柬埔寨境内，也不会有人愿意费力抬眼看上一眼。大量游客在这里上岸，最终抵御不住这些小岛的诱惑，不知不觉在这里消耗了大量时光。

雨季期间，四千岛附近这段湄公河河道宽达14公里，是湄公河从中国青藏高原到南海全长4350公里河道最宽的河段。在旱季，湄公河水会大量退去，河面上露出几百座（如果你一一数来甚至上千座）岛屿和小岛。

旅客多流连于其中三座岛屿：东孔岛（Don Khong）、东德岛（Don Det）和东昆岛（Don Khon）。东孔岛是迄今为止四千岛中最大的岛屿，是看起来最昏昏欲睡，同时也是游客最少的岛屿。在东昆岛和东德岛可做的事情就多得多了，这两处已成为东南亚背包游览圈的一处必到之地。岛上活动包括骑自行车、游泳、橡皮圈滑水、游船、皮划艇和观江豚，不过许多旅客会放弃所有这些活动，只是窝在吊床里缓解行程的紧张。

四千岛的村子大都按照所处地理位置来命名，即各岛的上游端或下游端。老挝语的上游端叫hǔa（“头”的意思），下游端叫hǎang（“尾”的意思）。因此，班华孔村（Ban Hua Khong）地处东孔岛北端，而班杭孔村（Ban Hang Khong）则位于东孔岛南端。

## 东孔岛（Don Khong，Khong Island） ດອນໂຂງ

☎031/人口 13,000

这里的生活慢条斯理，就好像湄公河上逆流而行的小舟。不妨在这个怡人的地方停留一两天，看看阳光中晾晒的渔网，乘船在落日的余晖中一游，或者骑上自行车逛逛，或者在河边小憩和阅读一番。

东孔岛这座大岛长18公里，最宽处达8公里。大部分岛民居住在两个村子里和村子周围，孟孔（Muang Khong）位于东岸，而孟桑（Muang Saen）位于西岸。两个村子之间有一条长8公里的公路相连。大部分的住宿都在孟孔，那里有从哈夏昆（Hat Xai Khun）来的渡船。

坎代·西潘敦（Khamtay Siphandone）曾经当过邮递员，后在1998至2006年间担任过老挝国家主席，他于1924年出生于东孔岛的班华孔村。

### 景点和活动

东孔岛是一座漂亮的岛屿，稻田和低矮的山丘在岛屿中心，菜园在周边，点缀着座座小村庄，其中大部分村庄都有自己的寺庙。自行车（环保型）或摩托车（非环保型）是探索它的最好交通工具。位于岛南端的两个小村庄**班会村**（Ban Huay）和**班杭孔村**（Ban Hang Khong）值得一游。

### 孟孔及周边

#### 普昂高寺（Wat Phuang Kaew） 佛教寺庙

孟孔因普昂高寺和寺中那一尊面朝东方、高耸挺拔的现代“那伽护身”佛祖塑像而备受庇佑。

#### 君通寺（Wat Jom Thong） 佛教寺庙

坐落在城北端的君通寺，是岛内最古老的寺庙。始建于昭阿努统治年代（1805~1828），寺庙主殿内除了有由崩塌的砖泥铺就的呈独特十字形的地平面，还有灰泥的瓦顶。那些精雕细琢的木百叶窗是寺中亮点，一尊右手施无畏印（abhaya mudra）的古老立式木佛也颇引人注目。

#### 孟孔市场（Muang Khong Market） 市场

市场在4:30~6:30之间非常迷人，此时人们会从各地赶来岛上进行买卖贸易。许多人都是乘船前来，你不妨也在黎明时分到小沙滩看船家卸下鱼、家禽及其他商品，这不失为一个开始新一天的好方法。

#### 坦普乔洞 洞穴

（Tham Phu Khiaw，绿山洞，Green Mountain Cave）位于孟孔村以北1公里左右，大致在市长办公室背后的小山上，有一条小道通向这个洞穴。这个洞穴其实更像是一个突出的窗台。这里面有一些老佛像，它是老挝4月新年期间当地人的朝圣对象。要找到它，从孟孔村朝北走1.5公里，然后沿左边的小道前行，经过一个香蕉种植园。只需15分钟步程（主要是上坡路）便到洞口，但小道并不是那么容易找到，所以最好找一位导游带领你（旅游局的导游费用15,000K）。

### 孟桑及周边（Muang Saen & Around)

#### Kompong Sralao 村庄

在繁忙的孟桑，船工（需要给他们一大笔小费）将载你无需签证就渡过湄公河，到达其西岸的柬埔寨村庄Kompong Sralao。这里没什么可看的，但你就可以说自己去了别人没去过的柬埔寨境内的一处地方，并且还品尝了那边的吴哥啤酒（Angkor Beer）。

#### 普考高寺 佛教寺庙

（Wat Phu Khao Kaew，玻璃山寺院，Glass Hill Monastery）位于孟桑东北约5公里，该寺庙始建于一片高棉遗址之上。它被认为是那伽居所，不过进入其洞穴的入口已被覆盖。在山东侧找一找一些巨石，它们旁边有一条通往寺庙的小径。如果你请个导游就更容易找到它了，或者乘坐一辆摩托出租车

## Si Phan Don 四千岛

（往返孟孔约70,000K）。

### 节日和活动

**赛舟节** 赛舟节

（Bun Suang Heua，Bun Nam）东孔岛的赛舟节通常是在12月上旬或接近国庆节的11月下旬举行。持续四五天的嘉年华活动在赛舟比赛时达到高潮，赛舟活动在孟孔对面进行，相比城镇，离河滩更近。

### 食宿

以下所有的住宿都在孟孔，位于沿河或河畔后一片700米长的地带。几乎没有有什么有特色的餐厅值得推荐；而客栈的食物是最好的，其中Pon Arena和Ratana出类拔萃。大多数地方都提供东孔著名的老挝米酒（lòw-lów），它通常被认为是老挝最顺滑的酒品。

## Si Phan Don 四千岛

◎ 景点


1 昆帕蓬瀑布群......D5
2 孟孔市场......D1
3 坦普乔洞......B2
4 君通寺......B2
5 普考高寺......B2
6 普昂高寺......D2


住宿


7 Done Khong Guesthouse......D2
8 Khong View Guesthouse......D1
9 Mali Guesthouse......D3
10 Pon Arena Hotel......D1
11 Pon's River Guesthouse & Restaurant......D1
12 Ratana Riverside Guesthouse......D1
13 Senesothxeune Hotel......D2
14 Villa Kang Khong......D2


### ★ Ratana Riverside Guesthouse 客栈 $

（☎020-2220 1618，031-213673；vongdonekhong@hotmail.com；房 100,000K，主菜 15,000～40,000K；❄📶）这4间面朝河流的舒适房间放有折叠成莲花纸鹤的毛巾，还有大理石地板和阳台，西伯利亚空调和漂亮的家具。一楼的客房都有临近马路的巨大窗户——是否觉得自己有点像一条金鱼？那么就挑一间楼上的房间吧。建于河上的餐厅供应岛上一流的西餐，也可以欣赏到老挝河流的美景。它的另一个名字叫Lattana。

### Khong View Guesthouse 客栈 $

（☎020-2244 6449；房 带风扇/空调 80,000/100,000K；❄📶）这间客栈的地理位置极为优越，这里的房间都围建在一片凉风习习的木甲板之上，俯瞰着湄公河的一个大弯。记得选择位于河滨的暗色木质房间或是位于后面临街的明亮瓷砖房间。小房间有与之比例大不相符的特大号床。没有餐厅。

### Villa Kang Khong 客栈 $

（☎020-2240 3315；房 50,000～60,000K）它是城内最浪漫、最经济的住处，这间优质的柚木房屋不平的地板吱嘎作响，还有令人怀旧的家具。房间设施很基本但有风扇，并且还有多彩的木制装潢，让我们不禁联想起吉普赛人的大篷车。

### Pon's River Guesthouse & Restaurant 客栈 $

（☎020-2227,0037；www.ponarenahotel.com；房 60,000～100,000K；❄📶）自从Pon开了另一间瑞士风格的Arena Hotel之后，他对于原来的这家客栈的维护就越来越少了。基本的客房有风扇和空调房间可供选择，虽不出众，倒也过得去。能够俯瞰河景的宽阔公共阳台是个好去处。

### Done Khong Guesthouse 客栈 $

（☎020-0312 4010；房 不带/带空调 70,000/100,000K；❄📶）这是当你下船时最先看到的客栈，它有暗色房间和瓷砖地板，雪白的床单和如家般的家具。位于一栋老房子内，由一位能讲法语的女士经营。试试面向河流的景观房间。河畔餐厅的菜单上多为老挝菜，是个小憩的好地方。

### Mali Guesthouse 客栈 $

（☎030-534 6621；athalo@netzero.com；房 US$20；❄📶）这间温馨的客栈位于中心偏南面的地方，虽然缺乏某些客栈那样的木质魅力，但它有干净的房间和绿色的瓷砖地板，以及一些现代化设备。房间围绕着一座迷人花园庭院而设，还有一个嬉水池塘（当我们淡季到访时池塘是空的）。

### ★ Pon Arena Hotel 精品酒店 $$

（☎020-22270037，031-515018；www.ponarenahotel.com；房 US$45～85；❄📶🏊）这间高档的酒店在河上不断扩张。最近新添的是一间建于河上的"瑞士小屋"，它拥有通风的客房及漂亮的木质装饰、平板电视和一个能观赏河景的小型公共游泳池。尽管后面的山景房因其花岗岩镶嵌的浴室、鱼缸形水槽和柔软的床铺而颇为宜人，但位于后面较远处的湄公河河景房条件更佳。

### Senesothxeune Hotel 酒店 $

（☎030-5260577；www.ssx-hotel.com；房 含早餐US$45～60，套 US$85；❄@📶）这间泰式风格的现代化酒店拥有高档的客房，配有硬木地板、电视、深浴缸、简约的奶白色以及舒适的餐厅，透过餐厅外的盛开着白玉兰的花园可以看到河景。价格较高的客房设有阳台并可观赏河景。

## 实用信息

如需使用公共互联网可前往Senesothxeune Hotel（每小时10,000K）。

**农业推广银行**（Agricultural Promotion Bank；⏲周一至周五8:30~15:30）提供还算公道的美元和泰铢兑换率，并能兑现美元旅行支票，每张佣金4美元。也有一个接受维萨卡（Visa）和万事达卡（Mastercard）的自动柜员机。

BCEL**自动柜员机**（BCEL ATM）位于老挝电信大楼（Lao Telecom）前面，邮局旁边。

**东孔旅游局**（Don Khong Tourism Office；☎020-9784 6464；panhjuki@yahoo.com；⏲周一至周五8:30~16:00）位于下船处附近，这个办公室的负责人是乐于助人的Phan先生。他可以帮你找一位当地导游，并且可以让本地船工协会安排前往东德岛/东昆岛（每船约250,000K）的船只。你还可以请他骑摩托车将你送至班纳嘎桑村（Ban Nakasang），他就住在那里。

**医院**（Hospital）位于孟孔和班会村中途。如果你有任何小病，住院医生Bounthavi会说英语和法语。

**警察局**（Police）位于孟孔河后面的一个街区。

**邮局**（Post Office；⏲周一至周五8:00至正午和14:00~16:00）位于大桥以南。

## 到达和离开

绝大多数游客从内陆乘坐旅游客车或小客车到达哈夏昆（Hat Xai Khun），然后挤在一艘小渡船内在孟孔（每人15,000K——如果是16:00以后或者是一个人乘船费用更多；讨价还价是无用的）作短暂停留 。

如果有自己的摩托车，可以直线骑行至班哈（Ban Hat），这里距离内陆的哈夏昆以南几公里，然后再连人带车乘渡船过河（每辆摩托车5000K，每位乘客另加2000K）。

离开该岛有几种选择。若要前往巴色，最简单的方法是乘坐从东德岛和东昆岛开来的旅游客车或小客车（60,000K包括渡船费用，2.5小时）。客车在11:30左右到达哈夏昆。从柬埔寨到巴色的客车每日傍晚（18:00左右，但极不准时）会经过这里。

另外，一些行动缓慢的晨间双条车从哈夏昆前往巴色（40,000K，3小时），还有一趟于7:30出发的客车直接从东孔的普昂高寺开往巴色（60,000K，3小时），只是这趟车经常误点。

如需向南，大部分前往东德岛/东昆岛和柬埔寨的交通都会在9:30左右抵达哈夏昆。在此之后，沿13号公路行走3公里，等待从巴色前往南部的每小时一趟的双条车。

另外，东孔的船工协会营运的船只大部分时间都前往东德岛/东昆岛，时间为8:30（每人单程/往返40,000/60,000K，至少6名乘客）；可通过旅游局订船。沿河顺流而下需1.5小时，逆流返回需2.5小时。

你还可以通过客栈租一艘私人小舟，或者直接从孟孔下船处附近一棵树下的本地船夫那里租一条船（每人40,000K，或每船单程250,000K）。

## 当地交通

自行车（每天10,000K）和摩托车（每天60,000K起）的交通方式不错，可以从众多客栈和旅游局租赁。也可以试着在孟孔寻一辆摩托出租车谈谈价格。

# 东德岛和东昆岛（Don Det & Don Khon）

ດອນເດດ / ດອນຄອນ

绝大多数前往四千岛的旅客都会来到这双子岛上。东德岛在最近几年中尤其成为年轻旅客游览的热门地，于是有人推测，它将取代万荣成为旅行者在老挝如果有多余时间就一定会前往的地方。这似乎不太可能——没有什么比在一些酒吧公然出售的“快乐”小吃中吃出青草更让人闹心的了，而当地人似乎也有心继续保持这种状态。对于这里，我们最乐观的推断是，那欢乐十足的派对场景会在东德岛北端的班华德（Ban Hua Det）蓬勃发展，但它永远不会变得如古老万荣般浮华。

当然，这两座岛上有趣的事物远不止Scooby零食。从班华德向南，客栈变得越来越稀少，而岛屿乡间生活的特征却越来越明显——渔民、稻农、织工、水牛、糖棕榈树都在你眼前展开。躺在一张吊床上小憩一番吧，骑车游览岛屿或在绿水悠悠的湄公河怀抱下慵懒地顺游而下吧。穿越法国大桥前往东昆岛，然后沿一条小径穿过森林和稻田去看那些隐秘的急流、沙滩以及前往岛外南端，别忘了找寻那些嬉戏游水的伊洛瓦底江豚。

## 景点

大多数景点都在东昆岛，而最好的游览方式就是从任何一间客栈租一辆自行车骑行。每天租金10,000K。当你跨过法国大桥到东昆岛时，需要支付25,000K。费用包含利皮瀑布群（Li Phi Falls）的门票，所以如果你打算前往瀑布那个方向就支付这个费用。如果你不前往该方向，那么理论上你不必付通行费（向收费人说明这一点——他们不会讲英语，祝你好运）。如果你需要在接下来的几天之内再次过桥，就保留好你的票根。

### 江豚（Dolphins） 池塘

罕见的伊洛瓦底江豚在东昆岛南端Boong Pa Gooang宽大池塘的湍流下嬉戏。为时1小时的乘船游（60,000K，最多承载3人）可在班杭昆的老法国码头登船。全年都适合观江豚，但最佳的观看时间是1月至5月。可以在傍晚早一点去或者早上最先去，这些时段最有可能看见江豚，而且风景也是最优美的。

Boong Pa Gooang池塘的大部分位于柬埔寨，老挝这边的船夫们都不愿意入内（虽然皮划艇游经营者没有表现出这种不情愿）。你可以从乘坐的船上看到江豚（我们就是这样看见的），或者你可能被带到一个位于柬埔寨水域保护区的小岛上看江豚。在老挝南部地区游览时，能够在野外一窥这些珍稀动物的踪迹是旅游的一大亮点。在你回来的路上，你可以给船夫一些小费让他载你迅速在柬埔寨四处转转。

### 达宋帕米瀑布 瀑布

（Tat Somphamit，利皮瀑布群，Li Phi Falls，ຕາດສົມພາມິດ；门票25,000K；⏲售票亭8:00~17:00）流经东昆岛上法国大桥下的河流约1.5公里的地方有几处波浪翻滚的急流，当地人称达宋帕米瀑布，但所有人都称之为利皮瀑布群。利皮（Li Phi）的意思是“捉魂”，而当地人认为，已故（死者和死亡动物的）恶魂冲下湄公河时，瀑布就会当即捉住恶魂。即使是在干燥的季节，瀑布的水流也依然以磅礴之势奔腾直下。

你可能会注意到当地渔民冒险到岩石上清空巨大竹陷阱内的捕获物。在降雨初期，一个放置得当的陷阱一天能捕获半吨鱼。在这里和在该地区其他地方的一些陷阱可长达几乎10米，像漏斗般把鱼放进一个巨大的篮子里。请勿自行尝试这项惊险活动——有旅客因翻越护栏而从湿滑的岩石落下去并最终死亡的事件发生。

越过瀑布向西继续前行，有一条小道下行至利皮河滩（Li Phi Beach），那里有一处小涡流形成了一个貌似可以游泳的区域。但你永远不会看到当地人在“捕魂河滩”边游泳——与亡魂混泳显然也太挑衅命运了。你想在这里游泳也得三思，因为这里的水流可能是致命的。

利皮瀑布群很容易到达——只需从法国大桥向西南方向走，穿过你右边的一个足球场（如有比赛，你大可自由加入），然后按照



## 保护天堂！

岛上的居民受益于旅游业带来的收入，但你也可以在东德岛和东昆岛上做一些事来让岛民的笑容更加灿烂，让你的足迹更加充满正能量。抽上一口大麻卷烟是背包客体验的一部分，我们访问的一些当地人似乎也已经接受了大麻来到班华德村的事实，但他们宁愿这是游览中的一个偶然成分，而不是作为前来此地的唯一目的。如果你真打算抽大麻，请尽量保持低调。

此外，班华德的沙滩已经成为一处享受日光浴和夜间篝火的凉爽所在，但一定要捡起自己抽过的烟头和垃圾——即使当地人不在乎这些垃圾。为了避免给岛屿环境增加额外压力，自带一瓶水来，只需在续水时支付费用——Paradise Bungalows（见274页）和Man先生（见273页）是其中几间可提供续水服务的客栈。

女性在岛上周游时应避免穿着比基尼，因为这样做显得不太尊重老挝文化。在东昆岛上寺庙里尤其需要遮蔽身体。穿着比基尼游泳还是可以的。

## Don Det & Don Khon 东德岛和东昆岛

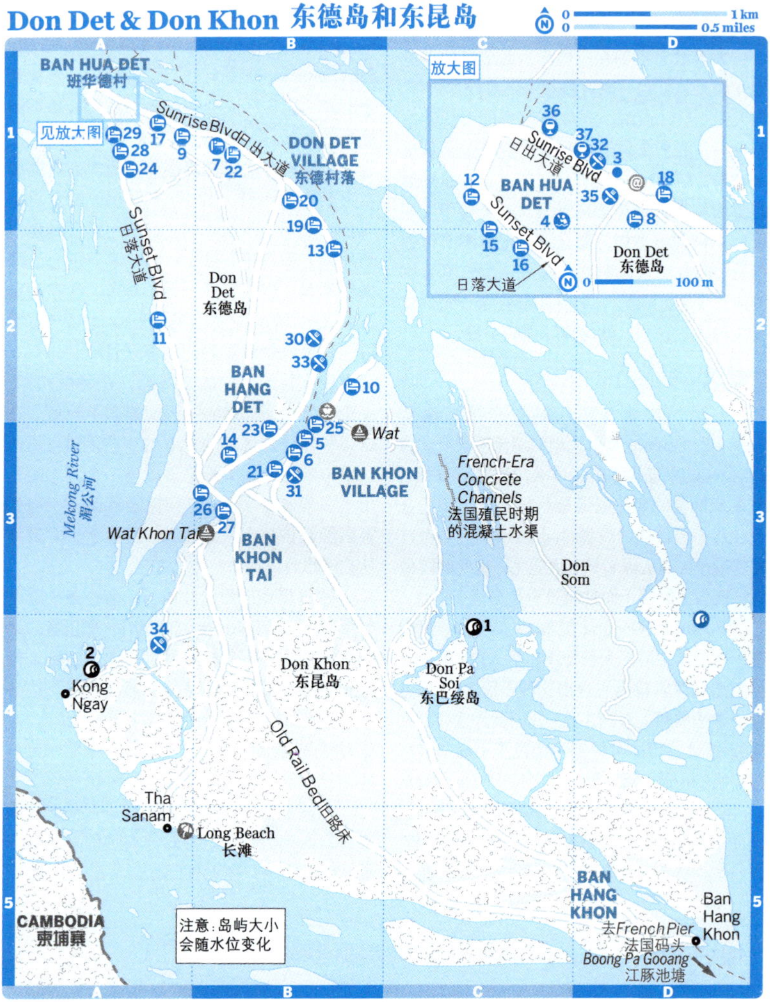


标志前行。在瀑布群入口处有大量的餐厅和零食摊位。

一个更安全的游泳处是下游几百米处的长滩（Long Beach，老挝语称Tha Sanam）。要到那里，需要从利皮瀑布群岔路返回，向南前行直至沙滩。

## 活动

### 水上活动

岛屿周边的**皮划艇**活动越来越受欢迎，而通过这种方式欣赏湄公河伟岸之美的理由也很充分。有大量全日和半日游览项目供选择。全日游（每人180,000K）包括江豚池塘和昆帕蓬瀑布群；你会在到达瀑布前将皮划艇收起来，然后连人带艇沿陆路行至班杭昆（Ban Hang Khon）。**Wonderful Tours**（☎020-5570 5173）是提供值得信赖的皮划艇游览的公司。

单独租用皮划艇的费用为每天50,000K，但不要划过法国大桥，否则你会遭遇那边临近致命瀑布的湍急的水流。同样的规则也

## Don Det & Don Khon 东德岛和东昆岛

**景点**

1 昆帕绥瀑布群......C4
2 达宋帕米瀑布......A4

**活动、课程和团队游**

3 Wonderful Tours......D1
4 Xplore-Asia......C1

**住宿**

5 Auberge Sala Done Khone......B3
6 Bounephan Riverside Guesthouse......B3
7 Crazy Gecko......B1
8 Dalom Guesthouse......D1
9 Don Det Bungalows......A1
10 Guesthouse Souksan......B2
11 Last Resort......A2
12 Little Eden Guesthouse......C1
13 Mama Leuah Guesthouse & Restaurant......B2
14 Mekong Dream Guesthouse......B3
15 Mr B's Sunset View......C2
16 Mr Ky's Bungalows......C2
17 Mr Man's Bungalows......A1
18 Mr Mo's Guesthouse......D1
19 Mr Phao's Sunrise Bungalows......B1
20 Mr Tho's Bungalows......B1
21 Pan's Guesthouse......B3
22 Paradise Bungalows......B1
23 River Garden......B3
24 Sabaidee Don Det......A1
25 Sala Phae......B3
26 Santiphab Guesthouse......B3
27 Seng Ahloune Sunset River Resort......B3
28 Sengthavan Guesthouse & Restaurant......A1
29 Sunset View......A1

**就餐**

30 Boathouse......B2
31 Chanthounma's Restaurant......B3
Fleur du Mekong......(见27)
Four Thousand Sunsets......(见5)
32 Jasmine Restaurant......D1
33 King Kong Resort......B2
Little Eden Restaurant......(见12)
34 Mamadam Restaurant......A4
35 Rib Shack......D1

**饮品和夜生活**

36 4000 Island Bar......C1
37 Reggae Bar......D1

适用于**轮胎漂流**(tubing),费用为10,000K(避免在季风期间使用,水流湍急危险)。

如果你不喜欢劳累的项目,几乎每一间客栈都提供相关**乘船游**项目:日落游船、全日游岛、晨间观鸟之旅、钓鱼、东孔岛之旅——凡所应有,无所不有。各活动价格不一,但如果有几个人结伴,2小时的每人费用在50,000~75,000K。

### 陆上活动

一趟愉快的**东环**(Eastern Loop)骑行(或长途步行)游将带你前往东昆岛东端航道——法国人在东昆岛东端修建的一系列用来运输原木的**混凝土水渠**(concrete channels)处。原木通常砍伐自万象以西的沙耶武里省的森林,一般是被三根一捆扎成木筏顺水漂流。为了防止原木偏离方向,老挝"领航人"将登上原木扎成的木筏,用舵引领木筏穿过迷宫般的群岛。当"领航人"到达东昆岛北端的危险区域时,他们必须将木筏引至加固的混凝土楔子上,然后解开捆绑而成的木筏,把原木送入更远一点的水渠中。可怜的"领航人"必须在撞击之前跳下来才能活命。

沿该线路骑行或步行,在左边会看见大部分的水渠墙体。要前往此处,从法国大桥向东北走,然后转向南面行约1公里,穿过一座寺庙,之后顺着穿过稻田的小径行至河堤。

这条小径一直沿河而行,直至汇入一座名叫**东巴绥岛**(Don Pa Soi)的小岛附近一条凹凸不平的道路上。路标会指引你到一间餐厅,它俯瞰着一座通往该岛的吊桥。在另一边沿小径前行100米到**昆巴绥瀑布群**(Khon Pa Soi Falls)。它们虽不如利皮瀑布群,但仍然是相当令人印象深刻的,你可以找到游泳的地方。不过,在最热的月份里,水也是彻头彻尾的火热。

沿路返回的路线需要穿过森林,一路前往岛上南端的班杭昆村观江豚,沿途风景美不胜收。班杭昆村有几间餐厅和一间民宿(30,000K)。

你可以原路返回,或走主路,主路是一条基于岛中部老路床的5公里长的路。生锈的**火车头**坐落于道路两端附近,其中一个位于法国大桥南端约75米处。

火车头的四周有详细介绍岛屿历史和铁路信息的告示牌。铁路是法国人于19世纪后期建造的，其目的是为了绕过无法通行的瀑布运送物资。“二战”以来，铁路已停止使用，在新建的13号公路开通后，这条铁路更显冗余，大部分的铁轨也早已被运走。

## 住宿

根据常规的经验法则，如果你想要去派对，那么就在东德岛停留，如果你想避免这些，那么就停留在东昆岛上。但这些法则有些误导人。派对仅限在东德岛北端的班华德村举办。而岛上最偏远的那些客栈实际上则位于东德岛的南面部分。东昆岛上有几间高档的酒店，旨在迎合最挑剔的客人。东昆岛上所有的住宿都聚集在班昆村内法国大桥两侧1公里的地带。

不管你住在哪里，都很容易通过法国大桥往返于东昆岛和东德岛之间。全年间两岛住宿价格会大幅波动。根据个人议价能力，在淡季可商得至少25%的房价折扣。

### 东德岛

东德岛上至关重要的就是地理位置。锱铢必较的旅客会前往日落的一面，那里的平房比较单薄，并且比日出的一面的房间更拥挤。这里的氛围着实要沉静一点，再加上那些日落景色，的确如此。其缺点是，在午后的阳光炙烤之后，这里的房间就如熔炉一般滚烫。

日出一面的客栈分布更加松散，选择也更为广泛，包括一些位于班华德村中心坚实的带空调的客栈，忙碌的村庄，这座繁忙的村庄是那些从班纳嘎桑村（Ban Nakasang）来的渡船停靠的地方。再往南，朝向东德岛上一座袖珍村庄，这里的客栈给人感觉更加孤立、也更加宁静。

东德岛村庄的南面，沿着东南面边缘分布的客栈乡间氛围更加浓厚，而这里距离班华德那头中规中矩的派对场景，仿若相隔光年之远。



## 濒危的伊洛瓦底江豚

伊江豚（又名伊洛瓦底江豚，学名Orcaella brevirostris，老挝称之为paa khaa）是湄公河最神奇、最濒危的生物之一。这些从深蓝色到灰色的江豚可生长至2.75米，可以通过其鼓鼓的额头、永远面带微笑和小背鳍来识别。它们具有超乎寻常的适应能力，可以生活在淡水、半咸水河口或半封闭（如海湾）的咸水水域中。

过去，老挝人和高棉人都认为伊江豚是人转世而来，因此民间有很多有关伊江豚的故事和传说，比如伊江豚救起落入湄公河的渔民或救出遭鳄鱼攻击的村民。这些文化信仰说明无论是老挝人或是高棉人都不会因为嘴馋或竞技而故意捕杀伊江豚。

但刺网和多年的破坏性捕捞的做法（如柬埔寨盛行的炸鱼等），不可避免地对江豚产生了极大的威胁。教育及保育计划，特别是在柬埔寨方面，持续挽救着江豚的性命，但刺网继续长期威胁——因为江豚每隔两到三分钟就要浮出水面呼吸，因此通常在渔民们发现有江豚被困网中之前，它们就已经溺毙身亡。仿佛上述状况还不够糟糕，近年来幼年江豚竟神秘死亡，说明非法电击以及因雌雄不平衡导致的杀幼豚现象是两大最可疑的祸魁。

从20世纪70年代生活在柬埔寨和老挝南部湄公河及其支流内的数千头江豚，估计到目前仅剩不到100头。幸存的少数江豚，主要生活在湄公河流经的老挝边境和柬埔寨的桔井（Kratie）沿线190公里的几处深水保育“池塘”之内。这些保育池塘可以在旱季河流水位下降严重不足时，成为江豚们的避难之所。

在老挝，通常江豚们会沿塞公河逆流而上。但如今，它们主要都局限在一个600米宽、50米深（在雨季）的柬埔寨边界的池塘内（老挝语中被称作Boong Pa Gooang，柬埔寨语称为Anlong Cheuteal）生活。人们认为，只有不到10头江豚在此池中生存。

## 日落地带

### ★Sunset View 客栈 $

（☎020-9788 2978；Sunset Blvd；房120,000K；Ⓟ）价格比它位于日落带的邻居客栈稍高一点，也使得这里成为有钱的背包客们聚集之地。这里的浴室光鲜亮泽，客厅更为宽敞，床也比该地区其他地方的更厚实。河畔的房间位于一排木房子内，还有一处位于水上且面向夕阳的公共甲板。房价在淡季至少会下降一半。

### Last Resort 度假村 $

（mrwatkinsonlives@googlemail.com；双/标三 50,000/60,000K）说到快乐的嬉皮处，没什么地方能够与这片距离日落大道以南仅15分钟路程、位于一座友好村庄之内的圆锥形帐篷"度假村"的自由精神相比较的了。澳大利亚店主人Jon在此地种蔬菜、烤面包、搞音乐，并且还会在露天为大家播放电影。那些圆锥形帐篷独树一帜，还有一个可供自行烹饪的厨房。

### Sengthavan Guesthouse & Restaurant 客栈 $

（☎020-5613 2696；Sunset Blvd；房100,000K；📶）也许是日落一面经济住宿中最棒的，这里带浴室的房间都异常干净，并且还有能够欣赏到柬埔寨美景、人烟甚少的阳台。低调的咖啡厅设有躺椅垫、格子花纹的桌布和老挝菜单。

### Mr B's Sunset View 客栈 $

（☎020-5418 1171；Sunset Blvd；房不带/带浴室 30,000/50,000K起；📶）这里有会讲英语的员工，延绵的客栈有各种各样的平房，其中部分平房拥有日落的美景，而你只需要加一点费用就可以住进带日落美景的房间。所有的客房都设有单薄、凹凸不平的床垫。餐厅非常吸引人，而南瓜汉堡（pumpkin burger）则是一道传奇美食。

### Mr Ky's Bungalows 客栈 $

（房 50,000K）房间是简单、干净的平房，周围有精心修剪的地面。这里比隔壁的Mr B's更加安静。不幸的是，日落美景却被Mr B's挡住了。

### Sabaidee Don Det 客栈 $

（平房40,000K，房 带风扇/空调 70,000/100,000K；📶）在客栈相邻的"快乐餐吧"（Happy Bar）中，菜单要比服务生快乐得多。位于河上的平房很单薄，混凝土质地的房间位于后面。

### ★Little Eden Guesthouse 客栈 $$

（☎030-534 6020；www.littleedenguesthouse-dondet.com；房 标准/豪华250,000/320,000K；❄@📶）它坐落在一片葱郁的糖棕榈树和槟榔树庭园里，位于岛上北端。芬芳的房间配有凉爽的瓷砖地板和柔和的床单。在宽敞的豪华房间里，床上铺有织品床旗，还有白色的墙壁、时髦的浴室和深色木饰。和配置基本的标准间相比，豪华房的档次有大幅的提升，因此，不如您意享受一下吧。

## 日出地带

### ★Crazy Gecko 客栈 $

（info@crazygecko.ch；房 150,000K；📶）坐落在实木的棚屋内，这里的4间房间环绕着一个同样时髦的阳台。这里挂满吊床、雕塑，还有随意摆放的家具，即使位于河的后面，这里也是一处放松身心的理想之处。浴室（目前）是共用的，房间芳香而简约——就是一间整洁的、够安放卧床的房间。对面的河畔餐厅是一片赏心悦目的地方。

### Dalom Guesthouse 客栈 $

（☎020-5418 8898；Sunrise Blvd；房 带风扇/空调 80,000/160,000K；❄📶）如果你希望靠近班华德村中心的热闹场所，这里就是最好的选择。如果你认为舒适性比位于河上的位置更重要的话，那就选择位于花园内的超值风扇平房以及双层的混凝土空调房吧。

### Don Det Bungalows 客栈 $

（☎030-955 3354；dondet.bungalows@gmail.com；Sunrise Blvd；平房150,000K起；📶）这里的平房比岛上大多数的房间更宽敞一点，并配备了毛巾和肥皂，但价格有一点儿高。它们位于河后面，所以如果想观看日出，就去路那边的餐厅，那里有一些固定的斜倚靠垫。

### Mr Man's Bungalows 客栈 $

（☎020-2332 6383；Sunrise Blvd；房 不

带浴室 50,000K）虽然Man先生已过世，但他的传统生活风格在这间简约客栈内的复式平房里传扬开来。尽管距离班华德村的热闹仅步程之遥，但这里仍然很安静。物超所值。

**Paradise Bungalows** 客栈

（Sunrise Blvd；平房60,000K起）虽然这里的7间平房都很基本，但如果你希望躺在吊床上欣赏湄公河景，那么来这里就是正确的选择。共用的浴室设有蹲式厕所，里面丰富多彩的壁画让它显得十分生动。廉价的餐厅中有一对朴实的美国音乐家夫妇驻场表演，这里供应美味的薄饼（crepe）。这里的图书互换活动可以为当地的一家儿童福利基金带来帮助。

**Mr Mo's Guesthouse** 客栈 $

（020-5575 9252；Sunrise Blvd；房 带风扇50,000~120,000K，带空调150,000K；）这里是另一处位于中心的醒目水泥建筑，配有空调房间和热水。河边的位置更是锦上添花。在餐厅里可以获得大量旅行信息。

**Mr Phao's Sunrise Bungalows** 客栈 $

（020-5656 9651；Sunrise Blvd；平房50,000K；）这里给人一种家的温馨感觉，极为简单的船头形带浴室的平房坐落在美丽的河畔花园内。

**Mr Tho's Bungalows** 客栈 $

（020-5592 8598；Sunrise Blvd；房70,000K起；）位于东德村以南，这里长久以来因轻松的气氛而大受欢迎，乐于助人的Tho先生会讲英文。

## 南面

**★ River Garden** 客栈 $

（020-7770 1860；房 60,000~80,000K；）这间对同性恋友好的客栈，拥有东德岛河畔其他经济型客栈所没有的时髦风格。想想雕木门窗、整洁的浴室、白色条纹床单和在一些价格较高的房间里才有的老挝纺织品、竹灯以及诱人的深红色墙壁。位于每间房间外的双人吊床，进一步展示了客栈对细节的专注。床上硬邦邦的枕头是唯一令我们略有



值得一游

### 昆帕蓬瀑布群（Khon Phapheng Falls）

东昆岛以南的地方，湄公河有一处13公里长的急流带，那里波涛汹涌，还有几处小瀑布。湄公河沿线规模最大、气势最磅礴的瀑布群便是**昆帕蓬瀑布群**（Phapheng Falls，ຕາດຄອນພະເພັງ；门票30,000K）。昆帕蓬瀑布群很纯粹，恣意奔放，每时每刻都有数百万升的河水奔涌流入柬埔寨境内。尤其在湄公河洪水泛滥时，其景象蔚为壮观。对于乘坐长途汽车远道而来的泰国游客，昆帕蓬瀑布群可能是最热门的景点。最吸引老挝人和泰国人的地方是精神层面的意义，因为他们认为，昆帕蓬瀑布群和东昆岛的利皮瀑布群一样都能捉魂。

湄公河岸上有座木头建成的观景亭，是观赏瀑布景色的好地方。瀑布旁边的几块石头上有个供胆大的渔民们使用的不太牢靠的竹架网，这些渔民据说与瀑布的灵魂有某种联系。

昆帕蓬瀑布群位于班塔科村（Ban Thakho）不远处湄公河东岸附近。从班帕蓬（Ban Phaphen）沿13号公路而行3公里，然后向南行8公里至瀑布岔路。从东德岛前往那里，先乘坐渡轮前往班纳嘎桑村（Ban Nakasang），然后步行500米至市场，找一辆三轮车带你去（往返费用约为50,000K，车夫可以在这里等待一段时间）。如果前往柬埔寨，最好早起去瀑布处游览，然后让你的车在9:30~10:00来13号公路接你。

这个瀑布群被包含在东德岛许多旅游行程之内，包括热门的皮划艇和观江豚之旅。由于业余划艇者无法靠近这些瀑布群的任何地方，因此你会被车带到那里，而你的皮划艇则会被运载至班纳嘎桑村。

## 退让一步

根据法律规定，东德岛和东昆岛上离河数米之处的客栈平房内不得修建室内浴室或厨房。这条法规被大大忽视，当局也视而不见。现在，继在万荣推行的一个强制法令之后，有传言称同样的法令即将登陆东德岛和东昆岛，也许在2014年就会开始实施。该法令甚至可能会延伸到那些没有浴室的平房。

显然，这将明显地改变东德岛和东昆岛的客栈布局。多数客栈将不得不在河道后方重建自己的平房和/或厨房。这对于那些喜欢选择住在河畔平房的旅客来说将是一则坏消息，而对那些目前无视法律的经营者而言，则会是一个巨大的麻烦（和高成本）。从另一方面来看，这对环境来说也许是个好消息。

微词的地方。房间位于河后面，对面是一个阴凉的、有河边露台的餐厅，内挂佛陀画像。

**Mekong Dream Guesthouse** 客栈 $

（☎020-5527 5728；房 50,000K；📶）与东昆岛隔河相望，这间客栈十分时尚。这里的6间房间都设有私人浴室和舒适的特大号床，与其他地方让人感觉幽闭恐惧的狭窄房间相比，这里可要舒适多了。这里还有一处宽敞的阳台/吊床休息室。提供肥皂和毛巾。

**Mama Leuah Guesthouse & Restaurant** 客栈 $

（☎020-5907 8792；www.mamaleuah-dondet.com；房 不带/带浴室 50,000/60,000K）房间非常基本，有蹲式厕所，但这里非常安静。你可以在餐厅里休息，那里有背景音乐和精美的泰国佳肴，厨房里还会呈献令人惊喜的瑞士菜，如Zürcher geschnetzeltes（奶油蘑菇浇猪肉）。

**Santiphab Guesthouse** 客栈 $

（☎020-5461 4231；房 80,000K；📶）这间位于通往东昆岛大桥旁的古老客栈深得信赖，这里有7间染成红色的独立平房，房间内有基本装潢、老床和室内浴室。在棚屋餐厅可欣赏到东昆岛傍晚时分梦幻般的景致。

### 东昆岛

**Guesthouse Souksan** 客栈 $

（☎020-2233 7722；标单/双 20,000/30,000K起；@📶）它仍然是东昆岛一带最便宜的地方，这里的房间是一片平房，且拥有一个共用的河景露台，毗邻一间有亲水座位的河上餐厅。浴室有冷水。这里的乘船烧烤游乐趣无穷且非常受欢迎。

**Bounephan Riverside Guesthouse** 客栈 $

（☎031-271,0163；房 40,000~60,000K）这里有最基本的摇摇晃晃的带浴室的房间，它们是实木结构的建筑，设有吊床，也可俯瞰河景，或是选择马路对面Mr Boune's 家更为出色的、刷了红漆的木质复式房间客栈。

**Auberge Sala Done Khone** 精品酒店 $$

（☎031-260940；www.saladonekhone.salalao.com；房 含早餐US$50~60；❄@📶🏊）位于一家重新装修的法国殖民时期的医院中，这间浪漫的精品酒店铺有错觉效果的地砖，还有古典的4柱卧床。即便房间有些老旧，但风韵犹存。外面一尘不染的A字形结构平房有老挝风格的建筑特色、氛围照明以及简约内饰，而建在河上的**Sala Phae**（房 US$60）新楼有漂浮在水上的时尚乡舍房间，配有无生化污染（bio-safe）型卫生间。

**Pan's Guesthouse** 客栈 $$

（☎020-9797 8222；www.donkhone.com；双 花园/河畔 160,000/200,000K，标三220,000K；❄@📶）一排催人入眠的平房，有用坚实奶白色藤条装饰的染色木质装潢，完美无瑕的室内浴室和阳台挂有吊床。选择一间河畔的房间吧。仅餐厅提供无线网络。

### Seng Ahloune Sunset River Resort

客栈 $$

（☎031-260934；www.sengahloune.com；房 含早餐US$30~45；❄@📶）大桥旁忙碌的位置不算理想，但这里设备齐全的平房，以及藤墙、粉色蚊帐、华丽的灯具和抬高的木质浴室却补足了这一弱势。这里巨大的河畔餐厅在午餐时分会挤满旅行团。不如升级到河畔的房间吧。

## 就餐

许多最好的餐厅都位于东德岛和东昆岛的东南岸边。花一天时间从东昆岛去班华德村上骑行或步行吧，然后再时不时停下来喝一瓶老挝啤酒或吃点小吃。

大多数客栈供应冰镇老挝啤酒和一些老挝以及西式美食。

### 东德岛

### Jasmine Restaurant

印度菜 $

（Sunrise Blvd；主菜20,000~35,000K）与巴色的Jasmine是姐妹餐厅，这间有风扇吹送凉风的小餐厅非常受欢迎，这得益于其位于河畔中央的地埋位置，以及优质的马来西亚和印度佳肴。

### ★ King Kong Resort

各国风味 $$

（主菜25,000~120,000K）这间由英国人经营的位于东德岛南面湄公河畔的餐厅，因其令人激动的系列意大利面食、比萨饼、汉堡包、泰国咖喱、周日烤肉以及（据说是）岛上最美味、最令人快乐的奶昔而在众多竞争者中脱颖而出。绿色和黄色的装潢让它有些时尚意味。虽然它确实有一些摇摇晃晃的平房，但这间对同性恋友好的"度假村"绝对是个用餐的好地方。

### ★ Little Eden Restaurant

老挝菜、各国风味 $$

（主菜35,000~60,000K；📶）在岛屿顶端享受阵阵微风，这里是享用高档老挝和西式美食的最佳场所之一。不拘一格的菜单上有新西兰牛排、肉酱意大利面和鱼肉腊普（fish láhp）等美食。饮一杯老挝米酒莫吉托（lòw-lów mojito）热热身吧。

### Boathouse

海鲜 $$

（☎030-955 5498；主菜25,000~60,000K；⏲7:00~22:00；📶）由一位娶了当地姑娘的德国前渔夫经营，这里的亮点是新鲜的鱼类佳肴。试试裹蕉叶蒸鲶鱼或鱼类烧烤。餐厅是河边的一栋坚固的建筑。可在隔壁的Bountips Guesthouse咨询住宿信息，因为他们正计划升级他们的基础平房。

### Rib Shack

美国菜 $$

（每根肋排10,000K）这家Paradise Bungalows的招牌，因多汁的肋排和凉拌卷心菜色拉、土豆沙拉及蒜蓉面包等配菜而出名，它位于市中心，其名字也取得非常巧妙（肋排小屋）。

### 东昆岛

### ★ Four Thousand Sunsets

创意菜 $

（主菜30,000~40,000K；📶✍）Auberge Sala Done Khone的水上餐厅比岛上一般餐厅更上档次一点——这里有白色的桌布、葡萄酒酒杯以及一份包含了欧洲、泰国和其他亚洲美食的多元菜单。没有什么比在夕阳时分前来这里享受一杯饮料更棒的了，可以欣赏到琥珀色的落日余晖笼罩于湄公河上。

### Fleur du Mekong

老挝菜 $

（☎020-5572 1681；主菜15,000~40,000K；⏲7:00~22:00）由会讲法语的导游Noy先生经营，这里的老挝菜肴包括美味的咖喱鸭和蕉叶蒸鱼，或纸包鱼（papillote）。位于河边，大致在Seng Ahloune对面。

### Chanthounma's Restaurant

老挝菜 $

（主菜20,000K）这间位于河边有些破旧的餐厅常年供应"顺应你心情的卓越美食"，包括春卷、木瓜沙拉和多样素菜选择。

### Mamadam Restaurant

老挝菜 $

（主菜35,000~50,000K）位于利皮瀑布群周边的餐厅之一，这间家庭经营的小餐厅供应美味的老挝美食，支付额外15,000K，他们便会教你如何烹饪你所点的菜。

## 饮品和夜生活

班华德村是活动汇集的地方。这里似乎

存在某种没有明文规定的23:30宵禁制度，届时酒吧渐渐偃旗息鼓，但活动则转移到“沙滩”上，这里会有篝火和午夜活动。

### 4000 Island Bar 酒吧

（Sunrise Blvd）位于下船处附近，当我们到访时，这里是城里最热闹的地方。夜间挤满青春洋溢的旅客，他们急于大嚼零食并快乐地舞动。虽然官方歇业时间为午夜前，但它很可能继续开放至次日凌晨1点。

### Reggae Bar 酒吧

这里实际上是前往4000 Island Bar之前的热身处，大部分夜晚都有现场乐队演出（并非总是雷鬼音乐）或是即兴音乐会。

## 实用信息

Paradise Bungalows（见274页）有一帮了解岛屿的员工，还有交通信息、自助游览路线和一张你可以拍下使用的优质地图。Mr Mo's（见274页）是另一个获得信息的地方。班华德村的主要地带有几间旅游公司的摊位，不过要区分他们不太容易，而他们主要关心的也是向你销售团队游和门票。

班华德村的主要地带沿线有大量网吧，所有场所的收费在每分钟400K；试试Mr Khieo Internet（每分钟400K）。东昆岛上也有多家网吧。

这里没有银行，可以乘轮渡前往班纳嘎桑村，那里有一台BCEL自动柜员机。在部分团队游中会包含在班纳嘎桑村停留以使用自动柜员机的行程。一些客栈和餐厅可以兑换外汇，不过汇率很低。东德岛上的Little Eden Guesthouse（见276页）可以提供佣金为5%的提现服务。

班纳嘎桑村有医疗和邮政服务。

## 到达和离开

前往岛屿的船价是由当地游船协会规定的。班纳嘎桑村至东德岛每人收费15,000K，或30,000K包船。16:00后费用上涨至每人20,000~30,000K，而天黑之后则进一步上涨。

一些公共船只也前往东昆岛（每人25,000K，或包船50,000K）。如果你错过了这些船，那就只好乘坐其他船只，但它们的费用高达200,000K，简直形同敲诈。为了节省你的基普，不如前往东德岛和租一辆骑自行车前往东昆岛吧。

如要前往巴色，大多数旅客都会在岛上预订通票，包括本地船票和换乘长途车或小型公共汽车的车票（70,000K，3小时）。大多数的出发时间约为11:00，而另一趟则在傍晚时分当从柬埔寨来的两趟客车经过时离开。它们都停在哈夏昆（Hat Xai Khun，前往东孔岛）。从班纳嘎桑村前往巴色的缓慢双条车仅在清晨出发，直到8:00左右（40,000K，3.5小时）。

还有几趟前往东孔岛的船。你也可以从Paradise Bungalows（见274页）包一艘船前往东孔岛，每人75,000K，最少两名乘客。

从巴色出发前往柬埔寨的长途车会在9:30经过班纳嘎桑村。Sorya客车是你最好的选择（见263页）。

# 了解老挝

**今日老挝** ........................................ 280

一个名义上的共产主义国家，但对于普通的游客来说，老挝的外观和感觉更像是一个随心所欲的资本主义实体。

**历史** ........................................ 282

马丁·斯图尔特-福克斯教授（Martin Stuart-Fox）将老挝的历史向上追溯至澜沧王国，向下延伸至今日这个占据着东南亚一处战略性十字路口的老挝人民民主共和国。

**民族和文化** ........................................ 297

老挝是那些纷繁复杂到令人难以置信的多个族群的家园，各个族群都有他们独特的宗教信仰、艺术以及手工艺。

**环境** ........................................ 312

老挝的环境是该地区中保护得最好的，但水电开发和大面积的采矿业正与其环境保护工作保持着一种纤弱的平衡。

# 今日老挝

**继20世纪90年代起实施自由化政策以来，老挝的很多变化大都发生在最近。老挝继续依靠外国援助，包括西方政府以及非政府组织（NGO）为形态的传统捐助者和私营企业。尽管民众对缺乏自由和腐败程度上升感到不满，但老挝的执政党老挝人民革命党（Lao People's Revolutionary Party，简称LPRP）在权威方面只是面临最小的内部挑战而已。**

### 最佳电影

**《火箭》**（*The Rocket*，2013年）影片讲述的是一个年轻的老挝男孩被指责为他的家人带来厄运的故事。为了赢回家人的信任，他建造了一只巨大的烟花去参加一年一度的火箭节庆。故事发生于战争背景下，该影片分别在翠贝卡电影节（Tribeca Film Festival）和柏林电影节（Berlin Film Festival）上获得了奖项。影片在老挝取景拍摄，它由基姆•莫当特（Kim Mordaunt）编剧并导演，由前街头小子Sitthiphon Disamoe饰演Ahlo。

### 最佳书籍

**《法医的午餐》**［*The Coroner's Lunch*，科林•科特里尔（Colin Cotterill）2004年］深入Siri博士的欢乐世界——20世纪70年代的一位全职国民法医以及兼职超级侦探。先看看首部，然后再继续阅读该系列的其他七部丛书。

**《蚂蚁蛋花汤》**［*Ant Egg Soup*，娜塔莎•杜邦德比（Natacha Du Pont de Bie）2004年］副标题为《一位美食行者的老挝历险》。作者品尝一些当地的美味佳肴（包括那些不适合娇嫩肠胃的食物），并写下食谱、配上速写草图，让故事更生动。

## 政治体系

老挝的政治乍看之下似乎很简单：一党执政体系掌控在那些当年参加大革命的年事已高的革命者手中，他们组建了新一届的政府，控制着老挝自然资源的开发权，能够压制任何异议并尽量争取与外国资助者合作，以换取滚滚而来的援助资金。但这只是个笼统的归纳而已，现实要复杂得多。

老挝的确是一党执政的社会主义国家，其唯一的合法政治实体是执政党老挝人民革命党。外界对老挝政治了解不多，但基本接受老挝人民革命党分为较老的保守派，以及由较年轻成员组成的主张适度改革的革新派。有较为偏激的人说，两派间的斗争主要集中于争夺老挝丰富自然资源的控制权上，谁控制了自然资源，谁就占有了利润可观的回扣；也有人说，革新派的主要动机是想加快经济发展进程，以尽快缓解贫困现状。事实很有可能介于两者之间。

## 经济

从经济角度来看，老挝目前处于一个活跃的发展时期。经历了20世纪90年代后期亚洲金融危机的黑暗岁月后，老挝2011年经济增长率为8%，是亚洲经济表现最佳的国家之一。然而，其他经济数据并非同样乐观。世界银行将老挝纳入东南亚地区最不发达国家之列，超过75%的国民日均生活费不足2美元。自给农民人数比例超过老挝总人口的四分之三，而2011年国内生产总值仅为83亿美元。

老挝的主要出口产品依次为木材制品、服装、电力以及咖啡。近年来，旅游业已成为老挝赚取外汇的一棵主要摇钱树，其中大部分收入直接流进了最需要它的人的口袋里。

## 外国援助

白19世纪以来，外援一直是促进老挝经济发展的持久因素。首先是法国人建造了老挝一套基本的基础设施，接着是美国人带到老挝来的大规模的战时投资。在苏联和越南的支持下老挝勉强支撑进入到了20世纪90年代。随后又有日本、西方国家以及非政府组织先后为老挝的发展埋单。考虑到老挝几乎没有有效征税体制的情况，老挝过分依赖外援的事实也就不足为怪了。直到现在老挝才第一次在水电方面具备了可观的出口能力。

近年来中国已开始向老挝进行大量投资。除了明显的公路、水坝和种植园等基础设施投资之外，这种援助还有两层显著的效果。首先，中国的援助几乎不带任何附加条件，道路、种植园和水坝等都是由中国企业修建的。这与西方捐助者采用的“胡萝卜加大棒”的政策正好相反。其次，外国支援者在提供各项援助的时候会要求老挝政府改善其制度，并参与到发展中来，鼓励老挝政府实施民主改革。

## 腐败

腐败仍然是老挝的一个主要问题，而法律遭到藐视的原因是因为法制体系在老挝人民革命党的控制之下。现今的老挝人民革命党仅仅是空壳的名称而已。相反，它行使的是一种一党专政的政权。实施如此政权的理由，许多人认为，是因为日益增强的民族主义。这可能会对老龙族具有吸引力，但对各部族的少数民族来说却不具优势。维持社会的凝聚力需要谨慎用心。老挝人民革命党是否有足够的智谋以迎接未来的挑战还有待观察。

投资的增加带来了出口和政府收入的增加。矿区使用费以及2010年年底落成的巨型南屯二号水电站是当前政府显著的收入来源，但大量的新型财富都落入了党政官员的口袋。在透明国际2012年公布的清廉指数（Corruption Perceptions Index）榜上，老挝在174个国家中排名第161，位列刚果民主共和国之下。事实上，腐败已经在各级蔓延，普通老挝民众为此倍感烦闷，也因为如此，城乡生活水平之间的差距也继续扩大。

人口：**700万**

面积：**236,800平方公里**

邻国：**中国、柬埔寨、缅甸、泰国、越南**

官方语言：**老挝语**

人均国内生产总值：**2300美元**

通货膨胀率：**7.8%**

### 如果老挝有100人

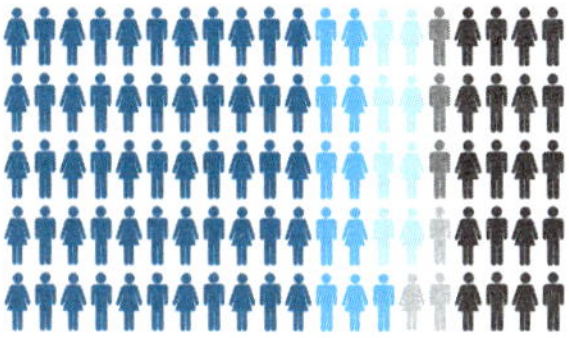

55 个是老族人
11 个是佧木族人
8 个是苗族人
3 个是中国人
3 个是越南人
20 个是其他少数民族

### 信仰体系
（占人口百分比）

### 每平方公里人口数

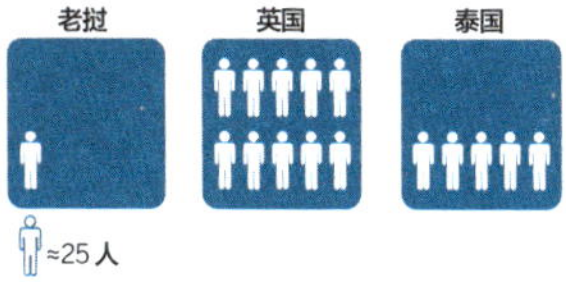

# 历史

马丁·斯图尔特 - 福克斯教授（*Professor Martin Stuart-Fox*）

**14世纪时，老挝以澜沧王国（Lan Xang）的形态在该地区崭露头角，它也被称为“万象之国”（kingdom of a million elephants）。尽管独立事件时有爆发，该王国事实上时时需要向比其更强大的邻国朝拜纳贡，包括暹罗和越南。老挝的地理位置使它被卷入了越南战争，以及那场1975年爆发的漫长内战之中。经过多年的自我封闭，老挝在20世纪90年代开始尝试经济改革，但政治改革对于普通老挝民众来说仍然是一个遥不可及的梦想。**

马丁·斯图尔特·福克斯是澳大利亚昆士兰大学（University of Queensland）的荣誉退休教授。就老挝政治和历史等专题，他先后出版了7本书，发表了几十篇文章。

## 史前史和傣老族迁徙

第一批现代人类（Homo sapiens）大约在距今5万年前迁徙到东南亚。他们的石器时代技术几万年几乎都没有任何发展变化，直到距今约1万年前出现了新石器文化。狩猎人群的足迹遍布包括老挝在内的东南亚大部分地区。他们的后代制作出了该地区最早的陶器，后来掌握了青铜冶铸技术。经过一段时间后，他们掌握了从中国南部传入湄公河流域的稻谷耕种技术。这些人便是现今坡地少数民族，统称为老听族（Lao Thoeng，坡地老挝人）人的祖先。老听族中最大的族群是老挝北部地区的佧木族（Khamu）。

据中国文献记载，最早在老挝南部建立的王国是公元5世纪的真腊王国（Chenla）。真腊王国其中一处首都当时毗邻占巴塞（Champasak），靠近后来修建的高棉寺庙群瓦普寺。没过多久，孟族人（Mon，讲另外一种南亚语系语言）在湄公河中游地区建立了几个王国——建都于他曲（Tha Khaek）附近的西戈塔普拉王国（Sri Gotapura，老挝语Sikhottabong）和建在万象（Viang Chan，后来写成Vientiane）附近的占塔布里王国（Chanthaburi）。

傣族（Tai）可能在8世纪前后开始迁出中国南部。包括老挝的傣老族（Tai-Lao）、泰国中部的傣暹族（Tai-Syam）、北部的傣元族（Tai-Yuan）以及缅甸东北地区的傣掸族（Tai-Shan）。之所以称他们为傣族，是为了

### 大事年表

**500年**

早期孟高棉真腊王国（Mon-KhmerChenla）的首都薛斯塔普拉（Shrestapura）是一个围绕古占巴塞瓦普寺而建的欣欣向荣的城市。

**1181年**

国王阇耶跋摩七世（Jayavarman VII）征服了来自吴哥的占族人，成为高棉帝国最强大的统治者，并将其疆界扩张至包括今日老挝的大部分地区。

➡ 占巴塞瓦普寺（见243页）

区分现代泰国的泰族人(Thai),尽管英文读起来一样,"傣"和"泰"的意思也相同。所有傣族人都讲几种关系密切的傣语,都在湄公河流域沿岸种植水稻,都各自组建叫做meuang(念"孟",意为"城邦")的小公国。公国的最高统治者,或是"昭孟"(jow meuang,意为"城邦君主"),实行世袭统治。傣老族(简称老族)沿着老挝北部地区的南乌江(Nam Ou)、大致由东北至西南流向的南康河(Nam Khan)等河流缓慢向南迁徙,最终到达被誉为"伟大之河"的湄公河。



## 澜沧王国

澜沧王国是老挝第一个统治时间较长的王国,创建于14世纪中叶,当时东南亚大陆正在发生空前的政治和社会变革。12世纪初期,伟大的高棉王阇耶跋摩七世重新建立了高棉政权,建造了吴哥通王城(Angkor Thom),他派出军队北上拓展高棉帝国疆土,打算将湄公河中游地区和泰国中北部

### 传说中的起源

早期的老挝文献《坤博隆传》(*Nithan Khun Borom*)详细记录了老挝的创世神话,涉及老挝民族起源、民族间的相互依存以及在琅勃拉邦(Luang Prabang)附近建立的第一个老族王国。这部创世神话讲述了孟唐昆(Meuang Thaeng Khun,今越南奠边府,Dien Bien Phu)长有两个大葫芦,人们可以听到葫芦里面有声响。宣扬君权神授的统治者坤(khun),用一根炙热的拨火棍刺破了其中一个葫芦,深色皮肤的老听族人(Lao Thoeng,坡地老挝人)就从烧焦了的窟窿眼涌了出来。坤用刀在另一个葫芦上划开了一道口,浅色皮肤的傣老族人(或称老龙族,Lao Loum,低地老挝人)就从里面逃了出来。然后,众神命令坤博隆负责统治老龙族和老听族。坤博隆把他的7个儿子派去傣族人定居的地方(越南傣族高地、中国南部的西双版纳、缅甸的掸邦、泰国和老挝)建立了7个新王国。而最年幼的儿子在石缸平原(Plain of Jars)建立了川圹国(Xieng Khuang),长子坤洛(Khun Lo)沿着南乌江而下,从老听族统治者手中夺取了公国孟苏瓦(Meuang Sua),取名香东香通(Xiang Dong Xiang Thong,意为"金城",后世更名为琅勃拉邦)。

**1256年**

忽必烈可汗洗劫南诏国的傣族城邦,为现今中国云南西双版纳地区的一部分。这引发了傣族人向南部迁徙。

**1353年**

法昂(Fa Ngum)建立了老挝澜沧王国并将首都建于香东香通(Xiang Dong Xiang Thong)。

**1421年**

法昂王的儿子和继承人桑森泰(Samsenthai)逝世,澜沧王国分崩离析并在接下来的一个世纪陷入战乱。

**1479年**

越南王黎圣宗(Le Thanh Tong)入侵澜沧王国,并派出一支包括许多战象的强大队伍。

地区纳入高棉版图。但帝国战线拉得过长，到了13世纪中叶，高棉人被迫班师回朝。与此同时，蒙古族在中国建立的政权元朝也失去了进一步征服东南亚的兴趣。

这为泰国中部地区留下了政治真空，傣暹族素可泰王国（Sukhothai）的兰甘亨大帝（Ramkhamhaeng）——素可泰王朝的建国者，趁机长驱直入。在素可泰王国北边，兰甘亨的盟友孟莱（Mangray）建立了傣元族兰纳王国（Lanna，意为"百万亩稻田"），定都清迈（Chiang Mai，今泰国清迈）。同时，在帕尧（Phayao，今泰国帕尧府）和香东香通（今琅勃拉邦）也建立了其他几个傣族小王国。然而，老挝南部和泰国东部地区当时仍在高棉人的统治之下。

高棉宫廷四处寻找同盟，最后瞄上了年轻的老族王子法昂（Fa Ngum）。法昂当时正在吴哥接受教育。当年仍是王子的法昂的父王因为勾引了他父亲的一名妃子而被迫逃离香东香通，因此法昂就顺理成章地继承了王位。

法昂迎娶了一位高棉公主，获赠一支高棉军队，受命于吴哥王朝北上讨伐素可泰统治下的湄公河中游地区，从而转移和削弱泰暹族王国的实力。法昂大获全胜。在万象王国被迫纳入他日渐扩大的帝国版图之前，周边的王国和城邦相继承认了法昂为香东香通国王。法昂改他的新王国国号为澜沧洪考（Lan Xang Hom Khao），意为"百万大象、白色宝伞"。法昂在香东香通建立了一座美丽的都城并着手组建他的宫廷和王国。

法昂王改国号为"澜沧洪考"时，也是他对自己的政权和王权发表声明之时。大象是东南亚古代战争中的战地坦克，因此改这个意为"万象之国"的国号旨在警告周边众王国："不要招惹老族人！"白色宝伞则是传统王权的象征。

法昂向澜沧王国的古老神灵（pěe）献祭。但是，他也默许王后（即高棉公主）把高棉人笃信的小乘佛教（Theravada Buddhism）引入澜沧国。据老挝史料记载，法昂就是从这个时候开始走下坡路的。高棉国王派遣了一大批僧人和工匠沿着湄公河北上，但他们最远只到达了万象。在那里，由僧人们护送的勃拉邦金佛（Pha Bang Buddha）魔法般地拒绝继续前进，只好被留在万象。金佛拒绝前行至首都的原因是：他知道法昂不具备拥有自己的品性德行——貌似他是对的。法昂开始勾引宫廷贵族的妻女，而宫廷贵族们却伺机预谋弑君篡位。法昂最后被流放到难国（Nan，今泰国难府），5年内命丧他乡。不过，法昂留下的澜沧王国却经受住了时间的考验。18世纪初以前，澜沧王国一直是东南亚大陆的强国，其国力与暹罗、越南和缅甸旗鼓相当。

法昂的儿子温环（Un Heuan）继承了王位，定尊号为桑森泰（Samsenthai），意为"30万傣族大军"，这是当时人口调查后上报的能入伍参军的男丁人数。桑森泰王迎娶了几位来自傣族大国的公主，比如兰纳王国、将素可泰

**1501年**

维苏王（King Visoun）加冕登基并重建了老挝王国，标志着澜沧王国的文化复兴。他在琅勃拉邦（Luang Prabang）建造了寺庙供奉勃拉邦金佛（Pha Bang Buddha）。

**1560年**

维苏王的孙子，塞塔提腊王（King Setthathirat）为避免来自在东南亚大陆上兀然崛起的缅甸王国新政权的威胁，将首都迁至万象。

**1638年**

伟大的老挝王苏里亚•冯萨（Suriya Vongsa）开始长达57年的统治，被称为澜沧王国的"黄金时代"。

**1641～1642年**

第一批欧洲人踏上万象的土地并记载了澜沧王国相关贸易和文化的信息，详细描述了塞塔提腊皇宫和皇权的细节。

取而代之的阿育塔雅王国（Ayutthaya，简称阿育王国，又称大城）。桑森泰王巩固王权，发展贸易，运用他的财富兴建寺庙，美化都城。

继桑森泰王长治久安地统治了42年之后，澜沧王国根基因继承纷争开始动摇。这是当时所有东南亚权力圈（mandala，音译为“曼陀罗”）都面临的问题。王位最后传给了桑森泰最年轻的儿子，定尊号为赛尼亚·乍卡帕（Xainya Chakkaphat，意为“世界统治者”）。虽然封号有些妄自尊大，但他确实治国英明有方。

赛尼亚·乍卡帕在位末期，灾难从天而降，澜沧王国遭受了建国以来首次大规模的入侵。经过一番苦战（老挝编年史记载，这里甚至记录了主要战象的名字），越南人攻占并洗劫了香东香通。赛尼亚·乍卡帕逃窜出国，而老族人民则发起了游击战。最终，越南人被迫撤出，他们的军队因疟疾和饥饿而消亡。越南人的损失如此惨重，以至于他们发誓永不再入侵澜沧。

## 澜沧王国的巩固稳定

1501年，老族王国最伟大的一位国王加冕登基，澜沧王国也因此恢复了国力。他就是曾统治过万象的维苏王（King Visoun）。维苏王在万象狂热崇拜勃拉邦金佛，因此金佛随行移驾至香东香通，成为王国的镇国之宝。为供奉勃拉邦金佛，维苏王下令建造了雄伟壮观的寺庙维苏纳拉寺（Wat Wisunarat，又名维苏寺，Wat Visoun）。该寺经历了多年多次毁坏和修复，现在仍然屹立在琅勃拉邦。

一股新势力在东南亚兴起：缅甸王国。正因为来自缅甸的这股势力使得塞塔提腊（Setthathirat，维苏王的孙子）于1560年将首都迁至万象。在他迁都之前，他修建了老挝保存至今的最美丽的一座佛教寺庙——香通寺（Wat Xieng Thong）。同时他将勃拉邦金佛留下，并以敬佛的名义将香东香通更名为琅勃拉邦。他带走的是他认为法力更强大的一尊佛像——玉佛（Pha Kaew），现存于曼谷。

塞塔提腊是老挝历史上最伟大的建造者。除香通寺外，他不论是在琅勃拉邦还是在万象都修建或修缮了不少寺庙。撇开湄公河畔的新宫殿不说，塞塔提腊主持建造的最重要的工程就是宏大的塔銮（That Luang）佛塔，一座供奉玉佛的寺庙——玉佛寺（Wat Pha Kaeo）以及宫殿附近众多的皇家寺庙。

时隔60多年的分崩离析、王权争斗以及缅甸的不时侵扰，澜沧王国

以前东南亚的王国并非现代意义上的国家，虽然有固定的国界，但在一定程度上，国界随权力中心的转移而变化。权力中心衰弱时，边远的城邦（meuang）可能效忠于其他王国。这就是学者为什么偏爱用“曼陀罗”（mandala，老挝语monthon）来表示这些王国。曼陀罗是一个梵文词语，其含义为“权力圈”。



**1694年**
苏里亚·冯萨王逝世，澜沧王国再度四分五裂为多个相互竞争的小国。

**1707～1713年**
澜沧王国分裂成三个弱小的王国：万象王国、琅勃拉邦王国以及占巴塞王国（Champasak）。

**1769年**
缅甸军队侵占老挝北部并侵吞了琅勃拉邦王国。

**1778年**
泰国军队入侵老挝南部并征服了占巴塞王国。

1998年出版，由马尤里·敖西瓦滕（Mayoury Ngaosyvathn）和珀伊潘·敖西瓦滕（Pheuiphanh Ngaosyvathn）合著的《战火之路：1778~1828，老挝、泰国、越南之50年外交和战争》（*Paths to Conflagration: Fifty Years of Diplomacy and Warfare in Laos, Thailand and Vietnam*，1778~1828），从老挝的视角，详细记载了老挝人反抗曼谷统治的艰辛历程。

又迎来了一位伟大的国王。1638年，苏里亚·冯萨（Suriya Vongsa）加冕为王。他在位时间长达57年，是老挝历史上在位时间最长的君主，其间也是澜沧王国的"黄金时代"。在此期间，澜沧国力强盛，万象则逐渐成为重要的佛学中心，吸引着东南亚大陆各地的僧侣慕名而来。

## 澜沧王国分崩离析

晚年的苏里亚·冯萨王肯定很严酷冷漠，因为当他的儿子兼王储犯下通奸罪行被判死刑时，他都无动于衷，拒绝救儿子。结果，1695年当他去世时，一场王位争夺战导致澜沧王国元气大伤，迫使王国四分五裂。首先是琅勃拉邦的统治者宣布独立，几年之后南部的占巴塞也脱离了万象。

一度强大的澜沧王国国力急剧衰落。澜沧王国分裂成3个势单力薄的小王国（第4个是川圹，Xieng Khuang），没有一个能抵御日渐强大的傣暹族阿育塔雅王国（Ayutthaya）。不过在接下来的半个多世纪里，暹罗人自己却忙于应付缅甸人发动的一波接一波的滋扰。最终，阿育塔雅王国惨遭缅甸军队占领洗劫。当时，清迈和琅勃拉邦都是缅甸的朝贡国。

但是，不久后暹罗人就恢复了元气。在一位父亲是中国人、母亲是

### 欧洲人的第一次接触

1641年，欧洲人第一次踏上万象的土地并记载了老挝王国。他就是一位名叫赫里特·范维斯托弗（Gerrit van Wuysthoff）的商人，是荷兰东印度公司（Dutch East India Company）的一位雇员，该公司希望在湄公河下游开通一条贸易路线。范维斯托弗及其小商队在首都万象逗留了8个星期，充分享受到了皇室般的膳宿招待和礼遇。比起老族的文化和宗教，范维斯托弗对商贸物品的价格更感兴趣。一年之后，一位学识广博的欧洲人跟随他来访万象，并让我们更深刻地认识了17世纪的万象。他就是在万象待了5年的基督教传教士乔瓦尼·玛丽亚·莱里亚（Giovanni-Maria Leria）。在这期间他劝说老族人改信基督教，但是一无所获，最终他嫌恶地放弃了传教。然而，乔瓦尼喜欢老族人（只要不是僧人），并留下了描写皇宫和贵族宅第的精彩文字。

**1826~1828年**

昭阿努（Chao Anou）步其两位兄长的后尘加冕为万象国王，并发动了摆脱暹罗统治的老挝独立战争。他被俘后，暹罗军队洗劫了万象。

**1867年**

法国的湄公河探险队到达琅勃拉邦。在接下来的20年里，该城镇因其国王接受法国提供保护陷入了斗争。

**1885年**

接下来的几个世纪，老挝相继遭受了邻近势力的侵略，在暹罗的控制下前澜沧王国分解为一系列小城邦。

**1887年**

琅勃拉邦被一支由坡地泰族人和贺族人组成的联合军队洗劫一空，只有香通寺幸免于难。

暹罗人的名叫达信（Taksin）的年轻军事将领的英明领导下，暹罗人万众一心，把缅甸人赶出了暹罗中部。达信创立新王朝并建造新都城后，试图扩张新领土。那些老族王国显然是他的目标。1779年，三大王国全部在暹罗军队的铁蹄下屈服，并接受了暹罗的领主地位。玉佛也被暹罗人劫走，所有老族国王都必须向曼谷常年进贡。

当昭阿努（Chao Anou）继两位兄长之后当上万象国王时，他便下定决心争取老挝独立。首先，他通过建造几座佛寺和御用寺庙西萨格寺（Wat Si Saket）来建立功绩。然后，1826年他开始采取行动，派出三支军队沿湄公河南下穿过呵叻高原（Khorat plateau）。暹罗人先是惊慌失措，但很快恢复镇定集结军队。暹罗军队把老族人打回老巢，进而攻占了万象。昭阿努弃城而逃，但一年后企图重夺万象时被俘。这一回，暹罗人冷酷无情，将万象彻底洗劫一空，万象居民不得不迁居湄公河东岸。只有西萨格寺幸免于难。昭阿努最后死在曼谷的牢狱中。

接下来的60年里，占巴塞和琅勃拉邦等老族王国相继臣服于暹罗。起初，这两个小国享有一定程度上的独立自主，但越来越受制于暹罗日渐严密的监控。原因之一是暹罗本身受到了东南亚新势力的威胁，觉得必须巩固自己的国家政权。这股新势力就是法国。1863年，法国宣布柬埔寨大部分地方为法属保护国。

4年后，一支奉命勘测绘制湄公河流域地图的法国远征队到达琅勃拉邦。当时的琅勃拉邦是金边（Phnom Penh）以北上游地区最大的居民点。19世纪80年代，琅勃拉邦卷入了一场多方混杂的争夺战，涉及的敌对方有危机四伏的暹罗人、法国人和几股流窜的中国匪徒（被称为贺族人，Haw）。1887年，坡地傣族人和贺族人合伙组成的联军对琅勃拉邦进行掠夺焚烧。只有香通寺逃过一劫。琅勃拉邦国王逃到下游地带，随行逃走的还有后来为国王提供法国保护的法国探险家奥古斯特·帕维（Auguste Pavie）。

第一个到达老挝的法国人是探险家兼博物学家亨利·穆奥（Henri Mouhot）。1861年穆奥身染疟疾，病逝于琅勃拉邦附近（现在可在琅勃拉邦瞻仰穆奥墓）。

## 法国统治

最终，法国通过炮舰外交手段对老挝实行强制统治。1893年，一艘法国军舰沿着湄南河（Menam River, Chao Phraya River）强行挺进曼谷，将大炮瞄准皇宫。在法国人的威逼之下，暹罗人被迫同意把湄公河东岸全部领土割让给法国。这样，老挝变成了一块法属殖民地。琅勃拉邦王国沦为法属保护国，老挝其他地区则受法国直接管理。

**1893年**

一艘法国军舰抵达曼谷，将枪炮瞄准皇宫。这迫使暹罗将老挝境内湄公河东岸的领土全部割让给法国。

**1904年**

西萨旺·冯国王（King Sisavang Vong）开创了现代王室。

**1907年**

老挝目前的边界是由国际条约设立的。万象（法语拼写为Viang Chan）成为行政首都。

**1935年**

首批两名老挝人加入印度支那共产党（Indochinese Communist Party，简称ICP），该党由胡志明（Ho Chi Minh）于1930年创建。

1900年，万象作为老挝行政中心得以重建，但是，名副其实的权力中心是法属印度支那的首都河内（Hanoi）。1907年，法国和暹罗签署了另一项条约，将湄公河以西的两块领地划入了老挝领土，即沙耶武里省（Sainyabuli Province）和占巴塞的一部分地区。同时，暹粒（Siem Reap）和马德望（Battambang）两省根据双方交易则重新划归柬埔寨。



在接下来几年里，法国人的殖民统治机构开始运转。不过，老挝仍然是穷乡僻壤。尽管法国计划实行经济开发，但老挝总是拖印度支那财政预算的后腿。法国人向老挝引入劳役（Corvée），专门负责修建道路。当时赋税很重，但殖民地从来不支付。部分木材沿着湄公河漂流而下。接着在老挝中部发现了锡矿，但利润微薄。老挝南部地区种咖啡，北部地区种鸦片，而大部分鸦片走私到中国。

两次世界大战之间的那些年，法国想方设法促进老挝经济发展。其中一项计划是穿凿阻隔老挝和越南两片殖民地的山脉修筑一条铁路。法国人本来是打算让勤劳的越南农民通过铁路迁移到老挝，代替在他们看来懒懒散散、松松垮垮的老挝人。这样的话，越南人数最终就会超过老挝人，进而产生经济剩余。当时，铁路都已勘测完毕，已在越南开始动工，但由于爆发经济大萧条（Great Depression），修筑铁路的资金耗费殆尽，老挝越南化的计划终究是黄粱一梦。

## 民族主义和独立

《湄公河之那伽城》（*Naga Cities of Mekong*），2006年出版，作者马丁•斯图尔特-福克斯，该书详细讲述了琅勃拉邦、万象、占巴塞各自的建国传说和历史，也是一本三座城市寺庙的旅行指南。

老挝的民族独立运动发展缓慢。法国人为自己辩解说，他们的殖民统治是保护老挝免受邻国，尤其是暹罗的欺凌。清楚自己弱点的少数老族精英中的大部分人觉得这种辩解有说服力，尽管他们也对大量出现在老挝的越南人愤懑不已。1930年，胡志明（Ho Chi Minh）创建印度支那共产党（Indochinese Communist Party，简称ICP），并没有支持越南、老挝和柬埔寨的单独独立。它唯一做到的就是在1935年吸纳了首批两名老挝党员。

当欧洲战争爆发后，法国在印度支那的地位才被削弱。在曼谷，积极进取的新兴民族主义政府瞄准这次大好机会，准备一举收复50年前的“失地”。该政府更名为暹罗泰国（Siam Thailand），公然反抗法国。日本操纵签订的一项和平协议剥夺了老挝湄公河以西的领土，这让老挝人大为恼火。

为还击曼谷的泛傣联盟宣传攻势，法国人鼓励老挝开展民族独立运动。在一项日本与法国维希政府签订的协议中规定：法国继续享有法属印度支那联邦的统治权，但日本军队享有行动自由权。因此，1945年初日本

**1942年**

由于“二战”波及亚洲，在亲维希（pro-Vichy）法国殖民当局的合作下日本侵略并占领老挝。

**1945年**

日本占领老挝并强迫老挝国王宣布独立。一项民族抵抗运动展开，“自由老挝”（Lao Issara）成型并建立了一个临时政府。

**1946年**

法国重新占领老挝，迫使“自由老挝”政府流亡。

**1949年**

法国准予隶属于印度支那联邦的部分老挝地区独立权，一些“自由老挝”领导人重返工作岗位，为使老挝完全脱离法国而出力。

开始怀疑法国投靠盟国时，日本人就已蓄势待发。同年3月9日，日本人发动闪电军事行动拘禁了所有法国军事人员和平民。只有待在老挝的少数法国士兵成功溜进了丛林与老挝盟友继续开展抵抗。

日本人统治老挝6个月后，广岛、长崎遭受原子弹轰炸，第二次世界大战宣告结束。在日本统治期间，日本人逼迫西萨旺·冯国王（King Sisavang Vong）宣布老挝独立。与此同时，被称作"自由老挝"（Lao Issara，寮共）的民族主义抵抗运动也已成形。1945年8月15日日本投降时，自由老挝建立了以西萨旺·冯国王的堂弟佩差拉亲王（Prince Phetsarat）为首的临时政府。这是18世纪初以来老挝全国的第一次统一。然而，西萨旺·冯国王认为老挝还需要法国保护，很快便否认自己宣布过老挝独立。国王解除了堂弟佩差拉亲王总理的职务，因此，由45位知名民族主义分子组成的临时国会通过决议废黜西萨旺·冯国王。

躲在这种紧张局势后面的法国人决计重建他们的印度支那帝国。1946年3月，当法国和越盟（越南独立同盟会，Viet Nam Doc Lap Dong Minh Hoi，简称越盟，Viet Minh）在越南达成停火协议时，法国又派军袭击老挝北部地区，从而夺取老挝其他地方的控制权。自由老挝政府被迫流亡曼谷。这样，法国和西萨旺·冯国王签署了一个暂定协议，协议内容是国王重新宣布老挝统一，并把国王的统治范围从琅勃拉邦扩展到整个老挝。在1940年被泰国强占的湄公河西岸领土则归还老挝。

1949年，法国和越盟在越南主战场上陷入僵持状态。法国人为了保住自己在老挝的殖民地位，准予老挝享有更大的独立性。一项针对自由老挝首领的特赦令颁布后，大部分成员都回国参与老挝的政治进程。回国人员包括佩差拉亲王的弟弟梭发那·富马亲王（Souvanna Phouma），而佩差拉亲王自己仍然留在泰国。两位亲王的同父异母弟弟苏发努冯（Souphanouvong）则带领追随者加入越盟，继续开展反殖民斗争。

《竹宫殿：探索老挝的失落王朝》（*Bamboo Palace: Discovering the Lost Dynasty of Laos*），2003年出版。作者克里斯托弗·克雷默（Christopher Kremmer）以1998年他撰写的《潜近象王寻找老挝》（*Stalking the Elephant Kings, In Search of Laos*）亲身旅行见闻录为基础，尝试揭示老挝皇室的命运。

## 巴特寮的兴起

三位亲王分道扬镳意味着自由老挝从此分崩离析。回国的自由老挝成员在合法的框架下为老挝合法摆脱法国完全独立而继续奋发努力。加入越盟的自由老挝成员也孜孜不倦，不过他们追求的是全然不同的政治目标——把法国人赶出老挝、建立马克思主义政权。后者的政治运动就是众所周知的"巴特寮"（Pathet Lao，意为"老挝人的土地"），这是根据1950年8月在越盟的支持下成立的巴特寮抵抗政府（Resistance

**1950年**

老挝共产党（巴特寮，Pathet Lao）形成"反抗政府"。苏发努冯（Souphanouvong）成为抵抗政府的公众形象以及自由老挝阵线（Free Laos Front）的主席。

**1953年**

《法国老挝友好联合条约》承认老挝完全独立，并且在老挝代表团参加日内瓦举行的会议时，将老挝一个军事重组区留给了巴特寮势力。

**1955年**

巴特寮的领导人创建了老挝人民党（后来的老挝人民革命党，PRP），建立了一条广泛的政治战线，称为老挝爱国阵线（Lao Patriotic Front，简称LPF）。

**1957年**

第一届联合政府"民族团结政府"成立，并在金融和政治危机之后垮台。

Government of Pathet Lao）命名的。

自由老挝—越盟的创建者是苏发努冯亲王。1950年8月，苏发努冯亲王成为抵抗政府的代言人，在自由老挝解散后担任“自由老挝阵线”（Free Laos Front，Naeo Lao Issara）的主席。然而，实权掌握在两名加入印度支那共产党的老挝人手中（苏发努冯亲王当时不是党员）。他们是掌管国防事务的凯山·丰威汉（Kaysone Phomvihane）和经济财政部部长诺哈·冯沙万（Nouhak Phoumsavan）。

1949年新中国成立后，第一次印度支那战争的整个局势发生了大转变。中国帮助越盟抵抗侵略，战争扩大升级，法国人被迫转为防御。在接近老挝边境与越南北部接壤处发生的奠边府（Dien Bien Phu）围攻，成为第一次印度支那战争的决定性战役。越盟军队围攻孤军作战的法国驻军，用藏在山里的大炮轰击法国军事基地。法国人只能靠空运补给物资，坚持抵抗两个多月后在5月7日投降。第二天在日内瓦召开的国际会议最终宣告法国在印度支那的殖民统治落幕。

《渡鸦：老挝秘密战争中的飞行员》（*The Ravens: Pilots of the Secret War of Laos*），于1987年出版，作者克里斯托弗·罗宾斯（Christopher Robbins）。该书讲述了老挝的美国志愿飞行员的故事。他们为“秘密部队”输送物资，为美国空军喷气式飞机辨认目标。

## 分裂和统一

1953年10月老挝已经完全从法国统治中获得了独立，因此老挝代表团参加日内瓦会议时所代表的就是一个自由独立的国家。经过数月商讨，会议同意将越南分成南北两部分，实行分而治之，但两地都要按照会议指示于1956年年底前举行自由公正的选举。柬埔寨未被分割，但老挝东北地区华潘（Hua Phan）和丰沙里（Phongsali）二省留做巴特寮军队重组区。巴特寮一边在华、丰二省整顿政治军事组织，一边与老挝皇家政府（Royal Lao Government，简称RLG）谈判，打算将华、丰二省合并成一个统一的老族国家。

巴特寮领袖所做的第一件事就是成立一个老挝马克思主义政党。1955年，老挝人民党（Lao People's Party）终于成立，随后在1972年正式更名为老挝人民革命党（Lao People's Revolutionary Party，简称LPRP），即现在老挝人民民主共和国的执政党。

1956年，老挝人民党以马克思主义为指导，建立了一条广泛的政治战线——老挝爱国阵线（Lao Patriotic Front，简称LPF）。当时，苏发努冯亲王担任老挝爱国战线主席，凯山·丰威汉担任老挝人民党总书记。他们与其他党员一起领导了夺取政权的老挝革命，共同经历了“30年的艰苦奋战”（1945~1975年）。整整30年，老挝人民党内部没发生任何党派之争，

**1958年**

政府倒台并落入由美国支持的国家利益防御委员会（Committee for the Defence of National Interests，简称CDNI）右翼分子的控制之下。

**1960年**

游击战覆盖广大面积。万象战事后紧接着发生了一项中立分子政变。

**1961年**

美国中央情报局受命在老挝北部地区组建一支“秘密部队”，以接应美国在越南的战争。

**1962年**

根据《老挝问题日内瓦协议》，老挝组建第二届联合政府，用有投票权的中间派代表来平衡巴特寮和右翼势力。

## “秘密部队”和苗族

1953年老挝获得独立后，美国为老挝皇家军队提供训练计划和军需物资，将其作为打击东南亚共产党力量的战略组成部分。1961年，美国中央情报局探员开始接触定居石缸平原及其周围山区的苗族人。美国人散播出一条简单消息：“提防越南人，他们有意抢占你们的土地”，然后向苗族人分发武器，提供基础训练。苗族自治区也做出了模糊不清的承诺。为了保卫易受攻击的群体，数千名苗族人决定迁往石缸平原南部的山麓地区。他们的统领是年轻的苗族军官王宝（Vang Pao）。

1961年10月，美国总统约翰·菲茨杰拉德·肯尼迪下令招兵买马，征募1.1万名苗族人组建一支听命于王宝的部队。几百名美国和泰国特种部队顾问负责特训这支苗族部队，而美国空军负责用降落伞空投武器和食品物资，一切活动全都在中央情报局的监管下进行。

1962年老挝采取中立立场成立第二届联合政府时，美国军事人员正式撤出老挝。虽然美国也签署了1962年《老挝问题日内瓦协议》，但仍然继续秘密开展军事行动，特别是为“秘密部队”提供物资和特训游击战术。美国中央情报局的秘密总部设在龙镇（Long Cheng），但最大的苗族聚居地是桑通（Sam Thong），当时大概有几千苗族人。

在接下来的12年里，苗族“秘密部队”和占领石缸平原装备精良的北越正规军不断发生游击战。美国自始至终支持“秘密部队”，该军事行动一直保密，直到1970年才被公诸于美国民众。因此，美国军队在越南作战时，老挝的“秘密战争”也同时硝烟弥漫。苗族人之所以打仗是因为他们不信任共产党，寄希望于美国支持苗族自治。

战事一再拖延，苗族人战死甚多，已经到了无法再募新兵的地步。年仅12岁的男童都被送上战场。最后，通过征募瑶族（Mien）和佧木族（Khamu）等其他少数民族男子以及整个营的泰国雇佣兵，“秘密部队”才补足士兵人数。至20世纪70年代初，“秘密部队”已发展壮大到3万余人，其中三分之一士兵是泰国人。

1973年签署停火协议时，成立第三届联合政府前，“秘密部队”正式解散。泰国雇佣兵返乡，苗族人部队编入老挝皇家军队。对外公开的苗族伤亡人数是死亡1.2万人，受伤3万多人，但实际伤亡人数可能更高。

连年战乱导致信任荡然无存。1975年后，30万苗族人中大约有12万人选择逃离老挝，不愿接受老挝共产党的管理体制。逃走的苗族人大多移居美国。值得一提的是，支持巴特寮的苗族人如今在老挝人民革命党和政府部门担任着高官要职。

**1964年**

美国开始对老挝地面目标实施空战，主要是针对石缸平原上的共产党据点。

JULIET COOMBE/GETTY IMAGES ©

➡ 被成功拆解的美国炸弹

**1964～1973年**

越南战争波及老挝。北越人和美国人的出现骤然剧增，而轰炸也延伸到了老挝领土沿线。

**1968年**

由越共在邻国越南发起的新年攻势，在美国引发了反对越南战争的舆论。

《逆火：中央情报局的老挝秘密战争及其与越南战争的关联》(*Backfire: The CIA's Secret War in Laos and its Link to the War in Vietnam*)，1995年出版，作者罗杰·沃纳(Roger Warner)。该书广泛深入地讲述了美国中央情报局在老挝境内展开的各种行动。

比起那些最后走向分裂的政治对手，这就是老挝人民党最强大之处。

老挝皇家政府的当务之急是重新统一国家，这就需要一个获得巴特寮首肯的政治方案。老挝的悲剧在于：两个世纪后当老挝独立自主得以重生时，却以第二次世界大战的民族主义为立国之本，以经历第一次印度支那战争的苦难为代价，以冷战为建国背景。刚刚建国，老挝就被意识形态分歧弄得四分五裂，这就是老挝竭尽全力想要克服的困难，但由于外界干涉，这种状态反而不断恶化。

在偏远的根据地，巴特寮完全依靠北越提供的武器和其他各种援助，而北越自身的首要任务是重新统一越南并建立共产党政权。与此同时，老挝皇家政府越来越依赖于步法国后尘而向老挝提供主要援助的美国。因此，老挝成了充满敌意的冷战战场。

梭发那·富马亲王(Souvanna Phouma)肩负重任，打算在意识形态差异和外国势力干涉的夹缝中寻找出路。时任老挝皇家政府总理的梭发那·富马亲王，与其同父异母的弟弟苏发努冯亲王协商后达成协议，保证联合政府的其中两个部长和两个副部长职位由巴特寮成员担任。巴特寮统治的华潘、丰沙里二省归复皇家政府名下统治。老挝爱国战线在全国选举中表现出色。美国也因此而气急败坏。

1955~1958年间，美国在老挝身上投下1.2亿美元的巨额血本，几乎是8年前法国投资金额的4倍。老挝几乎完全依靠美国慷慨捐赠过活。1958年8月，因为政府中有巴特寮成员任职部长，美国对此不满并停止资助，老挝随即陷入了财政和政治的危机。结果，第一届联合政府在成立8个月后就垮台了。

大范围的游击战再次展开时，反对老挝人自相残杀的呼声开始高涨。1960年8月9日，几乎整个老挝政府都在琅勃拉邦为西萨旺·冯国王的葬礼忙得不可开交的时候，老挝皇家军队第二伞兵营一位低级别指挥官夺取了万象的政权。这名指挥官就是贡勒上尉(Captain Kong Le)，他向世界宣布老挝重新采取中立政策，并要求恢复梭发那·富马亲王的总理职务。西萨旺·冯国王的继任者西萨旺·瓦塔纳国王(King Sisavang Vatthana)只得默许，但富米将军(General Phoumi)拒绝参与新政府，他坐飞机飞到老挝中部地区煽动反新政府情绪。

就这样，泰国政府和美国中央情报局开始支持富米将军，给他提供现金和武器。中立政府依然对外宣称是老挝的合法政府，并通过越南获得苏联支援的武器。但是，中立政府的大多数人却发现自己正在走巴特

**1974年**

1973年越南的停火意味着其在老挝境内的作战结束，老挝第三届联合政府形成。

**1975年**

共产党夺取政权，并宣布老挝人民民主共和国(Lao People's Democratic Republic，简称LPDR)成立。它结束了长达650年的老挝君主制统治。

**1979年**

农业合作社被取消，老挝首次实行经济改革。

**1986年**

"新经济机制"为市场经济和外国投资开辟道路。

寮的路。不多久，老挝全国大面积地区便都在共产党军队的掌控之中。美国派兵驻守泰国，以防共产党军队越过湄公河。当时有一小段时间，美国军队驻军东南亚好像是为了老挝，而不是越南。

## 越南战争

这时，以约翰·菲茨杰拉德·肯尼迪总统为首的新一届美国政府对在老挝发动战争的政策进行了重新思考，其态度发生了重大变化，决定转而支持老挝中立。1961年5月，有关老挝的新一轮会议在日内瓦召开。但是，会议进展缓慢，因为老挝左、中、右三派就组建第二届联合政府的政治妥协未能达成一致。

1962年7月，14名与会国代表再聚日内瓦签署《老挝问题日内瓦协议》(*Geneva Agreement on Laos*)，国际协议承认中立政府的合法性，并禁止外国军事人员进入老挝。在民众的美好祝愿和殷切希望下，新一届老挝联合政府正式宣誓就职。

然而，没出几个月联合政府表面就出现裂痕。根源问题是越南战争。北越人和美国人为争取战略优势，都把老挝中立政府撇在一边。尽管《日内瓦协议》条款白纸黑字，双方仍然我行我素，继续向各自支持的势力提供武器和物资。但是，没有任何外国势力帮助老挝中立政府，中立分子发现自己夹在左右两派中间越来越受排挤。

1963年年底，双方相互谴责对方违反《日内瓦协议》，而第二届联合政府不可挽回地走向破裂。然而，维持老挝中立国的形象对所有势力都有好处，国际外交支持力量曾帮助梭发那·富马亲王成功制止了右派将领在1964年和1965年发动政变夺取政权的阴谋。

1964年，美国开始在老挝实施空战，对石缸平原上的共产党武装据点进行狂轰滥炸。因为北越人沿着胡志明小道（Ho Chi Minh Trail）重新开展渗透活动，轰炸范围遍及老挝全国各地。官方统计数据显示，美国出动了58.0944万架次飞机，投掷了209.31万吨炸弹，总共耗费了72亿美元，也就是说连续9年每天花销200万美元。没人知道到底死了多少人，但有一点很清楚，210万人口有三分之一沦为国内难民。

20世纪60年代时，在老挝出现的北越人和美国人呈几何级数增长。1968年，驻扎在老挝的北越正规军估计有4万人，保持胡志明小道畅通无阻，而约有3.5万名士兵增援巴特寮军队。当时的老挝皇家军队人数为6万，



越南战争期间，中国军事工程师帮助老挝在北部地区铺筑了一张公路网。虽然这些公路对巴特寮大有帮助，但美国空军从未敢对其实施轰炸，因为害怕中国军队进入老挝北方参战。

**1987年**

老挝和泰国之间爆发了为期三个月的边境战争，于1988年2月休战。

**1991年**

《老挝人民民主共和国宪法》颁布，坎代·西潘敦（Khamtay Siphandone）将军成为国家主席。

**1992年**

老挝前总理以及老挝人民革命党领导人凯山·丰威汉（Kaysone Phomvihane）逝世，享年71岁。

**1995年**

琅勃拉邦被列入《世界遗产名录》。随后占巴塞附近古高棉寺庙瓦普寺（Wat Phu）也被列入该名录。

全军的军费和军备全都由美国提供；王宝的军力为3万，仍然受美国中央情报局直接领导；贡勒的中立分子有1万人。北越和美国为各自支持的老挝军队提供全部资金。这场傀儡战争在1973年停火前持续达5年之久。

1968年的新年攻势（Tet Offensive）是这场越南战争的转折点。这次攻势不仅让美国人认清了军事手段无法取得战争胜利的现实，也让他们确信政治解决势在必行。然而，新年攻势对老挝产生的结果却是空战升级，石缸平原地面战争加剧。美国空军暂停轰炸北越时，却集中火力轰炸老挝。巴特寮领导层被迫转入地下，隐藏在芒咸（Vieng Xai）的溶洞中。

1972年年中，当重大的和平行动进行时，共产党已控制了老挝大约4/5的国土面积。和平时期和战争时期一样，老挝跟在越南后面亦步亦趋。1973年1月越南战争停火协议生效后，老挝战争才彻底结束。随后，政治斗争拉开序幕。直至同年9月，老挝各派就第三届联合政府的组建和运作问题才达成一致协议。



凯山•丰威汉出生在老挝中部。父亲是越南人，母亲是老挝人，所以他有一个越南姓氏。他给自己取的名字丰威汉（Phomvihane）是个老挝词，意思为四梵住或四无量（brahmavihara），即梵天界诸梵天的心常安住之境，对于信仰马克思主义的丰威汉来说，该名字的选择颇为有趣。

## 大革命和改革

1975年4月，共产党军队先后攻占了金边（Phnom Penh）和西贡（Saigon）。巴特寮立即对老挝右派施加政治压力。一浪高过一浪的街道示威活动迫使右派政治领导人和将军逃离老挝。巴特寮军队——和平“解放”了老挝全国各地的城镇，同年8月完全控制万象。

梭发那·富马亲王估计预见到了厄运临头，赶紧配合巴特寮避免发生更多的流血冲突。几百名高级军官和文职官员自愿前往偏远的集中营接受“政治再教育”。他们本以为在那里最多只待几个月，结果其中几百人待了好几年。

11月，残破的第三届联合政府召开了一次议题为顺应建立“民众民主政权”的潮流和呼声的非常会议。西萨旺·瓦塔纳国王迫于压力同意退位。12月2日，老挝人民革命党组织召开全国人民代表大会（National Congress of People’s Representatives），大会宣布废除老挝已存在的650年的君主制，成立老挝人民民主共和国（Lao People’s Democratic Republic，简称LPDR）。凯山·丰威汉不仅是老挝人民革命党领导人，他还在新成立的马克思列宁主义政府中担任总理。苏发努冯亲王被任命为国家主席。

老挝新政权是按照苏联和北越的模式组建起来的。政府和行政部门严格服从于老挝人民革命党和七人政治局。老挝人民革命党立即严格限制言论和集会的自由，并实行了经济国有化。因为通货膨胀高居不下，国

**1997年**

老挝加入东南亚国家联盟（Association of Southeast Asian Nations，简称东盟，ASEAN）。

**1998～2000年**

亚洲经济危机严重影响老挝经济。中国和越南相继向老挝提供援助贷款和建议。

**2000年**

经济危机的火花触发了一些政治动荡。老挝反政府叛军袭击了位于泰国边境上的一处海关检查站，造成5人死亡。

**2001年**

一系列的小型炸弹爆炸使政权处于忧患之中，政府通过增加安全保障来应对。

内开始实行价格控制体系。结果，当初留在老挝的中国人、越南人纷纷跨过湄公河去了泰国，成千上万的老挝百姓也都背井离乡。最后，包括几乎所有知识分子在内的10%的人口像难民一样逃离了老挝，这导致老挝发展至少滞后了一代人。

虽然数以千计的“秘密部队”成员及其家属逃离了老挝，但是留下来的成员仍旧反对共产党政权。苗族叛乱接着又延续了30年。1977年，因为担心实际上已经遭受软禁的西萨旺·瓦塔纳国王可能逃跑并领导反抗运动，当权者正式逮捕了国王及其家眷，把他们送到巴特寮的战时总部芒咸。在那里他们被要求下地干活。最后，国王、王后和王储相继辞世，死因很有可能是疟疾或是营养不良，但官方从未对他们的死因做任何正式说明。

1979年，改变政策迫在眉睫。凯山·丰威汉发出通告，民众可以离开合作社，可以耕种自己的土地，准许开办私营企业。然而，改革不足以改善老挝经济。在接下来的几年里，老挝人民革命党内部就未来政策问题发生分歧。当1985年戈尔巴乔夫（Mikhail Gorbachev）上台时，苏联越来越厌倦扶持老挝政权，开始着手实行自己国内的重大改革。与此同时，越南仍然视柬埔寨为眼中钉。最后，凯山·丰威汉终于说服老挝人民革命党以中国为榜样，开放经济，适应市场力量。老挝打开国门接受外援和西方投资，同时保持人民革命党的执政地位。1986年11月，名为“新经济机制”的经济改革开始实施。

经济改善的过程非常缓慢，部分原因是老挝、泰国两国关系仍然紧张。1987年8月，两国因为领土纠纷发生了一场短时边境战争，导致1000人丧生。直到第二年，老挝与泰国和中国的关系才得以修复。人民革命党为成立国会进行了首次选举，最终颁布了老挝宪法。一套法制框架开始缓慢运作，而至20世纪90年代初，随着外国直接投资越来越多，老挝经济开始好转。

《战后老挝：文化、历史和特性之政治》（*Post-war Laos: The Politics of Culture, History and Identity*），2006年出版，作者瓦塔纳·奔舍那（Vatthana Pholsena）。本书深入介绍了老挝种族、历史和特性之间的相互作用过程。



## 再教育

“再教育”营区全都设在偏远地带。在押人员修筑公路，帮助当地村民并自己栽种蔬菜。但还是食物稀缺，劳作艰辛，医疗匮乏或根本没有。除两间关押高级官员和军官的高安全等级的营房外，在押人员都有接触当地村民的自由。有些人甚至和当地女性结成了伴侣。然而，逃跑几乎是不可能的事，因为再教育营区地处偏远。只有对过去“罪行”表现出痛悔态度的人才能获释。部分获释人员同意为现政权工作，但大多数都选择了离开老挝投奔海外亲属。

**2004年**

老挝在首都万象举办第十届东盟首脑会议，该会议是老挝迄今为止举办过的最大规模的世界各国领导人集会。当会议举办时，其治安仍显紧张。

**2005年**

十年一次的人口普查显示，老挝总人口达到5,621,982人。

**2006年**

老挝人民革命党举行第八次代表大会，国民议会选举产生了新一届政权领导班子。

**2009年**

老挝举办第25届东南亚运动会（Southeast Asia Games）。4000名苗族难民被强行从泰国遣返。

# 现代老挝

1992年，凯山·丰威汉逝世。他领导老挝共产党的时间超过四分之一个世纪。老挝人民革命党平稳高效地过渡到新一届领导班子，这让流亡在外的老挝人颇为失望。坎代·西潘敦（Khamtay Siphandone）将军接任老挝人民革命党主席兼政府总理，后来他辞去总理职位而只担任国家主席。坎代·西潘敦的晋升标志着参加革命的军事领导一代人开始掌握老挝人民革命党实权。2006年坎代·西潘敦引退时，由他的亲密战友朱马利·赛雅贡将军（General Chummaly Sayasone）接任。

老挝20世纪90年代中期的经济繁荣仰仗于有增无减的外国援助投资，如今仍然非常依赖外援（跟过去一样）。老挝人民民主共和国和所有邻国关系友好，尤其和越南的关系密切，并改善了与中国的关系。老挝和泰国的关系时好时坏，不过泰国却是老挝的外国直接投资的主要来源。1997年，老挝加入了东南亚国家联盟。

20世纪90年代末亚洲金融危机爆发，老挝的好日子走到了尽头。老挝货币基普（kip）在很大程度上通过贸易关系受泰铢约束，因此，泰铢崩溃直接引发基普通货膨胀。老挝政府从这次金融危机领悟到了两点：一是市场资本主义化存在危险性；二是真正的朋友是中国和越南，因为这两国都通过贷款和建议对老挝施以援手。

经济危机引发了一些政治动荡。一个由学生发起的呼吁结束老挝人民革命党政治权力的垄断地位的示威活动被无情地粉碎了，而这些发起示威的带头者们也被判以长期监禁。

2003年，西方记者第一次提出与苗族叛乱分子接触。他们的报告披露了一场濒临垮台边缘的暴动。更新的军事压力迫使部分苗族人投降，而其他人则逃往泰国避难。然而，泰国将苗族人视为非法入境者；而关于第三国重新安置的谈判也陷入了僵局，最终，2009年12月，大约4000名苗族人被强行遣返回老挝。

21世纪的前10年，中国大大增加了在老挝的投资。日本仍然是最大的援助国。然而，中国企业的投资占据着采矿、水电、农业种植和木材等领域的重大项目。与此同时，跨境贸易得到了飞速发展。增加的经济实力带来了牺牲越南利益的政治影响，不过老越关系依然保持密切。资深老党员干部仍然需要在越南进修马克思列宁主义课程，然而他们的经济灵感更可能得益于中国。

《仪式和纪念的政治：1975年后的老挝》（*The Politics of Ritual and Remembrance: Laos Since 1975*），1998出版，作者格兰特·埃文斯（Grant Evans）。本书深入研究了老挝的政治文化，包括人们对佛教的态度和对领袖凯山·丰威汉的“崇拜”。

**2010年** 东南亚最大的水电站，南屯河二号水电站（Nam Theun II）开始发电。

**2011年** 老挝在东南亚运动会上的滚球赛事中夺得金牌，但该运动尚未被列入奥运会比赛项目。

**2012年** 老挝于11月在万象主办第九届亚欧会议（Asia-EuropeMeeting，简称ASEM）。

**2013年** 沙耶武里（Xayaboury）水电站动工，第一大坝将建在老挝境内的湄公河上。柬埔寨和越南提出抗议。

# 民族和文化

**很难想出还有其他国家像老挝一样闲适懒散。"Bor ɓen nyǎng"（意为"没问题"）竟然是老挝的国民座右铭。至少从表面看，老挝人似乎无忧无虑。当然，这也并非如我们听到一位旅行者所描述的"人们随时都面带笑容是因为他们很快乐"这样简单。老挝人的国民特征很复杂，集合文化、环境和宗教等多个方面。**

在很大程度上，"老挝特色"就是佛教特色，其中以小乘佛教特色为最，强调清心寡欲。因此，老挝社会忌讳强烈的感情。老挝人相信因果报应（karma，老挝语kamma）决定命运，而非靠专注、祈祷或苦干来决定命运，所以他们往往不会考虑为未来过分苦干。这个特点经常被外界视为缺乏上进心。

老挝人总是说"工作太多就会费脑伤神"，经常对"想太多"的人感到惋惜。一般来说，老挝人并不高度重视教育，但随着现代化进程的加快，与国外交流机会的增多，这种态度正在发生变化。然而，避免不必要的心理压力仍然是老挝人的文化模式。在老挝人的传统观念里，无论工作还是游戏，任何一种未含娱乐（móoan）成分的行为都可能产生心理压力。

老挝人和越南人之间的差别，很好地阐释了长山山脉（隔断老越的山脉）作为文化断层线的含义，依势将印度亚洲文化和中国亚洲文化各自影响的区域划分开来。法国人总结说："越南人种稻，柬埔寨人照料稻长，老挝人听稻长。"这句话虽不是一句恭维话，但当时许多法国殖民者发觉，老挝人的处世态度太具魅力而无法抗拒，于是法国人看中这点就留在老挝不走了。

老挝人向来善于接受外界援助和国外投资，这是因为老挝在某种程度上推行无需提高生产力的经济发展。老挝政府想拥有所有现代技术，甚至可以在政治宣传牌上看到摩天大楼——只要不放弃包括娱乐哲学在内的老挝传统观念。如今，新观念层出不穷，将引导老挝走上一条自给自足的道路。老挝人面临的难题就是要找到继承传统文化和发展新观念之间的平衡点。

《老挝：文化与社会》（*Laos: Culture and Society*），2000年出版，作者格兰特•埃文斯（Grant Evans）。该书汇集了十几篇有关老挝文化的杂文，其中一篇小传记叙了一户自愿背井离乡、最终又返回老挝的老挝人家，两篇论文深入研究了老挝语的现代化和政治化进程。

## 生活方式

可能是因为所有商家商铺过早打烊，即便是在首都，几乎所有老挝人都在清晨6:00之前起床。他们在家里或者去当地面馆匆匆吃完早餐便开始新的一天，然后各自出工劳动。在老龙族（Lao Loum，低地老挝人）和其他佛教信徒地区，大清早便能看见化缘的僧人，僧人们通常向在自家门外施舍稻米和蔬菜的女性们化缘，而他们则回赠祝福。

学龄儿童走到简陋学校中一间挤满了人的教室上课，整个学校只有史蒂夫•爱泼斯坦（Steve Epstein）编著的两小本《老挝民间故事》（*Lao Folktales*）讲述了一些广为流传的老挝民间传说。这两本书对孩子大有裨益，并通过有趣深刻的见解让读者了解老挝人的幽默感和价值观。

一两名教师。中学生平日通常住校，因为老挝只有为数不多的几所中学，而且上下学太远而不方便。几乎所有供得起学费的家庭都支持孩子学英语，因为老挝人认为英语是将来找工作的半个保障。

由于老挝人大部分都住在农村，人们的工作通常就是某种体力劳动。根据季节、居住地和性别（农忙时男女分工明显不同），工作可能是耕种田地或者收割稻谷或其他农作物。与邻居越南人不同，老挝人一般每年只种一季稻，也就是说，一年除了一两次繁忙时节之外，其余的日子全是老挝人的农闲时间，所以老挝人的生活才能相当悠闲。

在这样安静的农闲时节，男人们捕鱼、狩猎以及修葺房屋，女人们则到森林去采集植物、织布以及捡柴。在农闲时间里，下午三四点的时候来到村子，坐在当地"店铺"门前，和几个当地人一起分享一两瓶老挝米酒（lòw-lów），完全是一种美妙的消遣方式，既可以交友又不觉得堕落，而且丝毫没有占用别人时间的感觉。

说到堕落，老挝米酒是绝大多数老挝人的首选方式，尤其是在平均收入低得压根儿买不起老挝啤酒（Beerlao）的农村地区。比起在老挝使用、容忍的其他传统毒品，鸦片最受公众关注，但是，禁种鸦片的政令近年颁布后，鸦片数量迅速减少。在城市中，年轻人越来越喜欢吸食亚巴冰毒（yaba，学名脱氧麻黄碱，methamphetamine）。

在老挝，国民人均收入低到无法再低的地步（月收入100美元竟然算得上中产阶级），所以，老挝人特别喜欢以家庭为单位参加社会活动，比如集中资源各带食物共赴庙会（bun wat），或者在当地瀑布附近聚会共享野餐。老挝人往往是大家庭合居，多为三代同堂甚至四世同堂，吃饭的时候全家人一起坐在地席上分享饭菜。

在各种仪式和庆典场合中，绝大多数老挝人身着传统服饰出席：男人披肩带（pàh bẹeang），女人披类似的肩带，身穿紧身衣和纱笼裙（pàh nung）。日常生活中，男人身着整洁朴素的连衫裤套装。然而，女人在平日里也常穿纱笼裙或筒裙（sin）。定居在老挝的其他民族（特别是华人、越南妇女）出入政府机关时会穿上纱笼裙，否则政府机关拒绝为其办理任何民政事务。

《老挝民族论，1~3卷》（*Ethnic Groups of Laos, Vols 1-3*），2003年出版，作者约阿希姆•施利辛格（Joachim Schliesinger）。该书是一套备受追捧的老挝现代民族志专著。施利辛格的书详细介绍了94个族群。

## 人口

老挝是亚洲人口密度最低的国家之一，但总人口在过去30年里翻了一番还多，并持续快速增长。老挝人口总额700万中的三分之一住在湄公河流域的城市中，主要包括万象、琅勃拉邦（Luang Prabang）、沙湾拿吉（Savannakhet）和巴色（Pakse）。另外三分之一落户其他大河流域沿线。

尽管1975年老挝共产党执政后，全国几乎有十分之一的人口离开老挝，但人口依然迅速增长。当时，万象和琅勃拉邦失去了大量居民，大约四分之一的琅勃拉邦市民都逃到国外。在过去的十几年间，移民出国趋势已得到扭转，大量外国移民开始涌入老挝（其中大部分是被遣返的老挝人，但也有中国人、越南人和其他民族），到目前为止，老挝迁入人数已超过了迁出人数。

侨居老挝的西方移民大多是多边和双边援助机构的临时雇员，小部分受雇于矿业、石油和水力发电以及旅游等行业的外国公司。

# 族群

人们经常说，老挝不像一个国家，反倒更像一个多种部族和语言混杂的聚集地。取决于你所指的民族，老挝这个聚集地由49~134个族群组成。较小的数字是目前老挝政府使用的官方族群个数。

虽然族群繁多，且时有变化，但传统上老挝人将他们自己分为四个族系：老龙族系、老泰族系（Lao Thai）、老听族系（Lao Thoeng）和老松族系（Lao Soung）。这样分类大体上反映出各个族群聚居地的海拔高度，同时也（不一定准确地）暗示出各个族群的文化倾向。为了解决族群分类的失真问题，老挝政府最近又将各个族群重新分成三大语系：南泰语系（Austro-Tai）、南亚语系（Austro-Asiatic）和汉藏语系（Sino-Tibetan）。然而，大多数老挝人都不知道他们自己属于哪个语系，因此，我们在这里按照常人所熟知的地域分类法介绍老挝族群。

外国人类学家一直在老挝进行实地研究，现已确认出49~134个各不相同的族群。

老挝人口大约有半数属于老族系或老龙族系（低地老挝人），因此老龙族系显然是老挝最主要的族群。在另外一半人口当中，10%~20%是老泰族系，20%~30%是老听族系（坡地老挝人或低山区居民，其中大部分是原始马来人或孟高棉人的后裔），10%~20%是老松族系（高地老挝人，主要是定居高海拔地区的苗族或瑶族）。

老挝政府选择实行三分制，即老泰族系已合并到老龙族系中。这种三头政治表现在面值1000基普纸币背面的国民服饰上，由左至右依次是老松族、老龙族和老听族。

老挝的藏缅语族山区小部族包括傈僳族（Lisu）、拉祜族（Lahu）、娄娄族（Lolo）、阿卡族（Akha）以及普内族（Phu Noi）。他们有时被划归为老听族系，但他们又如同老松族系定居老挝的北部山区。



## 老龙族系

老挝的主要族群是老龙族（低地老挝人），他们居住在富饶肥沃的湄公河流域平原或者湄公河下游支流平原。通过较多的人数和更好的居住条件，他们几百年来一直统治着生活在老挝的小族群。老龙族说的语言是老挝国语，信仰的佛教是国教，遵循的习俗大都被视为老挝国家习俗，包括吃糯米饭和拴线仪式（bąasīi），尽管这些习俗对其他族群的生活毫无作用。

老龙族的文化传统上包含了一种惯有的、以水稻种植业为基础的生活方式。人们住在吊脚楼里，与所有南泰语系人一样信奉小乘佛教，秉持着浓厚的“万物有灵”的神灵崇拜。

区分“老族人”与“泰族人”是最近才出现的一个历史现象，特别是考虑到有一种语言被公认为“老挝语”，而说这种“老挝语”的人有80%之多住在泰国东北部。连居住在老挝的老挝人都习惯将不同的老龙族群称为“泰族人”，比如，琅勃拉邦泰族人（即来自琅勃拉邦的老挝人）。

由于老挝具有民族多样性，“老挝文化”实际上只存在于约占总人口一半的老龙族（低地老挝人）中。老龙族文化在湄公河流域的各个城市、城镇和乡村中占据主导地位。

## 老泰族系

虽然老泰族系与老族关系密切，但老泰族系（或者有时写作Thai）的各个次族群却始终拒绝融入老族的主流文化，总想根据细微的部族特征将自己细分出来。和老龙族一样，他们都居住在江河流域沿岸，但老泰族选择定居坡地河谷，而非湄公河冲积平原低地。

根据定居的地理位置，他们种植旱稻（又名山稻）以及水稻（或灌溉稻）。老泰族也同时信奉小乘佛教和万物有灵，但他们比老龙族更重视拜神。

一般来说，各个老泰族群可从各自的服装主色或居住区域区分出来，例如，泰丹族（Thai Dam，意为“黑泰”）、泰考族（Thai Khao，意为“白泰”）、泰巴族（Thai Pa，意为“林泰”）、泰诺族（Thai Neua，意为“北泰”）等等。

## 老听族系

老听族系（坡地老挝人）各族群之间关联松散，大多是居住在老挝北部和南部中等海拔高度山坡上的南亚语系族群。其中，最大族群是佧木族（Khamu），然后依次是听族（Htin）、拉梅族（Lamet）以及人口较少的拉旺族（Laven）、嘎杜族（Katu）、嘎当族（Katang）、阿拉族（Alak）以及南部地区的其他多个孟高棉语族群。老听族又名khàa，但这个称谓含有蔑意，意思是“奴隶”或“仆役”。这是因为在很早的几百年里，以及前不久的老挝君主统治期间，老听族人曾是供迁居老挝的南泰族人役使的契约劳工。现在，老听族人仍然经常为老松族人干苦力活。

老听族的生活水平远不如其他三个族系。老听族人与其他老族人的交易大多通过物物交换来实现。

听族（又名拉瓦族，Lawa）和佧木族各自使用的语言关系密切。人们认为，早在低地老挝人（老龙族）、泰部族或者老松族迁到老挝来之前，这两个民族就已经长久定居在老挝。在琅勃拉邦的老挝新年庆祝活动期间，低地老挝人将佧木族人视为自己的历史祖先和“土地保护人”，向佧木族人供献象征性贡品。

## 老松族系

老松族系（高地老挝人）包括各个定居最高海拔高度的山区部族。在老挝所有民族中，老松族是在过去150年里最后迁入老挝的移民，主要迁自缅甸、中国华南和西藏地区。

在老松族系中，最大的族群是人数超过30万的苗族（Hmong，又写成Miao或Meo），分为四大次族群：白苗、花苗、红苗和黑苗。颜色是指各自服装的某种细节特征，而他们主要分布在老挝北部9省以及中部的波里坎塞省（Bolikhamsai Province）。

> 传统佧木族的房屋里通常会将家养动物的头骨挂在墙上，下面设有祭坛。头骨取自祭祀祖先用的家畜，并严格禁止触摸。

苗族的主要农作物是采用刀耕火种方式种植的旱稻和玉米。他们也饲养牛、猪、水牛和鸡，传统上这些家畜被用来物物交换而非用于出售。苗族人唯一的经济作物曾是种植多年的鸦片。过去，苗族人种植和加工的鸦片数量在老挝全国各族群当中首屈一指。然而，美国支持下的老挝政府大刀阔斧地实行禁毒计划后，绝大部分鸦片作物被连根拔除。结果，多数苗族社区遭受重创，失去了可用来做交易的商品。苗族人主要集中在华潘省（Hua Phan Province）、川圹省（Xieng Khuang Province）、琅勃拉邦省以及万象省北部。

第二大族群是瑶族（Mien，又写成Lu Mien、Yao和Man），主要居住在琅南塔省（Luang Nam Tha Province）、琅勃拉邦省、博胶省（Bokeo Province）、乌多姆赛（Udomxai Province）和丰沙里省（Phongsali Province）。瑶族人和苗族人一样过去也曾种植罂粟。如今咖啡等替代作物开始在瑶族人的土地上生根发芽，为瑶族人创造收入。

无论是种族上还是语言上，瑶族和苗族有许多相似之处，而且这两个族群都主要信仰万物有灵。不过，苗族人比瑶族人更好斗好战。因此，20世纪60年代和70年代初，苗族人曾是美国中央情报局训练的老挝皇家特种部队的完美人选。在1975年之后，大量苗族和瑶族人离开老挝逃亡海外。

老挝文化简介(Laos Cultural Profile；www.culturalprofiles.net/Laos)是一个介绍老挝建筑、音乐等各个文化层面的网站，由旅游艺术部和老挝信息文化部共同筹建。这个网站是轻松了解老挝文化的切入点。



### 其他亚洲人

正如东南亚其他地方的情况，中国人作为商人和贸易者移民迁入老挝已有几百年的历史了。大部分中国移民直接来自云南，但最近许多中国人也从越南过来。估计老挝的华人约占老挝总人口的2%~5%。据说，至少有一半老挝籍华人永久居民住在万象和沙湾拿吉。老挝远北地区还有数千名中国移民工人。

大量越南人居住在与越南边境接壤的老挝各省以及万象、沙湾拿吉和巴色等城市。定居老挝的越南人大多是贸易商或者做小本生意的商贩，但川圹省和华潘省目前仍然有小股越南军事力量。少量柬埔寨人居住在老挝南部地区。

## 宗教

### 佛教

大约60%的老挝人信奉小乘佛教，信徒主要是老龙族和零星的部落泰族人。13~14世纪初，小乘佛教流传到琅勃拉邦(当时叫做孟萨瓦，Muang Sawa)，但老挝人早在8~10世纪期间就已接触大乘佛教，接触密宗佛教(Tantric Buddhism)的年代可能更早。

继澜沧国(Lan Xang)开国国王法昂(King Fa Ngum)之后，维苏王(King Visoun)加冕为王。维苏王从高棉国受赠佛像勃拉邦金佛(Pha Bang Buddha)后，宣布佛教为澜沧国教。现在，勃拉邦金佛供奉在琅勃拉邦的皇家博物馆内。佛教在老挝流传速度相当缓慢，当时连老挝低地民族及其附近的民族都不愿接受佛教或接纳它的存在，因为他们更崇拜土地神(pěe)。

老挝相信大多数蛇神(nahk，也被称为龙神)已经皈依成为佛教的蛇神护法，被称为那伽。然而他们仍然需要得到安抚，于是每年的龙舟比赛就是供他们娱乐的。许多佛教寺庙都有那伽灵蛇护法栏杆。

小乘佛教是佛教的一支教派，根据其信徒所说，小乘教派比始于东亚和喜马拉雅山的几支大乘教派创立时间早，而且不像大乘教派那样在传递中受到影响而变质。有时，小乘佛教也称为“南传”教派，因为小乘佛教从印度穿过斯里兰卡和东南亚地区向南流传。

小乘佛教的教义主要强调存在的三法印：苦(dukkha，不满足、疾病)、无常(anicca，万事无常)以及无我(anatta；“灵魂”无永存)。“无常”的意思是体验、心境、万事万物都处在生灭变异之中，没有什么东西是常存不变的。试图挽留体验、心境和万事万物，就会产生“苦”。所谓“无我”是说这个不断变化的世界不存在实体的“这是自我”，或“这是上帝”，或“这是灵魂”。

小乘佛教的终极目标是涅槃(nibbana，梵语nirvana)，字面意思是“无漏”或“消灭”一切苦因苦果。简单地说，涅槃的意思是结束一切有形或神灵的存在，这种存在制造苦因苦果，而且每时每刻都在因果报应(kamma，有意的行为)。在现实中，大多数信佛的老挝人都是为了能在“好”的客观存在中重生，而不是追求超世俗的目标涅槃。老挝佛教徒为来世修积“功德”（巴利语puñña，老挝语bun）的方式是向僧侣施舍食物，向寺庙捐赠香火钱，以及定期祭拜当地寺庙。随处可见老挝佛教徒为积德“行善”。晨曦中，僧人行走在他们各自所属的居民区中，从跪在自家门前的善男信女手中接受食物施舍，这一幕是令人非常难忘的。

老挝佛教徒祭拜寺庙的日子不定。他们通常会选择良辰吉日（wán pa，字面意思为“吉日”），主要是每个月的满月、上弦月和下弦月各一次，即大约每次相隔七天。每次祭拜时，典型的活动包括向各祭坛和圣骨匣供献莲蕾、熏香和蜡烛，向僧侣施舍食物，静坐冥想，以及聆听寺庙住持讲诵佛法（táirt）。

## 僧人和尼姑

和其他宗教的牧师或修女等都将毕生奉献给自己的宗教职业相比，作为佛教的僧人或尼姑可能只是一种短暂的体验而已。在老挝社会中，每个男人一生中必须出家剃度当一次僧人（kóo-bạh）以接受佛教训练，最佳出家时间是在完成学业和开始工作或结婚前中间的一段时间。男人或20岁以下的男孩可以入僧伽（寺院僧侣组织）当一名沙弥（náirn），这在老挝非常普遍，因为老挝人认为当自己儿子披僧袍托钵化缘时，就是在为全家积

## 大革命后的佛教

1964~1973年战争期间，交战双方都试图利用佛教使自己的出兵理由名正言顺。20世纪70年代初，老挝爱国战线（Lao Patriotic Front，简称LPF）打赢了这场宣传战，因为越来越多的僧人转向支持共产党。

尽管如此，1975年共产党执政后，僧伽发生了重大变化。最初，禁止小学学习佛教，禁止民众向僧侣施舍食物积德。僧侣也被迫违反僧人誓言直接下地干活、饲养牲畜。

1976年，迫于佛教虔诚信众强烈不满的压力，政府不得不撤销禁止向僧人施舍食物的禁令。同年年底，政府不仅允许民间传统施舍，而且每天直接定额向僧伽配送稻米。

1992年可能是自大革命以来最大程度认可佛教的一年，塔銮（Pha That Luang）图案将原来老挝国徽顶部的锤头镰刀符号取而代之，成为老挝最神圣的佛教象征。

如今，宗教事务部掌管僧伽事务，并且确保佛教以马克思主义原则进行传授。所有僧人都必须经过政治灌输作为其修道受训的一部分，而所有已入和未入佛教的典籍都受到了宗教事务部的“编辑”。政府禁止僧人拜土地神（pěe），拜神和巫术（săinyasạht）在老挝都是明令禁止的。不过，政府并没有干预民众崇拜鬼魂（kwăn，附在人身心理和生理功能上的32个魂）。

老挝佛教另一重大变化是取缔法宗派（Thammayut）。以前，老挝僧伽分为两个教派：大宗派（Mahanikai）和法宗派（泰国也有）。法宗派是一个少数人教派，最初由泰国的蒙库王（King Mongkut）开创。巴特寮将法宗派视为君主制泰国（以及后来的美帝国主义）渗透老挝政治文化的工具。

过去，政府多年取缔泰文佛经，结果严重影响了佛教在老挝的传授。这项禁令现已解除，老挝僧侣甚至可以前往遍布泰国的佛学院深造研习。然而，法宗派的禁令仍未撤销，这大大削弱了禅修的重要性，而其他大多数小乘佛教国家认为禅修是佛教修行的精神核心。不过总而言之，老挝的佛教寺院禁忌比起1975年以前确实是宽松得多。

德。在寺庙停留的时间传统上是3个月，与雨季同期的封斋节（pansăh）期间，僧人不出门。然而，现在的僧人或沙弥只需在寺院待一个星期或15天便可修积功德。当然，有部分僧人终身或将大部分时间奉献给寺庙。

比丘尼没有类似与世隔绝的索居规定，但是女人可以剃度削发为沙弥尼（náhng sée，俗家女弟子），身穿白色长袍，住在寺庙里。

老挝《宪法》第9条规定：禁止一切形式的宗教劝诱，在教堂、寺庙或清真寺外散发宗教传单是非法行为。外国人散发宗教传单的，给予拘留和驱逐出境的处罚。



## 拜神

无论你在老挝何地，拜神现象，有时也称为万物有灵崇拜随处可见。拜神早于佛教，且至今仍是老挝最主要的非佛教信仰体系。但是，对于大多数老挝人来说，这并非是一件有关佛教或拜神的事。反而，已有的佛教教义与附在自然万物身上的神灵是可以和平共存的。

二者共存的显著例子就是"神龛"，几乎每家每户的宅屋内外都能见到。神龛通常是一个装饰精美的微型寺庙，专门供奉自家的护宅神。居民必须与护宅神同住，不遗余力地取悦护宅神，比如供献足够的熏香和食物，这样护宅神才不会降祸于身。

在万象的西孟寺（Wat Si Muang，又名神城寺），佛教与拜神携手共存。西孟寺的中心塑像不是佛像，而是据说供奉着万象城市守护神的城市之柱（lák méuang，高棉帝国时代的城市之柱）。每天都有大量当地居民将祭献供品呈于城市之柱前，同时他们跪拜佛像。实际上，游客可以亲自参加的拴线仪式（bąasĭi ceremony，见304页）就是一种拜神形式。

拜神在湄公河流域之外的泰族部落尤为盛行，尤其是泰丹族。泰丹族人特别信奉一类神，即土地神（then）。土地神不仅掌管植物和土壤，还掌管整个地域。泰丹族人也信奉32个魂（khwăn，守护魂）。受过专门训练可以祈福驱鬼的巫师（Mŏr）负责主持泰丹族的重大节日和仪式。如果参加徒步游走进东普文森林国家保护区（Dong Phu Vieng NPA）的森林，投宿嘎当族（Katang）村子，就可以了解到部分拜神宜忌事项。

苗、瑶部族除信奉万物有灵外，也进行祖先崇拜。部分苗族族群辨认出一位掌控所有土地的非凡神灵；而其他苗族族群并不相信。阿卡族、傈僳族和其他藏缅语族族群既信奉万物有灵，又崇拜祖先。

《老挝节庆》（*Festivals of Laos*），2010年出版，作者马丁•斯图尔特-福克斯（Martin Stuart-Fox）和松萨诺克•米克赛（Somsanouk Mixay），该书涵盖了老挝从新年至塔銮的一整年的节日周期，书中还附赠由史蒂夫•诺瑟普（Steve Northup）拍摄的令人惊艳的照片。

## 其他宗教

一小部分老挝人信奉基督教，他们大多是受过法语教育的精英。万象有一批人数更少的穆斯林，他们多是其祖先早在17世纪就定居万象的阿拉伯和印度商人。万象还住着一小部分占族人（Cham），即20世纪70年代从波尔布特（Pol Pot）统治下的柬埔寨逃到老挝的柬埔寨穆斯林。老挝北部地区有零星几批云南回族人（大多是从前的马帮），老挝人称之为"jęen hór"。

# 老挝女性

老挝女性角色和地位的千差万别，很大程度上取决于种族背景。但老实说，无论哪个族群，女性的地位都比男人低。游览老挝各地时，你会发现男尊女卑的例子不胜枚举。男人的工作无疑很艰辛，但女性的工作似乎总是更辛苦、时间更长，很少有时间休息和参加社交活动。

老龙族的妇女可以从双边继承模式中得到一定的好处，即男女双方都可以继承土地所有权和产业所有权。这种现象源于从母居传统，即婚后丈夫入赘妻子家中。通常是家中最小的女儿及其丈夫与女方父母同住，赡养女方父母直至父母去世。父母去世后，小两口至少可以继承父母的部分土地和产业。然而，即使老龙族妇女继承了她父亲的农田，她也只拥有有限的土地使用控制权。大多数重大决定上，丈夫才有最后的发言权，而妻子只负责攒钱帮助家庭渡过难关。

这种现象符合与老挝佛教有关的文化信仰，佛教一般认为，女人只有重生为男人后才有可能涅槃，所以女人的精神境界普遍低于男人。尽管如此，老龙族女性较其他族群女性还是享有较高的地位。其他族群的女性婚后便属于丈夫氏族，几乎不能继承任何东西。

老挝女性还面对其他几个障碍：上学女孩比男孩少；在政府工作和担任其他高级职位的女性相对较少；虽然女工数量超过工人总数的一半，但酬劳却常常低于男工。如果老挝女性离婚，无论离婚理由多么充分，她再婚的机会微乎其微，除非再婚丈夫年龄很大或者是外国人。

不过，随着人们生活逐渐富裕、教育程度不断提高，以及国外观念开始深入人心，城市女性的状况正快速地发生着变化。总的来说，城市女性比农村女性更自信，更愿意与外国人共事。女性们正向着更高级别的职位进军，尤其是外资控股公司。

## 艺术

在老挝文化中，传统艺术大都带有浓厚的宗教色彩，佛教尤为明显。

### 拴线仪式

拴线仪式（bạasĭi，baci）是老挝一项奇怪的仪式。在仪式中，守护魂通过手腕上系的白色或橙色线附身保护贵宾。老挝人普遍将这种仪式称为su khwăn，意思是“招魂”。

老挝人相信，每个人身上都有32个魂，称之为“khwăn”，每个魂分别守护着主人身上的某一器官或者心理和生理上的某一种能力。魂偶尔会脱离主人，只有当比如主人即将开始实施一个新计划，或离家远行，或生病患疾之时才会成为一个问题。因此，最好举行拴线仪式确保所有的魂都在场，这样才能恢复平衡。实际上，节日、婚礼以及特殊宾客来访时也举行拴线仪式，所以当参加团队徒步游的游客抵达村庄时，村民经常会举行拴线仪式欢迎游客。

举行拴线仪式时，所有人都围绕魂桌（pàh kwăn）而坐，魂桌是用芭蕉叶、芭蕉花和芭蕉编成的锥形帽，上面挂着棉线。村民选出一位长者担任巫师（mŏr porn）。巫师一边诵念一长串佛教叫魂词召唤游荡的魂，一边与贵宾一道弯腰触摸魂桌。叫魂词诵念完毕后，村民纷纷从魂桌取下线来拴在贵宾手腕上。

这时，拴线仪式开始变得有趣起来。村民围绕房子跑来跑去，在贵宾面前将线系到他们的手腕上。他们通常拿着线先在你的手上挥舞一阵，与此同时口念三遍“厄运走、厄运走、厄运走”，或类似的话，然后再念三遍“好运来”。当村民们为宾客拴线时，会祝福你旅途平安和身体健康。

仪式结束后，所有人聚在一起吃一顿饭。手腕上的线必须保留三天才能解开，并且不能用剪刀剪开。

然而，与泰国、缅甸和柬埔寨的视觉艺术相比，老挝艺术风格单一，时间跨度小，主要是因为老挝国力历来不强，作为独立的政治实体只有很短的一段时间。况且，在历史上，邻国断断续续地占领统治老挝，老挝制作的许多艺术品不是被毁就是被侵略军队掠走，玉佛（Emerald Buddha）就是一个例子。

在某种程度上说，老挝当代艺术之所以缺乏浓厚的传统特色，是因为人口相对稀少、生活贫困以及近代历史的动荡。但是，这种状况正在慢慢改变，万象和琅勃拉邦的现代艺术正在以各种形式蓬勃发展，美术馆和商铺里的艺术品琳琅满目。

编织是老挝随处可见的一种艺术形式，各地各族风格独特，变化多样。编织品也是游客最容易买到的一种艺术品，通常可以从织工手中直接购得。



## 文学和影视

在所有老挝古典文学作品当中，老挝语版本的印度史诗《罗摩衍那》（*Pha Lak Pha Lam*）流传最广，影响最大。占巴塞瓦普寺（Wat Phu Champasak）和其他几座吴哥时代寺庙中的石刻浮雕，便是这部印度史诗和信奉印度教的高棉人首次来到老挝的见证。口头、书面版本的史诗可能到处都有；随后老挝人发展出了自己特有版本的史诗译本，与最初的印度版本以及柬埔寨版本的《罗摩衍那》（*Reamker*）大相径庭。

《巴利三藏》（*Pali Tipitaka*，三部佛典）典籍里有547则《本生经》故事，每则故事按照年代顺序记述了佛祖不同阶段的前生生活。佛典最初写于斯里兰卡，所以大多数故事几乎都是逐字逐句直译成老挝语的。三四百年前，巴利学者以当时的老泰族民间传说为素材，又在典籍中增加了50个“额外的”或虚构的故事。

老挝当代文学几十年来一直受到战争和老挝人民革命党的影响。第一本老挝语的小说于1944年印刷出版，直到1999年才有了第一部老挝当代小说集，即老挝语和英语双语出版的温提内·本亚冯（Ounthine Bounyavong）撰写的《母亲的最爱：老挝故事集》（*Mother's Beloved: Stories from Laos*）。自那以后，逐渐增多的老挝小说和短篇故事被翻译成了泰文，但英文译本极为少见。最热门的作品则是2009年出版的《当天空上下颠倒：老挝回忆》（*When the Sky Turns Upside Down: Memories of Laos*）短篇小说译本，其中部分内容的日期可追溯至60年前，由著名老挝作家达拉·威拉冯·坎拉亚（Dara Viravongs Kanlaya）和当迪内·宝亚冯（Douangdeuane Bounyavong）联合翻译。

毫不奇怪的是，老挝拥有东南亚最沉寂的电影产业之一，2008年的《早安，琅勃拉邦》（*Good Morning, Luang Prabang*）是自1975年以来老挝国内制作的极少数故事片之一。主演是老挝籍澳大利亚裔万人迷阿南达·爱华灵根（Ananda Everingham），由泰国导演萨柴·迪南（Sakchai Deenan）执导。毫无疑问，这部电影拥有一个以爱情为基调的“安全”剧情设置，但在拍摄过程中仍然受到了老挝当局的密切关注。

《背叛》（*Nerakhoon*，2008年）是一部由美国人艾伦·库拉斯（Ellen Kuras）执导，在电影的主要拍摄对象塔威索·勃拉萨瓦特（Thavisouk Phrasavath）的帮助下制作的一部纪录片。该片拍摄跨度长达23年，记录了勃拉萨瓦特一家从老挝移民到纽约的家庭经历。

2013年上映的影片《火箭》，讲述了一个年轻的老挝男孩为了重新获

1997年由威吞·顺达拉（Vithoun Sundara）导演的电影《迷人的森林》（*Than Heng Phongphai*）上映标志着老挝故事片制作的恢复。此后，同样由顺达拉导演的《雨后晴空》（*Falang Phon*）和《邪恶》（*Leum Teua*）也相继于2001年和2004年上映。

得家人的信任制造了一枚火箭的故事。

北伊利诺伊大学(North Illinois University)网站www.seasite.niu.edu/lao/提供多页有关老挝文化、语言、历史、民俗和音乐的资料，包括几段笙的吹奏录音。

## 音乐和舞蹈

老挝古典音乐最初是为皇家庆典和古典舞剧而发展的，兴于19世纪万象昭阿努(Chao Anou)统治时期。昭阿努曾在曼谷的暹罗宫廷接受教育。老挝古典音乐的标准合奏曲叫sep nyai(意为“宫廷管弦乐”)，主要乐器有围钲(kôrng wóng，一套打击乐器)、木琴(ranyâht，类似于现代木琴的乐器)、竹笙(kooi)和双簧管(Ъee，类似于现代双簧管的双簧吹管乐器)。

老挝古典音乐和古典戏剧的演奏曾一度衰退，40年断断续续的战争与革命使老挝人很难享受到这种娱乐。一般来说，只有在《罗摩衍那》公开演出时才能听到老挝古典音乐，这是一种以印度史诗《罗摩衍那》改编的舞剧。

老挝民歌和流行音乐从来都非常贴近民众。笙(káan，法语写成khene)是民歌的主要乐器，有时也为流行音乐伴奏。笙是一种吹管乐器，由笙笛、笙斗和笙簧三部分组成，双排竹管做成的笙笛插在硬木笙斗中，笙簧用蜂蜡调音高。笙的竹管少至4排，多达8排(共16根竹管)。笙长短不一，从80厘米左右到2米上下。熟练的吹奏者能用笙吹奏出气势磅礴类似于汽笛风琴声音的音乐。

笙乐吹响时，人们随音乐跳起老挝民间舞蹈南旺舞(lám wóng，又名“圆圈舞”)，这是老挝最流行的舞蹈。简单地说，跳南旺舞时，两人一组相互围成圆圈，直到出现三个圆圈：一圈单人跳，一圈双人跳，还有一圈全部人一起跳。

### 山歌

老挝民间方言也有自己的音乐剧，这种音乐剧是以山歌(mŏr lám)传统为基础。mŏr lám很难意译，但大致意思是“韵文之王”。唱山歌时通常由一个或多个歌手领唱，表演通常包含歌词诙谐、话题丰富的说唱结合，内容涉及政治和性爱。山歌所使用的语言非常通俗，甚至有些淫秽。山歌这种艺术形式必须经过政府审查，同时也是表达草根民意的重要方式。

山歌根据歌手人数和区域风格分为几种不同的类型。比方说，对山歌(Mŏr lám koo)是一男一女互相挑逗，巧妙应答。斗山歌(Mŏr lám jót)则是两个同性别的山歌手通过回答问题或者接续半截故事的方式来“斗歌”，类似于自由风格的说唱形式。

老挝北部地区的笙伴奏民间音乐通常是指káp(即北部山歌)而不是lám(即南部山歌)。庙会上或是老挝电台上能听到原汁原味的现场山歌直播。土生土长的美国艺术家强尼·奥尔森(Jonny Olsen，又称Jonny Khaen)因他创作的北部山歌为基础的音乐，在老挝成为了明星。

《老挝传统音乐》(*Traditional Music of the Lao*)，1985年出版，作者特里·米勒(Terry Miller)。虽然该书主要讲的是泰国东北部的音乐，但这是迄今为止唯一一本以书的篇幅介绍老挝音乐的读物，内容相当翔实，增长读者的见识。

### 老挝流行乐

直至2003年，“现代”风格的音乐表演在老挝几乎是被禁止的。政府认为这类表演不是老挝所需要的，而当地重金属乐队组合“蓝宝石”(Sapphire)却选择了继续演出，自然被迅速封杀了。由于老挝语的流行乐仅限于乡村民谣(look tûng)，这是一种融合恰恰舞曲和波列罗舞曲节奏、老泰族旋律的蜜糖型改编乐曲。因此，年轻人选择听盗版的泰国和西方音乐。

后来政府决定，如果老挝青年要听现代流行乐的话，那么它们最好是本土制作的。第一位“明星”就是提达万·本绥（Thidavanh Bounxouay），这是一位备受追捧的老挝籍保加利亚裔歌手，歌迷们喜欢叫她“亚历桑德拉”（Alexandra）。她的流行风格并非完全激进，但跟之前的风格相比就要欢快多了。在过去的几年中其他组合也纷纷崛起，包括女子组合“公主乐队”（Princess）以及流行摇滚组合“苏醒乐队”（Awake）。

近年来，稍前卫一些的摇滚乐队，如鳄鱼（Crocodile）和乐普乐滋（Leprozy）先后出现，后者甚至在泰国进行了相对高调的演出。而硬摇滚乐队细胞（Cells）则是另一个在泰国收获更多成功价值的老挝乐队，他们在曼谷进行了大型演出并获得了丰厚利润。

直至最近，老挝还涌现了一个规模虽小但发展蓬勃的音乐派别，就是老挝语嘻哈音乐（Lao-language hip hop）。它的出现几乎完全与洛杉矶及其城里的老挝侨民有关。然而，近几年老挝国内的嘻哈音乐也得到了发展和壮大，如嘻哈班纳（Hip Hop Ban Na）和L.O.G.，后者还在泰国一举拿下了排行榜的冠军。

在万象，上述所提到的大多数艺人的专辑都可以在塔銮（Pha That Luang）附近的露天市场和早市（Talat Sao）里买到。虽然在万象的各个演出场所也能捕捉到个别艺人现场演出的身影，但你更有可能会在庆祝重大节日的户外演出时看到他们。



## 寺庙建筑：三城故事

戒坛大殿（uposatha，老挝语sǐm）是小乘佛教寺庙中最重要的建筑。高耸的尖形殿顶通常多层重檐（通常为三层、五层、七层，或偶尔的九层），每层都有各自不同的佛教教义。殿顶边缘几乎总有依次排列的火焰状突起，角上有名叫“天束”（chôr fâh）的手指状长弯钩。大殿中心正脊上有叫做“顶天束”（nyôrt chôr fâh）的伞状尖顶，尖顶上有时有双阶那伽阁（神话中的水蛇神），代表印度教、佛教神话中宇宙中心的神山须弥山（Mountain Meru）。

大殿风格基本上分为三种类型：万象式、琅勃拉邦式和川圹式。

万象式大殿前通常有一个大平台，平台上厚重的檐柱支撑着装饰华丽精美的悬挑式殿顶。有的大殿建有装饰简朴的后平台，而有的大殿有个略显曼谷风格的环绕式平台。

在琅勃拉邦，寺庙建筑风格近似于暹罗北部（兰纳）风格。这不奇怪，因为历史上老挝和泰国北部几百年来同属于一个王国。琅勃拉邦式寺庙殿顶非常低，个别建筑中甚至几乎伸及地面。大殿整体视觉效果相当震撼，仿若准备展翅高飞一般。老挝人喜欢说，殿顶弧线就像母鸡保护小鸡时展开的翅膀。

几乎没有川圹式大殿建筑保存下来，因为川圹省在第二次印度支那战争期间饱受轰炸。幸存下来的几座川圹式寺庙差不多都在琅勃拉邦，在它们身上可以看出万象式和琅勃拉邦式的异同之处。川圹式大殿建在几步台阶之上的高台上，这一点与万象式相同；而大幅度弯曲几乎挨地的宽大殿顶又类似于琅勃拉邦式，但川圹式殿顶不分层。支撑悬臂式殿顶的檐柱在大殿整体美感中具有举足轻重的作用，这让大殿正面轮廓呈五边形。

《老挝纺织品与传统》(*Lao Textiles and Traditions*)，1997年出版，作者玛丽·康纳斯(Mary F Connors)。该书对喜欢老挝编织艺术的游客大有帮助，是全面介绍老挝纺织品的最佳读物。

## 建筑

和其他领域的艺术家一样，几百年来老挝最优秀的建筑师一直把目光聚焦在佛寺身上。应运而生的结果是，琅勃拉邦的建筑成果最辉煌。

然而，并非只有寺庙才能体现老挝的奇特建筑的传统。老挝的佛塔(tâht)跟其他佛教世界里的佛塔相比绝对是与众不同的。佛塔是建在圣骨盒顶上的一座必要的纪念塔，用来供奉佛祖的遗物，通常是佛祖的一绺头发或舍利子。亚洲各地的佛塔在外形和规模上各有不同，越南的佛塔是多层锥形塔，斯里兰卡的佛塔则是形态饱满的砖砌圆形尖顶塔。老挝的佛塔有独树一帜的风格，硬边和曲线完美融合。老挝最著名的佛塔是位于万象的金色塔銮(Pha That Luang)，同时它也是老挝的国家象征。

无论是在江河山谷还是在山间林地，老挝的传统房屋都是树叶或茅草盖顶的简单木结构或竹茅结构房子。低地老挝人的房子建在支柱上，以避免季风时节的洪水隐患，吊脚楼下面则用来存放粮食。而高地老挝人则通常直接在地面上建房屋。最漂亮的低地老挝人房子往往在楣梁上刻有星暴图案，但现在这样的房子越来越难找到了。

老挝城市中的殖民时期建筑融合了经典的法国乡村风格——百叶窗和铺瓦斜屋顶的厚墙房，且搭配有阳台和通风口以便在闷热的东南亚气候中保持空气流通。老挝脱离法国殖民统治取得独立后，这类风格的建筑物大都在当年遭到拆除，或者任其自生自灭。如今，人们对这类建筑趋之若鹜，尤其是外国人。琅勃拉邦和万象拥有几栋修缮一新的殖民时期建筑。相比之下，在他曲(Tha Khaek)、沙湾拿吉和巴色等湄公河沿岸城市里，法国殖民时代的建筑正在快速腐朽垮塌，着实令人不安。

老挝大革命后修建的建筑全都呈现出清一色的社会主义现实派风格，这种风格当年在苏联、越南和中国颇为盛行。典型的表现形式有直线、尖角、几乎没有任何装饰。最近，建筑行业流行一种老挝古典主题与现代功能相结合的风格。这种风格的主要例子有万象的国会大厦(National Assembly)和琅勃拉邦机场，两座建筑的建筑师都是曾在哈瓦那和莫斯科受训的洪加·苏万纳冯(Hongkad Souvannavong)。其他建筑特色，如万象市澜沧大街(Th Lan Xang)上的暹罗商业银行(Siam Commercial Bank)则试图重现优雅的法式殖民风格。

《老挝佛陀：影像与历史》(*Lao Buddha: The Image & Its History*)，2000年出版，作者索基亚特·罗伯查拉特(Somkiart Lopetcharat)。该书是一本大型的咖啡桌书籍，包含老挝对佛陀理解的丰富信息。

## 雕塑

在所有老挝传统艺术中，最具感染力的也许是16~18世纪澜沧王国鼎盛时期的佛雕。雕塑材料通常有青铜、石材和木材，而主题一般是佛祖或者与《本生经》(*Jataka*，老挝语sáh-dók，佛祖前生故事集)有关的人物。老挝雕刻匠师像其他的佛教雕刻匠师一样注重风格特色，相对历史上的佛像而言，老挝的佛雕呈现出独一无二的风格，比如鹰钩鼻子、垂肩大耳以及紧密卷曲的头发。

老挝有两类与众不同的立式佛像。第一类是“祈雨”姿态，佛像呈站立姿势，双臂伸直靠在体侧，指尖朝下。这种姿态在其他东南亚佛教艺术传统中极为少见。佛像体态圆润丰腴，柔若无骨的模样让人想起了泰国的素可泰风格。佛袍较低挎在髋骨上的样子略有几分高棉风格。但扁平耳垂、拱形眉毛和鹰钩鼻子却是老挝风格所独有的。佛像长袍的底部两边向上卷起，非常对称，这也是老挝独有的创新。

另外一类独创的老挝佛像是“禅思菩提树”。菩提树（Bodhi，启蒙之树）指的是高大的印度榕树。据历史记载，公元前6世纪，佛祖就是坐在印度菩提伽耶（Bodhgaya）的一棵菩提树下禅思悟道的。在这类佛像中，佛祖的站立姿态在很大程度上与“祈雨”姿势相同，不同的是“禅思菩提树”佛像双手手腕交叉放于身前。

老挝最精美的雕塑收藏于万象的玉佛寺（Haw Pha Kaeo）和西萨格寺（Wat Si Saket），以及琅勃拉邦的皇宫博物馆（Royal Palace Museum）。



## 纺织品

根据地理起源和织工所在的民族，老挝的丝绸和棉织物呈现出千差万别的风格。虽然老挝纺织品确实与其他东南亚纺织品有相似之处，但老挝编织技术独树一帜的特点体现在织机的设计和编织款式上。所织成面料的老挝风格，也很容易让人一目了然。

南部地区的织工通常使用脚踏织机而不是手拉织机织布，以最好的丝织技术和复杂的防染（mat-mii）、扎染（ikat，tie-dye）图案远近闻名，花样包括高棉风格的寺庙和大象图案。其织物成品是一种柔软的、带斑点且类似于印尼扎染的图案。防染和扎染布可用于不同类型的衣服或墙壁装饰。在南部的塞公（Sekong）和阿速坡（Attapeu）省，珠饰织品有时与刺绣搭配。单片纱笼裙（pàh nung）比多片缝合而成的筒裙更常见。

在老挝中部地区，典型的织法有靛蓝防染（扎染）棉和小纬绸（jók和kit），以及移民带到万象的混合织染技术。

一般来说，北方的织物特色为纯色与复杂几何图案的组合——条纹、菱形、曲折、动物和植物的形状，通常在纱笼裙或筒裙（一种女性裹裙）上可见这样的样式。有时候，金线或银线会被穿插在边缘处。这种布料还可以制成另一种形式的服饰，即披肩带（pàh bẹeang），一种狭窄的老挝泰国风格的披肩，男人和女人在婚礼和节日之时单独或成对披在肩上。

金银织锦以及精巧复杂的图案和引进的泰鲁族（Tai Lü）花样是琅勃拉邦的代表性织物样式。北方人一般使用手拉织机；一条纱笼裙的腰头、裙片和窄底边（sín）经常是分开织布，然后缝合成裙。

在老挝东北部地区，泰族部落用生丝、棉纱和天然染料织染纬绸（yìap ko），有时也在纬绸上防染图案。大菱形图案最常见。

在苗族和瑶族部落中，织工们在方形布匹上进行刺绣和绗缝，从而生产出惊艳多彩且含有仪式意义的抽象图案织品。在苗族，这些织品被称为花布（pandau）。一些较大的绗缝织品展示了代表乡村生活的场景，包括动物和人物。

老松族和老听族的许多部落都生产具有南泰和藏缅传统风格的单肩挎包，就像在所有南亚和东南亚的山区看到的那种。在老挝，它们被称为nyahm。时下其中最流行的nyahm是那些来自“古董”纱笼裙或山地部落服饰的老布制成的。万象的早市是购买这些配饰最棒的地方之一。

老挝天然染料的原材料主要有乌木（ebony，包括树种和木材）、罗望子（tamarind，包括种子和木材）、萃取自胭脂虫（Coccus iacca，一种钻树的昆虫）的红色染料、姜黄（turmeric，萃取自根部）、木蓝（indigo）。五种天然基本色是黑色、橙色、红色、黄色和蓝色，可以混合调出无数种颜色。其他几种微妙的天然色有土黄色（萃取自印度喇叭紫薇的树皮，Indian trumpet tree）、粉红色（萃取自苏木，sappanwood）以及金黄色（萃取自木波罗和面包果树的木材，jackfruit和breadfruit woods）。

## 手工艺品

在老挝，用各种麦秸、藤条和芦苇编织的席垫和篮筐很常见，现已成为数量较少但相当重要的出口产品。至今，少数民族族群仍在使用这种篮筐，这表明大多数老挝席垫和篮筐直到现在都具有实用和装饰两种用途。可以直接在村子里找编织工匠买篮筐。听族人（Htin，属于老听族系）的席垫和篮筐编织技艺最棒。

在苗族、瑶族等山地部族看来，银器属于“细软”和遗产的重要组成部分。在过去的年代里，银器的原材料主要来源于法国硬币，硬币要么被熔化，或是被直接加工成所需的珠宝首饰。在老挝北部地区的村子里，可以常常见到人们把新硬币作为头饰戴在头上。

低地老挝人也有悠久的金银器制作传统。虽然这些艺术形式衰落了一段时间，但现在仍然能在各地市场上看到大量金银工匠在火焰上打制首饰。

手工桑皮纸（sǎ h意为“桑树皮”）常见于老挝西北地区，万象和琅勃拉邦均可买到。环保的桑树皮是一种再生纸资源，与其他木浆纸相比，桑皮纸的制作过程非常简单。

## 体育

老挝有几项传统运动，这些运动与其被看做是锻炼的途径倒不如被当作赌博的借口。藤球（Gá-đôr，一项老挝球类运动）和老挝拳击（móoay láo）毫无疑问都是竞技运动，国际比赛大大提高了藤球和老挝拳击的知名度，这两项运动愈来愈受追捧。

然而，斗鸡却不牵扯锻炼问题。在老挝，斗鸡按照约定俗成的规矩进行，但人们却不在公鸡爪子上绑刀片，因此公鸡们通常能在斗鸡中幸存下来。

在泰族地区，可能会看到更稀奇的“运动”斗甲虫。这种“运动”的参赛者是以凶猛好斗闻名、摆好打斗架势的甲虫独角仙（rhinoceros beetle），而围观的人则在老挝米酒的刺激下大喊大叫，并对结果下注。独角仙一边发出嘶嘶声一边进行攻击，用角顶起对方，直到一方决定退出这场“娱乐表演”跑开为止。如果你在逃跑的独角仙身上押了钱，那么就输了。斗甲虫仅限于雨季。

在老挝，可能会看到孩子们追着一个足球到处跑。专业足球训练的机会少之又少，几乎完全没有高水平的教练、足球场，也没有让球员们参

### 滚球

虽然藤球和足球运动看得多，但最有可能亲身参与的运动则是滚球（petang）。滚球由法国传入老挝，老挝人玩的滚球显然已不再是法式滚球，而是经当地人改良后的老挝式滚球。泥土或碎石填充的小滚球场在老挝各地随处可见。

虽然滚球已经流行了几十年，但老挝参加的国际比赛又掀起了新一轮的滚球热。2005年东南亚运动会上，老挝选手摘得一枚男单滚球金牌，一枚男双滚球银牌，在接下来的竞赛中，老挝队也将多枚奖牌收入囊中。

加实战获得经验的青年联赛。不过，人们倒可以在万象的国家体育场或各省会城市的中型体育场观看省际足球联赛。

## 藤球

藤球是一种直径约12厘米的藤条编成的圆球或塑料球。藤球运动是一种用脚踢藤球的竞技性运动，在老挝、泰国和马来西亚非常流行。

传统藤球运动通常是几名球员站在一个圆圈里（圆圈大小视球员人数而定），像踢足球那样在空中传球，保持藤球不落地。得分根据踢球动作的风格、难度和多样性来定。

现代藤球有了变化，场地中间安装有一张排球网，除了只允许用头和脚接触球之外，其他规则与排球一模一样。令人惊讶的是，球员居然可以在空中旋转用脚扣球过网。

## 老挝拳击

无论是泰国拳击（móoay thái），还是本地的老挝拳击，老挝人好像看不够电视上的拳击比赛。在发展程度上，老挝拳击不如在泰国已发展成为一种体育运动的泰国拳击。老挝拳击仅仅局限于国内节日期间的业余比赛，但大多数的周末都能在电视上看到大规模的老挝拳击比赛。

身体的任何部位都可视为攻击目标，除头之外的其他任何部位都可用来攻击对手。常见招式有高踢颈部、肘击脸部和头部、屈膝撞肋、扫踢小腿等。拳击手甚至可以箍颈膝撞，即双手抓住对方头部屈膝撞击。真疼！

国际拳击（móoay săhgọn）在老挝越来越受欢迎，而政府也大力提倡鼓励，尽管老挝人明显偏好刺激的东南亚风格拳击。

# 环境

**长期以来老挝的环境得益于国内人口稀少，直至最近，相对而言其生态环境几乎没有遭受任何压力。但由于人口逐渐增多，那些需要靠猎杀食用野生动物以获取蛋白质，需要伐木而获得农田的人群对环境造成的压力逐渐增大。此外还有各种合法、非法伐木以及与日俱增的采矿和农耕活动。不过，随着旅游业也逐渐成为一种能够带来丰厚利润的自然资源，或许它能成为保护老挝剩余自然资源的关键。**

## 土地

湄公河在中国称为澜沧江（意为水流湍急的河流）；在泰国、缅甸和老挝称为Mae Nam Khong（意为水之母亲）；在柬埔寨称为Tonle Thom（意为大水），在越南称为Cuu Long（意为九龙）。

老挝国土面积略大于英国，四周陆地环绕包围，与中国、缅甸、泰国、柬埔寨和越南毗邻接壤。老挝地形以河流和山脉为主，形成一系列蔚为壮观的山脊河谷、河流山口褶皱带，从老越边境向西延伸开来。

山地和高原占老挝国土总面积的70%以上。长山山脉（Annamite Chain）纵贯南北，高低起伏，崎岖不平，几乎有老挝国土纵向一半长，与湄公河道平行延伸，山峰平均高度为1500~2500米。甘蒙高原（Khammuan Plateau）差不多地处长山山脉中心，满世界都是叹为观止的石灰岩溶洞峡谷，峡谷峭壁从杂草丛生的河谷拔地而起高耸数百米。长山山脉南端的波罗芬高原（Bolaven Plateau）方圆1万平方公里，是高产陆稻（又名山稻）、咖啡、茶叶和其他低温高海拔农作物的重要种植区。

老挝北部大片国土几乎全是怪石嶙峋、峭壁陡坡的山脉。最高山脉坐落在川圹省（Xieng Khuang Province）内，包括老挝最高峰2820米的普别山（Phu Bia），但目前禁止对游客开放。川圹高原矗立在普别山正北面，是老挝面积最大的山地高原，海拔1200米。川圹高原最负盛名的区域是石缸平原（Plain of Jars），除了那些千疮百孔的弹坑以外，它不禁让人想起爱尔兰连绵起伏的群山。石缸平原得名于平原上星罗棋布的巨型史前石缸，这些石缸就像是当地巨人在这里逐店痛饮后，丢弃散落在地上的空啤酒杯。

除山地外，老挝其他地方大多是遮天蔽日的森林，其中又以落叶混交林为主。森林与湄公河及其支流纵横交错，关系复杂；森林仿佛海绵一般在季风时节吸足风雨，然后在漫长的旱季期间将水分慢慢释放到溪流里、空气中。

老挝国土约85%为山地地形，仅有低于4%的土地为可耕地。

## 湄公河和其他河流

湄公河（Mekong River）发源于青藏高原之巅，源远流长5000多公里汇入大海，在很大程度上影响了老挝的地形，老挝整个国土走势与湄公河道平行延伸。虽然湄公河有一半在中国境内，但是，在湄公河流经的东南亚国家当中，老挝拥有最长的湄公河道。湄公河道最宽处位于老挝南部四千岛（Si Phan Don）附近，雨季期间河道最宽可达14公里。正因为如此，老挝南部所向披靡的湄公河道上散布着数千座大小各异的岛屿。

湄公河中部河段终年通航，始于沙湾拿吉省（Savannakhet Province）克马拉急流（Khemmarat Rapids）以北的环欣石屋（Heuan Hin），止于琅勃拉邦省（Luang Prabang Province）的科蓬（Kok Phong）。然而，由于有克马拉急流，以及四千岛气势磅礴的昆帕蓬瀑布群（Khon Phapeng），湄公河无法像其他大河一样成为该地区的主要河道。

从沙耶武里省（Sainyabuli Province）到占巴塞省（Champasak Province），肥沃的湄公河冲积平原构成了老挝最平坦、最热带的区域。老挝人食用的国产稻米几乎全都产于湄公河平原。我们看见老挝稻米在包装袋印上"Produce of Thailand"（意为泰国农产品）字样，如果这种经验确实说明了什么，那么相当多的老挝稻米还经由泰国出口。其他大型农产品企业也大多这么做。湄公河及其同样重要的支流都是重要的鱼类资源产地，对绝大多数老挝人来说，鱼类是他们饮食不可或缺的组成部分。湄公河流域主要集中在万象省和沙湾拿吉省，不出所料，这两个地方也在老挝主要人口集中地之列。

湄公河的主要支流包括南乌江（Nam Ou）、南塔河（Nam Tha）和南俄河（Nam Ngum）。南乌江和南塔河都发源于老挝北部地区，流经深邃狭窄的石灰岩山谷，而南俄河流经万象省内的辽阔平原汇入湄公河。南俄河上有老挝最早修建的一个水电站，水电站至今仍在运转发电，为万象省各城镇和泰国输送电力。公河（Se Kong）沿途流经老挝南部大部分地区，最终汇入柬埔寨境内的湄公河。另外，老挝中部地区的南嘎丁河（Nam Kading）和南屯河（Nam Theun）同样举足轻重。

长山山脉西面的江河溪流全都汇入湄公河，而华潘省（Hua Phan）和川圹省境内的长山山脉东麓河流最后从越南海岸汇入北部湾（Gulf of Tonkin）。

《湄公河：往昔磅礴，前途未卜》（*The Mekong: Turbulent Past, Uncertain Future*），2000年出版，作者米尔顿•奥斯本（Milton Osborn）。该书精彩讲述了纵横2000年关于湄公河的探索、规划以及战事的文化史。

## 野生动植物

由于发展滞后、人口密度低，老挝拥有全亚洲原始状态受破坏最小的生态系统。然而，受破坏最小并不意味着没有遭受破坏，许多物种仍然前途未卜。

### 动物

在山脉、森林和河流形成的生态网中，栖息着老挝本土特有的以及与东南亚邻国共有的动物。泰国近乎半数的本土动物物种在老挝都不乏踪迹；事实上，由于老挝森林覆盖率更高、猎人也更少，老挝在这些动物的数量方面更有优势。不过在某种程度上，几乎所有野生动物都面临被猎杀和生存环境丧失的威胁。

尽管如此，近年来老挝又发现了一些新物种，而其他被认为已灭绝的物种又重新出现在原始森林里。由于数量稀少，这些新发现的物种也在濒危物种之列。

如同柬埔寨、越南、缅甸以及泰国的许多地方，老挝的大多数野生动物都属于印度支那动物地理学范畴，而不是泰国南部克拉地峡（Isthmus of Kra）以南的巽他大陆（Sundaic）——包括泰国马来半岛的

13世纪，马可•波罗（Macro Polo）或许是穿越湄公河的第一个欧洲人；16世纪，一群葡萄牙使者接踵而来；17世纪，荷兰商人赫里特•范•维斯托弗（Gerrit van Wuysthoff）乘船到此；1893年，法国人与暹罗人签订了《曼谷条约》（*Treaty of Bangkok*），将湄公河划为泰国和法属印度支那的边界。

《野生动物贸易在老挝：野味的终结》（*Wildlife Trade in Laos: The End of the Game*），2001年出版，作者韩尼克·奴伦（Hanneke Nooren）和戈登·克拉里奇（Gordon Claridge）。本书描写了发生在老挝的那些可怕的动物偷猎活动。

潮湿热带低地和山林区以及大巽他群岛，或地处中国北部的古北区（欧洲、非洲、北回归线以北的阿拉伯以及喜马拉雅山脉以北的亚洲部分）。

老挝本地特有的著名哺乳动物有小熊猫（lesser panda）、貉（raccoon dog）、老挝狨鼠（Lao marmoset rat）、缟灵猫（Owston's civet，俗称印支缟狸、八卦猫）以及小懒猴（pygmy slow loris）。在老挝发现的其他重要外来物种包括马来穿山甲（Malayan pangolin）和中国穿山甲（Chinese pangolin）、10种麝（civet）、石纹猫（marbled cat）、红颊獴（Javan mongoose，俗称爪哇獴）、食蟹獴（crab-eating mongoose，别名山獾、棕蓑猫）、鬣羚（serow，别名亚洲山羊）以及斑羚（goral，另外一种羚羊），猫科动物包括豹猫（leopard cat）和亚洲金猫（Asian golden cat）。

老挝最有名的野生动物是灵长类。现在已知几种体型较小的物种，包括灰叶猴（Phayre's leaf monkey）、黑叶猴（Francois' langur）、白臀叶猴（Douc langur）和几种短尾猿（macaque）。老挝本土特有的其他两种灵长类动物是黑长臂猿（concolour gibbon）和仰鼻猴（snub-nosed

## 负责任的老挝野生动物之旅

在老挝旅行期间，可能随时都有机会购买或食用野生动物。出于保护野生动物的利益，驻老挝人民民主共和国野生生物保护学会（Wildlife Conservation Society-Lao PDR，简称WCS-Lao PDR）强烈劝告你不要参与野生动物交易。虽然老挝政府的确允许当地农村村民进行生存狩猎，但是，任何买卖野生动物的行为在老挝都是违法的。野生动物交易有损生物多样性和当地民生。

随便逛逛农村或城市市场，都能看到野生动物被当作食用肉或者活生生的宠物出售。有的游客怀着放生的目的买下野生动物，可惜好心办坏事。买来放生的举动看似对野生动物交易加以正面阻止，可实际上只起到了反面作用，因为野生动物贩子不了解买主的购买动机，会误以为市场需求有所增大。

注意留心老挝餐馆菜单和食品市场上的怪异品名和令人不安的条目，或许你可能想尝试体验与众不同的口味，但我们强烈建议不要食用以下食物：鳖（soft shelled turtles）、滑鼠蛇（rat snake）、鼷鹿（mouse deer）、水鹿（sambar deer）、松鼠（squirrel）、竹鼠（bamboo rat）、毛冠鹿（muntjac deer）和穿山甲（pangolins）。这些动物多是濒危物种或濒危食肉物种的食源。

想买一只塞满填充物的野生动物标本？一只用动物皮革制成的背包或钱包？或是一只装在框架盒里的昆虫标本？请三思。买这些特制的小玩意儿，就等于直接投钱支持非法野生动物交易。也不要买用动物牙齿制成的戒指和项链（商贩可能说是水牛骨做的，但其实更可能是用熊骨或野猪骨做的），以及用蛇、鸟或昆虫泡制的瓶装酒。野生动物交易虽然销路广泛，但在老挝是不折不扣的非法交易。而你新买的性保健蛇油很有可能在回国后被本国海关没收。多注意贴有《濒危野生动植物种国际贸易公约》认证（CITES-certified）标签的产品，这些才是可以在老挝购买并带回家的合法产品。

老挝多数野生动物的种群数量都处于警戒线水平。驻老挝人民民主共和国野生生物保护学会（http://www.wcs.org/international/Asia/laos）计划与首都万象市政府合作，共同监控野生动物交易。

*以上来自驻老挝人民民主共和国野生动物保护协会*

langur)。但是，五个品种的长臂猿才是最吸引人的。遗憾的是，由于人类不断猎猴取肉，或将其当作宠物贩卖至泰国，黑颊长臂猿（black-cheeked crested gibbon）现已濒临灭绝。目前，正在开展几项计划引导当地社群建立长臂猿保护区，其中包括著名的长臂猿体验（Gibbon Experience，见10页）。



## 大象

老挝可能曾经有100万头大象出没，但如今野生大象仅剩1千余头。对亚洲象这种生存饱受威胁的物种来说，这个种群数量还算是东南亚地区最大的一个。准确数字很难获得，但人们普遍认为，大约有800头野生大象生活在林冠稀疏的森林地区，主要集中在万象以西的沙耶武里省、普考奎山国家保护区（Phu Khao Khuay NPA）的波里坎塞省以及老挝中部地区东部的纳盖高原（Nakai Plateau）。

猎杀和生存环境丧失是大象面临的主要威胁。在纳盖高原等地区，越南偷猎者猎杀大象获取象肉和象皮，而南屯河二号水电站项目也即将吞噬掉一大片大象的生存环境。国际野生生物保护学会（World Conservation Society，简称WCS）已在这片地区着手进行一个项目，旨在长期建立"减少人象冲突国家示范区"。

老挝大多数省份都有工作用大象或驯养大象，全国共计有1100~1350头这样的大象。过去，大象一直用于搬运木材和农事耕种等重体力劳动，但如今现代机器正快速取而代之。结果，部分大象村的象夫（驯象人）开始与非政府组织，如**亚洲大象组织**（Elefantasia，www.elefantasia.org）合作通过旅游业赚取额外收入。在沙耶武里省附近的大象保护中心（Elephant Conservation Center，见133页）就有类似提供给游客的令人印象深刻的项目，而在此举办的年度大象节日旅游活动也越来越受欢迎。在沙耶武里省、乌多姆赛省、占巴塞省和阿速坡省（Attapeu）最容易看到工作用大象。

尽管问题层出不穷，但老挝拥有弥足稀缺珍贵的原始资源——充足的大象数量和生存环境面积，可确保大象拥有长久美好的未来。现在所缺乏的是钱，也许还缺乏足够的政治意愿。

## 濒危物种

在某种程度上，老挝所有野生动物濒临灭绝都归咎于大规模的猎杀以及渐进持续的生存环境丧失。老挝政府结合其他法律措施在2004年正式承认了联合国的《濒危野生动植物种国际贸易公约》（*Convention on International Trade in Endangered Species of Wild Fauna and Flora*，简称CITES）。这样，从事濒危物种国际贸易的直接后果便是受到该公约以及其他法律法规的制裁。但事实上，无需2.0的视力就能分辨出老挝国内市场销售的濒危物种，无论动物是死是活。尤其是边境市场，往往出售最珍贵的动物物种，比如泰国人买长臂猿当宠物，中国人和越南人买濒危物种制成山珍野味和名贵药材。

湄公巨鲇可生长至3米长，重达300公斤。由于湄公河上游的中国存在炸鱼捕鱼现象，野生湄公巨鲇现在面临灭绝的危险。

根据**世界自然保护联盟**（World Conservation Union，简称IUCN）的濒危物种**红色名录**（www.iucnredlist.org），在老挝已知的数百种哺乳动物当中，几十种都已濒临灭绝。其中包括亚洲黑熊（Asiatic black bear）和马来熊（Malayan sun bear，又名太阳熊）等熊类，和那些不那么吸引人的野生牛群，如白肢野牛（gaur）和白臀野牛（banteng），以及老虎、豹（leopard）、云豹（clouded leopard）等引公众瞩目的猫科动物。然而，很难确切地说清楚这些动物的濒危程度。目前，多个非政府组织正在实施自动相机拍摄项目（在森林架设相机，自动拍摄任何路过的生物）。在纳盖南屯河国家保护区（Nakai Nam Theun NPA），则由南屯河二号大坝的工作人员亲自实施自动相机拍摄项目。

纳盖南屯河研究项目是世界银行推行的项目组成部分，确保每年有100万美元的款项用于大坝水库受托区的生态研究与保护。在纳盖南屯河国家保护区，自动相机拍摄得到的结果既让人振奋，又令人沮丧。相机拍到的照片捕捉到了几种数量有限的动物物种，却也拍到一个喜获猎物神情骄傲的猎人，这可不是他们想要的拍摄内容。

国际野生生物保护学会现在正集中精力保护以下物种：亚洲象、暹罗鳄（Siamese crocodile）、老虎、黑颊长臂猿以及坡鹿（Eld's deer）都属于濒危鹿种。详情参见www.wcs.org。

有些濒危物种实在太稀罕，至今人们对它们都一无所知。其中，苏拉（spindlehorn，学名Pseudoryx nghethingensis；越南称为saola，老挝称为nyang）是一种两角哺乳动物，类似羚羊和牛，发现于1992年老越边境长山山脉，14世纪中国一些文献中曾有记载，人们一度认为苏拉不存在。被发现后，苏拉成为20世纪仅有的3种自成一属的陆地哺乳动物之一。不幸的是，在边境两边老挝、越南某些族群的眼里，苏拉的角成了他们偏爱的战利品。

世界自然保护联盟（www.iucn.org）认为，老挝的野生动物生存环境比邻国越南好得多。重要的物种包括在老挝发现但1892年最后记载于越南的越南疣猪（Vietnam warty pig，学名Sus bucclentus），不过最近也已灭绝。

2005年，国际野生生物保护学会的科学家们参观甘蒙省的当地市场时，发现了摆摊贩卖的一种“老挝岩鼠”。可是，这种当做鼠肉来卖的动物后来经证实是一种起源独特的物种，学名叫老挝谜鼠（Laonastes aenigmamus）。进一步研究表明，老挝谜鼠是唯一幸存下来的史前啮齿类动物种群，该种群大约在1100万年前灭绝。如果幸运的话，或许能在甘蒙省12号公路（Rte 12）旁溶洞群附近的悬崖上看到一只老挝谜鼠。

在老挝所有濒危程度最严重的哺乳动物当中，情况最糟糕的是在靠近柬埔寨边境的湄公河中，伊洛瓦底江豚（Irrawaddy dolphin）的群体变得越来越小。

## 鸟类

初来老挝的人通常会问：“为何我看不到更多的鸟呢？”，其简短答案是“（因为它们是）廉价蛋白质”。如果远离人群，会发现事实上老挝森林和群山栖息着大量物种丰富的留鸟和候鸟。20世纪90年代，英国鸟类学者团队曾对老挝进行鸟类调查，当时有437种鸟类记录在案，包括8种全球性濒危和21种全球性近危鸟类。其他统计数据显示鸟类多达650种。

其中，有名的鸟类有泰国火背鹇（Siamese fireback pheasant）、绿孔雀（green peafowl）、红颈绿啄木鸟（red-collared woodpecker）、犀鸟（brown hornbill）、黄脚渔鸮（tawny fish-owl）、赤颈鹤（Sarus crane）、巨黑鹮（giant ibis）以及亚洲金织布鸟（Asian golden weaver）。捕杀导致城区鸟类数量锐减。2008年，国际野生生物保护学会和墨尔本大学的科学家在老挝中部进行研究时，发现了一种新的鸟种，裸脸夜莺，这是第一只在亚洲大陆被发现的“光头夜莺歌手”，同时也是20世纪以来第一只被发现的新夜莺品种。

直到几年前，即使在沙湾拿吉和万象这样的大城市里，人拿长管步枪瞄向树冠的现象也很常见。虽然，随意捕鸟的岁月一去不复返，但几乎每个村庄都还能在下午听到猎人打鸟的声音。

## 植物

根据联合国粮食及农业组织（UN Food and Agriculture Organization）的调查数据，2005年老挝的天然野生植被覆盖率超过69%，而目前的数据为45%~60%。在这些林地中，大约有11%可划为原生林。

老挝的本土植被大多属于季雨林，这是东南亚热带大陆地区的一个共同特点，该地区的旱季持续3个月或更长时间。在这样的落叶混交林中，许多树种都在旱季落叶以保持水分。虽然老挝没有典型的常绿雨林，但椰子树等非本地雨林树种在湄公河下游流域很常见。毫无疑问，老挝也有一些大树，但别指望能够在老挝找到在东南亚的其他地方那样的参天树林。这里环境条件不允许且永远也不可能长出巨树来。

老挝季雨林的特点是长有3层树冠层。龙脑香树（dipterocarp）——树形高大，树皮灰白色，树干单干，可生长至高达30米——是森林的最高树冠层；中间树冠层由数量逐渐减少的珍贵阔叶树组成，包括柚木（teak）、紫檀木（padauk，又名“亚洲红木”）和桃花心木（mahogany）；底下树冠层包括各种小树、灌木、杂草以及河流栖地沿岸的竹林。老挝南部的某些高原地区长有干燥的龙脑香树林。在龙脑香树林里，林冠较为稀疏，树冠中间层较少，反倒是竹草底层较多。降水受西南季风和南海影响的长山山脉部分地区，覆盖着热带山地常绿林；而老挝南部的纳盖高原以及塞公（Sekong）地区的植被则是热带松树林。

除了迷人的阔叶林，老挝的植物群还包括各种美味的果树、竹林（除泰国和中国外，老挝竹子种类最多）以及诸如兰花之类的丰富开花植物。然而，在老挝有些地方，有人偷挖森林（通常是保护区）里的兰花卖给泰国游客；在波罗芬高原瀑布附近的市场上可以见到兰花。长山山脉的高原上尽是辽阔的草原和稀树草原。

如果想全面了解老挝的国家保护区，请登录包罗万象的网站www.ecotourismlaos.com。

## 国家保护区

老挝拥有世界上最年轻、最全面的保护区体系。1993年，老挝政府建立了18个国家级生物多样性保护区（National Biodiversity Conservation Area），总面积达到2.46万平方公里，约占国土总面积的10%。更重要的是，政府的确是遵照可靠的科学依据来建立保护区，而不是一时心血来潮（如同其他大多数国家的做法）。1995年增设2个保护区，保护区总个数达到20个，占地总面积达到老挝国土总面积的14%。另外还有4%的国土面积是省级保护区（Provincial Protected Area），因此老挝成为了世界上拥有保护区最多的国家之一。

几年前，这些地区被更名为国家保护区（National Protected Area，简称NPA）。也许更名的语言意义不大，但确实反映出某些重大差别。其中，一个主要差别就是国家保护区包含居住在保护区范围内的当地社区，这与国家公园不同，国家公园只允许管理员和园内工作人员居住，而且禁止狩猎、伐木等传统行为。的确，国家保护区内的森林分为以下几类：木材生产用林、分水岭防护林、纯保护性保护林。

最大的保护区都位于南部地区，与多数人的想法恰恰相反，这里的天然林覆盖率比北部地区更高。老挝最大的国家保护区是纳盖南屯河国家保护区，占地面积3710平方公里，栖息着最新发现的苏拉，以及10多年前还不为科学界所知的其他几种物种。

虽然，至今还有几个国家保护区必须经过全副武装的艰难跋涉才能入区游览，但是，其他几个国家保护区在最近几年都已能轻松到达。最好的入区方式通常是步行。

## 老挝生态旅游

老挝拥有覆盖半壁江山的森林、20个国家保护区、49个以上族群、650余种鸟类和数百种哺乳动物，因此，老挝拥有东南亚最健康的生态系统便毫无疑问；对于喜欢到人迹罕至的地方观赏美景的游客来说，老挝是天堂也就不言而喻了。现今，众多旅游公司和当地导游都提供森林徒步游、溶洞探险游、乡村住宿以及特别的河上游等游程，前往不通公路的地方。这些类型的活动在老挝颇受欢迎，而且在过去10年内其可行性也已大增。1999年在琅南塔省开始实施的南哈河生态旅游项目（Nam Ha Ecotourism Project）成功开发后，老挝的生态旅游业从此自下而上蓬勃发展。现在，老挝政府也积极促进生态旅游发展，从而帮助减少贫困人数、支持环境和当地文化保护。据估计，老挝每年以文化和自然为基础的生态旅游而产生的利润就占了超过国家年总收入的一半。

老挝国家旅游局（Lao National Tourism Administration，简称LNTA）对生态旅游定义如下："在乡村地区和保护区进行的旅游活动，使其负面影响降到最低程度，目的是保护自然资源和文化资源，促进乡村地区的社会经济发展，帮助游客理解、喜欢他们所参观游览的地方。"少数老挝旅行社和家庭旅馆已将此定义牢记心中，并遵照老挝生态旅游的原则开展经营活动。

遗憾的是，有些旅行社将任何活动都打上了"生态旅游"的旗号，因此甄别良莠很重要。到底哪些旅行社切实遵照老挝生态旅游的原则，哪些旅行社只想骗游客口袋里的钱呢？向旅行社提出以下问题，确保自己做出正确选择：

- 我参加的游程对当地人有经济好处，有利于保护生物多样性、支持传统文化的延续吗？如何有好处及保护和支持的？
- 我能从这次游程中学到什么？当地人能从我身上得到什么机会？
- 设施的设计是按当地的风格吗？用的都是当地天然建筑材料，节约能源和节约用水吗？菜单上有当地特色菜吗？
- 有来自当地的导游带队吗？
- 通行证、门票或其他费用是否包含在行程价格内？行程目的是保护环境吗？
- 有没有为了将负面影响降到最小程度的团队人数、发团频率限制？

能对以上问题做出清楚、肯定、可信答复的旅行社，便是名副其实的生态旅游旅行社，你大可以支持他们。而行程也将为你带来一次寓教于乐的美妙体验，让你在沿途交上众多当地朋友。与此同时，生态旅行社也为同行树立了可持续发展的榜样，希望以此鼓励其他旅行社加入生态旅游的队伍中来。如果想了解更多关于老挝环境以及可持续旅游的详细信息，请登录www.ecotourismlaos.com。

*史蒂文·斯基帕尼（Steven Schipani），生态旅游专家*

这些地区里的野生动物，从珍稀禽类到野生大象，都是相当丰富的。在老挝各地观赏野生动物的最佳时机是雨季刚过的11月。不过，即使是最佳时机，也要有些运气才能看到各种动物。原因有好几个，其中最重要的原因是，屡禁不止的猎杀导致野生动物数量不断减少，活着的动物也出于本能惧怕人类。所以，即便是最佳时机，也很难目睹森林动物，此外，还有许多动物是在夜间出没。

## 环境问题

从空中鸟瞰老挝，很容易看出老挝大多数地区为一片片辽阔的原始荒野所覆盖。但第一印象可能会骗人，在那片波浪起伏的绿色地毯掩盖之下的环境，其实面临诸多相关威胁。

在很大程度上，这些威胁都是底线问题。猎杀导致所有森林物种濒临灭绝，但猎杀屡禁不止的原因是猎人买不起市场上的肉。人们以破坏生态平衡的速度对森林进行乱砍滥伐，究其原因是老挝境内的木材很值钱，事实也证明伐木者比不伐木者有钱。水力发电项目会影响森林等动物赖以生存的生态系统，包括森林，但这样做的原因是因为老挝需要水力发电项目带来的钱，而对能源公司来说，在老挝大搞开发更赚钱更省力。

老挝确实制定了各种保护野生动植物的法律法规，正如上述所言，国家保护区保护着大部分老挝。但是，大多数老挝人根本没有意识到全球环保问题，而且，几乎没有意愿也没什么财力来开展保护自然项目，比如组织培训公园管理员，或者检举法规的破坏者。中央政府和地方政府缺乏沟通交流，保护区内管辖权界定模糊又构成了新问题。

老挝环境保护所面临的最大障碍，是负责强制执行环境保护法规的人员执法腐败。如果能切实解决官员腐败问题，那么，非法伐木、偷猎以及境外野生动物走私等犯罪将大幅下降。

无论如何，总还是有好消息。在有志之士和非政府组织的支持下，生态旅游正在蓬勃发展，某些当地社区开始理解且认同“一片原始完整的环境会很值钱”的观念。此外，政府已开始拒绝与准备开发大型度假村的公司签订合同，但许多非旅游项目并不在拒绝之列。空气污染和碳排放量差不多和东南亚其他地方一样低，因为大多数老挝人的生活水平仍然处于或刚好高于生存贫困线，国内几乎没有重工业。老挝是世界上人均能耗最少的国家之一。

还有一个长期存在的环境问题，即老挝东部地区的未爆炸弹药（UXO），这是第二次印度支那战争期间胡志明小道延伸经过东部地区所遗留下来的污染源。发现和清除未爆炸的弹药工作艰辛，进展非常缓慢，但目前已取得一些成效。

因此，老挝环境面临的主要挑战是经济发展的内部压力，以及来自人口较多、生活较富裕邻国的外部压力，这些国家都想尽可能多地开发老挝丰富的自然资源。

### 水力发电项目

本书撰稿时，老挝国家能源委员会正通过其网站（www.poweringprogress.org）宣称，已有14座水坝开始运营发电，另外还有5座正在紧锣密鼓地建设之中。除此以外，老挝政府还计划着20个水力发

老挝人民非常崇拜各种奇形怪石。就算是在茫茫荒野中，你也都会看到形似龟鳖、鱼篓、佛塔等模糊形象的石头披有藏红花色袈裟。当地还有这些石头来历及其用途的传说，其中有些石头甚至在老挝举国闻名。

**老挝非政府组织**

亚洲大象组织（见315页）

东亚野生生物贸易研究委员会（Traffic East Asia；www.traffic.org）

国际野生生物保护学会（Wildlife Conservation Society，简称WCS；www.wcs.org）

世界自然保护联盟（World Conservation Union，简称IUCN；www.iucnlao.org/lao/）

世界自然基金会（World Wildlife Fund；www.panda.org）

## 开发湄公河：是缓解贫困，还是疯狂筑坝？

几千年来，湄公河一直是老挝以及更广阔湄公河地区的生命线。湄公河及其支流丰富的渔业和其他资源是其流域约6000万人赖以生存的主动脉。就流量而言，湄公河是世界第12长、第10大河流。但是，与其他大河不同，由于河道上存在一系列急流，湄公河因此不能开发为客运、货运主航道，也不能成为大型工业城市的基地。

除中国外，湄公河的主流上没有筑坝，但这将随着沙耶武里水坝（Xayaboury dam）的建设而改观，该水坝是老挝境内第一座建在湄公河实体上的水坝。长期以来，人们始终将湄公河大流域视为一种具有潜在商业价值的水电资源。随着湄公河流域电力需求持续猛增，将老挝变成“东南亚蓄电池”的想法在搁置20年以及亚洲金融危机之后的今天再次涌上人们心头。

对于老挝这样的欠发达国家，开发水电肯定能获利。向邻国出售电力，可获得国内经济发展急需的外汇资金。从理论上讲，这笔横财可用于老挝发展，从而减少对外国援助和贷款的依赖。这项主张很有吸引力，老挝政府和几个国际组织都乐见其成。

第一个也是最大的受益者将是甘蒙省的南屯2号大坝，大坝于2010年完工。这项颇有争议的水力发电工程酝酿达10多年之久，也许是历史上研究时间最长的项目。几十个研究项目目前已着手实施，因为大坝需要获得世界银行批准后投资商才会拨款投资；另一方面，世界银行也面临着将负面影响减少至最低的持续压力。对环境的影响究竟会不会降低，一些组织对此质疑。

可是，并非所有工程都像南屯河2号大坝一样浩大并引起公众关注。2005年世界银行终于批准这项工程后，同时也打开了水力发电站的“潘多拉盒”。随后一段时期里，老挝政府与私人开发商达成了一系列协议，大家都想分得一杯羹。希望在湄公河主流域修建水坝的诸多提案尤具争议。超过30个水电项目要么已开始建设，要么已取得筹划新进展，致使人们不禁在问：政府是不是想当水“坝”（霸）想疯了?

批评言论，包括那些来自国际河流的忠实守护者，大家的回答是异口同声的“是”。他们声称，这些缺乏关注的水坝工程可能对环境和社会造成深远的负面影响，因为这些工程毫无透明度可言，监控难度也比较大。虽然政府要求对所有水电项目做出全面的环境影响评估，但是，即使已经实施了评估，评估结果却几乎从未被公之于众。

水坝带来的负面影响既显而易见又更难以察觉。明显负面影响包括当地社区移位、失去生计、上游地区洪水泛滥、沉积物流动减少以及下游地区侵蚀加剧，而由此还将导致渔业和靠河为生的渔民生计问题。因水坝控制着湄公河的洪泛命脉，所以虽然这些负面影响并非立竿见影，但从长远来看其危害性可能更大，尤其是对位于柬埔寨境内的洞里萨湖（Tonlé Sap Lake）而言，它与鱼类产卵期以及数百万人的食物资源问题都息息相关。

综上所述，开发湄公河是个复杂的大问题。如果想了解更多信息，请登录以下网站：

**亚洲发展银行**（Asian Development Bank；www.adb.org）

**国际河网**（International Rivers Network；www.irn.org）

**老挝国家能源委员会**（Laos Energy lobby；www.poweringprogress.org）

**湄公河委员会**（Mekong River Commission，简称MRC；www.mrc.org）

**拯救湄公河联合会**（Save the Mekong Coalition；www.savethemekong.org）

**世界自然基金会**（World Wildlife Fund，简称WWF；www.panda.org）

电项目，其中有一些是在湄公河筑坝的项目。

水能是一种相对清洁的能源；在某种程度上，水坝对老挝来说是不可避免的。然而，水力发电项目的数量的确对老挝国内几乎所有大河系统的生态环境造成潜在的严重影响。

抛开数万民众被迫离开家园不说，水坝发电工程淹没了大片的森林（几乎没有淹到农用土地），永久性地改变了河流方向，妨碍或改变了鱼类迁移活动，从而影响了当地居民几百年来赖以生存的渔业，还改变了支撑森林和生养物种的生态系统。这些森林也出产当地人赖以谋生的多种非木材产品，而如今遭受的影响都甚为严重。

## 生存环境丧失

森林乱砍滥伐是老挝的另外一大环境问题。尽管官方严格控制木材出口，但无人知晓目前到底有多少柚木和其他硬木被走私到越南、泰国。老挝北部的政策允许外国人大量伐木以换取帮他们筑路。老挝军队仍然在肆无忌惮地砍伐大片森林，无论是甘蒙省境内森林，老挝远南部偏远地区森林，还是色边河国家保护区（Se Pian NPA）和栋华绍森林国家保护区（Dong Hua Sao NPA）附近的森林，他们统统不放过，而木材大多运往越南。国家电力公司也从木材生意中谋取利益，因为每当一个老挝城镇或乡村准备接通国家电网时，国家电力公司就会在拉网布线时，沿途砍伐超出必要范围的森林面积。与日俱增的大面积种植以及采矿等活动也通常由邻国大力资助，都导致了明显的生存环境丧失。

实际上，老挝政府在保护本国森林的问题上，只是做足了表面功夫，并非出于农村生计的考虑。然而在大部分农村地区，70%的非稻谷食物却来自森林。因此，无论是乱砍滥伐还是修筑水坝带来的森林破坏，都将导致贫困加剧、当地人丧失生计。

森林受到的其他压力来自刀耕火种的农业生产方式。所谓“刀耕火种”就是选取一块森林茂密的山地，砍倒树木和杂草，然后放火焚烧，利用烧得的草木灰烬当作肥料撒在土地上，然后密集耕种两三年，随后8~10年土肥枯竭，土质贫瘠，就无法再耕种。考虑到老挝人口稀疏，刀耕火种对环境造成的威胁也许不如伐木毁林严重，但它也没能有效利用资源。

林业本身不算太糟，只要实行有效的管理，森林可能成为老挝的长期收入来源。建立国家保护区已经是一个好的开始，但是，森林再造以及为未来收获而种植的高价值林木等例子微乎其微。这种博弈之名通常叫短期收益。

虽然几百年来老挝一直种植食用鸦片，但直到1971年通过《禁毒法》（*Anti-Narcotics Law*）后老挝才成为主要鸦片生产国，因为《禁毒法》带动了该地区毒品价格的飙升。

## 捕猎和过度捕鱼

大多数老挝人都从自然索取食物获得蛋白质，而不是依靠农田或农场。由于老挝人口极其稀少，传统狩猎习惯对老挝物种生存造成的威胁程度颇有争议。但是，考虑到生存环境丧失的问题，为食物而狩猎的现状使得野生动物数量面临的压力越来越大。

跨境野生动物非法交易也具有潜在严重性。据说，发生在老挝国家保护区内的偷猎大都是越南人所为，他们通过非法入境进入老挝中部地区，围捕穿山甲、麝猫、赤麂、斑羚、貉等动物带回越南贩卖。这些动物在越南、泰国和中国被视为对食品和医药有高度价值，而这些国家对这类动物的需要也随着其财富的增长而增长，买家也愿意支付高昂价格。

外国非政府组织纷纷在老挝开展民众教育活动，致力于提高民众对濒危物种的保护意识，让民众了解狩猎对当地生态系统的影响。但是，金钱却一如既往地能冲破道德底线。只要猎人依然穷困潦倒，这个问题就会屡禁不止。

在沙湾拿吉省和占巴塞省等人口稍微密集的地区，湖泊和河流过度捕鱼使某些鱼类处于危险境地。有关机构组织对渔民展开教育活动，让渔民了解鱼货来源以及保护渔业资源的方法，成功改变了渔民某些难以为继的捕鱼做法。尤其值得关注的是使用炸药捕鱼。炸药捕鱼法极具毁灭性，渔民把炸药扔进水里，然后等死鱼浮出水面。大多数渔民没有意识到的是，每从水面捞起一条死鱼，还会有另外两三条鱼死在河床上。用炸药捕鱼在老挝是违法行为，据说，借助教育和法律的手段，该问题已得到缓解。

# 生存指南


**出行指南 ............ 324**

签证 ........ 324
保险 ........ 325
现金 ........ 325
电源 ........ 326
使领馆 ........ 326
海关条例 ........ 327
旅游信息 ........ 327
营业时间 ........ 328
节假日 ........ 328
住宿 ........ 328
饮食 ........ 329
气候 ........ 330
地图 ........ 330
邮局 ........ 330
购物 ........ 330
电话 ........ 331
上网 ........ 332
时间 ........ 332
厕所 ........ 332
法律事务 ........ 332
旅行安全 ........ 332
儿童 ........ 333
同性恋旅行者 ........ 334
残障旅行者 ........ 334
单身旅行者 ........ 334
女性旅行者 ........ 334
志愿者服务 ........ 335
工作 ........ 335
摄影 ........ 335
课程 ........ 335

**交通指南 ............ 337**

**到达和离开 ........ 337**

飞机 ........ 337
陆路 ........ 338

**当地交通 ........ 342**

飞机 ........ 342
自行车 ........ 342
船 ........ 342
公共汽车 ........ 343
小汽车和摩托车 ........ 343
区内交通 ........ 345
团队游 ........ 346

**健康指南 ............ 347**

**出发前 ........ 347**

**在老挝 ........ 349**

**语言 ............ 354**

**术语表 ........ 359**

# 出行指南

## 签证

如今入境老挝比从前要容易得多，来自众多国家的游客都可以在大多数边境关卡获得有效期30天的旅游签证。

### 落地旅游签证

老挝政府在所有国际机场和大部分国际边检口岸签发30天旅游签证。

签证申请过程非常简单。只需交纳US$20～42、一张护照照片和所住酒店或客栈的名称即可。没有照片需要另付大约US$2。周末或节假日，或是非办公时间到达，还需要另付US$1或US$2“加时费”。

签证费用根据国籍各有不同，加拿大人需要支付的最多（US$42），而大多数国家游客的签证费用在US$30至US$35之间。泰铢可以按照1500:50的汇率折算成美元来支付签证费用。不接受其他国家的货币。

### 旅游签证

对于无法进行落地签的游客，老挝在国外的使领馆可以签发30天的旅游签证。申请费用、所需文件和上面所述落地签证情况大致相同，一般需要3个工作日。在曼谷另付200B加急费可以当天取得签证。

### 商务签证

商务签证有效期为30天，只要有老挝方面的担保机构就相对容易取得。商务签证可延期至一年。

### 中国公民进入老挝

中国公民持外交、公务、普通公务护照前往老挝可免办签证。持因私普通护照须办签证，一次入出境的商务、旅游签证可在老挝停留30天（签证期满可到老挝移民局申请延期），过境签证停留期为7天。北京老挝驻华大使馆或老挝驻昆明总领事馆（见326页）均可办理签证。

签证费用分为以下几档：5个工作日取130元，加急第二天取260元，当天4个小时后取是310元，节假日取再加50元。过境的时候还要办理一个国际健康证，有效期为一年的健康证费用为140元，单次有效健康证费用为80元。但根据经验，入境时几乎不查，或者给一点小费就可以通过检查。

持中国护照的旅游者在万象、琅勃拉邦和巴色国际机场交US$20和两张照片，即可取得为期15天的落地签证。如果你从老挝的其他邻国口岸入境（具体见“在路上”各章节），也可以获得落地签证，时间可能会在15或者30天摇摆，部分程度取决于工作人员的心情。不过，周末或午休时间可能加收US$2。原则上，老挝对中国免签，但是无签证护照很难出得了中国海关。

获取签证进入老挝后，必须按所申请的签证种类从事相应的活动，否则将被视为非法活动并予以处罚。中国公民也可以登录中华人民共和国外交部网站www.fmprc.gov.cn/chn/查询有关老挝的信息，也可以在cs.mfa.gov.cn中国领事服务网上找到一些有关签证的信息（信息可能会滞后）。

### 签证延期

30天旅游签证最长可以再延期90天，每天的费用为US$2，但只能在万象和琅勃拉邦办理。

### 签证逾期滞留

逾期滞留不算大罪，但罚款会很昂贵。每逾期一天需缴纳US$10，离境时在边检口岸交付。

## 保险

买份好的旅行保险从来都是明智之举。老挝一般被划分为高风险地区，医疗条件也很有限，保险条例中含有“如有需要，医疗空运撤离至泰国医院”的规定至关重要。仔细阅读保险条例的细则，确认其中是否包含对从事冒险性活动导致的意外伤害进行赔偿的条款，通常情况下，攀岩、漂流和摩托车运动都不在理赔范围内。

如果在老挝或泰国接受治疗，务必收好所有收据和病历，最好是英文版本，以备理赔。

在www.lonelyplanet.com/travel_services上可以购买全球旅行险。即使已经上路，也可以在任何时候在线购买、延期或索赔。

在中国，美亚、友邦、华泰、太平洋等保险公司都可以提供符合条件的保险项目。你也可以查询**慧择网**（www.hzins.com），这里罗列了许多公司的各种险种，你可以选择适合自己的保险，它的好处是可以在线支付和获得电子版的保单，非常便捷。

## 现金

老挝的国家法定货币是老挝基普（Lao kip，货币符号为K）。虽然法律规定只有基普可以在日常交易中合法流通，但在老挝现实生活中主要使用的商用货币包括以下3种：基普、泰铢（Thai baht，货币符号为B）和美元（US dollars，货币符号为US$）。

老挝国内的现金经济严重依赖泰铢和美元。据估计，万象市面上流通的现钞中有三分之一印着泰王头像，另外三分之一则印着各位美国总统的头像。基普一般被用于结算小额交易，而高价商品和服务除了会用基普报价，也可能会以泰铢或美元为单位进行报价，但所有价值相当于US$100或更贵的商品和服务都会用美元报价。

然而，绝大部分交易基本上还是会使用基普，因此身上有必要备一些零钱。基普纸币面额有500K、1000K、2000K、5000K、10,000K、20,000K、50,000K和100,000K。小商贩（尤其是在偏远地区）要找开一张100,000K的纸币会很困难。数额较大的交易更推荐使用美元和泰铢结算。

### 自动柜员机

在老挝，随处可见自动柜员机。但别高兴得太早，自动柜员机每次交易只能提取700,000~2,000,000K（约为US$85~250），具体金额各家银行可能会有不同规定，更别说还要收取各种取款手续费。如果你每次跨国取款还得向开户的国内银行支付高昂手续费，累积起来会相当可观。所以带上足够美元进行兑换也许更为合适。

### 讨价还价须知

讨价还价是早期阿拉伯商人和印度商人带过来的传统，但在老挝大部分地方，讨价还价并不会像东南亚其他地方那样咄咄逼人。合理的讨价还价是一种节省开销的方法，当然这需要多练。老挝式还价一般来说都是友好的交易过程，买卖双方力图达成一个对彼此都公平的价格。

市场里的大部分商品都可以还价，但商店里的标价大部分都是固定价格。讨价还价的首要原则是对价格有个大概的估计，你可以货比三家以便了解商品的普遍行情。一旦打算买，一般来说最佳策略是从报价的一半开始还，再逐步往上加。通常，交易过程中一直保持友善及可商量的态度几乎总能得偿所愿。犯不着为了几千基普生气不高兴。当地人没外国游客那么有钱，但他们从不为这种事生气。

### 信用卡

在万象和琅勃拉邦，越来越多的酒店、高档餐馆和礼品店接受维萨卡（Visa）和万事达卡（MasterCard），相比而言，美国运通卡（Amex）和日本JCB信用卡的可用范围小得多。在这些主要城市之外的地方，信用卡几乎没有用武之地。

老挝外贸银行（Banque pour le Commerce Extérieur Lao，简称BCEL）在各大城市开设的支行提供Visa、万事达信用卡或借记卡的现金预付和取款服务，手续费为3%。其他银行的收费费率可能略有不同，所以如果你人在万象，大可四处购物。

### 货币兑换

经过多年的起伏波动后，近期内基普相当稳定地保持着约8000K兑换US$1的汇率。但是别指望该汇率一成不变。

无论是在银行还是跟外币兑换商兑换货币，汇率通常如出一辙。大额兑换（US$50和US$100）通常会比小额兑换（US$20或更少）享受稍高一点的汇率。银行往往也会为旅行支票提供优惠汇率，但整个兑换过程拖沓得多。万象和琅勃拉邦的银行可以兑换英镑、欧元、加拿大元、美元、澳元、泰铢、日元，也可以兑换人民币，汇率为1RMB兑换1320K。其他省份的大部分银行只兑换美元或泰铢。不过一般而言，用美金兑换可能更划算。

执照经营的货币兑换商在万象周边[包括早市（Talat Sao）]和部分边境站设有兑换点。他们的汇率基本与银行一样，而且他们的营业时间更长。

老挝不存在真正的黑市，除非遭遇经济冲击，这一状态不大可能改变。

可以上www.bcellaos.com查询BCEL的最新汇率。

### 小费

老挝人基本没有给小费的习惯。在面向游客的旅游餐馆里给相当于账单10%的小费足以让人颇感欣喜，但仅限于账单未包含服务费的情况。

### 旅行支票

老挝的大部分银行都可以兑付旅行支票，但一般情况下只能用老挝基普兑付。美元结算的支票最受欢迎。商家一般不接受旅行支票。

## 电源

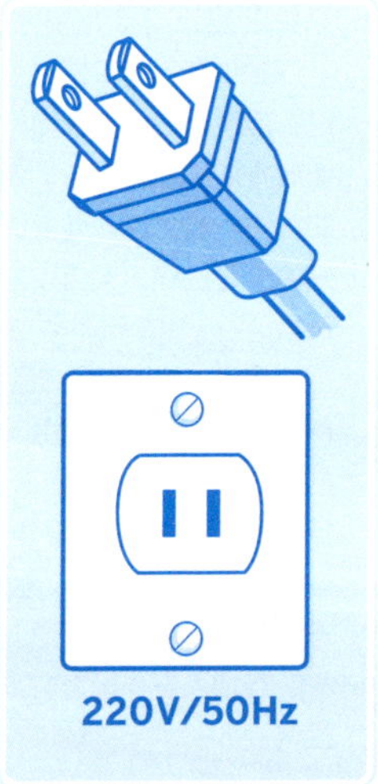


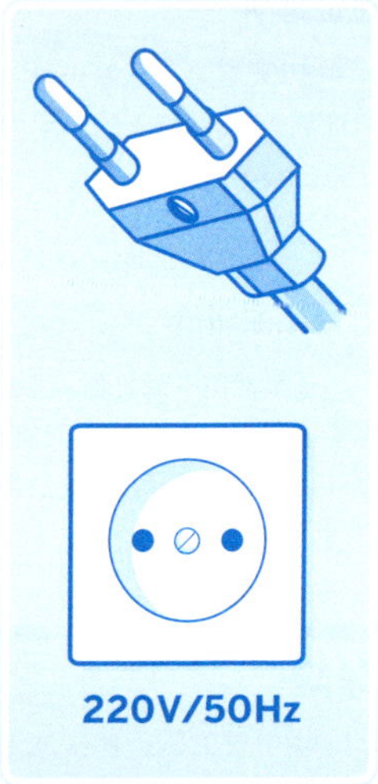


## 使领馆

万象大约共有25个国家的大使馆和领事馆。许多国家由他们设在曼谷、河内或北京的大使馆兼管老挝事务。以下为中国和老挝互相派驻的使领馆信息，其他信息也可查询中国外交部官网www.fmprc.gov.cn。

**中国驻老挝大使馆**（Chinese Embassy；见140页地图；☎021-315100；la.china-embassy.org/chn/；WAT NAK ROAD，SISATTANAK，VIENTIANE；⏰周一至周五 8:00~11:30）在4个工作日内签发签证。

### 老挝驻中国使领馆

**老挝驻中国大使馆**（☎办公室 0086-10-65321224，签证处 65321386；北京市三里屯东四街11号）

**老挝驻昆明总领事馆**（☎0086-871-67334522；昆明市彩云北路6800号），领区为云南。

**老挝驻昆明总领事馆驻景洪领事办公室**（☎0086-691-2219155；景洪市沧江新区宣慰大道江北段 告庄西双景项目告庄西双景公建区综合楼，666100）

**老挝驻上海总领事馆**（☎0086-21-62886314；上海市武定路355号静安紫苑9楼），领区为上海、江苏、浙江、安徽。

**驻南宁总领事馆**（☎0086-771-5672502；南宁市中国-东盟商务区桂花路16-1号）

**老挝驻广州总领事馆**（广州市环市东路339号广东国际大厦主楼9楼905-906室），领区为广东、海南、江西、福建，新近成立。

## 周边国家驻老挝使领馆

**柬埔寨大使馆**（Cambodian Embassy；见140页地图；☎021-314952；Th Tha Deua，Km3，Ban That Khao，Vientiane）签证费为US$20。

**缅甸大使馆**（Myanmar Embassy；见140页地图；☎021-314910；Th Sok Pa Luang，Vientiane）三日旅游签证费用为US$20。

**泰国大使馆**（Thai Embassy；见140页地图；☎021-214581；www.thaiembassy.org/vientiane；Th Kaysone Pomvihane，Vientiane；⏲周一至周五 8:30至正午和13:00～15:30）如需办理签证更新和延期可前往万象领事馆（Vientiane consulate；见140页地图；☎021-214581；15 Th Bourichane，Vientiane；⏲8:00至正午和13:00～14:30）。泰国在沙湾拿吉（见218页地图；☎041-212373；Th Tha He和Th Chaimeuang的交叉路口，Savannakhet）也设有领事馆，可签发当日旅游签证和非移民签证（1000B）。

**越南大使馆**（Vietnamese Embassy；见140页地图；☎021-413400；www.mofa.gov.vn/vnemb.la；Th That Luang，Vientiane；⏲周一至周五 8:30～17:30）可在3个工作日内签发旅游签证，费用为US$45，或办理一日内加急签证，收费为US$60。琅勃拉邦领事馆（见36页地图；Th Naviengkham，Luang Prabang）可签发旅游签证，几分钟内即可办好，费用为US$60；如果你愿意等上几天，则只需US$45。巴色领事馆（见230页地图；☎031-214199；www.vietnamconsulate-pakse.org；Th 21，Pakse；⏲周一至周五 7:30～11:30和14:00～16:30）和沙湾拿吉领事馆（见218页地图；☎041-212418；Th Sisavangvong，Savannakhet）的签证费用为US$60。

## 海关条例

只要携带的行李数量适度，入境口岸的海关检查通常很宽松。入境老挝时，携带的香烟数量不可超过500支，携带的蒸馏烈性酒不得超过1升。禁止携带毒品、武器和色情物品等违禁物品。

## 旅游信息

老挝国家旅游局（Lao National Tourism Administration，简称LNTA）在全国设有办事处（tourist office），设在万象和琅勃拉邦的两家尤其值得一去。

许多旅游局办事处都备有各种旅游手册和地图，并有会说英语的工作人员来解答游客问题。设在他曲（Tha Khaek）、沙湾拿吉、巴色、琅南塔（Luang Namtha）、沙耶武里、丰沙里和桑怒（Sam Neua）的办事处服务都特别周到，训练有素的工作人员会向游客推荐各自省份的徒步游和其他活动、发放小册子并介绍第一手信息，还能帮助游客选择当地交通工具以及预订车票。

如果你觉得当地的老挝国家旅游局的工作人员不能提供太多有用信息，通常也可以找一家生意红火的客栈打听最新信息。

老挝国家旅游局还有3个非常棒的网站可提供宝贵的行前信息。

**老挝中部地区徒步游**（Central Laos Trekking；www.trekkingcentrallaos.com）

**老挝生态旅游**（Lao Ecotourism；www.ecotourismlaos.com）

### 餐饮价位

按国际标准衡量，几乎所有的老挝餐馆都不算贵。以下是主菜的价位等级标志。

$ 低于US$5（40,000K）

$$ US$5～15（40,000～120,000K）

$$$ 高于US$15（120,000K）

**老挝国家旅游局**（Lao National Tourism Administration；www.tourismlaos.org）

## 营业时间

政府部门的开放时间通常是周一至周五的8:00~11:30或正午，以及13:00~17:00。

店铺和私营企业营业时间要稍晚，通常午餐时间也营业。有些店铺周六全天营业，有些则只营业半天。除餐馆外的大部分店铺周日关门。

餐馆的营业时间根据顾客群体的特点和供应的食物种类而有所不同。

米粉/面条店以及米汤店的营业时间通常为7:00~13:00。

菜品丰富（大部分菜式搭配米饭）的老挝餐馆的营业时间通常为10:00~22:00。

同时兼营老挝菜和西式（falang）菜肴，且供应早餐、中餐和晚餐的各国风味餐馆的营业时间通常为7:00~22:00。

不供应早餐的旅游餐厅的营业时间通常为11:00~23:00。

## 节假日

法定节假日时，学校和政府机构都会放假。在节日期间，国家机关的办事效率会相当低。

**国际新年**（1月1日）

**建军节**（1月20日）

**国际妇女节**（3月8日）

**老挝新年**（4月14日至16日）

**国际劳动节**（5月1日）

**国际儿童节**（6月1日）

**老挝国庆节**（12月2日）

## 住宿

老挝的住宿等级范围和质量正在迅速成长中。然而游客罕至的地方选择仍然有限。

### 住宿价格范围

如无特别说明，书中所列住宿价格均为旺季带浴室的双人间价格。带空调的房间有图标注明，否则默认为风扇房。

$ 低于US$25（200,000K）

$$ US$25~75（200,000~600,000K）

$$$ 高于US$75（600,000K）

用指定货币支付通常比让酒店或客栈按汇率将价格转换为另一种货币更划算。如果价格单位标的是基普就付基普；标的是美元就付美元。

在试图还价前应该清楚，按照国际标准看，老挝的房价已经相当合理，加上竞争激烈，店家的利润也很微薄。一般来说，老挝人很愿意让你还掉一点价，但并不喜欢价格问题没完没了地讨论或争吵。

由于通货膨胀，房价可能上升，而生活成本对老挝人的日常生活而言也是一个大问题。

### 家庭寄宿

住在村民家中的住宿方式越来越受欢迎。民宿总是在农村地区，非常实惠，床铺加晚餐和早餐只需US$5~10即可搞定，而且入住民宿还可以让你有机会体验老挝人真正的生活方式。

村子规模很小，旱季尘土飞扬，雨季泥泞不堪，到处都是孩子。你会被安排住在一户村民家中，一户人家通常最多接纳两名游客。厕所是某个位于角落的黑暗小棚里的蹲式厕位，方便后要自己舀水冲厕所。晚餐前可以洗澡——要么在附近的小溪小河里洗，要么在院子里自己用水瓢从“井”里舀水冲澡，而所谓的“井”通常是指村民家后院里的44加仑（约200升）的大桶或水泥池子。在老挝，洗澡通常是一件公开的事，因此要准备好纱笼裙。不要指望洗完澡后有镜子照。

饭菜非常简单，通常是两道菜和糯米饭。以我们的经验来看，饭菜几乎总是美味可口的，但要做好狂吃糯米饭的心理准备，很有可能顿顿都是糯米饭。即使饭菜不合胃口，也应该吃一点，否则主人会觉得丢面子。晚餐通常是坐在地上的地席上吃，所以要做好盘腿坐或跪坐（不能将你的脚伸到你身体前面）用餐的准备。不要坐在靠垫上，那样是不礼貌的。无论如何，进屋前都要先脱鞋。

饭后几乎都会举行酒会。运气好的话可以喝到冰镇老挝啤酒，但大多数情况下都是轮流喝着用公共杯子盛着的自制米酒。米酒可能相当烈，但如果酒量好的话，它通常会是最好的破冰工具，我们在老挝的不少美好夜晚都是这么度过的。

晚上通常是睡在带蚊帐的地铺上，你还可能被窗外公鸡的打鸣声吵醒。

膳宿条件可能不豪华，但民宿却能让你感受到最为地道的“老挝风情”，而且这会是一次有意义而愉快的经历。一定要记住，对大多数村民来说，与外国游客打交道是一件新鲜事，他们对你的反应非常敏感。只要客人友善地对待村民，不指指点点或妄加评论，村民就会一直热情待客。如果想玩得尽兴，体验到位，记得带上常用语手册，并给所投宿的村民一家人拍张全家福。不要忘记带手电筒、平底人字拖鞋、纱笼裙和卫生纸。

## 客栈

客栈、酒店和度假村之间的区别通常只是叫法不同而已，但从法律上来讲，老挝的客栈所拥有的房间不会超过16间。在老挝南部的东德岛（Don Det）或北部的孟威诺（Muang Ngoi Neua）这样的地方也能找到客栈，不过只是提供公用设施的简单竹茅棚，每晚费用只要US$3。

老挝各地的旅馆都在不断改善住宿设施，但是大多数便宜的旅馆可能还是只有冷水淋浴或简单的老挝式洗澡设施。热水在老挝低地地区几乎不需要，但在山区却很受欢迎。

在大多数城镇里，带公共浴室的简易房间的平均价格是每晚US$5～10。配有专用浴室和热水淋浴设施的房间则要价US$10～20，价格再高一点的房间通常配有空调和电视，以及英语频道，通常也能收到几个中国电视频道。部分客栈已加强特色建设，提供价格为US$20～50的高级房间，尤其是在琅勃拉邦（Luang Prabang）。

### 网上订房

要了解Lonely Planet作者的更多住宿报告，请登录lonelyplanet.com/hotels/。你可以在网页上看到独立点评，以及他们推荐的最佳住宿地。更棒的是，还可以在线订房。

## 酒店

万象（Vientiane）、琅勃拉邦、万荣（Vang Vieng）、沙湾拿吉（Savannakhet）和巴色（Pakse）的酒店房间提供的标准设施包含浴室和风扇，房费每晚US$10～20。

大城市都有面向亚洲商务游客、休闲游客和小规模旅游团的中小型酒店。房间价格从US$40～100不等，配有空调、热水、电视和冰箱。

寥寥无几的高级酒店通常附带精美典雅的装潢、完善的设施和个性化的优质服务。这类酒店的房间价格大约为US$80～200。如果是在琅勃拉邦，这类房间的价格有时可能更高一些。

然而，实惠的价格换来的却是欠佳的服务。在老挝，几乎没有酒店试图在服务方面向西方标准看齐。员工的英语水平通常很糟糕，比较昂贵的酒店也不例外。

## 度假村

老挝语中的“度假村”可能指的是城镇或城市郊外的任何一家住宿场所。而在其他许多国家，“度假村”通常暗指具备各种体育活动、水疗中心等设施的场所，但老挝所谓的“度假村”没有这层意思。

老挝度假村的消费水平通常和中档酒店差不多，房费每晚约在US$25～75之间。少数几家度假村——比如琅勃拉邦郊外的度假村——已经比较接近“度假村”的国际概念，价格自然也不逊色。

# 饮食

老挝菜不像泰国菜那样千变万化，但也有一些独具特色的菜肴值得尝试。标准的老挝早餐是fěr（米粉），通常是汤面，有蔬菜和肉作为浇头。米粉的秘密在于调味品，老挝人会加些鱼露、青柠汁、干辣椒、薄荷叶、罗勒或是各家粉店的秘制辣椒酱（类似我国的小米辣）。你可以一路走一路品尝不同店家的配方。

Láhp——腊普——是最典型的老挝菜，它是一种由肉糜加上鱼露、小葱头、薄荷叶、青柠汁、炒米和无数辣椒混合而成的美味辛辣的凉拌菜，肉糜的种类有牛肉、猪肉、鸭肉、鱼肉或鸡肉。另一道老挝特色菜是đạm màhk hung（泰国称为som tam），即青木瓜沙拉，这是用青木瓜条和大蒜、青柠汁、鱼露，有时再加上番茄、棕榈糖、陆蟹或虾米，当然还有一大把辣椒制成的凉拌菜。与泰式青木瓜沙拉相比，老挝的显然要更辣一些。

在老挝低地地区，几乎每道菜都要伴着kòw něeo（糯米饭）吃。糯米饭被盛在一个小篮子里端上来。吃的时候要用一只手抓一小团糯米饭，捏成核桃大的一团，然后蘸着菜吃。

在中部地区，可口的法式长棍（French baguette）是流行的早餐食品。有时候会浇上炼乳或是加入kai（鸡蛋）和老挝口味肉酱及蔬菜做成三明治吃。

几乎每一道老挝菜都含有动物产品，不管是鱼露、虾酱还是猪油。严格的素食主义或纯素餐厅在老挝极为罕见，但专为游客服务的餐馆和咖啡馆通常都有素食供应。在偏远地区，懂得一些关于食物的基本词汇很重要。最管用的万用句式就是“I only eat vegetables”或是老挝语“kòy gin đaa pak”（我只吃素食）。

饮料方面，90%的国民最爱的仍然是老挝啤酒（Beerlao），但低地老挝人很喜欢私酿的老老米酒（lòw-lów，老挝米酒或米酿威士忌，比较烈），喝时不掺其他饮料，乡村居民欢迎贵客时通常都要用它敬酒。

不管是煮沸的还是过滤得来的，饮用的净化水都被称作nâm deum（饮用水）。餐厅或酒店里提供给客人的水都是经过净化的，纯水也随处可以买到。应注意询问饮料的冰块是否用纯净水制作的。

万象和琅勃拉邦的果汁铺数量越来越多，大多数西式咖啡馆的饮料单上都有冰沙（smoothies）。老挝咖啡浓醇香甜。幸亏有了泰国进口的经过巴氏消毒的牛奶，现在在全国各地都可以喝到拿铁和卡布奇诺咖啡。

nâm sáh和sáh lôw通常指的就是用中式绿茶叶冲泡的茶水，这种清淡提神的茶水在餐馆里按照传统是免费供应的。想喝立顿茶的话，就点sáh hôrn（热茶）。

## 气候

影响整个东南亚大陆的季风环流每年都会引发“旱雨两季季风气候”，并在老挝大部分地区造成一年两季的气候模式。西南季风会在5月和6月登陆老挝，并一直持续到11月。

季风过后是干旱期（11月至次年5月），开始时温度相对较低，并伴有由亚洲东北季风产生的微微凉风，这种天气一直持续到次年2月中旬。但这种普遍的气候模式在老挝也有例外情况，川圹省（Xieng Khuang Province）、华潘省（Hua Phan Province）和丰沙里省（Phongsali Province）在4、5月可能会有来自越南和中国的降雨。

气温也会随着海拔高度而变化。在空气潮湿、地势低洼的湄公河流域，气温一般保持在15～38℃之间，而川圹省的山区温度在夜间可能降至0℃。

## 地图

最佳通用老挝国家地图是GT-Rider.com出版的一种比例尺为1∶1,650,000的地图。这种地图在泰国书店和老挝大多数旅馆均有出售，游客也可以在www.gt-rider.com网站在线浏览。

设在清迈（Chiang Mai，泰国）的**Hobo Maps**也发行一系列质量上乘的万象、琅勃拉邦和万荣城市地图。最近几年，老挝国家旅游局（Lao National Tourism Administration，简称LNTA）也发行了几种城市地图，游客可在万象的旅游信息中心找到这些地图。

## 邮局

在老挝邮寄包裹不仅不贵而且相当可靠，但人们仍然趋向于到达泰国后再寄包裹。如果打算动身前往柬埔寨，最好就在老挝把包裹寄出去。

邮寄包裹时，必须打开包裹让邮政人员检查。外地寄来的包裹也必须开包检查。这种强制性“服务”可能会收取小额费用。

万象的邮政总局可以办理留局待取业务。

## 购物

老挝的购物环境发展迅速。游客人数的增量就算没有超过售卖纺织品、手工艺品以及越南、泰国地方特产的商铺的增量，也绝对是不相上下的。万象和琅勃拉邦是主要的购物中心，在这两个城市你可以很方便地就质量和价格货比三家。不过，最好直接找工匠买，很多村子也可以直接和游客交易。

老挝全面禁止出口文物和佛像，但这项禁令并没有被贯彻到底。

### 古玩

万象和琅勃拉邦都有零星的几家古董店，出售任何看上去有点老旧的物件，包括亚洲陶器（尤其是中国明代瓷器）、旧首饰、衣服、木雕、乐器、钱币以及青铜雕像。

### 雕刻

老挝盛产雕工精致的木雕、骨雕和石雕艺术品。雕刻的题材包罗万象，从印度教或佛教神话到日常生活主题。你甚至还能在这里找到正宗的鸦片烟枪，尤其是在老挝北部地区。有时还有精雕细琢的骨雕和竹雕作品。

如果想买雕刻，请到古董店或手工艺品店看看。千万不要买象牙制品。

### 首饰

在老挝购买金银首饰相当划算，但想要淘得精品首饰还是需要费一番工夫的。部分最好的银饰出自山地部落。

### 纺织品

在老挝最方便买到的、最漂亮也最有特色的物品就是纺织品。与中南半岛随处可见的手工艺品不同，这些纺织品带有鲜明的老挝特色。

买纺织品最好的地方就是纺织村，在这里你既可以观看织布的过程，还能按“批发”价买布。如果没有去纺织村，你也可以在省内城镇的露天市场（包括万象的早市）里找到一些质优价廉的布料。裁缝店和手工艺品店里的纺织品通常价格较贵，而且质量良莠不齐。

## 电话

移动电话的出现彻底改变了老挝的通信状况。

在大多数省会城市的老挝电信局（Lao Telecom）营业厅或本地邮局均可拨打国际电话。营业时间通常为7:30～21:30。

国际长途电话也按分钟计费，最低计费时长为3分钟。打往大多数国家的国际长途话费是每分钟2000～4000K。如今，找家网吧用Skype拨打长途电话通常比用座机打电话要便宜得多。

### 移动电话

老挝电信局（Lao Telecom）和几家私营公司均提供GSM和3G移动电话服务。运营商间的竞争很激烈，几乎在任何地方都可以只花10,000K就可以买到当地的SIM卡。话费低廉，且随处都可买到充值卡。由于公司和地区不同，网络覆盖情况也有差异。

### 电话号码

就在几年前，拨打老挝大部分城市的电话还都只能通过万象转接。现在已经可以直接拨打全国的电话了。

老挝的国家区号是☎856。国内长途电话先拨0，然后接拨地区号和电话号码。国际长途先拨☎00，然后依次是国家区号、地区号和电话号码。

拨打所有移动电话号

### 政府的旅行建议

多数国家的政府都开设了旅游咨询服务，包括提醒游客可能会遇到的旅游陷阱和危险，以及在旅行途中应当避开的危险地区。

**中国外交部**（www.fmprc.gov.cn/mfa_chn/）

**中国国家旅游局**（www.cnta.gov.cn）

**澳大利亚外交部**（Australian Department of Foreign Affairs；www.smartraveller.gov.au）

**加拿大政府**（Canadian Government；www.voyage.gc.ca）

**新西兰外交部**（New Zealand Ministry of Foreign Affairs；www.safetravel.govt.nz）

**英国外交部**（British Foreign Office；www.fco.gov.uk）

**美国国务院**（US State Department；www.travcl.slate.gov）

码前都加拨☎020。与此类似，拨打WIN卫星电话前加拨☎030。

## 上网

网吧相当普遍，绝大部分省会城市都可以上网。在老挝主要的旅游城市，免费Wi-Fi已成为当地客栈、酒店和咖啡馆的标准配置。热门城市上网的费用约为每小时5000K起，但在不发达地区，每小时的上网费用可能高达20,000K。

大多数网吧的电脑上都有MSN Messenger和Skype等即时通讯软件，但不一定都配有耳机。

## 时间

老挝时间比英国格林尼治时间（GMT/UTC）早7个小时，因此比中国北京时间晚1个小时。老挝没有夏令时。

## 厕所

虽然如今在大多数中档和高级住宿地都能找到西式“宝座”马桶，但等待经济型游客的大多还是不太体面的“蹲式厕位”。

即使在装有坐式马桶的地方，水管管道可能都无法冲走厕纸。在这种情况下，通常有个垃圾桶用来装用过的厕纸。

酒店大堂和机场以外的地方很少有公共厕所。如果你身处城镇和乡村之间的公路上，去树后或路边方便一下完全可以接受。老挝导游对上厕所有一套委婉的说法，男人叫“打兔子”（shooting rabbits），女人叫“采花”（picking flowers），别到时候搞不清楚导游到底在说什么。

## 法律事务

老挝虽然以书面的形式保障了某些权利，但事实上外国人随时都可能因为任何理由被罚款、拘留或驱逐出境。众多各式各样的案例已经反复证明了这一点。

远离所有你所知的违法行为，如此应该可以高枕无忧。否则，你可能会陷入大麻烦，甚至可能需要花掉大笔银子才能解决问题。携带毒品和嫖妓是最常见的犯罪行为，游客常为此被抓，经常还是皮条客向政府报的信。未婚的外国人和未婚的老挝公民发生性关系是非法的。未注册性关系罚款从US$500到US$5000不等，受罚者有可能还要坐牢或是被驱逐出境。

如果你被拘留了，立刻要求打电话给你所属国驻老挝的大使馆或领事馆（如果有的话）。老挝官员在与大使馆（或领事馆）派来的人员会面或通话交涉后一般都会马上审判释放所拘留的外国公民。

警察处理交通违规事件和其他轻罪时，有时会暗示你给他们一点贿赂。

## 旅行安全

在过去的几十年中，老挝以其非常安全的旅游环境享誉世界，常见于越南、柬埔寨和泰国等热门旅游国家的犯罪和欺诈事件在老挝鲜有报道。虽然绝大部分老挝人保持了诚实热情的良好素质，但现在的形势已不如从前那般淳朴美妙了。主要的变化体现在诸如偷窃和低级别诈骗等轻罪的犯罪率有所上升，实际上不怎么危险，只是让人觉得恼火。

### 事故

老挝的道路路况相比从前已有大幅改善，车辆性能也有所提升，且车匪路霸更是日益鲜见，这一切使得在老挝驾车出行变得更为安全，虽然在某些路段依然会感觉有些辛苦。老挝的交通资源相对匮乏，这也使得它的交通事故率远不及周边国家那样高，但对游客来说，交通事故仍是旅行中的主要风险。

由于摩托车在旅行者中越来越受青睐，发生事故的几率也在上升。其中最常见的事故是骑乘者的小腿被滚烫的排气管烫出伤疤，从而留下一个老挝版的“泰国文身”。

老挝北部那些飞驰在湄公河上的快艇速度很快，也很危险。我们建议如非万不得已，尽量避免乘快艇旅行。

### 武装袭击

苗族叛乱完全平息后，沿着7号公路（Rte 7）和13号公路（Rte 13）旅行——尤其是在普昆（Phu Khun）和卡西（Kasi）附近的路段——数十年来一直都是很安全的。自2004年以来，这里没有一起有关交通袭击事件的报道。如果你还是感觉不够安全，出发前可以在万象或琅勃拉邦四处打听一下，然后再沿着7号公路前往丰沙湾（Phonsavan）或取道13号公路往返万荣和琅勃拉邦。由于偶有车匪路霸，1号公路从巴色至丰沙湾的路段仍然存在风险。

### 排队

在排队问题上，老挝人的处理方式与东南亚其他国家别无二样，也就是说，无论是在售票口、邮局窗口还是在公共汽车门口，老挝人根本不排队，只是一大堆人乱哄哄地一拥而上。这里的规矩是“先见先得”。要学会老挝式的游戏规则，把你的钱、护照、信件之类的东西尽可能地举在别人前面。最后你就会挤到前面去。

### 偷窃

总的来说，老挝人是非常值得信赖的。与东南亚其他国家比起来，老挝的偷窃行为实在是少太多了，但近几年偷窃犯罪率有所上升。在我们听说的相关报道中，大多数偷窃事件都是偷窃者趁失主不注意时顺手牵羊，所以只要旅行者稍加小心就可避免被盗。

旅馆房间钱物失窃的事情越来越普遍，所以千万不要把现金或其他诱人的物品放在显眼的地方。如果搭乘拥挤的公共汽车，一定要看好行李，不要把钱放在裤袋里。如果在万象骑自行车或摩托车，千万不要把任何贵重物品放在车筐内，骑着摩托车的飞车二人组经过你身边时会飞抢车筐中的包袋。

### 未爆炸武器（UXO）

老挝东部的大部分地区深受未爆炸武器的祸害。老挝国家未爆炸武器清除计划（Lao National UXO Programme，简称UXO Lao）的调查结果显示，沙拉湾省（Salavan）、沙湾拿吉省和川圹省是受未爆炸武器影响最严重的省份，其次是占巴塞省（Champasak）、华潘省、甘蒙省（Khammuan）、琅勃拉邦省、阿速坡省（Attapeu）和塞公省（Sekong）。

从统计数字上看，未爆炸武器对外国游客的平均风险很低，但在上述省份偏离公路的地区进行野外探游的游客一定要谨慎行事。简而言之，沿着带有明确标记的路线走是最为安全的。绝对不要触摸可能是未爆炸武器的任何物品，不管它看起来有多旧多破。

## 儿童

和东南亚许多地方一样，只要做好心理、生理上的准备，保持父母应有的耐性，与孩子们同游老挝也会乐趣多多。Lonely Planet推出的《带孩子旅行》（*Travel with Children*）一书就如何在路上照顾孩子、携带什么物品会让旅途更顺利等问题提出了很多实用的建议。

### 实用物品

在老挝，几乎很少有人知道哪里能找到那些专用的儿童设施，比如餐馆里的高椅、汽车里的儿童安全座椅以及公共厕所里的尿布更换台。因此，家长们在另寻他法时得灵活应变，或者就效仿老挝人的模样——大多数时候把婴儿放在自己大腿上。

老挝人喜欢小孩，大多数情况下都会对你的孩子疼爱有加。几乎在每个停靠站，老挝人都很乐意帮你的孩子找与之同龄的老挝儿童当玩伴，以及帮你找临时保姆。

大点儿的城镇里的迷你超市都有婴儿奶粉和尿布出售，但如果是在农村地区，你得随身携带充足的婴儿必需品。

大多数情况下，家长们不必过于担心孩子们的健康，但也要掌握少许预防潜在健康问题的基本常识（比如经常洗手或使用消毒用品）。所有常见的健康预防措施都适用，详情请参见295页相关介绍。令人恐慌的狂犬病在老挝非常普遍，因此要特别警告孩子们不要与路上遇到的动物玩耍。

在老挝那些在越南战争中被严重炸毁的偏远地区，不要让孩子远离道路。在有些地区，炸弹仍然时时威胁着生命，而孩子们是最常见的受害者，因为炸弹看起来就像个网球。

### 景点和活动

年幼的孩子在面对古代寺庙时通常不会像他们的父母那样兴奋，但带孩子一起旅行有时确实会改变你习以为常的观察视角。打个比方，对3岁的孩子来说，他们往往会注意地面上经常被父母忽视的东西。只要孩子们不把任何见到的东西都往嘴里放，通常就没有太大问题。

如果孩子感到烦闷，在老

挝最好的办法就是带他们到户外走走。琅勃拉邦的达塞瀑布（Tat Sae）和达光西瀑布（Tat Kuang Si）可能会让孩子们高兴好几天。孩子们通常也很喜欢坐船出游。

大多数孩子也喜欢万象城外独一无二的印度佛教雕刻园林香昆寺（Wat Xieng Khuan）。首都万象也有少数几种可进行主流娱乐活动的场所，比如游泳池和十柱保龄球馆。

## 同性恋旅行者

总的来说，老挝文化对同性恋持宽容态度，但对于女同性恋的态度往往是要么全盘否认其存在性，要么就是对其有所误解。虽说老挝的男、女同性恋活动场所不会像邻邦泰国那样招摇过市，但也是越来越开放。严格来说，同性恋是非法的，但最近几年我们尚未听说有警方逮捕同性恋者的事情发生。不管是异性恋还是同性恋，老挝人对公开示爱都不赞同。

**Sticky Rice**（www.stickyrice.ws）涵盖老挝和亚洲各国的男同性恋旅行指南。

**Utopia**（www.utopia-asia.com）针对男同性恋旅行者的需求提供了相关旅行信息和联系方式，并列有一些当地的男同性恋专用语。

## 残障旅行者

由于缺乏柏油公路和人行道，老挝给行动不便的人制造了许多物理障碍。不但公共建筑物很少有供轮椅通行的斜坡通道或其他无障碍设施，连大多数酒店也没有特别考虑残障人士的需求——极少数高档酒店除外。因此，残障旅行者只能自己想办法解决问题。公共交通特别拥挤而且难以挤上，即使对四肢健全的正常人也是如此。

对轮椅使用者来说，去老挝任何地方都要提前做好准备。幸运的是，日益增多的网络信息可以让你有机会和曾经坐轮椅在老挝旅行的游客交流经验。

**无障碍旅游资源**（Access-Able Travel Source；www.access-able.com）

**美国残疾人通行国际**（Mobility International USA；www.miusa.org）

**无障碍旅行和接待协会**（Society for Accessible Travel & Hospitality；www.sath.org）

## 单身旅行者

在老挝，独自旅行（不论男女）是一种非常普遍的旅行方式。独自旅行的女性游客在置身偏远地区或深夜外出时应谨慎防范。

## 女性旅行者

对女性旅行者来说，老挝是一个可以轻松开展旅行活动的国家，但比起邻国泰国的大部分地区，女性旅行者还是应该对这里的文化习俗保持敏感度和尊重。老挝的社会治安很好，对女性旅行者实施暴力的案件极为罕见。虽然日

### 实用信息

- 周一至周五发行的**《万象时报》**（*Vientiane Times*；www.vientianetimes.org.la）是老挝境内唯一一份获准发行的英文报纸，忠于老挝人民革命党的路线方针和政策。
- 懂得法语的人可以阅读**《革新报》**（*Le Renovateur*），与《万象时报》一样都是政府的机关报。
- 老挝人民民主共和国唯一的电台**老挝国家广播电台**（Lao National Radio，简称LNR；www.lnr.org.la）每天播报两次英语新闻，内容均经过相关部门的审查。
- 使用短波收音机可以收听英国广播公司（British Broadcasting Corporation，简称BBC）、美国之音（Voice of America，简称VOA）、澳大利亚广播电台（Radio Australia）和法国国际广播电台（Radio France International）的广播节目。
- **老挝国家电视台**（Lao National Television）节目有限，因此大多数人都看泰国电视台（Thai TV）的节目和/或卡拉OK录像带。这里可以收到5个中国频道——中央一台、中央十三台、广西卫视、星空卫视和凤凰卫视。
- 度量衡采用公制，有时用铢（baht，合约15克）计量金银重量。

常的性骚扰事件比前几年多，但与亚洲其他国家相比还是少得多。

与泰国相比，老挝的卖淫活动相对少见，这对女性旅行者很有利。想保持“正派”形象的泰国妇女通常不会接触外国男子，因为担心被当作妓女，但在老挝却没有这种事儿。因此，在咖啡馆或餐馆里喝酒的外国女人通常不会像在泰国那样被视为“放荡不羁”或有机可乘。也就是说，在老挝旅行的女性不太会被不请自来的男人骚扰。

避免招惹不必要的目光的最好办法就是不要穿得太暴露。大多数老挝妇女极少穿吊带衫、超短裙或者短裤。因此当游客这样穿衣时，人们就会盯着看。

老挝人几乎从不对你的穿着妄加指责，但并不是说他们就不介意。万荣一位老挝妇女曾对我们说：“我不会对游客的衣着指指点点，但我认为他们洗完澡从河里钻出来时穿一条纱笼裙会比较好。我们不会穿成那样（只穿比基尼），光是看着都觉得难为情。”所以如果你打算在村里或河里洗澡，一条纱笼是必不可少的。

以前，妇女不可以坐在河船的棚顶上，据说这样会招来厄运。如今，大部分船主都已觉得无所谓，但如果有船员叫你从棚顶上下来，男人们却不必如此，你也应该知道原因。

## 志愿者服务

志愿者的身影在老挝出现已久，通常都是含最低月津贴的一年期或两年期合同志愿者。志愿者通常会被安排到政府机构做事，旨在“提高工作能力”。在完成这类零活杂事后便可在NGO（非政府）组织内获得非志愿者工作。

参加志愿者活动的另外一种途径尚未形成气候，即以“志愿者”的身份获得为期几周或几个月的工作，但实际上是有偿工作。琅勃拉邦有几家团体机构偶尔需要志愿者，会晒（Huay Xai）、孟夸（Muang Khua）、沙耶武里等地也有一些本地项目。可以上**Stay Another Day**（www.stayanotherday.org）网站寻求无偿志愿者服务机会。

旅行者也可以登录以下网站获得相关信息。

**澳大利亚国际志愿者**（Australian Volunteers International；www.australianvolunteers.com）可为合格的澳大利亚居民安排1~2年的志愿服务合约。

**环球志愿者**（Global Volunteers；www.globalvolunteers.org）可协调志愿者小组参加各种短期人道主义和经济发展项目。

**海外志愿服务**（Voluntary Service Overseas，简称VSO；www.vsointernational.org）可安排具备工作资格和经验的志愿者参加最长两年的志愿工作。

## 工作

随着大批救援组织和快速发展的跨国企业（尤其是能源业和矿业）进驻老挝，外国人可获得的就业岗位日益增多，但岗位数量仍然较少。万象的工作岗位最多。

可能的工作岗位包括英语家教或在万象几家语言中心担任英语教师，这种工作的报酬一般是每小时US$5~10。英语教学证书或学位并非绝对必要，但确实对找工作有帮助。

如果有技术专长或国际志愿者工作经验，也许能找到一些联合国相关项目的工作机会，或是在向老挝提供外援或技术援助的非政府组织找到相关工作。但这些职位都很难找。最好的办法就是拜访各组织驻万象的办事处询问是否有人员需求和职位空缺，然后开始通过社交手段找出可能雇用你的人，再给他们买上大堆大堆的老挝啤酒。想了解驻老挝非政府组织的名单，可以登录这个不错的网站www.directoryofngos.org。

## 摄影

数码摄影在老挝越来越普及，在万象、琅勃拉邦、万荣和巴色这些热门旅游点尤其如此。你可以在这里找到各种主流型号的电池和储存卡，以及品种不多的几款相机。

大部分网吧都有读卡器，并可以将照片刻录至CD或DVD光盘，收费约为US$1或US$2。老挝的公务人员对于拍摄机场和军事设施的行为会非常敏感。

## 课程

### 烹饪

琅勃拉邦、万象和乌多姆赛都有老挝菜烹饪课程。

## 语言

本书调研时，定期教授老挝语口语和写作课程的只有一家研究所。**Summer Study Abroad in Laos**（SAIL；www.laostudies.org/sail）是由位于万象的老挝-美国学院（Lao-American College）主办的为期8周的密集型语言学习课程，分多个等级。

## 冥想

如果会说老挝语或泰语，或者能够找到一名翻译人员，可以去万象的索巴琅寺（Wat Sok Pa Luang）学习内观禅修（Vipassana）。

# 交通指南

## 到达和离开

许多游客都是通过老挝为数众多的陆地和河流边境进出这个国家。乘飞机进入老挝相较而言更加方便，由于经营老挝航线的航空公司不多，机票价格也没有太大差异。可以在www.lonelyplanet.com/travel_services网页上预订航班和旅程。

## 飞机

### 机场和航空公司

老挝只有4个国际机场：万象的**瓦岱国际机场**（Wattay International Airport；见140页地图；✆021-512165）、**琅勃拉邦国际机场**（Luang Prabang International Airport；✆071-212173）、**沙湾拿吉国际机场**（Savannakhet International Airport；见218页地图；✆041-212140；Th Kaysone Phomvihane）和**巴色国际机场**（Pakse International Airport；✆031-251921）。

以下是进出老挝的国际航线。老挝航空公司是老挝的国家航空公司，垄断了大部分出入境航线：

**亚洲航空公司**（Air Asia；www.airasia.com）每周有数个由万象至吉隆坡（Kuala Lumpur）的航班。

**曼谷航空公司**（Bangkok Airways；www.bangkokair.com）有从琅勃拉邦、万象、巴色飞至曼谷的航班以及从琅勃拉邦至清迈（Chiang Mai）的航班。

**中国东方航空公司**（China Eastern Airlines；www.ce-air.com）每天有航班从万象飞往昆明和南宁。如果想从中国其他城市飞往万象，也需要在昆明和南宁转机。

**老挝航空公司**（Lao Airlines；www.laoairlines.com）作为国家航空公司，其覆盖广泛的国际航线网中包括了从万象至曼谷、清迈、岘港（Danang）、广州、河内（Hanoi）、胡志明市（Ho Chi Minh City）、昆明、金边（Phnom Penh）、暹粒（Siem Reap）和新加坡的航线；从琅勃拉邦至曼谷、清迈、河内和暹粒的航线；从巴色至曼谷、岘港、胡志明市和暹粒的航线；以及从沙湾拿吉至曼谷和岘港的航线。

**泰国国际航空公司**（Thai Airways International；www.thaiairways.com）每日有两班往返万象和曼谷的航班。

**越南航空公司**（Vietnam Airlines；www.vietnamairlines.com）有从万象飞往胡志明市、河内和金边的航班，以及从琅勃拉邦飞往河内和暹粒的航班。

### 气候变化和旅行

任何使用碳基燃料的交通工具都会产生二氧化碳，这是人为导致气候变化的主要原因。空中旅行耗费的燃料，以每公里人均计算或许比汽车来得低，但飞行的距离却遥远很多。飞机在高空所排放的气体（包括二氧化碳）和颗粒同样对气候变化造成影响。许多网站提供“碳排量计算器”让人们估量个人旅程所产生的碳排量，以及鼓励人们参与降低全球变暖的旅行计划，以抵消个人旅程对环境所造成的影响。Lonely Planet抵消其所有员工和作者旅行所产生的碳排放影响。

## Laos Air Fares 老挝航空线路图

0 100 km
0 50 miles

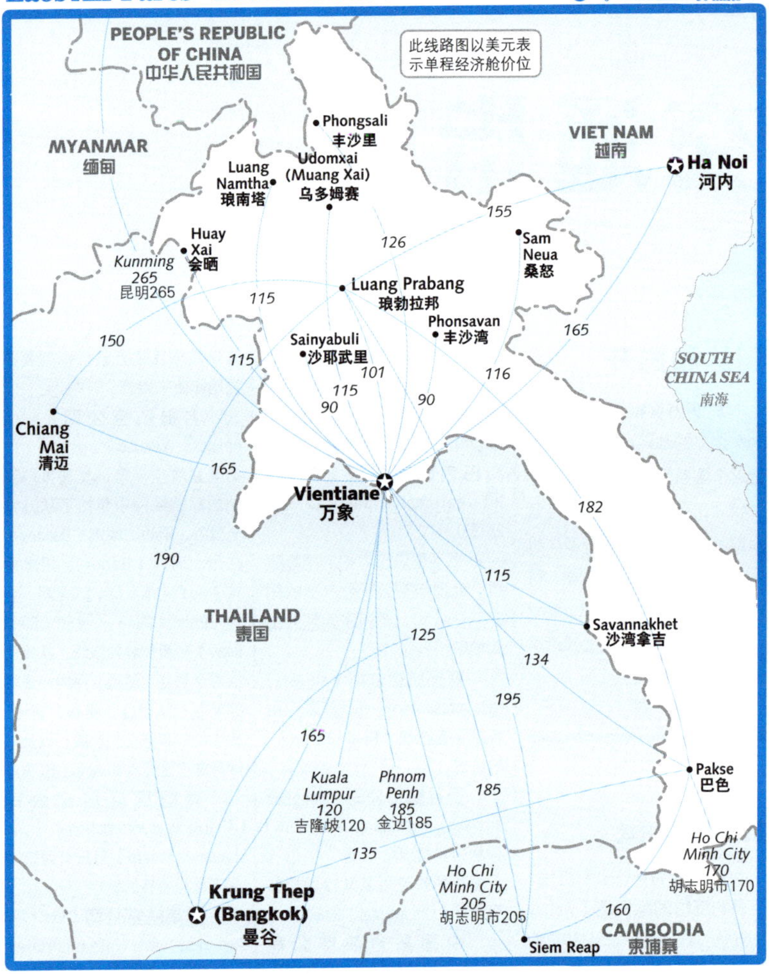


### 机票

进入老挝最便利的国际门户是曼谷，所幸飞往泰国首都的航班非常多。一般来说，购买经停曼谷的机票要更便宜。到了曼谷，可以选择搭乘火车、飞机和长途汽车前往老挝。

直接从航空公司购买机票通常更贵，除非航空公司有特别促销活动或选择可以在线订票的廉价航空公司。出行时间对机票价格有着关键性影响。通常11月至次年2月是前往老挝的好时间，圣诞和春节前后的机票价格一定不会便宜，不过雨季时机票价格会降得很厉害。

## 陆路

老挝与泰国、缅甸、柬埔寨、中国和越南都有陆地或河道接壤。我们会介绍目前所有向外国人开放的边境口岸。出入境细则经常有变，出发前应打听好或是上Thorntree（lonelyplanet.com/thorntree）网站上查询。

只要办好手续，从柬埔寨和泰国可以携带一台车辆入境，老挝海关也不禁止游客带自行车入境。

### 柬埔寨

每天有长途汽车和小型公

## Laos Border Crossings 老挝边境口岸

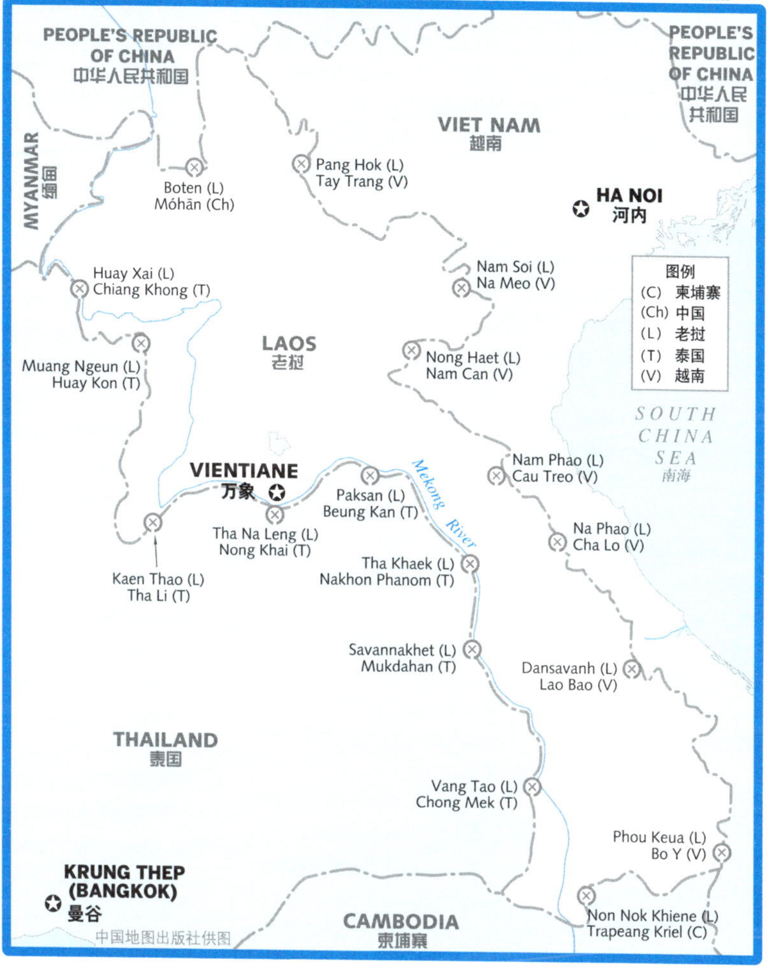




共汽车往返巴色和上丁（Stung Treng；4小时）、桔井（Kratie；6小时）和金边（11小时）。往返途中会停靠班纳卡桑村（Ban Nakasang）和班哈晒村（Ban Hat Xai），让打算在四千岛（Si Phan Don）休息的旅客上下车。在Dong Kiaw（老挝）/Trapaeng Kriel（柬埔寨）边境找寻交通工具相当困难，因此最好能搭上这些过境长途车。

### 中国

云南主要城市和老挝北部之间有便利的过境长途汽车线路，其中包括琅南塔—景洪（Luang Namtha–Jinghong；6小时）、乌多姆赛—勐腊（Udomxai–Mengla；5小时）和昆明—琅勃拉邦（中国卧铺车，约24小时）。在中国和老挝之间唯一向外国人开放的边境口岸磨丁（Boten）随便搭上一辆车也可以很方便地抵达老挝境内。乘小型公共汽车从中国境内的磨憨（Móhān）到最近的大城镇勐腊大约需要两小时。

### 缅甸

目前从陆路根本无法跨越老挝和缅甸边境。最便利的选择是从泰国走，经清孔（Chiang Khong）和湄赛（Mae Sai）到达缅甸城市大其力（Tachilek）。

## 泰国

泰老边界上共有8个口岸向外国人开放。有些需要乘船渡过湄公河，或是经某座友谊大桥过河。

### 泰国至万象

过境长途车定时经友谊大桥往返于万象和泰国城市孔敬（Khon Kaen；4小时）、呵叻（Nakhon Ratchasima；7小时）、廊开（1.5小时）和乌隆他尼（Udon Thani；2.5小时）之间。从曼谷到廊开每天有若干班火车（www.railway.co.th/english；约12小时），从廊开到万象的东帕西站（Dongphasy Station）每天也有数班火车往返。从乌隆他尼到曼谷和泰国其他国内城市均有廉价航班。

### 从泰国到老挝北部

琅勃拉邦是绝大多数旅行者的目的地或出发地。从泰国到琅勃拉邦有3条主要线路，但都不是直达线路。清莱—会晒—琅勃拉邦线（Chiang Rai–Huay Xai–Luang Prabang）是迄今为止最适宜旅游、也可能是最快捷的一条线路（乘坐长途汽车需24小时，车船换乘需2天）。

这条路线会经由清孔/会晒边境站进入老挝。早上从清莱乘首班车出发，有可能可以接上从会晒到琅勃拉邦的慢船，并在第二天晚上到达。或者在午餐时离开清莱，然后转乘17:00的过夜长途车（速度更快，但并不推荐），第二天中午前即可抵达琅勃拉邦。从清迈或清莱的旅行社购买的联票价格一般都过高。

另外还有几种完全可行的线路，但沿途几乎不会遇到外国旅行者，所以你需要对当地的语言或肢体动作比较熟悉。由于交通工具有限，路况也不佳，因此可能需要花上几天时间。你可以从泰国难府—孟恩—琅勃拉邦路线（Nan–Muang Ngeun–Luang Prabang）或是更为偏远的黎府—巴莱—沙耶武里路线（Loei–Pak Lai–Sainyabuli）中选择一条作为你的过境路线。

### 从泰国到老挝中部

尽管少有旅行者会这么做，但其实从泰国东北部跨越湄公河进入老挝中部是非常便利而且直接的过境方式。

那空拍侬（Nakhon Phanom）和他曲（Tha Khaek）间位于湄公河上的口岸极为方便，每天都有若干班长途汽车往返那空拍侬和曼谷之间（12小时）。

莫拉限（Mukdahan）和沙湾拿吉（Savannakhet）之间的桥梁是湄公河上对非泰国人和非老挝人开放的最南端口岸。曼谷和莫拉限之间运营有数班长途汽车（约10小时），莫拉限和沙湾拿吉的汽车站间有泰老国际长途汽车往返（45分钟）。

汶干（Beung Kan）和巴色间的河上口岸由于泰国一边缺乏定时的交通工具所以不太便利。

### 从泰国到老挝南部

巴色和乌汶（Ubon Ratchathani）间的国际长途汽车（含过境共4小时）沿途会经过老挝的万涛（Vang Tao）和泰国的钟湄（Chong Mek）之间的边境口岸，每天两班；另外还有一趟至曼谷的联运线路，历时一天。在巴色可以购买汽车和火车的联票。

## 越南

本书写作时，外国人可以经由7个不同的边境站往返于老挝和越南间。老挝在这7个口岸都可以签发30天旅游签证（有时会是15天），但越南签证必须提前在琅勃拉邦、万象、沙湾拿吉或巴色办理。不管从哪里走，我们都建议乘坐过境长途汽车，而非随便搭车，因为你很难在偏远的边防站找到能够继续前往目的地的车辆。

### 从越南到老挝北部

越来越多人舍弃了河内和万象间噩梦般的24小时长途车，转而乘坐每日开行的从越南西北部的奠边府（Dien Bien Phu）至老挝孟夸（Muang Khua）的长途汽车。长途车会经西庄（Tay Trang）边境站过境，之后进入梦幻般的丰沙里省（Phongsali province）。从奠边府到琅勃拉邦可能需要两天时间（在孟夸过一夜）。更好的走法是乘船沿南乌河徐徐而行，途中在琅多（Nong Khiaw）稍作停留。

你也可以选择从越南的清化（Thanh Hoa）或荣市（Vinh）出发前往老挝，这两条线路都很不错。每天有一班从清化至桑怒（Sam Neua）的长途汽车，途经位于南绥（Nam Soi）的边境站，沿途风景秀丽。这条路线可接驳前往

# 边境口岸

## 柬埔寨

| 边境口岸 | 相邻城镇 | 可否落地签 | 更多信息 |
|---|---|---|---|
| Non Nok Khiene（老）<br>Trapeang Kriel（柬） | 四千岛（Si Phan Don，老）<br>上丁（Stung Treng，柬） | 可 | 见263页 |

## 中国

| 边境口岸 | 相邻城镇 | 可否落地签 | 更多信息 |
|---|---|---|---|
| 磨丁（Boten，老）<br>磨憨（Móhān，中） | 琅南塔（Luang Nam Tha，老）<br>勐腊（Mengla，中） | 中国人出境需要提前办理签证 | 见109页 |

## 泰国

| 边境口岸 | 相邻城镇 | 可否落地签 | 更多信息 |
|---|---|---|---|
| 廊开（Nong Khai，泰），塔纳伦（Tha Na Leng，老） | 廊开（泰）<br>万象（老） | 可 | 见178页 |
| 北汕（Paksan，老）<br>汶干（Beung Kan，泰） | 北汕（老）<br>汶干（泰） | 否 | 见199页 |
| 会晒（Huay Xai，老）<br>清孔（Chiang Khong，泰） | 会晒（老）<br>清莱（Chiang Rai，泰） | 可 | 见124页 |
| 他曲（Tha Khaek，老）<br>那空拍侬（Nakhon Phanom，泰） | 他曲（老）<br>那空拍侬（泰） | 可 | 见214页 |
| 沙湾拿吉（Savannakhet，老）<br>莫拉限（Mukdahan，泰） | 沙湾拿吉（老）<br>莫拉限（泰） | 可 | 见221页 |
| 万涛（Vang Tao，老）<br>钟湄（Chong Mek，泰） | 巴色（Pakse，老）<br>乌汶（Ubon Ratchathani，泰） | 可 | 见236页 |
| 孟恩（Muang Ngeun，老）<br>会孔（Huay Kon，泰） | 洪沙（Hongsa，老）<br>帕府（Phrae，泰） | 可 | 见130页 |
| 甘陶（Kaen Thao，老）<br>塔利（Tha Li，泰） | 帕利（Pak Li，老）<br>黎府（Loei，泰） | 可 | 见134页 |

## 越南

| 边境口岸 | 相邻城镇 | 可否落地签 | 更多信息 |
|---|---|---|---|
| 丹沙湾（Dansavanh，老）<br>劳保（Lao Bao，越） | 沙湾拿吉（老）<br>东河（Dong Ha，越） | 仅限老挝人 | 见222页 |
| 坡夸（Phou Keua，老）<br>布依（Bo Y，越） | 阿速坡（老）<br>昆嵩（Kontum，越） | 仅限老挝人 | 见262页 |
| 纳包（Na Phao，老）<br>茶洛（Cha Lo，越） | 他曲（老）<br>洞海（Dong Hoi，越） | 仅限老挝人 | 见213页 |
| 农黑（Nong Haet，老）<br>南根（Nam Can，越） | 丰沙湾（Phonsavan，老）<br>荣市（Vinh，越） | 仅限老挝人 | 见78页 |
| 南包（Nam Phao，老）<br>吊桥（Cau Treo，越） | 他曲（老）<br>荣市（越） | 仅限老挝人 | 见207页 |
| 纳磨（Na Meo，老）<br>南绥（Nam Soi，越） | 桑怒（Sam Neua，老）<br>清化（Thanh Hoa，越） | 仅限老挝人 | 见85页 |
| 邦霍（Pang Hok，老）<br>西庄（Tay Trang，越） | 孟夸（Muang Khua，老）<br>奠边府（Dien Bien Phu，越） | 仅限老挝人 | 见97页 |

琅勃拉邦的陆路线路，途中更可参观令人印象深刻的芒咸洞穴（Vieng Xai Caves）。

从荣市到丰沙湾（Phonsavan）的长途汽车会途经偏僻的南根（Nam Can）边检站，途中可游览石缸平原（Plain of Jars），但运营这条线路的长途汽车并非每天发车。

### 从越南到老挝中部

河内和胡志明市都有直达万象的长途汽车，但更有意思的做法是将这段旅程分成数段进行，途中还可游览美丽却游客罕至的老挝中部地区。

从越南中部出发有好几种选择。从越南的东河（Dong Ha）可以很方便地到达位于劳保（Lao Bao）的边境站，这里是进出越南最方便且最大的口岸。进入老挝后，可在车邦（Sepon）停留几日找寻胡志明小道（Ho Chi Minh Trail）的遗迹，或是去沙湾拿吉。往北走，茶洛（Cha Lo）也有口岸，但唯一的交通工具是行驶在越南同海（Dong Hoi）和他曲之间的长途汽车。人流量最大的是越南吊桥（Cau Treo）口岸，从荣市过去很方便，万象与河内之间的直达长途车也行经这里。途中还可以去游览坦贡洛溶洞（Tham Kong Lo）壮观的地下河。

### 从越南到老挝南部

巴色和越南昆嵩（Kontum）间每天有长途汽车双向往返，都途经塞公（Sekong）和阿速坡（Attapeu）以及老挝坡夸（Phou Keua）和越南布依（Bo Y）间的边境站。全程需8~9小时，从阿速坡到昆嵩则只需一半时间。

# 当地交通

在老挝各地之间穿梭旅行是件极其耗时的事情。尽管新竣工的干道越来越多，国内航班的数量也在增加，但老挝国内的交通资源依然匮乏而不可靠，且耗费时间。

## 飞机

**老挝航空公司**（www.laoairlines.com）是老挝的主要航空公司。更小一些的城市航线由**老挝国内航空公司**（Lao Air；www.lao-air.com）运营，他们的飞机也小些。两者的英文名称很接近，不要混淆。万象是国内航线的主枢纽，旅客可登录老挝航空公司的网站查询最新票价。

只有老挝航空公司设在万象和琅勃拉邦的售票处支持以信用卡购买国际和国内机票，在其他地方购买机票都需以美元现金支付。

老挝国内航空（Lao Air）的国内航线飞往一些较小的机场，如丰沙里的奔诺（Boun Neua）机场或桑怒的纳通（Nathong）机场。航班经常由于大雾或者3月烧林季产生的烟雾而取消。节假日期间航班座位紧俏，最好提前预订。其他时候，如果不确定航班是否会取消，最好提前一两天确认能否正常起飞。

## 自行车

有着风景如画的道路以及大部分城市和公路上相对悠闲的交通，老挝也许是东南亚最适合骑行的国家。了解在老挝骑行的更多信息可参阅27页。

## 船

4600多公里长的通航河道就是旧时老挝的公路和支线，主干道是湄公河、南乌河（Nam Ou）、南康河（Nam Khan）、南塔河（Nam Tha）、南俄河（Nam Ngum）和公河（Se Kong）。湄公河是最长最重要的航线，北部的琅勃拉邦和南部的沙湾拿吉之间的湄公河整年通航。小河里则航行着各种小船，既有独木舟，也有用越南战争期间从天而降的废旧物改造而成的"炸弹船"。

不管是坐旅游船从会晒去琅勃拉邦，还是在乡村某个偏僻的角落匆匆跳上当地小船，在老挝期间你至少应该来一次水上旅行。

### 渡船

乘坐慢船往返会晒和琅勃拉邦之间是老挝客流量最大的水上之旅，至今仍然每天开行，票价也相对便宜，两日行程的价格为每人200,000K或US$25。从会晒出发时，这些简陋的船只通常会满载乘客，相比之下，从琅勃拉邦出发的船只乘客较少。乘客们在木甲板上坐、吃饭、睡觉。卫生间（如果有的话）就是船后部甲板上的一个被围起来的洞。

如果你要从琅勃拉邦经水路前往巴乌溶洞群（Pak Ou Caves），或是计划进行类似的短途水上旅行，最好的办法是包一艘水上出租车。出租船中最常见的就是héua hang nyáo（长尾船），价格约为US$10／小时。

会晒和万象间的湄公河上游水道上有很多泰国制造的Héua wái（快艇）。一般渡船需要两天甚至更久才能走完的行程，坐快艇只需6小时。快艇司机收费至少要US$30/小时，但在常规路线上通常可以和其他乘客分摊船费。但是，这些"快艇"相当危险。

### 团队游

随着公共渡船渐渐销声匿迹，越来越多的旅游公司开始在风景优美的河段提供皮划艇和漂流团队游活动。琅南塔、琅勃拉邦、万荣、他曲和巴色是参与这类水上团队游的最佳地点。

想要享受更为豪华的水上旅程，**Mekong Cruises**（www.mekong-cruises.com）和**湄公河游轮**（Mekong River Cruises；www.cruisemekong.com）都有翻修一新的驳船提供沿湄公河的多日水上之旅活动。

## 公共汽车

老挝的长途公共交通工具要么是长途汽车，要么是Sŏrngtăaou（双条车），即在车厢内装有两排长凳的改装皮卡或改装货车。私人长途汽车公司在一些较热门的路线上还运营有豪华（VIP）长途汽车。这些豪华客车速度更快，车上有空调，价格也比普通长途汽车要高一些。许多客栈收取小额服务费后也可以代为订票。

双条车通常只走省内短线。大多数具有一定规模的村寨都有至少一辆双条车，大多往返于村寨和省会之间。

## 小汽车和摩托车

在老挝开车比你想象得要简单。确实，老挝道路的基础设施相当简陋，但大型中心地区以外的地方几乎看不见车辆，与越南、中国和泰国相比，在老挝驾车简直是小菜一碟。

计划骑摩托车穿越老挝的人可以咨询**Golden Triangle Rider**（www.GT-Rider.com）获取丰富的信息。骑摩托车环游老挝在游客当中越来越流行。

### 携带私人车辆过境

游客只要持有车辆所有权证明书以及车辆通关证（carnet de passage）便可轻松携带车辆进入老挝。你可以在任何国际边境轻松盖印通关证，且无需支付额外费用或办理其他许可证。

如果从不承认车辆通关证的泰国过来，则需要国际驾驶许可证（International Transport Permit），在泰国叫做lêm sěe môoang（紫皮本）。设在廊开的**陆上交通管理所**（Land Transport Office；☎042-411591转103；⏲8:30～16:30）可以办理相关手续。需要递交的材料包括车辆登记证和完税收据、本人护照、国际驾驶许可证或泰国驾照。

在老挝方面，则需要递交上述所有文件并办理老挝车辆保险（每周约300B）。

如果证件齐全符合规定，从老挝入境泰国或柬埔寨就会一帆风顺。越南则另当别论，最好就不要考虑了。

### 驾照

至少在官方来说，必须持有有效的国际驾驶许可证才能在老挝驾车。但如果只是要租摩托车，没人会向你要任何性质的执照。

### 燃料和备件

本书调研时，燃料的价格大约是每升汽油US$1.20，柴油的价格稍微便宜一点儿。各

### 了解你要坐的船

下面是在老挝的水道上探险时可能遇到的一些船只（héua）类型：

**Héua sáh**（双层慢船）大而慢，几乎已经绝迹。

**Héua dooan**（快船）带顶篷的货船，在会晒至琅勃拉邦的水道上很常见。比双层慢船快一些，但还是很慢。

**Héua wái**（快艇）这些船就像在冲浪板上绑了个汽车引擎：非常快而且刺激，震耳欲聋，不舒适，并且相当危险。

**Héua hăhng nyáo**（长尾船）船尾装有万向引擎的船只，遍及全老挝。

**Héua pái**（划桨船）实际上就是独木舟，在四千岛很常见。

个村子都有装在油桶或是啤酒瓶里的摩托车燃料，但价格通常比加油站的高。大多数城市都有柴油出售。最好是在大城市的大品牌加油站加足燃料，因为偏远地区的燃料品质可能较差。

四轮车的备件非常贵且难找，即使在万象也是如此。

## 租车

在多数大型中心城市和一些小城镇里都可以租到中国或日本产的排量为100cc和110cc的踏板式轻骑摩托车，租金大约为40,000～100,000K/天，车辆有新有旧，差别很大。租赁摩托车不需要驾照。如果要出城旅行，尽量找日本车。在万象和琅勃拉邦，一辆250cc的泥地摩托车的租金约为US$25/天。

你也可以租一辆汽车进行自驾游，但考虑到司机通常不需额外花费，而且负责车辆损坏，还认路，自驾就显得毫无意义了。车辆租金大约为每天US$40～100，具体金额根据路线而定。

万象的**Europcar**（见150页地图；☎021-223867；www.europcarlaos.com；Th Setthathirath；⏲周一至周五 8:30～18:30，周六和周日 8:30～13:00）和**Jules Classic Rental**（见150页地图；☎020-9728 2636；www.bike-rental-laos.com；Th Setthathirath；每天US$35，最短租期1周）是两家信誉良好的租车行。

## 保险

小汽车租赁公司会提供保险，但一定要仔细查看保险涵盖的范围。请注意，大多数旅游保险都没有将骑摩托车列入保险范围。

## 路况

尽管整体路况仍然不佳，但近10年来相关部门的努力已经使得大多数主干道走起来舒适平坦。

其他路段基本上都还是未铺沥青的土路。老挝各级公路的总长约为23,000公里，其中只有不到四分之一是柏油路。雨季时土路尤其难走，许多路线除了四驱越野车和摩托车外都无法通行。而在旱季，汽车扬起的尘土会让旅行极为不适，对坐双条车或骑摩托车的旅客来说更是痛苦，所以要记得带上口罩。老挝是个多山的国家，不论旱季、雨季，看起来不远的路走起来可能没完没了。

## 道路险情

尽量避免在黄昏和天黑后驾车。成群结队的奶牛、水牛、鸡、狗，更不用提成千上

## 道路距离(KM)

| | 阿速坡 | 琅南塔 | 琅勃拉邦 | Muang Khong | Nong Haet | 巴色 | 丰沙里 | 丰沙湾 | 桑怒 | 沙湾拿吉 | 他曲 | 乌多姆赛 | 万荣 |
|---|---|---|---|---|---|---|---|---|---|---|---|---|---|
| 琅南塔 | 1400 | | | | | | | | | | | | |
| 琅勃拉邦 | 1130 | 270 | | | | | | | | | | | |
| Muang Khong | 190 | 1380 | 1110 | | | | | | | | | | |
| Nong Haet | 1280 | 580 | 350 | 1260 | | | | | | | | | |
| 巴色 | 210 | 1250 | 980 | 120 | 1130 | | | | | | | | |
| 丰沙里 | 1550 | 360 | 410 | 1520 | 720 | 1390 | | | | | | | |
| 丰沙湾 | 1170 | 470 | 250 | 1150 | 110 | 1020 | 620 | | | | | | |
| 桑怒 | 1350 | 450 | 460 | 1320 | 300 | 1190 | 590 | 180 | | | | | |
| 沙湾拿吉 | 410 | 1050 | 780 | 390 | 930 | 250 | 1190 | 820 | 990 | | | | |
| 他曲 | 480 | 920 | 650 | 460 | 800 | 370 | 1070 | 690 | 870 | 130 | | | |
| 乌多姆赛 | 1290 | 110 | 180 | 1270 | 470 | 1140 | 250 | 360 | 440 | 940 | 820 | | |
| 万荣 | 970 | 440 | 170 | 940 | 320 | 810 | 580 | 220 | 480 | 650 | 490 | 350 | |
| 万象 | 810 | 680 | 390 | 790 | 470 | 660 | 810 | 380 | 620 | 500 | 330 | 580 | 150 |

## 摩托车日记

没有什么能比租一辆摩托车踏上征程更令人神采飞扬的了——想在哪儿停就在哪儿停，想什么时候停就什么时候停，完全随心所欲。畅通无阻的交通、风景优美的道路使得老挝成为该地区骑摩托车旅行的最佳地方。但在递交护照作为租车抵押前，必须要了解几件事。

**摩托车** 出于性价比的考虑，绝大多数游客都会租用中国产的110cc摩托车。110cc摩托车最初并不是作为驾驭泥土路的越野摩托车而设计的，但日本产的摩托车则可以更好地应付泥土路，所以每天多花几美元租辆日产摩托车还是颇为值得的。

**里程表** 考虑到许多公路都没有里程碑，也不标明转弯处，找一辆有里程表的摩托车很有必要。只要花上几美元，大多数摩托车店都能在大约10分钟内装好里程表。只要你记得记录出发前的里程数，这笔钱花得绝对不亏。

**实用物品** 千万别忘记随身携带防晒霜、帽子、塑料雨衣或雨披、印花头巾和太阳镜。在老挝，即使是柏油公路也难免尘土飞扬，因此最后两样物品至关重要。头盔非常关键（如果租车行不提供，可以指明要一个），还有就是要穿上长裤和鞋子，免得在旅程结束时腿被烫伤（这很常见）。

**麻烦** 除非你是幸运星，不然肯定会出状况，因此要预留一点时间。

**责任** 在老挝骑摩托车可以没有驾照、头盔和其他所有安全装备，但拥有全部自由的代价是你必须承担所有责任。如果遇上车祸，没有救护车会来救你；即使到了医院，等待你的也只有最基础的医疗设备。随身携带基本的医疗急救箱、泰国医院的电话号码、旅游保险商的电话号码是明智之举。这一条同样适用于骑自行车旅行。如果摩托车真的坏了，你也不能联系租车公司要求立即更换一辆。你必须找一辆过路车或双条车将摩托车运到可以修理的地方。不要把摩托车丢在路边，那样你得再花钱买一辆。

万的人，都会沿着没有路灯的公路往家赶，公路也会因此变成危险重重的障碍练车场。

### 交通规则

在老挝开车最重要的规则就是防患于未然。驾驶座设在右边，却经常能看见老挝司机右拐前错误地在左车道上行驶——如果没有准备好应对这种情况的话，就相当危险。至于在十字路口不朝左看就右拐的行为在这里简直再正常不过了。

## 区内交通

虽然大多数城镇的中心小得仅靠步行足矣，但即使是相对较小的定居点也在城外几公里处设有自己的公共汽车站。

### 公共汽车

万象是唯一一个有市内公共汽车网的城市，但很少有旅行者乘坐。

### 江博车，三轮车和嘟嘟车

在万象和其他省会城市你会见到各种各样的三轮出租车，不同地方对这类出租车的叫法也不尽相同。大一些的通常被叫作jạmbọh（江博车），可以面对面坐4～6名乘客。万象人有时也会和泰国人一样把这种车称为tuk-tuks（嘟嘟车，但在老挝传统里原指比江博车更大一点的车）。这些三轮交通工具也被简单地称为taak-see（taxi，出租车）或是sǎhm-lór（三轮车），后者多指带挎斗的摩托车。老式的脚踏式sǎhm-lór（三轮车）——在中南半岛其他地方则被称为cyclo——在老挝几乎已经绝迹。

### 出租车

万象有一些可供国外商务人士和游客使用的出租车，在其他城市使用出租车则需要特别安排。租车的费用可以按照行程、小时或天数来计费。经过还价后，在城内包租一天出租车的费用大约在US$35～45之间。

## 团队游

越来越多的旅行社在老挝

境内提供各种团队游，直接通过当地旅行社预订团队游会比通过国外旅行社预订更划算。旅行社可按照游客的要求安排旅行线路。更多的特色团队游越来越受欢迎，各种自行车游、乘船游、摩托车游、摄影游等团队游任你选择。

## 探险游

**Exotissimo**（www.exotissimo.com）这家大型旅行社既有纯观光游也有探险游。

**Stray**（www.straytravel.asia）开设走遍老挝全国的廉价大巴游，沿途在多个地方短暂停留，并会在内地进行较长时间的探险游。

**Xplore-Asia**（www.xplore-asia.com）该机构提供的廉价探险游深受背包客欢迎，热门出发地包括巴色、四千岛和万荣。

## 自行车游

有几家旅行社和客栈会组织山地自行车游，历时从几小时到几周不等。

**Green Discovery**（www.greendiscoverylaos.com）老挝本土的老牌探险游机构，提供各种形式的自行车游项目。

**Grasshopper Tours**（www.grasshopperadventures.com）这家自行车游机构同时还经营老挝大象摄影游项目。

**Laosabaidee Travel**（www.laosabaidee.com）这家由家庭经营的机构专营老挝境内的自行车游项目。

**Spice Roads**（www.spiceroads.com）一家专营自行车团队游的机构。

## 摩托车游

经营老挝摩托车游的公司有好几家。带向导的团队游包含全套服务，除了食宿和燃料外，通常还包括租借250cc泥地摩托车和防护装备的费用。

**Explore Indochina**（www.exploreindochina.com）骑老式苏联摩托穿越胡志明小道的导览游。

**Remote Asia**（www.remote-asia.com/motorbike.html）该机构经营4～12天不等的老挝摩托车自助游，并有摩托车和装备可供租赁。

**Siam Enduro**（www.siamenduro.com）这家泰国公司凭借其在当地20年的经营经验推出了历时两周的老挝北部团队游项目。

## 从中国开车到老挝

越来越多的有车族旅行者选择自驾前往老挝甚至东南亚其他国家，手续其实不难。你可以从任何省份开车到达云南，然后从这里进入老挝。不过比较省力的做法是飞到昆明再租车继续前行，长水机场就有一些租车点。在到达磨憨口岸前，确保你随身携带了有效护照和老挝签证。

在磨憨边检大厅，缴费6元便可以办理B种车行驶执照（相当于在老挝的临时国际驾照）。司机还需要填写一张车辆过境查验卡，填写的时间周期最好大于你在老挝的逗留时间，以防万一。然后审核护照和签证，盖出境章。司机需要继续办理海关手续后才能出境。出境时，武警会在查验卡上盖章。这里也可以为旅行者办理健康证（40元），但不办也无妨。

出磨憨后，需要拿查验卡和护照到老挝边检站去办理入境签章，费用为20,000K。过边检后，需要对车辆进行消毒（20,000K），然后购买保险（100,000K）。有消息称，这个“保险”其实只是为了入境后遇到检查不会被罚款。所以出门前记得搞清楚自己车辆的保险事宜。

继续行车约4～5公里后便会来到磨丁海关，在办理相关入境手续并缴纳车辆路政费（50,000K）后，你便可以在老挝自驾旅行了。记得保留好所有单据，以备沿途及出境时查验。

如果想直接前往泰国旅行，那么通过会晒-清孔口岸进入泰国是十分便利的方式，因为湄公河上的大桥已于2013年年底通车，目前口岸有运政、边防、海关和大桥收费站4项收费。昆曼公路也因大桥开通而全线贯通，从昆明到曼谷只要不到20个小时。

# 健康指南

*特里斯·巴彻勒医生（Dr Trish Batchelor）*

在老挝旅行时，由于旅行的目的地和旅行方式各有不同，可能遇到的健康问题和医疗设施水平也是千差万别。游客往往担心会在热带地区患上传染病。但在游客罹患重病或不幸身亡的病例当中，传染病只是个微不足道的诱因。诸如心脏病等既往病史和意外伤害（特别是交通意外）等才是危及生命的主要原因。然而，从某种程度上讲，在旅途中生病也是很常见的情况。所幸大多数常见病都能通过常识预防，或者依靠旅行者装备齐全的急救箱轻松处理。

以下建议仅作参考之用，不能代替旅行医学专科受训医生的建议。

## 出发前

将所需药物装入标签清楚的原装容器中。随身携带医生出具的有关你身体情况和用药记录的病历，以及药物通用名称，上面要有医生签名和出具日期。如果要携带注射器和针头，务必携带医生出具说明其医疗必要性的证明书。

如果正处于服药期，请携带双倍剂量的药物以防丢失或被盗。在老挝，可能很难买到某些新药，特别是最新的抗抑郁药、降压药和避孕药。

### 保险

即使身体状态良好，也不能在没买健康保险的情况下出游，因为意外事故可能随时发生。投保时请如实告知既往病史，如果有所隐瞒，一经查出，保险公司将不予赔付。攀岩之类的冒险活动可能需要另外投保。如果健康保险不予承保海外医疗费用，请考虑另外投保：可以登录lonelyplanet.com/travel_services查询更多信息。如果未投保，紧急转院的费用会相当昂贵。

请提前确认发生海外医疗费用后，是由保险公司直接支付医疗提供商，还是本人先垫付，事后由保险公司偿付你本人。大多数老挝医生都认为应该用现金支付。如果事后索赔，务必妥善保存所有凭证。

### 推荐接种的疫苗

国际上唯一要求必须接种的疫苗是黄热病疫苗（yellow fever）。进入东南亚前6天内曾在黄热病疫区国家逗留过的旅行者必须提供黄热病疫苗接种证明书。

专业的旅行医疗机构可为旅行者提供丰富的有关疫苗的信息，并可针对你和你的旅程提供专业而详尽的指导和建议。

大多数疫苗接种后至少需要两周才能产生免疫力。因此，应在启程前的4～8周找医生接种，并要求医生出具国际预防接种证书（InternationalCertificate of Vaccination，俗称小黄本），上面列出了所有已接种疫苗。

### 常备药品清单

以下是一些个人医疗急救箱推荐药品：

- 抗真菌药膏，如克霉唑（Clotrimazole）
- 抗菌药膏，如莫匹罗星（Muciprocin）
- 治疗腹泻的抗生素，如诺氟

## 推荐及要求接种的疫苗

### 短期旅行者

世界卫生组织（World Health Organization，简称WHO）向计划赴东南亚旅游的游客推荐以下疫苗，部分疫苗可能产生副作用：

**成人白喉和破伤风**（Adult diphtheria and tetanus）：如果过去10年未接种，建议补种单剂增强疫苗。

**甲型肝炎**（Hepatitis A）：接种后一年可获得几乎100%的免疫力，12个月后追加接种可获得至少20年的免疫力。

**乙型肝炎**（Hepatitis B）：乙肝疫苗现已成为大多数旅行者的常规接种疫苗。半年内分3次注射。也可采用与甲肝疫苗联用的短时程疫苗。95%的接种人群可获终身免疫力。

**麻疹、流行性腮腺炎和风疹**（measles，mumps and rubella）：除非曾患过这些疾病，否则旅行者必须按照要求接种两剂麻疹、流行性腮腺炎和风疹的三联疫苗。许多青少年需追加强化疫苗。

**脊髓灰质炎**（Polio）：2006年亚洲国家里只有印度、印度尼西亚、尼泊尔和孟加拉国有脊髓灰质炎病例报告。脊髓灰质炎疫苗成年人只追加接种一次即可获得终身免疫力。

**伤寒**（Typhoid）：推荐接种，除非旅程短于一周而且只去发达城市。接种可获70%的免疫力，持续时间2~3年，并且只需一剂即可。

### 长期旅行者

对于计划在老挝停留超过一个月的长期旅行者，或是从事的活动存在特殊风险的旅行者，卫生部门推荐接种以下疫苗：

**流行性乙型脑炎**（Japanese B Encephalitis）：共需3次疫苗注射。建议两年后追加强化免疫。

**脑膜炎**（Meningitis）：单剂注射。有两种疫苗：四价疫苗接种可获2~3年免疫力；C型脑膜炎疫苗接种可获大约10年免疫力，推荐25岁以下的长期背包客接种。

**狂犬病**（Rabies）：共需注射3剂疫苗。一年后追加注射一次可获10年免疫力。

**肺结核**（Tuberculosis）：通常建议成年长期旅行者在旅行前后做结核菌素皮试，而非接种疫苗。一次接种可获终身免疫力。

沙星（Norfloxacin）或环丙沙星（Ciprofloxacin）；细菌性腹泻治疗药物阿奇霉素（Azithromycin）；贾第虫病或阿米巴痢疾治疗药物替硝唑（Tinidazole）

- 治疗过敏反应的抗组胺剂，如白天服用的西替立嗪（Cetrizine）和夜间服用的异丙嗪（Promethazine）
- 消炎药，如布洛芬（Ibuprofen）
- 止吐药，如普鲁氯嗪（Prochlorperazine）
- 治疗刀伤和擦伤的杀菌药，如聚维酮碘（Betadine）
- 治疗胃痉挛的止痉挛药品，如东莨菪碱（Buscopan）
- 避孕药（用具）
- 治疗感冒和流感的解充血药，如伪麻黄碱（Pseudoephedrine）
- 含避蚊胺（DEET）的驱蚊虫剂
- 止泻药，如洛哌丁胺（Loperamide）
- 急救用品，如剪刀、创可贴（如邦迪）、绷带、纱布、温度计（电子温度计，非水银温度计）、无菌针头和注射器、镊子
- 治疗消化不良的药物，如Quick Eze或Mylanta
- 碘片，用来净化水质
- 治疗腹泻的口服补液，如Gastrolyte
- 止痛药，如扑热息痛（paracetamol）
- 浸泡衣物和蚊帐以达到驱虫效果的氯菊酯（permethrin）
- 防晒霜和帽子
- 润喉片

➡ 治疗鹅口疮（或真菌性阴道炎）的药物，如克霉唑阴道药栓或大扶康（Diflucan）药片

## 网络资源

在互联网上可以查到丰富的旅行健康建议：

**世界卫生组织**（www.who.int/ith）出版了一本非常有价值的书——《世界旅行与健康》（*International Travel and Health*），这本书每年都会修订再版，也可以在网上免费阅览。

**MD Travel Health**（www.mdtravelhealth.com）为旅行者提供了详尽的旅行健康建议，内容涵盖各个国家，并每天更新。

**疾病与预防控制中心**（Centers for Disease Control and Prevention，简称CDC；www.cdc.gov）可提供丰富的常用信息。

# 在老挝

## 医疗服务及费用

老挝医疗设施落后，无法处理重大急诊事件。从卫生标准、医护人员培训、医疗用品和设备、药物有效性等方面来看，老挝国营医院和诊所的条件是东南亚最差的。

如果需要治疗包括疟疾在内的中轻度伤病，万象的**Mahasot Hospital's International Clinic**（☎021-214022，021-214021；Th Fa Ngoum；⏲24小时）口碑不错。万象的一些外国大使馆也设有小而专业的医疗中心，比如**澳大利亚使馆诊所**（Australian Embassy Clinic；☎021-353840；⏲周一至周五 8:30～17:00）和**法国使馆医疗中心**（French Embassy Medical Center；☎021-214 150）。

如果情况严重，最好的选择是前往泰国就医。如果患者的病情可以等到达曼谷后再治疗，那是最好不过，因为那里有几家一流的医院。

如果是刻不容缓的紧急情况，来不及赶往曼谷，则可以打电话呼叫泰国廊开（Nong Khai）或乌隆他尼（Udon Thani）的救护车。最近的医院是位于廊开的**Nong Khai Wattana General Hospital**（☎042-465201）。乌隆他尼的**Aek Udon Hospital**（☎042-342555；www.aekudon.com）的医疗条件更好，距离泰老边境约一小时车程。

由于老挝假药泛滥，药品储存条件差，过期药品随处可见，建议不要在老挝买药。

## 传染性疾病

### 登革热

通过蚊虫传播的登革热在老挝各地日益猖獗，尤其在城市地区，情况越来越严重。因为没有疫苗可用，只能通过避免蚊虫叮咬来预防染病。携带登革热病毒的蚊虫日夜出没，所以时时刻刻都应采取驱蚊措施。登革热症状包括高烧、剧烈头痛和身体疼痛（登革热曾被称做“断骨热”）。有些人患病后会继发皮疹和腹泻。目前尚无特效治法，只能依靠休息和服用扑热息痛。记住不要服用阿司匹林（aspirin），有引发大出血的可能。请在医生的诊断和监察下治疗。

### 甲型肝炎

甲型肝炎（以下简称“甲肝”）是困扰该地区的普遍问题。甲肝病毒通过食物和水源传播，感染肝脏，导致黄疸（皮肤和眼球发黄）、恶心和疲倦。目前尚无特效疗法医治甲肝，只能耐心等待肝脏自愈。所有去东南亚旅游的游客都应接种甲肝疫苗。

### 乙型肝炎

乙型肝炎（以下简称“乙肝”）是唯一一种可通过疫苗预防的性传播疾病。乙肝通过体液传播，包括性接触。在东南亚的一些地方，乙肝病毒携带者的比例高达20%，而人们通常对此毫不知情。乙肝久病不愈可能导致肝癌和肝硬化。

### 戊型肝炎

戊型肝炎（以下简称“戊肝”）通过受污染的食物和水源传播，症状与甲肝相似，但不如甲肝常见。孕妇感染戊肝后果严重，可能导致母亲和胎儿死亡。目前尚无戊肝疫苗，只能通过注意饮食卫生来预防戊肝。

### 艾滋病

根据世界卫生组织的报告，老挝至今仍是“艾滋病低流行国家”。然而，据估计老挝只上报了实际病例数的五分之一。异性性行为是老挝艾滋病传播的主要途径。使用避孕套大幅降低了感染艾滋病的风险，但也不能完全避免。

## 疟疾

在老挝多数地区，特别是人口稠密之地，罹患疟疾的风险很小。服用抗疟疾药物所引发的副作用可能比疟疾患病本身还要危险。然而，在部分农村地区，罹患疟疾的风险却远远高于药物副作用风险。记住，疟疾可能致命。

疟疾是由一种称为疟原虫的单细胞寄生虫造成的，通过受感染的蚊虫叮咬进行传播。疟疾最主要的症状是发烧，但常见症状一般有头痛、腹泻和咳嗽，有时也伴有寒战。只能通过做采血化验才能确诊。

应同时采用两种方法预防疟疾：避免蚊虫叮咬和服用抗疟疾药物。大多数感染上疟疾的患者都是因为未服用抗疟疾药物或药量不够。

建议旅行者采取以下措施预防蚊虫叮咬：

- 选择装有纱窗和风扇的旅馆房间。
- 在高风险地区，用氯菊酯浸泡衣物。
- 睡觉时使用氯菊酯浸泡过的蚊帐。
- 出门吃晚餐前在房间里喷洒驱虫剂。
- 在身体裸露的部位涂抹含有避蚊胺的驱虫剂。
- 穿浅色的长袖上衣和长裤。

### 各国旅行健康网

出发前上自己国家的旅行健康网站（如果有）了解相关信息是明智之举：

**中国旅行健康网**（www.triphealth.org）
**澳大利亚**（www.smartraveller.gov.au/tips/travelwell.html）
**加拿大**（www.travelhealth.gc.ca）
**新西兰**（www.safetravel.govt.nz）
**英国**（www.fco.gov.uk/en/travel-and-living-abroad/staying-safe）
**美国**（www.cdc.gov/travel）

## 抗疟疾药

有多种药物可治疗疟疾。关于甲氟喹（Lariam，Mefloquine）有许多不良报道，有些属实，有些则不然。这种每周服用一片的药片适合很多人，在极少情况下会出现包括抑郁、焦虑、精神异常和抽搐的严重副作用。有抑郁症、焦虑症、其他心理障碍或癫痫症病史的人不能服用甲氟喹。在东南亚大部分地区，甲氟喹的有效率高达90%左右，但在泰国北部、老挝和柬埔寨等一些地方会表现出明显的耐药性。离开疟疾疫区后必须继续服用甲氟喹4周。

强力霉素（Doxycycline）片剂是一种广谱抗生素，并能帮助预防各种热带疾病。这种药潜在的副作用有光敏感症（易晒伤）、妇女真菌性阴道炎、消化不良、胃灼热、恶心以及影响避孕药药效。更为严重的副作用包括食道溃疡，但这一隐患可以预防：进餐时服药并同时喝一大杯水，服药半小时内不要躺下。离开疟疾疫区后必须继续服用强力霉素4周。

马拉隆（Malarone）是一种混合了阿托喹酮（Atovaquone）和氯胍（Proguanil）的新药。副作用少而轻微，最常见的是恶心和头痛。对于在高危疫区进行短期旅行的人来说，马拉隆是首选药物。离开疟疾疫区后必须继续服用马拉隆一周。

最后的一个办法是不服用任何预防性药物，而是准备急救药以防出现疟疾症状。这种办法不甚理想，因为出现疟疾症状后，必须在发烧前24小时内找到一家高品质医疗机构就诊。如果选择这个办法，最有效和最安全的治疗方法是服用马拉隆（每天一次，一次4片，连续服用3天）。

## 吸虫病（肝吸虫）

这是一种偶尔会寄生在老挝淡水鱼体内的小蠕虫。感染这种寄生虫的主要途径是食用生鱼或未煮熟的鱼。在老挝农村旅行时，应特别注意避免吃未煮熟的ɓạh dàak（鱼露，一种没有经过高温消毒的发酵鱼露，是许多老挝菜的调料）。万象和琅勃拉邦的鱼露相对安全。

另一种极为罕见的感染途径是在老挝极南部的东孔岛（Don Khong）附近的湄公河及其支流游泳。

感染吸虫病后，轻者几乎没有症状，重者常见症状为全身乏力、低烧、肝脏肿大或疼痛（或腹痛），粪便中含有肝吸虫或虫卵。吸虫病可通过服用药物轻松治愈。

## 狂犬病

狂犬病是一种致命性疾病，通过感染狂犬病毒的动物（多见于狗或猴子）撕咬或舔噬传播。被动物咬伤后，应立即寻找医生救治，并进行暴露后治疗。如果接种过预防性疫苗，咬伤后的处理就非常简单。如果被动物咬伤，先用肥皂和水轻轻冲洗伤口，再用碘酒消毒。如果未接种过疫苗，必须尽快注射狂犬病免疫球蛋白。

## 性病

老挝境内最常见的性传播疾病（以下简称“性病”）包括疱疹、湿疣、梅毒、淋病和衣原体。性病病毒携带者通常没有明显症状。使用避孕套可预防淋病和衣原体感染，却无法预防湿疣和疱疹感染。如果性接触后出现皮疹、肿块、流脓或小便时有疼痛感，应立即寻求医疗救助。如果旅程期间有过性行为，回国后应检查是否染上性病。

## 肺结核

肺结核（TB）在短期旅行者中非常罕见，但和当地人接触频繁的医疗工作者或援助工作人员以及长期旅行者应采取预防措施。肺结核疫苗通常只用于为5岁以下的儿童进行接种，但我们建议有患病风险的成年人在旅行前后进行结核病检测。结核病主要症状有发烧、咳嗽、消瘦、盗汗和疲倦。

## 伤寒

伤寒是一种严重的细菌性传染病，可通过食物和水源传播，症状表现为缓进型高烧和头痛，可能还伴有干咳和胃痛。伤寒可通过化验血液进行诊断，并使用抗生素进行治疗。建议所有计划在东南亚逗留超过一周，或是准备到偏远地区旅行的旅行者提前接种伤寒疫苗。

## 旅途腹泻

至今为止，旅途腹泻是影响旅行者的最常见问题，约30%～50%的人会在旅程的头两周内饱受腹泻折磨。

判断旅途腹泻的依据是：24小时内出现3次以上的水样腹泻，至少还有一种其他症状，比如发热、腹部绞痛、恶心、呕吐或全身不适。

治疗方法中的其中一项便是保持体内水平衡。Gastrolyte之类的补液是治疗旅途腹泻的最佳良药。诺氟沙星、环丙沙星、阿奇霉素等抗生素可快速杀菌。

洛哌丁胺只能止泻，不能根治诱发病因。但在必须长时间乘坐长途公共汽车时也很有用。如果发烧或便血，不要服用洛哌丁胺。如果抗生素对你不起作用，应立即寻求医疗救助。

## 阿米巴痢疾

阿米巴痢疾在旅行者中非常罕见，但经常被东南亚水平低下的化验室误诊。症状和细菌性腹泻相似，即发热、血性腹泻、全身不适。如果出现腹泻便血，无论如何都应寻找可靠的医疗机构救助。该病有两种治疗药物：替硝唑和甲硝唑（Metronidazole），均可杀灭肠道寄生虫，二次服药可杀灭虫囊。如果不予治疗，可能引发肝脓肿或肠道溃疡等并发症。

## 贾第鞭毛虫病

相对来说，此病在旅行者当中比较常见，症状有恶心、腹胀、胀气、疲倦以及间歇性腹泻。如果不加治疗，此病最后也可自愈，但整个过程可能持续数月之久。药物治疗首选替硝唑，其次为甲硝唑。

### 饮用水

- 不要直接饮用自来水。
- 瓶装水通常是安全的；购买时要检查瓶口封盖是否完好无损。
- 煮沸是最有效的净水方式。
- 碘是最佳净水剂，但孕妇或甲状腺疾病患者禁用。
- 净水器应能滤掉病毒。确保净水器装有碘之类的化学性滤层和小孔滤芯。

# 环境引发的疾病和不适

## 食物

感染旅途腹泻的最主要途径就是在餐馆用餐。预防方法是只吃新鲜煮熟的食物，不吃贝类和大排档食物。所有水果都要削皮，蔬菜要煮熟，并要选择生意兴隆且拥有众多回头客的餐馆用餐。

### 炎热

东南亚许多地方终年潮湿闷热，适应这样的气候需要一段时间。常见不适症状有脚掌和脚踝肿胀，以及过度出汗引起的肌肉痉挛。谨防脱水，不要在高温下剧烈运动，即可避免上述不适。

脱水是导致热衰竭的主要原因，症状有感觉虚弱、头痛、气躁、恶心或呕吐、皮肤湿冷、脉息急促微弱、体温正常或轻度偏高。治疗方法包括远离热源或太阳直射、向患者扇风、用湿冷衣物覆盖皮肤、饮用盐水（每升水加四分之一茶匙盐）补充水分。脱水症状通常会在短时间内消失，但在接下来的几天里，患者通常还会感到虚弱无力。

中暑是一种严重的急症，病发突然，症状包括体虚、恶心、皮肤干热、体温超过41℃、头晕、神志模糊、平衡失调和惊厥，最终可导致虚脱并丧失意识。遇到这种情况应立即寻求医疗救助，并帮助患者离开高温地区、脱去患者衣物、向患者扇风、用湿冷衣物或冰块为患者身体降温，尤其是腹股沟和腋窝部位。

痱子是热带地区的一种常见皮疹，由淤积在皮下的汗液所致，表现为发痒的小肿块。应对办法是远离高温区，在空调房里待上几小时，以及冲冷水澡等。当地出售的痱子粉很管用。

### 昆虫蜇叮

臭虫虽不携带疾病，但被臭虫叮咬后会感觉非常痒。臭虫藏匿在家具和墙壁的缝隙中，夜里爬到床上觅食。可用抗组胺剂来缓解刺痒感。

在乡村地区行走时有可能被蜱虫（又叫壁虱）叮咬，常见于耳后、腹部和腋窝。叮咬后如果出现皮疹、发烧或肌肉疼痛，应该去找医生处理。使用强力霉素可以防止蜱传播疾病。

水蛭常见于潮湿的森林地区。虽然不传播任何疾病，但被水蛭叮咬后数周内奇痒无比，而且很容易导致感染。在伤口处涂上碘酒消毒液有助于预防感染。

被蜜蜂和黄蜂刺蜇伤可能导致过敏患者出现各种症状。对蜜蜂或黄蜂有严重过敏反应的人，应随身携带肾上腺素注射剂以备急救治疗。

### 皮肤病

真菌性皮疹在潮湿气候中很常见。开始表现为红色斑点，然后慢慢扩散，通常有刺痒感。治疗方法包括保持皮肤干燥，避免摩擦，使用克霉唑或兰美抒（Lamisil）之类的抗真菌软膏。

刀伤和擦伤伤口在潮湿的气候中很容易感染。应小心护理伤口以免出现脓肿等并发症。受伤后应立即用清水清洗伤口，并涂上抗菌软膏。

### 蛇咬伤

东南亚有很多种毒蛇和无毒蛇。应把所有蛇都假定成毒蛇，千万不要企图捕捉。如果在可能有蛇出没的地方行走，一定要穿靴子和长裤。被蛇咬伤后应立即进行急救处理，包括用弹力绷带包扎患肢，从伤口向上一直包扎到胸部，并加压固定。绷带不宜绑得太紧，以防血流中断。不要包扎手指和脚趾，以便观察血液循环是否正常。不要使用止血带或试图吸出毒液。

### 晒伤

即使是阴天，皮肤也很容易被晒伤。应坚持使用高指数防晒霜，游泳后一定要补涂。在户外时最好一直戴着宽边帽和太阳镜。避免在一天当中最热的时候在外晒太阳。如果已被晒伤，在恢复前都应远离阳光。

## 女性健康

在东南亚城镇地区，基本上到处都有卫生用品出售，但计生用品的品种可能比较有限，请自行携带足量避孕用品。炎热、潮湿和抗生素均易导致真菌性阴道炎。可用抗真菌软膏和克霉唑之类的阴道栓剂治疗。服用一片氟康唑（Fluconazole，又名大扶康）也是有效手段。

怀有身孕的旅行者在旅行前应咨询专业机构。对孕妇而言，最佳旅行时间是在妊娠中期（第16～28周），此时罹患怀孕相关疾病的风险最低。应随身携带旅行目的地有保证的医疗机构清单，确认自己可以在这些医疗机构继续进行产检。最重要的是，确保自己的旅行保险投保了一切可能发生的与怀孕相关的情况，包括早产。

在怀孕期间，疟疾是一种高风险疾病。

## 传统医药

传统医药在整个东南亚广泛盛行。传统医学体系和“民间”医药有很大区别。不要服用民间药物，因为这些药物的制药方法往往不明，可能引发并发症。比较而言，中医这样的传统医学体系则很受推崇，并在各个领域被越来越多西医借鉴和运用。

亚洲的所有传统医学体系都认为“气”是生命力之源，视阻塞和失衡为病源，并会使用草药、按摩和针灸等医疗技术调节或保持气血平衡。这些疗法在医治慢性疲劳等慢性病、关节炎、肠易激综合征和某些慢性皮肤病方面最为有效。遇到疟疾等严重的急性感染疾病应避免采用传统医药治疗。

# 语言

老挝的官方语言是万象人所说所写的老挝语。作为官方语言，老挝语已成功发展为全国所有老族和非老族群共同使用的通用语言。

在老挝语里，许多完全相同的音节用不同的声调念出来就有了不同的含义。万象老挝语有6种声调。其中，3种声调是平调（低、中和高），另外3种是高低变化音调（升调、高降调和低降调）。6种声调变化与说话人的天然音域有关，所以，一个人的低音调未必和其他人相同。

- 低平调——位于说话人音域的相对底部，通常是平调，如dẹe（好）。
- 中平调——和低平调一样是平调，但位于音域的相对中部。不使用调号，如het（做）。
- 高平调——也是平调，但位于音域的相对顶部，如héu•a（船）。
- 升调——从稍低于中平调的音调开始，升至高平调或更高音调，如săhm（三）。
- 高降调——从高平调或更高音调开始，降至中平调，如sôw（早上）。
- 低降调——大约从中平调的位置开始，降至低平调，如kòw（大米）。

## 想知道更多？

想要深入了解老挝语知识以及适用短语，请参考Lonely Planet的《老挝常用短语手册》（*Lao Phrasebook*），可以在**shop.lonelyplanet.com**网站找到，或在苹果应用程序商店（Apple App Store）上购买Lonely Planet的iPhone phrasebooks。

目前还没有正式的老挝语音译法出台，但公共机构和私营机构纷纷开始采用国际认可度更高的《皇家泰语综合意译法则》（*Royal Thai General Transcription*，简称RTGS）。因为泰语和老挝语的读写体系极为相近。这本书采用的是惯用音译体系。

在我们的发音指南彩页上，连字符表示单词内的音节划分，例如àng-gít（英语）一词。有些音节被点号进一步划分，用来帮助你发复合元音，例如kĕe•an（写）。

元音的发音类比：i近似it中i的发音；ee近似feet中ee的发音；ai近似aisle中ai的发音；ah近似father中a的发音；a近似about中短音a的发音；aa近似bad中a的发音；air近似air的发音；er近似fur中ur的发音；eu近似sir中ir的发音；u近似put中u的发音；oo近似food中oo的发音；ow近似now中ow的发音；or近似jaw中aw的发音；o近似phone中o的发音；oh近似toe中ow的发音；ee•a近似ian的发音；oo•a近似tour中our的发音；ew近似yew中ew的发音；oy近似boy中oy的发音。

大部分辅音发音和它们在英语中一致。只有两个例外：đ发重t的音，有点像dt；ƀ发重p的音，有点像bp。

## 基础

| | | |
|---|---|---|
| **Hello. 你好。** | ສະບາຍດີ | sábai-dĕe |
| **Goodbye. 再见。** | ສະບາຍດີ | sábai-dĕe |
| **Excuse me. 抱歉。** | ຂໍໂທດ | kŏr tôht |
| **Sorry. 对不起。** | ຂໍໂທດ | kŏr tôht |
| **Please. 请。** | ກະລຸນາ | ga-lú-náh |

Thank you. 谢谢。 ຂອບໃຈ kòrp jąi

Yes./No. 是。/不是。

ແມນ/ບໍ່ maan/bor

How are you? 你好吗?

ສະບາຍດີບໍ່ sąbąi-děe bor

I'm fine, and you? 我很好，你呢?

ສະບາຍດີ ເຈົ້າເດ້ sábąi-děe jôw dâir

What's your name? 你叫什么名字?

ເຈົ້າຊື່ຫຍັງ jôw seu nyăng

My name is... 我叫……

ຂ້ອຍຊື່ ... kòy seu...

Do you speak English? 你会说英语吗?

ເຈົ້າປາກ jôw ƀàhk

ພາສາອັງກິດໄດ້ບໍ່ páh-săh ąng•kít dâi bor

I don't understand. 我不明白。

ບໍ່ເຂົ້າໃຈ bor kòw jąi

# 住宿

hotel 酒店 ໂຮງແຮມ hóhng háam

guesthouse 客栈 ຫໍຮັບແຂກ hŏr hap káak

Do you have a room? 你们有房间吗?

ມີຫ້ອງບໍ່ mée hòrng bor

single room 单人间

ຫ້ອງນອນຕຽງດຽວ hòrng nórn děe•ang dee•o

double room 双人间

ຫ້ອງນອນຕຽງຄູ່ hòrng nórn děe•ang koo

How much...?多少钱?

...ເທົ່າໃດ ... tow dąi

per night 每晚 ຄືນລະ kéun-la

per week 每周 ອາທິດລະ ąh-tit-la

air-con 空调 ແອເຢັນ aa yen

bathroom 浴室 ຫ້ອງນ້ຳ hòrng nâm

fan 电扇 ພັດລົມ pat lóm

hot water 热水 ນ້ຳຮ້ອນ nâm hòrn

# 方向

Where is the...? ……在哪里?

... ຢູ່ໃສ ... yòo săi

Which (street) is this? 这是哪（条街）?

ບອນນີ້ (ຖນົນ) ຫຍັງ born nêe (ta-nŏn) nyăng

How far? 有多远? ໄກເທົ່າໃດ kąi tow dąi

Turn left/right. 左转/右转。

ລ້ຽວຊ້າຍ/ຂວາ lêe•o sâi/kwăh

straight ahead 往前走。

ໄປຊື່ໆ ƀąi seu-seu**

# 餐饮

What do you have that's special? 你们的特色推荐是什么? ມີຫຍັງພິເສດບໍ່

mée nyăng pi-sèt bor

I'd like to try that. 我想要那个。

ຂ້ອຍຢາກລອງກິນເບິ່ງ

kòy yàhk lórng gįn berng

I eat only vegetables. 我只吃素。

ຂ້ອຍກິນແຕ່ຜັກ kòy gįn đaa pák

I (don't) like it hot and spicy. 我要（不要）辣的。 (ບໍ່) ມັກເຜັດ (bor) mak pét

I didn't order this. 我没点这个。

ຂ້ອຍບໍ່ໄດ້ສັ່ງແນວນີ້ kòy bor dâi sang náa•ou nêe

Please bring the bill. 结账。

ຂໍແຊັກແດ kŏr saak daa

## 关键词

bottle 瓶子 ແກ້ວ kâa•ou

bowl 碗 ຖ້ວຍ tòo•ay

chopsticks 筷子 ໄມ້ທູ່ mâi too

fork 餐叉 ສ້ອມ sôrm

glass 玻璃杯 ຈອກ jòrk

knife 餐刀 ມີດ mêet

menu 菜谱 ລາຍການ lái-gąhn

ອາຫານ ąh-hăhn

plate 盘子 ຈານ jąhn

spoon 勺子 ບ່ວງ boo•ang

## 肉和鱼

beef 牛肉 ຊີ້ນງົວ sèen ngóo•a

chicken 鸡 ໄກ່ kai

crab 螃蟹 ປູ ƀoo

fish 鱼 ປາ ƀah

pork 猪肉 ຊີ້ນໝູ sèen mŏo

seafood 海鲜 ອາຫານທະເລ

ąh-hăhn ta-láir

shrimp/prawn 小虾/大虾

ກຸ້ງ gûng

## 水果和蔬菜

banana 香蕉 ໝາກກ້ວຍ màhk gôo•ay
bean sprouts 豆芽 ຖົ່ວງອກ too•a ngôrk
beans 豆子 ຖົ່ວ too•a
cabbage 卷心菜 ກະລໍາປີ gá-lam bȩe
cauliflower 花菜 ກະລໍາປີດອກ gá-lam bȩe dòrk
coconut 椰子 ໝາກພ້າວ màhk pôw
cucumber 黄瓜 ໝາກແຕງ màhk đąang
eggplant 茄子 ໝາກເຂືອ màhk kěua
garlic 大蒜 ຫົວຜັກທຽມ hŏo•a pák tée•am
green beans 青豆 ຖົ່ວຍາວ too•a nyów
guava 番石榴 ໝາກສີດາ màhk sěe-dąh
jackfruit 菠萝蜜 ໝາກມີ້ màhk mêe
lettuce 生菜 ຜັກສະລັດ pák sá-lat
lime 青柠 ໝາກນາວ màhk nów
longan 龙眼 ໝາກຍໍາໄຍ màhk nyám nyái
lychee 荔枝 ໝາກລິ້ນຈີ່ màhk lîn-jee
mandarin 柑橘 ໝາກກ້ຽງ màhk gêe•ang
mango 芒果 ໝາກມ່ວງ màhk moo•ang
onion (bulb) 洋葱（球）ຫົວຜັກບົ່ວ hŏoa pák boo•a
onion (green) 洋葱（青）ຕົ້ນຜັກບົ່ວ đôn pák boo•a
papaya 木瓜 ໝາກຫຸ່ງ màhk hung
peanuts 花生 ໝາກຖົ່ວດິນ màhk too•a dįn
pineapple 菠萝 ໝາກນັດ màhk nat
potato 马铃薯 ມັນຝລັ່ງ mán fa-lang
rambutan 红毛丹 ໝາກເງາະ màhk ngo
sugarcane 甘蔗 ອ້ອຍ ôy
tomato 番茄 ໝາກເລັ່ນ màhk len
vegetables 蔬菜 ຜັກ pak
watermelon 西瓜 ໝາກໂມ màhk móh

## 其他

bread (plain) 白面包 ເຂົ້າຈີ່ kòw jȩe
butter 黄油 ເບີ bęr
chilli 辣椒 ໝາກເຜັດ màhk pét
egg 蛋 ໄຂ່ kai
fish sauce 鱼露 ນໍ້າປາ nâm bąh
ice 冰 ນໍ້າກ້ອນ nâm gôrn
rice 大米 ເຂົ້າ kow
salt 盐 ເກືອ gȩua
soy sauce 酱油 ນໍ້າສະອິ້ວ nâm sá-éw
sugar 糖 ນໍ້າຕານ nâm-đạhn

## 饮品

beer 啤酒 ເບຍ bȩe•a
coffee 咖啡 ກາແຟ gạh-fáir
draught beer 生啤 ເບຍສດ bȩe•a sót
drinking water 饮用水 ນໍ້າດື່ມ nâm deum
milk (plain) 牛奶（纯）ນໍ້ານົມ nâm nóm
orange juice 橙汁 ນໍ້າໝາກກ້ຽງ nâm màhk gêe•ang
rice whisky 米酒 ເຫຼົ້າລາວ lòw-lów
soda water 苏打水 ນໍ້າໂສດາ nâm sŏh-dạh
tea 茶 ຊາ sáh
yoghurt 酸奶 ນມສົ້ມ nóm sòm

## 紧急情况

Help! 救命！ ຊ່ວຍແດ່ soo•ay daa
Go away! 走开！ ໄປເດີ້ bại dêr

Call a doctor! 叫医生！
ຊ່ວຍຕາມຫາໝໍໃຫ້ແດ່ soo•ay đạhm hăh mŏr hài daa
Call the polices! 叫警察！
ຊ່ວຍເອີ້ນຕໍາລວດແດ່ soo•ay êrn đam-lòo•at daa
Where are the toilets? 厕所在哪里？
ຫ້ອງນໍ້າຢູ່ໃສ hòrng nâm yoo săi
I'm lost. 我迷路了。ຂ້ອຍຫລົງທາງ kòy lŏng táhng
I'm not well. 我不舒服。
ຂ້ອຍບໍ່ສະບາຍ kòy bor sá-bai

## 购物和服务

**I'm looking for... 我想要……**
ຂ້ອຍຊອກຫາ... kòy sòrk hăh...
**How much (for)...? ……多少钱?**
... ເທົ່າໃດ ... tow dai
**The price is very high. 价格太贵了。**
ລາຄາແພງຫລາຍ láh-káh páang lăi
**I want to change money. 我想换钱。**
ຂ້ອຍຢາກປ່ຽນເງິນ kòy yàhk bee•an ngérn

**bank 银行** ທະນາຄານ ta-náh-káhn
**bookshop 书店** ຮ້ານຂາຍປຶ້ມ hâhn kăi beum
**pharmacy 药房** ຮ້ານຂາຍຢາ hâhn kăi yah
**post office 邮局** ໄປສະນີ (ໂຮງສາຍ) bai-sá-née (hóhng săi)

## 时间和日期

**What time is it? 几点钟了?**
ເວລາຈັກໂມງ wáir-láh ják móhng

**this morning 今天上午** ເຊົ້ານີ້ sôw nêe
**this afternoon 今天下午** ບ່າຍນີ້ bai nêe
**tonight 今天晚上** ຄືນນີ້ kéun nêe
**yesterday 昨天** ມື້ວານນີ້ mêu wáhn nêe
**today 今天** ມື້ນີ້ mêu nêe
**tomorrow 明天** ມື້ອື່ນ mêu eun

**Monday 周一** ວັນຈັນ wán jan
**Tuesday 周二** ວັນອັງຄານ wán ang-káhn
**Wednesday 周三** ວັນພຸດ wán put
**Thursday 周四** ວັນພະຫັດ wán pa-hát
**Friday 周五** ວັນສຸກ wán súk
**Saturday 周六** ວັນເສົາ wán sŏw
**Sunday 周日** ວັນອາທິດ wán ah-tit

## 交通

**boat 船** ເຮືອ héu•a
**bus 公共汽车/长途汽车** ລົດເມ lot máir
**minivan 面包车** ລົດຕູ້ lot dôo
**plane 飞机** ເຮືອບິນ héu•a bĭn

**airport 机场** ສະໜາມບິນ sá-năhm bĭn
**bus station 公共汽车站**
ສະຖານີລົດປະຈຳທາງ sa-tăh-nee lot bá-jam táhng
**bus stop 公共汽车停靠站**
ບ່ອນຈອດລົດປະຈຳທາງ born jòrt lot bá-jam táhng

### 数字

| | | |
|---|---|---|
| 1 | ໜຶ່ງ | neung |
| 2 | ສອງ | sŏrng |
| 3 | ສາມ | săhm |
| 4 | ສີ່ | see |
| 5 | ຫ້າ | hàh |
| 6 | ຫກ | hók |
| 7 | ເຈັດ | jét |
| 8 | ແປດ | bàat |
| 9 | ເກົ້າ | gôw |
| 10 | ສິບ | síp |
| 11 | ສິບເອັດ | síp-ét |
| 12 | ສິບສອງ | síp-sŏrng |
| 20 | ຊາວ | sów |
| 21 | ຊາວເອັດ | sów-ét |
| 22 | ຊາວສອງ | sów-sŏrng |
| 30 | ສາມສິບ | săhm-síp |
| 40 | ສີ່ສິບ | see-síp |
| 50 | ຫ້າສິບ | hàh-síp |
| 60 | ຫກສິບ | hók-síp |
| 70 | ເຈັດສິບ | jét-síp |
| 80 | ແປດສິບ | bàat-síp |
| 90 | ເກົ້າສິບ | gôw-síp |
| 100 | ຮ້ອຍ | hôy |
| 200 | ສອງຮ້ອຍ | sŏrng hôy |
| 1000 | ພັນ | pán |
| 10,000 | ໝື່ນ(ສິບພັນ) | meun (síp-pán) |
| 100,000 | ແສນ(ຮ້ອຍພັນ) | săan (hôy pán) |
| 1,000,000 | ລ້ານ | lâhn |

**taxi stand 出租车扬招点**
ບ່ອນຈອດລົດແທກຊີ born jòrt lot taak-sêe

**I want to go to... 我想去……**
ຂ້ອຍຢາກໄປ .. kòy yàhk ɓại ...

**I'd like a ticket. 我要买张票。**
ຂ້ອຍຢາກໄດ້ປີ້ kòy yàhk dâi ɓêe

**Where do we get on the boat? 我们在哪里上船?**
ລົງເຮືອຢູ່ໃສ lóng héu•a yoo sǎi

**What time will the … leave? ……什么时候出发?**
... ຈະອອກຈັກໂມງ ... já òrk ják móhng

**What time does it arrive there? 什么时候到达?**
ຈະໄປຮອດພຸ້ນຈັກໂມງ já ɓai hôrt pûn ják móhng

**Can I sit here? 我可以坐这里吗?**
ນັ່ງບ່ອນນີ້ໄດ້ບໍ່ nang born nêe dâi bor

**Please tell me when we arrive in... 我们到……时请告诉我。**
ເວລາຮອດ ... wáir-láh hôrt...
ບອກຂ້ອຍແດ່ bòrk kòy daa

**Stop here. 停在这里。**
ຈອດຢູ່ນີ້ jòrt yoo nêe

**I'd like to hire a... 我想要租……**
ຂ້ອຍຢາກເຊົ່າ ... kòy yàhk sôw...

**bicycle 自行车** ລົດຖີບ lot tèep
**car 小汽车** ລົດ (ໂອໂຕ) lot (ǒh-đǒh)
**motorcycle 摩托车** ລົດຈັກ lot ják
**passenger truck 载客卡车(双条车)** ສອງແຖວ sǒrng-tǎa•ou
**pedicab 三轮车** ສາມລໍ້ sǎhm-lôr
**taxi 出租车** ລົດແທກຊີ lot tâak-sée
**tuk-tuk 嘟嘟车** ຕຸ໊ກ ຕຸ໊ກ đúk-đúk

# 术语表

**ạahaan**——食物

**anatta**——佛语：无我，即世上没有恒常不变的“我”或“灵魂”

**anicca**——佛语：无常，即万物稍纵即逝

**Asean**——东南亚国家联盟（Association of South East Asian Nations，简称Asean，即东盟）

**bâhn**——老挝语基本词：房屋或村庄；在地图上标注为“Ban”

**bạhsěe**——拴线仪式，有时写作basi或baci；仪式中会将32位守护神（kwăn）象征性地绑在参与者的身上以祈求健康和平安

**baht**——泰国货币单位：泰铢，一般可在老挝流通；它也是老挝的一种质量单位：1铢相当于15克

**BCEL**——老挝外贸银行（源自法语全称Banque pour le Commerce Extérieur Lao，简称BCEL）

**bẹea**——啤酒；bẹea sót是生啤

**bun**——为bụn的音译词，通常写作boun；指一类节日，也指通过善行或宗教习俗获得精神上的“功德”

**corvée**——劳役，强迫性无偿劳动

**đàht**——瀑布，也叫nâm tók，在地图上标为“Tat”

**đalàht**——市场；talàat sâo指早市；talàat mèut指自由市场或“黑市”；在地图上标为“Talat”

**Don**——为dạwn的音译词，意为岛屿

**dukkha**——佛语：苦，指苦难、不如意和疾病等

**falang**——源自老挝语“falang-sèht”或“French”，指西方的，或西方人

**fĕr**——米粉，老挝最常见的一种食品

**hăi**——瓶、罐、缸

**héua**——船

**héua hăhng nyáo**——长尾船

**héua pái**——划桨船

**héua wái**——快艇

**hŏr đại**——寺院为存放佛教三藏经而修的建筑

**hùay**——溪流，在地图上标注为“Huay”

**Jataka**——（巴利—梵语）《本生经》，记述释迦牟尼前世的神话故事集；老挝语称作sáa-dók

**jẹen hór**——老挝语称谓，指居住在老挝北部的云南回族人

**jẹhdii**——佛教舍利塔；也写作Chedi

**jumbo**——江博车，一种机动三轮车，有时被称为“嘟嘟车”（tuk-tuk）

**káan**——笙，一种吹管乐器，用两排竹簧片安装在硬木共鸣箱中，用蜂蜡密封制成

**kanŏm**——传统糕点或甜点

**kip**——发音为gèep；老挝的货币单位：基普

**kòw**——大米

**kòw jee**——面包

**kòw nĕeo**——糯米，老挝人的主食

**kóo-bạh**——老挝佛教僧侣

**kwăn**——守护神

**láhp**——腊普，一种用畜肉、禽肉或鱼肉肉末做成的老挝辣味沙拉（凉拌菜）

**lák méuang**——城市之柱

**lám wóng**——南旺舞，又名“圆圈舞”，老挝的传统民族舞，常见于迪厅和节日庆典活动中

**Lao Issara**——老挝伊沙拉，也称自由老挝，指20世纪40年代老挝反抗法国殖民统治的政治运动

**lòw-ów**——老挝的蒸馏米酒

**Lao Loum**——老龙族，即“低地老挝人”，属于老泰迁徙族群，包含多个部族

**Lao Soung**——老松族，即“高地老挝人”，居住在海拔甚高的山区，其中包括苗族、瑶族等；也写作“Lao Sung”

**Lao Thoeng**——老听族，即“坡地老挝人”，生活在中等海拔的山坡上的关系较为疏远的多个族群，大部分属于孟高棉族

**lingam**——林伽，石柱或象征湿婆神的男性生殖器像，常见于高棉人修建的寺庙中

**LNTA**——老挝国家旅游局（Lao National Tourism Administration，简称LNTA）

**LPDR**——老挝人民民主共和国（Lao People's Democratic Republic，简称LPDR）

**LPRP**——老挝人民革命党（Lao People's Revolutionary Party，简称LPRP）

**maa nâm**——字面意思是水之母亲，指的是河流；通常缩写成nâm再加上江河名称，如Nam Khong（湄公河）

**meuang**——méuang的音译词，意为地区或城镇；古时指城邦；在地图上通常标注为“Muang”

**moo bâhn**——村庄

**móoan**——快乐而有趣的事，老挝人认为所有活动都应当让人感到快乐

**mǒr lám**——老挝民间音乐剧保留剧目，大致可以翻译为“诗歌大师”

**Muang**——见meuang词条

**naga**——那伽蛇神（龙神），老挝语为nâa-kha；泰国和老挝的传说和艺术中经常提到的大水蛇

**náhng sée**——佛教尼姑

**náirn**——佛教沙弥；也叫作samanera

**nâm**——水；也表示江河、果汁、调料等意思；泛指任何天然的液态物质

**NGO**——非政府组织（nongovernmental organisation，简称NGO），主要负责对外援助事务

**nibbana**——涅槃、清净、尽扫精神尘垢，是小乘佛教的终极目标

**NPA**——国家保护区（National Protected Area，简称NPA），老挝在全国范围内划分建立了20个野生动植物保护区

**NVA**——北越军（North Vietnamese Army，简称NVA）

**ɓąh**——鱼

**ɓąh dàak**——鱼露，老挝食品常用配料

**pa**——神像，通常指庄严的佛像

**pàh**——布料

**pàh bẹeang**——男人披的肩带

**pàh nung**——纱笼筒裙，几乎是所有老挝妇女的服装

**pàh salóng**——老挝男人穿的纱笼筒裙

**Pathet Lao**——巴特寮，字面意思是老挝国；既是指老挝这个国家的通用词，也是早期老挝爱国战线（老挝人民党的公开身份）军事力量的新闻业常用指代词；通常缩写为PL

**Pha Lak Pha Lam**——印度史诗《罗摩衍那》的老挝语译本

**phúu**——山；也写成phu

**săhláh lóng tám**——僧侣和俗家弟子听受佛法的佛堂（sala）

**săhm-lór**——三轮车

**sakai-làap**——“太空舱”，老挝南部地区对江博车的称呼，由于外观像太空舱（太空实验站）而得名

**sala**——să̗a-láa的音译词；四面敞开的大篷；大厅

**samana**——săamanáa的音译词；萨马纳，再教育营；1975年大革命后创建的劳改营的委婉说法

**samanera**——佛教沙弥；也称作néhn

**se**——也写成xe；南部老挝语中的“河流”；因此Se Don就是东河，Pakse的意思是河口（pàak是“口”的意思）

**sĕe**——神圣的；也写成si

**shophouse**——商住两用临街店铺，底层作商铺、楼上作住处的两层楼建筑

**sǐm**——大殿，老挝佛寺中举行授戒仪式的地方；名称取自sima（siimáa的音译词）或用来划分场地用于授戒的石碑

**soi**——小巷、小街

**sǒrngtăaou**——双条车，字面意思是双排座；一种载客卡车

**taak**——sée——出租车

**tanǒn**——街道、公路；通常在地图上标注为“Thanon”，缩写成Th，正如街道缩写成St一样

**tâht**——佛教舍利塔或圣骨匣；在地图上标注为“That”

**tuk-tuk**——见jumbo词条

**UXO**——未爆炸武器（unexploded ordnance，简称UXO）

**Viet Minh**——越盟，越南独立同盟会（Viet Nam Doc LapDong Minh Hoi）的简称，即为摆脱法国殖民统治争取中南半岛独立而斗争的越南武装力量

**vipassana**——内观禅修

**wat**——老挝佛寺

**wihăhn**——（巴利语—梵语中的vihara）寺院大殿、佛堂

# 幕 后

## 说出你的想法

我们很重视旅行者的反馈——你的评价将鼓励我们前行，把书做得更好。我们同样热爱旅行的团队会认真阅读你的来信，无论表扬还是批评都很欢迎。虽然很难一一回复，但我们保证将你的反馈信息及时交到相关作者手中，使下一版更完美。我们也会在下一版特别鸣谢来信读者。

请把你的想法发送到**china@lonelyplanet.com.au**，谢谢！

请注意：我们可能会将你的意见编辑、复制并整合到Lonely Planet的系列产品中，例如旅行指南、网站和数字产品。如果不希望书中出现自己的意见或不希望提及你的名字，请提前告知。请访问lonelyplanet.com/privacy了解我们的隐私政策。

## 声明

气象图表数据引用自Peel MC，Finlayson BL & McMahon TA（2007）'Updated World Map of the Köppen-Geiger Climate Classification'，*Hydrology and Earth System Sciences*，11，163344

封面图片：老挝琅勃拉邦达光西瀑布前的僧侣，Na Gen/Getty Images。

本书部分地图由中国地图出版社提供，其他系原书地图，审图号GS（2014）1734号。


## 关于本书

本书是Lonely Planet《老挝》的第8版。

本书为中文第二版，由以下人员制作完成：

**项目负责** 李小坚
**内容统筹** 叶孝忠
**翻译统筹** 肖斌斌 史 阳
**翻　　译** 刘 颖 王 薇 闵 楠 杨 蔚
**内容策划** 钱晓艳 李小可
**视觉设计** 李小棠 陈 斌
**协调调度** 崔晓丽 丁立松
**责任编辑** 马 珊 孙经纬
**特约编辑** 张玉洁
**编　　辑** 李 军
**地图编辑** 马 珊
**制　　图** 刘红艳
**流　　程** 李晓龙
**终　　审** 石忠献
**排　　版** 北京锋尚制版有限公司

感谢田果、张桐、洪良、王若玢、吴楠、王沙英、何燕、姜力心等对本书提供的帮助。

# 索 引

## A


Akha hill-tribes 阿卡族山地部落 96, **12**

All Lao Elephant Camp 全老挝大象营 68

Alms-giving 布施 46

Ang Nam Ngum 南俄水库 180

Artisans du Mekong 湄公河工匠村 48

Attapeu ( Samakhi Xai )阿速坡( 沙马基塞 ) 258~262


## B


bąasii 拴线仪式 258~262

Beerlao 老挝啤酒 5，84，106，136，204，298，330

Bokeo Nature Reserve 博胶自然保护区 122

Bolaven Plateau 波罗芬高原 249

Bolikhamsai Province 波里坎塞省 198~216

Boten 磨丁 109

Buddha Park 佛像公园 153~154

Buddhism 佛教 301~303

Buddhist stupas 佛教舍利塔 153

Bun Awk Phansa 出夏节 21，51~53

Bun Bang Fai 高升节 21

Bun Nam 河节 157~160

Bun Pha That Luang 塔銮节 157

Bun Suang Heua 赛舟节 266~268


地图页码 **000**
图片页码 **000**

## C


catfish ( Mekong )巨鲇 ( 湄公河 ) 315

caving 探洞 28~30

Champasak 占巴塞省 229

Champasak Historical Heritage Museum 占巴塞历史博物馆 229

Chao Anou 昭阿努 137，286，207，306

Chom Ong Caves 宗翁洞 104，107~108

coffee 咖啡 205

cooking courses 烹饪 50，336

COPE ( Cooperative Orthotic & Prosthetic Enterprise )矫形假肢合作企业 142~143


## D


dance 舞蹈 306

Dansavanh 丹沙湾 222~223

dolphins 江豚 249

Don Daeng 东当岛 242

Don Det 东德岛 272~275，276

Don Kho 东科岛 238~239

Don Khon 东昆岛 275~276

Don Pa Soi 东巴绥岛 231

Don Khong 东孔岛 264，265~268

Dong Amphan NPA 东安潘森林国家保护区 264

Dong Hua Sao NPA 栋华绍森林国家保护区 250~252

Dong Natad 东纳达森林 223

Dong Phu Vieng NPA 栋普文森林国家保护区 198，224


## E


Elephant Conservation Center 大象保护中心 133

ethnic minorities 少数民族 252


## F


Fa Ngum 法昂 37，128，283，284，301

Four Thousand Islands ( Si Phan Don )四千岛 264~268，9，27

French rule in Laos 法国统治下的老挝 287~288


## G


*gah-féh láo* ( Lao coffee )*老挝咖啡* 250

gay travellers 同性恋旅行者 334

Gibbon Experience 长臂猿体验 10，18，26，30，122

gibbons 长臂猿 315

Golden Triangle 金三角 127


## H


Hat Sa 哈沙 102

Haw Pha Kaeo 玉佛寺 143

heatstroke 中暑352

hepatitis 肝炎 348

Heuan Hin 环欣 223

Hintang Archaeological Park ( Suan Hin )欣当考古园 ( 石园 )87

Ho Chi Minh Trail 胡志明小道 224~226，255

Hua Phan Province 华潘省 74~88
Huay Bo 会博村 93
Huay Khi Ling 会基灵河 182
Huay Sen 会森村 95
Huay Xai 会晒 114，119~125
hydropower projects 水电工程 296，313，320

## I

iIrrawaddy dolphins 伊洛瓦底江豚 269，272
itineraries 旅行线路 22~25

## J

Jhai Coffee Farmer Cooperative 杰海咖啡农合作社 250
jumbos 江博车 179，359
jungle fly（Nam Lik）丛林飞跃（南利）183

## K

Kao Rao Caves 高饶洞 116
Kasi 卡西 196
Katang people 嘎当族 224
Katu & Alak Buffalo Sacrifice 噶杜族和阿拉族水牛祭 253
Kaysone Phomvihane Memorial 凯山•丰威汉纪念馆 150~152
Khammuan Province 甘蒙省 198~216
Khamu 佧木族 192
Khon Phapheng Falls 昆帕蓬瀑布 274
Khoun Kong Leng 昆贡琅湖 214
Kiet Ngong 吉翁村 247~248
Kompong Sralao 磅萨劳 265

## L

Lak Sao 拉绍 207~208
Lao Huay（Lenten）people 老会族 110
Lao Loum people 老龙族 299
Lao National Museum 老挝国家博物馆 143
Lao Soung people 老松族 300
Lao Tai people 老泰族 299~300
Lao Thoeng people 老听族 300
Li Phi Falls 利皮瀑布群 274
logging 伐木 312~321
Long Cheng 龙镇 183
Luang Namtha 琅南塔 110-115
Luang Prabang 琅勃拉邦 35~66

## M

Mahaxai Mai 马哈赛 204~205
Mekong Elephant Camp 湄公河大象营 128
Mekong River 湄公河 312~313，320，46
Mien 瑶族 300
monks 僧侣 302~303
Mouhot，Henri 亨利•穆奥 69
Muang Hiam 温通（孟亨）89~89
Muang Kham 孟坎 82
Muang Khoun 孟昆（原川圹）81~82
Muang Khua 孟夸 23，96~98
Muang La 孟拉 108~109
Muang Mom 孟蒙 127
Muang Ngeun 孟恩 131~134
Muang Ngoi Neua 孟威诺 93~95，**131**
Muang Phin 孟品 226~227
Muang Saen 孟桑 265~268
Muang Sing 芒新 115~118，**130**
Muang Xai 孟赛 103~106

## N

Nam Et/Phou Louey NPA 南埃河（普类山）国家保护区 88
Nam Ha NPA 南哈河国家保护区 112
Nam Kading NPA 南嘎丁河国家保护区 202
Nam Lik 南利 183
Namtha 南塔 110~115
Nam Ou 南乌江 66，148
Nam Song 南松河 184~187
Nam Tha 南塔河 71，115
Nam Tien 南提恩湖 132
Nam Tok Tat Khu Khana 南多达库卡纳瀑布 183
Nong Bua 农布瓦湖 255
Nong Fa 农法湖 264
Nong Khiaw 琅多 90~93，90

## O

OckPopTok Living Crafts Centre 沃克坡多民间工艺中心 45~46
opium 鸦片 321
Oudomsay 乌多姆赛 98~101

## P

Pa-am 巴安 264
Pak Beng 巴本 127~130，126~127
Pak Kading 巴嘎丁村 202~226
Pak Lai 巴莱 134~135
Pak Nam Noi 巴南内村 96
Pak Ou Caves 巴乌溶洞群 66~67
Paksan 北汕 199，202
Pakse 巴色 229~239，230
Paksong 巴松 249~252
Pathet Lao 巴特寮 289~290
Vieng Xai 芒咸 85，13
Patuxai 凯旋门 143
Pha Bang 勃拉邦金佛 39
Phakeo Trek 帕胶徒步线路 80
Pha Kaeo 玉佛 143
Pha Luang 帕琅 182
Pha That Luang 塔銮 152~153，154
Pha Xai 帕塞 182，182~187
Phomvihane，Kaysone 凯山•丰威汉 290，294，296
Phongsali 丰沙里 98~102，98
Phongsali Province 丰沙里省 95~103
Phonsavan 丰沙湾 75~80，76
Phouma，Souvanna 梭发那•富马 289，293~294
Phou Xieng Thong NPA 普香通山国家保护区 239
Phu Asa 普阿萨山 247
Phu Den Din NPA 普登丁山国家保护区 103
Phu Fa 浦法山 100
Phu Hin Bun NPA 普欣本山国家

保护区 203~204
Phu Khao Khuay NPA 普考奎山国家保护区 181~182
Phu Si 普西山 39，41
Phu Vong 普冯山村 264
Phu Xang Hae NPA 普桑赫山国家保护区 224
Plain of Jars 石缸平原 80~81，80
Pra Singkham Buddha 勃拉新卡姆佛 108
Pung Xay 邦赛 182

## R

re-education camps 再教育营 295
religion 宗教信仰 281，301~303
river taxis 水上出租车 343
Royal Palace Museum 皇宫博物馆 38~39

## S

Sainyabuli 沙耶武里 131~134，132
Saisettha 赛塞塔 245
sakai-làap 三轮车 345
Salavan 沙拉湾 254，254~255
Sam Neua 桑怒 82~84，83
Sam Tai 桑代 87
Samsenthai 桑森泰 284~285
Sangha 僧伽 302
Santi Chedi 和平塔 69
Savannakhet 沙湾拿吉 216~223，218
Sayaboury 沙耶武里 131~134
Second Indochina War 越南战争 293~294
secret army 秘密部队 291
Sekong（Muang Lamam）塞公（孟拉曼）256~257
Sepon 车邦 224~226
Sepon Kao 车邦高 225
Setthathirat，King 塞塔提腊王 285
Se Ban Nuan NPA 色班暖河国家保护区 198
Se Pian NPA 色边河国家保护区 248~249
Singkham Cave 新卡姆洞 108
Si Phan Don 四千岛 264~277，266，9，24
Souphanouvong，Prince 苏发努冯亲王 289~290
Souvannakhomkham 苏万纳孔坎 126~127
spirit worship 神灵崇拜 224，303

## T

Ta Ong 达翁村 249
TAEC（Traditional Arts & Ethnology Centre）传统艺术和民族学中心 38
Tha Bak 塔巴 207
Tha Khaek 他曲 208~213
Tha Suang 塔暖 130
That Luang Festival 塔銮节 157
Tham Hoi 坦会溶洞 185
Tham Jang 坦江溶洞 185
Tham Kong Lo 坦贡洛溶洞 204~205
Tham Loup 坦卢溶洞 185
Tham Nam 坦南溶洞 185
Tham Pa Fa 坦帕巴溶洞 214
Tham Pha Thao 坦帕陶溶洞 185
Tham Phu Kham 坦普坎溶洞 185
Tham Sang Triangle 坦桑溶洞三角 185~186
Tha Suang 塔暖 130
Theravada Buddhism 小乘佛教 301
Tonpheung 敦彭 119
Toumlan 敦兰 255
tuberculosis 肺结核 348
tubing 轮胎漂流 27，186~187，271
tuk-tuks 嘟嘟车 179，345

## U

Udomxai 乌多姆赛 103~106
Uo Moung（Tomo Temple）奥蒙寺（多莫寺）246~247
UXO（unexploded ordnance）未爆炸武器 75，256，333
UXO Laos Information Centre 老挝未爆炸武器信息中心 75

## V

Vang Sang 旺桑 183
Vang Vieng 万荣 10，184~190
Vieng Phukha 文布卡 115
Vieng Thong 温通 88~89
Vieng Xai 芒咸 85
Vientiane 万象 137~168

## W

Wat Chomphet 宗佩寺 47
Wat Manorom 玛诺隆寺 45
Wat Pa Phai 巴派寺 41
Wat Phu Champasak 占巴塞瓦普寺 243~245
Wat Si Muang 西孟寺 143
Wat Si Saket 西萨格寺 143
Wat Wisunarat 维苏纳拉寺（维苏寺）44
Wat Xieng Thong 香通寺 43~44

## X

Xam Neua 桑怒 82~85
Xayaboury dam 沙耶武里水坝 320
Xepon 车邦 224~226
Xieng Khuan 香昆寺 153
Xieng Khuang Province 川圹省 74~75
Xieng Kok 更谷 119~127

## Y

yaba 亚巴冰毒 298
yoga 瑜伽 48，154~155

## Z

ziplining 高空滑索 29，67，122，175

地图页码 **000**
图片页码 **000**

# 地图图例

## 景点

- 海滩
- 鸟类保护区
- 佛教场所
- 城堡
- 基督教场所
- 孔庙
- 印度教场所
- 伊斯兰教场所
- 耆那教场所
- 犹太教场所
- 温泉
- 神道教场所
- 锡克教场所
- 道教场所
- 纪念碑
- 博物馆/美术馆/历史建筑
- 历史遗址
- 酒庄/葡萄园
- 动物园
- 其他景点

## 活动、课程和团队游

- 人体冲浪
- 潜水/浮潜
- 潜水
- 皮划艇
- 滑雪
- 冲浪
- 游泳/游泳池
- 徒步
- 帆板
- 其他活动

## 住宿

- 住宿场所
- 露营地

## 就餐

- 餐馆

## 饮品

- 酒吧
- 咖啡馆

## 娱乐

- 娱乐场所

## 购物

- 购物场所

## 实用信息

- 银行
- 使领馆
- 医院/医疗机构
- 网吧
- 警察局
- 邮局
- 电话
- 公厕
- 旅游信息
- 其他信息

## 地理

- 棚屋/栖身所
- 灯塔
- 瞭望台
- 山峰/火山
- 绿洲
- 公园
- 关隘
- 野餐区
- 瀑布

## 人口

- 首都、首府
- 一级行政中心
- 城市/大型城镇
- 镇/村

## 交通

- 机场
- 过境处
- 公共汽车
- 缆车/索道
- 自行车路线
- 轮渡
- 地铁
- 单轨铁路
- 停车场
- 加油站
- 出租车
- 铁路/火车站
- 有轨电车
- 其他交通方式

## 路线

- 收费公路
- 高速公路
- 一级公路
- 二级公路
- 三级公路
- 小路
- 未封闭道路
- 广场
- 台阶
- 隧道
- 步行天桥
- 步行游览路
- 步行游览支路
- 小路

## 境界

- 国界
- 一级政区界
- 未定国界
- 地区界
- 军事分界线
- 海洋公园
- 悬崖
- 墙

## 水文

- 河流、小溪
- 间歇河
- 沼泽/红树林
- 暗礁
- 运河
- 水域
- 干/盐/间歇湖
- 冰川
- 珊瑚礁

## 地区特征

- 海滩/沙漠
- 基督教墓地
- 其他墓地
- 公园/森林
- 运动场
- 一般景点(建筑物)
- 重要景点(建筑物)

注：并非所有图例都在此显示。

## 我们的故事

一辆破旧的老汽车，一点点钱，一份冒险的感觉——1972年，当托尼（Tony Wheeler）和莫琳（Maureen Wheeler）夫妇踏上那趟决定他们人生的旅程时，这就是全部的行头。他们穿越欧亚大陆，历时数月到达澳大利亚。旅途结束时，风尘仆仆的两个人灵机一闪，在厨房的餐桌上制作完成了他们的第一本旅行指南——《便宜走亚洲》（*Across Asia on the Cheap*）。仅仅一周时间，销量就达到了1500本。Lonely Planet从此诞生。

现在，Lonely Planet在墨尔本、伦敦、奥克兰、德里和北京都设有公司，有超过600名员工和作者。在中国，Lonely Planet 被称为“孤独星球”。我们恪守托尼的信条：“一本好的旅行指南应该做好三件事：有用、有意义和有趣。”

## 我们的作者

**尼克·雷伊（Nick Ray）**

统稿作者，负责琅勃拉邦和周边与老挝北部。作为某种意义上的伦敦人，尼克来自沃特福德（Watford），那是一个让你想出门旅行的小镇。他现在居住在金边，为湄公河流域的各种指南图书写了无数稿子，其中有Lonely Planet的《柬埔寨》和《越南》以及《鞋带上的东南亚》（*Southeast Asia on a Shoestring*）。不写作时，他通常都在探索该流域的偏远地区，为电视、电影拍摄充当外景探员或线路制作人，其中就包括*Top Gear Vietnam to Tomb Raider*中的所有信息。琅勃拉邦是他在地球上的最爱之一。他为终于有机会能一探一度作为巴特寮藏身地的芒咸溶洞群（Vieng Xai Caves）而兴奋不已。

**克雷格·布鲁姆（Greg Bloom）**

负责写作老挝南部。1997年克雷格作为背包客首次来到老挝，从万象经过万荣和琅勃拉邦孤独的水库到达芒新。15年后他终于回来，并且高兴地告诉大家，尽管也已经被彻底发掘，这个国家迷人的慵懒态度并没有丝毫减少。克雷格现在住在柬埔寨。他为Lonely Planet写了近20本书，大多都是关于东南亚和前苏联地区。

可以在www.mytripjournal.com/bloomblogs上关注他的旅程。

**理查德·沃特斯（Richard Waters）**

负责万象和周边、老挝中部部分。理查德是为*The Independent*、*Sunday Times*、*Wanderlust*和*National Geographic Traveller*工作的获奖记者及摄影师。他与未婚妻和两个孩子住在科茨沃尔德（Cotswolds）。他刚刚在Kindle上出版了一本以老挝为背景的悬疑小说*Black Buddha*。

# 老 挝

**中文第二版**

书名原文：*Laos*（8th edition，Feb 2014）

本中文版由中国地图出版社出版



图书在版编目 (CIP) 数据

老挝 / 澳大利亚 LonelyPlanet 公司编；王薇等译 .-- 北京：中国地图出版社，2014.8（2015.1 重印）
书名原文：Laos
ISBN 978-7-5031-8341-6

Ⅰ.①老… Ⅱ.①澳… ②王… Ⅲ.①旅游指南－老挝 Ⅳ.① K933.49

中国版本图书馆 CIP 数据核字 (2014) 第 163454 号

| | |
|---|---|
| 出版发行 | 中国地图出版社 |
| 社　　址 | 北京市白纸坊西街 3 号 |
| 邮政编码 | 100054 |
| 网　　址 | www.sinomaps.com |
| 印　　刷 | 北京华联印刷有限公司 |
| 经　　销 | 新华书店 |
| 成品规格 | 197mm × 128mm |
| 印　　张 | 11.5 |
| 字　　数 | 626 千字 |
| 版　　次 | 2014 年 8 月第 1 版 |
| 印　　次 | 2015 年 1 月北京第 2 次印刷 |
| 定　　价 | 59.00 元 |
| 书　　号 | ISBN 978-7-5031-8341-6/Z·186 |
| 审 图 号 | GS（2014）1734 号 |
| 图　　字 | 01-2014-3846 |

如有印装质量问题，请与我社发行部（010-83543956）联系

**Lonely Planet**
（公司总部）ABN 36 005 607 983
Locked Bag 1, Footscray, Victoria 3011, Australia
电话：+61 3 8379 8000
传真：+61 3 8379 8111
联系：lonelyplanet.com/contact